BEREIT WOZU? GEWEIHT FÜR WAS?
ZUR DISKUSSION UM DEN STÄNDIGEN DIAKONAT

Melanie Schindler

QUAESTIONES DISPUTATAE

Begründet von
KARL RAHNER UND HEINRICH SCHLIER

Herausgegeben von
PETER HÜNERMANN UND THOMAS SÖDING

232

BEREIT WOZU? GEWEIHT FÜR WAS?

Internationaler Marken- und Titelschutz: Editiones Herder, Basel

BEREIT WOZU?
GEWEIHT FÜR WAS?

ZUR DISKUSSION UM DEN STÄNDIGEN DIAKONAT

HERAUSGEGEBEN VON
KLEMENS ARMBRUSTER UND
MATTHIAS MÜHL

HERDER

FREIBURG · BASEL · WIEN

© Verlag Herder GmbH, Freiburg im Breisgau 2009
Alle Rechte vorbehalten
www.herder.de
Umschlaggestaltung: Finken & Bumiller, Stuttgart
Satz: Barbara Herrmann, Freiburg
Herstellung: fgb · freiburger graphische betriebe
www.fgb.de
Gedruckt auf umweltfreundlichem, chlorfrei gebleichtem Papier
Printed in Germany
ISBN 978-3-451-02232-6

Inhalt

Anhang

Vorwort

1968 – die bloße Nennung dieser Jahreszahl vermag bis heute Hoffnungen und Ängste, Begeisterung und tiefe Vorbehalte zugleich wachzurufen. Das Jahr 1968 ist im kulturellen Gedächtnis nahezu zum Synonym für einschneidende gesellschaftliche Umbrüche und Veränderungen geworden. Die damit verbundenen „tiefgehenden und raschen Veränderungen" und die dadurch markierte „neue Epoche" in der Geschichte (Gaudium et Spes, 4) schien das von 1962 bis 1965 tagende Zweite Vatikanische Konzil nicht nur zu ahnen. Dessen Zusammenkommen wie dessen Ergebnisse sind selbst Teil dieses Kontextes. Es ist darum kein Zufall, wenn parallel zum gesellschaftlichen Diskurs um Deutung und Bedeutung der durch das Jahr 1968 ausgelösten Veränderungen auch eine innerkirchliche Diskussion um Reformen des II. Vatikanums – etwa Zelebrationsrichtung oder die lateinischen Messe – im Gange ist. Neben den genannten „heißen Eisen" hat – von einer breiteren kirchlichen Öffentlichkeit weitgehend unbemerkt – in den letzten Jahren, wie die im Anhang von *Ulrich Feger* erstellte Bibliographie belegt, eine intensivere Auseinandersetzung um eine weitere Frucht des Konzils stattgefunden: den Diakonat. Als ein eigenständig und dauerhaft ausgeübter Dienst in der Kirche wurde der Diakonat nicht nur vom II. Vatikanum wieder hergestellt, die erste Weihe von fünf Männern zu ständigen Diakonen fand auch am Vorabend der Mai-Revolten des Jahres 1968, am 28. April 1968 im Kölner Dom statt. Nun bedeutete die Wiederherstellung des Diakonates als eigenständiger Weihestufe sicher weder eine kirchliche Revolution, noch prägte sie sich in ähnlicher Weise wie etwa die faktische Abschaffung des Lateins als Liturgiesprache oder die Änderung der Zelebrationsrichtung in das Bewusstsein der kirchlichen Gemeinschaft ein. Doch ist sie ein Ausdruck davon, dass veränderte gesellschaftliche Bedingungen eine veränderte Gestalt von Kirche und amtlichem Dienst notwendig machen und sind mit ihr gleichwohl bemerkenswerte Einschnitte verbunden: mit der Zulassung verheirateter „viri probati" finden sich erstmals seit über tausend Jahren im Klerus der lateinischen Westkirche wieder verheiratete Männer; mit der Wiederherstellung des Diakonates als eigenständigem Dienst wurde die kirchliche Ordnung der Weiheämter wieder vom „Kopf auf die Füße gestellt", indem deutlich gemacht wurde, dass Diakonat und Presbyterat, diakonales und priesterliches *ministerium* (*Lumen Gentium*, 18), auf unterschiedliche Weise an dem einen kirchlichen Weihedienst teilhaben, der im Bischof in seiner Fülle realisiert ist; die Neuordnung des kirchlichen Ordos machte eine Reform der Weiheliturgie notwendig; schließlich erinnert die unmittelbare Nähe von Katechumenat und Diakonat in *Ad Gentes* 13 bis 16 zudem daran, dass mit dem Diakonat auch ein Verständnis von kirchlichem Amt (wieder)gewonnen wurde, das dieses nicht im Sinne eines gestuften Christseins als dessen höchste Form begreift, sondern zuvorderst als Dienst in und für die Gemeinschaft der Getauften.

Mit den Stichworten „gesellschaftlich-geschichtliche Umbrüche", „Ordo und Liturgie", „Amt und Dienst" sind zugleich die Themen dieses Bandes benannt, um die die verschiedenen Beiträge auf je eigene Weise kreisen.

So nimmt *Ralf Miggelbrink* die am Sprachgebrauch des Konzils gewonnene Deutung des kirchlichen Amtes insgesamt als besondere Bestellung zum „Dienst" (ministerium) zum Ausgang, um nach Ort und Verständnis des Diakonates innerhalb des einen Weiheordos zu fragen. Als „einfachster und vollmachtsärmster Diener unter den Dienern der Kirche" hat der Diakonat die prophetische Aufgabe daran zu erinnern, dass der Dienst an den Menschen Mitte und Sinn allen kirchlichen Handelns ist. Ein geringes Maß an Vollmacht bedeutet darum gerade kein geringes Maß an Amt. Die weitgehende Bestimmungsoffenheit des Diakonates ist vielmehr als dessen Spezifikum zu betrachten, das die Chance beinhaltet für eine kreative und den Herausforderungen der jeweiligen Zeit und Lebenswelt Rechnung tragende Gestaltung des kirchlichen Dienstes für die Menschen.

Wie sehr das Motiv des Dienens in der neutestamentlichen Überlieferung begründet ist, verdeutlicht der Beitrag von *Thomas Söding* zu Diakonie und Diakonat im Neuen Testament. Neutestamentlich ist der Diakon schlechthin zunächst Jesus selbst, der als der *kyrios* gerade der Diener aller ist. Diakonie wird so zugleich zur Grundsignatur allen Christseins wie zum „wichtigsten Terminus der Amtstheologie". Im Licht einer neutestamentlichen Theologie ist darum der Diakonat nicht auf einen Bereich kirchlichen Handelns zu beschränken, sondern ist der Diakon ein zum umfassenden Dienst am Aufbau der Kirche Gesandter.

Wie sehr auch die reformierte Weiheliturgie den Begriff des „ministeriums" zur Grundkategorie des Verständnisses vom amtlichen Dienst in der Kirche macht, arbeiten *Klemens Armbruster* und *Matthias Mühl* in der Synopse der Weiheliturgien von Bischof, Presbyter und Diakon heraus.

Vor dieser grundlegenden Gemeinsamkeit innerhalb des einen ordo zeigt sich als das „amtstheologische Spezifikum" des Diakonates die diakonal-ministeriale Dimension, d. h. die Vergegenwärtigung des Heilsdienstes Christi weniger in Liturgie und Leitung, denn durch – wie es in der Liturgie der Diakonenweihe heißt – Verkündigung des Evangeliums „in Wort und Tat".

Insoweit es gelingt, diese Verbindung von Gottes Wort und Leben auch in der Eucharistie präsent zu halten, realisiert sich in ihr, daran erinnert *Ulrike Hudelmaier*, deren diakonale Dimension. Das auf prophetische Weise wach zu halten ist – wie der von Hudelmaier unternommene Durchgang durch die Dienste des Diakons innerhalb der Feier der Eucharistie belegt – Aufgabe des Diakons in der Eucharistie.

Birgit Jeggle-Merz stellt heraus, dass auch in den liturgischen Diensten des Diakons in Taufe, Trauung und Beerdigung, die personale Repräsentation des Zusammenhangs von Wort und Tat, von *extra nos* und *pro nobis* des Heilhandelns Gottes, d. h. des inneren Zusammenhangs von Liturgie und ‚Diakonie', die eigentliche Mitte des diakonalen Dienstes ist. In der Liturgie als Versammlung der Gemeinde muss darum deutlich werden, dass der Diakon den verkündigenden und dienenden Christus in mitten der Versammlung repräsentiert und vergegenwärtigt.

Den Zusammenhang von Lebensform und Amt macht schließlich der Beitrag von *Matthias Mühl* explizit zum Thema. Dabei zeigt sich, dass das Zueinander von Dienst und Leben nicht nur zur Grundsignatur des amtlichen Dienstes gehört, sondern zum Christsein überhaupt. Innerhalb des Weiheordos ist dies auf besondere Weise dem Diakonat zugeordnet. Damit aber ist klar, dass die Frage der existentiellen Indienstnahme nicht an eine bestimmte Lebensform (etwa den Zölibat) gebunden ist, sondern dass die jeweilige Lebensform des Kandidaten (unverheiratet, verheiratet oder als Ordensmann) durch die Weihe dafür in Dienst genommen wird.

Zu diesen Beiträgen, die stärker um die Frage nach Amt und Dienst kreisen, treten Aufsätze die v. a. die Relevanz gesellschaftlicher Veränderungen für den amtlichen Dienst des Diakons in Blick nehmen. Und zwar zum einen mit Blick auf die geschichtliche Entwicklung des Diakonates, wie auf dessen Gestaltung in Bezug auf die gesellschaftliche Wirklichkeit heute.

11

Auf- und Niedergang des Diakonates in dessen Geschichte behandeln exemplarisch die beiden Artikel von Klaus Baumann und Gregor Predel. *Gregor Predel* arbeitet an der Situation der Kirche in Gallien zwischen dem 4. und 7. Jahrhundert heraus, wie geschichtlich-soziologische Umwälzungen der spätantiken Gesellschaft Galliens zu einer veränderten Sozialgestalt der kirchlichen Pastoral und damit zum Niedergang des Diakonates führten, zugunsten eines stark priesterlich-sazerdotal ausgerichteten Amtsverständnisses.

Die von *Klaus Baumann* geschilderte Situation der Christen im KZ Dachau ist mit der von Predel beschriebenen Lage der Kirche Galliens in der Spätantike gänzlich unvergleichlich. Und dennoch eint beide, dass eine neue geschichtliche Lage eine neue Gestalt kirchlichen Amtes notwendig macht. Baumann macht dabei deutlich, dass die von ihm zusammengestellten Zeugnisse, gerade weil sie aus dem Zurückgeworfenwerden auf das aller Notwendigste heraus geboren wurden, mehr als bloß eine Art Gründungsurkunde des heutigen Diakonates darstellen. Sie bilden eine bleibende Herausforderung für ein Verständnis amtlichen Dienstes überhaupt.

Dass und wie gerade das Amt des Diakons eine Form einer geistlich-konkreten Antwort der Kirche auf die Herausforderungen heute sein kann, dem geht *Paul M. Zulehner* am Beispiel der Frage nach Gerechtigkeit in der heutigen Gesellschaft nach. Mithilfe der Ergebnisse der empirischen Studie DIAKONE 2002 erhebt er, wie Lebensentwurf und Selbstverständnis der Diakone diese zu „Anstiftern von Solidarität" werden lassen gegen die gesellschaftliche Dominanz von Ichbezogenheit und Solidaritätsvergessenheit.

Hierhinein fügt sich auch der Beitrag von *Stefan Sander*, der hinter der pluralen Offenheit der konkreten Gestaltung im diakonalen Dienst, der dauerhaft oder als Abschnitt auf dem Weg zum Priesteramt, mit und ohne Zivilberuf vollzogen werden kann, das Einende und für den diakonalen Dienst Spezifische im Diakon als „Stellvertreter der Armen" sieht.

Klemens Armbruster verbindet schließlich die Frage nach dem Dienst des Diakons mit der Frage nach der Sozialgestalt kirchlichen Lebens. Nach „Gaudium et Spes" 32 stiftet Christus in seiner Kirche neue brüderliche Gemeinschaften, in denen alle einander Glieder sind und sich entsprechend der Verschiedenheit der empfangenen Gaben gegenseitig dienen. Diakonia wird hier deshalb nicht zuerst als sozialer Notdienst, sondern grundlegender als Sorge um eine gelingende Koinonia gesehen.

Wie dem in diesen Beiträgen zugleich umrissenen Anforderungsprofil versucht wird in den Ausbildungswegen der Diözesen zu entsprechen, dem geht *Godehard König* nach. Dabei zeigt sich, dass die Entwicklung eines Bewusstseins für den besonderen Dienst des Diakons einhergeht mit der Erarbeitung eines Ausbildungskonzeptes, welches zugleich theologische wie spezifisch diakonale Kompetenzen fordert und fördert.

Gerahmt werden die Beiträge von zwei bischöflichen Stellungnahmen.

Weihbischof *Johannes Kreidler* betont in seinem, auf der Jahrestagung der Bundesarbeitsgemeinschaft Ständiger Diakonat 2008 gehaltenen Vortrag, das im Diakonat realisierte Integral von Liturgie und Diakonie, von Ritual und Caritas sowie die diakonale Dimension des Dienstes an der Communio.

Der Vorsitzende der Deutschen Bischofskonferenz, der Freiburger Erzbischof *Robert Zollitsch*, schließlich sieht im Diakonat ein modernes Amt. Für ihn stellt der Diakonat gerade aufgrund seines pluriformen Profils einen amtlichen Dienst dar, der besonders geeignet und berufen ist, sich auf die Pluriformität und Multioptionalität der Moderne einzulassen, um in und durch seine amtliche Sendung etwas von der heilenden und sorgenden Nähe Jesu Christi für die Menschen spürbar und erfahrbar zu halten.

Auf eine Leerstelle ist ausdrücklich hinzuweisen: Einen eigenen Beitrag zum Thema „Diakonat der Frau" wird man in dieser Quaestio vergebens suchen. Das Nichtzustandekommen wirft ein eigenes Licht nicht nur auf das Thema „Diakonat der Frau". Insgesamt fünf Personen wurden als Autoren bzw. Autorinnen angefragt. Die jeweiligen Absagen spiegeln eine eigenartige Gemengelage wieder zwischen verständlichen Gründen, dass die Zeit zur Vorbereitung fehle oder dass man bereits genügend zum Thema veröffentlicht habe und nichts mehr Neues dazu sagen könne, und zwischen nachdenklich stimmenden Gründen: persönliche Verletzungen, die die bisherigen Veröffentlichungen hinterlassen haben; da ist von Angst die Rede, dass eine mögliche Veröffentlichung die wissenschaftliche Karriere gefährden könnte; da gibt es mehr oder weniger explizit ausgesprochene Verbote seitens der übergeordneten Stelle. Schließlich gibt es auch kreative Vorschläge, das Thema „Diakonat der Frau" mit einem zehnjährigen Moratorium zu belegen, um dann wieder möglichst unbelastet eine neue Klärung zu erarbeiten; oder dass sich abseits der Öffentlichkeit eine Gruppe aus Bischöfen und Theologinnen und Theologen bilden sollte, die unter sich einmal „angstfrei" die Frage „Frau und Weiheamt" bedenken sollte.

Das Thema „Diakonat der Frau" hat uns plötzlich verdeutlicht, wie fragil, verletzlich aber auch macht- und deshalb angstbesetzt kirchliches Leben sein kann. Die Frage, was in diesem Zusammenhang die Rede von einer diakonischen Kirche und der gelebten Diakonia Christi bedeuten kann, stellt sich in diesem Kontext noch einmal ganz neu und anders.

Als 1962 der von Karl Rahner und Herbert Vorgrimler vorgelegte Doppelband „Diakonia in Christo", der damals noch jungen „Quaestiones disputatae", erschien, erhofften sich die Herausgeber, dass sie damit einen Beitrag zur Wiederherstellung des Diakonates leisten könnten. Denn – ohne die spätere Entscheidung schon endgültig absehen zu können – waren sie der Überzeugung, dass „bei der Fülle und Last der Seelsorgsaufgaben heute [man] der Dienste des Diakons nicht entbehren könne". Diese Grundüberzeugung teilt der jetzt, mehr als eine Generation später, vorgelegte Band. Gerade auch in seiner Multiperspektivität und Unabgeschlossenheit stellt er sich so ein, in den damals eröffneten Reflexionsprozess.

Ausdrücklich bedanken möchten wir uns bei Ulrich Feger, der die Mühe der Durchsicht der Beiträge auf sich genommen hat.

Freiburg im Breisgau, am Fest des Heiligen Stephanus 2008
Klemens Armbruster und *Matthias Mühl*

Einführung

Die Diakone angesichts derzeitiger Herausforderungen in der Kirche und Gesellschaft

40 Jahre Ständiger Diakonat in Deutschland[1]

von Weihbischof Johannes Kreidler

Vor fünfzehn Jahren, beim 25-jährigen Jubiläum des Ständigen Diakonats, hat Kardinal Lehmann in Köln einen wegweisenden Vortrag gehalten[2]. Kardinal Lehmann hatte auch für das 40-jährige Jubiläum heute eine Zusage gegeben. Sein Gesundheitszustand erlaubt es ihm aber nicht, heute unter uns zu sein. Ich darf Sie in seinem Namen grüßen und Ihnen seine Glückwünsche überbringen.

Vierzig Jahre Ständiger Diakonat in Deutschland. Ein Jubiläum feiern wir im Schnittpunkt von Vergangenheit und Zukunft. Mit meinen Ausführungen möchte ich zunächst den Blick in die Vergangenheit, auf die Ursprünge des erneuerten Ständigen Diakonats richten, dann auf die Gegenwart, auf die konkreten Weisen seiner Realisierung richten und schließlich in die Zukunft, auf einige offene Fragen.

I. Theologische Wegmarkierungen

Im Schnittpunkt von Vergangenheit und Zukunft leuchtet für den Ständigen Diakonat aus der Vergangenheit in besonderer Weise das Zweite Vatikanische Konzil auf. Vielleicht können wir die Leistung dieses Konzils gar nicht mehr recht nachvollziehen. Mit dem Ständigen Diakonat wagte es die Kirche, ein Weiheamt wiederzubeleben, ohne es im Detail mit einer amtlichen Theologie zu un-

---

[1] Der folgende Text wurde als Vortrag beim Festakt zum 40-jährigen Jubiläum der Weihe der ersten Diakone auf der Jahrestagung der Bundesarbeitsgemeinschaft Ständiger Diakonat am 15.01.2008 im Burkhardtushaus in Würzburg gehalten. Der Vortragsstil wurde beibehalten.

[2] Vgl. K. Lehmann: In allem wie das Auge der Kirche. 25 Jahre Ständiger Diakonat in Deutschland – Versuch einer Zwischenbilanz, in: Arbeitsgemeinschaft Ständiger Diakonat der Bistümer in der Bundesrepublik Deutschland (Hg.): 25 Jahre Ständiger Diakonat in Deutschland „Ein Plädoyer für eine diakonische Kirche". Dokumentation der Jahrestagung 1993, 10 (1993), 9–27.

termauern, und stellte den Zeitpunkt der Einführung in die freie Entscheidung der Ortskirchen. Das Zweite Vatikanische Konzil, inspiriert von einer Kirche für die Welt und einer dienenden Kirche, hatte den Mut, den Ständigen Diakonat zu installieren, ohne seine ausführliche theologische Grundlegung mit zu entwerfen. Welches Vertrauen und welches Zutrauen in Entwicklungen damals!

Gerade die deutsche Kirche hat wichtige Vorarbeiten für den Konzilsbeschluss geleistet und dann weiterführende Wegabschnitte zurückgelegt. Am 28.4.1968, weniger als ein halbes Jahr nach der offiziellen Zustimmung Papst Pauls VI. zum Beschluss der Deutschen Bischöfe, wurden in Köln die ersten fünf Kandidaten von Weihbischof Dr. Augustinus Frotz geweiht. Drei Männer dieser ersten Stunde des Diakonats in Deutschland dürfen wir heute unter uns begrüßen. Es zeigte sich damals, wieviel von unten her gewachsen und welche gründliche engagierte Vorbereitungsarbeit geleistet war. Weihbischof Frotz verdanken wir die Förderung und den Schutz der Erneuerung des Ständigen Diakonats über Köln hinaus.

Der Diakonat ist Beispiel dafür, dass die Kirche in der Ausgestaltung ihrer Dienstämter immer sehr pragmatisch vorgegangen ist. Zu Beginn des Konzilsbeschlusses in Lumen Gentium 29 heißt es, dass die Diakone die Handauflegung nicht zum Priestertum (ad sacerdotium) sondern zum Dienst (ad ministerium) empfangen haben. Das bringt eher die Abgrenzung zum Priesteramt zum Ausdruck als eine inhaltliche Füllung des Diakonenamtes. Denn gleich im nächsten Satz ist von „der Diakonie der Liturgie, des Wortes und der Liebestätigkeit" die Rede, wird also die Realisierung aller Grundfunktionen der Kirche als Diakonie bezeichnet. Das dann vorgestellte Aufgabenprofil zeigt – entsprechend diesem pragmatischen Ansatz – einen klaren Schwerpunkt im liturgischen Bereich. „Sache des Diakons ist es, feierlich die Taufe zu spenden, die Eucharistie zu verwahren und auszuteilen, der Eheschließung im Namen der Kirche zu assistieren und sie zu segnen, die Wegzehrung den Sterbenden zu überbringen, vor den Gläubigen die Heilige Schrift zu lesen, das Volk zu lehren und zu ermahnen, dem Gottesdienst und dem Gebet der Gläubigen vorzustehen, Sakramentalien zu spenden und den Beerdigungsritus zu leiten". (LG 29) Dann erst sind angefügt die „Pflichten der Liebestätigkeit und der Verwaltung". Der pragmatische Ansatz des Konzils kommt noch deutlicher zum Ausdruck im zweiten wichtigen Text über den Diakonat im Missionsdekret. „Es ist angebracht, dass Männer, die tatsächlich einen diakonalen Dienst ausüben, sei es als Katechisten in der Verkündigung des Gotteswortes, sei es in der Leitung abgelegener christlicher Gemeinden im Namen des Pfarrers und des Bischofs, sei es in der Ausübung sozialer

oder caritativer Werke, durch die von den Aposteln her überlieferte Handauflegung gestärkt und dem Altare enger verbunden werden, damit sie ihren Dienst mit Hilfe der sakramentalen Diakonatsgnade wirksamer erfüllen können". (AG 16)
Mit Datum vom 22. Februar 1998 haben die Kongregation für das katholische Bildungswesen und die Kongregation für den Klerus Grundnormen für die Ausbildung der Ständigen Diakone und ein Direktorium für den Dienst und das Leben der Ständigen Diakone publiziert[3]. Die gemeinsam publizierten Dokumente sind verbunden durch eine vorangestellte Erklärung beider Kongregationen, die Ausführungen über das geweihte Amt, den Stand des Diakons und den Ständigen Diakonat enthält. Der Text weist darauf hin, dass in der Entscheidung des Zweiten Vatikanischen Konzils „auf geheimnisvolle Weise der Heilige Geist" im Leben der Kirche lebendig war. Er hat eine „Neurealisierung des vollständigen Bildes der traditionsgemäß aus Bischöfen, Priestern und Diakonen zusammengesetzten Hierarchie" herbeigeführt und damit zur Neubelebung der Gemeinden beigetragen. Insofern hat sich hier eine „wichtige Bereicherung" für die Sendung der Kirche ergeben, welche für die Kirche „lebensnotwendig" ist. (S. 16) Durch die Gnade der Diakonenweihe würden diejenigen gestärkt, die bereits defacto diakonische Funktionen ausübten. (S. 14)
Die Grundnormen stellen vor allem die grundlegende Sendung der gesamten Kirche zum Dienst und den Dienst Jesu Christi selbst heraus und verorten von dort her die Aufgabe des Diakons in der Kirche. (Nr. 4 und 5) Auffällig ist, dass überall der spezifisch diakonale Charakter des diakonischen Dienstes betont wird und der Diakon dem Bischof untergeordnet wird. In Bezug auf die Priester wird festgestellt, dass der Diakon gerufen ist, in Verbundenheit mit den Priestern dem Volk Gottes zu dienen. (Vgl. Nr. 8) In wenigen Strichen wird eine Theologie des Diakonats skizziert, die jene Fixpunkte der Tradition benennt, die trotz des rund 1000 jährigen fast vollständigen Verschwindens des Ständigen Diakonats in der Kirche des Westen gleichwohl festzumachen sind. Die Grundlage bietet der Dienst des Herrn selbst und die sich daraus ergebende Sendung der gesamten Kirche zum Dienst. Durch die Gabe des Geistes – es wird auf die Anamnese, Epiklese und die Fürbitte des Weihegebets verwiesen – wird der Diakon „als Teilhaber an dem

---

[3] Kongregation für das kath. Bildungswesen / Kongregation für den Klerus: Grundnormen für die Ausbildung der Ständigen Diakone / Direktorium für den Dienst und das Leben der Ständigen Diakone, Bonn, 1998 (Verlautbarungen des Apostolischen Stuhls Nr. 132).

einzigen kirchlichen Dienstamt" (Nr. 5) in einer besonderen Weise zum sakramentalen Zeichen Christi des Dieners. Seine Aufgabe wird mit den Worten umschrieben, „Deuter der Nöte und der Bedürfnisse der christlichen Gemeinschaften" zu sein, so wie „Anreger zum Dienst, das heißt zur diakonia, die ein wesentlicher Teil der Sendung der Kirche ist". (Nr. 5) Die drei munera des Diakons, seine Aufgabe zu lehren, zu heiligen und zu leiten, werden knapp skizziert und dabei ausdrücklich betont, dass alle drei munera von der „spezifischen Perspektive der Diakonia" (Nr. 9) gekennzeichnet sein müssen. In Bezug auf den Dienst des Diakons in der Liturgie wird unterstrichen, dass dieser Aspekt greifbar macht, dass sich der Dienst des Diakons „nicht in einer einfachen sozialen Dienstleistung erschöpfen darf". (Nr. 9) Andererseits wird in Bezug auf die Leitungsfunktion des Diakons betont, dass es sich hier um die „Werke der Nächstenliebe und der Hilfeleistung" so wie „die Belebung von Gemeinden oder Bereichen kirchlichen Lebens besonders im Hinblick auf die Nächstenliebe" handelt. Dieser Dienst soll den Diakon „am ausgeprägtesten" – kennzeichnen. Er ist wesentlich dazu bestellt, für die Animation der Gemeinden und der Bereiche kirchlichen Lebens in Bezug auf die diakonale Sendung der Kirche zu sorgen und die entsprechenden Initiativen und Werke zu leiten und zu organisieren. Damit ist dreißig Jahre nach der Wiedereinführung des Ständigen Diakonats eine grundsätzliche Weichenstellung für eine diakonische Erneuerung des Lebens der Kirche gerade durch den Dienst der Diakone getroffen.

„Alles Handeln der Kirche ist Ausdruck einer Liebe, die das ganzheitliche Wohl des Menschen anstrebt: Seine Evangelisierung durch das Wort und die Sakramente … und seine Förderung und Entwicklung in den verschiedenen Bereichen menschlichen Lebens und Wirkens", schreibt Papst Benedikt in seiner ersten Enzyklika „Deus Caritas est". Und er fährt fort: „So ist Liebe der Dienst, den die Kirche entfaltet, um unentwegt den auch materiellen Leiden und Nöten der Menschen zu begegnen".[4]

Viele Menschen sehen die erste Enzyklika von Papst Benedikt XVI. als Programm seines Pontifikats. Der Papst stellt das zentrale Thema unseres Glaubens, die Liebe Gottes zu uns Menschen und unsere Antwort – Gott und den Menschen gegenüber – dar. In der Enzyklika sehe ich eine wichtige Anregung auch für den Diakonat. Sie hat den diakonischen Auftrag der Kirche und das Profil

---

[4] Benedikt <Papa XVI.>: Enzyklika „Deus caritas est" von Papst Benedikt XVI. an die Bischöfe, an die Priester und Diakone, an die gottgeweihten Personen und an alle Christgläubigen über die christliche Liebe. Bonn 2006 (VApS 171, Nr. 19).

ihrer Liebestätigkeit auf eine einzigartige Weise begründet und pointiert. Der Dienst der Caritas wird als untrennbar verbunden mit der Liturgie und Verkündigung gesehen und als Grundfunktion der Kirche bewertet. „Der Liebesdienst ist für die Kirche nicht eine Art Wohlfahrtsaktivität, die man auch anderen überlassen könnte, sondern er gehört zu ihrem Wesen, ist unverzichtbarer Wesensausdruck ihres selbst". (25)

In der Durchführung dieses ekklesialen Grundprinzips sieht der Papst den Ursprung des Diakonenamtes. Der Dienst, den sie zu leisten hatten, war „ein ganz konkreter, aber zugleich geistlicher Dienst und ihr Amt daher ein wirklich geistliches Amt ..., das einen der Kirche wesentlichen Auftrag – eben die geordnete Nächstenliebe – wahrnahm" (21). Diakonia, also der Dienst gemeinsamer, geordnet geübter Nächstenliebe ist in der grundlegenden Struktur der Kirche selbst verankert. Von der Kirche sagt der Papst: „Liebe zu üben für die Witwen und Waisen, für die Gefangenen, für die Kranken und Notleidenden welcher Art auch immer, gehört genauso zu ihrem Wesen wie der Dienst der Sakramente und die Verkündigung des Evangeliums. Die Kirche kann den Liebesdienst so wenig ausfallen lassen wie Sakrament und Wort". (22) Als Beispiel führt er die Gestalt des Diakons Laurentius an, den großen Träger der kirchlichen Liebe im Gedächtnis der Kirche. (23)

II. Weisen der Realisierung des Ständigen Diakonats

Versuchen wir die Erneuerung des Diakonats und das Anliegen von „Deus Caritas est" zusammen zu sehen, so ist alles Handeln der Kirche Ausdruck der Liebe, die das ganzheitliche Wohl des Menschen anstrebt. Und Liebe ist der Dienst, den die Kirche entfaltet. Auch die Kirche als Gemeinschaft muss Liebe üben. „Das wiederum bedingt es, dass Liebe auch der Organisation als Voraussetzung für geordnetes gemeinschaftliches Dienen bedarf" (20). Die Vollzugsweisen der Kirche haben sich an diesen Vorgaben zu orientieren. Liturgie und Verkündigung sind immer nur dann authentisch christliche, wenn sie tatsächlich die Botschaft von der Liebe Gottes in Wort und Sakrament, beziehungsweise seine diakonale Präsenz unter den Gemeinschaftsformen der Menschen zur Geltung bringen. „So gibt es die diakonale Verantwortung auch in der Verkündigung, nämlich insofern dort die Diakonie Gottes uns gegenüber zum Vorschein kommt und von daher als Ermöglichungshorizont für das zwischenmenschliche diakonische Handeln besprochen wird"[5]. Bezüglich der Liturgie gab es bereits in der frühen Kirche den elementaren Zusammenhang zwischen Gabenbereitung und Armendienst. Aus der Caritas erwuchs die liturgische Beteiligung der Diakone bei der Gabenbereitung, der Austeilung der Eucharistie an Abwesende und Kranke.

Es liegt also eine tiefe Bedeutung in der Verbindung von Liturgie und Diakonie, wie sie der Diakon darstellt und personifiziert. Gerade die Diakonie benötigt nicht nur den bestätigenden Diskurs in der Verkündigung, sondern auch „die symbolische Repräsentanz, um in Liturgie und Feier die Tiefenmotivation des diakonischen Handelns zu erleben"[6]. Allein schon die Erfahrung des Diakons als Liturgen hebt die diakonische Tätigkeit auf eine besondere Stufe, die gerade um der Diakonie willen nicht verloren gehen darf. Wenn Menschen geweihte Diakone in gemeindlicher und auch liturgischer Präsenz als sich gegenüber nahe erfahren, erfahren sie auch die Kirche nahe an ihrem eigenen Leben, was sie dann auch in neuer Weise für ihr Wirken zu öffnen vermag. Gerade heute, wo die Sehnsucht nach Religion (in sicher zum Teil höchst ambivalenter Weise) massiv aufgebrochen ist, kann dieses Integral von Liturgie und Diakonie, von Ritual und Caritas, wie dies der Diakon darstellt, von größter Bedeutung sein.

Schon 1957 hat Karl Rahner darauf hingewiesen, dass die Diakone sich „als Träger der heiligen Funktion der Kirche in ganz bestimmten Bezirken der Kirche"[7] auffassen mögen. Im Zweiten Vatikanischen Konzil hat sich die Kirche in neuer, intensiver Weise daran erinnert, dass auch die Diakonie zur wesentlichen Berufung der Kirche gehört. Die Diakonie ist eine Perspektive und Qualität des gesamten kirchlichen Selbstvollzugs und hat diesen in allen seinen Bereichen zu durchdringen. Der Diakon ist in einer besonderen, nämlich seiner sakramentalen Weise zu der Verantwortung berufen und beauftragt, die in der gleichen unerlässlichen Weise zum Selbstvollzug der Kirche als Grundsakrament des Heiles für die Menschen gehört. Wenn Diakone in der Kirche tätig sind, liegt darin ihre besondere Aufgabe, einen Gott zu verkünden, der die Menschen trägt, der sie als Sünder und Sünderinnen liebt, und dessen Barmherzigkeit allen Menschen gilt. Das ist die spezifische Aufgabe des Diakonats, innerhalb aller Funktionen der Kirche, die Caritas, die Liebe wichtig zu nehmen und, wenn nötig, ein-

---

[5] O. Fuchs: Wer ist der Diakon? Seine Berufung, seine lokalen, seine überregionalen und globalen Aufgaben. Manuskript 2000, 2. Es handelt sich dabei um einen Vortrag, den Fuchs auf einem Ausbildungssymposium in Heiligkreuztal gehalten hat.
[6] O. Fuchs: Wer ist der Diakon, 7.
[7] K. Rahner: Sendung und Gnade. Innsbruck 1959, 283.

zuklagen. Mit seinem Standbein in der unmittelbaren Liebestätigkeit der Kirche findet der Diakonat seinen entsprechenden Stand
für ein in die anderen kirchlichen Selbstvollzüge ermutigend hi-
neingehendes Spielbein, um dort die Belange der Diakonie in Erinnerung zu bringen.

Der Diakonat hat die Verantwortung für notleidende Menschen und zugleich die Verantwortung, im inneren
Zentrum der Kirche selbst (in Liturgie, Verkündigung und Gemeindeaufbau) eben dieser Diakonie ihr notwendiges Recht und
ihre Bedeutung zu verschaffen. Aus dieser Perspektive darf es
dann tatsächlich Diakone in allen Selbstvollzügen der Kirche geben.

Im Bereich der Verkündigung besteht die Aufgabe der Diakone
also vor allem darin, die diakonische Seite der Verkündigung zu
entfalten, insbesondere im Horizont der Liebe Gottes uns gegenüber und der eschatologisch bedeutsamen Aufforderung, sich von
diesem Geschenk Gottes her in die zwischenmenschliche Diakonie hineinzubegeben. Die diakonische Verkündigung wird in
die Verantwortung der Tat rufen, sei es im drängenden prophetischen Sinne, sei es in der sensiblen Weise, die insbesondere von
der erfahrenen Liebe Gottes her in die Liebe zu den Menschen
führt. Der Diakon ist in der Verkündigung vornehmlich „für die
spirituellen Grundlagen als Ermöglichung zum diakonischen Handeln verantwortlich"[8]. Seine Verkündigung wird darauf aus sein,
die Liebe Gottes nicht nur in der gelingenden Verbindung von
Glaube und Wohlergehen festzumachen, sondern die Liebe Gottes
gerade in der Erfahrung des Leides aufzurufen und dafür Erfahrungen zu ermöglichen und zu vermitteln.

Im Bereich der Liturgie geht es darum, dass durch Symbol und
Symbolhandlungen alles, was im Diakonischen geschieht, auf Gott
zu geöffnet und von Ihm her transparent wird. Die Liturgie mit ihren
Symbolen wird dann als Stütze und Halt erlebt, als Kraftquelle der
Diakonie und als feierliche Bestätigung all der lebensvertiefenden
Erfahrungen, die die Begegnung mit den Erlebnissen und mit den
Inhalten von Leiden betroffener Menschen für das eigene Leben
bringt. Insbesondere die Sakramente dürfen als „sichere" Zeichen
der Diakonie Gottes uns gegenüber erlebt werden. Zudem lässt die
Liturgie die nicht zu leistende Vorgegebenheit der Liebe und Gnade
Gottes erfahren. Die vor allem in der alten Kirche konstitutive Be-
deutung der Verbindung von Gottesdienst und Caritas ist auch in das
Wort der Symbolhandlungen einzubringen, in einer Verkündigung,
die die diakonische Tiefendimension der Symbole erklärt.

---

[8] O. Fuchs: Wer ist der Diakon, 12.

Der Diakon hat aber auch eine Aufgabe im Bereich der Gemeinschaftsbildung der Kirche, der Koinonia. Sein Dienst soll andere begeistern, ermutigen und bestärken, communio aufzubauen und zu leben. Papst Benedikt kommt in der Enzyklika „Deus caritas est" dort auf den Diakonat zu sprechen, wo er von der Kirche als Gemeinschaft spricht: „Auch die Kirche als Gemeinschaft muss Liebe üben". (20) Die in der Gottesliebe verankerte Nächstenliebe ist ein Auftrag an die gesamte kirchliche Gemeinschaft, und dies auf all ihren Ebenen. Mit der Apostelgeschichte beschreibt Benedikt das Element „Gemeinschaft" (Koinonia): „Ihre Gemeinschaft besteht eben darin, dass die Gläubigen alles gemeinsam haben und dass es den Unterschied zwischen arm und reich unter ihnen nicht mehr gibt". (20) Der Ursprung des Diakonenamts liegt nach Benedikt in der Durchführung dieses ekklesialen Grundprinzips der Koinonia. Die Gemeinschaft selbst, das gelingende Miteinander der Charismen in der Kirche, bedarf der Diakonie. Noch einmal Papst Benedikt: „Kirche als Familie Gottes muss heute wie gestern ein Ort der gegenseitigen Hilfe sein und zugleich ein Ort der Dienstbereitschaft für alle der Hilfe Bedürftigen". (32) Wer sollte mehr dazu berufen sein, sich um die Communio zu sorgen, als der Diakon, wer sollte mehr Vorposten und Horchposten in der Kirche bei der Bewältigung dieser Herausforderung sein! Er soll Diakonie an der Communio betreiben. Das ist ein wesentlicher und unverzichtbarer Beitrag zu der heute angesagten missionarischen Gestalt der Kirche.

Im Wort der deutschen Bischöfe „Zeit zur Aussaat" von 2000 nennen die Bischöfe als Wege der Verkündigung, an der die Diakone ihren je eigenen Anteil haben: „Zeugnis des Lebens", „Zeugnis des Wortes", „Zustimmung des Herzens", „Eintritt in die Gemeinschaft von Gläubigen und Beteiligung am Apostolat", „selbst in die Sendung eintreten". Am Endes des Schreibens heißt es: „Wir treten jetzt in eine Zeit ein, in der christlicher Glaube missionarisch- evangelisierend in der Generationenabfolge weitergegeben werden muss. Damit nähern wir uns – freilich in einem völlig anderen gesellschaftlichen Umfeld – in bemerkenswerter Weise wieder der Situation des Christentums in den ersten drei Jahrhunderten". Vielleicht haben das die Konzilsväter des Zweiten Vatikanum schon gespürt, als sie den Ständigen Diakonat wiederbegründet haben.

III. Fragestellungen und Problemanzeigen

Kirchliche Diakonie und Caritas stehen vor mehrfachen Herausforderungen, denen sie als Zeichen der Zeit sehend und handelnd begegnen muss: Zunehmend mehr Menschen sind auf Unterstützung durch soziale Hilfesysteme angewiesen, die je länger je weniger durch staatliche Vor- und Fürsorgeleistungen erbracht werden können, weil sie nicht mehr finanzierbar sind; die europaweite Diskussion um die Klärung der Frage, was zur lebensnotwendigen Daseinsvorsorge und Grundsicherung für jeden Menschen gehört und wie diese sicherzustellen sind, ist längst nicht beantwortet, und inzwischen fallen immer mehr Bedürftige durch die vorhandenen Sicherungsnetze; die traditionellen Bindungen in den primären Hilfesystemen Familie, Nachbarschaft, Freundeskreis sind nicht mehr als selbstverständliche Unterstützungs- und Hilfestrukturen vorhanden, die Nöte und Bedürftigkeiten von kranken, alten, behinderten, arbeitslosen Frauen und Männern, Kindern, allein erziehenden Müttern und Vätern, wohnungslosen Menschen, Bürgerinnen und Bürgern mit Migrationshintergrund auffangen könnten; soziale Aufgaben werden mit dem Hinweis auf ökonomische Engpässe aufgegeben und professionelle Dienste müssen geschlossen oder aufgegeben werden.

Vor diesem Hintergrund gewinnt die Solidaritätsmehrung in unserer Gesellschaft eine höchst aktuelle politische und gesellschaftliche Dringlichkeit. Welche Aufgabe hat der Ständige Diakonat in diesem Prozess der Solidaritätsmehrung? Könnte es nicht zur Förderung des Profils des Diakons in seiner Eigenständigkeit beitragen, neue Wege aufzuzeigen, wie die Solidarität Gottes mit den Menschen sichtbar gemacht werden kann als Anstiftung zu geschwisterlicher Solidarität?

Historisch gibt es einige Randunschärfen in der Abgrenzung diakonaler Tätigkeiten, so wie auch seit dem Zweiten Vatikanischen Konzil bis heute über die genaue, spezifische Gestalt des diakonalen Amtes diskutiert wird[9]. Im Diakonenamt liegen verschiedene Traditionen vor. Ist es ein Amt, das auf der einen Seite dem diakonisch-caritativen Tun der Kirche zugeordnet ist und auf der anderen Seite vor allem liturgische und kerygmatische Funktionen zu erfüllen hat? Diese Unklarheit geht bis heute weiter in den Auflistungen diakonaler Funktionen, so dass gerade deswegen eine spezifische Gestalt des Diakonats bisher nicht hervortritt. Un-

---

[9] Vgl. G. L. Müller: Priestertum und Diakonat. Einsiedeln/Freiburg 2000, hier: 183–187.

klarheiten weisen darauf hin, dass hier auch in Zukunft die kirchliche Kompetenz gefordert ist, innerhalb eines vorgegebenen weiten Rahmens die sakramentale Gestalt zu bestimmen, beziehungsweise zu präzisieren und zu vereindeutigen.

Ähnlich steht es um die Frage des Diakonates der Frau. Das historische Material in dieser Frage ist mittlerweile so aufgearbeitet, dass nicht in der Auflistung, wohl aber in der Beurteilung und Schlussfolgerung Differenzen bestehen. Da aber die Frage nach dem Diakonat der Frau meist verbunden ist mit der Forderung, für heute ganz neu den Diakonat von Mann und Frau zu bedenken und einzurichten, hat die Beurteilung des historischen Befundes nur begrenztes Gewicht. Das kirchliche Lehramt hat bisher die Möglichkeit einer Ordination von Frauen zu Diakoninnen offen gelassen, auch wenn es Frauen von der Priesterweihe ausschließt. In seinem Vortrag von 1993, also zum 25-jährigen Jubiläum des Ständigen Diakonats, hat Kardinal Lehmann eine ausführliche Stellungnahme zum Diakonat der Frau vorgelegt. Die Diskussion der letzten fünfzehn Jahre in dieser Frage ist über diese Stellungnahme nicht wesentlich hinausgegangen. Aus meiner Sicht gestaltet sich die Entwicklung in dieser Frage als schwierig, weil die Römisch Katholische Kirche, sollte sie sich dazu entschließen, Frauen den Zugang zum bestehenden Diakonat zu öffnen, damit über eine bloße Wiederbelebung des aus der Geschichte bekannten „Diakonats" für Frauen doch hinaus gehen würde[10].

Ich möchte noch einen weiteren Punkt zu bedenken geben: Zu wenig wird meines Erachtens in den Blick genommen, dass das Amt des Diakons aus der gewählten Lebensform heraus zu gestalten ist. Die Lebensform bildet den Rahmen für den Dienst. Das zu sehen, ist nicht nur legitim, sondern geradezu notwendig. Der verheiratete Diakon ist auch nach seiner Weihe in erster Linie Ehemann und Familienvater. Sein wichtigster Ort ist und bleibt die eigene Familie. Diakone können ihren Dienst nicht abstrahiert von ihrer Lebensform tun. Das Gelingen dieser Lebensform ist eine weitaus grundsätzlichere Frage als das ohnehin schwierige Problem der Vereinbarkeit von Familie und Beruf, das natürlich auch in Familien von Diakonen durchaus ein brisantes Thema sein kann. Ich könnte mir denken, dass die Erwartungen an die Lebensform Ehe und Familie stärker thematisiert werden müssen. Andererseits steht der Diakon gerade durch seine Familie und de-

---

[10] Vgl. H. Hoping: Diakonie als Aufgabe des kirchlichen Leitungsamtes. Manuskript o.J., hier: 9.

ren Umfeld in einem Kommunikationszusammenhang, der eine kostbare Ressource für das Leben der Kirche bedeutet. Die Kirche hat noch nicht richtig begonnen, den Schatz, den Ehe und Familie für den Diakonat bedeuten, zu heben. Das Direktorium für den Dienst und das Leben der Ständigen Diakone von 1998 führt dazu aus: „Auch das Sakrament der Ehe, das die Liebe der Ehegatten heiligt und sie als wirksames Zeichen der Liebe herausstellt, mit der Christus sich der Kirche hingibt (vgl. Eph 5,25), ist ein Gottesgeschenk und muss das geistliche Leben des verheirateten Diakons nähren" (61). Dieser Gedanke muss noch weiter entfaltet werden.

Ich komme zum Schluss: In der Rahmenordnung[11] der Ständigen Diakone von 2000 heißt es: „Der Diakon ist Zeichen des dienenden Christus und der dienenden Kirche. Aus der sakramentalen Verbindung mit Christus soll er dem Volk Gottes in der Diakonie der Liturgie, des Wortes und der christlichen Bruderliebe in Gemeinschaft mit dem Bischof und seinem Presbyterium (Lumen gentium 29) dienen" (S. 15). „Gleichsam als Anwalt der Nöte und Wünsche der christlichen Gemeinschaften, als Förderer des Dienstes oder der Diakonie bei den örtlichen christlichen Gemeinden, als Zeichen oder Sakrament Christi des Herrn selbst, der nicht gekommen ist, sich bedienen zu lassen, sondern zu dienen, soll der Diakon in der Gemeinde diakonische Dienste anregen und heranbilden. Auch soll er durch sein Leben und Wirken zur Evangelisierung der Lebensbereiche beitragen. ... Sein Dienst zielt darauf, in der ganzen Gemeinde den Sinn für die Diakonia Christi zu wecken und wach zu halten" (S. 16).

Es ist das Verdienst der Diakone in den deutschen Diözesen durch die vergangenen vierzig Jahre, dass dieses Profil eindrucksvoll und nachhaltig entwickelt wurde.

Dankbar blicken wir auf die vielen Männer mit ihren Ehefrauen und Familien, die sich in den vergangenen vierzig Jahren dem Ruf Gottes nicht verschlossen haben. Das gilt für alle Ständigen Diakone, ob verheiratet oder unverheiratet, hauptberuflich oder im Zivilberuf. Sie sind ein Segen für die Kirche und für die uns anver-

---

[11] Rahmenordnung für Ständige Diakone in den Bistümern der Bundesrepublik Deutschland (1994), in: Empfehlungen zur Umsetzung der „Grundnormen" und des „Direktoriums" für den Ständigen Diakonat vom 22.02.1998 in den deutschen Bistümern (1999) Rahmenordnung für Ständige Diakone in den Bistümern der Bundesrepublik Deutschland (1994) / Richtlinien über persönliche Anforderungen an Diakone und Laien im pastoralen Dienst im Hinblick auf Ehe und Familie (1995). Hg. vom Sekretariat der Deutschen Bischofskonferenz, Bonn 2000 (Die deutschen Bischöfe 63).

trauten Menschen. Papst Benedikt macht uns mit seiner ersten Enzyklika „Deus Caritas est" Mut, fortzuschreiten in der Erneuerung
der Diakonie und des Diakonats, dass wir so dem Impuls des Heiligen Geistes durch das Zweite Vatikanische Konzil noch mehr
Raum geben in der Kirche.

Geschichtliche Vergewisserungen

„Nicht bedient zu werden, sondern zu dienen" (Mk 10,45)

Diakonie und Diakonat im Licht des Neuen Testaments

von Thomas Söding

1. Fragestellung

Die Wiederentdeckung des Diakonates auf dem Zweiten Vatikanischen Konzil[1] hat auch zu einer Wiederbelebung der exegetischen Diskussion über Diakonat, Diakonie und Diakone geführt.[2] Die gegenwärtige Kontroverse, ob Frauen zu Diakonen geweiht werden können[3], tut ihr übriges. Das Konzil von Trient hat in seiner Lehre vom Weihesakrament, da es die sieben Stufen unterscheidet, allgemein auf die Apostelgeschichte (Act 6,5; 21,8) und Paulusbriefe (1Tim 3,8–13; Phil 1,1) als Belegtexte für das Diakonenamt im Neuen Testament verwiesen; es hat den Passagen aber keine spezielle Aufgabenbeschreibung, sondern die Lehre entnommen, „was man vor allem bei ihrer Weihe beachten muss" (DH 1765).[4] *Lumen Gentium* 29 hingegen verzichtet im Abschnitt über die Diakone auf eine biblische Begründung, obwohl der folgenreiche Schritt vorbereitet wird, den Diakonat als eine eigene Stufe der Weiheordnung wiederzubeleben und ihm umfassende Aufgaben im Bereich nicht nur der Diakonie, sondern auch der Li-

---

[1] Grundlegend zur Aufnahme des Konzilstextes ist die Studie der Internationalen Theologenkommission von 2006: *Il diaconato. Evoluzione e prospeive*, in: Comissione Teologica Internationale, *Documentoi 1969–2004*, 651–766.

[2] Cf. John N. Collins, *Diakonia. Re-Interpretating the Ancient Sources*, New York – Oxford 1990; ID., *Diakonia and the Diaconate*, Tantur 1977; ID., *Are All Christians Ministers?* Collegville, Minn. 1992; ID., *Deacons and the Church. Making Coinnections between Old and New*, Herefordshire 2002.

[3] Stimmen von Kritikern sammelt Gerhard Ludwig Müller (ed.), *Frauen in der Kirche. Eigensein und Mitverantwortung*, Würzburg 1999. Die Gegenposition markiert Peter Hünermann, Diakonat der Frauen. Geschichtliche und theologische Aspekte, in: *Brannte nicht unser Herz? Der erste Diakonatskreis für Frauen. Erfahrungen und Visionen*, Ostfildern 2004, 16–24. Cf. id. (ed.), *Diakonat Ein Amt für Frauen in der Kirche – ein frauengerechtes Amt?*, Ostfildern 1997. Die Quellen erforscht *sine ira et studio* Aimé Georges Martimort, *Les diaconesses. Essai historique*, Roma 1982,

[4] Die Sakramentalität der Weihe wird mit 2Tim 1,6s. begründet (DH 1766).

turgie und der Martyrie zuzuordnen (DH 4155). Wie es scheint, haben Unsicherheiten ob des exegetischen Befundes zu diesem Ausfall geführt.[5] Desto wichtiger ist eine exegetische Erschließung des biblischen Befundes[6], die historisch-kritischen Ansprüchen genügt, aber theologisch aufgeschlossen ist und nicht nur zu legitimieren versucht, was durch das Konzil angestoßen worden ist, sondern die Diakonie als einen Grundvollzug der Kirche nachzeichnet, der in der Heilssendung Jesu Christi selbst begründet ist.

2. Der Diakon Jesus

Jesus ist Diakon. Er, der Herr, ist der Diener. Sein Dienst ist der Einsatz des Lebens zur Rettung der Verlorenen. Die ganze Vollmacht des Kyrios offenbart sich in der Ohnmacht des unschuldigen Opfers; die Schwäche des Gekreuzigten aber ist seine wahre Stärke, wie Paulus erkannt hat (cf. 2Kor 13,4). Dieses Motiv paradoxaler Christologie, das dem Grundgeschehen von Tod und Auferstehung Jesu entspricht, aber sich auch der Dialektik von Präexistenz und Inkarnation, Anspruch und Demut, Freiheit und Hingabe verdankt, wächst aus verschiedenen Wurzeln dicht auf dem Feld neutestamentlicher Theologie.

a) Synoptische Traditionen

Ein synoptischer Schlüsselvers ist Mk 10,45:

Der Menschensohn ist nicht gekommen, bedient zu werden, sondern zu dienen
und sein Leben zu geben als Lösegeld für Viele.

---

[5] Cf.: Peter Hünermann, *Theologischer Kommentar zu Lumen Gentium,* in: Herders Theologischer Kommentar zum Zweiten Vatikanischen Konzil II (2004), 457: Die Relatio habe erklärt, auf ein Zitat von Act 6 sei verzichtet worden, weil „nicht klar sei, ob es sich um Diakone im späteren Sinn handle". Das erklärt aber weder, weshalb gar kein Bibeltext zitiert wird, noch weshalb zum Schluss Polykarp – „Barmherzig, eifrig, wandelnd gemäß der Wahrheit des Herrn, der aller Diener *(minister)* geworden ist" (Phil 5,2) – als Zeuge angeführt wird, obgleich ihm gegenüber ähnliche Vorbehalte geltend gemacht werden könnten.
[6] Den altorientalischen Hintergrund beleuchtet Hans-Joseph Fabry, Der altorientalische Hintergrund des urchristlichen Diakonates, in: Joseph G. Plöger – Hermann Joh. Weber (ed.), *Der Diakon. Wiederentdeckung und Erneuerung seines Dienstes,* Freiburg – Basel – Wien 1981, 15–29.

Die Exegese diskutiert, ob dieses Wort – ganz oder teilweise – einen Zugang zum Todesverständnis Jesu von Nazareth öffnen könne.[7] In jedem Fall schärft der Vers, der eine genaue Parallele bei Matthäus (Mt 20,28) und eine entferntere bei Lukas (Lk 22,27) findet, das kanonische Gedächtnis Jesu. Er ist der Menschensohn, der von Gott als sein Stellvertreter gesandt worden ist, seine Sache bei den Menschen zu vertreten und die Menschen mit Gott zu versöhnen. Er ist es nicht nur, wie in der apokalyptischen Tradition des späten Alten Testaments (Dan 7) und des frühen Judentums (äthHen) vorgezeichnet, als der endzeitliche Richter, der im Namen Gottes definitiv Recht spricht (Mk 8,38 parr.) und die von Gott Erwählten sammelt (Mk 13,26s. par. Mt 24,30s.), sondern auch als der Vollmächtige, der Sünden vergibt (Mk 2,1–12 parr.) und den Sabbat auf seinen Ursprung zurückführt (Mk 2,13–16 parr.), aber auch als der Verworfene und Verfolgte, der leiden muss, doch auferstehen wird (Mk 8,31 parr.; Mk 9,31 parr.; Mk 10,32ss. parr. et al.).[8] Leben, Leiden, Tod, Auferstehung und Parusie Jesu gehören zusammen, weil sich in diesen Dimensionen der göttliche Heilswille verwirklicht, dass die Menschen von ihrer Schuld befreit und durch den Tod hindurch gerettet werden, um das ewige Leben im Reich Gottes zu erlangen.

Das Drama dieses Weges passt genau zum Leitmotiv des Dienens, weil es Selbstentäußerung und Hingabe, Anerkennung und Gehorsam, Hilfe für andere und Leidensbereitschaft voraussetzt. Dass aber der Menschensohn diesen Dienst leistet, bietet die Gewähr dafür, dass die Hilfe wirklich ankommt – im doppelten Wortsinn göttlicher Wirksamkeit und menschlicher Nähe. Dass der Menschensohn durch seinen Tod das Lösegeld für diejenigen zahlt, die sonst einen ewigen Tod stürben, zeigt die Rückhaltlosigkeit des Dienstes, der aus Liebe geschieht und denjenigen zugutekommt, die sie ihrerseits verraten haben; dass die Lebenshingabe Dienst ist, zeigt, dass sie aus Freiheit geschieht und Ausdruck von Liebe ist.

Nach dem Lukasevangelium spricht Jesus mit seinen Jüngern nach dem Letzten Abendmahl ausführlich über seinen Tod und

---

[7] Es war die Leidenschaft von Anton Vögtle, die historische Authentizität aller Menschensohnworte zu bezweifeln: Die „Gretchenfrage" des Menschensohnproblems. Bilanz und Perspektive (QD 152), Freiburg – Basel – Wien 1994. Unter den Standards historisch-kritischer Exegese leuchtet die Argumentation ein. Das Urteil ändert sich allerdings, wenn wesentliche Voraussetzungen, z. B. die Unterscheidung primärer und sekundärer Überlieferungsschichten, auf den Prüfstand gestellt werden. Mag Mk 10,45 auch nachösterlich bearbeitet worden sein, gibt es nur wenige Verse, die in konzentrierter Form mehr von Jesus, seiner Sendung und Wirkung verraten.
[8] Vgl. Alexander Weihs, Die Deutung des Todes Jesu im Markusevangelium. Eine exegetische Studie zu den Leidens- und Auferstehungsansagen (FzB 99), Würzburg 2003.

über ihr Leben in dieser Welt nach seiner Auferstehung. Der Vers, der sachlich am nächsten bei Mk 10,45 steht, lautet (Lk 22,27):

Wer ist größer: wer zu Tische liegt oder wer bedient?
Nicht, wer zu Tische liegt?
Ich aber bin in eurer Mitte als der Dienende.

Der letzte Satz kann sich im Kontext nur auf die Gabe von Brot und Wein beziehen, die für Jesu Hingabe seines Lebens steht (Lk 22,14–22). Dadurch weitet sich der Blick für das Ganze der Sendung Jesu. Sie ist insgesamt ein Dienst an den Menschen – Lukas betont: an den Verlorenen – zu deren Rettung. Lk 22,27 liegt auf einer Ebene mit Mk 10,45, auch wenn das Erlösungsmotiv fehlt. Der Dienst, den Jesus leistet, geht bis zum Tod; er besteht in der Vermittlung des ewigen Lebens, das beim Mahl der Vollendung in der Gottesherrschaft gefeiert werden wird (Lk 22,16). Der diesen Dienst leistet, ist auch nach Lukas der „Menschensohn", der seinen Weg geht (Lk 22,22): den Weg der Suche nach den Verlorenen, um sie zu retten (Lk 19,10). Dass er auf diesem Weg gewaltsam sterben wird, ist seiner Gewaltlosigkeit und Feindesliebe geschuldet, zeigt aber einerseits die Notwendigkeit seines Heilsdienstes und andererseits die Größe seines Vertrauens auf Gott und seiner Gerechtigkeit wie seiner Liebe zu den Menschen, die dieses Dienstes bedürfen.

Lukas hat Jesu Dienst beim Abendmahl in einer kurzen Seligpreisung vorbereitet, die sich in der Weisheitsrede über die rechte und die falsche Sorge findet; sie nimmt das Bild von Herr und Knecht auf, um einen Rollentausch zu prophezeien (Lk 12,37)[9]:

Selig jene Knechte, die der Herr, wenn er kommt, wachen findet.
Amen, ich sage euch: Er wird sich schürzen und ihnen aufwarten
und vorbeikommen, sie zu bedienen.

Die Seligpreisung ist darin begründet, dass die Rollen vertauscht werden: In jedem Fall wäre es die Aufgabe wachsamer Knechte, den Herrn des Hauses zu begrüßen und zu bedienen. Beim Kommen desjenigen Herrn, von dem der Makarismus handelt, ist es anders – nicht aus einer Laune heraus, sondern weil der Kyrios der Messias ist, wie Jesus selbst ihn verkörpert. Die Knechte werden dadurch zu Freien, die Kleinen zu Großen, die Armen zu Reichen. Das ist die Verheißung der Gottesherrschaft.

---

[9] Cf. Christine Gerber, Wann aus Sklavinnen und Sklaven Gäste ihres Herrn werden (von den wachenden Knechten) Lk 12,35–38, in: Ruben Zimmermann (ed,), *Kompendium der Gleichnisse Jesu*, Gütersloh 2007, 573–578.

b) Johanneische Tradition

Von der lukanischen Abschiedsrede Jesu und dem parabolischen Makarismus ist die johanneische Fußwaschungsszene nicht weit entfernt (Joh 13,1–20)[10]. Ob eine direkte Abhängigkeit besteht, ist schwer zu entscheiden. Die Fußwaschung Jesu nach Johannes lässt sich als eine Erzählung lesen, die ein Wort des Diakons Jesus wie Lk 22,27 veranschaulicht oder ein Gleichnis wie Lk 12,37 in die Tat umsetzt – so wie ein Logion dieser Art sich als Deutung und ein Gleichnis dieser Art sich als Ankündigung eines Geschehens wie der Fußwaschung hören lässt.

Einem anderen die Füße zu waschen, ist nicht nur ein Akt der Ehrerbietung, sondern ein Knechtsdienst. Diesen Dienst leistet aber nach Joh 13 der Kyrios. Der Knecht oder Sklave *(doulos)* ist im Griechischen mit dem Diener *(diakonos)* verwandt, aber nicht identisch. Beide stehen in einem Abhängigkeitsverhältnis; unterschiedlich sind aber der soziale Kontext und die Perspektive. Der *doulos* rangiert auf der sozialen Skala weit unten, der *diakonos* hingegen partizipiert an der Stellung seines Herrn. *Doulos* bezeichnet einen Status, *diakonos* eine Funktion. Der *doulos* ist unfreier Sklave, der *diakonos* hingegen weisungsgebundener Repräsentant dessen, der ihn sendet. Ein *diakonos* kann ein *doulos* sein; zwingend ist das nicht. Wenn ein *doulos* zum *diakonos* wird, ist das eine Ehre; wenn ein *diakonos* sich, obwohl er einen höheren Status genießt, als *doulos* erklärt, ein Akt der Demut. Wenn vom *diakonos* gesprochen wird, dann immer zuerst im Blick auf diejenigen, die von seinem Dienst profitieren; wenn vom *doulos,* dann immer erst im Blick auf den, von dem er abhängig ist.

Johannes hat die Dialektik des Diakonates stark gemacht.[11] Wäre der Knecht nicht Herr, könnte er nicht die Jünger von der Sünde reinigen, wie er es mit seiner Fußwaschung darstellt und bewirkt; wäre der Herr nicht Knecht, würde er die Jünger nicht reinigen, heißt: von der Schuld befreien und ihnen den heiligen Gott nahebringen. Diese Paradoxie, auf der jede Hoffnung im Namen Jesu gründet, ruft Jesus zum Abschluss seinen Jüngern ins Gedächtnis (Joh 13,16):

---

[10] Vgl. Luise Abramowski, Die Geschichte von der Fußwaschung, in: *Zeitschrift für Theologie und Kirche* 102 (2005) 176–203.

[11] In der Liturgie des Gründonnerstages agiert der Bischof oder Priester in der Rolle des Diakons Jesus, während der Diakon ihm assistiert. Er ist also der Diakon des Repräsentanten des Diakons Jesus.

34

Amen, amen, ich sage euch:
Der Knecht ist nicht größer als sein Herr
und der Gesandte nicht größer als der, der ihn gesandt hat.

Die Pointe ergibt sich aus dem Kontext: Die Jünger sind die Knechte des Kyrios Jesus; sie sind die Gesandten, die Apostel Jesu, der sie geschickt hat. Diese Rangstellung ist irreversibel; denn Jesus ist der Sohn Gottes und als solcher nicht nur der Retter der Jünger, sondern auch der fleischgewordene Logos, durch den Gott das Leben einer jeden Kreatur hervorgebracht hat. Aber Johannes hat gerade erzählt, dass Jesus den entscheidenden Rollentausch vorgenommen hat, weil er, der Gesandte des Vaters, der Knecht Gottes ist, der seinen Jüngern – und aller Welt – das Leben schenkt.[12] Dadurch werden die Jünger keine Herren und die Apostel keine Aussendenden. Aber wie Jesus *als* Herr der Knecht und *als* Knecht der Herr ist, so nehmen die Gesandten an der Autorität und Würde des Sendenden teil, und die Knechte handeln als Freie.

c) Paulinische Traditionen

Das Motiv der Knechtschaft und des Dienens Jesu begegnet auch in den Paulusbriefen. Am stärksten ist es in Röm 15,8 ausgearbeitet:

[8]*Christus ist Diener der Beschneidung für Gottes Wahrheit,*
um die Verheißung der Väter zu bekräftigen;
die Heiden aber sollen Gott für sein Erbarmen loben,
wie geschrieben steht (Ps 18,50):
„Deshalb werde ich dich unter den Heiden bekennen
und deinem Namen lobsingen.“

Der Satz gehört zum theologischen Summarium des Römerbriefes. Nach den Ausführungen des Apostels zur Gerechtigkeit Gottes im Evangelium, zu seinem heiligen Zorn über die Ungerechtigkeit von Juden wie Heiden, zur Rechtfertigung der Glaubenden, zur Rettung ganz Israels und zur Praxis der Liebe konzentriert sich Paulus auf den Dienst Jesu Christi. Er ist „Diakon der Beschneidung", weil er, als Jude geboren (Röm 9,1–5) und gekreuzigt (Röm 3,21–26), sein Leben der Rettung Israels verschrieben hat. Dadurch tritt er für Gottes „Wahrheit" ein, nämlich für die Treue zu seinen Verheißungen und die Verwirklichung seines Heilswillens, die seinem Gottsein – als Gott, der „für uns" ist (Röm 8,31s.) – entspricht. Die

---

[12] Cf. Jean Zumstein, *L'Évangile selon Saint Jean (13–21)* (CNT IVb), Genève 2007, 33.

Verheißungen der Väter werden durch den Diakonat Jesu „bekräftigt", heißt: ein für allemal bejaht (cf. 2Kor 1,20) und verwirklicht, präsentisch-eschatologisch durch seinen Tod und seine Auferweckung (Röm 6,10), futurisch-eschatologisch durch die Vollendung der Herrschaft Gottes (Röm 14,17). Der Dienst Jesu an Israel öffnet den Heiden den Zugang zu Gott, weil gerade dies die Verheißung ist, die Gott Abraham gegeben hat (Röm 4). Jesus verwirklicht diesen Dienst, weil er – durch die Apostel und die von ihnen gegründete Kirche (cf. 1Kor 3,10–17) – Gottes Namen unter den Völkern die Ehre gibt, wie Ps 18,50 sagt, dessen idealer Beter der messianische Davidssohn (cf. Röm 1,3s.) ist.

Die Parodie dieser diakonischen Soteriologie schimmert in Gal 2,17 durch, wo Paulus den Einwand gegen seine Theologie der Gnade referiert und zurückweist, Jesus sei ein „Diener der Sünde" – in dem Sinn, dass er zum Sündigen verführe, weil Gott diejenigen rechtfertigt, die glauben, ohne ihr Heilsvertrauen auf ihre Werke des Gesetzes zu richten (Gal 2,16). Paulus zeigt, dass der Messias die Sünden der Sünder nur deshalb vergibt, weil er die Sünde nicht etwa begünstigt, sondern besiegt, letztlich durch seinen stellvertretenden Tod am Kreuz (Gal 3,13s.).

Jesus ist aber nach Paulus nicht nur *diakonos,* sondern auch *doulos.* Das sagt der Apostel mit den Worten eines alten Christusliedes, das – soweit die Quellen sprechen – erstmals die Präexistenz und Menschwerdung, den Tod und die Erhöhung des Gottessohnes miteinander verbunden hat (Phil 2,6–11). Das Lied baut in doppelter Weise den denkbar größten Kontrast auf: In der zweiten Strophe ist es der, dass der zutiefst Gedemütigte zu höchsten Ehren kommt, ja mit dem Namen Gottes selbst ausgezeichnet wird (Phil 2,9ss.); in der ersten Strophe aber ist es der Kontrast, dass der Präexistente, der in der Gestalt *(morphe)* Gottes war, die Gestalt *(morphe)* eines Knechtes angenommen hat (Phil 2,6ss.). Damit ist nicht die skeptische Idee eines philosophischen oder theologischen (Hiob 7,1–10) Dualismus variiert, des Menschen Leben sei ein Knechtsdienst von Anbeginn an; vielmehr steht der Kreuzestod Jesu als typischer Sklaventod vor Augen, ob nun erst Paulus den expliziten Hinweis eingetragen hat oder schon von Anfang an das Kreuz genannt worden ist (Phil 2,9).

d) Der Horizont biblischer Theologie

Die paulinische Diakon-Christologie entspricht in den Grundzügen dem Bild aller vier Evangelien von Jesus als dem Messias, der seine Sendung als Diener und Knecht wahrgenommen hat. Ob die paulinische und vorpaulinische Christologie direkt oder indirekt die Erinnerung an Jesus in den Evangelien gefärbt hat oder ob umgekehrt die Christologie des Dienens ein Reflex der Sendung Jesu im Licht seines Tod und seiner Auferstehung ist, lässt sich nicht sicher entscheiden. Wahrscheinlich besteht ein hintergründiges Wechselverhältnis. In jedem Fall hat die Kongruenz dazu beigetragen, das Bild des Neuen Testaments tief zu prägen, weil das Motiv des Dienens wie kaum ein zweites die Geschichte Jesu, aber auch die Sendung der Kirche erschließt.

Den großen biblisch-theologischen Zusammenhang hat Matthäus sichtbar gemacht, wenn er expliziert, was vielerorts impliziert ist: Jesus ist der Knecht *(pais)* Gottes, der nach den vier Gottesknechtsliedern des Jesajabuches den Völkern das Wort Gottes bringt, am Ende aber sein Leben als Opfer für diejenigen hingibt, die seinen Tod verschuldet haben. Das griechische Wort *pais,* das für das hebräische *ebed* steht, ist nahe mit dem *diakonos* und *doulos* verwandt, hebt aber stärker noch die Enge der Beziehung zum Herrn hervor; *pais* kann auch „Kind" heißen. Matthäus reflektiert mitten in seiner Jesusgeschichte das vollmächtige Wirken Jesu, das der Aufrichtung der Gerechtigkeit Gottes für das Volk Israel und indirekt auch für die Völker der Heiden dient, indem er es ins Licht von Jes 42,1–4 stellt. Unmittelbar kommentiert Matthäus, dass Jesus, nachdem er gehört hat, dass die Pharisäer ihm nach dem Leben trachten, nicht mit Gegengewalt droht, sondern sich zurückzieht, um als Heiland weiter wirken zu können (Mt 12,17–21):

[17] *..., damit erfüllt werde, was gesprochen ward durch den Propheten Jesaja, der sagt:*
[18] *„Siehe, das ist mein Knecht, den ich erwählt,*
mein Geliebter, an dem meine Seele Gefallen gefunden.
Ich werde meinen Geist auf ihn legen,
und Recht wird er den Heiden künden.
[19] *Er wird nicht streiten noch schreien,*
noch wird man auf den Straßen seine Stimme hören.
[20] *Geknicktes Rohr bricht er nicht,*
und glimmenden Docht löscht er nicht,
bis er das Recht zum Sieg führt
[21] *und auf seinen Namen die Heiden hoffen".*

Der Gottesknecht hat die Autorität und Souveränität Gottes. Deshalb braucht er das Recht nicht mit Zwangsmitteln durchzusetzen, sondern kann ganz auf die Gewaltlosigkeit seines Dienstes setzen. Der Rekurs auf die eminente Prophetie des Alten Testaments erlaubt es, diesen Grundzug des Diakonates Jesu deutlicher ins Bild zu setzen, während umgekehrt das Neue Testament eine durch Jesus vorgegebene Antwort auf die Frage nach der Identität des Gottesknechts hat, die im Alten Testament letztlich ungeklärt bleibt[13].

3. *Jünger und Apostel als Diakone*

Alle Stellen des Neuen Testaments, die Jesus als Diakon zeigen, isolieren ihn nicht von seinen Jüngern und den Gläubigen, sondern zeigen ihn in Gemeinschaft mit ihnen; das gehört zum Wesen seines Dienstes, dessen Heilswirkung allerdings über den Kreis seiner Nachfolger hinausreicht und die ganze Welt betrifft. Als Diakon ist Jesus in entscheidender Hinsicht einmalig, unvergleichlich und unersetzbar: Er ist der Sohn Gottes; sein Dienst besteht in der Erlösung vom Bösen. Darin ist die christologische Dialektik von Herr und Knecht begründet, an der die Hoffnung der Jünger und aller Welt hängt, die aber auch der Jüngergemeinschaft und der Kirche ihren Stempel aufdrückt. Da bei Jesus, so wie die Evangelien und alle neutestamentlichen Schriften ihn portraitieren, Wort und Wirkung, Reden und Tun, Theorie und Praxis, Bote und Botschaft in eins fallen, prägt Jesu Leben das Leben seiner Jünger. Wie er Diener ist, sollen auch sie Diener sein. Wie er durch seinen Dienst ihnen und der Welt das Leben Gottes bringt, so sollen sie sich von ihm in Dienst nehmen lassen, sein Heilswerk sich zu eigen zu machen, heißt: sich ihm zu übereignen, der er durch seine Jünger wirken will.

Die Portraits der Jünger Jesu in den Evangelien sind nicht nur von der Erinnerung an das beeinflusst, was zu Jesu Erdenzeiten geschehen ist, sondern auch von der Bedeutung, die Jesu Jünger in der Anfangszeit der Kirche gewonnen haben. Das Bild der Christen in der Kirche ist nicht nur von den Erfordernissen der Gegenwart im hellenistischen Umfeld beeinflusst, sondern von der Vergegenwärtigung der Maßstäbe Jesu. Einerseits sind nachösterliche Entwicklungen in das Bild der Nachfolge Jesu eingetragen, andererseits sind die nachösterliche Ekklesiologie und Amtstheologie als Transformation der Sendung Jesu unter den

---

[13] Cf. Hermann Spieckermann, *Gottes Liebe zu Israel. Studien zur Theologie des Alten Testaments* (FAT 33), Tübingen 2001, 119–155.

Bedingungen seines Todes und seiner Auferstehung entwickelt worden. Es bleibt beim Unterschied zwischen der vorösterlichen Nachfolge und dem nachösterlichen Glauben; der Einschnitt des Kreuzes ist tief, der Aufbruch des Ostertages groß. Dennoch trägt es zu einem klareren Bild neutestamentlicher Diakonie bei, wenn die synoptischen und johanneischen Traditionen, die aus nachösterlicher Perspektive die vorösterliche Zeit beleuchten, wie in der Christologie mit den paulinischen Traditionen verglichen werden, die der Kirche gewidmet sind, wie sie auf dem Fundament Jesu Christi selbst gegründet worden ist (1Kor 3,10–17).

In den Evangelien wie in den Paulusbriefen ist das Wirken der Jünger wie der Apostel grundlegend als Diakonie gekennzeichnet. Ihren Dienst sollen sie Gott und dem Nächsten leisten, untereinander und den anderen, „denen draußen", aber auch Jesus, ihrem Meister. Dieser Dienst der Jünger, zu dem Jesus sie nach den Evangelien vorösterlich wie nach nachösterlich beruft und der nach Paulus in der Sendung durch den Auferstandenen gründet, hat grundlegende Bedeutung für die gesamte Kirche. Denn von diesem Dienst der Jünger und Apostel ist nicht nur das Amt der Bischöfe, Presbyter und Diakone, sondern aller Gläubigen geprägt.

a) Synoptische Traditionen

Das Wort Jesu vom Dienen des Menschensohnes steht bei Markus und Matthäus wie bei Lukas, der es, verändert, zum Letzten Abendmahl zieht, in unmittelbarer Nähe sowohl zur Kritik Jesu am Herrschaftsgebaren der Zwölf als auch zur Forderung, sie sollten ihrerseits Diener sein. Auf die Bitte der Zebedaïden, die ersten Plätze im Reich Gottes einnehmen zu dürfen, antwortet er schließlich unmittelbar vor dem Lösegeldwort (Mk 10,42ss.):

[42]Ihr wisst:
Die als Herrscher der Völker gelten, unterdrücken sie,
und ihre Großen tun ihnen Gewalt an.
[43]Bei euch aber sei es nicht so.
Wer bei euch groß sein will, soll der Diener von allen sein,
[44]und wer bei euch der Erste sein will, der Knecht von allen.

Diener und Knecht zu sein, heißt, wie Jesus zu sein. Es reicht nicht, dass die Jünger – nach innen und außen – auf die Ausübung von Gewalt verzichten und die Macht, die sie haben müssen, um helfen zu können, nicht verwenden, um andere zu unterdrücken; „Diener" und „Knecht" zu sein, zielt darauf, anderen (nach dem Maß der eigenen Kraft) zu ermöglichen, dass sie leben können. Die Mahnung ist nicht eingeschränkt; sie bezieht sich nicht nur auf alle Jünger, sondern auf all die Vielen, für die Jesus sein Leben gibt: eine unübersehbare große Zahl.[14] Dem Dienen, zu dem Jesus die Jünger auffordert, entspricht ein Ethos universaler Solidarität. Aber die Diakonie geht über Moralität hinaus: Der Dienst der Jünger besteht darin, das Evangelium zu verbreiten und dadurch dem Heil derer zu dienen, die Gott zum ewigen Leben bestimmt hat.

Dieser Dienst der Jünger ist ein Verkündigungsdienst im umfassenden Sinn des Wortes mit allen katechetischen, diakonischen und liturgischen Konsequenzen. Er ist im Dienst Jesu für sie und für alle begründet (Mk 10,45). Er ist *imitatio* und *repraesentatio Christi: imitatio,* weil Jesu Heilsdienst auf seiner Liebe und Hingabe beruht; *repraesentatio,* weil Jesus seine Jünger gesandt und bevollmächtigt hat, so dass sie – vor- wie nachösterlich – als seine Stellvertreter agieren, damit diejenigen, die nicht von Jesus, sondern von ihnen das Wort Gottes hören, in nichts benachteiligt sind.

Das Motiv der Nachahmung Christi, in der sich die Nachfolge Jesu existentiell verwirklicht[15], ist tief in der synoptischen Tradition verwurzelt. Das Gespräch nach der dritten Leidensankündigung in Mk 10 ist eine verschärfte Variation des Jüngergespräches nach der zweiten Passionsprophetie Mk 9,31. Als Antwort auf den Rangstreit der Jünger, „wer von Ihnen der Größte sei" (Mk 9,34), antwortet Jesus, indem er ein Kind in ihre Mitte stellt (cf. Mk 10,13–16 parr.) und sagt (Mk 9,35):

Wer erster sein will, sei der Letzte von allen und aller Diener (diakonos).

Diener ist hier nicht der Repräsentant, sondern derjenige, der fraglos hilft und unterstützt, sich unterordnet und dem anderen

---

[14] Der Heilsuniversalismus ist bei Markus christologisch-soteriologisch begründet, wie nach der Abendmahlstradition Jesu Becherwort sagt, dass er sein Blut „für viele", heißt: für alle vergossen hat (Mk 14,24 par Mt 26,28), und wird ekklesiologisch in der Völkermission konkretisiert (Mk 13,10).

[15] Zwischen Nachfolge und Nachahmung ist zu unterscheiden. Das ist ein wichtiges Ergebnis der Synoptiker- und Jesusforschung seit den 60ern; cf. Martin Hengel, *Nachfolge und Charisma. Eine exegetisch-religionsgeschichtliche Studie zu Mt 8,22s. und Jesu Ruf in die Nachfolge* (BZNW 34), Berlin 1968. Aber es gibt keinen Grund, die Rede von der *imitatio Christi* zu verdächtigen, dass sie die Christologie aus ihrer zentralen Stellung verdrängen. Zur Nachfolge gehört die Nachahmung, die im Leben umsetzt, was von Jesus gelernt werden kann. Hans Dieter Betz (*Nachfolge und Nachahmung Jesu Christi im Neuen Testament* [BHTh 37], Tübingen 1967) sah paradigmatisch den Übergang von einem palästinisch-jüdischen zu einem hellenistisch-christlichen Modell bei analoger Betonung der Christologie, relativierte jedoch zu stark die zahlreichen Stellen, an denen in den Evangelien zur Nachahmung Jesu Christi aufgerufen wird.

zu Gefallen lebt. An dieser Stelle gibt es kaum einen Bedeutungs-
unterschied zwischen Diener und Knecht, *diakonos* und *doulos*.
Wie in Mk 10 ist die Jüngergemeinschaft der Vorort dieser Praxis,
die letztlich von der Auferstehung der Toten und deshalb von der
Agape bestimmt ist, die Hingabe und Anerkennung, Identität und
Solidarität verbindet.

Matthäus führt in seiner Parallele, der Weherede gegen die Pharisäer, die mit einer Mahnrede an die Jünger beginnt, diesen Gedanken aus, indem er eine Sentenz der Redenquelle (cf. Lk 14,11)
aufgreift (Mt 23,11s.):

> [11]*Der Größte von euch soll euer Diener (diakonos) sein,*
> [12]*denn wer sich selbst erniedrigt, wird erhöht werden.*

Diesem Grundsatz ist Jesus nicht nur gefolgt; er hat ihn aufgestellt:
durch seinen Tod und seine Auferstehung. Aus dem weiteren
Kontext des Wortes, der Kritik an den Pharisäern und Schriftge-
lehrten, ergibt sich, dass auch die Vollmacht der Jünger, zu binden
und zu lösen (Mt 18,18; cf. Mt 16,18s.), von dieser Diakonie durchdrungen sein muss; denn sie ist ihnen verliehen worden, den Zugang zum Reich Gottes nicht zu versperren (Mt 23,13), sondern
zu öffnen. In der lukanischen Parallele zu Mk 10 sind die Verbindungen noch enger, weil die Kritik und Ermahnung der Jünger
zum Dienen unmittelbar vor der Selbstvorstellung Jesu als Diener
steht (Lk 22,26s.).

Über das Motiv des Dienens treten an verschiedenen Stellen
Frauen in den Kreis der Jesusnachfolge. Zwei Brennpunkte bilden
sich. Den einen bildet die Geschichte von Maria und Martha (Lk
10,38–42). Martha geht ganz in der typischen Frauenrolle auf, für
Jesus zu sorgen; das ist ihr Dienst *(diakonia),* den Jesus sich auch
gefallen lässt. Aber da sie ihn auffordert, Maria zu sagen, auch sie
solle sich kümmern, die an Jesu Lippen hängt, muss Martha sich
sagen lassen, ihre Schwester habe „den besseren Teil erwählt"
(Lk 10,42). Damit wird eine andere Frauenrolle beschrieben, die
auch durch große Nähe zu Jesus, aber durch Konzentration auf
das eine Notwendige, das Wort des einen Gottes, definiert wird.[16]
Origenes hat an dieser Perikope die Unterscheidung zwischen der
hoch zu schätzenden *vita activa* und der noch höher zu schätzenden *vita contemplativa* festgemacht[17]; beide Lebensformen könn-

---

[16] Cf. Bart J. Koet, Luke 10:38–41 and Acts 6,1–7–a Lukan diptych on diakonia, in:
Jeremy Corley (ed.), *Studies in den Greek Bible*. FS Francis T. Gignac (CBQ.MS 44),
Washington DC 2008, 163–185.
[17] *Hom. Luc.* fr. 72.

ten von Frauen ebenso gut ausgefüllt werden wie von Männern; die Geschichte der Orden belegt das nachdrücklich; die Lukasperikope ist der wichtigste Bezugstext. Die Diakonie der Martha ist kein Makel; nur dass sie Maria vom Lauschen auf Jesu Wort abhalten will, ist ihr Problem[18]. Das Hören der Maria ist eine andere Form von Dienst: ausgerichtet auf Jesus, aber dadurch angeleitet zur Gottes- wie zur Nächstenliebe.

Den anderen Brennpunkt bildet die Kreuzigungsszene. Markus berichtet von den Frauen, die, wenngleich in sicherer Entfernung, unter dem Kreuz ausgeharrt haben, anders als die Zwölf. Von ihnen schreibt Markus (Mk 15,41):

Sie waren ihm schon in Galiläa nachgefolgt und hatten ihm gedient.

Matthäus (Mt 27,55) ist Markus gefolgt, ähnlich wie Lukas (Lk 23,49), der allerdings nicht explizit von Dienen (*diakonein*) spricht. Auch wenn die Frauen bei Markus und Matthäus wie bei Lukas[19] nicht explizit Jüngerinnen genannt werden, ist doch ihr Verhältnis zu Jesus genauso als „Nachfolge" bezeichnet wie bei Petrus und den Zwölfen. Das Dienen, das Markus und Matthäus erwähnen, mag an Hausarbeit und Tischdienst anknüpfen, wie es von der Schwiegermutter des Petrus (Mk 1,31ss.) und von Martha (Lk 10,38–42) berichtet wird, gewinnt aber größere Bedeutungsdimensionen, weil das Dienen durch Jesus als Wesensmerkmal der Jüngerschaft und Nachfolge vorgegeben ist. Jesus „gedient" zu haben, wertet die Nachfolge der galiläischen Frauen nicht ab, sondern auf. Ihr Dienst geht bis zum Tod und über den Tod hinaus: Nur weil die Frauen ihrem Dienst auch unter dem Kreuz treu geblieben sind, hören sie im leeren Grab die Botschaft von der Auferstehung Jesu Christi und können sie Petrus wie den Zwölf verkünden.

b) Johanneische Tradition

Im Johannesevangelium ist Jesu Diakonat ähnlich eng mit dem seiner Jünger verbunden wie bei den Synoptikern. Die Fußwaschung stellt die Verbindung her. Sie hat bei Johannes zwei Deutungen: eine soteriologische und eine ethische. Die soteriologische Deutung zielt auf das Abwaschen der Sünden – wie in der

---

[18] Zur Hochschätzung Marthas in der Frömmigkeitsgeschichte hat beigetragen, dass nach Joh 11,21–24 sie es ist, die Jesus als messianischen Gottessohn bekennt, der die Auferstehung schon hier und jetzt verwirklicht.
[19] Lukas wählt das Wort Act 9,43 für Tabita. In Lk 8,1ss. hat er eine Szene, die Frauen zusammen mit den Aposteln in der Nachfolge Jesu zeigen, auch wenn er dort nicht explizit von Jüngerinnen spricht.

Taufe. Die ethische Deutung zielt auf den Dienst der Jünger nach dem Vorbild Jesu. Die ethische Deutung ist in der soteriologischen begründet, weil der Dienst der Jünger den Heilsdienst Jesu mit der Zeit zu Wirkung kommen lässt. Die soteriologische Deutung zielt auf die ethische, weil die Jünger ihre Sendung nur in der Haltung und Praxis des Dienens konform mit Jesus Christus ausüben können. Jesus stellt sich als „Beispiel" hin, an dem seine Jünger sich orientieren sollen (Joh 13,15):

So wie ich euch getan habe, sollt auch ihr tun.

Das „So ... wie", das bei Johannes oft begegnet, hat paradigmatische, aber auch soteriologische Bedeutung. Die Jünger können handeln, *wie* Jesus gehandelt hat, *weil* Jesus an ihnen gehandelt und sie dadurch verwandt hat. Den Dienst der Fußwaschung sollen sie nicht nur einander leisten; denn so wie Jesu Dienst, den er seinen Jüngern erweist, der Rettung der ganzen Welt dient, so sind auch die Jünger gesandt, der Welt Gottes Heil zu bringen. Allerdings setzt das johanneische Missionskonzept nicht auf einzelne Wandermissionare, wie Paulus einer war, sondern auf die Attraktivität gelebten Christseins vor Ort, das anziehend wirkt, wie auch das paulinische Gemeindekonzept angelegt war. Deshalb ist der Dienst der Fußwaschung, der nach Johannes in der Kirche geleistet wird, eine der intensivsten missionarischen Aktionen.

Die Erzählung von der Fußwaschung ist durch eines der letzten Worte vorgezeichnet, das Jesus nach Johannes in der Öffentlichkeit spricht (Joh 12,26). Er wendet sich an alle Zuhörer, hat aber die Nachfolge im Sinn:

Wer mir dienen will, folge mir nach,
und wo ich bin, wird auch mein Diener sein;
wer mir dient, wird den Vater ehren.

Alle drei kurzen Sätze gehören zusammen. Am nächsten liegt Jesu Aufforderung zur Kreuzesnachfolge, die nach den Synoptikern auf das Messiasbekenntnis des Petrus folgt (Mk 8,34ss. parr), zumal im Vers zuvor vom Gewinn und Verlust des Lebens (wie in Mk 8,35 parr.) die Rede ist. Nachfolge ist bei Johannes als Konsequenz des Willens dargestellt, Jesus zu dienen, während die Synoptiker eher das Dienen als Konsequenz der Nachfolge zu sehen scheinen. Aber das sind keine gravierenden Differenzen. Johannes hat die Leidesnachfolge im Sinn, wie der Ort des Jesuswortes und der unmittelbar folgende Kontext zeigen. Das Leitmotiv ist *Diakonia*. Jesus zu dienen, heißt nicht, ihm etwas zu geben, was er selbst nicht hätte, sondern ihn in dem zu unterstützen, was er ist und geben will.

Das ist die Ehre Gottes, des Vaters. Der letzte Satz des Verses ist nicht so zu verstehen, als ob dann, wenn zuerst der Dienst Jesus erwiesen werde, in Folge dessen auch dem Vater die Ehre erwiesen wird, die ihm gebührt; sondern da Jesu Sendung nach Johannes kein höheres Ziel kennt, als dem Vater zu dienen, der Dienst Jesu von vornherein *ad maiorem Dei gloriam* geschieht. Deshalb die Nachfolge. Ihre Wirkung ist, dass Jesus vergegenwärtigt, wer ihm nachfolgt. Den traditionsgeschichtlichen Hintergrund beleuchtet das Botenrecht, das auch der synoptischen Tradition bekannt ist (Lk 10,16 par. Mt 10,40; cf. Joh 13,20) und zu dem eine jüngere rabbinische Parallele gezogen werden kann (mBer 5,5):

Der Gesandte ist wie der Sendende selbst.

Die repräsentative Funktion der Jünger passt zum Kontext, weil Jesus auf den Wunsch von Griechen reagiert, zu ihm zu gelangen, aber ihn nicht einfach erfüllt, sondern auf seinen Tod und seine Auferstehung verweist, damit jedoch indirekt auf die nachösterliche Sendung der Jünger, die er in Joh 20,19–23 vornimmt („Wie mich der Vater gesandt hat, sende ich euch").

c) Paulinische Tradition

Paulus wusste sich als Apostel, als Gesandter des Kyrios berufen und hat sich deshalb als Diener, aber auch als Knecht gesehen, als *diakonos* wie als *doulos*.[20] Beide Begriffe interpretieren einander wechselseitig; die Bedeutungsaspekte der Repräsentation und der Subordination lassen sich unterscheiden, aber nicht gegeneinander ausspielen.[21]

(1) Der Knecht Jesu Christi und der Gläubigen
Paulus stellt sich in seinem wichtigsten Brief den römischen Christen gleich zu Beginn als „Knecht Christi Jesu" vor (Röm 1,1; cf. Tit 1,1), im Philipperbrief zusammen mit seinem Schüler Timotheus (Phil 1,1). In beiden Fällen ist der Aspekt der hingebungsvolle Dienst am Evangelium Gottes, der uneingeschränkte Gehorsam,

---

[20] Zur paulinischen Apostolatstheologie cf. Robert Vorholt, *Der Dienst der Versöhnung. Studien zur Apostolatstheologie bei Paulus* (WMANT 118), Neukirchen-Vluyn 2008.
[21] Auf einer Zwischenstufe der sozialen Rangskala steht der „Gehilfe" (*hyperetes*) von 1Kor 4,1, der immerhin „Ökonom der Geheimnisse Gottes" ist, ein Verwalter im Hause Gottes. In den Bereich gottesdienstlicher Assistenz führt der Begriff „Liturge" (*leiturgos*) in Röm 15,16; dazu Robert Vorholt, Paulus als Priester. Der Apostel im Dienst der Versöhnung, in: *Communio* 38 (2009) 67–81.

der aus der Einsicht des Glaubens erwächst, die Hintanstellung persönlicher Ansprüche, die der Freiheit des Evangeliums entspricht (Röm 1,1–7). Als Apostel ist er ein freier Mann – weil er Jesus Christus „gesehen" hat (1Kor 9,1s.), der ihn von seinem falschen Eifer, von der Schuld seiner Christenverfolgung, von seinem Beharren auf der eigenen Gerechtigkeit befreit hat (cf. Phil 3,3–9). Diese Freiheit aber nutzt er, um Gott über sich herrschen zu lassen und deshalb Juden wie Griechen, Gerechten und Sündern, Starken und Schwachen als Verkünder des Evangeliums zu dienen (1Kor 9,20ss.). Diese Paradoxie der Freiheit formuliert er auf den Punkt (1Kor 9,17):

Der ich frei bin gegenüber allen, habe ich mich allen zum Knecht gemacht,
um viele zu gewinnen.

Das ist angewandte Kreuzestheologie, wie sie auch in der Dialektik von Stärke und Schwäche aufscheint, die Paulus im Zweiten Korintherbrief entwickelt (2Kor 12,10 cf. 13,4). Knecht und Sklave kann Paulus nur als Freier sein; die dunkle Folie wäre jene Knechtschaft gegenüber der Sünde, von der Paulus die Gläubigen durch Jesus Christus befreit sieht, der neue Nahrung zu geben er sie aber ebenso nachdrücklich warnt (Röm 6,12ss.). Im Römerbrief skizziert er, was sich ergibt, wenn jemand sich von der Diakonie des Apostels leiten lässt (Röm 6,16):

Wisst ihr nicht, dass ihr dessen Knecht seid und dem gehorchen müsst, dem ihr euch als Knechte zum Gehorsam anbietet?
Die einen der Sünde zum Tod, die andren dem Gehorsam zur Gerechtigkeit.

Das ist genau die Lebenseinstellung, die Paulus abgelesen werden kann. Er sieht sich als freien Menschen, den Gott befreit und in Dienst gestellt hat. Die Freiheit, die Paulus meint, wächst aus der Bindung an Jesus Christus; sie zeigt sich in Liebe (cf. Gal 5,13s.).[22]

Das Gegenstück zu 1Kor 9,17 findet sich in 2Kor 4,5:

Wir verkünden nicht uns selbst, sondern Jesus Christus als den Herrn,
uns selbst aber als eure Knechte um Jesu willen.

---

[22] Cf. Th. Söding, Zur Freiheit befreit. Paulus und die Kritik der Autonomie, in: *Communio* 37 (2008) 92–112.

So wie nach dem Ersten Korintherbrief Freiheit und Knechtschaft einander entsprechen, so nach dem Zweiten Korintherbrief das Herrsein Jesu Christi und die Knechtschaft des Apostels den Christen gegenüber. Diese Knechtschaft gibt es „um Jesu willen" – weil er selbst Sklave geworden ist, um die Menschen zu retten, ist auch der Apostel, der doch alle Autorität hat, derjenige, der die Gläubigen groß sein lässt, sich selbst aber hintanstellt. Diese Diakonie Jesu prägt den Dienst des Apostels inhaltlich und formal: inhaltlich dadurch, dass er Jesus Christus als Kyrios verkündet, konzentriert auf seinen Tod und seine Auferstehung; formal dadurch, dass er nicht die eigene Ehre, sondern die Gottes und deshalb das Recht der Menschen sucht.

(2) Der Diakon des Neuen Bundes
2Kor 4,5 gehört zur Zusammenfassung der langen Exegese von Ex 34, in der Paulus den Gegensatz zwischen der Diakonie des Mose und des Apostels entwickelt (2Kor 3)[23]. Beide glänzen; aber der Dienst des Evangeliums überstrahlt den des Gesetzes, weil das Gesetz den Tod, das Evangelium aber das Leben bringt und insofern der mosaische Gesetzesdienst ein Ende hat, der paulinische Evangeliumsdienst aber ins ewige Leben leitet. Im einen wie im anderen Fall redet Paulus von Diakonia (cf. 2Kor 4,2). Denn Mose wie Paulus sind Repräsentanten Gottes; beide haben eine wesentliche Aufgabe, Gottes Willen zu vergegenwärtigen; beide spiegeln Gottes Herrlichkeit wider: der eine im Alten, der andere im Neuen Bund, der eine, indem er das Urteil des Gesetzes, der andere indem er den Freispruch des Evangeliums verkündet.

Bevor Paulus sich mit der Diakonie des Bundes vom Sinai und seiner Erneuerung durch Christus befasst hat, gibt es eine einzige Stelle, an der er sich als Apostel „Diakon" nennt, in einem Atemzug mit Apollos und zur Relativierung der Aufgabe, die ihnen beiden als gesandten Verkündern und Lehrern des Evangeliums zufällt: Gott allein ist es, der Glauben entstehen lässt und die Kirche baut (1Kor 3,5). Paulus ist nur wie Apollos ein Gärtner, der gepflanzt, während Apollos gegossen hat; er ist ein Bauleiter, der die Fundamentierung des Kirchengebäudes organisiert (1Kor 3,5–17). Nach dem Exodus-Midrasch aber steigt „Diakonie" zum Leitwort der paulinischen Apostolatstheologie auf (2Kor 4,1; 6,3s.; Röm 11,13; 15,25).[24] „Diakonie" gehört – neben „Apostolat"

---

[23] Vgl. Christoph Dohmen, *Exodus 19–40* (HThKAT), Freiburg – Basel – Wien 2004.
[24] Das lässt sich nicht aus den Vorgaben des alttestamentlichen Textes erklären, sondern aus den Vorgaben paulinischer Theologie selbst, die aber durch die Exoduexe-

(Röm 1,5; 1Kor 9,2; Gal 2,8) und „Exousia" (1Kor 9,12.18) – zu den wenigen Grundbegriffen paulinischer Apostolatstheologie. Es verbindet persönliche Integrität mit pastoraler Intensität und spirituelle Intimität mit theologischer Intelligenz. Paulus ist der Repräsentant Jesu Christi, des Herrn, gegenüber den Gemeinden und gleichzeitig ihr Fürsprecher bei Gott.
Am deutlichsten wird dies in 2Kor 5,17–20:

[17]*Wer in Christus ist, ist ein neues Geschöpf.*
Das Alte ist vergangen – siehe, Neues ist geworden.
[18]*All das aber von Gott, der uns mit sich versöhnt hat durch Christus*
und uns den Dienst der Versöhnung gegeben hat
[19]*wie ja Gott in Christus war und die Welt mit sich versöhnt hat,*
indem er ihnen die Sünden nicht angerechnet
und unter uns das Wort der Versöhnung aufgeboten hat.
[20]*Für Christus also sind wir Botschafter,*
wie Gott es ist, der durch uns mahnt.

Die paulinische Versöhnungstheologie spielt auf die Praxis politischer Friedensmissionen an, von denen die griechische und römische Geschichte reich ist, entwickelt sie aber im Zeichen des stellvertretenden Sühnetodes Jesu (2Kor 5,21), der versöhnt, was im Grunde nicht zu versöhnen ist, weil die Sünder ihr Leben verwirkt haben und nicht auf die Besänftigung der Gottheit oder des Gegners durch milde Gaben, sondern ganz im Gegenteil auf die Friedensinitiative des Angegriffen, die Milde des Mächtigen, die Liebe des Missachteten setzen. Es ist Jesus Christus, der Gottes Versöhnung verkörpert; weil Gott „in" Jesus Christus war, kann er die Feindschaft der Menschen gegen Gott dort überwinden, wo sie sich eingenistet hat: bei den Menschen selbst, und sie so überwinden, dass Gott selbst sie auf sich nimmt. Die Versöhnung hat die Dimensionen einer neuen Schöpfung, weil zum einen die Sünde nicht an der Oberfläche bleibt, sondern ins Herz des Menschen dringt, und andererseits das Heil, das Gott schafft, alle Dimensionen irdischen Glücks sprengt.
Der Apostel ist voll und ganz einbezogen in dieses Heilsgeschehen. Aus der Versöhnungstat Gottes in Christus folgt die Einsetzung des Versöhnungsdienstes. Er ist eine Gabe Gottes: seine Tat und sein Geschenk an die Menschen, das darin besteht, dass sie durch diejenigen, die den Versöhnungsdienst leisten, im vollen

gese an Gewicht gewonnen haben. Vielleicht hat auch die Auseinandersetzung mit den „Super-Aposteln", die in 2Kor 10–13 greifbar wird und nach 2Kor 11,23 auch um den Diakonat kreiste, katalysatorisch gewirkt.

Umfang am Heil Gottes Anteil gewinnen, und zwar für alle Zeit. Der Versöhnungsdienst ist nach 2Kor 5 die wesentliche Praxis der Kirche: Es gibt sie nur deshalb, weil Gott will, dass seine Versöhnungstat in Christus, die ein für allemal geschehen ist (cf. Röm 6,10), ständige Folgen hat, so dass die Vergebung der Sünden, die Eingliederung in den Leib Christi, der Friede mit Gott dauerhaft und immer wieder neu geschehen. Das setzt die Institutionalisierung des Versöhnungsdienstes voraus.[25] Die Versöhnungsarbeit kann nur ein „Dienst" sein, weil Jesus Christius selbst sie als Diener geleistet hat und weil er darin besteht, das Interesse, die Hoffnung, den Glauben anderer zum Zuge kommen zu lassen.

Grundlegend ist er dem Apostel übertragen. Ihm ist Jesus Christus erschienen, damit er die Gute Nachricht verkünde, dass Jesus der Sohn Gottes ist, der den Todgeweihten das ewige Leben bringt. Im Fall des Paulus hat er seine Berufung seinerseits als eine Versöhnung und Vergebung erfahren, wie noch die Paulusschule festhält (cf. 1Tim 1,15s.). Als Diakon ist der Apostel Repräsentant Jesu Christi. Er ist Botschafter (cf. Lk 14,32; 19,14), der die Gute Nachricht austrägt, die er ihm aufgetragen hat, und gleichzeitig für ihn einsteht. Das meint sowohl, dass er in Jesu Autorität auftritt, als auch, dass er sein Leben nachahmt und sein Leiden teilt (cf. Eph 6,20).

Der Dienst der Versöhnung ist positiv, aber nicht exklusiv, erstmalig, aber nicht einmalig an den Apostel gebunden. Zwar hat Paulus in 2Kor 5 die Frage der apostolischen Nachfolge nicht im Blick; aber seine Versöhnungstheologie ist so prinzipiell, dass sie auch in späterer Zeit aktualisiert werden kann. Der Versöhnungsdienst gehört wesentlich zu „uns", heißt: zur Gemeinschaft der Gläubigen. Die Aussage liegt auf derselben Ebene wie die Einsetzung der Apostel, Propheten und Lehrer durch Gott in der Kirche nach 1Kor 12,28. Der Dienst der Versöhnung ist bleibend dadurch bestimmt, wie Paulus ihn ausgeübt hat; aber so wie er ihn in 2Kor 5 beschreibt, kann und muss er auch weiterhin geleistet werden – im Interesse derer, die darauf angewiesen sind, Gottes Versöhnungswort zu hören. Wer später diesen Dienst übernimmt, wenn der Apostel ihn nicht mehr ausführen kann, ist ebenso Repräsentant Jesu Christi wie Paulus selbst.

Die paulinische Diakonatstheologie gewinnt kritische Kraft in der Auseinandersetzung mit den „Super-Aposteln", die Paulus in Korinth das Leben schwergemacht haben. Sie scheinen ein glän-

---

[25] Eine spezifische Bedeutung gewinnt „Diakonie" bei Paulus als Bezeichnung der auf dem „Apostelkonzil" vereinbarten Kollekte für die „Armen" in Jerusalem (Röm 15,25.31; 2Kor 8s.; cf Act 11,29; 12,25).

zendes Auftreten mit einer starken Betonung der Herrlichkeit Jesu verbunden zu haben. Ihnen gegenüber profiliert Paulus sich als „Diakon" (cf. 2Kor 11,8), der einerseits – durch finanzielle Unabhängigkeit – seine Freiheit wahrt, aber andererseits nicht die eigene Person, den eigenen Erfolg, das eigene Recht in den Mittelpunkt stellt, sondern die Person, den Erfolg, das Recht Jesu Christi. Nach 2Kor 11,23 zu urteilen („Sie sind Diener Christi?"), haben sich die Gegner des Paulus selbst „Diakone" genannt, aber, wie Paulus sie darstellt, eher die Hoheit, die Autorität und Repräsentanz des Kyrios betont als die Niedrigkeit des Gekreuzigten, die Verachtung des Opfers, den Einsatz für die Schwachen.

(3) Resonanzen des paulinischen Diakonates
Die paulinische Theologie des apostolischen Diakonates steht nicht allein, sondern ist für weitere Zusammenhänge offen. Erstens hat Paulus selbst Verbindungen geknüpft, weil er seinen eigenen Aposteldienst eng mit dem seiner Mitarbeiter und Vertrauen zusammengesehen hat: zu Timotheus (Phil 1,1), seinem Meisterschüler, zu Ephaproditus, dem Abgesandten der Philipper, die ihn im Gefängnis unterstützt haben (Phil 2,22; cf. 4,18), und zu Onesimus, dem entlaufenen Sklaven, den er im Gefängnis für den Glauben gewonnen hat und von Philemon, seinem christlichen Herrn, als Mitarbeiter überlassen bekommen will (Phlm 13). So redet auch Lukas in der Apostelgeschichte (Act 19,22) von Timotheus und Erastus (cf. Röm 16,23; 2Tim 4,20) als Dienern des Paulus. Epaphras (cf. Phlm 23) wird im Kolosserbrief als „mein geliebter Mitknecht, der ein treuer Diener Christi für euch ist" empfohlen (Kol 1,7; cf. 4,12) – ganz im Stil der unbestritten echten Paulusbriefe und ähnlich wie Tychikos (Kol 4,7; Eph 6,21; cf. Act 20,4; 2Tim 4,12; Tit 3,12). Der Kolosserbrief schließt damit, dass die Christen Archippus (cf. Phlm 2) sagen sollen, auf den „Dienst" – Luther übersetzt: „das Amt" – zu achten, das er „im Herrn empfangen" hat. So unscheinbar die Notizen scheinen, so wichtig sind sie, weil sie zeigen, dass weitergeht, was Paulus begonnen hat: Dienst am Evangelium aus Verbundenheit mit dem Apostel in der Kirche für die Menschen.

Zweitens wird Paulus selbst von anderen in einem ähnlich grundsätzlichen Sinn „Diener" genannt, wie er sich selbst bezeichnet hat (Kol 4,17). Am wenigsten überrascht das in den Briefen, die nach herrschender Meinung aus der Paulusschule stammen. Nach dem Kolosserbrief ist Paulus der „Diakon" des Evangeliums, das von der Schöpfung und Erlösung der ganzen Welt durch Jesus Christus handelt (Kol 1,23); Diener ist Paulus auch in seinen Leiden, da er ja um des Evangeliums willen ins Gefängnis geworfen wurde (Kol 1,24). Paulus übernimmt für Gott und die Kirche eine wesentliche Aufgabe, indem er das Evangelium verkündet und sein Leben dafür opfert. In Kol 1,25 heißt diese Aufgabe „Ökonomie Gottes" ähnlich wie in 1Kor 4,1 und 9,17. Gottes „Ökonomie" ist sein Heilsplan; in diesem Plan ist der Apostel ein wichtiger Mitspieler, weil er von Gott durch die Berufung in Beschlag genommen wird und die Kolosser durch ihn von diesem Heilswillen gehört haben und überzeugt worden sind. Ähnlich der Epheserbrief, der den Kolosserbrief voraussetzt und fortschreibt (Eph 3,7): Paulus wird als Diener (Diakon) des Evangeliums ins Bild gesetzt, den Gott berufen und aus reiner Gnade mit aller Energie ausgestattet hat, seinen Dienst in Gottes Kraft zu vollbringen (cf. Eph 3,8). Auch die Apostelgeschichte des Lukas kennt diesen Sprachgebrauch. Nach Act 20 ruft Paulus, um Abschied zu nehmen, in Milet die ephesinischen Presbyter zusammen, um die Bilanz seines Lebens zu ziehen und sie auf die kommende Zeit einzustellen. Gegen Ende des ersten Teils sagt er (Act 20,24):

Mein Leben achte ich nicht der Rede wert, wenn ich nur meinen Lauf vollende und den Dienst, den ich empfangen habe vom Herrn Jesus, das Evangelium der Gnade Gottes zu bezeugen.

Der Dienst besteht in dem Zeugnis für Jesus, das in Wort und Tat abgelegt wird. Paulus blickt in der Miletrede auf sein Martyrium voraus; die Vollendung seines Lebenslaufes ist auch die Vollendung seiner Diakonie, weil sein Leben in ihr aufgeht und sie den vollen Einsatz der Person verlangt. Nach Act 21,19 hat Paulus gleichfalls seine gesamte Wirksamkeit unter den Heiden, von der er in Jerusalem Jakobus berichtet, als „Dienst" bezeichnet, den Gott durch ihn wirke.

Diese Sprache des Paulus und seiner Schule hat dazu geführt, dass „Diakonie", *ministerium,* zum wichtigsten Terminus der Amtstheologie geworden ist. Er nimmt die Proexistenz Jesu auf und verbindet sie mit der Hingabe an das Evangelium, aus der die Hingabe an die Menschen folgt, die zu Hörern des Wortes werden sollen.

d) Der Horizont biblischer Theologie

„Diakonie" ist ein neutestamentliches Leitwort der Ekklesiologie, geprägt durch die Christologie. „Knechtschaft" hingegen ist von Abraham (Gen 18,3.5 et al.: *pais*), Jakob (Gen 32,5; 33,14 et al.: *pais*), Mose (Num 12,7; Dtn 3,24 et al.: *therapon)* und David (2Sam 7,5.8; Ps 27,9 et al.: *doulos;* Ps 18,1: *pais*) als Ehrenbezeichnung eines Gottesmannes bezeugt, dessen Autorität aus der Bindung an Gott resultiert. Ohne diese Basis würde sich die neutestamentliche Hochschätzung der „Knechte" Gottes schwer erklären.

An zwei Stellen des lukanischen Doppelwerkes wird die Brücke sichtbar. Zum einen ist es Maria, die im Magnifikat alttestamentliche Psalmenfrömmigkeit mit neutestamentlicher Theologie verbindet. Es ist eine Frau, die spricht: die „Magd des Herrn". Sie spricht, weil sie, die Niedrige, von Gott erhöht worden ist; sie spricht, um ihre Verbundenheit mit allen Erniedrigten und ihre Hoffnung auf den großen Umschwung aller Verhältnisse zum Ausdruck zu bringen (Lk 1,48):

Auf die Niedrigkeit seiner Magd (doule) hat er geschaut.
Siehe, von nun an preisen mich selig alle Geschlechter.

Das Magnifikat ist vorbereitet in der Antwort, die Maria dem Engel Gabriel gibt, der ihr verheißt, die Mutter des Messias zu werden (Lk 1,38):

Siehe, die Magd des Herrn (doule).
Mir geschehe nach deinem Wort.

Liest man das Lukasevangelium wie die Apostelgeschichte synchronisch, in der Abfolge des Textes, wie er veröffentlicht worden ist, ist jeder Dienst, der im Namen Gottes und auf Jesu Wort hin übernommen wird, eine Einstimmung in das *Fiat* Marias. Nach Lk 1,38 verweist sie auf Gottes Schöpferwort, das ihr Leben bestimmt. Dieses Wort Gottes ist die umfassende Bestimmung des neutestamentlichen Diakonates, der nach Lukas eine marianische Dimension hat. Diese Dimension steht wiederum in dem größeren Kontext biblischer Theologie des Gottesvolkes, das nur entsteht, weil es einen Dienst gibt wie den der Maria und Diener und Dienerinnen wie Maria.

Der zweite Ankerpunkt biblischer Theologie des Jünger-Diakonates findet sich bei Lukas zu Beginn der Apostelgeschichte. Dort wird – im paulinischen Stil, aber auf die Zwölf bezogen – zweimal der Apostolat Diakonie genannt (Act 1,17.25), und zwar dort, wo die Erinnerung an den Verrat des Judas mit der Nachwahl des Matthias verbunden wird, der einmaligen Ergänzung des Zwölferkreises vor Pfingsten. In einer erzählten Zwischenreflexion bringt Petrus das Wort der Schrift ins Spiel, und zwar den Psalter. Zwei Davidspsalmen werden zitiert, zwei Hilferufe des Armen und Verfolgten an Gott, verbunden mit der Bitte um eine Niederlage seiner Gegner und einen Neuanfang mit neuen Personen für eine zentrale Institution in Israel, das Gericht[26]:

Sein Hof soll verwüstet werden,
und niemand wohne mehr darinnen (Ps 69,26),
und sein Aufseheramt (episkope) soll ein anderer erhalten
(Ps 109,8).

Der Vers ist nicht nur für die Verbindung von Apostolat, Diakonat und Episkopat wichtig. Er interpretiert die Restitution des Zwölferkreises als eine schriftgemäße Erfüllung des Willens Gottes, die geschehen sein muss, bevor mit der Gabe des Geistes zu Pfingsten, dem jüdischen Wochenfest, die öffentliche Evangeliumsverkündigung beginnen kann. In der Abfolge der Apostelgeschichte sind auch der „Dienst" des Barnabas und Paulus von dieser Vorgabe abhängig.

4. Der Dienst der Gemeinde

Diakonie ist eine Aufgabe, aber kein Privileg der Apostel, sondern eine Sache der ganzen Kirche und aller Gemeindeglieder.

a) Paulinische Traditionen

An zwei Stellen hat Paulus das Charisma der Diakonie angesprochen, in unterschiedlicher Perspektive. In 1Kor 12,5 hat er in einer trinitarischen Wendung die Vielfalt der Gaben, Dienste und Wirkkräfte auf die Einheit Gottes, des Kyrios und des Geistes zurückgeführt (1Kor 12,4ss.). Alle drei Begriffe meinen dasselbe, was Paulus dann in zwei relativ unsystematischen Listen konkretisieren wird (1Kor 12,8ss.28ss.). Die Charismen sind „Dienste", weil sie nicht zur Selbstbestätigung, sondern zum Aufbau der Gemeinde gegeben sind; umgekehrt sind die „Dienste" Charismen, weil sie Gnadengaben Gottes sind und nicht nur Leistungen und Arbeiten im Interesse von anderen. Die Dienste sind „Wirkkräfte" („Energien"), weil sie die Dynamik des Evangeliums aufnehmen und wirksam werden lassen; umgekehrt sind die „Wirkkräfte", die Paulus auf Gott zurückführt, Dienste, weil sie dem Aufbau der Kirche im Glauben nützen sollen (1Kor 12,7.11). Nach 1Kor 12

---

[26] Erich Zenger (in: Frank-Lothar Hossfeld – Erich Zenger, *Psalmen 101–150* [HThK.AT], Freiburg – Basel – Wien 2008, 194), konzentriert sich auf die Schattenseite der Rezeptionsgeschichte, die antijudaistisch kontaminierte Verwerfung des Judas.

sind alle Gnadengaben, die es in der Kirche gibt, „Dienste"; und da alle, die das Glaubensbekenntnis „Kyrios Jesus" mitsprechen, nach 1Kor 12,1ss. „Geistbegabte" sind, haben auch alle ihr eigenes Charisma, anders gesagt: partizipieren sie alle, je auf ihre höchst unterschiedliche Weise, an der Diakonie der Ekklesia. Das Leib-Christi-Gleichnis, das die Charismenlehre kirchentheologisch unterlegt (1Kor 12,12–27), lässt hervortreten, dass alle Christen ihren Ort in der Kirche finden und ihre Stärken entwickeln, die der anderen aber anerkennen und fördern müssen, damit der Organismus der Kirche lebendig wird. Anders die Perspektive in Röm 12,7. Hier steht die Diakonie nicht für die Charismen insgesamt, sondern für einen bestimmten Aspekt charismatischer Aktivität:

⁶Wir haben verschiedene Gnadengaben gemäß der uns verliehenen Gnade:
Wenn Prophetie – dann gemäß der Analogie des Glaubens.
⁷Wenn Diakonie – dann im Dienen. …

Weitere Geistesgaben folgen, darunter auch Werke der Barmherzigkeit (Röm 12,8). Deshalb darf man Diakonie nicht auf Caritas einschränken. Aber von der Prophetie hat Paulus sie unterschieden, mit ihr zusammen bildet sie ein Begriffspaar am Anfang, bevor dann mit Partizipien weiter formuliert und das Lehren, das Trösten und Mahnen, auch das Teilen, das Leiten und Helfen angesprochen werden. Prophetie und Diakonie sind Grundvollzüge der Kirche kraft des Geistes, lassen sich aber nicht ohne weiteres auf die später ausgebildete Trias Liturgie – Diakonie – Martyrie abbilden, sondern durchdringen und erhellen einander gegenseitig.[27] Die Prophetie muss dem Aufbau der Kirche dienen; und Diakonie, die nicht inspiriert ist, hilft nicht im Glauben. Die Prophetie dient der Einsicht in die Gegenwart der Liebe, die Diakonie ihrer Praxis. Beides bezieht sich auf alle Felder christlichen Lebens.

Der Epheserbrief hat diese paulinische Linie ausgezogen und auf die Ämter nachapostolischer Zeit bezogen. Er sieht die Apostel und Propheten im Fundament der Kirche, da sie den Eckstein Christus legen (Eph 2,20s.). Auf diesem Fundament muss weitergebaut werden (wie auch Paulus selbst in 1Kor 3,10–17 geschrieben hat, der Jesus Christus als Fundament und den Diakon-Apostel als „Architekten" gesehen hat). Eine wesentliche Aufgabe spielen die Evangelisten, Hirten und Lehrer (Eph 4,11) – unab-

---

[27] Ulrich Wilckens (*Der Brief an die Römer* III [EKK VI/3], Neukirchen-Vluyn 1982, 15) denkt an das Amt der Diakone.

hängig davon, ob es sich um verschiedene oder um dieselben Figuren handelt. Sie aber sollen ihrerseits dafür arbeiten, dass die Kirche insgesamt wächst, und zwar dadurch, dass der Glauben in allen Gläubigen wächst. Deshalb steht im Epheserbrief als Ziel der Wirksamkeit jener Evangelisten, Hirten und Lehrer (Eph 4,12s.):

...[12]zur Ausrüstung der Heiligen für das Werk des Dienstes, für den Aufbau des Leibes Christi, [13]bis wir alle gelangt sind zur Einheit des Glaubens und der Erkenntnis des Sohnes Gottes ...

Die Diakonie ist demnach Sache aller „Heiligen", heißt: aller Getauften. Die Diakonie ist ein „Werk", weil sie harte Arbeit ist, die vollen Einsatz fordert; die Diakonie zu leisten, heißt, den Leib Christi zu ertüchtigen; dessen Vitalität wiederum zeigt sich im Glaubenswachstum. Die Diakonie betrifft also die ganze Breite und Tiefe kirchlichen Lebens, auch die Liturgie und Katechese, selbstverständlich auch die Caritas. Es gäbe im Kirchenbild des Epheserbriefes kaum ein besseres Wort für das „Amt" aller Gläubigen, weil die Proexistenz Jesu Christi selbst, die überhaupt erst die Kirche hervorbringt, sich in der Praxis der Glaubenden widerspiegeln muss.

Spuren paulinischer Charismenlehre, besonders des Römerbriefes, führen auch in den Ersten Petrusbrief (1Petr 4,10s.):

[10]Jeder diene einander, so wie er Gnadengabe empfangen hat, als guter Haushälter der vielfältigen Gnade Gottes. [11]Wenn einer spricht – wie Worte Gottes.
Wenn einer dient – wie aus der Kraft, die Gott gewährt,
damit Gott in allem verherrlicht werde durch Jesus Christus.

Das Dienen gehört wesentlich zu den Charismen und ihrer Vielfalt, weil die Charismen ihren Ort in der Kirche haben und die Gottes- wie die Nächstenliebe fördern. Wie in Röm 12 werden Reden und Tun, Lehren und Handeln zugleich unterschieden und verbunden. Wie die Prophetie und Lehre dem Wort Gottes die Ehre gibt, so kommt im Dienen die Kraft Gottes zum Ausdruck, die nicht seine pure Macht, sondern die Durchsetzungsfähigkeit seines Heilswillens ist.

Ähnlich grundlegend ist im Hebräerbrief (6,10) und im Sendschreiben nach Thyatira (Offb 2,19) vom wechselseitigen „Dienen" der Gläubigen die Rede, auch hier wohl nicht ganz unabhängig von paulinischen Traditionen – und wenn doch, dann in tiefer Übereinstimmung mit ihnen.

b) Der Horizont biblischer Theologie

Der Erste Petrusbrief stellt einen Zusammenhang zwischen dem prophetischen Verkündigungsdienst Israels und der Kirche her. Im Zentrum des Briefes ist er dort ausgebaut, wo Ex 19 auf die Gläubigen bezogen wird[28]: Die Berufung des priesterlichen und königlichen Gottesvolkes ist es, den Namen Gottes in der Welt groß zu machen. An der Peripherie des Briefes wird der Bogen geschlagen. Die Diakonie der Christen ist in der Diakonie der Propheten begründet. Von ihnen heißt es:

> [10]*Nach diesem Heil haben die Propheten gesucht und geforscht, die prophezeit haben über die Gnade für euch,* [11]*sie haben erforscht, auf wann und welche Zeit der Geist Christi in ihnen hindeute, indem er die Leiden Christi und die nachfolgenden Herrlichkeiten im voraus bezeugte;* [12]*ihnen wurde offenbart, daß sie nicht sich selbst, sondern euch dienten mit dem, was jetzt euch verkündet wird durch die, die euch im Heiligen Geist, der vom Himmel gesandt ist, das Evangelium gebracht haben.*

Der Dienst der Propheten besteht in ihrer inspirierten Verkündigung des Heilswillens Gottes. Dieser Verkündigungsdienst erreicht sein Ziel erst dann, wenn realisiert wird, was verheißen wurde: der Dienst am Wort im Geist der Liebe.

5. Die Diakone der Kirche

Im Ersten Timotheusbrief formiert sich ein Gegenüber und Miteinander von Episkopen und Diakonen; beide bilden ziemlich feste Ämter, die für die Kirche wesentlich sind. Die Episkopen stehen nach den Timotheusbriefen und dem Titusbrief in enger Verbindung mit Presbytern, ohne mit ihnen identisch zu sein. Diese Konstellation der Pastoralbriefe zieht die gesammelte Aufmerksamkeit der Exegese auf sich, weil hier ein neutestamentlicher Anhaltspunkt für die – erheblich – später sich formierende Figur des dreistufigen *ordo* sichtbar zu werden scheint. Doch darf dieses starke Interesse (sei es legitimierender, sei es delegitimierender Absicht) weder hindern, die ureigne Konstellation der Pastoralbriefe aus ihren eigenen Voraussetzungen heraus zu beschreiben,

---

[28] Cf. Gerhard Hotze, Königliche Priesterschaft in Bedrängnis. Zur Ekklesiologie des Ersten Petrusbriefes, in: Th. Söding (ed.), *Hoffnung in Bedrängnis. Zur Ekklesiologie des Ersten Petursbriefes* (SBS), Stuttgart 2009, 105–129.

noch die Aufmerksamkeit von anderen Traditionen als der paulinischen abzuziehen und bei Paulus nur die Pastoralbriefe, nicht aber die ursprünglichen Schreiben und andere Texte der Paulusschule zu beachten.

a) Die Tradition der Apostelgeschichte

Als die großen Vorbilder der späteren Diakone gelten – bis in die Weiheliturgie hinein – die „Sieben", die nach Act 6 von den „Zwölf" ausgewählt werden, damit der Konflikt um die Versorgung der hellenistischen Witwen gelöst wird. Sie heißen allerdings gar nicht explizit „Diakone". Wohl aber geht es um die „Diakonie", und zwar im Sinn der Armenfürsorge, besonders der Armenspeisung wie sie auch im Judentum der Zeit bekannt war und intensiv gepflegt wurde:

In diesen Tagen, als die Zahl der Jünger zunahm, entstand ein Murren der Hellenisten gegen die Hebräer, weil ihre Witwen bei der täglichen Diakonie übersehen wurden.

Lukas erzählt, dass die Zwölf, um nicht das Wort Gottes über dem Tischdienst zu vernachlässigen (Act 6,2), die Jüngergemeinde insgesamt aufgefordert haben, sieben Männer, die vom Geist erfüllt sind und für die Zeugen eintreten, auszuwählen, die jenen Dienst an den hellenistischen, heißt: griechischsprachigen Witwen übernehmen sollen (Act 6,3), während sie selbst „am Gebet und an der Diakonie des Wortes festhalten" wollen (Act 6,4). Durch Handauflegung und Gebet der Apostel werden die von der Gemeinde auserwählten sieben Männer, die namentlich genannt werden (Act 6,5), in ihren Dienst eingesetzt (Act 6,6)[29].

Dieses Ereignis wird oft so interpretiert, als ob die Apostel sich von der Caritas auf die Katechese, die Mission und die Liturgie zurückgezogen hätten, während die Sieben sich auf die Diakonie im Sinne der Armenfürsorge verlegt hätten. Diese Interpretation ist falsch. Erstens widerspricht sie dem Kontext, weil im unmittelbar nachfolgenden Passus Stephanus, der erste der Sieben – wie später Philippus (Act 8) – als vollmächtiger Verkünder des Evangeliums und intensiver Beter auftritt. Zweitens aber hat Lukas seine Worte in der Perikope selbst auf die Goldwaage gelegt. Die Zwölf entlas-

---

[29] Vorbild ist Num 27. Die Ordination vermittelt nicht den Geist, das Amt auszuüben; die Erfüllung durch den Geist ist vielmehr die Voraussetzung dafür, von der Gemeinde ausgewählt und von den Aposteln ordiniert zu werden. Die Ordination stellt aber die Verbindung der Sieben mit den von Jesus selbst eingesetzten Aposteln her.

ten sich nur von der Witwenversorgung für die Hellenisten; sie fixieren sich nicht, sondern konzentrieren sich auf das Gebet und die Verkündigung. Die Sieben wiederum können nach den Worten der Apostel nur solche sein, die vom Geist erfüllt sind. Das unterstreicht zwar die ekklesiologische Bedeutung der Caritas, die eben auch inspiriert sein muss, öffnet aber das Wirken der Sieben von Anfang an für die Liturgie und Diakonie. Handauflegung und Gebet zeigen an, dass die Apostel ihnen ein kirchliches Amt verleihen. Die Sieben sind von den Zwölf eingesetzt; es ist auch nach Act 6,1 durchaus möglich, sie „Diakone" zu nennen – aber nur, wenn sowohl die Diakonie der Apostel im selben Atemzug genannt wird und wenn der Diakonat der Sieben als eine erste Aktion zur Ausweitung der kirchlichen Sendung gedeutet wird, die grundlegend von den zwölf Aposteln wahrgenommen wird.

b) Paulinische Traditionen

Paulus selbst kennt Diakone von Anfang an in seinen Gemeinden, und zwar nicht nur im Sinn allgemeiner Bestimmung der Charismen, die allesamt diakonisch wirken sollen, sondern auch besonderer Aufgaben, in denen sich die Diakonie der Kirche konkretisiert. Dafür spricht Phil 1,1. Die Adresse an die „Heiligen ... in Philippi mit Episkopen und Diakonen"[30] lässt allerdings die Frage offen, welche Aufgaben sie erfüllt haben. „Bischöfe" (wie die Einheitsübersetzung und die Lutherbibel wiedergeben) im Sinn der Pastoralbriefe können es nicht gewesen sein, wie der Plural anzeigt. Die Vermutung liegt nahe, dass die Christen in Philippi sich wie ein Verein organisiert haben; dann wären die „Episkopen" die Vorsitzenden und die Diakone die zusammen mit ihnen für das Gemeindeleben Verantwortlichen. Es kann sein, dass beide in diesem Brief eigens genannt werden, weil sie mit der Organisation der Spendengelder zu tun haben, die Paulus zugutekommen sollen[31]; aber das bleibt eine Vermutung.[32] Spätere Spuren dafür, dass Episkopen und Diakone zur christlichen Gemeinde gehören, finden sich nicht nur in den Pastoralbriefen, son-

---

[30] Für sekundär erachtet sie Nikolaus Walter, Der Brief an die Philipper (NTD 8/2), Göttingen 1998, 32s. Aber der doppelte Plural spricht für Ursprünglichkeit.
[31] Cf. Wilfried Eckey, *Die Briefe des Paulus an die Philipper und an Philemon*, Neukirchen-Vluyn 2006, 44ss.
[32] An eine philippische Sondertradition denkt Peter Pilhofer, *Philippi I: Die erste christliche Gemeinde Europas* (WUNT 87), Tübingen 1995, 140–147. Aber das erklärt nicht, weshalb das Paar Episkopos – Diakon auch in anderen Texten der paulinischen Einflusssphäre und in Did 15,1 vorkommt.

dern auch im Ersten Clemensbrief (1Clem 42,4s.) und in der Didache (Did 15,1).

Dass Einzelne als Diakone gewirkt haben, ist in den paulinischen Gemeinden offenbar üblich gewesen. Stephanus wird im Ersten Korintherbrief genannt (1Kor 16,15), Epaphras (Kol 4,12) und Archippus (Kol 4,17) später im Kolosserbrief; an allen drei Stellen sind nicht unbedingte amtliche Diakone gemeint, sondern engagierte Christen, die sich in der Diakonie der Gemeinde, die auf allen Ebenen stattfindet, besonders hervorgetan haben. Das größte Interesse zieht Phoebe auf sich. Von ihr schreibt Paulus im Römerbrief (Röm 16,1s.):

> [1]*Ich empfehle euch Phoebe, unsere Schwester, die Diakon der Gemeinde in Kenchreä ist, [2]dass ihr sie aufnehmt im Herrn, der Heiligen würdig, und sie unterstützt, in welcher Sache sie eure Hilfe auch braucht; denn sie hat vielen geholfen, darunter auch mir.*

Der Vers ist nicht nur interessant, weil er von einer Frau als Diakon spricht (aus der die Lutherbibel und die Einheitsübersetzug aber eine einfache „Dienerin" machen), sondern auch deshalb, weil die „Hilfe" auf zweierlei hindeutet: auf Vermögen, über das Phoebe verfügte, und auf caritatives Engagement, dass sie – offenbar eine Frau, die auf eigenen Füßen stand – an den Tag legte.[33] Da Phoebe den Brief des Paulus aus Korinth den Römern überbringen (und im Zweifelsfall auch erläutern soll), ist sie nicht nur als Mäzenin gefragt, sondern als gläubige Frau, die all ihre Kraft, auch ihre Intellektualität und Spiritualität, in den Dienst am Evangelium stellt.

Von wirkungsgeschichtlich herausragender Bedeutung sind die Pastoralbriefe.[34] Im Ersten Timotheusbrief (1Tim 3,8–13) findet sich ein kurzer Kriterienkatalog, der helfen soll, geeignete Personen für das Diakonenamt zu finden. Er ist eng mit Listen verwandt, die nach dem Ersten Timotheusbrief für Episkopen – hier kann man wohl schon übersetzen: Bischöfe – vorgesehen sind (1Tim 3,1–7) und nach dem Titusbrief für Presbyter, die als Episkopos agieren sollen (Tit 1,5–9).

---

[33] Eduard Lohse (*Der Brief an die Römer* [KEK IV], Göttingen 2005, 404) rechnet nicht mit einem festen Amt, sondern einer freien Tätigkeit. Allerdings bezieht er Phil 1,1 nicht in die Argumentation ein. Die Formulierung von Röm 16,1 lässt, weil der (männliche) Begriff *diakonos* fällt, doch an eine geordnete Aufgabe denken, die an ihre Person gebunden ist.

[34] Genaueres in meinem Aufsatz: 1Timotheus 3: Der Episkopos und die Diakone in der Kirche, in: Karl Donfried (ed.) *1 Timothy reconsidered* (Colloquium Oecumenicum Paulinum 18), Leuven 2008, 63–86.

Die Tatsache eines Kriterienkataloges sowohl für den Episkopos als auch für Diakone spricht dafür, dass beide Ämter inzwischen – nach herrschender Meinung gegen Ende des 1. Jahrhunderts oder Anfang des 2. Jahrhunderts – etabliert sind, jedenfalls in Kleinasien, wohin der Brief zielt. Wahrscheinlich stammt der „Episkopos" aus dem Kreis der in 1Tim 5,17–22 genannten Presbyter; so lässt sich auch Tit 1,5–9 deuten. Das hieße, dass die in Phil 1,1 bezeugte Konstellation sich erheblich weiter entwickelt hätte, mit der starken Veränderung, dass der Episkopos – im Singular – der Leiter der Ortskirche geworden ist (was noch nicht bedeutet, dass sich der Monepiskopat überall durchgesetzt hätte), während sich die „Diakone" ihm nicht nur zu-, sondern auch unterordnen und Presbyter eine Rolle spielen, die aus den authentischen Paulinen unbekannt sind.

Eine direkte Aufgabenbeschreibung für die Diakone fehlt. Sie wird recht klar gewesen sein, lässt sich aber nur noch indirekt und nicht ohne erhebliche Unsicherheiten aus den Kriterien ableiten. Der Text im Anschluss an den Bischofsspiegel lautet (1Tim 3,8–13):

[8]*Ebenso die Diakone:*
[9]*Ehrbar, nicht doppelzüngig, nicht vielem Wein ergeben, nicht gewinnsüchtig,*
das Geheimnis des Glaubens in reinem Gewissen behaltend.
[10]*Und sie sollen zuerst geprüft werden, um erst dann zu dienen, wenn sie unbescholten sind.*
[11]*Desgleichen die Frauen; ehrbar, nicht teuflisch nüchtern, treu in allem.*
[12]*Die Diakone sollen Mann einer Frau sein und den Kindern gut vorstehen und ihrem eigenen Haus.*
[13]*Die aber gut dienen, erwerben sich ein gutes Ansehen und viel Freimut im Glauben in Christus Jesus.*

Die Eigenschaften, die sie mitbringen sollen, entsprechen in etwa denen, die allgemein in der Antike von Amtsträgern verlangt werden[35]. Die Nüchternheit der Kriterien dürfte eine Pointe in der Auseinandersetzung mit der „sogenannten Gnosis" (1Tim 6,20) haben, die, wie der Brief sie darstellt, ein Defizit an Schöpfungs- und Geschichtstheologie aufweist und deshalb vielleicht zu Führungsfiguren mit auffälligem Sozialverhalten tendiert hat. Vor allem aber muss die Arbeit verlässlich getan werden, die in der Gemeinde an-

---

[35] Vergleichstexte bei: *Neuer Wettstein. Texte zum Neuen Testament aus Griechentum und Hellenismus.* Bd. II/1: ed. Georg Strecker et Udo Schnelle, coop. Gerald Seelig, Berlin 1996, p. 866ss. Besonders aufschlussreich sind Onasander, *De imperatoris officio* 1,1–8 und Xenophon, *Cyropaideia* I 2,15, ferner Plutarch, *Mor* 4b–c.

fällt; dafür braucht es entsprechend qualifizierte Personen. Im antiken Kontext auffällig ist – wie beim Bischof – die Forderung der Monogamie, die sich aus dem Monotheismus ableitet.[36] Was die Aufgaben der Diakone anbelangt, so kommt man über begründete Vermutungen nicht hinaus. Die meisten denken wegen des Wortes an die Caritas. Aber die liegt, wenigstens teilweise, in den Händen der Witwen (1Tim 5,3–16). Wegen Röm 16 und Act 6 kann man sie nicht ausblenden. Aber die Qualifikationen lassen auch ein Engagement in der Lehre und der Liturgie nicht ausschließen. Denn wenn eigens betont wird, dass sie das *mysterium fidei* bewahren sollen, steht zwar auch der Liebesdienst, aber wohl ebenso die Feier und Lehre des Glaubens vor Augen.[37] Der wesentliche Unterschied zu den Episkopen durfte darin bestanden haben, dass der Bischof Gemeindeleiter ist, der Diakon aber nicht.[38]

An 1Tim 3,11 entzündet sich die Frage, ob die Pastoralbriefe weibliche Diakone kennen. Die Lutherbibel denkt an die Frauen der Diakone und fügt „ihre" ein[39]; die Einheitsübersetzung und die Zürcher Bibel lassen die Frage offen. Für weibliche Diakone[40] spricht Röm 16,1s. Das Problem dieser Deutung besteht

---

[36] Die Diskussion ist kontrovers; sie ist auch kirchenrechtlich nicht unwichtig. Manche evangelischen Exegeten spielen mit der Möglichkeit, dass der Zölibat kritisiert werden solle; so Gerhard Holtz, *Die Pastoralbriefe* (ThHKNT 13), Berlin ³1980, 76. Aber die Formulierung ist restriktiv. Andere deuten, dass eine gute Ehe – ohne Ehebruch – geführt werden solle; so Monika Betz, Die „Einehe" der Pastoralbriefe im Spiegel frühkaiserzeitlicher Ehemoral, in: Herbert Stellberger (ed.), *Was die Bibel mir erzählt,* Münster 2005, 151–164. Aber müsste dann nicht anders formuliert werden, wenn dies die einzige Pointe wäre? Eine Möglichkeit ist, dass Wiederverheiratung nach Scheidung ein Ausschlussgrund wäre; so Norbert Brox, *Die Pastoralbriefe* (RNT VII/2), Regensburg 1969, 142; Jürgen Roloff, *Der Erste Timotheusbrief* (EKK XV), Zürich – Neukirchen-Vluyn 1988; 156. Man müsste dann wie die Elberfelder Bibel ergänzen: jeweils Mann einer Frau; aber das steht nicht im Text. Tertullian (*Ad uxorem* 7; *De monogamia* 11s.) deutet, dass sie tatsächlich in ihrem Leben nur ein einziges Mal verheiratet (gewesen) sein sollen. Das entspricht dem paulinischen Rat in 1Kor 7,8.39s. und wäre eine Analogie zur Vorschrift für die Witwen in 1Tim 5,9. Sicherheit lässt sich nicht gewinnen; die restriktive Deutung ist die wahrscheinlichste, weil sie dem Wortlaut des Verses am besten entspricht.

[37] Beides lässt sich in der gebotenen Vorsicht aus 1Tim 3,9 ableiten, wonach sie „mit reinem Gewissen am Geheimnis des Glaubens" festhalten sollen; cf. I. Howard Marshall, *A Critical and Exegetical Commentary on the Pastoral Epistles* (ICC), Edinburgh 1999, 485.

[38] Gegen diese Folgerung wendet sich allerdings Lorenz Oberlinner, *Die Pastoralbriefe. Erster Timotheusbrief* (HThKNT.S XI.2/1), Freiburg – Basel – Wien 1994, 251.

[39] So auch Deborah Krause, *1 Timothy* (Reading: A New Biblical Commentary, London 2004, 69).

[40] So Gerhard Lohfink, Weibliche Diakone im Neuen Testament, in: Gerhard Dautzenberg et al., *Die Frau im Urchristentum* (QD 95), Freiburg – Basel – Wien 1983, pp. 320–338; Th. Söding, *Blick zurück nach vorn., Bilder lebendiger Gemeinden im Neuen Testament,* Freiburg – Basel – Wien 1997, 128s.; Jacques Schlosser, Le ministère de

aber darin, dass 1Tim 3 das Verbot öffentlichen Lehrens von Frauen in der Kirche nicht aufhebt, das 1Tim 2,11–16 erlassen hat. Mithin wäre dann vom Pastoralbrief ein Weg eingeleitet, der nicht einfach *das* Diakonenamt auch Frauen öffnet, sondern zwischen einer Diakonenaufgabe von Männern und von Frauen differenziert. Die normativen Fragen sind damit noch nicht beantwortet, aber auf eine – etwas brüchige – Grundlage gestellt.

c) *Der Horizont biblischer Theologie*

Der Horizont biblischer Theologie wird nicht im Neuen Testament, wohl aber im Ersten Clemensbrief nachgezogen, der eine ziemlich klare Vorstellung apostolischer Sukzession entwickelt und mit der Schrift begründet (1Clem 40,1–5):

[1]Die Apostel wurden für uns evangelisiert vom Kyrios Jesus Christus,
Jesus Christus aber wurde von Gott ausgesandt.
[2]Christus mithin von Gott und die Apostel von Christus – das geschah in schönster Ordnung nach Gottes Willen. [3]Und da sie Botschaften empfangen hatten, erfüllt durch die Auferstehung unsres Herrn Jesus Christus und gläubig dem Wort Gottes, verkündeten sie in der Fülle des Heiligen Geistes die kommende Gottesherrschaft. [4]In Stadt und Land predigten sie und setzten dann die Erstbekehrten nach genauer Prüfung im Geiste zu Bischöfen und Diakonen ein für die künftigen Gläubigen. [5]Und dies nicht als Neuheit, denn seit langer Zeit steht ja geschrieben von Bischöfen und Diakonen. So nämlich sagt irgendwo die Schrift: *„Ich werde ihre Bischöfe einsetzen in Gerechtigkeit und ihre Diakone in Treue"* (Jes 60,17).

Das Zitat ist allerdings sehr frei.[41] Dennoch zeigt es den erklärten Willen, die neutestamentlich begründete Ämterkonstellation, die auf das Wirken der von Jesus eingesetzten Apostel zurückgeführt wird, als schriftgemäß zu erweisen und so dem Gesamtplan der göttlichen Heilsgeschichte zuzuordnen. Das ist eine für die neutes-

l'episcopè d'après les épitres pastorales, in: ID., *À la recherche de la Parole. Études d'exégèse et de théologie biblique,* Paris 2006, 561–604: 581; Linda M. Maloney, The Pastoral Epistles, in: Elisabeth Schüssler Firenza (ed.), *Searching the Scriptures II: A Feminist Commentary,* New York 1994, pp. 361–380, p. 369
[41] Nach der Septuaginta setzt Gott nicht „Episkopen" und „Diakone", sondern „Archonten" und „Episkopen" ein und redet auch nicht von „Gerechtigkeit und Treue", sondern von „Frieden" und „Gerechtigkeit". Vielleicht hat Clemens bewusst geändert, vielleicht eine Variante gelesen.

tamentliche Ekklesiologie wichtige Perspektive, ohne die sie der Sendung Jesu nicht gerecht zu werden vermag.

5. Ausblick

Die Wiedereinführung des Diakonates als eigenes kirchliches Amt im Zweiten Vatikanischen Konzil macht nur Sinn im Rahmen der ekklesiologischen Neuausrichtung von *Lumen Gentium,* im Rückgriff auf die Heilige Schrift die diakonale Dimension kirchlichen Lebens insgesamt zu stärken. Das ist christologisch begründet. Diakonie freilich hat mit Caritas sehr viel zu tun, geht aber darin nicht auf, sondern betrifft die gesamte Theorie und Praxis des Glaubens, wenn anders die Kirche insgesamt sakramentalen Charakter hat, da sie der Heiligung der Welt dient.

Die neutestamentlichen Texte zur Diakonie und zum Diakonat sind vor allem geeignet, die Bedeutung des Dienens auf allen nur denkbaren Ebenen kirchlichen Lebens hervorzuheben. Der Diakonat stellt diese Diakonie wie kein anderes Amt dar – gerade auch in der Unterscheidung vom Presbyterat und Episkopat.

Dafür, dass es den Diakonat als eigenes Amt der Kirche gibt, sprechen neben der Apostelgeschichte vor allem die Pastoralbriefe. Aus der Verbindung mit dem Bischof ergibt sich auf neutestamentlicher Grundlage, dass zum Aufgabenfeld des Diakons zwar vor allem die Diakonie gehört, aber auch die Liturgie und Martyrie zählen muss – unter dem für alle zentralen Aspekt, dass sie dem Aufbau der Kirche dienen. Die umfassende Aufgabenbeschreibung von *Lumen Gentium* 29 trägt dem Rechnung. Der Konzilstext spricht nur von Männern. Wollte man den Diakonat auf Dauer nicht für Frauen öffnen, um die Einheit des Weiheamtes zu wahren, müsste man ein Äquivalent suchen, um dem Charisma, der Kompetenz und dem nachhaltigen Engagement von Frauen und Männern, die nicht geweiht sind, aber in der Lehre, in der Liturgie und in der Diakonie wesentliche Aufgaben in der Kirche und für die Kirche übernehmen, einen genau umschriebenen Dienst (dem neutestamentlichen Wort für „Amt") zuzuordnen. Das amtstheologische Potential des Neuen Testaments und der kirchlichen Tradition ist im Zweiten Vatikanischen Konzil mit der Wiedereinführung des Diakonates noch nicht ausgeschöpft.

Veränderte soziale Wirklichkeit – verändertes Amt

Zum Niedergang des Diakonates als eigenständigem Amt am Beispiel der Kirche Galliens im 4.–7. Jahrhundert

von Gregor Predel

Das Verschwinden des ständigen Diakonats in der Spätantike gehört zu den einschneidenden Veränderungen in der Geschichte des kirchlichen Amtes. Die Gründe dafür sind vielfältig, der Verlauf dieser Entwicklung ist komplex. So hält die Studie der Internationalen Theologischen Kommission zum sakramentalen Diakonat insbesondere die folgenden Gründe für das Verschwinden des ständigen Diakonats fest:[1]

1) Die vor allem in der westlichen Kirche grundsätzlich geringe Zahl von Diakonen, die dazu führte, dass ihre ursprünglichen Aufgaben zunehmend von anderen Klerikern übernommen wurden.
2) Eine mehr und mehr exklusiv liturgische Definition der Aufgaben des Diakons und damit wachsende Konflikte mit dem Presbyterat.
3) Die Übernahme mancher Aufgaben der Diakone durch die wachsenden *ordines minores*, die durch eine „Neuverteilung der Aufgaben des Diakons entstanden sind",[2] also bis dahin dem Diakon zukommende Aufgaben übernahmen.
4) Ein von kosmischer Spekulation durch Ps.-Dionysius geprägter Neuansatz der kirchlichen Hierarchie, der dem Diakonat „keine Besonderheit mehr"[3] unter den Rangstufen unterhalb des Presbyterats einräumt.
5) Die Einrichtung von Landpfarreien, die Presbytern, nicht aber Diakonen anvertraut werden.

Zumindest der erste und fünfte dieser Gründe für das Verschwinden des ständigen Diakonats in der Spätantike sind nicht primär

---

[1] Vgl. G.L. Müller (Hg.): Der Diakonat – Entwicklung und Perspektiven. Studien der Internationalen Theologischen Kommission zum sakramentalen Diakonat, Würzburg 2004, 37ff.
[2] G.L. Müller: 37.
[3] G.L. Müller: 38.

systematisch-theologisch motiviert, sondern können unmittelbar auf konkrete Veränderungen der gesellschaftlichen Lage und der pastoralen Situation der Kirche im zerfallenden römischen Reich und seinen Nachfolgestaaten zurückgeführt werden, die in je nach geographischer Lage durchaus unterschiedlicher Weise den meist aus wirtschaftlicher und politischer Not und durch massive soziale Verwerfungen in der Folge der Wirren der Völkerwanderung geborenen Weg der Bevölkerung aus der Stadt auf das Land mitvollziehen musste.

Die zum Niedergang des ständigen Diakonats in der Spätantike führende Entwicklung war im schon immer erheblich stärker als z. B. Italien oder Nordafrika ländlich geprägten Gallien von besonderer Bedeutung und Tragweite. Man kann hier durchaus von einer Existenzfrage für die Kirche Galliens sprechen: „Um überleben zu können, musste sie in ihrer Organisation die neuen sozialen und rechtlichen Strukturen berücksichtigen und sich ihnen anpassen."[4]

Zugespitzt formuliert: Die in der bisher vorwiegend städtisch orientierten Christenheit verwurzelten und bewährten Aufgabenverteilungen des kirchlichen Amtes, die vorwiegend auf den Bischof zentriert waren, erwiesen sich als zunehmend ungeeignet für das pastorale Wirken der Kirche in einer von dauerhaften Veränderungen geprägten neuen Gesellschaft, die einen zunehmend ländlichen Charakter hatte, aber auch mehr und mehr von germanischen Einflüssen geprägt wurde, während vor allem auf dem Land zugleich auch Elemente der alten, keltischen Religion wiederbelebt wurden.

In dieser Situation bot sich der Kirche Galliens in organischer Weise an, die in kleinerem Maße städtischem Milieu entsprechenden *vici* als Ausgangspunkt der Pastoral auf dem Land zu nutzen und dabei der episkopalen Grundstruktur der Kirche treu zu bleiben. Damit das hierarchisch gegliederte Amt in dieser Situation seine Sendung erfüllen konnte, musste es aber gewissen Veränderungen unterzogen werden – gerade auch um seine dreigliedrige, episkopal geprägte Grundstruktur nicht zu gefährden. In diesem Zusammenhang erfolgte eine bedeutsame Stärkung des Presbyterats, die wiederum eine neue Klärung der Aufgaben und des Verhältnisses der beiden auf dem Land tätigen *ordines* Presbyterat und Diakonat erforderlich machte, um den aktuellen Gegebenheiten gerecht zu werden.

---

[4] O. Pontal: Die Synoden im Merowingerreich (Konziliengeschichte, Reihe A: Darstellungen), Paderborn–München–Wien–Zürich 1986, 3.

Die faktischen historischen Verwerfungen der Gesellschaft haben so durchaus theologische Relevanz für die Kirche und ihr Amt: Die Kirche existiert ja nicht aus sich selbst bzw. aus der Initiative ihrer Glieder heraus, sondern aus dem bleibenden Anruf Gottes in Jesus Christus und seinem Geist. Eine zentrale Aufgabe des kirchlichen Amtes ist es daher, das Handeln Christi in und an der Kirche und seine andauernde Gegenwart im geschichtlichen hier und jetzt *zeichenhaft* transparent und wirksam zu machen. Dies aber ist nur dann möglich, wenn das Amt nicht formal-abstrakt, sondern in für die ihnen anvertrauten Menschen gut und unmittelbar erreichbaren Amtsträgern quasi „inkarniert" ist. Die Überlieferung des Evangeliums und das Amt der Kirche sind nicht einfach an Strukturen oder autoritative Lehrformeln, sondern entscheidend an das glaubwürdige Zeugnis von Menschen[5] gebunden.[6] (Joh 15,16) Der Glaube an Christus ist schließlich keine „vom konkreten Verkündigungsgeschehen und von der Glaubensgemeinschaft ablösbare Hypostase."[7]

Die Ergebnisse der in Gallien in der ausgehenden Antike zu beobachtenden Entwicklungen sind später nicht zuletzt aufgrund des großen Gewichts des fränkischen Reiches faktisch in der gesamten Kirche des Westens wiederzufinden. So soll die Entwicklung in Gallien im folgenden in gebotener Kürze und mit besonderem Augenmerk auf das Schicksal des Diakonats exemplarisch nachgezeichnet werden.

Umwälzungen der spätantiken Gesellschaft Galliens

Die Deurbanisierung der gallischen Gesellschaft

Ein Großteil der Ausbreitung und Etablierung insbesondere des Christentums auf dem Lande erfolgte in Gallien in der Situation einer ständigen Verschlechterung der allgemeinen Lebensumstände insbesondere in der zweiten Hälfte des 5. und im beginnenden 6. Jahrhundert. Kriege und Krankheiten führten in der Spätantike wie in ganz Europa auch in Gallien zu einem bedeutenden Rückgang der Bevölkerung und einem Umbruch der Gesellschaft. Lebten nach einer etwa drei Jahrhunderte umfassenden Friedenszeit

---

[5] Nicht nur von Amtsträgern!
[6] Vgl. M. Kehl: Die Kirche. Eine katholische Ekklesiologie, Würzburg, ⁴2001, 306.
[7] W. Kasper: Der priesterliche Dienst. Repräsentation Jesu Christi als Haupt der Kirche, in: Ders., Theologie und Kirche II, Mainz 1999, 128–144, 131.

um 300 wohl noch mindestens 5 Millionen Menschen auf dem Gebiet des heutigen Frankreich, so wird ihre Zahl um 600 auf nur noch 3 Millionen geschätzt.[8] Als grober Anhaltspunkt gilt ferner, dass in Gallien nur etwa 10 % der Bevölkerung in Städten lebte – im Norden Galliens weniger, im Süden mehr – in Ägypten ca. 20–25 % und in Italien um 30 %.[9] Auch in römischer Zeit hatten im Vergleich zu Italien oder Nordafrika also nur relativ wenige Menschen in Gallien in den Städten gewohnt. Am Ende der römischen Herrschaft aber erfolgte eine noch weitergehendere Deurbanisierung, die dazu führte, dass z. B. in der Zeit des Caesarius von Arles (ca. 470–542) die sehr große Mehrheit der Bevölkerung der civitas von Arles nicht mehr in der Stadt und ihrem *suburbium*, sondern in ländlichen Siedlungen lebte.[10]

Der fortschreitende Verlauf dieser Deurbanisierung musste auch den antiken, städtisch geprägten Charakter des Christentums und der Kirche von Grund auf verändern. Mehr und mehr wurde die „Dezentralisierung"[11] nicht nur der administrativen, sondern auch der pastoralen Strukturen der Kirche notwendig. Die Suche nach neuen und tragfähigen kirchlichen Strukturen wurde zu einem bedeutenden Element der dauerhaften Depaganisierung und Christianisierung Galliens. Diese spezifische Entwicklung verlief anders als die Entwicklung der Kirche in Italien oder Afrika, die schon in römischer Zeit weitaus stärker als die gallischen Provinzen verstädtert waren. Angesichts der Größe und Lage des gallischen Raumes sowie seiner politischen Entwicklung in den folgenden Jahrhunderten hatte diese besondere Entwicklung eine kaum zu unterschätzende Bedeutung für die Entwicklung der mittelalterlichen Kirche im Westen und in der Mitte Europas.[12]

---

[8] Vgl. A. Angenendt: Das Frühmittelalter, Die abendländische Christenheit von 400 bis 900, Stuttgart ²1995, 147.

[9] Vgl. G. Woolf: Becoming Roman. The Origins of Provincial Civilisation in Gaul, Cambridge 1998, 138.

[10] Vgl. W.E. Klingshirn: Caesarius of Arles: Life, Testament, Letters (Translated Texts for Historians, 19), Liverpool 1994, XII.

[11] Vgl. P. Imbart de la Tour: Les paroisses rurales, du 4ᵉ au 11ᵉ siècle, Réimpr. de l'éd. 1900, Paris 1979, 70.

[12] Vgl. R.A. Markus: The end of ancient Christianity, Cambridge 1990, 213ff.

Soziologische Veränderungen – die „Entromanisierung" Galliens

Veränderungen der Lebenssituation

Von entscheidender Bedeutung für die Pfarreibildung im ländlichen Gallien[13] ist eine zunehmende soziologische Veränderung vor allem der ländlichen Gesellschaft Galliens: In der Spätantike ist insbesondere im heutigen Südfrankreich im fortschreitenden „Entromanisierungsprozess" (Klingshirn) zu beobachten, dass lebenssichernde zivilisatorische Kenntnisse und Techniken verloren gingen – wie z. B. manche Methoden der hochentwickelten römischen Landwirtschaft – und sich so die zum Leben verfügbaren Ressourcen massiv verringerten. Zudem wurden bäuerliche *villae* in großer Zahl aufgegeben. Im Gegenzug zur Aufgabe eines Großteils der *villae* folgte die Wiederbesiedlung vorrömischer und in römischer Zeit (vor allem seit dem 1. Jhdt. v. Chr.) weitgehend verlassener *oppida*, ja sogar alter Wohnhöhlen.[14] Als Hintergrund für diesen langwierigen und einschneidenden Prozess liegt es nahe, neben wirtschaftlichen Gründen den Reflex einer zunehmenden militärischen Bedrohung der Bevölkerung im Gefolge der lange andauernden Wirren der Völkerwanderung zu sehen: In den stärker befestigten *oppida* konnten die Menschen mehr Schutz für sich erhoffen als in den offenen *villae* und ihren Ländereien, die seit dem ersten Jahrhundert das Land auch wirtschaftlich[15] geprägt hatten.[16] So zeigten sich in vielen Städten besonders seit dem 5. Jahrhundert zunehmend Zeichen des Verfalls und der Verödung, die auch für die Einwohner der Städte den Druck zu einem Umzug in *oppida* oder ähnliche befestigte Siedlungen erhöhten.[17]

Vor allem das 5. Jahrhundert war geprägt von ständiger militärischer Bedrohung, zunächst ab 406/407 durch den „Damm-

---

[13] Zur Struktur und Entwicklung der ländlichen Gemeinden Galliens vgl. immer noch P. Imbart de la Tour: Les paroisses rurales. Für einen Überblick über den aktuellen Forschungsstand vgl. V. Saxer: Les paroisses rurales de France avant le IXe siècle: Peuplement, évangélisation, organisation, in: Les Cahiers de Saint-Michel de Cuxà, XXX, Codalet 1999, 5–47.

[14] Vgl. W.E. Klingshirn: Caesarius of Arles: The making of a Christian Community in Late Antique Gaul. Cambridge Studies in Medieval Life and Thought, Cambridge 1994, 203f.

[15] Vgl. W.E. Klingshirn: Caesarius of Arles, 41f.

[16] Vgl. W.E. Klingshirn: 203ff. Klingshirn führt insbesondere die Kriege von 471–476 sowie besonders auch 507–509 an, die starke Verwüstungen und Hunger vor allem auf dem Land zurückließen. Vgl. auch Caesarius, serm 6,6 (SC [Sources chrétiennes] 175, 328), serm 70,2 (SC 330, 160ff.).

[17] Vgl. A. Demandt: Geschichte der Spätantike. Das römische Reich von Diocletian bis Justinian 284–565 n. Chr., München ²2008, 380f.

bruch"[18] des Einfalls von Wandalen, Sueven, Goten und Burgundern nach Gallien. Im Norden rückten Franken und Alemannen ein. In der Mitte des Jahrhunderts drangen Hunnen (451) und Sachsen (nach 460) nach Gallien vor. Schließlich zerfiel nach 470 das nur durch die römische Herrschaft jahrhundertelang geeinte Gallien[19] endgültig durch die westgotische und schließlich ostgotische Besetzung des Südens, die burgundische Herrschaft in den Gebieten Galliens nördlich der Durance und die Gründung eines fränkischen Königreichs im Norden. Im 6. Jahrhundert herrschte dann im Vergleich zu den Wirren des 5. wieder eine relative politische und militärische Stabilität, die den dauerhaften Aufbau neuer kirchlicher Strukturen ermöglichte. Erheblich erleichtert wurde dies in weiten Teilen Galliens auch durch die Taufe Chlodwigs 496 (?) in Reims. Diese historisch hoch bedeutsame Entscheidung des merowingischen Königs ermöglichte eine im Lauf einiger Jahrzehnte auf breiter Basis allmählich zunehmende Verzahnung von Staat und Kirche in seinem Reich sowie den Nachfolgekönigtümern[20] und verhinderte konfessionelle Auseinandersetzungen mit dem Arianismus, wie es sie im Westgotenreich gegeben hatte.[21]

In der Folge der Umbrüche des 5. Jahrhunderts entstand in Gallien eine neue und heterogene Gesellschaft mit einem neuen soziokulturellen Umfeld mit alten gallischen und römischen, aber auch neuen und vielfältigen germanischen Einflüssen „in dem christliches, kirchliches Leben sich zu entfalten und zu bewähren hatte."[22]

Ansätze der Landpastoral

Die Christen Galliens waren bis weit ins 5. Jahrhundert hinein weitgehend in den Hauptorten der *civitates* konzentriert. So konnte die Gemeindeleitung organisch direkt vom Bischof wahrgenommen werden, dessen engere Berater und Mitarbeiter die Presbyter waren. Entsprechend waren die Pastoralstrukturen zunächst auch auf die städtischen Bischofskirchen beschränkt. So lag eine zukünftige Herausforderung der gallischen Kirche in einer sich wandelnden Gesellschaft in der Missionierung der ländlichen Gebiete

---

[18] H.O. Sieburg: Geschichte Frankreichs, Stuttgart, 5. Aufl. 1995, 16.
[19] Vgl. H. Elton: Defence in fifth-century Gaul, in: J. Drinkwater, H. Elton (Hg.), Fifth-century Gaul: a crisis of identity, Cambridge 1992 (repr. 1999), 167–176, 175f.
[20] Vgl. z. B. das „Konkordat", das auf dem vom König einberufenen Konzil von Orléans I (511) geschlossen wurde.
[21] Vgl. H.O. Sieburg: Geschichte Frankreichs, 15.
[22] O. Pontal: Die Synoden im Merowingerreich, 253.

und damit in der Schaffung neuer Kirchen und Gemeinden auf dem Land und hierfür geeigneter Ämter und Dienste.

Trotz lückenhafter Quellen ist deutlich, dass die gallische Kirche in den ersten christlichen Jahrhunderten – wie auch das Christentum in Italien oder Afrika – eine fundamental städtische Prägung hatte, während die Kirche in den niemals vollständig romanisierten ländlichen Gebieten wohl eher marginal präsent war. Insgesamt war das Interesse des bis in die karolingische Zeit hinein romanischen und hochadeligen Episkopates an der Landpastoral recht gering.[23] So wuchs die Zahl der Landgemeinden nach der Gründung der ersten 6 Gemeinden durch Martin von Tours nur sehr langsam. Auch im ausgehenden 6. Jahrhundert war in Gallien ein flächendeckendes Netz von Kirchen in gut erreichbarer Nähe mit Sicherheit nur sehr partiell und allenfalls in wenigen *civitates* vorhanden. Die Väter der zweiten Synode von Mâcon (585) sprechen dies ausdrücklich an: Sie fordern den sonntäglichen Kirchgang – allerdings nur, wenn eine Kirche in der Nähe ist.[24]

Die im 6. Jahrhundert außerordentlich gewachsene Zahl von kirchlichen Einrichtungen in Städten wie Tours zeigt, dass die Kirche weiterhin auf die Stadt und ihren Bischof zentriert war. Dass dies durchaus noch am Ende des 6. Jahrhunderts tief im Bewusstsein eines Bischofs verwurzelt sein und mit einem insgesamt geringen Interesse an der Christianisierung des Landes einhergehen konnte,[25] demonstriert Gregor von Tours durch eine präzise und umfangreiche Beschreibung der Kirchen und ihrer auch von ihm veranlassten Ausgestaltung in der Stadt Tours, während er die Orte und Namen der von ihm selbst neugegründeten ländlichen Kirchen „aus Platzgründen" nicht einmal erwähnt.[26] Dabei ist zudem zu beachten, dass die Landbevölkerung in der *civitas* von

---

[23] Vgl. S. Baumgart: Die Bischofsherrschaft, Die Bischofsherrschaft im Gallien des 5. Jahrhunderts. Eine Untersuchung zu den Gründen und Anfängen weltlicher Herrschaft der Kirche (Münchener Arbeiten zur alten Geschichte, 8), München 1995, 85f. Vgl. auch W.E. Klingshirn: Caesarius of Arles, 65. P. Brown nennt das Land daher plakativ „das Aschenbrödel in der … christlichen Ordnung, in deren Mittelpunkt der Bischof und seine Stadt standen" (P. Brown, Die Entstehung des christlichen Europa (Beck'sche Reihe, 4023), München 1999, 118).

[24] „Si quis uestrum proximam habet ecclesiam, properet ad eandem et ibi Dominico die semetipsum precibus lacrymisque afficiat" (Mâcon II, c. 1, SC 354, 456).

[25] Vgl. ebd., 59.

[26] „In multis vero locis infra Turonicum terminum et ecclesias et oratoria dedicavi sanctorumque reliquiis inlustravi; quae memorare ex ordine prolixum censui" (HF X,31, in: Gregor von Tours. Zehn Bücher Geschichten. Auf Grund d. Übers. W. Giesebrechts neubearbeitet von Rudolf Buchner (lat., dt.), 2. Bde., Darmstadt 1974–1977, II, 414). Vgl. C.E. Stancliffe: From town to country: the Christianisation of the Touraine

Tours im 6. Jahrhundert zunehmend aus den Flusstälern in die höhergelegenen Regionen zog. Dies spiegelt sich auch in der Zahl der Kirchengründungen an den neuen Siedlungsorten wider. Die alten Kirchen blieben jedoch offenbar bestehen.[27] Es gilt daher auch für Tours die Feststellung von H.J. Vogt: „Dabei war nicht das gesamte Gebiet eines Bistums auf diese Seelsorgszentren aufgeteilt, sondern sie waren nur für einen kleineren Sprengel verantwortlich, die Sorge für das übrige Territorium oblag weiterhin unmittelbar dem Bischof."[28] Erst um 1000 n. Chr. war in Westeuropa die Einteilung in Pfarreien mit fest umschriebenen Territorien und dort residierenden Presbytern abgeschlossen.[29]

Vereinfachend könnte man zusammenfassend sagen: Die Kirche Galliens musste in einer sich verändernden Gesellschaft den Menschen auch in die neuen und wachsenden, ländlichen Siedlungen folgen. Zugleich aber versuchte sie, die angestammten kirchlichen Strukturen in den Städten weitestgehend zu bewahren, wenngleich sich der pastorale Schwerpunkt der Kirche auf das Land verschob. Dieser spannungsreichen Dialektik von neuen Herausforderungen und der Treue zur Tradition und zur Gesamtkirche konnten sich letztlich auch das Verständnis von Presbyterat und Diakonat nicht entziehen. Für den Presbyter resultierte diese Dynamik in neuen Kompetenzen und einer außerordentlichen Stärkung seiner Position innerhalb der Kirche. Für den ständigen Diakonat aber bedeutete dies eine zunehmende Anfrage an seine Existenzgrundlage. Besonders deutlich wird dies in immer stärkeren Beschränkungen seiner Kompetenzen einschließlich seiner liturgischen Aufgaben.

Ausgabenbereiche des Diakons in der gallischen Kirche

Sulpicius Severus

Die Darstellung Martins († 397) als herausragendem asketisch-prophetischen *vir Dei* ist die zentrale Aussageintention der Schriften des aquitanischen Aristokraten Sulpicius Severus († um 420) in bezug auf den Bischof von Tours. Sulpicius stellt Martin als Men-

---

370–600; in: D. Baker (Hg.), The Church in Town and Countryside: The Christianisation of the Touraine 370–600, Oxford 1979, 43–59, 51.

[27] Vgl. C.E. Stancliffe: 51.

[28] H.J. Vogt, in: HKG II/2, 222f.

[29] Vgl. J.H. Lynch: The Medieval Church, The Medieval Church: a Brief History, London–New York 1992, 38.

schen dar, der in seiner durch Gebet und Askese erlangten *virtus* über außerordentliche, von Gott verliehene Kräfte verfügt, die bis hin zur Austreibung von Dämonen und zur Auferweckung Toter reichen.[30] Dieser Grundintention der Demonstration der *außer*ordentlichen Fähigkeiten Martins ordnet Sulpicius Severus sein gesamtes Werk unter.

Das amtliche Wirken des Bischofs Martin ist für Sulpicius daher von eher geringem Interesse. Noch eingeschränkter und lückenhafter als die wenigen Aussagen über die bischöfliche Liturgie sind angesichts des grundlegenden Anliegens des Sulpicius Severus Angaben insbesondere über die liturgischen Funktionen anderer kirchlicher Amtsträger. Dennoch vermittelt Sulpicius Severus wertvolle Informationen auch über Presbyterat und Diakonat.

So erfahren wir, dass der Archidiakon den Bischof benachrichtigt, dass das Volk ihn in der Kirche zum Gottesdienst erwarte und Martin zum Beginn der Feier drängt.[31] Es ist plausibel anzunehmen, dass der Archidiakon im anschließenden Gottesdienst wie die anderen Diakone liturgische Aufgaben übernahm, auch wenn dies von Sulpicius Severus nicht ausdrücklich erwähnt wird.[32] Auch die klassische diakonale Aufgabe des Almosengebens kam dem Archidiakon zu.[33] Diakone konnten ferner mit der Verwaltung und der Versorgung eines Klosters – also mit innerkirchlichen Verwaltungsaufgaben – beauftragt werden.[34]

Es fällt auf, dass Sulpicius Severus in seinem Bericht über Martins Bischofsweihe am 4. Juli 370/371 zwar bei der Liturgie anwesende Bischöfe nennt; er erwähnt außerdem *ministri*, also *mehrere* ihren liturgischen Dienst ausübende Diakone, sowie einen Lektor.[35] Er spricht zudem von einer großen Volksmenge, die Martin auf seinem Weg in die Stadt begleitet. Es ist jedoch keine Rede von anwesenden Presbytern.[36] Von einer gemeinsamen Feier des

---

[30] Vgl. A. Angenendt: Das Frühmittelalter, 98f.

[31] „Dein paulo post archidiaconus ingressus admonet pro consuetudine, expectare in ecclesia populum, illum [sc. Martinum] ad agenda sollemnia debere procedere" (Sulpicius Severus, Dial. II,1, CSEL 1, 181).

[32] Vgl. VMartini [Vita Martini] 9,5 (SC 133, 272). Vgl. A. Heinz: Bischof Martin von Tours (370/71–397) und die Liturgie seiner Zeit; in: Rottenburger Jahrbuch für Kirchengeschichte 18, Stuttgart 1999, 61–76, 69.

[33] Vgl. die Erzählung des vom Archidiakon nicht erfüllten Auftrags Martins, einem Bettler Kleidung zu besorgen (Sulpicius Severus, Dial. II,1, CSEL 1, 180f.).

[34] Sulpicius Severus, Dial. III,10 (CSEL 1, 207).

[35] Sulpicius Severus spricht außerdem nur noch vom Dienst des Exorzisten. Martin selbst war von Hilarius von Poitiers zum Exorzisten ordiniert worden (vgl. VMartini 5,2, SC 133, 262).

[36] VMartini 9 (SC 133, 270f.).

Bischofs und seines Presbyteriums als *adstantes* am Altar oder gar von einer Feier der Eucharistie durch Presbyter hören wir bei Sulpicius Severus nichts.

Die Presbyter treten als von den anderen *clerici* unterschiedene eigene *Gruppe* auf,[37] die die Besucher im Bischofshaus empfangen und sich anders als Martin wohl nicht ungern den offiziellen weltlichen Amtsgeschäften, vor allem der Wahrnehmung der Schiedsgerichtsbarkeit des Bischofs widmen. Gleichzeitig zieht sich Martin bis zum abendlichen Gottesdienst betend in seine Zelle zurück.[38] Nun aber versteht Sulpicius Severus die Führung der bischöflichen Amtsgeschäfte eher als Hindernis beim Erwerb göttlicher Gnade und bei der Wahrung der überlegenen *virtus* Martins, die die Grundlage seines Handelns darstellt.[39] Im Hinblick darauf ist die Übertragung der „weltlichen" Geschäfte und Repräsentationsverpflichtungen an die Presbyter als Hinweis auf eine hier noch auch im Vergleich zum Diakonat wenig ausgeprägte spirituelle Profilierung des Presbyterates zu werten, die sich wohl auch in nur wenig profilierten liturgischen Funktionen ausdrücken dürfte.

Bereits bei Martin von Tours erscheint also eine Tendenz, ursprünglich episkopale Verwaltungsaufgaben mit einer über die Kirche hinauswirkenden Dimension nicht an Diakone zu delegieren, sondern an Presbyter. Wenn man den dürren Angaben des Sulpicius Severus Glauben schenken darf, dürfte der Diakonat neben seinen binnenkirchlichen, nicht zuletzt liturgischen, Aufgaben im wesentlichen nur noch im sozialen Wirken des Archidiakons eine Außenwirkung besessen haben.

Das Konzil von Nîmes (394/396)

Das wenige Jahre vor dem Tod Martins stattfindende Konzil von Nîmes scheint die bereits von Sulpicius Severus nahegelegte Einschätzung einer vor allem in der Liturgie eher geringen Bedeutung des Presbyterates auch für den Süden Galliens nachdrücklich zu bestätigen: Zwar regelt die Synode das Verfahren, nach dem sich Dia-

---

[37] „… presbyteris uel clericis flagitabat nomen sibi martyris" (VMartini 11,2, SC 133, 276).

[38] „… hanc enim sibi ecclesia solitudinem permissa clericis libertate praestabat, cum quidem in alio secretario presbyteri sederent, uel salutationibus uacantes uel audiendis negotiis occupati. Martinum uero usque in eam horam, qua solemnia populo agi consuetudo deposceret, sua solitudo cohibeat" (Sulpicius Severus, Dial. II,1, CSEL 1, 180).

[39] Vgl. A. Angenendt: Martin als Gottesmann und Bischof, in: Rottenburger Jahrbuch für Kirchengeschichte 18, Stuttgart 1999, 33–47, 44f.

kone auf Reisen über die eigene *civitas* hinaus begeben dürfen:[40] Ohne ein Empfehlungsschreiben (*apostolia*) ihres Bischofs dürfen sie keine Reise antreten. Eine entsprechende Regelung für Presbyter sucht man jedoch vergebens. Ferner klärt die Synode (c. 4)[41] auch die Jurisdiktion über die Diakone, indem sie exklusiv der Gerichtsbarkeit des eigenen Bischofs unterstellt werden. Auch hier fehlt jeder Hinweis auf den Presbyterat. Schließlich fällt auf, dass c. 1[42] zwar Probleme mit „Presbytern und Diakonen" zu lösen versucht, die ohne bischöfliches Empfehlungsschreiben aus den östlichsten Teilen des Reiches nach Gallien kamen: Sie dürfen nur dann den Dienst am Altar („ministerium altarii") ausüben, wenn sie in voller Einheit mit der Kirche stehen. „Ministerium altarii" aber kann als *terminus technicus* für den Dienst des Diakons angesehen werden, zumal das Konzil, wie die Auseinandersetzung mit dem Diakonat der Frau in c. 2[43] demonstriert, eindeutig *minister* als Bezeichnung des Diakonates gebraucht. Der liturgische Dienst des Diakons wird offenbar implizit als so wesentlich zentraler als der liturgische Dienst des Presbyters verstanden, dass das Konzil – bewusst oder unbewusst – hier auch den Dienst des Presbyters unter der entsprechenden Bezeichnung für den diakonalen Dienst subsumieren kann.

Hierarchie

Die herausragende Person der gallischen Kirche ist und bleibt im gesamten hier untersuchten Zeitraum der Bischof. Aber auch der Diakon und seine Aufgaben und Pflichten werden zunächst teilweise wesentlich häufiger und genauer thematisiert als der Presbyter. Bis ins 5. Jahrhundert hinein scheint der Presbyterat auch dem Diakon gegenüber eine zwar zunehmende, generell jedoch nur wenig bedeutende Position einzunehmen. Ein kleines, aber wichtiges Indiz könnte andeuten, dass dies auch von den Diakonen selbst so empfunden wurde: Ein in den gallischen Regionalkonzilien erstmals von Arles I (314) erwähntes und dann vor allem in der zweiten Hälfte des 5. Jahrhunderts mehrfach in Variationen wiederholtes Motiv ist die Forderung, dass Diakone die den Presbytern zustehende „Ehre"[44] bzw. ihren höheren Rang respektieren soll-

[40] Nîmes 394/396, c. 6 (SC 241, 128).

[41] SC 241, 128.

[42] SC 241, 126.

[43] SC 241, 126f.

[44] „Honor" dürfte hier – wie auch in der römischen Rechtssprache und in der christlichen Tradition seit Cyprian öfters belegt – weniger als „Würde", sondern eher als Terminus für das jeweilig ausgeübte Amt aufzufassen sein.

ten.[45] Auch in den *Statuta Ecclesiae Antiqua* (SEA) finden sich – gleich mehrfach und sehr detailliert – derartige Forderungen.[46] Arles I fordert den Ehrenvorrang der Presbyter allerdings explizit nur von den Diakonen in der Stadt ein,[47] die sich offenbar als den Presbytern zumindest gleichrangig und ihnen gegenüber eigenständig verstanden. In den wenigen Seelsorgsstellen auf dem Land könnten Presbyter und Diakon demnach in quasi gleichrangiger Weise gewirkt haben.

Mit der Ausnahme von Arles I wird die Rangfolge von Diakon und Presbyter in Gallien nur in der zweiten Hälfte des 5. Jahrhunderts thematisiert. Das hierarchische Verhältnis zwischen Presbyter und Diakon scheint in diesem Zeitraum großer politischer und gesellschaftlicher Instabilität also in besonderer Weise mit Konflikten belastet zu sein. Genau in dieser Zeit aber beginnt in Verbindung mit einem bedeutenden Wachstum seiner Kompetenzen eine erhebliche Veränderung im Verständnis des Presbyterates. Vor der zweiten Hälfte des 5. Jahrhunderts und seit dem 6. Jahrhundert ist die Frage der Rang- und Ehrenfolge von Diakon und Presbyter angesichts des Fehlens der Thematik weithin geklärt und stabil.

Die Statuta Ecclesiae Antiqua

Einen wichtigen Teil dieser Entwicklung demonstrieren anschaulich die lange Zeit Caesarius von Arles zugeschriebenen, höchstwahrscheinlich aber vom Presbyter Gennadius von Marseille in den letzten Regierungsjahren des Westgotenkönigs Eurich (476–485) erstell-

---

[45] Arles I 314, c. 18 (CCL 148, 13), Angers 453, c. 2 (CCL 148, 137), „Arles II" 442/506, c. 15 (CCL 148, 117).
Vgl. auch die scharfe Diskussion über die Rangfolge von Presbytern und Diakonen bei Hieronymus (Ep. 146,2, CSEL 56, 311f.). Hieronymus betont pointiert den Vorrang der Presbyter. Er setzt sich dabei mit wenigstens drei – sehr unterschiedlichen – Argumenten auseinander, die auf einen Vorrang der Diakone hinweisen könnten: 1) In Rom werden Presbyter nur auf das Zeugnis (*testimonium*) eines Diakon hin geweiht. 2) Es gibt viel mehr Presbyter als Diakone. Die letzteren haben daher eine größere Bedeutung, da das Seltenere einen höheren Wert hat als das Häufige. 3) Diakone verfügen über einen größeren Reichtum (bzw. eine bessere Bezahlung) als Presbyter („Si ex diacono ordinatur presbyter, nouerit se lucris minorem, sacerdotio esse maiorem", ebd. 312).
Zur Wertung der Betonung des Vorrangs der Presbyter bei Hieronymus ist allerdings zu bedenken, dass er bekanntlich Bischof und Presbyter – abgesehen vom Weiherecht – quasi gleichrangig versteht (vgl. Ep. 146,1, CSEL 56, 310). Dies könnte nicht der Fall sein, wenn die Diakone einen höheren Rang als die Presbyter hätten.
[46] SEA c. 57–c. 59, SEA c. 61 (CCL 148, 175f.).
[47] „De diaconibus Vrbicis: Vt non sibi tantum praesumant, sed honorem presbyteris reseruent, ut sine conscientia ipsorum nihil tale faciant" (Arles I, c. 18, CCL 148, 13).

ten *Statuta Ecclesiae Antiqua*.[48] Die in den SEA angegebenen Ämter und Dienste werden durch ihre unmittelbar aufeinander folgende Aufzählung als direkt zusammengehörig charakterisiert. Die ersten sieben Ämter sind zusätzlich noch durch die äußere Form der Canones sowie ihre Terminologie als besondere Einheit vorgestellt: Die Canones vom Bischof bis zum Ostiarier beginnen alle in genau parallel strukturierter Weise und demonstrieren die innere Zusammengehörigkeit der einzelnen Ämter in ihrem unterschiedlichen Rang: „Episcopus cum ordinatur …", „Presbyter cum ordinatur …", „Ostiarius cum ordinatur …". An mehreren Stellen sind trotz dieser die Einheit des Amtes stark betonenden Strukturierung der Ämterliste Diskontinuitäten zu beobachten, die die Liste der Ämter und Dienste deutlich in drei Teile gliedern:[49] So sind Bischof, Presbyter und Diakon durch die nur bei ihrer Weihe vorgenommene Handauflegung von den übrigen kirchlichen Ämtern abgesetzt und herausgehoben. Die Ämtertrias bildet damit eine eigene, insbesondere durch ihre sakramentale innere Einheit abgegrenzte Gruppe unter den Amtsträgern.

Dennoch wird diese fundamentale Einheit der Ämtertrias differenziert verstanden. Die SEA nehmen die traditionelle Formulierung auf, die Diakone seien vom Bischof „non ad sacerdotium, sed ad ministerium"[50] geweiht und demonstrieren damit die theologische Distanz des Diakons einerseits zu Bischof und Presbyter andererseits. Unter Aufnahme der entsprechenden Aussagen der *Apostolischen Konstitutionen*[51] betonen daher auch die SEA, dass der Diakon so wie zum Dienst am Presbyter, auch zum Dienst am Bischof bestimmt sei.[52] Diese weitgefasste Formulierung reflektiert zunächst den Rangstreit zwischen Diakonen und Presbytern und entscheidet ihn klar zugunsten des Presbyterats. Auch wird klar, dass der Dienst der Diakons am Altar nicht nur bei der bischöflichen Eucharistiefeier ausgeübt werden soll, sondern auch bei der Feier der Eucharistie unter der Leitung des Presbyters. Andererseits aber dürfte hier auch die bereits angedeutete, gewisse Umdeutung der traditionellen, pastoralen Dienstaufgabe des

---

[48] Vgl. Ch. Munier: Les Statuta Ecclesiae Antiqua: Édition – Études critiques, Paris 1960, 235f.

[49] 1) Bischof, Presbyter, Diakon. 2) Subdiakon, Akolyth, Exorzist, Lektor, Ostiarier. 3) Psalmist, *sanctimonialis virgo*, Witwe, Braut/Bräutigam.

[50] SEA c. 92, CCL 148, 181.

[51] Vgl. CA III,20, SC 329, 164. Vgl. auch TA 8: Der „Dienst am Bischof" ist dabei explizit nicht nur liturgisch zu verstehen: „[Diaconus] curas agens et indicans episcopo quae oportet" (FC 1, 232f.).

[52] „Diaconus ita se presbyteri ut episcopi ministrum nouerit" (SEA c. 57, CCL 148, 175).

Diakons hin zu einem inneramtlichen Dienst widergespiegelt werden: Von der Taufe zunächst noch abgesehen erscheint die liturgische Aufgabe des Diakons vor allem als dem Bischof bzw. Presbyter assistierende Funktion. Sein pastorales Wirken dagegen erscheint zunehmend marginal und verzichtbar. Außerordentlich bemerkenswert ist in c. 57 auch die Erwähnung des Presbyters an erster Stelle vor dem Bischof. Da die SEA eine genaue Rangfolge der kirchlichen Ämter bieten, ist auch hier anzunehmen, dass in der (zumindest intendierten) Praxis der Diakon generell zunächst zum Dienst am Presbyter (in der Landgemeinde) geweiht wird. Auch dass der Presbyter hier wie der Bischof im Singular vorgestellt wird, könnte als Hinweis darauf gelten, dass hier eine „Vereinzelung" des Presbyters (als Gemeindeleiter) und eine zumindest begonnene Auflösung des Presbyteriums als Consilium des Bischofs vorausgesetzt sind. Die folgenden Canones 58, 59 und 61 zeigen darüber hinaus auch disziplinär die mittlerweile erreichte oder auch angestrebte Unterordnung der Diakone unter die Presbyter. Bereits hier wird deutlich, dass bei aller Wahrung der hierarchischen Unterschiede, die Presbyter einem „episkopalen Rang" – zumindest der Intention nach – näher kommen: „(Les) canons … rapprochent la dignité presbytérale de celle de l'évêque."[53]

Die Synode von Agde und Caesarius von Arles

Die südgallische Synode von Agde 506 rückt die Presbyter theologisch nahe an die Bischöfe heran und grenzt sie dem Diakonat gegenüber klar ab: Wie dem Bischof ist den Presbytern beim Stundengebet das Sprechen der den Antiphonen folgenden *collectio* erlaubt, „wie es überall getan wird."[54] Dieser erklärende Hinweis deutet stark darauf hin, dass den Presbytern hier gegen Widerstände eine für Gallien neue Kompetenz zuerkannt wird. Eine entsprechende Regelung für Diakone fehlt dagegen.

Erstmals wird hier für Gallien ein Mindestalter für den Empfang der höheren Weihen festgelegt. Auch hierbei werden Presbyterat und Episkopat dem Diakonat gegenübergestellt: Für den Diakon wird in einem eigenen Kanon ein verbindlich vorgeschriebenes Mindestalter für die Weihe von 25 Jahren angeordnet

---

[53] Ch. Munier: Les Statuta Ecclesiae Antiqua, 195.
[54] „… sicut ubique fit, post antiphonas collectiones per ordinem ab episcopis uel presbyteris dicantur et hymnos matutinos uel uespertinos diebus omnibus decantari" (Agde 506, c. 30, CCL 148, 206).

(c. 16).[55] Dagegen schreibt die Synode das Mindestweihealter von Presbyter und Bischof im unmittelbar folgenden c. 17 *gemeinsam* vor: Sie dürfen *antequam ad uiri perfecti aetatem* von 30 Jahren nicht geweiht werden.[56] Abweichend von den unter seiner Leitung gefassten Beschlüssen der Synoden von Agde (506) und Arles (524) legt Caesarius nach der Aussage der *vita Caesarii* für seine eigene Diözese auch das Mindestweihealter der Diakone auf 30 Jahre fest.[57] Wenn dies zutrifft, rückt er die Diakone damit wesentlich näher an die Bischöfe und Presbyter heran als die Synoden im Süden Galliens. Dass Caesarius tatsächlich eine größere geistliche Nähe der Diakone zu Bischöfen und Presbytern und damit wohl auch eine größere innere Einheit des kirchlichen Amtes als die meisten seiner Mitbischöfe sieht, wird zusätzlich durch Caesarius' letztlich vergebliche Forderung nach der Erteilung des Predigtrechts in seiner Kirchenprovinz auch für Diakone unterstrichen, das er seiner *vita* zufolge den Diakonen seiner eigenen Diözese gewährt hatte.[58] In dem auf die Zeit nach 524 zu datierenden sermo 1[59] hatte Caesarius auch das Predigtrecht für Diakone in den südgallischen Bistümern gefordert.[60] Dass Caesarius hier jedoch mit erheblichem Widerstand rechnen muss, wird darin deutlich, dass er seinen Suffraganen als Notlösung (!) für eine entfallene Predigt eines Presbyters die im Osten übliche Praxis der Väterlesung empfiehlt. Seine Begründung dafür, dass Diakone Vätertexte wiedergeben dürfen,[61]

---

[55] Zum Mindestweihealter des Diakons vgl. Karthago 397 (Brev. Hipponense), c. 1 (CCL 259, 33).
Hingewiesen sei hier auch auf eine Koinzidenz des Mindestalters des Diakons mit dem staatlichen römischen *cursus honorum*: 25 Jahre war seit Augustus das Mindestalter des Quaestors, also des niedrigsten Amtes (bzw. Ehrenamtes in der Spätantike) der römischen Amtshierarchie. Der Quaestor hatte, wie es von Caesarius und anderen auch für den Diakon gefordert wird, die Aufgabe, die Provinzverwaltung insbesondere in Belangen der Finanzen zu unterstützen.

[56] Agde 506, c. 17 (CCL 148, 201). Vgl. für das kanonische Alter der Presbyter Conc. Neocaes., c. 11.

[57] Vgl. VCaesarii I,56 (Krusch 480). Caesarius selbst fordert in serm 1,14 (SC 175, 252) von seinen Suffraganen nur das Mindestalter von 25 Jahren für die Diakonenweihe ein.

[58] Vgl. VCaesarii I,54 (Krusch 478).

[59] Vgl. W.E. Klingshirn, a. a. O., 228.

[60] Vgl. Caesarius, serm 1,13 (SC 175, 250).

[61] „Vere dico, quia, etiamsi omnes presbyteri desint qui hoc facere possint, non est incongruum vel indignum, si homilias sanctorum patrum publice in ecclesia praecipiatur etiam diaconis recitare: quia, si dignum est ut diaconus quisque legat quod locutus est Christus, non debet iudicari indignus ut recitet quod praedicavit sanctus Elarius, sanctus Ambrosius, sanctus Augustinus, vel reliqui patres" (Caesarius, serm 1,15, SC 175, 254f.).

wird von der Synode in Vaison 529 nahezu wörtlich wiedergegeben. Vaison präzisiert den unbestrittenen Dienst des Diakons in der Liturgie gegenüber Caesarius genauer als Lesung des Evangeliums, erweitert aber den Schatz der anstelle der Homilie lesbaren Texte von Homilien der Väter auf alle Vätertexte. Sein Ziel, den Diakonen über Arles hinaus die Predigt zu gestatten, konnte Caesarius jedoch nicht erreichen. Dies ist für die Diakone nicht zuletzt deshalb als wichtige Einschränkung zu betrachten, weil ein entscheidender Teil der Katechese – auch der Katechese der Katechumenen – durch die Sonntagspredigt erfolgte[62] und damit faktisch dem Bischof und in der Zukunft auch den Presbytern vorbehalten wurde.

Ansätze einer ländlichen Parochialstruktur und die Frage der Gemeindeleitung

Wie in den meisten Regionen des alten römischen Reiches, so fanden sich auch in Gallien die ersten christlichen Gemeinden zunächst ausschließlich in den Städten. Einen ersten, noch sehr vagen Hinweis auf das „phénomène très nouveau"[63] sich entwickelnder, wohl noch sehr kleiner Landgemeinden im Süden Frankreichs gibt das zur Überwindung des donatistischen Schismas einberufene erste Konzil von Arles (314). Das Konzil spricht lediglich von Presbytern und Diakonen, die für diese oder an diesen „Orten" geweiht werden und ihren Dienst dort auf Dauer ausüben sollen.[64] Locus kann sich dabei einerseits auf städtische Kirchen beziehen,[65] andererseits aber auch Gottesdiensorte wie Ortschaften, Grundstücke oder Wohnräume außerhalb der Städte meinen. Diese Doppeldeutigkeit legt c. 18 nahe, der sich explizit an die *diacones urbici* wendet. Hier

---

„Si presbyter aliqua infirmitate prohibente per se ipsum non potuerit praedicare, sanctorum patrum homiliae a diaconibus recitentur; si enim digni sunt diaconi, quod Christus in euangelio locutus est, legere, quare indigni iudicentur sanctorum patrum expositiones publice recitare?" (Vaison 529, c. 2, SC 353, 190).

[62] Vgl. R. Godding, Prêtres en Gaule mérovingienne (Subsidia hagiographica, 82), Brüssel 2001, 390.

[63] H.-I. Marrou, L'Eglise de l'Antiquité tardive, 222.

[64] „De his qui in quibuscum locis ordinati fuerint ministri: In ipsis locis perseuerent" (Arles 314, c. 2, CCL 148, 9). „De presbyteris aut diaconibus qui solent remittere loca sua in quibus ordinati sunt et ad alia loca se transferunt, placuit ut his locis ministrent" (ebd., c. 21, CCL 148, 13). Beide Canones implizieren außerdem de facto das Verbot einer absoluten Ordination.

[65] „De episcopis peregrinis qui in Verbem solent uenire, placuit eis locum dari ut offerant (Arles 314, c. 19, CCL 148, 13). Interessant ist hier auch, dass eine Konzelebration des reisenden Bischofs mit dem Ortsbischof offenbar nicht möglich ist. Der Bischof steht der Eucharistie jeweils allein vor!

ist also bereits eine Differenzierung dieses Amtes zwischen Stadt und Land vorausgesetzt, demnach die Existenz eines vom städtischen unterschiedenen ländlichen Klerus impliziert. Die Unschärfe des Begriffs *locus* zeigt aber auch, dass ein geeigneter Begriff für die ländlichen Kirchen oder Gemeinden noch nicht existiert. Auch die Organisations- und Leitungsstruktur dieser frühen gallischen Landgemeinden bleibt so unbekannt. Eine bedeutende Rolle in der Leitung der entstehenden Landgemeinden ist in dieser frühen Zeit der Christianisierung des Landes möglicherweise (neben den Presbytern?) faktisch den Diakonen zugewachsen. So spricht bereits einige Zeit vor Arles I die Synode von Elvira (306/313)[66] im Zusammenhang mit der Taufe von Diakonen, die „das Volk leiten."[67] Vorausgesetzt ist hier, dass das „Volk" vom Bischof und seinen Presbytern räumlich getrennt ist und der Bischof daher die Taufe – und wohl auch die anderen Bereiche der Leitung – nicht selbst vornehmen kann. Die genauen Umstände und Orte dieser Leitungsfunktion der Diakone bleiben zwar im Dunkel. Wie der Text belegt, wird die Leitung des „Volkes" durch den Diakon jedoch unter der klaren Oberhoheit des Bischofs wahrgenommen. Der Bischof bleibt der ordentliche Spender der Taufe und muss sie zu einem späteren Zeitpunkt durch seinen Segen vollenden.

Die Leitungsfunktionen der Diakone könnten mancherorts recht weitgehend gewesen sein: Dies deutet Arles I, c. 16 an, der den Diakonen die Feier der Eucharistie an den ihnen zugewiesenen loci unter Hinweis auf einen „verbreiteten" Missbrauch untersagt.[68] Auch die im gleichen Jahr im galatischen Ankyra tagende Synode der Bischöfe des vorderen Orients untersagt den Diakonen die Feier der Eucharistie (c. 2). Diakone dürften im 2. Jahrzehnt des 4. Jahrhunderts also zumindest nicht ganz vereinzelt in weiten Teilen des Römischen Reiches als Vorsteher der Eucharistie aufgetreten sein. Darauf weist auch Hieronymus' um 393/394 gemachte Bemerkung hin, weder Bischöfe, Presbyter noch Diakone dürften die Gaben darbringen, wenn sie ihren ehelichen Verpflichtungen nachkämen.[69]

Damit ist allerdings keine bis dahin (möglicherweise stillschweigend) geltende Erlaubnis des Eucharistievorsitzes durch Diakone

---

[66] Zur Problematik der Datierung vgl. E. Reichert, Die Canones der Synode von Elvira, Hamburg 1990, 21–23.

[67] „Si quis diaconus regens plebem sine episcopo vel presbytero aliquos baptizaverit, episcopus eos per benedictionem perficere debebit; quod si ante de saeculo recesserint, sub fide, qua quis credidit, poterit esse iustus" (Elvira, c. 77, DH 121).

[68] „De diaconibus quos cognouimus multis locis offerre, placuit minime fieri debere" (Arles I, c. 16(15), CCL 148, 12).

[69] Vgl. Hieronymus, Ep. 48,10 (CSEL 54, 365).

impliziert. Der innere Zusammenhang von Gemeindeleitung und Eucharistie macht jedoch plausibel, dass manche Diakone sich für berechtigt hielten, der Eucharistie vorzustehen. Zudem ist wohlbekannt, dass sich die Zahl der Christen im Römischen Reich angesichts der sich mit Konstantin grundlegend verändernden politischen Situation geradezu explosionsartig vergrößerte.[70] Vor allem in den Jahrzehnten nach 312/313 hatte diese Entwicklung eine besondere Dynamik. Es scheint daher gut möglich, dass der damit zwangsläufig massiv erhöhte Bedarf an Eucharistiefeiern manche Diakone wohl vor allem im *suburbium* der Städte dazu animierte, hier selbst einem in der kurzen Zeit von wenigen Monaten oder Jahren entstandenen Mangel abzuhelfen.

Einzelne gallische Quellen sprechen noch im 6. und 7. Jahrhundert von einer Gemeindeleitung durch Diakone. Namentlich bekannt ist der *vicus* Issoire in der Auvergne, dessen Kirche im 6. und 7. Jahrhundert von Diakonen geleitet wurde.[71] In Issoire könnte die Gemeindeleitung durch einen Diakon also eine gewisse Kontinuität erlangt haben. Dies dürfte allerdings als Ausnahme gelten, wie ein Blick in das Bistum Auxerre exemplarisch zeigt. Für Auxerre ist die Zahl der Landgemeinden recht gut bekannt. Dort sind um 500 n. Chr. 20 Kirchen auf dem Land (12 in villae, 8 in vici) und um 600 37 Kirchen (24 in villae, 13 in vici) nachweisbar, an denen offensichtlich ständig Presbyter lebten. Diese Zahl wird durch die Liste der Teilnehmer an der Diözesansynode von Auxerre (nach 585) unter ihrem Bischof Aunarchius (567–611) bestätigt, die neben 7 abbates 34 Presbyter, aber nur 3 Diakone enthält.

Wenn die Liste Anspruch auf Vollständigkeit erheben kann, hat sich der Presbyterat im Auxerre des ausgehenden 6. Jahrhunderts – abgesehen von den abbates als Vorstehern städtischer Basiliken – zu einem weitgehend auf dem Land vertretenen Amt entwickelt. Zumindest wird deutlich, dass die Leitung der ländlichen Gemeinden vom Presbyter, nicht aber vom Diakon, wahrgenommen wird. Unterstrichen wird dies durch die Präzisierung „in vicem" bei der Unterschrift von zwei der drei die Akten der Synode unterzeichnenden Diakone. Bei den anwesenden Presbytern und abbates erscheint eine ähnliche Formulierung dagegen nicht. Die unterzeichnenden Diakone Barbarius und Leudegisilius sind also offenbar die Vertreter der verhinderten Presbyter ihrer vici oder villae,

---

[70] Vgl. R. Stark: The Rise of Christianity. How the Obscure, Marginal Jesus Movement Became the Dominant Religious Force in the Western World in a Few Centuries, San Francisco 1997, 7.

[71] Vgl. R. Godding: Prêtres, 253f.

während die Presbyter – unter der Autorität des Bischofs – eine eigene Verantwortung für ihre Gemeinden haben. Bezeichnend im Hinblick den Diakonat ist auch Auxerre c. 6: Er fordert von den Presbytern, in der Mitte der österlichen Bußzeit persönlich das Chrisam (vom Bischof bzw. vom dem Bischofssitz zugeordneten Archidiakon) in Empfang zu nehmen. Bei Verhinderung sollen sie als Vertreter „ihren" Archisubdiakon schicken. Es wird hier nicht wie in früheren Texten zwischen Presbytern auf dem Land und in der Stadt unterschieden, sondern vorausgesetzt, dass die Presbyter generell in einer gewissen räumlichen Distanz zum Bischofssitz leben. Für die civitas Auxerre kann 585 daher angenommen werden: Presbyter sind mittlerweile regelmäßig in den Gemeinden außerhalb der Bischofsstadt verortet. Dort sind sie jedoch nicht die alleinigen Seelsorger, sondern verfügen – analog zu den Klerikern in unmittelbarer Nähe zum Bischof – zumindest über einen Archisubdiakon, der ihnen in der Hierarchie nachgeordnet ist, nicht aber – wie schon die o.g. Zahlen nahelegen – über einen Diakon. Die Presbyter sind in Auxerre 585 also offenbar selbstverständlich als Gemeindeleiter auf dem Land anzusprechen. Sie sind dort in gewisser Weise in die Funktion des Bischofs eingerückt. Dennoch bleibt die Verantwortung des Bischofs für die Pastoral in den (ländlichen) Gemeinden auch weiterhin zumindest formal erhalten. Der Bischof bleibt zudem disziplinär und theologisch dem Presbyter übergeordnet, wie c. 7 mit der Einführung regelmäßiger jährlicher Diözesansynoden der Presbyter (mit dem Bischof) in der civitas unterstreicht.

Die mehr und mehr dominierende Leitungsfunktion der Presbyter und ihr zunehmendes Hineinwachsen in bis dahin dem Bischof vorbehaltene sacerdotale Aufgaben in den sich ausdehnenden gallischen Landpfarreien gingen also offensichtlich auch auf Kosten der Diakone. Die seit alter Zeit eher geringe Zahl von Diakonen und ihre unmittelbare Zuordnung zum Dienst am Bischof ließen die Diakone nur schwer in den vom Bischof räumlich getrennten Landgemeinden Fuß fassen – im Gegensatz zu den Presbytern. So konnte sich der Presbyterat auf dem Lande in einem gewissen „diakonalen Vakuum" entwickeln und allmählich selbst die liturgischen Aufgaben der Diakone absorbieren und diese damit letztlich selbst aus ihren angestammten liturgischen Diensten verdrängen, wie die gallischen Quellen eindrücklich demonstrieren:

Austeilung der Kommunion

Die Frage nach dem rechtmäßigen Ausspender der Kommunion wird im letzten Drittel des 5. Jahrhunderts zu einem offensichtlich umstrittenen Thema: So gestehen die wohl im letzten Drittel des 5. Jahrhunderts im Süden Galliens entstandenen *Statuta Ecclesiae Antiqua* dem Diakon zwar zu, er könne auch in Anwesenheit eines Presbyters legitim dem Volk Gottes die Kommunion austeilen, „sofern das notwendig erscheint."[72] Wie Ch. Munier anhand einer Reihe von Belegen herausgearbeitet hat,[73] gesteht der Autor der SEA damit ganz auf der großen Linie der kirchlichen Tradition dem Diakon zu, die Kommunion auch in Gegenwart von Bischof und Presbytern auszuteilen. Der ausdrückliche Hinweis „iussus" deutet jedoch an, dass die Rechtmäßigkeit der Kommunionausteilung durch Diakone in der Zeit der Abfassung der SEA nicht unumstritten war. Der Begriff „iussus" hält fest, dass die Ausspendung der Kommunion theologisch zu den Aufgaben des Diakonats gehört. Daher scheint es besonders bemerkenswert, dass die SEA die rechtmäßige Austeilung der Kommunion durch Diakone dennoch faktisch erheblich einschränken, indem sie die entscheidende Bedingung hinzufügen: „*si necessitas cogit.*" Der Diakon soll die Kommunion also nur noch in Ausnahmesituationen austeilen dürfen – dann, wenn für diesen Dienst nicht genügend Presbyter zur Verfügung stehen. Zwar schränken auch manche älteren Quellen[74] die Kommunionausteilung durch Diakone ein. Die SEA aber binden die Austeilung der Kommunion durch den Diakon in Gegenwart des Presbyters an das – zwar nicht näher definierte aber doch als objektiven Sachverhalt anzusehende – Kriterium der *necessitas*. Offenbar gilt dieses objektive Kriterium unabhängig von einer entsprechenden Erlaubnis des Presbyters.[75]

---

[72] „Vt diaconus, praesente presbytero, eucharistiam corporis Christi populo, si necessitas cogit, iussus eroget" (SEA c. 58, CCL 148, 176).

[73] Vgl. Ch. Munier: Les Statuta Ecclesiae Antiqua, 152–154.

[74] Z. B. *Canones Hippolyti* c. 31 (R.G. Coquin (Hg.): Les canons d'Hippolyte. Édition critique de la version arabe, introduction et traduction française (Patrologia Orientalis, 31,2), Paris 1966, 403) oder lateinische Übersetzungen des c. 18 von Nizäa (COD I, 14f.).

[75] Anders: *Canones Hippolyti*, c. 31.

Dem Presbyter wird hier als ordentlichem Kommunionspender ein deutlicher Vorrang vor dem Diakon eingeräumt, dem Diakon die ihm seit alters her zukommende Aufgabe der Kommunionausteilung jedoch nicht generell genommen. Dennoch ist die Aufgabe des Diakons klar als den Presbyter lediglich unterstützender Dienst charakterisiert. Wird beachtet, dass die Grundintention der SEA in einer Aufwertung des Presbyterates liegt, kann vermutet werden, dass hier eine dem Diakon bis dahin selbstverständlich zukommende Aufgabe zugunsten des Presbyters eingeschränkt wird. Angesichts einer offenbar geringen Zahl von Empfängern der Kommunion[76] hat dies faktisch zur Konsequenz, dass Diakone diesen ihnen legitim und von der Tradition her unbestritten zukommenden liturgischen Dienst nur noch selten oder mancherorts gar nicht mehr ausüben konnten. Anders gewendet: Wird die Regel der SEA konsequent umgesetzt, kann der Diakon zwar den liturgischen Dienst am Altar und quasi inneramtlich „am Presbyter" bzw. „am Bischof" ausüben, seine ursprünglich auf die Gemeinde hin bezogene liturgische und pastorale Aufgabe der Ausspendung der Kommunion jedoch generell nicht mehr. Zugespitzt formuliert: Das „ministerium" des Diakons wird hier zum Dienst am höheren amtlichen Rang, es ist jedoch zumindest nicht mehr uneingeschränkt Dienst am Volk Gottes als Ganzem. Die theologische Gefahr eines solchen Ansatzes dürfte deutlich sein: Die Einheit des Amtes wird an einem zentralen Punkt implizit in Frage gestellt und damit letztlich nicht nur faktisch, sondern auch theologisch die Existenzberechtigung des Diakonats als ständiger Weihestufe im Gesamtkontext des kirchlichen Amtes unverständlich.

Die Canonessammlung „Arles II" (ca. 442/506), c. 15 geht im Anschluss an Nizäa (325), c. 18 noch einen wichtigen Schritt weiter: Nizäa hatte den Diakonen untersagt, Presbytern die Kommunion zu spenden. Angesichts der konkreten Situation der Kir-

---

[76] Das Konzil von Agde (506) fordert den Kommunionempfang an Weihnachten, Ostern und Pfingsten (Agde 506, c. 18, CCL 148, 202). Caesarius von Arles erwartet einen Empfang der Kommunion nur an Festtagen wie Ostern oder der Geburt Johannes' des Täufers. In Fastenzeiten wie vor allem der österlichen Bußzeit oder dem Advent ist der Kommunionempfang offenbar unüblich und wird auch nicht erwartet. Schließlich gilt insbesondere die österliche Bußzeit als spirituelle Vorbereitungszeit auf die (Oster-)kommunion. Daher fordert Caesarius für die gesamte Fastenzeit sexuelle Enthaltsamkeit auch in der Ehe und den regelmäßigen Besuch der Horen. Die Quadragesima kann also auch als eine Zeit des eucharistischen Fastens verstanden werden. Generell aber wurde eine häufige Kommunion auch außerhalb der Fastenzeiten durch die Forderung nach Buße, Fasten und längerer vollständiger sexueller Enthaltsamkeit vor ihrem Empfang erheblich erschwert (vgl. z. B. serm 86,5, SC 447, 164ff).

che Galliens wird diese Bestimmung nun umgedeutet: Diakone dürfen die Kommunion nur noch dann austeilen, wenn keine Presbyter zugegen sind.[77] Eine in den SEA noch wenigstens prinzipiell für möglich gehaltene Notwendigkeit der Kommunionausteilung durch Diakone ist hier nicht mehr im Blick. Zudem werden Zuwiderhandlungen mit der Entlassung aus dem Diakonat scharf sanktioniert. Der Diakon wird hier also deutlich vom Presbyter abgesetzt, seine ursprüngliche liturgische Aufgabe, den Leib Christi auszuspenden *de facto* zur absoluten Ausnahme erklärt. Diese Bestimmung könnte sich zunächst auf die bischöfliche Eucharistie beziehen, wie der dieser Regelung unmittelbar vorhergehende Halbsatz („*in secretario*") nahe legen könnte, oder vielleicht auch auf das Überbringen der Hostie zu Kranken und Sterbenden. Er ist offensichtlich nicht anwendbar auf eine Eucharistie unter der Leitung des Presbyters. Andererseits ist der Kanon im großen Zusammenhang der Neudefinition des Presbyterates und seiner Beziehungen zu den anderen kirchlichen Ämtern zu verstehen, wie Texte aus dem letzten Drittel des 5. sowie des beginnenden 6. Jahrhunderts belegen.[78] Verständlich wird die von Nizäa auch in die Neuinterpretation durch „Arles II" übernommene scharfe Sanktionierung der Regelung durch die Amtsenthebung des gegen sie verstoßenden Diakons aber erst dann, wenn das Austeilen der Kommunion als Anmaßung einer letztlich spezifisch dem Presbyter zukommenden Funktion durch den Diakon verstanden wird.[79] Dies scheint insbesondere für die Eucharistie in ländlichen Gemeinden unter der Leitung eines Presbyters zuzutreffen. Dieser stand der Eucharistie vor und teilte selbstverständlich auch die Kommunion an die wenigen Kommunikanten aus. Im Zuge der dauerhaften Verortung von Presbytern war es also nicht mehr nötig, dass ein Diakon „die Kommunion von der Stadt mitbrachte und austeilte."[80]

Da sowohl den SEA als auch „Arles II" Nizäa in lateinischen Übersetzungen bekannt war, könnte allerdings eingewendet werden, hier würden lediglich alte Traditionen ohne einen direkten Zusammenhang mit der konkreten Situation aufgenommen und

---

[77] „In secretario diacono inter presbyteros sedere non liceat, uel corpus Christi praesente presbytero tradere non praesumat. Quod si fecerit, ab officio diaconatus abscedat" („Arles II", c. 15, CCL 148, 117).
[78] Vgl. außer „Arles II" auch die SEA und die Synode von Agde 506.
[79] In der Sicht von „Arles II" und nachfolgender Texte gehört die Ausspendung der Kommunion also ganz offensichtlich nicht zum Wesen des Diakonats.
[80] A. Angenendt: Die Liturgie und die Organisation des kirchlichen Lebens auf dem Lande, in: SdS 28,1, Spoleto 1982, S. 169–226, 202.

bestätigt. Dagegen spricht aber nicht nur die o.g. Umdeutung des nizänischen c. 18. Zudem erscheinen die Regeln vor dem konkreten Hintergrund der sich entwickelnden Pfarrstruktur plausibel.

Schließlich sind im weiteren Verlauf der Geschichte noch weitere Hinweise darauf zu finden, dass die genannten Quellen in der Tat anstehende Entwicklungen aufnahmen: Ein deutliches Indiz dafür, dass Diakone zumindest im Süden Galliens schon in der ersten Hälfte des 6. Jahrhunderts die Kommunion tatsächlich nur noch sehr selten ausspendeten, gibt Caesarius von Arles in seiner Argumentation für ein Predigtrecht der Diakone, bzw. zumindest für die Erlaubnis, Vätertexte in der Feier der Eucharistie vortragen zu dürfen: Er untermauert seine Forderung zunächst mit dem Hinweis auf die liturgische Lesung des Evangeliums durch Diakone. Zu diesem Dienst ist der Diakon offenbar selbstverständlich als „dignus" akzeptiert.[81] Zum zweiten aber argumentiert Caesarius, Diakone würden von Gott akzeptiert „Almosen des Leibes" ausspenden, der Mensch lebe jedoch nicht nur vom Brot allein, sondern auch vom Wort Gottes (Mt 4,4).[82] Caesarius spricht hier zwar von der sozialen Aufgabe der Diakone. Ein Hinweis auf die Ausspendung der Kommunion durch die Diakone fehlt hier jedoch auffälligerweise, obwohl gerade dies nahe liegen würde, falls die Kommunionausteilung faktisch zu den Aufgaben der Diakone zu zählen wäre.

Die gallischen Synoden der ersten Hälfte des 6. Jahrhunderts schweigen bis zum Konzil von Tours II (567) über Fragen des Kommunionempfangs. Seit diesem Konzil aber ist in den wenigen dann folgenden Regelungen nur noch der Empfang der Hostie Thema der Konzilsväter; Bemerkungen und Regelungen über den Empfang des Blutes Christi fehlen. So beklagt Tours II, dass Christen „nach dem Leib des Herrn noch Dämonen geweihte Speisen empfangen."[83] Die Lokalsynode von Auxerre (nach 585) untersagt Frauen den Kommunionempfang mit unbedeckter, „nackter" Hand.[84] Ein Kommunionempfang unter beiden Gestalten scheint in der zweiten Hälfte des 6. Jahrhunderts in Gallien

---

[81] Vgl. serm 1,15, SC 175, 256.

[82] „Si elemosina corporum, quae ministrorum manibus erogatur, Deo esse acceptabilis creditur, sine dubio et animarum elemosina illa, de qua Dominus loquebatur: ‚Non in pane solo vivit homo, sed in omni verbo quod procedit ex ore Dei' [Mt 4,4], valde Deo acceptabilis creditur, etiam si presbyterorum aut diaconorum officio populis ministretur" (Caesarius, serm 1,15, SC 175, 256).

[83] „… post corpus Domini sacratas daemoni escas accipiunt" (Tours II 567, c. 23(22), SC 354, 384).

[84] „Non licet mulieri nuda manu eucharistiam accipere" (Auxerre nach 585, c. 36, SC 354, 498).

also so selten geworden zu sein, dass Vorschriften dafür entfallen können.

Bei Gregor von Tours deutet sich diese wichtige Tendenz ebenfalls an: Anders als noch bei Caesarius findet sich bei ihm eine Kommunionausteilung unter beiden Gestalten nur noch in Ausnahmefällen. Wesentlich häufiger berichtet Gregor vom Empfang des Brotes allein. Außerdem kennt er nur noch die Ausspendung des Brotes durch Presbyter oder Bischof.[85] Auch diese Entwicklung geht also zu Lasten des Diakons, dessen Unterstützung bei der Kommunionausteilung immer weniger benötigt wird.

Es ist verständlich, dass diese Entwicklungslinien zu Auseinandersetzungen zwischen Diakonen und Presbytern führen mussten. Es ist aber auch deutlich, dass diese Diskussion am besten durch eine zunehmende Zahl von Presbytern in ländlichen Gemeinden erklärbar wird, deren Struktur als dauerhafte Seelsorgsstellen mehr und mehr ausgebaut wurde.

Das Taufrecht – Presbyterat und Diakonat in Konkurrenz

Die Auseinandersetzungen über Pelagianismus und Semipelagianismus hatten die Erkenntnis der Kirche in Gallien verstärkt, dass die Taufe auch individuell heilsnotwendig ist. Sie gilt neben der Aufnahme in die Kirche insbesondere als persönlich von Gott mit dem Getauften geschlossener Vertrag (*pactum*), der dem Menschen mit Sicherheit das himmlische Heil garantiert, sofern dieser dann ein dem Inhalt dieses Vertrages gemäßes Leben führt.[86]

Bereits Orléans I (511) überträgt daher in Notfällen selbst suspendierten Diakonen und Presbytern (in dieser, der Hierarchie entgegengesetzten Reihenfolge!) das Recht zu taufen.[87] Hier findet sich offensichtlich noch ein Reflex der alten Praxis zumindest im gallischen Raum, dass außer dem Bischof noch dem Diakon das Recht der Taufe zukommt. Die Diakone nahmen in der Praxis des 4. und 5. Jahrhunderts wohl die meisten Taufen vor. Darauf deutet z. B. hin, dass aus den Quellen lediglich zwei von Martin

---

[85] Vgl. z. B. HF IV,35 (Buchner I, 244); HF V,14 (Buchner I, 298); HF VI,32 (Buchner II, 56). Vgl. M. Aubrun, La paroisse en France, Paris 1986, 30.

[86] „... iam dictum est, quod in baptismi sacramento promisit; et quia pactum cum Domino fecit, videat si eum ex nulla parte violavit" (serm 12,4, SC 175, 406). „Bene credis, si fecisti quod promisisti: si pactum quod cum Domino inieras conservasti, securus esto, quia non periet nec fides nec baptismus tuus" (Caesarius, serm 12,5, SC 175, 408). Vgl. serm 200,6 (CCL 104, 811).

[87] „Si diaconus aut presbyter pro reatu suo se ab altaris communione sub paenitentis professione submouerit, sic quoque, si alii defuerint et causa certae necessitatis exoritur, poscentem baptismum liceat baptizari" (Orléans I 511, c. 12, SC 353, 80).

selbst Getaufte erschlossen werden können: Victor, Briefbote zwischen Sulpicius Severus und Paulinus von Nola,[88] und (in Vienne) Foedula. Foedulas Grabinschrift[89] erwähnt ausdrücklich die Taufe durch Martin und markiert damit ihre Besonderheit.[90] Das Konzil von Orange (441) geht 70 Jahre vor Orléans I offensichtlich noch vom Bischof als dem primärem Taufspender aus. Die Synode erlässt jedoch auch Verfahrensvorschriften für die Taufspendung durch Diakone, die „das Taufrecht erhalten haben". Das Recht zur Spendung der Taufe wird also offenbar nicht unmittelbar durch die Diakonenweihe übertragen, sondern bedingt nach Auffassung der Bischöfe eine zusätzliche, besondere Beauftragung. Diese mit der Taufe beauftragten Diakone dürfen auch die postbaptismale Salbung vornehmen.[91] Nur wenn diese in unmittelbarem Anschluss an die Taufe aus „Notwendigkeit" einmal nicht vollzogen werden konnte, kommt die Salbung dem Bischof zu. Von Presbytern ist zwar im vorausgehenden Kanon 1 im Zusammenhang mit der Rekonziliation die Rede, hier werden sie jedoch nicht erwähnt. Für die Väter von Orange I dürfte das Taufrecht also außer dem Bischof nur Diakonen zukommen, die dafür eigens beauftragt sind.

Auch der Autor von *De VII ordinibus ecclesiae* (nach 420) spricht im Zusammenhang mit der Taufe von *episcopus* und *levita*,[92] nicht jedoch vom Presbyter. Diese auffällige Auslassung ist von besonderer Bedeutung, weil sie sich im Rahmen der sehr ausführlichen Definition und Beschreibung der Dienste des Presbyters findet. H.G.J. Beck erläutert dies treffend so: „The word [levita] was chosen, I think, not simply because the Scripture cited in support is the case of Baptism by the deacon Philip (Acts 8,38), but because deacons did baptise in Roman Gaul. Into the sixth

---

[88] „Vere recognovimus in eo sanctorum formulam beatorum Martini et Clari … Horum se unius in regeneratione esse progeniem, alterius in via comitem fuisse filius pacis Victor adseruit" (Paulinus von Nola, Ep. 23,3, FC 25/2, 482).

[89] „Foedula, quae mundum Domino miserante reliquit … Martini quondam proceris sub dextera tinta, crimina deposuit fonte renata Dei" (Recueil des inscriptions chrétiennes de la Gaule XV, 268ff.).

[90] Vgl. A. Heinz: Die Krankensalbung im spätantiken Gallien. Das Zeugnis der Martinsschriften des Sulpicius Severus (um 400), in: Trierer Theologische Zeitschrift 106/1997, 271–287, 274.

[91] „Nullum ministrorum, qui baptizandi recipit officium, sine chrismate usquam debere progredi, quia inter nos placuit semel chrismari. De eo autem qui in baptismate, quacumque necessitate faciente, non chrismatus fuerit, in confirmatione sacerdos commonebitur" (Orange I 441, c. 2, CCL 148, 78). Der erste Satz wird wörtlich auch von „Arles II" 442/506, c. 27 wiedergegeben.

[92] „Ergo inter baptismum et baptismum potest esse distantia, ut sanctior iudicetur, quem baptizat episcopus quam is, quem levita?" (De VII ordinibus 6, in: A.W. Kalff (Hg.), Ps.-Hieronymi De septem ordinibus ecclesiae, Würzburg 1935, 46).

century that same practice continued."[93] Das Recht der Taufe ist dem Presbyter in Gallien zumindest in der Breite faktisch offensichtlich erst in der Zeit vor 511 zugekommen.

Gut zwanzig Jahre später wird die Kenntnis des Taufritus auf dem zweiten Konzil von Orléans 533 für Presbyter und Diakone[94] zur Zulassungsbedingung für die Weihe. Orléans II fordert im einzelnen, dass Presbyter und Diakone lesen können sowie mit dem Taufritus vertraut sind. Bemerkenswert ist, dass eine Kenntnis der Feier der Eucharistie nicht explizit gefordert wird. Auch spätere Konzilien (z. B. Toledo 653, c. 8) erwähnen die Feier der Eucharistie nicht unter den einzelnen obligatorisch zu fordernden Kenntnissen der Presbyter. Dies kann vielleicht als Zeichen dafür gedeutet werden, dass die Feier der Eucharistie als selbstverständliche Aufgabe des Presbyters angesehen wurde, während die Rahmenbedingungen für Predigt und Taufe (sowie andere Dienste) erst geschaffen werden mussten.

Ein Zusammenhang mit der wachsenden Funktion der Presbyter als Leiter der Landgemeinden dürfte auch hier nahe liegen, da es als unwahrscheinlich gelten kann, dass hier Diakone oder gar der Bischof die Taufe übernehmen konnten, zumal die Kindertaufe bereits weit verbreitet war und zunehmend die bedeutendere Praxis gegenüber der Erwachsenentaufe wurde.[95]

In der ersten Hälfte des 6. Jahrhunderts setzt sich Caesarius von Arles noch mehrfach mit pastoralen Fragen der Erwachsenentaufe auseinander: Entsprechend der Vorschrift der Synode von Agde (506)[96] wird den Katechumenen an einem Sonntag öffentlich das Glaubensbekenntnis übergeben. Bis zum Empfang der Taufe sollen die erwachsenen Täuflinge dann so gründlich im Glaubensbekenntnis unterwiesen werden, dass sie es selbst ablegen können.[97] Der Bischof bezeugt ferner, dass, wie es in Gallien seit Arles (314) kontinuierlich Praxis ist,[98] die Katechumenen am Anfang der österlichen Bußzeit durch Handauflegung und Salbung als *competentes* die unmittelbare Taufvorbereitung beginnen.[99]

---

[93] H.G.J. Beck: The Pastoral Care of Souls, The Pastoral Care of Souls in South-East France During the Sixth Century, Rom 1950, 160.

[94] „Presbyter uel diaconus sine litteris uel si baptizandi ordinem nesciret nullatenus ordinetur" (Orléans II 533, c. 16, SC 353, 202).

[95] H.G.J. Beck: The Pastoral Care of Souls, 161.

[96] Vgl. Agde (506), c. 13 (CCL 148, 200).

[97] Vgl. serm 130,5 (CCL 104, 537f.).

[98] Vgl. Arles (314), c. 6 (SC 241, 48). Hier ist die Handauflegung noch auf Kranke beschränkt. Vgl. auch VMartini 13,9 (SC 133, 282); Sulpicius Severus, Dial. II,4 (CSEL 1, 185).

[99] „Ideo ergo ante plures dies ad manus inpositiones et ad olei benedictionem accedi-

Auch fordert Caesarius während der Zeit der unmittelbaren Vorbereitung auf die bevorzugt in der Osternacht gespendete Taufe in der österlichen Bußzeit die vollständige sexuelle Enthaltsamkeit der Katechumenen.[100] Er beklagt ferner, dass „viele" während der Belagerung von Arles (508–509) ungetauft gestorben seien.[101] Auch warnt der Bischof davor, sich erst unmittelbar vor dem Tod taufen zu lassen, da man so als Getaufter keine guten Werke mehr vollbringen könne.[102] Auf der anderen Seite versucht er, durch eine gewisse, kurze Zeit der Vorbereitung der Eltern eine Ordnung der Kindertaufe zu erreichen.[103]

Im letzten Drittel des 6. Jahrhunderts stehen in der mittlerweile wohl zum größten Teil getauften Bevölkerung mit der sich daher verringernden Zahl der Erwachsenentaufen und den erheblich zunehmenden Kindertaufen dagegen andere Themen im Vordergrund. So hatten die kurz nach der Geburt gespendeten Kindertaufen zur Folge, dass Taufen auch außerhalb der Osterzeit nicht mehr die Ausnahme blieben, sondern relativ kurz nach der Geburt das ganze Jahr über zur Regel wurden. Entsprechend beklagt das 2. Konzil von Mâcon (585), dass nur noch je zwei oder drei *Kinder* für die Taufe an Ostern zu finden seien.[104] Taufen sollen daher nur noch bei Krankheit des Kindes außerhalb der Osternacht vorgenommen werden. Die Synode von Auxerre (nach 585, c. 18) erlaubt die Taufe eines Kindes während des Jahres sogar nur bei Todesgefahr.[105] Selbst wenn diese Vorschrift beachtet worden sein sollte, dürfte die Kindertaufe während des ganzen Jahres angesichts der hohen Säuglingssterblichkeit damit recht häufig gespendet worden sein. Die Verbindung von Gesundheitszustand und Taufe setzt zudem eine schnelle Erreichbarkeit eines zur Taufe berechtigten Klerikers voraus, also eine funktionsfähige Pfarreistruktur am Ort oder in der Nähe. Hier ist eine deutliche Veränderung gegenüber früheren amtlichen Texten der Kirche Galliens zu

---

tis, ut vos quasi athletas fortissimos contra se diabolus semper inveniat praeparatos" (Caesarius, serm 200,2, CCL 104, 809). Vgl. serm 225,6 (CCL 104, 891), serm 229,6 (CCL 104, 910).

[100] Vgl. Caesarius, serm 200,4 (CCL 104, 810).

[101] Vgl. Caesarius, serm 70,2 (SC 330, 164).

[102] Vgl. Caesarius, serm 15,3 (SC 175, 444f.).

[103] Vgl. Caesarius, serm 225,6 (CCL 104, 891); serm 229,6 (CCL 104, 910).

[104] „Relatione quorumdam fratrum nostrorum comperimus christianos non obseruantes legitimum diem baptismi paene per singulos dies ac natales martirum filios suos baptizare, ita ut uix duo uel tres repperiantur in sanctum pascha, qui per aquam et Spiritum sanctum regenerentur" (Mâcon II 585, c. 3, SC 354, 460).

[105] „Non licet absque paschae sollemnitate ullo tempore baptizare, nisi illos quibus mors uicina est, quos grabattarios dicunt" (Auxerre nach 585, c. 18, SC 354, 492).

erkennen: Auxerre c. 18 erwähnt im Gegensatz zu Texten vom Beginn des 6. Jahrhunderts als Täufer nur noch den Presbyter, nicht mehr den Diakon.[106] Dies stimmt mit in der Folgezeit entstandenen hagiographischen Texten überein, die davon sprechen, dass Diakone die Taufe eines Erwachsenen nicht selbst vornehmen, sondern dazu den Priester rufen.[107] Gegen Ende dieses Jahrhunderts scheint der Presbyter in seiner Funktion als Leiter der Gemeinde den Diakon also sehr weitgehend als Taufspender abgelöst zu haben. Auch generell deutet sich vor allem in einigen Texten des beginnenden 7. Jhdts. ein Niedergang des Diakonates im Vergleich zu Episkopat und Presbyterat an: So spricht Paris V (614) in ungewöhnlicher Weise von „Bischöfen, Presbytern und Klerikern niederen Ranges".[108] Diakone werden hier also nicht eigens erwähnt, sondern offensichtlich unter die niederen Kleriker subsumiert.

Krankensalbung

Diakone werden von Caesarius im Zusammenhang mit der Krankensalbung bzw. der Verteilung des vom Bischof geweihten Krankenöls ausschließlich in serm 19,5 erwähnt. Dort ist ihre gemeinsame Aufgabe mit den Presbytern das Heil und Heilung bringende Gebet „über" die Kranken („super eos"). Wird die Krankensalbung (durch salben oder eingeben) gespendet oder an die Kranken bzw. ihre Angehörigen verteilt, ist dies eindeutig dem Presbyter vorbehalten. Auch hier scheint der Diakon also eine allenfalls unbedeutende Rolle zu spielen: Nur wenige Sätze nach der Erwähnung der Diakone schreibt Caesarius, der Leib und Seele des Kranken könnten durch „das Gebet des Presbyters und das gesegnete Öl"[109] geheilt werden. Diakone werden hier in deutlicher Spannung zur oben genannten Aussage nicht mehr erwähnt. Viel-

---

[106] „Quod si quis in alio pago contumacia faciente post interdictum hunc infantes suos ad baptismum detulerit, in ecclesias nostras non recipiantur; et quicumque presbyter ipsos extra nostra permisso recipere praesumpserit, tribus mensibus a communione ecclesiae sequestratus sit" (Auxerre nach 585, c. 18, SC 354, 492f.).

[107] „Conuocato itaque presbytero, sanctus Amator maritum quoque saepe dictae mulieris baptizavit" (Vita S. Amatoris,II,12, AASS, Maii I, 54). Vgl. auch Vita Gauceri-ci,5 (MGH-SRM II, 653). Auch hier lässt der Heilige, der damals noch Diakon war, einen Leprakranken taufen, dem er in Ausübung seines diakonalen Dienstes begegnet war.

[108] „… inuiolabiliter obseruari, ut testamenta, quae episcopi, presbyteri seu inferioris ordinis clerici uel donationes aut quaecumque strumenta propria uoluntate confecerint, quibus aliquid ecclesiae aut quibuscumque personis conferre uideantur, omni stabilitate subsistant" (Paris V 614, c. 12(10), SC 354, 514f.).

[109] Caesarius, Serm 19,5.

leicht lässt sich die genannte Spannung mit Ort und Zeit der Krankensalbung erklären, die Caesarius voraussetzt: Er ermahnt die Kranken, zur Kirche zu kommen und den Leib und das Blut Christi zu empfangen.[110] Die Krankensalbung findet also ganz offensichtlich in unmittelbarem Zusammenhang mit der (hier sogar wohl bischöflichen[111]) Eucharistie statt, an der Diakone liturgisch beteiligt sind.

Dies scheint auch im Hinblick auf den Ort der Segnung des Krankenöls plausibel zu sein: Es wurde seit der *Traditio Apostolica* bevorzugt am „Ende des Eucharistischen Hochgebet, unmittelbar vor der Schlussdoxologie"[112] gesegnet.

Das gemeinsame Gebet von Diakonen und Presbytern über die Kranken könnte also auch als fürbittendes Gebet im Rahmen der Eucharistiefeier gedeutet werden, während der Diakon der kirchlichen Tradition entsprechend bei der eigentlichen Spendung der Salbung nicht aktiv beteiligt ist.

Auch die Sterbebegleitung dürfte weitgehend zu den Aufgaben des Bischofs und des Presbyters gehört haben. So heben die SEA die enge Verbindung von *viaticum* und Bußinstitut hervor[113], so dass hier konsequent nur der *sacerdos*, nicht aber der Diakon Erwähnung findet.

Fazit

In einer Zeit epochalen Umbruchs versuchte die Kirche im Raum Galliens auf dem Boden des Glaubens und der kirchlichen Tradition die Zeichen der Zeit zu deuten und aufzunehmen. Im Klerus wuchs in dieser Zeit die Bedeutung des Presbyterats außerordentlich: Auch wenn Diakone vereinzelt die Leitung der in der Folge der Umbrüche der Völkerwanderung rasch wachsenden Zahl ländlicher Gemeinden übernommen hatten, wurde die Leitung der Landgemeinden rasch zur Domäne der Presbyter. Als Gemeindeleiter wurde der Presbyter zunehmend mit bis dahin als episkopal verstandenen Vollmachten (z. B. dem Predigtrecht) ausgestattet.

---

[110] Caesarius, Serm 19,5. Dies ist eine der wenigen gallischen Quellen aus der ersten Hälfte des 6. Jhdts., die noch von einem Kommunionempfang unter beiden Gestalten durch Laien sprechen.

[111] Vgl. dazu Caesarius, serm 19,5, wo der Vorsteher der Eucharistie als „sacerdos" und damit eindeutig als Bischof gekennzeichnet ist. Vgl. dazu auch G. Predel, Vom Presbyter zum Sacerdos. Historische und theologische Aspekte der Entwicklung der Leitungsverantwortung und Sacerdotalisierung des Presbyterats im spätantiken Gallien (Dogma und Geschichte, 49), Münster 2005, 174ff.

[112] A. Heinz: Die Krankensalbung im spätantiken Gallien, 281.

[113] SEA c. 20, CCL 148, 170.

Diese Entwicklung zeigt sich bis in die Veränderung des Titel des Presbyters hinein, der im Laufe der Zeit mehr und mehr als *sacerdos* bezeichnet wurde und damit die bis dahin exklusiv dem Bischof zugeordnete Amtsbezeichnung übernahm. Bischof und Presbyter werden so theologisch in großer Nähe zueinander gesehen, dem Diakonat gegenüber aber in gewisser Weise abgegrenzt. Faktisch wachsen damit die pastorale und theologische Distanz zwischen Episkopat und Presbyterat einerseits und Diakonat andererseits. In diesem Zusammenhang wird nochmals verständlich, dass der Diakon nicht nur zum Dienst am Bischof, sondern auch zum Dienst am Presbyter geweiht wird. Zugleich aber wird damit der Handlungsspielraum des Diakons immer mehr eingeengt.

Zwar fühlen sich die gallischen Bischöfe der Tradition und der Einheit des Amtes verpflichtet. Sie stellen die Aufgaben des Diakons nicht prinzipiell und theologisch in Frage. Wo sie jedoch zur wachsenden presbyteralen Autorität in Konkurrenz geraten, werden die angestammten Dienste des Diakons tendenziell zu Ausnahmen erklärt, die, wie Predigt und Kommunionausteilung, nur bei der ausnahmsweisen Abwesenheit des Presbyters wahrgenommen werden dürfen. Faktisch sind damit auch die pastoralen Aufgaben des Diakons, sein Dienst am Volk Gottes, entscheidend eingeschränkt, so dass der Dienst der Diakone Galliens auf einen letztlich verzichtbaren assistierenden liturgischen Dienst reduziert wird.

Verstärkt wurde diese Entwicklung durch eine veränderte religiöse Praxis in ursprünglichen Kernbereichen diakonalen Wirkens: Die rasch sinkende Zahl der Erwachsenentaufen und die geringe Frequenz des Kommunionempfangs verdrängten den Diakonat sehr weitgehend aus diesen für den Diakonat zentralen liturgischen Diensten. Schließlich verlor der Diakon durch die Beschränkung der Verkündigung des Wortes Gottes in der Liturgie auf die Lesung des Evangeliums und die Rezitation von Vätertexten faktisch auch seine katechetische Kompetenz. Zudem konnte der Diakonat in den neu entstehenden Landgemeinden offenbar nur schwer Fuß fassen, so dass die Zahl der Diakone auf dem Land offenbar von Anfang an nur gering war – sie also auch deshalb verzichtbar schienen.

Wie in den anderen Teilen der Kirche wurde der Diakonat daher auch in Gallien zunehmend als „Durchgangsstadium zum Presbyterat angesehen."[114] Gleichwohl zeigte das Festhalten an den theologischen Fundamenten des Diakonats Wirkung. Auch wenn der Diakonat seit der Spätantike „als ständiger Dienst sei-

---

[114] Der Diakonat – Entwicklung und Perspektiven, 25.

nen Daseinsgrund verloren"[115] hatte, konnte das II. Vatikanische Konzil deshalb den Ständigen Diakonat erneuern. Von entscheidender Bedeutung ist dabei, dass der Diakon in der Weihe Anteil an der dienstamtlichen Sendung Christi in dem einen Amt der Kirche erhält. Damit wird in besonderer Weise deutlich, „dass die Diakonie eine genuine und besondere Aufgabe des kirchlichen Leitungsamtes ist. Es braucht deshalb ein eigenständiges Amt der diakonalen Seelsorge."[116] Wie dieses Amt konkret genau ausgeformt wird, wird innerhalb der dem Diakon legitim zukommenden vielfältigen Aufgaben in *leiturgia, martyria* und *diakonia* sehr unterschiedlich gehandhabt und das Verhältnis der drei Grunddienste für den Diakonat theologisch kontrovers diskutiert.[117] Die Erfahrungen mit dem Schicksal des Diakons in der Spätantike geben aber einen bedeutenden Hinweis für die heutige Praxis, den die „Rahmenordnung für Ständige Diakone in den Bistümern der Bundesrepublik Deutschland" in dem anderen Zusammenhang der Einheit des Amtes bereits verbindlich aufnimmt: Der Diakon muss „jeweils in allen drei Grunddiensten tätig sein."[118] Er ist also keinesfalls durch andere Ämter oder Dienste der Kirche ersetzbar. „Der Dienst des Diakons ist auch dann unentbehrlich, wenn es genug Priester und aktive Laien gäbe."[119] Diakone bleiben in ihrem Dienst dem Bischof zugeordnet und üben ihn in *communio* mit dem Bischof und seinem Presbyterium aus[120]. Als eigenständiges Amt in sakramentaler Repräsentanz Christi[121] dürfen Diakone „freilich nicht zu bloßen Handlangern des Bischofs werden"[122], wie es W. Kasper pointiert formuliert.

---

[115] Der Diakonat – Entwicklung und Perspektiven, 40.

[116] H. Hoping: Das Amt diakonaler Seelsorge – Zur Zukunft des Diakonats in der katholischen Kirche: in: H. Hoping, H.J. Münk (Hg.): Dienst im Namen Jesu Christi. Impulse für Pastoral, Katechese und Liturgie (Theologische Berichte, 24), Fribourg 2001, 53f.

[117] H. Hoping: Dienst im Namen Jesu Christi, 51.

[118] Rahmenordnung für Ständige Diakone in den Bistümern der Bundesrepublik Deutschland (1994), in: Empfehlungen zur Umsetzung der „Grundnormen" und des „Direktoriums" für den Ständigen Diakonat vom 22.02.1998 in den deutschen Bistümern (1999) Rahmenordnung für Ständige Diakone in den Bistümern der Bundesrepublik Deutschland (1994) / Richtlinien über persönliche Anforderungen an Diakone und Laien im pastoralen Dienst im Hinblick auf Ehe und Familie (1995). Hg. vom Sekretariat der Deutschen Bischofskonferenz, Bonn 2000 (Die deutschen Bischöfe 63), 1.3.

[119] A. Jurevičius: Zur Theologie des Diakonats. Der ständige Diakonat auf der Suche nach einem eigenen Profil (Schriften zur praktischen Theologie, 3), Hamburg 2004, 274.

[120] Vgl. LG 29.

[121] Vgl. LG 29, LG 41, CIC c. 1008.

[122] W. Kasper: Der Diakon in ekklesiologischer Sicht angesichts der Herausforderun-

Gerade die manchmal als mangelndes Profil beklagte Vielfalt der Gestalt des neuerrichteten ständigen Diakonats als Handeln mitten in der Welt könnte sich zukünftig als seine große Stärke in einer Kirche erweisen, deren reale Situation in den verschiedenen Ortskirchen sich außerordentlich vielfältig darstellt. Papst Benedikt XVI. hat dies vor Diakonen der Diözese Rom im Februar 2008 am Beispiel des Stephanus so ausgedrückt. „Sein Handeln ist sozusagen von den kulturellen Umständen bestimmt, in denen er die Stimme hat, um in diesem Bereich das Wort Gottes gegenwärtig machen und so auch die Universalität des christlichen Zeugnisses in größerem Umfang zu ermöglichen."[123] Die gegenwärtige Vielfalt der konkreten Ausgestaltung des Diakonats und seiner pastoralen Funktionen im Dienst am Volk Gottes kann so einen wichtigen Betrag dazu leisten, „die ihm eigene Besonderheit zu sehen und auszusagen, nicht mit Bezug auf die Aufgaben, sondern mit Bezug auf seine theologische Natur und seinen repräsentativen Symbolismus."[124]

---

gen in Kirche und Gesellschaft, in: Ders., Theologie und Kirche II, Mainz 1999, 145–162, 147.

[123] http://www.zenit.org/article-14677?l=german [14.8.2008].

[124] Studien der Internationalen Theologenkommission, 91.

Der Priesterblock im KZ Dachau als Ausgangspunkt für ein neues Nachdenken über kirchliches Leben, Gesellschaft und Diakonat

von Klaus Baumann

Einleitung

Mit der Weihe von fünf ständigen Diakonen am 28. April 1968 durch Weihbischof Frotz im Kölner Dom wurde weltweit erstmals das *Motu proprio* von Papst Paul VI. vom 18.06.1967, „*Sacrum Diaconatus Ordinem*", umgesetzt, mit dem im Sinne des II. Vatikanischen Konzils der Diakonat „als eigene und beständige hierarchische Stufe" (*Lumen gentium* 29) wiederhergestellt wurde. Damit waren kaum 20 Jahre vergangen, seit ein Erfahrungsbericht aus dem Priesterblock des Konzentrationslagers in Dachau die Diskussion um den Diakonat im Kontext vitaler Fragen von Kirche und Gesellschaft neu belebte.[1]

Im Herbst 1947 hatte P. Otto Pies SJ[2] einen Aufsatz unter dem Titel „Block 26. Erfahrungen aus dem Priesterleben in Dachau"

---

[1] Erste Überlegungen und Anregungen zu einem „Caritasdiakonat" hatten in der Zeitschrift Caritas 39 (1934) u. a. R. Angermair, Kirche und Caritas, 67–81, und noch ausdrücklicher Gustav von Mann, Das Caritasdiakonat und seine Erneuerung, 203–206. 236–240, gegeben. Zu den Initiativen von Manns und Reaktionen darauf vgl. M. Morche: Zur Erneuerung des Ständigen Diakonats. Ein Beitrag zur Geschichte unter besonderer Berücksichtigung der Arbeit des Internationalen Diakonatszentrums in seiner Verbindung zum Deutschen Caritasverband, hrsg. vom Deutschen Caritasverband, Freiburg 1996, 15–21. Rupert Angermair war Privatdozent am Institut für Caritaswissenschaft an der Theologischen Fakultät der Universität Freiburg und nach dem Entzug der Lehrerlaubnis durch die Nationalsozialisten, die dessen zweiter Direktor Prof. Dr. Joseph Beeking 1935 erlitten hatte, kurzfristig dessen kommissarischer Leiter. Diese Initiativen versickerten mit Kriegsbeginn. Weitere wichtige Anregungen zur Erneuerung eines Weihediakonats kamen aus den Missionskirchen; vgl. M. Morche: Erneuerung, 21–27; Y. Congar / H. Küng / D. O'Hanlon (Hrsg.): Konzilsreden, Einsiedeln 1964, bes. 75–82 (Ziadé, Suenens).
[2] O. Pies: Block 26. Erfahrungen aus dem Priesterleben in Dachau, in: Stimmen der Zeit 141, 10–28. Geboren wurde Otto Pies 26.04.1901 in Arenberg bei Koblenz, 1920 Eintritt in die Gesellschaft Jesu, 1930 Priesterweihe, ab 1933 Novizenmeister.

veröffentlicht. O. Pies war selbst 1941 inhaftiert und in das KZ Dachau verbracht worden, wo er bis zum März 1945 interniert blieb. Dort hatte er u. a. maßgeblichen Anteil an der heimlichen Priesterweihe des am 23.06.1996 seliggesprochenen Karl Leisner durch seinen Mithäftling, den französischen Bischof Gabriel Piguet aus Clermont-Ferrand.[3] Otto Pies starb am 01.07.1960 in Mainz, bald nach der Veröffentlichung seines Beitrages zu „Diakonat – Stufe oder Amt?"[4], der nach den knappen Bemerkungen 1947 über einen „Diakonat verheirateter und bewährter Helfer"[5] lange erbeten und erwartet worden war.[6]

Die ersten Bemerkungen über den Diakonat 1947 standen im Kontext all jener Erfahrungen, Überlegungen und Besprechungen „zu allen Fragen des Priesterstandes", welche die inhaftierten Priester mitten im Grauen des KZ sammelten und nicht verloren gehen lassen wollten, wie O. Pies schrieb: „Was dort erlebt, erkämpft, erlitten und erbetet wurde, geht alle Priester und schließlich die ganze Kirche an. Die Anregungen und Forderungen, die aus dem ungeheuren Erleben des KZ stammen, festzuhalten und auszuwerten ist vor allem die Absicht dieses Aufsatzes. Stoff zu Beobachtungen, die für Stellung und Wirken des Priesters in unserer heutigen Welt wichtig sind, bot das KZ und besonders Block 26 in Dachau, die Baracke der inhaftierten Priester, in überreichem Maße."[7]

Ein erstes *Ziel* dieses Beitrages ist es, die Situation (2.) und Überlegungen (3.) der Priester im KZ Dachau aufzugreifen und neu zu vergegenwärtigen. In ihrem Kontext stehen die Anregungen zum Diakonat und ihre Wirkungsgeschichte in zwei Entwicklungslinien, die ebenfalls knapp nachgezeichnet werden sollen (4., 5.). Für eine umfassende Darstellung der Entwicklungslinien zur Wiederherstellung des Ständigen Diakonates sei hier allerdings auf die Darstellung von Margret Morche verwiesen.[8] Schließlich (6.) werden einzelne Themenkreise herausgegriffen und in ihrer Relevanz für den Ständigen Diakonat auch heute erwogen: über den Dienst der Diakone im Blick auf den Priestermangel (a.), über ihren *eigenen* Auftrag im hierarchischen Amt der Kirche (b.), zum Miteinander von Priestern und Diakonen (c.) und schließlich

---

[3] Vgl. O. Pies: Geweihte Hände in Fesseln. Priesterweihe im KZ, Kevelaer 1956.

[4] O. Pies: Diakonat – Stufe oder Amt, in: Theologie und Glaube 50, 170–193.

[5] O. Pies: Block 26, 27.

[6] Vgl. J. Hornef: Vom Werden und Wachsen des Anliegens, in: K. Rahner / H. Vorgrimler (Hrsg.): Diaconia in Christo. Über die Erneuerung des Diakonates (QD 15/16), Freiburg 1962, 343–361, hier: 348 (mit Fn. 4).

[7] O. Pies: Block 26, 11.

[8] M. Morche: Erneuerung.

zu Fragen der Ausbildung und ihrem Ziel (d.) – letztlich der „Rückkehr in die ‚Diakonie'" (7.).

Die Situation der Priester im Priesterblock des KZ Dachau

Das KZ von Dachau gab den inhaftierten Priestern paradoxerweise „die Möglichkeit eines Gedankenaustausches …, wie sie in der ganzen Kirchengeschichte noch nie dagewesen ist. Zweitausend Priester, Jahre hindurch auf engem Raum vor die Aufgaben der Zeit gestellt, wurden förmlich gezwungen zu gemeinsamer Stellungnahme zu den Nöten, ungelösten Fragen der Zeit, auch zu den Täuschungen und zum Teil unzureichenden Formen und Methoden unseres überkommenen religiösen Lebens und pastorellen Wirkens."[9] Vor diesen gemeinsamen Überlegungen seien zunächst die Grundzüge der Situation im KZ nach den Schilderungen von O. Pies als deren unmittelbarer Kontext und Erlebenshintergrund dargestellt.

In drei der dreißig Baracken und Sonderbauten des KZ Dachau wurden ab Ende 1940 die Priester zusammen eingepfercht, nachdem sie jahrelang bei der Einlieferung ins Lager ohne Urteil zunächst „sofort auf den Strafblock mit seiner strengen Isolierung, mit schwerster Arbeit und bedrohlichen Schikanen gebracht worden waren. Wer diese monatelange Qual überstand, bezog dann einen der Arbeitsbloks [sic] mit den übrigen Gefangenen zusammen"[10], wo sie als „Pfaffen" in besonderer Weise von SS und Blockpersonal wie auch vorgesetzten Mitgefangenen geschunden wurden. Als Gerüchte vom rapiden gesundheitlichen Abbau und der hohen Sterberate unter den inhaftierten Priestern in die Öffentlichkeit gedrungen waren, verfügte Heinrich Himmler unter „dem Druck höchster kirchlicher Stellen"[11] die Zusammenlegung der Priester in die Baracken 26, 28 und 30. Es waren rund 450 Priester aus Deutschland und Österreich, (mit den entlassenen und verlegten) 1643 Priester aus Polen und 150 aus anderen europäischen Ländern sowie ca. 60 evangelische Geistliche. „Vertreten waren 144 Diözesen, 25 Nationen, über 40 Ordensgemeinschaften, unter denen die Jesuiten die Höchstzahl, nämlich 95 Häftlinge, stellten, alle Stufen der Hierarchie, vom Theologiestudenten bis zum Erzbischof, und jedes Alter, bis zum 82jährigen

[9] O. Pies: Block 26, 14.
[10] O. Pies: Block 26, 13.
[11] O. Pies: Block 26, 13.

litauischen Pfarrer."[12] Etwa tausend von ihnen erlitten durch das KZ den Tod.

Sie wurden in die Priesterblöcke gegen das übrige Lager abgesperrt, 200 Priester jeweils auf einen 9x10 qm großen Raum, je fünf Priester auf drei Betten; sie erhielten vorübergehend (bis Februar 1942) gewisse Erleichterungen in der Zwangsarbeit und vor allem, wie O. Pies schreibt, seit Januar 1941 „das größte Privileg und den unbeschreiblichen Trost: Kapelle und Gottesdienst"[13], das ihnen nicht mehr genommen wurde. „Die Kapelle war ein primitiver Barackenraum aus Wohn- und Schlafstube der Baracke 26, der Gottesdienst äußerst einfach"[14]. Hier wurden seit 22.01.1941 täglich in aller Frühe vor dem Morgenappell um 5 Uhr heilige Messen gefeiert „und dann waren in der Kapelle trotz Verbot, trotz schwerster Behinderung und äußerer wie innerer Hemmungen immer Beter zu treffen, von 5 Uhr früh bis 9 Uhr abends."[15] Als 1943 den 1500 Priestern die Entlassung aus dem Lager in Aussicht gestellt wurde, wenn sie sich bereit erklärten, auf die Ausübung ihres Priesterberufs zu verzichten, nahmen zwei das Angebot an. „sie wurden entlassen – und blieben Priester; alle anderen litten weiter und viele von ihnen starben – als Häftlinge."[16] O. Pies schildert seine eigene Erfahrung, die viele andere Priester im KZ dort mit ihm teilten: „Der erste Besuch in der Notkapelle des Lagers, die erste Opferfeier in der Gemeinschaft der vielen hundert Priester in einem primitiven Raum, vor dem einfachen, aus Kisten, Bettüchern, Konservenbüchsen verfertigten Altar gehalten, war ergreifend wie kaum ein anderes religiöses Erlebnis vieler Jahre vorher. Es war Katakombengottesdienst; Christus gegenwärtig unter seinen Priestern, mitten im Lager, an der Stätte des Grauens und der Finsternis."[17] Die Zusammenlegung und Isolierung der Priester ermöglichte gemeinsames Beten und brüderliche Gemeinschaft, „um sich der drohenden Vermassung entgegenzustemmen und die priesterliche Persönlichkeit, das priesterliche Innenleben zu bewahren, ja sogar zu fördern."[18] Bei allen Schwankungen und Schwächen einzelner während der Jahre bis 1945 blieb aus O. Pies' Sicht „die Priestergemeinschaft mitten in der dämonischen Welt des KZ ein Wunder des Sakramentes, des Gebetes

---

[12] O. Pies: Block 26, 12.
[13] O. Pies: Block 26, 13.
[14] O. Pies: Block 26, 13.
[15] O. Pies: Block 26, 15.
[16] O. Pies: Block 26, 19.
[17] O. Pies: Block 26, 15.
[18] O. Pies: Block 26, 15.

und der Liebe, wie einst die Urkirche in der heidnischen Umwelt Roms und Korinths."[19] Dies strahlte still und heimlich „in das ganze Lager hinein durch Beichte, Krankenölung, Kommunion, Exerzitien und einer weitausholenden Caritas"[20], besonders in das Krankenrevier.

Seelsorgliche Dienste an den Kranken wurden leichter, als die Lagerleitung nach Ausbruch von Typhus und später von Flecktyphus die Pfarrer unter Berufung auf die christliche Caritas aufforderte, Pflegedienste zu übernehmen. Viele meldeten sich sofort freiwillig, „in vollem Wissen um die Gefahr und in der Bereitschaft, ihr Leben zu opfern." Fast alle wurden von der Seuche ergriffen; sechs starben als Opfer ihrer Caritas."[21] Als Lebensmittelsendungen aus der Heimat zugelassen wurden, wurde vieles persönlich und gemeinsam organisiert, oft heimlich und unter großen Gefahren, mit den anderen Lagerinsassen geteilt und mitunter für sie „das Letzte hergegeben"[22].

Gemeinsames Nachdenken über gesellschaftliches, kirchliches und priesterliches Leben im KZ Dachau

O. Pies geht in seinem Erfahrungsbericht im Weiteren auf Schatten und Fehler ein, ohne die das positive Gesamtbild der Bewährung der Priester im KZ Dachau unvollständig bliebe und an denen die Priester im KZ zugleich Gedankenaustausch und Erwägungen über das Priesterleben als solches anknüpften. Die äußerst schweren Belastungen des KZ-Lebens zerbrachen alle Verstellungen und zeigten auch die menschlichen Schwächen der inhaftierten Priester, zumal in der Psychologie der entwürdigten Masse, umso deutlicher. Dies im Blick betrafen die gemeinsamen, weit über den Lagerkontext hinaus zielenden Überlegungen der Gesprächsgruppen der Priester in Dachau im Bericht von O. Pies a) den Einfluss von Umwelt und Zeitströmungen, b) die Frage der (Vor-) Bildung und schließlich c) am ausführlichsten die Persönlichkeitsbildung der Priester und deren Erfordernisse.

Ad a) Mit Befremden erlebten Pies und andere, wie bei manchem Priester im KZ theologisch-geistliche Grundsätze, Auffassungen

---

[19] O. Pies: Block 26, 15.
[20] O. Pies: Block 26, 12.
[21] O. Pies: Block 26, 18.
[22] O. Pies: Block 26, 18.

und Lebensordnungen verloren gingen, als die zuvor schützende und tragende Umwelt wegfiel. Durch die überstarken elementaren körperlichen und sinnlichen Grundbedürfnisse und Nöte verkümmerten das geistige Leben und unabhängige Denken. Die Priestergruppen im KZ Dachau befürchteten in ihren gemeinsamen Überlegungen angesichts dieser starken Milieuabhängigkeit, dass in einer mobilen Gesellschaft ohne schützende Strukturen „auch größere Massen der Gläubigen auf die Dauer zu einer fast sicheren Entchristlichung kommen müssen." Darüber hinaus diagnostizierten sie einen „apostolischen Naturalismus", der eigenes Arbeiten der Priester, menschliches Bemühen, natürliches Schaffen und Organisieren überbewertet und „nicht aus den Quellgründen religiöser Tiefe zu schöpfen vermag".[23]

Ad b) Die Anfälligkeit für sinnliche Prioritäten und die Abhängigkeit vom Milieu werden verstärkt durch „Ausfälle von Erziehungswerten"[24], die potentiell ein Leben lang in den Priestern weiterwirken. Seminar, Studium, Universität hätten nicht bei jedem „zu einer innigen Verschmelzung von Lehre, Glauben und Religiosität" geführt, sondern bei vielen „zu einem Eklektizismus ..., der viel Wirrnis und Oberflächlichkeit, aber wenig Tiefe, Einheitlichkeit und Lebendigkeit vermittelt. Diese Beobachtungen haben die Gedanken der Priester in Dachau sorgenvoll beschäftigt und die Überzeugung wachgerufen, daß die Seminarien ähnlich wie die Orden ein Noviziat brauchen".[25]

Ad c) Umweltabhängigkeit wie Bildungsmängel führen unweigerlich zu Fragen der Priesterausbildung. Durch das bequem versorgende, behütende Leben des Seminars werden die jungen Theologen „nicht, wie sonst der Mann, von den Kämpfen des Lebens geschüttelt und abgeschliffen"[26], sondern pflegten eher ihre persönlichen Eigenheiten auf Kosten gewinnender Umgangsformen und bescheidenen Auftretens. Verstärkt werde dies durch manche Kompensationen des zölibatären Lebens und eines klerikalen, verbeamteten Berufsstandes.[27] Mit Sorge unterstreicht Pies die nega-

---

[23] O. Pies: Block 26, 20.
[24] O. Pies: Block 26, 20.
[25] O. Pies: Block 26, 20f.
[26] O. Pies: Block 26, 21.
[27] Ein besonderer Kritikpunkt hierbei betrifft hier auch das Verhältnis zwischen Bischof und Priestern. Die Priester in Dachau fanden bei ihren Bischöfen oft nicht das Verständnis und die Hilfe, wie sie es ersehnten – sondern ein behördliches Verhalten, als seien sie eben nur (oder bestenfalls) Beamte.

tiven Konsequenzen klerikaler Beamtenmentalität: „jede seelen-
lose oder auch nicht ganz beseelte priesterliche Handlung stößt
den heutigen Menschen ab und entfremdet ihn der Religion." Der
Mann erträgt lieber einen fehlenden Priester, der sonst überzeugt
als ganzer Mensch in seinem Beruf steht, als einen Beamten oder
Handwerker, der das Heiligtum ohne Hingabe verwaltet und die
christlichen Geheimnisse in profanen Händen trägt."[28]
Diesen drei Gedankenkreisen lassen sich die Anregungen und
Wünsche der Priester des KZ Dachau zuordnen, für die O. Pies
schrieb.

Im Blick auf die priesterliche Persönlichkeit (ad c) forderten sie
„Mehr Innerlichkeit!" Der Priester müsse eine religiöse Existenz
sein, geistig wach, urteilsfähig, eigenständig und unabhängig gegenüber kollektiven Trends; mit Gott geeint „in dem aus eigener
Erfahrung hervorgegangenen Wissen, daß er in Gottes Liebe ge-
borgen, in Gottes Führung Werkzeug ist zur Erfüllung von Aufgaben, die über menschliches Können wesentlich hinausragen. ...
Aus solchem übernatürlichen Innenleben wächst der Drang und
die Fähigkeit zum apostolischen Wirken, aber nicht umgekehrt."[29]
In diesem Sinn gehöre notwendig zur priesterlichen Persönlichkeit: „Mehr aktives Suchen!" „Wir dürfen nicht warten, bis die
Menschen zu uns kommen."[30] Pies sieht in seinem Bericht bereits
die Männer der Nachkriegszeit, denen nach dem Zusammenbruch
der nationalsozialistischen Scheinordnung jede Neigung genommen ist, „Ideale noch ernst zu nehmen."[31] Oft müsse erst die Caritas die Türen der Herzen öffnen[32]: „Christliche Liebe ist heute das
Gebot der Stunde und Auftrag Gottes an jeden, der als geweihter
Diener der Kirche Auftrag und Vollmacht hat, einer Welt der
Selbstsucht und Sünde die Liebe Christi zu bringen. In der grauen-
haften Not unserer Zeit erwarten die Menschen gerade von der
Kirche und ihren priesterlichen Amtsträgern ein mehr als gewöhn-
liches Maß von helfender Nächstenliebe."[33]

In Bezug auf die (Vor-) Bildung der Seminaristen und des Or-
densnachwuchses (ad b) betont der ehemalige Novizenmeister Pies
als Ziel „das eine Notwendige im Priesterleben ..., dass jeder ein
Mann Gottes wird."[34] Dazu würden sie „mehr eine tiefgreifende

[28] O. Pies: Block 26, 22.
[29] O. Pies: Block 26, 23.
[30] O. Pies: Block 26, 23.
[31] O. Pies: Block 26, 25.
[32] Vgl. W. Wiesen: Die Stunde der Caritas, in: Stimmen der Zeit 139, 34–43.
[33] O. Pies: Block 26, 26.
[34] O. Pies: Block 26, 26.

menschliche Bildung brauchen als ein vorwiegend akademisches Wissen"[35] und eine theologische Gesamtschau, in der die angehenden Priester „den Eindruck einer organischen Ganzheit aller Offenbarungswahrheiten mitnehmen und die Kraft einer lebendigen Glaubensüberzeugung in die Verkündigung hineinzulegen lernen."[36] Die kasernenartigen Seminarien und Ordenskollegien tragen vermutlich ihrerseits bei (ad a) „zum Heranzüchten von unpersönlichen, unselbständigen und müden Massenmenschen, die der Initiativen und Verantwortung zu wenig fähig sind."[37] Zugleich sahen die Priester in Dachau die Gefahr der Vereinsamung der Priester und optieren für zwei Maßnahmen, die ihnen selbst im KZ wesentlich halfen: mehr Zusammenleben mit der Gemeinde und die Entwicklung verschiedener Formen bergender, bewahrender und stärkender Brüderlichkeit unter den Priestern.

Erst in diesem Kontext ganz am Ende seines Artikels über die Erfahrungen im KZ Dachau kommt Pies auf den zu erwartenden Priestermangel und auf den Diakonat zu sprechen. Der Priestermangel dürfe in keiner Weise zu einer Herabsetzung der Zugangsforderungen führen, im Gegenteil: „denn in solchen Zeiten ist der Kirche nicht geholfen durch eine größere Menge und durch mehr Worte und Taten, sondern nur durch geistliche Kraft."[38] Genau darum wäre aber auch eine geeignete Entlastung der zu wenigen Priester in der Seelsorge zu suchen – indem ihnen anstelle von „gutwilligen Laienhelfern" sog. „Laienkatecheten und Laiendiakone zur Seite"[39] gestellt werden.

Priestermangel: die Überlegungen zum Diakonat und ihre Aufnahme durch Josef Hornef

Wegen seiner geschichtlichen Wirkung sei der entsprechende Abschnitt im vollen Wortlaut zitiert:

„Es ist aber ernstlich zu überlegen, ob es richtig ist, die Seelsorge den relativ wenigen und wahrscheinlich bald zu wenigen Priestern und ihren gutwilligen Laienhelfern zu überlassen. Ob es nicht an der Zeit wäre, die, wie es scheint, vom Heiligen Geist eingegebenen Anstöße aufzugreifen, dass wir den Priestern Laienkatecheten und Laiendiakone zur Seite stellen? Es wäre ein leichtes,

---

[35] O. Pies: Block 26, 26.
[36] O. Pies: Block 26, 26.
[37] O. Pies: Block 26, 26.
[38] O. Pies: Block 26, 27.
[39] O. Pies: Block 26, 27.

die Vorteile darzulegen, die ein solches Diakonat verheirateter, berufstätiger und bewährter Helfer der Kirche bringen würde. Ebenso wäre es nicht schwer, die Abgrenzung des Diakonats im Verhältnis zum Priester aufzuzeigen. Die hierarchische Kirche würde wenig opfern und viel gewinnen."[40]

Das noch missverständliche Begriffspaar „Laienkatechet und Laiendiakon" diente (zumindest im Fall des „Laiendiakons") der Abgrenzung vom Diakonat als Durchgangsstufe zur Priesterweihe, nicht hingegen einer Absage an eine eigene Weihe.[41] Eindeutiges Movens für einen „Diakonat verheirateter, berufstätiger und bewährter Helfer"[42] stellt im Kontext der Überlegungen in Dachau der befürchtete Priestermangel für die Gemeinden und die ebenso befürchtete Überlastung der Priester in ihren Seelsorgsaufgaben dar. 1960 schreibt O. Pies entsprechend: „Da die Priesternot und die Überforderung der Priester in der Seelsorge von heute wieder nach Hilfsseelsorgern, nicht nur nach Seelsorgehelfern, rufen, ist auch die Frage nach der Wiederbelebung des Diakonenamtes aufgelebt. ... Auf diesen Punkt konzentriert sich heute die Frage, ob die Kirche die Zeit für gekommen hält, das früher für die Seelsorge, für die Liturgie und für die Caritas so bedeutsame Diakonat in neuer Fülle und Lebendigkeit wiederzuschenken."[43] Unter den Gründen für die Wiederbelebung des Diakonats nennt er auch hier als erstes und bestimmendes die Hoffnung, Diakone „könnten eine beachtliche Linderung des Priestermangels herbeiführen."[44]

Die knappen Bemerkungen von O. Pies 1947 über einen solchen Diakonat fielen bei Josef Hornef, einem 1934 von der NS-Regierung in die oberhessische Diaspora versetzten katholischen Richter, auf besonders aufnahmebereiten Boden. Denn er hatte sich in der Diaspora besonders für seine kleine Filialgemeinde engagiert und in seiner späteren russischen Kriegsgefangenschaft zusammen mit zwei Theologiestudenten unter den Mitgefangenen als Laienseelsorger gewirkt. Wie die Gedanken von O. Pies ergriff ihn die Würdigung solcher „Lagerdiakone" im Erfahrungsbericht von P. Karl Sieben SJ im gleichen Jahr in den „Stimmen der

---

[40] O. Pies: Block 26, 27.
[41] In einer Ansprache am 05.10.1957 erklärte Papst Pius XII. die Frage der Wiederherstellung des Diakonates als eines ständigen kirchlichen Amtes für noch nicht reif. Bei dieser Gelegenheit setzte er dem Wort „Laiendiakonat" ein Ende. Der Diakon gehöre zum sakramentalen, hierarchischen Amt der Kirche. Vgl. O. Pies Diakonat, 179; J. Hornef: Werden und Wachsen, 356.
[42] O. Pies: Block 26, 27.
[43] O. Pies: Diakonat, 175.
[44] O. Pies: Diakonat, 182.

Zeit"[45]: Sie hätten als Männer großer Innerlichkeit und selbstlosen Dienstes in Gefangenenlagern ohne Priester das Wort Gottes verkündet. Karl Sieben plädierte angesichts dieser Erfahrungen für eine Teilnahme der Laien am hierarchischen Apostolat im bevorstehenden Gestaltwandel der Seelsorge.

Mit dieser Ausrichtung setzte sich J. Hornef fortan auf vielfältige Weise für die Erneuerung des Diakonates ein und erreicht nach Anfangsschwierigkeiten eine immer breitere Aufmerksamkeit für sein Anliegen.[46] Er denkt den Diakonat stark von seiner Diasporaerfahrung und dem Priestermangel her und siedelt den Diakon „in seinem Selbstverständnis und auch in seinen Funktionen stärker beim Priester an."[47] Er tritt in Kontakt mit Otto Pies und Pfr. Wilhelm Schamoni, der sich in den Jahren nach seiner Gefangenschaft in Dachau ebenfalls wirksam für den Weihediakonat bewährter verheirateter Männer einsetzt.[48] Von Schamoni erhält er dessen Notizen über die Ergebnisse der Gespräche im KZ über eine Erneuerung des Diakonats und veröffentlicht sie 1962 im Wortlaut in seinem Beitrag „Vom Werden und Wachsen des Anliegens"[49].

Diese Notizen lassen deutlich erkennen, dass die Überlegungen in Dachau an den Vorschlag aus Missionskirchen anknüpften, die Arbeit der wenigen Priester-Missionare dadurch fruchtbarer zu machen, dass den Laienkatecheten das kirchliche Amt des Diakonates übertragen wird. Einerseits geht es um Entlastung der Priester[50], andererseits um eine amtliche Aufwertung und Stärkung der Sendung der Laienkatecheten und die Ermöglichung

---

[45] K. Sieben: Kriegsgefangenschaft. Religiöse Erfahrungen, in: Stimmen der Zeit 141 (1947), 264–275.

[46] Vgl. M. Morche: Erneuerung, 31–36.

[47] M. Morche: Erneuerung, 32.

[48] Vgl. W. Schamoni: Familienväter als geweihte Diakone, Paderborn 1952. Am 30.12.1939 war er verhaftet worden. Verurteilt wegen „Wehrkraftzersetzung" wurde er nach Gefängnisaufenthalten in Paderborn und Bielefeld in das KZ Dachau deportiert. Nach dem Krieg wurde er Pfarrer in Helmeringhausen im Sauerland. 1970 gründete der 1930 geweihte Paderborner Diözesanpriester Schamoni (*04.01.1905 in Hamm; + 25.08.1991 in Altötting) die Zeitschrift „Theologisches". Vgl. Biographisch-Bibliographisches Kirchenlexikon 23 (2004) 1268–1272.

[49] J. Hornef: Vom Werden und Wachsen des Anliegens, in: K. Rahner / H. Vorgrimler (Hrsg.): Diaconia in Christo. Über die Erneuerung des Diakonates (QD 15/16), Freiburg 1962, 343–361, hier: 347–348.

[50] Vgl. auch O. Pies: Diakonat, 182: „Es wird auch oft und ernst darüber gesprochen, daß unsere Priester heute überlastet und überfordert sind, daß sie einer Erleichterung bedürfen, um sich mit mehr Kraft und Ruhe den wichtigeren Aufgaben ihres Berufes widmen zu können, um sich frei zu machen für das Gebet, für den Gottesdienst, für die Verkündigung und für die Spendung der Sakramente." Dieses Argument erinnerte auch Otto Pies an Apg 6.

wirklichen Gemeindelebens „auch bei größtem Priestermangel"[51], indem die Diakone Gebets-, Predigt- und Kommuniongottesdienste halten.

Solche Diakone als verheiratete, berufstätige Helfer aus verschiedenen Bevölkerungsschichten und -milieus versprächen mehr Lebensnähe und Überzeugungskraft in der Verkündigung und könnten als ein Antidot gegen jenes obrigkeitlich-beamtenmäßige Verhalten der Priester wirken, das O. Pies in seinem Bericht so ausdrücklich kritisiert hatte. Die kritische Sicht auf überheblichen oder weltfremden Klerikalismus schwingt auch in der Hoffnung mit, „in den geistig führenden Schichten und in den der Verführung am meisten ausgesetzten Schichten, dem Proletariat"[52], Diakone *für* diese Schichten und Milieus zu gewinnen, die dort „das rechte Wort finden, das zu Herzen geht"[53] und vieles wegräumen können, „was zu einer Ursache von Ressentiment, Kirchenentfremdung und gar Antiklerikalismus werden konnte."[54]

Die Berufung zum diakonischen Diakon – in einer diakonisch gesandten Kirche: Hannes Kramer

Die Aufgabe der Unterstützung und Hilfe angesichts des Priestermangels schätzte O. Pies 1960 als Mehrheitsmeinung unter den Befürwortern einer Erneuerung des Diakonates ein. Als „beachtenswert" bezeichnete er, „daß Hannes Kramer und sein Freiburger Kreis aus guten Gründen mehr die caritative Seite des Diakonenamtes herausgearbeitet hat für die vielen idealen Caritashelfer, die eine engere Bindung an die Hierarchie und den Einbau ihres Lebensberufes in das sakramentale Leben der Kirche suchen. Die Caritas internationalis ist denn auch zum Schildträger der Diakonatsidee geworden."[55]

Hannes Kramer[56] war in der Ausbildung zum Förster, als er, wie

---

[51] Vgl. J. Hornef: Werden und Wachsen, 347, Punkt 2.

[52] Vgl. J. Hornef: Werden und Wachsen, 347, Punkt 5.

[53] Vgl. J. Hornef: Werden und Wachsen, 347, Punkt 5. Vgl. O. Pies: Diakonat, 183: „Man hofft auch, dass der aus den Laien erwählte Diakon wegen seiner engeren Verbindung mit dem Volk die Kluft schließen könne, die sich weithin zwischen Priester und Laien aufgetan habe."

[54] O. Pies: Diakonat, 184.

[55] O. Pies: Diakonat, 184.

[56] 1929 geboren, zum Diakon geweiht am 03. Oktober 1970 in Freiburg zusammen mit sieben weiteren Familienvätern (vgl. Morche: Erneuerung, 86). Er kam zusammen mit seiner Frau am 04. April 2001 in einem Verkehrsunfall ums Leben. Vgl. M. Manderscheid: Sozialarbeit als Diakonie. Erinnerung an Hannes Kramer (1929–2001), in: Diaconia Christi 42, (2007) 173–177 (178 ein Foto von Kramer).

er in seiner autobiographischen Darstellung zu seinem 70. Geburtstag schreibt, in einer unruhigen Herbstnacht 1947 „mit ungeheurer Macht"[57] von den Worten in Apg 6,1–7 berührt wurde. Es war derselbe Herbst 1947, in dem O. Pies' Bericht über den Priesterblock in Dachau erschien, ohne dass Kramer davon etwas wusste.[58] „Über manche Gespräche, missglückte Versuche und der Suche nach dem weiteren Weg"[59] reifte sein Entschluss, dem Rat von P. Ludwig Esch SJ, P. Jansen-Cron und P. Karl Rahner SJ sowie Benedikt Kreutz[60] folgend, die Idee vom Diakonat – wie in Apg 6 zur Entlastung der Apostel in ihrer caritativen Tätigkeit – am besten als Fürsorger zu verwirklichen. Er beginnt im Mai 1950 eine Ausbildung am Seminar für Wohlfahrtpfleger beim Deutschen Caritasverband in Freiburg. Dort lehrte Prof. Hans Wollasch und zielte auf die „Formung der Helferpersönlichkeit … im Zeichen der christlichen Liebe"[61]. Als er im Frühjahr 1951 im Fach Berufsethik die franziskanische Haltung als Berufsideal vorstellt, fragt Kramer: „Warum aber reden wir nicht vom Diakonat? Franziskus war und blieb Diakon" – dies sei seine erste entscheidende, öffentliche Aussage zur Sache gewesen.[62] Es bildete sich ein erster Diakonatskreis aus sieben [!] Männern des Studienjahrganges mit regelmäßigen Treffen, denen die Erneuerung des Weihediakonates eine ehrliche innere Not wurde.[63] Nach einer intensiven Begegnung mit J. Hornef auf Einladung von H. Wollasch 1952 formulierte Hannes Kramer als Thesenpapier „Grundsätze des geweihten Diakonates"[64]: Der Diakon sei kraft Weihe Teil der Hierarchie und dem Ortsbischof bzw. dem für die Caritas besonders bestellten Vertreter des Bischofs verantwortlich. Seine Hauptauf-

---

[57] H. Kramer: Ein Mann, mit einem Strick gegürtet, kam und holte mich …, in: Diaconia Christi 34/1–2, (1999) 15–25, hier: 18f., zitiert er zunächst aus seinem Tagebuch jener Zeit: „'Es war für mich ein tief innerstes Erlebnis, das ich nicht beschreiben mag. … Als ich in der Frühe des nächsten Tages beim Frühstück saß, erzählte mir Thekla Prior, die Frau meines Cousins, sie habe heute nacht einen ganz eigenartigen Traum gehabt: Ein Mann, angetan mit einer einfachen braunen Kutte und einem Strick gegürtet – wie ein Franziskaner – war gekommen und habe mich geholt.' – Das war die Bestätigung, die Besiegelung durch eine nüchterne, lebenslustige, fromme aber nicht ‚bigottische' Wirtstochter von der ‚Linde' zu Wangen/ Allgäu. In roten Buchstaben habe ich später hinter diesen Eintrag geschrieben: Franz von Assisi."
[58] „Erst ein halbes Jahr nach der Gründung des Kreises, im Herbst 1951, erhielt Kramer Kenntnis von dem Aufsatz von P. Pies in den „Stimmen der Zeit" und von den Veröffentlichungen [Hornefs]." (Hornef: Werden und Wachsen, 350).
[59] H. Kramer: Ein Mann, 19.
[60] H. Kramer: Ein Mann, 21.
[61] Zit. Nach M. Morche: Erneuerung, 38.
[62] H. Kramer: Ein Mann, 21.
[63] Vgl. H. Kramer: Ein Mann, 21.
[64] Vgl. M. Morche: Erneuerung, 39f.

gabe bestehe in Werken der christlichen Nächstenliebe, zu denen er auch die Gemeinden anregen soll. Der Diakonat gründe auf Berufung und erfordere charakterliche, berufliche und spirituelle Qualitäten, die durch die Ausbildung gefördert werden und sich in einem vorbildlichen Ehe- und Familienleben bewährt haben sollen. Er bedürfe eines intensiven Gebetslebens und nach Möglichkeit der täglichen Mitfeier der Eucharistie.[65]

In einem unveröffentlichten Manuskript formulierte Kramer bereits 1951 im Sinn von Apg 6,1–7 den Diakonat als einen für die Kirche notwendigen Dienst, dessen Fehlen eine Lücke im Leben der Kirche bedeute, welche die Priester vergeblich zu schließen versuchten – eben weil der Diakonat fehle.[66] Hier rückte eine Eigenständigkeit des Diakonates in den Blick, der nicht mehr nur vom Priestermangel her begründet wird, sondern von einer grundsätzlichen Bedeutung her: „Dies Verständnis gründet sich auf das Heilswirken Jesu Christi, der sich als diaconos in Liebe dem bedürftigen Menschen zuwandte. Um diese spezifische Sendung des Diakonates bemüht sich der Diakonatskreis in der Folgezeit immer mehr."[67] Nicht in der Unterstützung oder Vertretung priesterlicher Aufgaben, sondern in der Wahrnehmung sozial-caritativer Dienste und im Beistand in den vielfachen Nöten der Menschen liege die zentrale Aufgabe des Diakons.

Auf einer Tagung zur Situation der Seelsorge in der Gesamtkirche und in der Pfarrei in Stuttgart 1952 sprechen sowohl Hornef als auch Kramer zum Diakonat. Ihre unterschiedlichen Auffassungen und Zielrichtungen treten offen zu Tage und nähern sich in der Fortsetzung ihrer Gespräche allmählich einander an: „Der sozial-caritative Dienst, der ‚Dienst an den Tischen', wird nun in untrennbarem Zusammenhang mit Eucharistie und kultischem Dienst als ‚Dienst der leiblichen und geistigen Werke der Barmherzigkeit, verbunden mit Glaubensverkündigung,' begriffen."[68] Zu dieser Synthese trug auch der Austausch mit Karl Rahner und dessen theologische Vermittlungsleistung bei.[69] Als Kramer 1954 eine neue berufliche Aufgabe beim Landescaritasverband Bayern in München aufnimmt, gründet er mit zwei früheren Freiburger Studienkollegen, die bereits dem Kreis in Freiburg angehörten, einen zweiten Diakonatskreis. Die Ehe-

---

[65] Vgl. hierzu auch H. Kramer: Der liturgische Dienst des Diakons, in: K. Rahner / H. Vorgrimler (Hrsg.): Diaconia in Christo (QD 15/16), Freiburg 1962.
[66] Vgl. M. Morche: Erneuerung, 40; Archiv des DCV 058.6.025, Fasz. 5.
[67] M. Morche: Erneuerung, 41.
[68] M. Morche: Erneuerung, 42f.
[69] Vgl. J. Hornef: Werden und Wachsen, 354.

frauen und Bräute der Diakonatsinteressenten arbeiten mit. „Im Priester-Block 26 wo Pater Roth als KZ-Häftling litt, also im KZ Dachau, trafen wir uns zu Gebet und Aussprache. Die Initiative zur Erneuerung des Diakonates seitens der in Block 26 hausenden, hungernden und sterbenden Priester aus ganz Europa ging genau von diesem Ort noch während des NS-Systems aus"[70], schreibt Kramer in seinem autobiographischen Bericht. So werden die Entwicklungslinien zur Erneuerung des Diakonates bewusst an diesem besonderen Ort zusammengeführt.

Die Mitglieder des Kreises erfahren, „wie schwierig es ist, in ihrer Berufsarbeit ohne Bindung an eine Gemeinde und ohne einen offiziellen kirchlichen Auftrag ihr Ideal zu verwirklichen"[71] – bei aller Hochachtung der Arbeit gerade der verbandlichen Caritas, in der sie zum Teil tätig sind. Diese greift ihrerseits die Diakonatsidee engagiert auf und fördert sie mit ihrem internationalen Netzwerk (Martin Vorgrimler, Leiter Auslandshilfe im DCV und Vater von Herbert Vorgrimler) und dem Internationalen Diakonatszentrum, das 1965 beim Sitz des DCV in Freiburg angesiedelt wird. Besondere Unterstützung findet die Diakonatsidee u. a. bei G. Hüssler[72], der als neuer Generalsekretär des DCV H. Kramer als seinen Assistenten nach Freiburg zurückholte, und bei J. Rodhain, Generalsekretär von Secours catholique in Frankreich, der im März 1959 einer Programmkommission von Caritas Internationalis in Royaumont bei Paris vorsaß. Auf dieser Tagung hielt H. Kramer eines von vier Referaten über Fragen des Diakonats. Die Tagung bereitete den Beschluss des Exekutivkomitees von Caritas Internationalis in Genf im September 1959 vor, aufgrund dessen es die Bitte an das Konzil richtete, das Amt des Diakons zu erneuern.[73]

Die daraus erwachsende Petition ist Zusammenfassung und Ergebnis jahrelanger Arbeit und Überlegungen der Gemeinschaft der inzwischen zahlreichen Diakonatskreise in vielen Ländern und vielfältigen theologischen Bemühungen und wurde in lateinischer Übersetzung (besorgt von Prof. Dr. Helmut Riedlinger[74]) an die Konzilsväter verteilt. Sie stellt die Erneuerung des Diakonates als notwendig und sinnvoll in pastoraler Hinsicht sowie theologisch als angemessen dar. Sie wird wissenschaftlich durch das

---

[70] H. Kramer: Ein Mann, 21.
[71] M. Morche: Erneuerung, 43.
[72] Vgl. G. Hüssler: „Wir mussten schließlich erst das Gesicht des Diakonates finden!" – im Gespräch mit Albert Biesinger und Klaus Kießling, in: Diaconia Christi 40 (2005), 51–57.
[73] Vgl. J. Hornef: Werden und Wachsen, 360;
[74] Persönliche Mitteilung von Georg Hüssler.

von Karl Rahner SJ und Herbert Vorgrimler herausgegebene Sammelwerk „Diaconia in Christo" untermauert. Es war während des Eucharististischen Kongresses in einem „Informativen Gespräch" auf Einladung des Deutschen Caritasverbandes zur Frage der Wiedergeburt des Diakonates am 03. August 1960 angeregt und beschlossen worden. Es behandelt die unterschiedlichsten Fragen über eine Erneuerung des Weihediakonates umfassend für jene Zeit und wurde zusammen mit der Petition am 12. September 1962 an Papst Johannes XXIII. überreicht[75], knapp einen Monat vor der Eröffnung des Zweiten Vatikanischen Konzils. Johannes XXIII., aus der Zeit in Paris persönlich bekannt mit J. Rodhain, lässt die Diakonatsfrage auf die Liste der Konzilstraktanden setzen. Am 21. November 1964 wird die Dogmatische Konstitution über die Kirche *Lumen gentium* mit dem für die Diakonatsfrage entscheidenden Artikel 29 nach feierlicher Schlussabstimmung verkündet: In Zukunft könne der Diakonat als eigene und beständige hierarchische Stufe wiederhergestellt werden. Ein weiterer Meilenstein dafür wurde die internationale Studienkonferenz über den „Diakon in Kirche und Welt von heute" während der letzten Sitzungsperiode des Konzils, vom 22. bis 24. Oktober 1965 in Rom.[76]

Wie hier schon keine umfassende Darstellung des Hinweges zum Konzil gegeben wird, ist hier auch nicht der Ort, dessen Beratungen und die weiteren Entwicklungen detailliert nachzuzeichnen. Aus der Konzentration auf die Beratungen der Priester im KZ Dachau als Kontext für deren Votum zu einer Erneuerung des Diakonats und auf die beiden Entwicklungslinien, die mit den Treffen des Münchner Diakonatskreises in Dachau ganz bewusst dort zusammengeführt wurden, seien nun einige Aspekte aus heutiger Sicht aufgegriffen und – möglichst weiterführend – bedacht.

Reflexionen zu ausgewählten Schwerpunkten

Im genannten Sammelwerk „Diaconia in Christo" schreibt J. Hornef über die Zusammenführung der unterschiedlichen Auffassungen – besonders seiner und H. Kramers: „Wenn Kramer und seine Mitstreiter stärker zu einem Caritasdiakonat neigten, so ist es das Verdienst Professor Rahners, den Ausgleich dahin geschaffen zu haben: ein Diakonat mit umfassendem Aufgabenkreis, das aber die Möglichkeit einer Spezialisierung bietet, so dass der Einzelne –

---

[75] Vgl. M. Morche: Erneuerung, 55.
[76] Von neuem in Auswahl dokumentiert in: Diaconia Christi 40 (2005).

je nach Eignung und Schwerpunktausbildung – entweder (hauptsächlich) in der Caritas oder (besonders) in der Katechese oder auch in der Jugendpflege eingesetzt werden kann. Wie immer der Einsatz sein mag, in jedem Falle wird eine liturgische Betätigung für erforderlich gehalten. Die Liturgie soll auch beim Diakon Mitte des Lebens sein."[77] H. Kramers Beitrag in der Quaestio ist bezeichnenderweise den liturgischen Diensten des Diakons gewidmet.

Mit dieser anscheinend demonstrativen Harmonie sind die Auffassungen jedoch noch nicht wirklich zu einer echten Einheit zusammengeführt. Entscheidend für den erneuerten Weihediakonat und seine Entfaltung als hierarchischer Dienst der Kirche bleibt die Frage nach seinem eigenen Profil, zumal auch das Konzil keine umfassende, zufriedenstellende Theologie des Diakonats als solchen entwickelt, stattdessen aber für weitere Entwicklungen und Klärungen sowohl die Grundlage als auch die nötige Offenheit bietet.[78] Damit verbunden ist auch die Frage nach den Aufgaben der Diakone und ihrer Ausbildung – etwa im Unterschied zu den Aufgaben der Priester wie auch deren Ausbildung.

Ständige Diakone und der Priestermangel

Ohne Zweifel ist ein wesentlicher Ausgangspunkt der Überlegungen im KZ Dachau zu einer Erneuerung des Ständigen Diakonates die Sorge über den gefühlten und befürchteten Priestermangel. Es brauche nicht nur Seelsorgehelfer, sondern Hilfsseelsorger. So schrieb O. Pies 1960: „Da die Priesternot und die Überforderung der Priester in der Seelsorge von heute wieder nach Hilfsseelsorgern, nicht nur nach Seelsorgehelfern, rufen, ist die Frage nach der Wiederbelebung des Diakonenamtes aufgelebt. ... Auf diesen Punkt konzentriert sich heute die Frage, ob die Kirche die Zeit für gekommen hält, das früher für die Seelsorge, für die Liturgie und für die Caritas so bedeutsame Diakonat in neuer Fülle und Lebendigkeit wiederzuschenken."[79] Das Bild eines solchen Hilfsseelsorgers mit umfassenden pastoralen Aufgabenbereichen stand J. Hornef[80] vor Augen.[81]

---

[77] J. Hornef: Werden und Wachsen, 354.
[78] Vgl. H. Vorgrimler: Kommentar zum III. Kapitel, Artikel 29 [der Kirchenkonstitution Lumen gentium], in: LThK2 Erg.Bd. I, 1966 256–259, hier 259: „Eine Theologie des Diakonates lässt sich von diesen Vollmachten [scil. die in LG 29 dem Diakon zugeschrieben werden, KB] nicht entwerfen."
[79] O. Pies: Diakonat, 175.
[80] Wie auch Paul Winninger; vgl. J. Hornef: Werden und Wachsen, 357.
[81] So wäre Herbert Vorgrimlers Behauptung, „Es ist auch historisch gesehen nicht

In ihrem gemeinsamen Aufsatz „Zur Erneuerung des Diakonats in Deutschland" 1967 kurz nach der Veröffentlichung (18.06.1967) von *Sacrum Diaconatus Ordinem* griffen Karl Rahner SJ, Herbert Vorgrimler und Hannes Kramer diese Sicht sehr kritisch auf: „Betrachtet man den Diakon in einem engen und einseitigen Verständnis der Diakonie als bloßen Seelsorgegehilfen, der den Seelsorgeklerus teils entlasten, teils ersetzen soll, so riskiert man besonders in mitteleuropäischen Verhältnissen den energischen Widerspruch aktiver Laien, die sich verwundert fragen, ob nicht auch der Laie sehr viele solcher seelsorglicher Dienste leisten ‚könne', im Zeichen der Würdigung der Laien sogar leisten müsse, und ob die relativ geringen geistlichen Vollmachten, die für den Diakon vorgesehen sind, nicht ohne sakramentale Weihe Laien übertragen werden könnten und müssten."[82]

Mit den pastoralen Diensten hauptamtlicher Laien wird diese Frage auch heute noch stärker zu unterstreichen sein und weitere Fragen zum sakramentalen Ordo aufwerfen.[83] Damit verbunden ist heute stärker als in den Anfangsjahren die Frage eines Diakonates von Frauen, welche anscheinend in den Überlegungen in Dachau nicht im Entferntesten am Horizont erschien. Im vorkonziliaren Sammelband verwies Karl Rahner noch auf eine Differenz zwischen dem Diakonissen-Institut in der frühen Kirche und demjenigen „Sakrament des Diakonats …, das es in der heutigen Zeit schon gibt … nur Männern erteilt wird."[84]

---

richtig, dass die Bemühung um Erneuerung des ständigen Diakonats durch das Konzil vom Priestermangel her motiviert war" zu korrigierend zu ergänzen in „nicht nur vom Priestermangel her motiviert"; vgl. H. Vorgrimler: Der Diakonat, in: Deutscher Caritasverband (Hrsg.) Menschlichkeit als Spiritualität. Georg Hüssler zum 85. Geburtstag, Freiburg 2006, 17–24, hier: 20.

[82] K. Rahner / H. Vorgrimler / J. Kramer: Zur Erneuerung des Diakonats in Deutschland, in: Stimmen der Zeit 180 (1967), 145–153, hier: 146. Vgl. schon Kramer, Der liturgische Dienst, 379: „Wenn die liturgischen Funktionen in dem in dieser Abhandlung aufgezeigten Sinne auch mit Caritasdienst und Katechese verbunden werden, dann wird doch keine Abwertung oder Zurückdrängung freiwilliger Dienste der Laien eintreten, sondern ein engerer Anschluss der ganzen Gemeinde am Altar erfolgen." Vgl. mit anderen Vorzeichen Kerkvoorde, Augustinus (1962) Die Theologie des Diakonates, in: K. Rahner / H. Vorgrimler (Hrsg.) Diaconia in Christo. Über die Erneuerung des Diakonats (QD 15/16), Freiburg 1962, 220–284, hier bes. 278f. Er kritisiert ausdrücklich, dass viele einzelne Dienste dem Diakon sozusagen weggenommen und zu Diensten anderer wurden – und ihn damit auch überflüssig machten.

[83] Vgl. U. Graf von Plettenberg: In gemeinsamer Verantwortung. Amt und Laikat nach Yves Congar und dem Zweiten Vatikanischen Konzil, Trier 2005.

[84] K. Rahner: Die Theologie der Erneuerung des Diakonates, in: K. Rahner / H. Vorgrimler (Hrsg.): Diaconia in Christo. Über die Erneuerung des Diakonats (QD 15/16), Freiburg 1962, 285–324, hier: 305. Die Frage selbst ist damit – bis heute – noch nicht wirklich gelöst, sondern eher verstärkt. Vgl. für geschichtliche Fragen

Dessen ungeachtet ist die Erfahrung des Priestermangels heute gegenüber den 60er Jahren in Deutschland und Westeuropa ungleich stärker, bedrängender und schmerzlicher geworden. Er ist *de facto* eines der stärksten Motive für die Umstrukturierung und Zusammenfassung der Pfarreistrukturen in größere Seelsorgeeinheiten oder Pastoralräume hierzulande. Diese werden geleitet von Priestern, die zugleich Dienstvorgesetzte der haupt- und nebenamtlichen Mitarbeitenden des Pastoralteams sind. Dazu können Diakone im Haupt- und v.a. aber im Nebenberuf gehören, und zu ihrem Dienst zählen häufig (und gern) vielfältige gottesdienstliche Aufgaben von Taufe, Eheschließungs- und Eucharistieassistenz über Wortgottesdienste bis zu Beerdigungen. Dies ist ein bedeutender und bedeutsamer Teil des Dienstes, den Diakone faktisch in den Gemeinden tun – sie entlasten darin die Priester auch real in deren Aufgaben.

Erkennt man dies ohne Abstriche und mit voller Wertschätzung, aber auch nicht ohne kritische Fragezeichen[85] an, ist gleichwohl weiter zu fragen, ob von Block 26 in Dachau her nicht eine andere Art von Entlastung gesucht war: nicht so sehr eine Entlastung der Priester *in deren* Aufgaben, sondern *für deren* Aufgaben. Mit anderen Worten geht der Duktus der Überlegungen in Dachau weniger in die Richtung einer *quantitativen* (diese auf geeignete Weise auch) als vielmehr hin zu einer spürbaren *qualitativen* Entlastung. Wie diese aussehen könnte, müsste sowohl von einer (Neu-) Besinnung auf die Aufgaben der Priester als auch vorrangig vom Eigenen des Diakonates her bestimmt werden.

Der eigene Auftrag der Diakone im hierarchischen Amt der Kirche

In der diakonischen Sendung der gesamten Kirche und aller ihrer Glieder hat die Hierarchie, das hierarchische Amt eine besondere diakonische Sendung, die sie ebenso wenig an die Laien wie analog die Gemeinde ihre Caritas nicht vollständig an den Verband oder an externe Einrichtungen delegieren kann. Stattdessen kommt der untersten Stufe des hierarchischen Amtes (vgl. *Lumen gentium* 29), dem Diakonat, gemäß Papst Paul VI. *Sacrum Diaconatus Ordinem* zu, „im Namen der Hierarchie Aufgaben der Caritas und der Verwaltung zu erfüllen und soziale Hilfswerke zu be-

---

auch G. Hammann: Die Geschichte der christlichen Diakonie. Praktizierte Nächstenliebe von der Antike bis zur Reformationszeit, Göttingen 2003.
[85] Mit H. Vorgrimler: Der Diakonat, 18–22.

treuen" (Art. 22,9[86]). Diese Formulierung ragt aus der Liste der anderen möglichen Aufgaben der Diakone durch genau diesen Bezug auf die Hierarchie und deren Repräsentanz in diesen Aufgaben heraus – sie sind freilich wie alle Aufgaben „in vollkommener Gemeinschaft mit dem Bischof und seinem Presbyterium unter der Autorität des Bischofs und des Priesters, die an dem betreffenden Ort die Leitung der Seelsorge haben" (Art. 23).

An dieser Formulierung wird in besonderer Weise erkennbar, weshalb es Diakone auch dann braucht, wenn genügend Priester für die Seelsorge da sind, die sie in den vielfältigen anderen genannten Aufgaben unterstützen und entlasten (können). Wie O. Pies im Bericht über die Erfahrungen von KZ Dachau eindrücklich unterstrichen hat, ist die tätige Nächstenliebe von jedem Priester (und Bischof) gefordert – keinesfalls weniger als von allen anderen Getauften. Doch knüpft Paul VI.' Formulierung ebenso wie *Lumen gentium* 29 („Den Pflichten der Liebe und der Verwaltung hingegeben") an die Tradition der Diakone in der frühen Kirche an. Der Diakon ist theologisch in der besonderen Caritas und Verwaltung des hierarchischen Amtes verortet.

Mit dieser theologischen Bestimmung und Verortung des Diakons in der Hierarchie der Kirche verknüpfen Rahner, Vorgrimler und Kramer eine soziologische Überlegung: „Soziologisch gesehen gehört er mindestens in kirchlich und kulturell entwickelten Ländern dorthin, wo er im Namen der Kirche engagiert ist: zu den anderen Sozialarbeitern, Lehrern, Ärzten usw., die ihren Beruf von einer anderen Berufung und von einem anderen Auftrag her, aber zum guten Teil auch mit den gleichen Mitteln und Methoden wie der Diakon erfüllen."

An diesen Gedanken schließen sie direkt an: „Zu dieser Solidarität gehört es unserer Auffassung nach, dass der Diakon in Ländern wie der Bundesrepublik grundsätzlich in Gestalt des ‚verheirateten Diakons' tätig ist."[87] An dieser Stelle tauchen die erhoffte größere Lebensnähe und bessere Milieuzugänglichkeit wieder auf, die sich die Priester in Dachau von den Diakonen erhofften.

Die Caritas bzw. Diakonie ist in der vorangegangenen Gedankenführung bewusst nicht auf die verbandliche bzw. fachliche Gestalt

---

[86] „caritatis et administrationis officiis atque socialis subsidii operibus, Hierarchiae nomine, perfungi."

[87] K. Rahner/H. Vorgrimler/J.Kramer: Erneuerung, 149. Die Ehe dürfe nie als Freisein von Behinderung durch den Zölibat verstanden werden, sondern als wirksames Zeichen der Solidarität mit den Menschen, bei denen und mit denen der Diakon arbeitet – und als Selbstvollzug der Kirche „in der Gestalt der kleinsten, aber wahren Einzelkirche" (ebd. 150).

von kirchlicher Sozialarbeit eingegrenzt. Darum können Rahner, Vorgrimler und Kramer aufgrund der vorausgegangenen Überlegungen das besondere Profil des Diakons folgendermaßen formulieren: „Die spezifische Aufgabe des Diakons … ist: Angepasst an die leiblichen und seelischen Nöte der Menschen unserer Zeit die Diaconia Christi in einem einfachen und schlichten Dienst am Mitmenschen zu erfüllen, und zwar in einem unmittelbaren Dienst an Familien und Gruppen, in Gemeinde und Gemeinschaften, in Kirche und Welt, wie überall dort, wo das Heil der Menschen und der Auftrag der Kirche diese spezielle ‚Dienstleistung' des apostolischen Amtes der Kirche fordert. Dieses Spezifikum seines Dienstes, den er in einer unmittelbaren Zuordnung zum Amt des Bischofs erfüllt, weil seine Funktionen zum ‚ministerium episcopi' gehören, müsste in den für den Diakon vorgesehenen Aufgaben der Liturgie, des Wortes, der sozial-karitativen Arbeit und der Verwaltung als Kriterium seines Dienstes durchscheinen."[88]

Der Diakon hat nicht nur mit für die innere Einheit und unlösliche Verbindung der drei Grundaufträge der kirchlichen Sendung zu sorgen,, nämlich von Verkündigung des Wortes, Gottesdienst und Diakonie, wie sie die Enzyklika „Deus caritas est"[89] betont, sondern er hat in diesen Aufgaben stets die besondere Sorge Gottes und seiner Kirche für die Armen und Bedrängten aller Art (vgl. *Gaudium et spes* 1) authentisch zu verdeutlichen.[90] In diesem Sinn interpretiere ich auch H. Kramers Formulierung: „In seinem gesamten Dienst stellt der Diakon in einer neuen Weise Christus dar, den einzigen ‚Diakon des Neuen Bundes'."[91] Darum liegen nach Kramer die Aufgaben des Diakons weniger in der Verwaltung und Spendung von Sakramenten als in der Schaffung von Möglichkeiten für eine größere Wirksamkeit der Sakramente; weniger darin, Caritas zu verwalten als die tätige Nächstenliebe – die *diaconia Christi* – in Gemeinden und Gruppen zu verlebendigen und ihnen ein Caritas-Profil zu verleihen; weniger darin, sich auf

---

[88] K. Rahner/ H. Vorgrimler/ J. Kramer: Erneuerung, 151. Vgl. H. Vorgrimler: Kommentar zum Motuproprio über die Erneuerung des Diakonates, 10–12.

[89] Benedikt <Papa XVI.>: Enzyklika „Deus caritas est" von Papst Benedikt XVI. an die Bischöfe, an die Priester und Diakone, an die gottgeweihten Personen und an alle Christgläubigen über die christliche Liebe, Bonn 2006 (VApS 171 Nr. 25a), (künftig abgekürzt: DCE).

[90] Sie schließt die angemahnte „Diakonia des Wortes" ein. Vgl. J. N. Collins: Diakonia. Re-interpreting the Ancient Sources, New York 1990; B.J.Koet: Wo bleibt die ‚Diakonia des Wortes'?, in: Diaconia Christi 42 (2007), 182–192.

[91] J. Kramer: Der liturgische Dienst, 379. Vgl. K. Kießling (Hrsg.): Ständige Diakone – Stellvertreter der Armen? Projekt Pro Diakonia: Prozess – Positionen – Perspektiven, Berlin 2006. Vgl. Mk 10,45 par.

gefestigte Kerngemeinden oder etablierte Gruppen zu konzentrieren als in der Ausrichtung auf die religiösen und sozialen Konfliktbereiche in den Gemeinden und in der Gesellschaft, um Lebens- und Glaubenswege im Geiste Jesu mit zu ermöglichen, zu stärken und zu fördern.[92] Auch Papst Paul VI. definierte in seinem Motu proprio *Ad pascendum* vom 15.08.1972 über die Weihestufe des Diakonats den Diakon „gleichsam als Anwalt der Nöte und Wünsche der christlichen Gemeinschaften, als Förderer des Dienstes oder der Diakonie bei den örtlichen christlichen Gemeinden, als Zeichen oder Sakrament Christi des Herrn selbst, der nicht gekommen ist, sich bedienen zu lassen, sondern zu dienen (vgl. Mt 20,28)".

Zum Miteinander von Priestern und Diakonen

Von diesen Aufgaben sind zwar auch die Priester ihrerseits nie entbunden, zumal sie zum einen der Priesterweihe vorausgehend unverlierbar selbst zu Diakonen geweiht wurden und es zum anderen einen Mangel an Ständigen Diakonen gibt. Wo Ständige Diakone jedoch zu ihrem Dienst bereit stehen, können und sollen sie die Priester gerade darin *qualitativ* und *quantitativ* entlasten, was den spezifischen Dienst des Diakons ausmacht: sowohl ad intra in die Gemeinde hinein wie *ad extra* in die verschiedenen Milieus und Gruppen der Gesellschaft, um in beide Richtungen „im Namen der Hierarchie" (*Sacrum Diaconatus Ordinem*, 22.9) an der glaubwürdigen Ausbreitung der Liebe Gottes mitzuwirken (vgl. *Deus caritas est* 33)[93], wie sie Grundauftrag der Kirche in allen Grundfunktionen einschließlich ihres organisierten Liebeshandelns ist. Auch wenn in der Regel Priester Dienstvorgesetzte der Ständigen Diakone sind und bleiben, schließt dies wie auch sonst im Pastoralteam keineswegs die Übertragung von Verantwortung und Freiraum für die eigenständige Ausübung der diakonischen Sendung aus; dies ist nicht nur arbeitspsychologisch, sondern auch theologisch, von Amts wegen, geboten. Das *Direktorium für den*

---

[92] Vgl. M. Morche: Erneuerung, 85.

[93] Vgl. K. Baumann: „Anders und solidarisch" (Yves Congar). Zum Programm „missionarische" und „diakonische" Kirche, in: Erzbischöfliches Ordinariat Freiburg (Hrsg.) 2007. Damit das Reich Gottes auch heute wächst (Freiburger Texte 57), 6–25. Die Aufgaben *ad intra* und *ad extra* bedenkt ausführlich K. Armbruster: „Überlegungen zum amtlichen Dienst des Diakons" sowie „Zum Dienstauftrag für den Ständigen Diakonat innerhalb der Gemeindepastoral neuer Seelsorgeeinheiten" (www.ipb-freiburg.de, Referat Ständiger Diakonat) (2005).

Dienst und das Leben der Ständigen Diakone legt großen Wert darauf, „dass die Diakone entsprechend ihren Möglichkeiten ihren Dienst in Verkündigung, Liturgie und Nächstenliebe voll erfüllen können und nicht abgedrängt und auf nebensächliche Aufgaben, Aushilfstätigkeiten oder Aufträge verwiesen werden, die von ungeweihten Gläubigen ordnungsgemäß erfüllt werden können. Nur so werden die Ständigen Diakone in ihrer wahren Identität als Diener Christi und nicht als besonders engagierte Laien im Leben der Kirche in Erscheinung treten."[94]

O. Pies thematisierte 1960 im Nachgang zu den Überlegungen im KZ Dachau die Frage „der schwierigen Abgrenzung der Kompetenzen und der Arbeitsgebiete" und meinte für Konfliktsituationen optimistisch: „Es würde wohl eine Aufgabe des Taktgefühls und des selbstlosen Dienens an der gemeinsamen Aufgabe sein, entstehende Reibungen und Überschneidungen durch aufrichtige Achtung vor der Autorität wie auch durch brüderliche Gesinnung und feinfühlige Rücksichtnahme im zwischenmenschlichen Verkehr auszugleichen. Es dürfte mindestens in der Pfarrarbeit für Pfarrer und Diakon nicht schwieriger sein, eine christliche und kameradschaftliche Lösung der zu erwartenden Spannungen im Zusammenwirken, bei der Aufteilung der Aufgaben und beim Beobachten der Erfolge und des Vertrauens zu finden, als sie in anderen Berufen vorkommen und auf eine anständige Weise zu lösen sind, wie sie auch heute zwischen Pfarrer und Kaplan gelöst werden."[95] – Oder bisweilen auch nicht, lässt ein realistischer Blick auf viele Situationen hinzufügen.

Die Zusammenarbeit im Pastoralteam und dessen Leitung ist seither sehr viel komplexer geworden. Die angemessene Nutzung von Instrumenten der Arbeitsorganisation und Personalentwicklung wie -führung – u. a. von Zielvereinbarungsgesprächen – kann manche Rollenkonflikte versachlichen. Zugleich bedarf es auch einer vertieften Klärung der unverzichtbaren bzw. wesentlichen Aufgaben der Priester jenseits des evtl. Führungsmanagements.[96] Darüber hinaus klingen mit den charakterlichen Eigenschaften und Haltungen, die O. Pies andeutet, auch die Überlegungen zur Persönlichkeitsbildung an, die in Dachau primär für die Priester

---

[94] Kongregation für den Klerus: Direktorium für den Dienst und das Leben der Ständigen Diakone, Bonn, 1998 (VApS 132,).

[95] O. Pies, Diakonat, 190f.

[96] Vgl. aus evangelischer Perspektive den anregenden Beitrag des derzeitigen Leiters des Diakoniewissenschaftlichen Instituts Heidelberg H. Schmidt: Das Amt der Einheit und das Amt der Differenz. Reflexionen zum Priesteramt und zum Diakonat, in: Kießling, Ständige Diakone, 175–189.

angestellt wurden, jedoch *mutatis mutandis* auch für die Ständigen Diakone relevant sind.

Zu Fragen der Ausbildung und ihrem Ziel

Die gemeinsamen Überlegungen im Priesterblock von Dachau kreisten auch um Fragen der Priesterausbildung und der Heranbildung theologischer, priesterlicher Persönlichkeiten, in denen Lehre, Glauben und Religiosität innig verschmolzen sind zu einer religiösen Tiefe, die weder zu abhängig ist von der Befriedigung sinnlicher Bedürfnisse noch übertrieben stark zwischenmenschliche Anerkennungen sucht und auch keinem „apostolischen Naturalismus"[97] des pastoralen Machens verfällt, der vorrangig auf menschliches Bemühen, Schaffen und Organisieren baut und in diesem Aktivismus ohnehin zum Scheitern verurteilt ist. Sie zielten auf reife Persönlichkeiten, die mit innerer Freiheit und ohne dauernden Anpassungszwang glaubwürdig, liebenswürdig und verlässlich „einer Welt der Selbstsucht und Sünde die Liebe Christi"[98] bezeugen. Ist es Ziel einer heutigen persönlichkeitsorientierten Priesterausbildung[99], dass die Priester „für die anderen bei der Begegnung mit Jesus Christus ... zur Brücke und nicht zum Hindernis"[100] werden, gilt dies nicht weniger auch für die Ständigen Diakone gerade in ihren exponierten Wirkungsfeldern, in denen es in besonders hohem Maße auf Begegnung und Kommunikation ankommt und sie mit ihrer ganzen Persönlichkeit ins Spiel kommen.[101] Wenn die menschliche, geistliche, theologische und pastorale Ausbildung der Ständigen Diakone tatsächlich, wie die Grundnormen für die Ausbildung der Ständigen Diakone formulieren[102], auf die immer vollere Identifikation mit der Diakonie Christi zielen, dann greift die Darlegung derselben Grundnormen mit ihrer Konzentration auf eine *Pastoraltheologie* reichlich

---

[97] Vgl. O. Pies: Block 26, 30.

[98] Vgl. O. Pies: Block 26, 26.

[99] Vgl. K. Baumann: Persönlichkeitsorientierte Priesterausbildung. Priesterliche Identitätsbildung zwischen Stabilität und Veränderung, in: Theologie und Glaube 94, (2004) 221–238.

[100] Vgl. Johannes Paul II.: Nachsynodales Apostolisches Schreiben *Pastores dabo vobis*, Bonn, 1992 (VApS 105, Nr. 43).

[101] Vgl. Kongregation für das Katholische Bildungswesen: Grundnormen für die Ausbildung der Ständigen Diakone, Bonn, 1998 (VApS 132, Nr. 66–70).

[102] Vgl. Kongregation für das Katholische Bildungswesen: Grundnormen für die Ausbildung der Ständigen Diakone, Bonn, 1998 (VApS 132, Nr. 85).

kurz,[103] in welcher der diakonische Wesensvollzug der Kirche nicht in qualitativer und quantitativer Weise alle anderen Dienste und Wesensvollzüge perspektiviert, aufgreift und beleuchtet.[104] Um dies kompetent, teamfähig und situativ angemessen für das kirchliche Leben in den Gemeinden und Gruppen wie in den Diensten und Einrichtungen der organisierten Caritas in Leitungs- und Begleitungsaufgaben tun zu können, bietet sich – in Ergänzung zu den bewährten Bewerber- und Diakonatskreisen – insbesondere für akademisch wie charakterlich geeignete Kandidaten ein Studium der *Caritaswissenschaft und Christlichen Gesellschaftslehre* an, das in Freiburg und in Passau als modularisierter Masterstudiengang (MA) angeboten wird.

In besonderer Weise bedürfen auch die Ständigen Diakone der kontinuierlichen Herzensbildung für ihren Dienst, wie sie die Enzyklika *Deus caritas est* für das spezifische Profil der christlichen Liebestätigkeit – Caritas, Diakonie – betont: „Sie müssen zu jener Begegnung mit Gott in Christus geführt werden, die in ihnen die Liebe weckt und ihnen das Herz für den Nächsten öffnet, so dass Nächstenliebe für sie nicht mehr ein sozusagen von außen auferlegtes Gebot ist, sondern Folge ihres Glaubens, der in der Liebe wirksam wird (vgl. *Gal 5,6*).“ (DCE 31a) Da sie im Namen der Hierarchie Aufgaben der Caritas und der Verwaltung zu erfüllen und soziale Hilfswerke zu betreuen haben[105], brauchen sie ein existentiell missionarisches Bewusstsein davon, „dass die Liebe in ihrer Reinheit und Absichtslosigkeit das beste Zeugnis für den Gott ist, dem wir glauben und der uns zur Liebe treibt", und jene demütige Kunst der Unterscheidung, die weiß, „wann es Zeit ist, von Gott zu reden, und wann es recht ist, von ihm zu schweigen und nur einfach die Liebe reden zu lassen" (DCE 31c). Ständige Diakone sollten dank ihrer geistlichen und caritaswissenschaftlichen Ausbildung dazu befähigt sein, in der Verkündigung, in der Liturgie wie in all ihrem Handeln für die Armen und Bedrängten aller Art – *ad intra* wie *ad extra* der Gemeinden und caritativen Dienste und Einrichtungen – das Bewusstsein zu wecken und zu stärken, dass Gott „gerade dann gegenwärtig wird, wenn nichts als Liebe getan wird" (DCE 31c).

---

[103] Vgl. Kongregation für das Katholische Bildungswesen: Grundnormen für die Ausbildung der Ständigen Diakone, Bonn, 1998 (VApS 132, Nr. 85–87).
[104] Vgl. die Kritik von H. Vorgrimler: Der Diakonat, 21, mit Bezug auf die Paul M. Zulehners Studie über Diakone im deutschsprachigen Raum (in: Diakonia 34 (2003) 361–368): Die Ausbildung der Diakone erlaube ihnen nicht, „eine solide diakonisch-soziale Kompetenz zu erwerben".
[105] *Sacrum Diaconatus Ordinem* Art. 22,9.

Sie sind damit Anwälte und Mahner authentischen Lebens mit Gott und wahren und angemessenen Gottesdienstes (vgl. Röm 12,2), indem sie bezeugen: „Nur meine Bereitschaft, auf den Nächsten zuzugehen, ihm Liebe zu erweisen, macht mich auch fühlsam Gott gegenüber. Nur der Dienst am Nächsten öffnet mir die Augen dafür, was Gott für mich tut und wie er mich liebt" (DCE 18). Sie sind darum gerade als Diakone angesichts der Versuchungen von binnenkirchlicher Selbstgenügsamkeit und Lethargie oder auch von unverbindlichen Ästhetisierungen des Glaubens berufen, wie einen prophetischen Stachel das Bewusstsein lebendig zu halten, „dass die Nächstenliebe ein Weg ist, auch Gott zu begegnen, und dass die Abwendung vom Nächsten auch für Gott blind macht" (DCE 16). Genau dieses Bewusstsein wird ihnen selbst und anderen helfen, wie O. Pies dies schon für die Priester in Dachau bedachte, nämlich dass sie „immer wieder lernen, ehrfürchtig zu lauschen, andere zu verstehen und Respekt zu haben vor Erfahrung, überstandenen Leiden und tieferem Wissen"[106] – ein Liebes-Dienst, der auch unserer Zeit, unserer Gesellschaft und unserer Kirche Not tut.

Ständige Diakone und die Rückkehr in die Diakonie

Ständige Diakone haben in ihrer sakramentalen Sendung eine besondere Verantwortung, jene „Rückkehr der Kirchen in die ‚Diakonie': in den Dienst der Menschheit" anzutreten und zu katalysieren, mit welcher ein anderes Nazi-Opfer, P. Alfred Delp SJ, noch in der Todeszelle in Berlin „das Schicksal der Kirchen verband" – „und zwar in einen Dienst, den die Not der Menschheit bestimmt, nicht unser Geschmack oder das Consuetudinarium einer noch so bewährten kirchlichen Gemeinschaft."[107] In Alfred Delps Überlegungen ist der gleiche Geist spürbar wie in den kritischen Überlegungen der Priester im KZ Dachau, wo er noch mit gefesselten Händen weiter schreibt: „Rückkehr in die ‚Diakonie' habe ich gesagt. Damit meine ich das Sich-Gesellen zum Menschen in allen seinen Situationen mit der Absicht, sie ihm meistern zu helfen, ohne anschließend irgendwo eine Spalte und Sparte auszufüllen. Damit meine ich das Nachgehen und Nachwandern auch in die äußersten Verlorenheiten und Verstiegenheiten des Men-

---

[106] O. Pies: Block 26, 22.
[107] A. Delp: Mit gefesselten Händen. Aufzeichnungen aus dem Gefängnis, Frankfurt 2007, 140.

schen, um bei ihm zu sein genau und gerade dann, wenn ihn Verlorenheit und Verstiegenheit umgeben. ,Geht hinaus' hat der Meister gesagt, und nicht: ,Setzt euch hin und wartet, ob einer kommt'. Damit meine ich die Sorge auch um den menschentümlichen Raum und die menschenwürdige Ordnung. Es hat keinen Sinn, mit einer Pfarrer- und Prälatenbesoldung zufrieden die Menschheit ihrem Schicksal zu überlassen. Damit meine ich die geistige Begegnung als echten Dialog, nicht als monologische Ansprache und monologische Quengelei. Dies alles wird aber nur verstanden und gewollt werden, wenn aus der Kirche wieder erfüllte Menschen kommen."[108]

In den Initiatoren und Vorkämpfern für die Erneuerung des Ständigen Diakonates wurden der Kirche solche erfüllte Menschen geschenkt. Sie haben auch verstanden: „Die Wucht der immanenten Sendung der Kirche hängt ab vom Ernst ihrer transzendenten Hingabe und Anbetung."[109]

---

[108] A. Delp: Mit gefesselten Händen, 141.
[109] A. Delp: Mit gefesselten Händen, 144.

Liturgiewissenschaftliche Perspektiven

Geweiht für was? – Die Weihe des Bischofs, der Priester und der Diakone. Ein Vergleich

von Klemens Armbruster und Matthias Mühl

Angesichts der weit über tausend Jahre, in denen der Diakonat in der lateinischen Westkirche zu einer bloßen Durchgangsstufe auf dem Weg zum Priesteramt verkümmert war, ist es kaum verwunderlich, dass er eine „zuverlässige Theologie und einen gesicherten Ort in der katholischen Kirche"[1] noch nicht gefunden hat. Die Wege auf denen ein solches überzeugendes Profil des Diakonates versucht wurde zu finden, sind so vielgestaltig wie die Antworten darauf. Sie reichen von empirischen Ansätzen bis hin zu philosophischen Zugängen. Anbetracht dieses Befundes ist es durchaus bemerkenswert, dass erst in jüngerer Zeit vermehrt versucht wurde, die Liturgie der Diakonenweihe als Quelle einer Theologie des Diakonates zu erschließen.[2] Dabei fällt auf, dass „ihr Verhältnis zur Liturgie der Bischofs- und Priesterweihe zumeist unberücksichtigt bleibt"[3]. Liegt aber in der Liturgie der Glaube der Kirche in dessen Feiergestalt[4] vor und lässt sich an der *lex orandi* die *lex credendi* ablesen[5], dann

---

[1] H. Hoping: Der dreifache Tischdienst des Diakons und die Einheit des Ordosakramentes, in: W. Haunerland u. a. (Hg.): Manifestatio Ecclesiae. Studien zu Pontifikale und bischöflicher Liturgie, Regensburg 2004, 189.

[2] Vgl. dazu auch die von H. Hoping: Der dreifache Tischdienst, 190 unter Anm. 5 aufgeführten Beiträge.

[3] H. Hoping, Der dreifache Tischdienst, 190.

[4] „Wie wir feiern zeigt, wie wir glauben und markiert, wie sich diese Glaubenserfahrung vermittelt." Vgl. F. P. Tebartz-van Elst: „Liturgie ist gesungene Dogmatik". Glaubensinhalte im mystagogischen Kontext, in: P. Neuner – P. Lüning (Hg.): Theologie im Dialog (FS H. Wagner), Münster 2004, 249–264, 258.

[5] „Spätestens seit dem auf Prosper von Aquitanien zurückgehenden Axiom ‚lex orandi – lex credendi' hat sich in der Theologie die Überzeugung manifestiert, dass Liturgie und Glaube in engster Beziehung zueinander stehen". Vgl. S. Böntert: „Stelle dein Leben unter das Geheimnis des Kreuzes". Katholische Ordination zwischen Amtstheologie und Liturgiereform, in: I. Mildenberger (Hg.): Ordinationsverständnis und Ordinationsliturgien. Ökumenische Einblicke, Leipzig 2007, 151–178, 171, siehe auch 175f. Vgl. dazu auch: E. J. Lengeling: Die Theologie des Weihesakramentes nach dem Zeugnis des neuen Ritus, in: LJ 19 (1969) 142–166, 142f; Kritisch dazu: O. Nußbaum: Theologie und Ritus der Diakonenweihe, in: J. G. Plöger – H.J. Weber (Hg.): Der Diakon. Wiederentdeckung und Erneuerung seines Dienstes, Freiburg i. Br. 1980, 122–146, 140; „Ein liturgischer Ordo ist gar nicht der geeignete Ort, mit letzter Genauigkeit und Vollständigkeit Fragen des Sakramentenrechts und der allgemei-

müssen Gemeinsamkeiten und Unterschiede von Diakonat, Presbyterat und Bischofsamt in der jeweiligen Weiheliturgie zum Ausdruck kommen bzw. müsste eine Synopse der Weiheliturgien Eigenart und Profil des jeweiligen Dienstes deutlich werden lassen. Im Folgenden wird darum der Versuch unternommen, mittels eines systematischen Vergleiches der drei Weiheliturgien das Profil des Bischofs, des Priester und schließlich des Diakonats zu erschließen, wie es die Kirche feiernd bezeugt.

Die Synopse der Weiheliturgie[6]

Die Ordinationsliturgie ist das große Gebet des Volkes Gottes, in dem es Gott darum bittet, dass er die Menschen, die er berufen hat, so in den Dienst nimmt und diese sich selbst so in Dienst nehmen lassen, dass sie in ihrem Leben und Wirken dem Volk Gottes in der Nachfolge Christi vorangehen und dem Einzelnen und dem Volk die je größere Gnade Gottes erfahrbar machen.[7] Dazu bittet bei allen drei Weiheliturgien das Gottesvolk den Bischof, die jeweilige Person zum amtlichen Dienst zu weihen.[8] Der Ordinationsgottesdienst ist darum „nicht einfach ein Handeln" von Bischöfen am Ordinanden, sondern ein Vollzug der Kirche".[9]

---

nen liturgischen Gesetzgebung aufzugreifen und wiederzugeben." Vgl. auch O. Nußbaum: Theologie und Ritus der Diakonenweihe, 142.

[6] Die in Klammer gesetzte fortlaufende Nummerierung in der ersten Spalte soll ein leichteres Wiederauffinden der Bezugsstellen ermöglichen.
Die Angaben mit „Nr." beziehen sich auf: *Die Weihe des Bischofs, der Priester und der Diakone.* Pontifikale I, hg. im Auftrag der Bischofskonferenzen Deutschlands, Österreichs und der Schweiz und der Bischöfe von Bozen-Brixen und Luxemburg, Trier ²1994. Die Angaben in Latein sind aus dem *Pontificale Romanum. De Ordinatione Episcopi, Presbyterorum et Diaconorum.* Editio typica altera 1990. Zu den Unterschieden zwischen dem Pontifikale von 1968 und 1990 vgl.: J. Stefanski: Die römischen Ordinationsriten von 1968 und 1990. Eine geschichtlich-liturgische Studie, in: W. Haunerland u. a. (Hg.): Manifestatio Ecclesiae. Studien zu Pontifikale und bischöflicher Liturgie, Regensburg 2004, 129–159.
Die Textangaben im Buch folgen dem tatsächlichen Verlauf, die Bezugsstellen bei der Diakonen- und Priesterweihe wurden dem zugeordnet. Aus Gründen der besseren Vergleichbarkeit wurden bei den Texten der Priester- und Diakonenweihe, die Texte zur Weihe eines jeweils einzelnen Kandidaten herangezogen.
[7] „Die Ordinationsliturgie ist die Vollzugsgestalt dessen, dass das Volk Gottes dafür betet, dass Gott Menschen beruft, die ihm in ihrer Existenz in der Nachfolge vorangehen und ihm damit das semper maior der Gnade erfahrbar machen." Vgl. S. Böntert: Ordinationsverständnis, 176.
[8] Jede der drei Weiheliturgien beginnt mit der Bitte an den Bischof: „die (heilige) Kirche bittet dich, N.N. zu … weihen."
[9] R. Meßner: Einführung in die Liturgiewissenschaft, Paderborn 2001, 362. So ist etwa die Akklamation der versammelten Feiergemeinde („*Deo gratias*") auf die Er-

Nach dem Versprechen des Kandidaten fordert der Bischof die Versammlung auf, Gott darum zu bitten, diesem Diener „Gnade und (reichen) Segen" zu gewähren. Das Volk bittet dann: „Segne, heile und weihe deinen Diener, den du erwählt hast." Handauflegung und Gebet des Bischofs sind folglich kein exklusives Handeln des Bischofs, sondern sind vom Volk mitgetragen:[10] „Zur Handauflegung beten alle in Stille; am Weihegebet haben alle teil, indem sie es hörend mitvollziehen und durch die Akklamation bestätigen und abschließen."[11] Der Lebenshingabe des Kandidaten folgt in der Gabenbereitung das Zeichen der Lebenshingabe des Volkes. Beide sind so hineingenommen in die große Lebenshingabe des Sohnes an den Vater um der Menschen willen.

Das Weiheversprechen

Inhalt	Bischof	Priester	Diakon
Erklärung der Bereitschaft	Pontifikale Nr. 31	Pontifikale Nr. 57	Pontifikale Nr. 62
(1) zur Übernahme des Amtes	Bist du bereit, in dem Amt (*munus*), das von den Aposteln auf uns gekommen ist und das wir dir heute durch Handauflegung übertragen, mit der Gnade (*gratia*) des Heiligen Geistes bis zum Tode zu dienen?	Bist du bereit, das Priesteramt als zuverlässiger Mitarbeiter des Bischofs auszuüben und so unter der Führung des Heiligen Geistes die Gemeinde des Herrn umsichtig zu leiten?	Bist du bereit, dich durch die Auflegung meiner Hände und die Gabe (*donum*) des Heiligen Geistes zum Dienst in der Kirche (*ministérium Ecclésiae*) weihen zu lassen?
(2) zur Verkündigung des Evangelium	Bist du bereit, das Evangelium treu und unermüdlich zu verkünden?	Bist du bereit, in der Verkündigung des Evangeliums und …	… und diesen Glauben gemäß dem Evangelium und der Überlieferung der Kirche in Wort und Tat zu verkünden?

wählung durch den Bischof (bei Diakonen- und Priesterweihe) bzw. auf das päpstliche Schreiben „von nicht zu überschätzender Relevanz: Ohne die (geistgewirkte) Zustimmung, die sich in ihr äußert, ist die Ordination defekt" (ebd.).
[10] Vgl. dazu auch K. Lehmann: Das Theologische Verständnis der Ordination nach dem liturgischen Zeugnis der Priesterweihe, in: R. Mumm (Hg.), Ordination und kirchliches Amt, Paderborn 1976, 19–52, 41: „Der Bischof spricht im Namen *aller* das Gebet *der Kirche* um die Herabkunft des Geistes auf die Kandidaten".
[11] Pontifikale I., Allgemeine Einführung, Nr. 7, 16.

Inhalt	Bischof	Priester	Diakon
(3) *zu Bewahrung der Überlieferung*	Bist du bereit, das von den Aposteln überlieferte Glaubensgut, das immer und überall in der Kirche bewahrt wurde, rein und unverkürzt weiterzugeben?	… in der Darlegung des katholischen Glaubens den Dienst am Wort Gottes treu und gewissenhaft zu erfüllen?	Bist du bereit, den Schatz unseres Glaubens – wie der Apostel sagt – treu zu hüten …?
(4) *zum Aufbau der Kirche und zu Wahrung der Einheit mit dem Papst*	Bist du bereit, am Aufbau der Kirche, des Leibes Christi, mitzuwirken und zusammen mit dem Bischofskollegium unter dem Nachfolger des heiligen Petrus stets ihre Einheit zu wahren?	–	–
(5) *zu Gehorsam*	Bist du bereit, dem Nachfolger des heiligen Petrus treuen Gehorsam zu erweisen?	Versprichst du mir und meinen Nachfolgern Ehrfurcht und Gehorsam?	Versprichst du mir und meinen Nachfolgern Ehrfurcht und Gehorsam?
(6) *zu Sorge für das Volk Gottes*	Bist du bereit, zusammen mit deinen Mitarbeitern (*comministris*), den Presbytern und Diakonen, für das Volk Gottes wie ein guter Vater zu sorgen und es auf dem Weg des Heiles zu führen?	Bist du bereit, die Mysterien Christi, besonders die Sakramente der Eucharistie und der Versöhnung, gemäß kirchlicher Überlieferung zum Lobe Gottes und zum Heil seines Volkes in gläubiger Ehrfurcht zu feiern?	Bist du bereit, in selbstloser Hingabe (*humili caritate*)zur Unterstützung des Bischofs und der Priester den Dienst des Diakons (*munus diaconii in auditorium Ordinis sacerdotalis*) zum Wohl des christlichen Volkes auszuüben?
(7) *zu besonderer Sorge um die Notleidenden*	Bist du bereit, um des Herrn willen den Armen und Notleidenden gütig zu begegnen und zu ihnen barmherzig zu sein?	Bist du bereit, den Armen und Kranken beizustehen und den Heimatlosen und Notleidenden zu helfen?	Bist du bereit, den Armen und Kranken beizustehen und den Heimatlosen und Notleidenden zu helfen?

Inhalt	Bischof	Priester	Diakon
(8) *zu Sorge um die Außenstehenden*	Bist du bereit, den Verirrten als guter Hirte nachzugehen und sie zur Herde Christi zurückzuführen?	–	–
(9) *zu Übernahme des Dienstes des Gebetes*	Bist du bereit, für das Volk Gottes (*pro populo santo*) unablässig zum allmächtigen Gott zu beten und das hohepriesterliche Amt untadelig auszuüben?	Bist du bereit, zusammen mit dem Bischof im Gebet, das uns aufgetragen ist, Gottes Erbarmen für die dir anvertraute Gemeinde zu erflehen?	Bist du bereit, aus dem Geist der Innerlichkeit zu leben, ein Mann des Gebetes zu werden und in diesem Geist das Stundengebet als deinen Dienst zusammen mit dem Volk Gottes und für dieses Volk (*cum populo Dei atque pro eo*), ja für die ganze Welt treu zu verrichten?
(10) *zur ausdrücklichen Christusnachfolge*	–	Christus, unser Hoherpriester, hat sich um unseretwillen dem Vater dargebracht. Bist du bereit, dich Christus, dem Herrn, von Tag zu Tag enger zu verbinden und so zum Heil der Menschen für Gott zu leben?	Bist du bereit, nach dem Bild und Beispiel Christi, dessen Leib und Blut dir zur Ausspendung anvertraut wird, dein eigenes Leben zu gestalten?
(11) *zur lebensformenden Indienstnahme (Zölibat)*	–	–	(*Bei einem ehelos lebenden Kandidaten*) Bist du bereit, zum Zeichen deiner Hingabe an Christus, den Herrn, um des Himmelreiches willen ehelos zu leben und für immer deinem Vorsatz treu zu bleiben, in dieser Lebensform Gott und den Menschen zu dienen?

126

Inhalt	Bischof	Priester	Diakon
(12) *zur lebens-formenden Indienstnahme (Ehe)*	–	–	*(Bei einem verheirateten Kandidaten wird die Ehefrau gefragt. Die Frage, wie der Weihekandidate sein Leben in der Ehe führen will, wurde ja bereits bei der Hochzeit erfragt.)* Die Kirche hat mich gebeten, deinen Ehemann zum Diakon zu weihen. So frage ich dich: Bist du bereit, deinen Ehemann in dem Dienst, der ihm heute übertragen wird, zu unterstützen?

Der Vergleich der Befragung der Weihekandidaten verdeutlicht zunächst – noch wenig überraschend – die grundlegenden Gemeinsamkeiten der drei Dienstämter: Alle setzen das freie Ja zu dem damit verbundenen Dienst voraus (1), Bereitschaft zu Verkündigung (2), Bewahrung der Glaubensüberlieferung (3), Gehorsam (5), Bereitschaft zum täglichen (Stunden-) Gebet (9) sowie die Sorge um das Volk Gottes und um die Notleidenden (7). Im Unterschied zu Diakon und Presbyter ist dem Bischof ausdrücklich die Bewahrung der Einheit (durch Wahrung der Einheit mit dem Papst wie im Nachgehen und Zurückführen der „Verirrten") (8) und der Aufbau der Kirche (und darin ausdrücklich die Zusammenarbeit mit den Priestern und Diakonen) (4) aufgegeben. Ein Alleinstellungsmerkmal des Diakonates dagegen ist die Frage der Lebensform im Ablegen des Zölibatsversprechens (bzw. dessen Erneuerung bei Ordensangehörigen) (11) bzw. im „Ja" der Ehefrau zum Dienst ihres Mannes (12), die im Blick auf eine der Christusnachfolge gemäßen Lebensgestaltung nur bei der Priesterweihe noch einmal gestreift wird.

Daneben finden sich aber noch weitere bemerkenswerte Unterschiede: So ist etwa im ersten Versprechen des erwählten Bischofskandidaten und im ersten Versprechen des Kandidaten für die Diakonenweihe von der Handauflegung und von der Gnade (gratia) bzw. Gabe (donum) des Heiligen Geistes die Rede, während bei der Presbyteratsweihe von der Führung (duce) durch den Heiligen Geist die Rede ist (1). Außerdem wird bei der Erklärung der Bereitschaft zur Übernahme des Amtes in der Priesterweihe ausdrücklich die Bereitschaft, die Gemeinde zu leiten erfragt, auf Seiten des Diakonates entspricht dem die einfache Bereitschaft zum Dienst in der Kirche, während beim Bischof nur von Amt die Rede ist (1). Bei der Sorge um das Volk Gottes (6) verbindet Bischof und Priester in ihrem priesterlichen Dienst die gemeinsame Sorge um das Heil (salus) des Volkes, während dem Diakon die Sorge um das Wohl (profectus[12]) des Volkes aufgetragen ist. Bischofs- und Diakonenweihe ist dagegen ein – wenngleich unterschiedlich ausgestalteter Bezug – zu den anderen beiden Diensten gemeinsam, der bei der Priesterweihe fehlt. Dabei ist die lateinische Begrifflichkeit besonders bemerkenswert, die in der Bischofsweihe Diakone und Presbyter als „Mitdiener" (comministris) bezeichnet, während bei der Diakonenweihe priesterlicher und bischöflicher Dienst im Ordo sacerdotalis zusammengefasst werden.

Bei der Frage nach der Bereitschaft zur Übernahme des Gebetsdienstes (9), wird bei der Priesterweihe ausdrücklich das Gebet für die konkrete Gemeinde herausgestellt, während bei Diakon und Bischof das Gebet dem ganzen Volk Gottes gelten soll. Bei der Diakonenweihe wird zudem ausdrücklich das Stundengebet als das dem Diakon aufgetragene Gebet erwähnt, das dieser nicht nur für (pro) das Volk Gottes (wie Bischof und Priester) vollziehen soll, sondern explizit auch zusammen mit (cum) diesem.[13] Zudem ist der dem Diakon aufgetragene Gebetsdienst, anders als bei Bischofs- und Priesterweihe, wo er auf das Volk Gottes beschränkt bleibt, auf die ganze Welt erweitert (pro universo mundo).

Beim Versprechen des Beistandes und der Hilfe für „die Armen und Kranken und Heimatlosen und Notleidenden" (7) unterscheiden sich der lateinische Text des Pontificale Romanum und die deutschsprachigen Ausgabe.[14] Während im Pontificale Romanum einzig (!) der Bischof seine Bereitschaft erklärt, „den Armen und

---

[12] Was sich auch mit „Fortschritt" bzw. „Erfolg" übersetzen lässt.

[13] Vgl. dazu auch Johannes Paul II.: Nachsynodales Apostolisches Schreiben „Pastores gregis – der Bischof – Diener, Bonn, 2003 (VApS 163); des Evangeliums Jesu Christi für die Hoffnung der Welt", Nr. 17, wo es – mit wörtlicher Zitation dieses Passus aus der Weiheliturgie heißt, dass der Bischof auch mit seinem Volk beten soll. „Jeder Bischof betet daher mit seinem Volk und für sein Volk."

[14] Vgl. H. Hoping: Der dreifache Tischdienst, 192; R. Kaczynski, „… non sacerdotium, sed ad ministerium". Überlegungen zum Diakonat, in: B. Kranemann – Th. Sternberg – W. Zahner (Hg.): Die diakonale Dimension der Liturgie, (QD 218) Freiburg i. Br. 2006, 220–235, 233–235.

Kranken beizustehen und den Heimatlosen und Notleidenden zu helfen", hat die deutsche Ausgabe dies für den Weiheordo insgesamt übernommen. Doch egal, ob nun Diakon und Priester die Sorge um die Armen, Kranken und Notleidenden explizit aufgetragen ist oder nicht, nach der Weiheliturgie ist die Sorge um die Armen, Kranken und Notleidenden kein Alleinstellungsmerkmal des Diakons, sondern aufgrund der Teilhabe von Diakonat wie Presbyterat am episkopalen Dienst dem ganzen Dienstordo aufgegeben. Der Schluss der Modellansprache der deutschen Ausgabe macht dies bei der Presbyterordination nochmals deutlich[15], der um zwei Sätze erweitert ist: „Nehmt euch der Armen und Bedrängten an, die auf eure Dienste warten. Vergesst sie nicht!"

Schließlich werden Presbyter und Diakon, nicht aber der Bischof zur ausdrücklichen Christusnachfolge befragt (10). Wobei bei der Priesterweihe die verwendete Begrifflichkeit („Hoherpriester", „darbringen", „Heil") „sacerdotal" konnotiert ist. Dementsprechend erinnert die Bereitschaft zur engeren Verbindung mit Christus beim Presbyter an die Darbringung Christi *an den Vater*, demgegenüber soll die Lebensgestaltung des Diakons der Ausspendung von Leib und Blut Christi *an das Volk* gleichgestaltet (*conformare*) sein. Anders gesagt, die Verbindung mit Christus orientiert sich beim Presbyter an dem, was er in der Feier der Eucharistie vollzieht (*sacerdotium*), beim Diakon an Christi Sendung als eines vorbehaltlosen Dienstes (*ministerium / diakonia*).

Das Gebet nach Ende der Litanei[16]

Das Weihegebet ist der zentrale Gebetsakt des Ordinationsgottesdienstes. Er wird eingeleitet durch die Anrufung der Heiligen in der Litanei. Sie erinnert daran, dass die Weihe von der ganzen Kirche, d. h. der Kirche aller Zeiten und Orte, getragen wird. Die Litanei wird mit folgendem Gebet abgeschlossen:

---

[15] „Kein Kleriker darf sich von seiner Christenpflicht, zumal sie auch seine Amtspflicht ist, entbinden." R. Kasczynski, „...non sacerdotium, sed ad ministerium", 234.
[16] Vgl. E. Lengeling: Die Theologie des Weihesakramentes, 155 f.

Alle drei Gebete eint ihr fürbittender Charakter. Auffällig ist die der Priester- und Bischofsweihe gemeinsame Bitte um die *gratiae sacerdotalis*, der in der Diakonenweihe die Bitte um die „Weihe" zum „heiligen Dienst" (*sacris ministeriis*) korrespondiert. Die deutsche Übersetzung übersetzt dabei „gratiae sacerdotalis" bei Bischofs- und Priesterweihe jeweils unterschiedlich: bei der Bischofsweihe mit „Fülle des Priestertums" und bei der Priesterweihe mit „Gnade und Vollmacht des Priestertums".

Die Handauflegung und das Weihegebet

Bevor im Folgenden die Unterschiede bei Handauflegung und Weihegebet in den Weiheliturgien herausgearbeitet werden sollen, ist zunächst wieder auf die grundlegenden Gemeinsamkeiten in der jeweils identischen Zeichenhandlung (Materie)[17] und dem analogen Aufbau des Weihegebetes (Form)[18] hinzuweisen. Die Einheit des Weihesakramentes wird so aufs Neue deutlich.[19]

---

[17] Bereit seit dem neuen Pontifikale von 1968 erfolgt die Handauflegung bei der Diakonenweihe nicht mehr nur mit der rechten hand, sondern mit Händen. Vgl. dazu auch die Bemerkungen von H. Hoping: Der dreifache Tischdienst, 201.

[18] Vgl. E. Lengeling: Die Theologie des Weihesakramentes, 149f; O. Nußbaum: Theologie und Ritus, 123f.

[19] An der sakramentalen Dimension der Diakonenweihe lässt die Weiheliturgie keinen Zweifel aufkommen. Schon der gleiche Aufbau der drei Ordinationsfeiern weist die gleiche Grundstruktur auf. (Vgl. O. Nußbaum: Theologie und Ritus der Diakonenweihe, 136.) Alle reden von der Weihe des Bischofs, Presbyters und des Diakons. In allen drei Litaneien bittet das Volk Gottes „Segne, heilige und weihe deinen Diener, den du erwählt hast." In allen drei Weihegebeten wird an die Erwählung der

Die vom Pontifikale gemachten Unterschiede sind darum als im Dienst der Differenzierung der Aufgaben innerhalb des einen ordo stehend zu begreifen.

Der Gestus der Handauflegung[20]

Inhalt	Bischof	Priester	Diakon
(14) *Hand-auflegung*	Nr. 35 (…) Der Erwählte tritt vor den Hauptzelebrant und kniet vor ihm nieder. Nr. 36: Der Hauptzelebrant legt dem Erwählten schweigend die Hände auf das Haupt.	Nr. 62: (…) Der Kandidat tritt vor den Bischof und kniet vor ihm nieder. Nr. 63: Der Bischof legt dem Weihekandidaten schweigend die Hände auf das Haupt. Danach geht der Weihekandidat an seinen Platz zurück und kniet nieder.	Nr. 67: (…) Der Kandidat tritt vor den Bischof und kniet vor ihm nieder. Nr. 68: Der Bischof legt dem Weihekandidaten schweigend die Hände auf das Haupt.
	Dann treten nacheinander alle Bischöfe hinzu und legen dem Erwählten unter Schweigen die Hände auf.	Nach der Handauflegung des Bischofs legen alle anwesenden Priester dem Weihekandidaten schweigend die Hände auf. (…)	
	Nach der Handauflegung bleiben die Bischöfe beiderseits des Hauptzelebranten bis zum Ende des Weihegebets stehen (…).	Nach der Handauflegung bleiben die Priester beiderseits des Bischofs bis zum Ende des Weihegebets stehen (…).	

Kandidaten durch Gott erinnert; in der Epiklese wird Gott selbst angerufen, seine Diener zu stärken. In allen drei Ordinationsgebeten ist vom Amt die Rede: Bei der Bischofsweihe ist vom Bischofsamt die Rede, das die anderen Ämter verteilt; im Weihegebet der Priesterweihe ist mehrfach vom geistlichen Amt die Rede; entsprechend spricht die Diakonenweihe von der Erwählung zum Amt in der Kirche und vom „dreifachen Dienstamt" (Pontifikale I., 146).[1] Vgl. dazu auch H. Hoping: Der dreifache Tischdienst, 199: „Sie (erg. die Entscheidung von Pius XII. in *Sacramentum Ordinis*) betraf nicht nur das Verhältnis von Handauflegung und ausdeutenden Riten der Priesterweihe, sondern ebenso die deutliche Betonung der Sakramentalität der Diakonenweihe und der Bischofsweihe, die seit ‚Sacramentum Ordinis' nicht mehr bestritten werden konnte und vom Zweiten Vatikanischen Konzil bestätigt wurde (LG 26 u. 29)."

[20] Zum traditionsgeschichtlichen Hintergrund der Handauflegung vgl. u. a. R. Meßner: Einführung in die Liturgiewissenschaft, 367f.

Der erste augenfällige Unterschied zwischen den einzelnen Weiheliturgien betrifft bereits das dem *Gestus der Handauflegung* durch den Bischof folgende Geschehen, die – wenigstens nach katholischem Verständnis – „unersetzbare" Zeichenhandlung der Weiheliturgie[21] (14). Während bei der Diakonenweihe dem Weihekandidat allein vom weihenden Bischof die Hand aufgelegt wird, folgt bei der Priesterweihe der Handauflegung durch den Bischof – allerdings nach Rückkehr der Weihekandidaten auf ihren Platz – die Handauflegung durch die anderen versammelten Bischöfe unmittelbar auf die Handauflegung aller anwesenden Priester. Dagegen erfolgt bei der Bischofsweihe die Handauflegung durch den Hauptzelebranten. Drückt die Handauflegung der versammelten Priester bei der Priesterweihe die Aufnahme der Weihekandidaten in das Presbyterium und den sacerdotalen Dienst aus, dann verdeutlicht die Handauflegung durch die mitfeiernden Bischöfe bei der Bischofsweihe die Verbundenheit des Bischofsamtes (und dessen Ortskirche) mit der Gemeinschaft aller Teilkirchen.

Die liturgisch notwendige (Mindest-) Beteiligung von drei Nachbarbischöfen verdeutlicht zudem, dass die Ordination des Bischofs – und damit des sakramentalen Amtes überhaupt – etwas ist, was die Kirche nicht aus sich selbst heraus machen kann. Sie stellt so sinnenfällig die Verwiesenheit der (Orts-) Kirche auf die Communio aller (Orts-) Kirchen vor Augen. Der Bischof, der als einzelner die Einheit seiner Kirche abbildet und als solcher Christus in ihr vertritt[22], ist „nicht nur Bischof seiner einzelnen Kirche […, sondern] ist auch, und zuerst, das Glied eines Kollegiums, eines ordo"[23]. Doch bringt die Beteiligung der Nachbarbischöfe nicht nur die communiale Verfassung der Kirche zum Ausdruck. Durch sie wird auch deutlich, dass die Kirche das Amt in ihr sich nicht selbst geben kann, sondern ihr von außen, „extra nos", d.h. durch „göttliche Erwählung und Geistbegabung" zukommt.[24] Zugleich deutet sich darin schließlich „das Tiefere an, dass der Glaube nicht unser eigenes Produkt ist, sondern dass wir ihn immer von außen her empfangen"[25]. Berufung und Weihe in und für ein kirchliches Amt bedeuten darum Sendung und Erwählung durch Gott, die im Handeln und im Dienst der Kir-

[21] Vgl. K. Lehmann: Das theologische Verständnis der Ordination, 44.

[22] Vgl. dazu auch B. Kleinheyer: Ordinationen und Beauftragungen, in: GdK 8 (1984) 7–65, bes. 52.

[23] B.-D. Dupuy: Zu einer Theologie des Bischofsamtes, in: Y. Congar, Das Bischofsamt und die Weltkirche, Stuttgart 1964, 19–31, hier 24.

[24] R. Meßner: Einführung in die Liturgiewissenschaft, 364.

[25] J. Ratzinger: Zur Gemeinschaft gerufen. Kirche heute verstehen, Freiburg i. Br. 1991, 83.

che vermittelt werden. Das sichtbare Zeichen der Handauflegung stellt in seiner „Positivität" dabei noch einmal eindrücklich vor Augen, „dass geistliche Vollmacht im Christlichen nicht von unten und von innen, sondern von oben und von außen kommt".[26] Berufung, Wahl und Geistbegabung des Kandidaten sind als von Gott kommend vorzustellen.[27] Sie bedeuten ein „Ergriffenwerden vom Geist Gottes und damit die pneumatische Befähigung und Beauftragung zu einem bestimmten Dienst".[28]

Der gottesdienstliche Segensakt, mit dessen Zentrum dem Weihegebet unter Handauflegung, ist deshalb „mehr als bloße Bestätigung" der erfolgten Wahl, er ist „in Form der Geistepiklese, die aktuelle charismatische Begabung des Erwählten durch den Heiligen Geist, der ihn für seinen amtlichen Dienst mit den dafür nötigen Charismen" zurüstet.[29] In ihm wird die „Präsenz Jesu Christi im Amtsträger zeichenhaft sichtbar"[30] und es wird bezeugt, dass der Bischof bzw. die Bischöfe „die Rolle Christi selbst, des Lehrers, Hirten und Priesters, übernehmen und in seiner Person handeln (LG 21,2). Die in der Ordination empfangene Gabe des Geistes ist darum „nicht eine Gabe zum Besten des Amtsträgers"[31], sondern Gabe, Beauftragung, Sendung zum Dienst in und für die Kirche. Ekklesiologische Verortung wie Dienstcharakter des Amtes entspringen der Mitte der liturgischen Feier, von daher begegnet in ihnen zugleich dessen Wesen und Sinn.

Das Weihegebet: Anaklese und Anamnese

Wie alle „sakramentlichen Kerngebete" („Hochgebete") sind auch die Ordinationsgebete zweigeteilt in eine anamnetische Proklamation des Heilswillen Gottes und einen epikletischen Teil, hier der Ordinationsepiklese.[32]

---

[26] Ders.: Zur Frage nach dem Sinn des priesterlichen Dienstes, in: GuL 41 (1968) 347–376, hier 376. Vgl. dazu auch K. Rahner: Theologische Reflexionen zum Priesterbild von heute und morgen, in: Schriften zur Theologie Bd. 9, 373–395, der festhält, dass die Beauftragung zum Amt „nicht von unten her durch die Menge der einzelnen Glieder der Kirche" erfolgt, sondern „von Gott und Christus her" (ebd. 379).

[27] Vgl. G. Wainwright: Theologische Aspekte zur Ordination, in: LJ 30 (1980) 90–113, hier 110.

[28] R. Meßner: Einführung in die Liturgiewissenschaft, 366. Vgl. dazu auch (Regularkanoniker von Mondaye), Der Bischof nach den Ordinationsgebeten, in: Y. Congar (Hg.): Das Bischofsamt und die Weltkirche, Stuttgart 1964, 767–810, bes. 781–785.

[29] R. Meßner: Einführung in die Liturgiewissenschaft, 365.

[30] P. Hünermann: Ekklesiologie im Präsens, Münster 1995, 268.

[31] H.J. Pottmeyer: Amt als Dienst – Dienst als Amt, in: LS 33 (1982) 153–158, 157f.

[32] R. Meßner: Einführung in die Liturgiewissenschaft, 370.

Inhalt	Bischof	Priester	Diakon
Weihegebet[33]	Nr. 38	Nr. 64	Nr. 69
(15) *Anaklese*	Wir preisen dich, Gott und Vater unseres Herrn Jesus Christus, Vater des Erbarmens und Gott allen Trostes.	Wir preisen dich, Herr, heiliger Vater, allmächtiger, ewiger Gott, und rufen deinen Namen an. Steh uns bei, du Ursprung aller menschlichen Würde, du Quell aller Gnaden.	Wir preisen dich, Herr, allmächtiger Gott, und rufen einen Namen an. Steh uns bei, du Spender aller Gnaden.
(16) *Anamnese: Erinnerung an Heilstaten Gottes*			
– im schöpferischem Wirken Gottes	… du kennst alle Wesen, noch bevor sie entstehen.	Alles, was du geschaffen hast …	… du erneuerst alles in deiner Kraft …
– in der Erwählung zum Dienst in der Ordnung Kirche	Durch das Wort deiner Gnade hast du der Kirche ihre Ordnung gegeben.	Um dir ein priesterliches Volk zu bereiten, erwählst du in der Kraft des Heiligen Geistes Diener deines Sohnes Jesus Christus und ordnest ihren Dienst in den geistlichen Ämtern.	Denn du berufst zum heiligen Dienst, und erwählst zum Amt in der Kirche. Du fügst und gewährst immer neu, was uns not tut im Wechsel der Zeiten (…): durch deinen Sohn Jesus Christus. Du hast deine Kirche geschmückt mit dem Reichtum himmlischer Gnaden. Du hast den Leib Christi wunderbar gestaltet in der Vielfalt der Glieder und ihn durch den Heiligen Geist geeint und geheiligt. Du schenkst deiner Kirche Leben und Wachstum; sie breitet sich aus und wird auferbaut zum Tempel des Neuen Bundes.

---

[33] Es werden nur die Teile zitiert, die für das Profil des jeweiligen Amtsträgers relevant sind. Die Anordnung folgt dabei auch hier dem Weihegebet bei der Bischofsweihe.

Inhalt	Bischof	Priester	Diakon
			Deinem Namen zu dienen, hast du das dreifache Dienstamt *(sacris muneribus trinos gradus ministerium)* gestiftet und ausgestattet mit heiligen Gaben, (…).
– in der Geschichte Gottes mit Israels	Von Anfang an hast du das heilige Volk der Kinder Abrahams auserwählt; du hast Vorsteher und Priester eingesetzt und dein Heiligtum nie ohne Diener gelassen.	Im Alten Bund (…) Mose und Aaron hast du bestellt, dein Volk zu leiten und zu heiligen. Zu ihrer Hilfe beim gemeinsamen Werk hast du Männer eines weiteren Dienstes und Amtes berufen. Auf dem Zug durch die Wüste hast du den siebzig Ältesten vom Geist des Mose mitgeteilt, so dass er ihr Volk leichter zu führen vermochte. Den Söhnen Aarons hast du Anteil gegeben am hohen Amt ihres Vaters, damit die Zahl der Priester des Alten Bundes genügte für die Opfer im heiligen Zelt (…)	(…) wie du schon am Anfang die Söhne des Levi zum Dienst am ersten heiligen Zelt dir erwählt hast.
– in der Geschichte der Kirche	–	Jesus, deinen Apostel und Hohenpriester (…) Seine[n] Apostel (…) hat er Anteil geschenkt an seiner Sendung. Ihnen hast du Gefährten *(comites)* zugesellt, die (…) das Werk deines Heiles verkünden und vollziehen. So bitten wir dich, Herr, unser Gott, schenke auch uns Bischöfen solche	Als die Kirche zu wachsen begann, bestellten die Apostel deines Sohnes, geleitet vom Heiligen Geist, sieben bewährte Männer. Ihre Helfer sollten sie sein für den täglichen Dienst *(in cotidiano ministerio adiuverent.)* (…) Diesen Erwählten haben sie durch Handauflegung und Gebet den Dienst an den Tischen übertragen.

135

Inhalt	Bischof	Priester	Diakon

Gefährten und Helfer *(adiutores)*, deren wir bedürfen in unserem apostolischen und priesterlichen Dienste *(apostolico sacerdotio).*

Den am wenigsten ausgestalteten *anamnetischen Teil* (16) weist das Weihegebetes bei der Bischofsweihe auf, bei der im Zuge der nachkonziliaren Liturgiereform das klassische römische Bischofsordinationsgebet durch das in der *Traditio Apostolica* überlieferte Weihegebet ersetzt wurde.[34] Darin verweist das Weihegebet auf das Heilshandeln Gottes „von Anfang an" und stellt die Kirche mit der Bezugnahme auf Abraham in die Kontinuität zu Israel. Das kirchliche Amt wird damit „auf der Linie der Heilsgeschichte gesehen, die nun in der Kirche und durch sie weitergeführt und ausgebreitet wird"[35]. Das amtliche Handeln des Ordinierten wird so als Teil des Heilshandelns Gottes und als Handeln in Namen und Auftrag Gottes gedeutet. Kirche und bischöfliches Amt werden dabei zugleich als Gottes Heiligtum und von ihrem liturgischen Dienst her in Blick genommen: „Gott heiligt die Kirche und die Kirche hält Gottes Namen heilig".[36] Die Doxologie wird damit zur „wichtigsten Bestimmung der Kirche" und der Bischof zum Verantwortlichen Gott gegenüber, dass „diese in der Kirche nicht verstummt".[37] Neben das Handeln des Bischofs im Namen Jesu Christi tritt folglich sein Handeln im Namen der Kirche.

Die Weihegebete bei Diakonen- und Priesterweihe setzen in ihrer Anamnese unterschiedliche Akzente: Steht bei der Priesterweihe die Erinnerung an die Einsetzung der siebzig Ältesten und das aaronitische Priestertum (Gen 24) im Vordergrund, entspricht dem in der Diakonenweihe die Nennung des levitischen Priester-

---

[34] Zur Entstehung der Weihegebete vgl. J. Stefanski: Die römischen Ordinationsriten von 1968 und 1990, 139f.; H.-J. Feulner: Anmerkungen zur Ordination des Bischofs nach dem erneuerten Ponitifikale, in: Winfried Haunerland u. a. (Hg.): Manifestation Ecclesiae, 179f.

[35] G. Wainwright: Theologische Aspekte zur Ordination, 96.

[36] G. Wainwright: Theologische Aspekte zur Ordination, 105f.

[37] R. Meßner: Einführung in die Liturgiewissenschaft, 370.

[38] Vgl. dazu H. Hoping: Der dreifache Tischdienst, 194, der darauf hinweist, dass die Erinnerung an das levitische Priestertum, nicht als Anklang an das niederere levitische Amt im Unterschied zum höheren Priestertum zu verstehen ist, sondern als „Rückbindung des dreifachen Amtes an den priesterlichen Stamm Levi, so dass mit den ‚Söhnen Levis' der priesterliche Charakter des kirchlichen Dienstamtes gemeint ist" (ebd.).

tums,[38] ohne allerdings das Wort „Priester" zu gebrauchen. Stattdessen ist vom „Dienst am ersten heiligen Zelt" die Rede.

Die Anamnese in der Diakonenweihe hat dabei ihren Schwerpunkt in der Darstellung der Kirche als einer Ordnung in dem ein Glied dem anderen dient und so das Ganze aufbaut und zu dessen Wachstum beiträgt. Teil dieses vielgliedrigen Leibes ist das dreifache Dienstamt, das nur im Weihegebet der Diakonenweihe genannt ist. Die Verbindung von Amt und Wachsen der Kirche greift der Bezug auf Apg 6 auf („Als die Kirche zu wachsen begann"). Beide, Priester und Diakon, werden in den jeweiligen Weihegebeten als Ämter im Dienst der Apostel (als deren *comites* und *adiutores*) vorgestellt, womit die beiden Weihegebete zugleich den bischöflichen Dienst als das Amt in der Kirche herausstellen. Dem entspricht, dass das Weihegebet bei der Bischofsweihe den bischöflichen Dienst in den der Apostel einreiht.

Die Epiklese

Nach der preisenden Anrede Gottes und dem dankbaren Erinnern stellt die Epiklese den letzten und „unter literarischen Gesichtspunkten […] entscheidenden Schritt innerhalb der Sprechhandlung dar"[39], in der Gott um die freie Gabe seines Heiles gebeten wird. Die „unerschüttlich feste Zuversicht"[40] der Kirche, dass Gott das bittende Flehen der Kirche erhören wird, ist dabei streng von einem „Heilsautomatismus" zu unterscheiden. Die erbetenen Gaben stellen so keine „isolierte und absolute ‚potestas'" dar, sondern sind „bevollmächtigte Aufträge und Aufgaben in der Kirche".[41]

Inhalt	Bischof	Priester	Diakon
(17) *Epiklese: Bitte um Gabe des Geistes (verba de valore)*	So bitten wir dich *(an den Vater gerichtet)*: Gieße jetzt aus über deinen Diener, die Kraft die von dir ausgeht, den Geist der Leitung *(Spiritum principalem).*	Allmächtiger Vater, wir bitten dich: Gib diesem deinem Diener die Würde des Priestertums *(presbyterii dignitatem).* Erneuere in ihm den Geist der Heiligkeit *(Spiritum sanctitatis).*	So bitten wir dich, Herr, unser Gott: Schau in Gnaden herab auf diesen deinen Diener. Sende auf ihn herab, o Herr, den Heiligen Geist.

---

[39] A. Gerhards: Epiklese, in: LThK 3 (³1995) 715f, hier 716.
[40] K. Lehmann: Das theologische Verständnis der Ordination, 41.
[41] K. Lehmann: Das theologische Verständnis der Ordination, 41.

Inhalt	Bischof	Priester	Diakon
– zur Erfüllung des Dienstes	Ihn hast du deinem geliebten Sohn Jesus Christus gegeben und er hat ihn den Aposteln verliehen. Sie haben die Kirche an den einzelnen Orten gegründet als dein Heiligtum (…).	Das Amt *(munus)*, das er aus deiner Hand, o Gott, empfängt, die Teilhabe am Priesterdienst *(Einschub der deutschen Übersetzung)*, sei sein Anteil für immer.	Seine siebenfältige Gnade möge ihn stärken, seinen Dienst *(opus minsterii)* getreu zu erfüllen. … Nimm ihn als Diakon in den Dienst an deinem Altare *(tuis sacris altaribus serviturum in officium diaconii)*
(18) – zur Erfüllung der damit verbundenen Aufgaben	Vater, … gib ihm die Gnade dein heiliges Volk zu leiten und dir als Hoherpriester *(summum sacerdotium)* bei Tag und bei Nacht zu dienen. Unermüdlich erflehe er dein Erbarmen	Uns Bischöfen sei er ein zuverlässiger Helfer *(cooperator)*. Mit uns Bischöfen vereint, erflehe dieser Priester, Herr, dein Erbarmen für die ihm anvertraute Gemeinde *(pro populo ipsi commisio)* und für alle Menschen auf Erden.	
		Mit uns sei er ein treuer Verwalter deiner heiligen Mysterien: So wird dein Volk (…)	und treu im geistlichen Dienste.
	und bringe dir die Gaben deiner Kirche dar. Verleihe ihm durch die Kraft des Heiligen Geistes die hohepriesterliche Vollmacht, in deinem Namen die Sünden zu vergeben.	(…) genährt an deinem Altar	
	Er verteile die Ämter nach deinem Willen und löse, was gebunden ist, in der Vollmacht,	(…) Sünder versöhnt (…) durch das Bad der Wiedergeburt erneuert;	unermüdliche Sorge für die Kranken und die Armen. Das Beispiel seines Lebens soll die Gemeinde auf den

Inhalt	Bischof	Priester	Diakon
	die du den Aposteln gegeben hast.	(…) werden Kranke gesalbt zu ihrer Heilung. In der Gnade des heiligen Geistes bringe das Wort der Frohen Botschaft durch seine Verkündigung reiche Frucht in den Herzen der Menschen (…).	Weg der Nachfolge führen. (…) So bezeuge er wahrhaft den Glauben
(19) *– um einen ein entsprechenden Lebensstil*	Schenke ihm ein lauteres und gütiges Herz, damit sein Leben ein Opfer sei, das dir wohlgefällt (…).	So sei sein Leben für alle Vorbild und Richtschnur	Das Evangelium Christi durchdringe sein Leben.(…) So bezeuge er wahrhaft den Glauben (…). (…) Selbstlose Liebe sei ihm eigen, Mit Würde und Bescheidenheit soll er allen begegnen, lauter im Wesen (…). In seinem Wirken soll deine Weisungen aufleuchten; (…). Führe du ihn auf Erden auf den Weg deines Sohnes, der nicht gekommen ist, sich bedienen zu lassen, sondern zu dienen (…).

Die *Epiklese* (17) ist überraschenderweise bei den unterschiedlichen Ämtern ganz eigen gestaltet: Bei der Bischofsweihe wird der Vater angerufen, „den Geist der Leitung" über den Kandidaten auszugießen („effunde"). Dieser „Geist der Leitung" ist derselbe, den der Vater Jesus „gegeben" hat und den Jesus „den Apostel verliehen" hat, damit diese wiederum „die Kirche an den einzelnen Orten gründen". Der Bischof wird so eingestellt in die geschichtlich-diachrone Reihe der Apostel: Im Bischofsamt setzt sich das Amt der Apostel fort (apostolische Sukzession).[42] In sei-

---

[42] Vgl. R. Zollitsch: Amt und Funktion des Priesters. Eine Untersuchung zum Ursprung und zur Gestalt des Presbyterates in den ersten zwei Jahrhunderten, Freiburg 1974, 235.

ner apostolischen Vollmacht ist der Bischof gleichsam „alter apostolos" und als solcher Repräsentant des Hohenpriesters Christi und deshalb auch *summus sacerdos*.[43] Leitung und hoherpriesterlicher (heilsmittlerischer) Dienst werden innerlich miteinander verknüpft.[44] Das Bischofsamt erscheint so als Dienst der Leitung, der den Träger dazu verpflichtet, als „Hüter und vor Gott verantwortlicher Zeuge"[45] die Kirche in der apostolischen Tradition zu bewahren und die „Sendung Christi weiterzuführen"[46]. Die Bitte um die „Gnade der Leitung" ist verknüpft mit der Bitte (18) um die „hohenpriesterlichen" Aufgaben des Bischofs. Erneut erscheint als eine der zentralen Aufgaben des apostolischen Dienstamtes, dessen Träger immer auch der „erste Beter der Kirche"[47] ist, die Sorge um den rechten Gottesdienst.

Dieser Aspekt wird dann in der Nennung einzelner Aufgaben (fürbittendes Gebet; Sündenvergebung; Darbringung der Gaben [Eucharistie]; Vergabe der Ämter [Ordinationsvollmacht]; exorzistische „Lösung aller Bande") genauer entfaltet. Diese bilden den „Zentralaspekt des Hohenpriestertums", der *leiturgia* des Bischofs.[48] Insoweit der Text darüber hinaus herausstreicht, dass es sich dabei um „Gaben der Kirche" Gottes handelt, zeigt sich der Darbringungsvollzug „nicht als isolierter Akt einer speziellen Opfer- (und Konsekrations-)gewalt, sondern als das in seiner liturgischen Dimension ausgeübte Hirtenamt, das der Opferfeier der Gesamtgemeinde zu ihrem vollgültigen [...] Vollzug verhilft".[49] Die konstitutive Verwiesenheit von Amt und Volk Gottes wie der innere Zusammenhang von Leitungs- und Heiligendienst wird damit auch von hierher offensichtlich.

---

[43] Vgl. B. Botte: Das Weihesakrament nach den Gebeten des Weiheritus, in: J. Guyot (Hg.): Das apostolische Amt, Mainz 1961, 13–33, hier 14 sowie O. Perler: Der Bischof als Vertreter Christi nach den Dokumenten der ersten Jahrhunderte, in: Y. Congar (Hg.): Das Bischofsamt und die Weltkirche, Stuttgart 1964, 35–73, hier 68f und (Regularkanoniker von Mondaye), Der Bischof nach den Ordinationsgebeten, 776f.

[44] Vgl. J. Martin: Der priesterliche Dienst. III. Die Genese des Amtspriestertums in der frühen Kirche, Freiburg i. Br. 1972 (QD 48), 109. Das Episkopenamt kann von daher nur unzureichend vom profanen Verständnis des Epikopos als „Aufseher" verstanden werden.

[45] R. Meßner: Einführung in die Liturgiewissenschaft, 371.

[46] (Regularkanoniker von Mondaye): Der Bischof nach den Ordinationsgebeten, 798.

[47] R. Messner: Einführung in die Liturgiewissenschaft, 371.

[48] (Regularkanoniker von Mondaye): Der Bischof nach den Ordinationsgebeten, 791.

[49] H.-J. Schulz: Das liturgisch-sakramental übertragene Hirtenamt in seiner eucharistischen Selbstverwirklichung nach dem Zeugnis der liturgischen Überlieferung, in: P. Bläser (Hg.): Amt und Eucharistie, Paderborn 1973, 208–255 hier 216.

Die hohepriesterliche Vollmacht des Bischofs stellt ihn aber nicht über die Kirche, sondern macht ihn vielmehr zum Zentrum des neuen Gottesvolkes. So nennt der das Weihegebet einleitende anamnetische Lobpreis nicht den Bischof als das Objekt des Heilshandelns Gottes, sondern die Kirche. Genauso ist die Bestellung eines priesterlichen Dienstamtes, damit Gottes „Heiligtum nicht ohne Dienst bleibt", Teil des Heilshandeln Gottes in und für seine Kirche (*ekklesia*). Dieses Heilshandeln Gottes wird im Handeln der geweihten Amtsträger repräsentiert und vergegenwärtigt. Das kirchliche Amt wird so gleichsam zum „Werkzeug" des Handelns Gottes an seinem Volk. Als solches besitzt es eine ekklesiale Ausrichtung, in der es als Dienstamt wesentlich in die Kirche eingebunden ist.

Die letzte Bitte (19) um ein „lauteres und gütiges Herz" zielt auf das Zeugnis des Lebens und damit implizit auch auf die Entsprechung von Gottes- und Menschenliebe von *contemplatio* und *actio*. Gerade weil das Bischofsamt als Hohepriestertum vorgestellt wird, hat es auch eine „ethische" Komponente: Gottesdienst und Lebensführung, *leiturgia* und *diakonia* sind theologisch untrennbar.[50]

Bei der Priesterweihe findet sich streng genommen gar keine Epiklese, sondern es wird nur die Bitte an den Vater geäußert: „Gib diesem deinem Diener die Würde des Priestertums. Erneuere (*innova*) in ihm den Geist der Heiligkeit (*Spiritum sanctitatis*)." Im Weihegebet der Diakonenweihe wird als einzigem ausdrücklich um den Heiligen Geist als solchem und die Fülle seiner siebenfältigen Gnade gebetet: „Sende (*emitte*) auf ihn herab […] den Heiligen Geist. Seine siebenfältige Gnade möge ihn stärken."

Für die Frage nach dem Profil der jeweiligen Dienste sind die im Weihegebet eigens aufgeführten Aufgaben (18) von besonderem Interesse. Entsprechend der vorausgesetzten Fülle der Gaben und Aufgaben im Bischof, beschränkt sich das Weihegebet auf das ihm allein Zukommende: den Dienst der Leitung des Volkes, der Verteilung der Ämter und der hohenpriesterlichen Vollmacht im Heilsdienst. Fällt beim Weihegebet der Priesterweihe die Mitarbeit am Heilsdienst des Bischofs („mit uns") und zwar in der dem jeweiligen Priester anvertrauten Gemeinde (*pro populo ipsi*; im Unterschied zum „Volk" beim Bischof) besonders auf, wird die Mitarbeit am Heilsdienst beim Weihegebet der Diakonenweihe nur knapp angedeutet in der Bestellung des Diakons zum „geistlichen Dienst". Stattdessen wird hier das Zeugnis des Lebens

---

50 Vgl. G. Wainwright: Theologische Aspekte zur Ordination, 106.

(„Beispiel seines Lebens") besonders herausgestellt und so zu einem Charakteristikum des diakonalen Dienstes. In besonderer Weise ist es dem Diakon aufgegeben sein „Leben" und „Wirken" zu einem Ort der Verkündigung zu machen, zu einem sprechenden Zeugnis an dem gleichsam die befreiende Botschaft Jesu, das Evangelium Christi leibhaftig abgelesen werden kann (19).

Die ausdeutenden Riten

Inhalt	Bischof	Priester	Diakon
(20) *Anlegen der* *Amtsgewänder*	–	Nr. 65: Anlegen von Stola und Kasel	Nr. 70: Anlegen von Stola und Dalmatik
(21) *Salbungen*	Nr. 40: Salbung des Hauptes Gott hat dir Anteil gegeben am Hohenpriestertum Christi; er salbe dich mit der Kraft des Heiligen Geistes und mache dein Werk fruchtbar durch die Fülle des Segens.	Nr. 67: Salbung der Hände Unser Herr Jesus Christus, den der Vater mit dem Heiligen Geist und mit Kraft gesalbt hat, behüte dich. Er stärke dich in deinem Dienst, das Volk Gottes zu heiligen und Gott das Opfer darzubringen.	–
(22) *Übergabe des* *Evangeliums*	Nr. 41: Empfange das Evangelium und verkünde das Wort Gottes in aller Geduld und Weisheit.	–	Nr. 72: Empfange das Evangelium Christi: Zu seiner Verkündigung bist du bestellt. Was du liest, ergreife im Glauben, was du glaubst, das verkünde, und was du verkündest, erfülle im Leben.
(23) *Übergabe der* *Insignien*	Nr. 42–46: Überreichen von Ring, Pallium, Mitra und Stab sowie Inbesitznahme der Kathedra.	Nr. 68: Überreichung von Brot (Patene) und Wein (Kelch) Empfange die Gaben des Volkes für die Feier des Opfers.	–

142

Inhalt	Bischof	Priester	Diakon
		Bedenke, was du tust, ahme nach, was du vollziehst, und stelle dein Leben unter das Geheimnis des Kreuzes.	
(24) *Umarmung und Aufnahme in die Ämtergemeinschaft*	Nr. 47: Umarmung des Neugeweihten durch Hauptzelebranten und die anwesenden Bischöfe (wortlos).	Nr. 69: Umarmung des Neugeweihten durch den Bischof *(Austausch des Friedensgrußes).* In gleicher Weise umarmen alle oder wenigstens einige der anwesenden Priester den Neupriester.	Nr. 73: Umarmung des Neugeweihten durch den Bischof *(Austausch des Friedensgrußes).* In gleicher Weise umarmen alle oder wenigstens einige der anwesenden Priester den neugeweihten Diakon.

Die ausdeutenden Riten machen das im Weihegebet dem Weihekandidaten wirksam Zugesagte sinnenfällig. Sie bilden so eine sprechende Zusammenfassung des Weihegeschehens.

Dementsprechend steht beim Bischof die Übergabe der Amtsinsignien, mit denen die umfassende Leitungsvollmacht und Sorge des Bischofs für die Kirche zum Ausdruck gebracht wird, in der Mitte. Die Salbung des Hauptes nimmt Bezug auf alttestamentliche Priestersalbung und damit auf die hohenpriesterliche Funktion des Bischofs. Die Übergabe des Evangeliars erinnert an seinen umfassenden Lehr- und Verkündigungsdienst.

Charakteristisch für die Priesterweihe ist die Salbung der Hände[51] und die Übergabe von Brot und Wein, die Gaben des Volkes,

---

[51] Vgl. dazu auch A. Angenendt: „Mit reinen Händen". Das Motiv der kultischen Reinheit in der abendländischen Askese; in: G. Jenal (Hg.), Herrschaft, Kirche, Kutur. Beiträge zur Geschichte des Mittelalters. (FS F.Prinz) Stuttgart 1993, 197–316, bes. 308f. und B. Kleinheyer: Die Priesterweihe im römischen Ritus. Eine liturgiehistorische Studie, Trier 1962, 114–122, die auf den Zusammenhang der im Frühmittelalter zunehmenden Bedeutung der Frage nach der kultischen Reinheit, der geschlechtlichen Enthaltsamkeit und der Salbung der Hände aufmerksam machen. Dabei wird der Priester als der Spender der Sakramente selbst zunehmend zum Träger „göttlicher Vollmacht", zum „vir dei", so dass er immer mehr als ein aus eigener in der Weihe übertragener Vollmacht handelndes Subjekt erscheint.
Diese „sakralisierende Konsekration der ‚priesterlichen' Hände zum eucharistischen Dienst", bedeutet die jetzige Salbung aber gerade nicht mehr. Vgl. K. Lehmann: Das theologische Verständnis der Ordination, 34.

beide bezogen auf die Feier der Eucharistie und damit auf den priesterlich-sacerdotalen Dienst.

Bei den ausdeutenden Riten der Diakonenweihe steht die Übergabe des Evangeliums im Mittelpunkt. Explizit formuliert dabei das den Gestus deutende Wort des Bischofs[52] die Bestellung des Diakons zur Verkündigung. Die Mitarbeit des Diakons am Verkündigungsdienst des Bischofs – dem dies ebenfalls übergeben wird[53] (eine Übergabe des Evangeliars bei der Priesterweihe ist nicht vorgesehen) – tritt auf diese Weise noch einmal markant hervor. Bemerkenswert ist daneben der parallele Aufbau der deutende Worte bei der Übergabe des Evangeliars bei der Diakonenweihe und von Kelch und Patene bei der Priesterweihe: Hier wie dort wird der damit verbundene Dienst mit dem Zeugnis des Lebens verbunden und damit – nach den ausdeutenden Riten für Diakonat und Presbyterat je Spezifische – in Bezug zum Lebensvollzug gestellt.

Fazit: Profil und Eigenart von bischöflichem, presbyteralen und diakonalem Dienst nach dem Pontifikale

Die Antwort auf die Frage „Geweiht für was?" kann nicht unabhängig von dem dabei eingenommenen Ausgangspunkt her beantwortet werden. Der hier vorgestellte „liturgietheologischer Antwortversuch" nimmt seinen Ausgangspunkt bei der Überschrift des Ponitifikales „Die Weihe des Bischofs, der Priester und der Diakone". Diese Reihenfolge ist nicht beliebig, sondern gibt eine Denkrichtung vor. Geht man den Weg „aufsteigend" in der Weise, wie die Weihen erteilt werden, also Diakon – Priester – Bischof, ergibt sich eine „hierarchische, stufenweise Übernahme der Verantwortung in der Unterweisung, Heiligung und Leitung des Volkes Gottes"[54]. Der Diakonat wäre damit die erste und unterste Stufe der „Karriereleiter" des sakramentalen amtlichen Dienstes.

---

[52] O. Nußbaum: Theologie und Ritus der Diakonenweihe, weist darauf hin, dass im Unterschied zur Überreichung von Dalmatik und Stola, die in früheren Zeiten auch vom Bischof übergeben wurden, nun aber wieder durch amtierende Diakone oder Priester ohne begleitende Worte übergeben werden, das Evangelium wieder selbst vom Bischof überreicht wird: „Man kann sicher in dieser Betonung der Traditio Evangelii einen Hinweis auf den umfassenden Dienst am Wort sehen, der dem Diakon obliegt." (ebd. 127).

[53] M. Stuflesser – A. Winter: Gefährten und Helfer. Liturgische Dienste zwischen Ordination und Beauftragung, (Grundkurs Liturgie Bd. 5) Regensburg 2005, weisen darauf hin, dass diese Evangeliumsübergabe ein wichtige Ergänzung zum Weihegebet ist, da „im eigentlichen Hochgebet die Lehr- und Verkündigungsgewalt des Bischofs nur am Rande erwähnt wird" (42).

[54] Zur Unterscheidung „aufsteigend" und „absteigend" vgl. J. Stefanski: Die römischen Ordinationsriten, 149.

Zweifellos bestimmte diese Vorstellung über Jahrhunderte das Verständnis der einzelnen kirchlichen Dienste – dabei analog der Vorstellung eines über Taufe, Firmung und Weihe gestuften Christseins.[55] Noch Pius XII. folgte in seiner Apostolischen Konstitution „Sacramentum ordinis" 1947 dieser Reihenfolge.[56] Allerdings ging es Pius XII. nicht um die Frage der Reihenfolge. Ihm ging es um die Neubestimmung dessen, was innerhalb der Sakramentenfeier die Gültigkeit des Sakramentes ausmacht, die *materia* und die *forma*: Handauflegung und Weihegebet. Damit war eine bereits von Thomas von Aquin[57] aber auch vom Konzil von Florenz (1439)[58] vertretene Sicht überwunden, in der in den ausdeutenden Riten (besonders der Priesterweihe) die Materie eines Sakraments gesehen wurde. Mit dieser verbunden war die Frage, ob die Weihe zum Bischof überhaupt zum Sakrament des Ordo gehöre. Denn in einer auf die eucharistische Konsekrationsvollmacht verengten, also auf das Sacerdotium verkürzten Sicht des Weiheamtes, musste das Bischofsamt gegenüber dem Priesteramt, das darin als das Amt in der Kirche begriffen wurde, lediglich als jurisdiktionelle Bevollmächtigung, jedoch nicht mehr als sakramentale Weihe verstanden werden.[59]

Mit der Klärung der Frage nach Sakramentalität durch „Sacramentum Ordinis" von Bischofs-, Priester- und Diakonenweihe, stand die Frage im Raum, wie diese drei aufeinander bezogen seien. Den Weg den das II. Vatikanische Konzil hier wies, indem es im Bischof „die Fülle des Weihesakramentes" (LG 21; 26) sieht,[60] orientiert sich an der Ordnung der Alten Kirche. Dementsprechend beginnt es in LG 18–27 mit den Bischöfen, geht in LG 28 mit den Priestern und in LG 29 den Diakonen weiter. Das im Anschluss an das Konzil erarbeitete und 1968 vorgelegte neue Ritual-

---

[55] Vgl. M. Mühl: Christsein und Lebensform. Vergewisserungen zu Ehe, Amt und Ordensleben, Paderborn 2007, 360.

[56] Zum Hintergrund dieser Fragestellung vgl. E. J. Lengeling: Die Theologie des Weihesakraments. 142ff.

[57] Vgl. Thomas von Aquin, STh Suppl. q. 37 a.5 resp. sowie W. Kasper, Steuermann mitten im Sturm. Das Bischofsamt nach Thomas von Aquin, in: ders.: Theologie und Kirche, Bd. 2, Mainz 1999, 103–127 sowie M. Mühl: Christsein und Lebensform, 276f.

[58] DH 1326. Dagegen haben bereits „die großen Kirchhistoriker des 17. und 18. Jahrhunderts (...), durch ihre Kenntnis der patristischen und liturgischen Tradition darauf hingewiesen, dass Handauflegung und Gebet die Wesenselemente der Ordination seien." K. Lehmann, Das Theologische Verständnis der Ordination, 23.

[59] „Noch der CIC 1917 zählt in can. 949 Presbyterat, Diakonat und Subdiakonat zu den ‚höheren' Weihen und erwähnt den Episkopat mit keinem Wort." Vgl. S. Feulner: Anmerkungen zur Ordination, 165, Anm. 24. Dort auch der Verweis auf J. Ratzinger: Die kirchliche Lehre vom sacramentum ordinis, in: IKaZ 10 (1981) 435–445.

[60] Vgl. S. Feulner: Anmerkungen zur Ordination, 164.

buch über die Weihe „De ordinatione", nahm im Gegensatz dazu allerdings die bisherige aufsteigende Auflistung Diakone, Priester, Bischof wieder auf. Doch findet sich bereits im selben Buch abgedruckt die Apostolische Konstitution „Ponitificalis Romanum" Paul VI., in der zunächst der Bischof mit seinen Aufgaben und Funktionen behandelt wird und erst am Schluss der Diakon.[61]

Die Überarbeitung[62] übernahm – wie der lateinische Titel „De ordinatione episcopi ..." ankündigte – die „absteigenden" Struktur des II. Vatikanischen Konzils.[63] Die wichtigsten Änderungen erläutert kurz und prägnant die Einleitung. Dort heißt es in Nummer zwei: „Der Aufbau des Buches ist verändert worden: Am Anfang steht die Bischofsweihe, weil ja der Bischof die Fülle des Weihesakramentes besitzt. So wird besser verständlich, dass die Priester seine Mitarbeiter und die Diakone in ihrem Dienst ihm zugeordnet sind."[64]

Die Frage nach dem „Wozu?" des Dienstes des Diakons (wie der des Priesters) kann darum in einem eigentlich Sinn erst von der integralen Fülle des Weihesakramentes in der Bischofsweihe ausgehend beantwortet werden. Daraus folgt auch, dass die Frage nach der Zuordnung des presbyterialen und diakonalen Dienstes nicht so gestellt werden kann, dass nach *allein* diesen *ordines* zukommenden Diensten gefragt wird – da das gerade der integralen Fülle des Amtes im *ordo episcopalis* widersprechen würde. Von daher wird es vielmehr darum gehen müssen herauszustellen, was bzw. welcher Aspekt des einen kirchlichen Dienstamtes im *ordo presbytorm* bzw. *ordo diaconorum* auf je *besondere* – aber eben nicht *exklusive* – Weise zeichenhaft zur Darstellung kommt.[65]

---

[61] Vgl. J. Stefanski: Die römischen Ordinationsriten von 1968 und 1990, 149.

[62] Vgl. J. Stefanski: Die römischen Ordinationsriten von 1968 und 1990, 148–159.

[63] Vgl. Pontifikale I, Anm. 6.

[64] Pontifikale I, S. 9. Vgl. dazu auch H. Hoping: Der dreifache Tischdienst, 200: „Das neue Ponitifikale betont die Einheit des Weihesakramentes dadurch, dass nun die Diakonen-, Priester- und Bischofsweihe denselben Aufbau sowie die gleichen Strukturelemente haben.".

[65] Es ist angesichts des oben herausgestellten inneren Zusammenhangs von der Bestimmung des Bischofsamtes als Fülle der Weihe und Wiederherstellung des Diakonates als eigenständiger Weihestufe kein Zufall, dass solche Überlegungen v.a. von einer theologischen Reflexion des Diakonates ausgehen. Einen in diese Richtung gehenden Vorschlag hat so zuletzt Ch. Wessley, Gekommen, um zu dienen. Der Diakonat aus fundamental-ekklesiologischer Sicht, Regensburg 2004 unterbreitet. Vgl. dazu auch P. Hünermann: Ekklesiologie im Präsens, Münster 1995, bes. 272f, der dort herausstellt, dass der bischöfliche Dienst zwar jenes Amt ist „indem die übrigen Dienste ihren Mittelpunkt und ihre Sammlung besitzen", der zugleich aber als zutiefst „personaler" Dienst, der von einer „in sich schwingenden Funktion" abzugrenzen ist, „in sich nicht teilbar" ist.

Die „*Fülle des Weihesakramentes*": Der Dienst des Bischofs nach der Weiheliturgie

Die „Fülle des Weihesakramentes" und damit der sakramentale Dienstordo der Kirche insgesamt entspringt dem Heilshandeln Gottes, sich in den Kindern Abrahams ein heiliges Volk erwählt zu haben, dass durch seine Vorsteher geleitet wird. Das (bischöfliche) Amt wird so „im ganzen sakramental verstanden. [...] Die Sakramentalität des Amtes bezieht sich also auf das bischöfliche Wirken als solches".[66] Die „wesentliche Stellung des Bischofs in der Kirche und gegenüber der Gemeinde ist von dieser sakramentalen Grundstruktur geprägt",[67] in der es nach LG 18 wesentlich „Dienstamt" ist, das „auf das Wohl des ganzen Leibes ausgerichtet" ist. „Denn die Amtsträger [...] stehen im Dienst ihrer Brüder", ihr Handeln ist „wahres Diensttun", „*diakonia*" (LG 24,1)[68], das das II. Vatikanum als Dienst im Namen Jesu in und an der Kirche als der Gemeinschaft der Glaubenden deutet (LG 10, 18. u. ö.)[69]. „Dienst", „Diensttun", „*diakonia*" sind damit „Form des Wirkens des Amtes"[70] wie Ausdruck dessen „wahren Wesens"[71]. Das Verhältnis von Klerus und Gottesvolk ist damit nicht als Über- und Unterordnung, sondern als ein Verhältnis gegenseitigen Verwiesenseins bzw. aufeinander Bezogenseins zu begreifen.[72]

Erste Aufgabe des Bischofsamtes ist der Dienst der Leitung des Gottesvolkes. Um diesen „Geist der Leitung" bittet das Hochgebet der Bischofsweihe und fügt hinzu: „Ihn hast du deinem geliebten Sohn Jesus Christus gegeben und er hat ihn den Aposteln verliehen."[73]

---

[66] P. Hünermann: Ekklesiologie im Präsens, 268.

[67] P. Hünermann: Ekklesiologie im Präsens, 269.

[68] Vgl. LG 24,1: „Jenes Amt aber, das der Herr den Hirten seines Volkes anvertraute, ist ein wahres Diensttun (*servitium*), das in der Heiligen Schrift bezeichnenderweise ‚diakonia' oder Dienst (*servitium*) genannt wird".

[69] Von daher ist auch die von LG 10,2 vorgenommene Differenzierung zwischen „dem gemeinsamen Priestertum der Gläubigen" und „dem Priestertum des Dienstes", die sich „dem Wesen und nicht bloß dem Grade" unterscheiden, nicht so zu verstehen, dass letzteres eine „Steigerung des gemeinsamen Priestertums" darstellte, so dass der Amtsträger „in einem höheren Grad Christ" wäre. Vgl. Das geistliche Amt in der Kirche. Bericht der Gemeinsamen Römisch-katholischen/Evangelisch-lutherischen Kommission, 1981, in: DwÜ 1, 329–357, hier 336.

[70] B. Senger: Die priesterlichen Dienstämter und der Ordensstand nach den Aussagen des Zweiten Vatikanischen Konzils, Dülmen 1967, 14.

[71] H.J. Pottmeyer: Dienst als Amt, 156.

[72] Vgl. LG 18,1. Vgl. dazu auch E.-M. Faber: Einführung in die Sakramentenlehre, Darmstadt 2002, 167.

[73] Ponitifikale I, Nr. 35, S. 42. Vgl. S. Böntert: Ordinationsverständnis, 157–161, dort auch in Anm. 31 zahlreiche Literaturangaben.

Das Bischofsamt bildet *nicht* die oberste und letzte Stufe einer Karriereleiter, die auf der untersten Stufe mit dem Diakonat beginnt und über den Presbyterat weitergeht, sondern es ist *das* Dienstamt, das aus der Sendung Jesu Christi durch seinen Vater hervorgegangen ist und das Christus seinen Aposteln übertragen hat. „Christus, den der Vater geheiligt und in die Welt gesandt hat (vgl. Joh 10,36), machte durch seine Apostel deren Nachfolger, nämlich die Bischöfe, seiner Weihe und Sendung teilhaftig." (LG 28,1)[74] Handelndes Subjekt bei der Bischofsordination ist Christus. Es sind nicht die Apostel, die ihren von Christus geschenkten Geist weitergeben, sondern durch Handauflegung und Gebet der Apostel macht Christus die Nachfolger der Apostel, die Bischöfe, „seiner (erg. Christi) Weihe und Sendung teilhaftig".[75] Dieser Anfang von Christus und durch ihn durch die Apostel wird in der Weiheliturgie durchgängig betont. Die Weihe reiht ihren Empfänger so ein in das heilsgeschichtliche Handeln Gottes in und an seiner Kirche, d.h. dieser wird eingefügt „in die Dynamik der Sendung Jesu"[76]. Der Bischof – und, je nach der Art der Anteilgabe am bischöflichen Amt, Priester und Diakon – „vertritt nie nur sich selbst", er ist „Gesandter Christi"[77], bestellt zum Dienst in dessen Namen. Zugleich aber wird er eingestellt in die Verantwortung für die ganze Kirche, der er als deren *„minister",* als deren Diener vorsteht und von der er Teil ist. Schon die erste Frage, die an den Erwählten gestellt wird, betont dies: „Bist du bereit, in dem Amt, das von den Aposteln auf uns gekommen ist und das wir heute durch Handauflegung übertragen, mit der Gnade des Heiligen Geistes bis zum Tod zu dienen."[78] Durch die Handauflegung der Apostel und ihrer Nachfolger werden die Bischöfe der „Weihe und Sendung" Christi „teilhaftig gemacht". Die Weihe stellt demnach in ihrem Kern keinen Rechtsakt dar, sondern ist „Indienstnahme durch Christus"[79], die einen entsprechenden Lebensstil verlangt.

---

[74] Übersetzung der Konzilsdokumente nach Herders Theologischer Kommentar zum Zweiten Vatikanischen Konzil, hg. von P. Hünermann – B.J. Hilberath: Die Dokumente des Zweiten Vatikanischen Konzils. Lateinisch-deutsch, Bd. 1., Freiburg i. Br. 2004.

[75] Vgl. P. Hünermann: Theologischer Kommentar zur dogmatischen Konstitution über die Kirche Lumen gentium, in: HThK Vat.II, Bd.2 (²2006) 263–582, 450f, der hier auf die „sorgfältig differenzierende Sprechweise" zu Beginn von LG 28 aufmerksam macht: Es ist Christus, der durch seine Apostel die Bischöfe seiner eigenen Weihe und Sendung teilhaftig machte.

[76] J. Ratzinger: Zur Gemeinschaft gerufen, 91.

[77] J. Ratzinger: Zur Gemeinschaft gerufen, 93.

[78] Ponitifikale I, Nr. 31, S. 30.

[79] S. Böntert: Ordinationsverständnis, 158.

Diese Indienstnahme dient dabei nicht der persönlichen Heiligung, sondern geschieht um des Volkes Gottes willen. [80] Dies wird im Weihegebet deutlich, wenn es heißt: „Gieße jetzt aus über deinen Diener, die Kraft die von dir ausgeht, den Geist der Leitung. Ihn hast du deinem geliebten Sohn Jesus Christus gegeben und er hat ihn den Aposteln verliehen. Sie haben die Kirche an den einzelnen Orten gegründet als dein Heiligtum." Der „Geist der Leitung" wird ausgegossen, nicht damit die Apostel Nachfolger einsetzen, sondern damit „Kirche an den einzelnen Orten gegründet" wird (*constituerunt Ecclesiam*). Der „Geist der Leitung" ist kein „Amtsträgergeist", sondern ein „Geist für die Kirche", [81] kein „diktatorischer" Geist, sondern ein Geist der „die Vielfalt der Personen und Charismen, Kräfte und Bewegungen, welche die Ortskirche ausmachen, zur Einheit zusammenführt" [82]. Das Versprechen der Bereitschaft zu treuem Gehorsam dem Nachfolger des Apostels Petrus gegenüber kann als Ausdruck dieses Geistes verstanden werden. Dazu ist in Erinnerung zu rufen, dass unaufgebbarer Teil des Kircheseins der Ortskirche ihre Communio mit allen anderen Kirchen Gottes ist [83], so dass letztlich alle Versprechen [84] des Erwählten um die Sorge um den Aufbau und das Heil des Volkes Gottes kreisen. [85]

---

[80] Vgl. G. L. Müller, Art. Weihesakrament, III. Systematisch-theologisch, in: LThK 10 ([3]2001), 1009–1011, 1010.

[81] „Interessant ist nun, dass in diesem ersten Teil der Bitte der Heilige Geist nicht etwa in direkter Linie von Christus über die Apostel auf den Bischof übertragen wird. Vielmehr, und ekklesiologisch nicht uninteressant, heißt es, dass Christus zunächst den Aposteln seinen Heiligen Geist geschenkt hat. Diese wiederum haben christliche Gemeinden gegründet durch ihre Missionspredigt. Man kann also sagen, dass der Geist Gottes in der Gemeinde der Getauften verankert ist, und von dieser Gemeinde der Getauften wird nun Gott um seinen Geist gebeten, den er als Geist der Leitung dem zum Bischof Erwählten schenken möge." S. Böntert, Ordinationsverständnis, 31. Dazu passt der Hinweis von Böntert, dass die in die Litanei eingefügten dreifachen Bitten („… Segne, heilige und weihe deinen Diener, den du erwählt hast.", Ponitifikale I, 35.) ein Hinweis darauf sind, „dass das kirchliche Amt nicht kirchlich gemacht ist oder der persönlichen Heiligung des Kandidaten dient, sondern von Gott geschenkt ist […]. Ekklesiologisch betrachtet bringt sie zur Geltung, dass die Ordination ein Gottesdienst der ganzen Gemeinde ist und von dieser getragen wird; für sie wird der Amtsträger gerufen." (ebd. 165). Vgl. auch S. Feulner, Anmerkungen zur Ordination des Bischofs, 176f.

[82] G. Greshake: Priester sein in dieser Zeit. Theologie – Pastorale Praxis – Spiritualität, Freiburg [2]2000, 179.

[83] Vgl. oben in der Tabelle unter Nr. 5.

[84] Vgl. oben in der Tabelle die Nr. 2–4 und 6–9.

[85] Auch die Modellansprache verfolgt diese Linie: „Wie der Vater unseren Herrn Jesus Christus in die Welt gesandt, um die Menschen zu erlösen, so hat dieser die Apostel gesandt. Er hat ihnen aufgetragen, in der Kraft des Heiligen Geistes das Evangelium zu predigen und alle Völker zu sammeln, sie zu heiligen und zu leiten. Damit diese Aufgabe bis zum Ende der Zeiten erfüllt werde, haben sich die Apostel Mitarbeiter erwählt. Ihnen haben sie durch Handauflegung die Gabe des Heiligen Geis-

Für seine Aufgabe, für „das Volk Gottes wie ein guter Vater zu sorgen und es auf dem Weg des Heiles zu führen"[86], bekommt der Bischof in den Diakonen und Presbytern Mitarbeiter: Diakone, damit für das Volk Gottes gut gesorgt ist, Presbyter, um das Volk Gottes auf dem Weg des Heiles zu führen. „Der Bischof delegiert gleichsam seine Aufgaben."[87]

„adiutores in apostolico sacerdotio": Das Profil des Priesters in der Weiheliturgie

Das Hochgebet der Weiheliturgie entwickelt „Theologie und Dienst des Priesteramtes konsequent vom Bischofsamt her".[88] Es benützt dabei für die Presbyter mehrfach die Begriffe „Gefährte" und „Helfer" des Bischofs, einmal auch beide Begriffe zusammen.[89] Im Lateinischen wird der Presbyter als „comes", „adiutor" und „cooperator" des Bischofs bezeichnet. Das priesterliche Amt erscheint von daher weniger mit einem eigenständigen Profil, sondern vielmehr als „Helferamt" des Bischofs in dessen hohenpriesterlichen Dienst: „Das Amt, das sie aus deiner Hand, o Gott empfangen, die Teilhabe am Priesterdienst, sei ihr Anteil für immer."[90]

Aus der damit ausgedrückten besonderen Verbundenheit zwischen priesterlichen und bischöflichen Dienst bzw. der besonderen Abhängigkeit der Presbyter vom Bischof,[91] realisiert in der Teilha-

---

tes verliehen, den sie selbst von Christus empfangen hatten. Durch diese Handauflegung wird das Weihesakrament in seiner ganzen Fülle übertragen. So wird die ununterbrochene apostolische Nachfolge der Bischöfe bewahrt." Pontifikale I., 28. Das bedeutet, die Bischofsweihe zielt auf die Verkündigung, Sammlung, Heiligung und Leitung des Gottes Volkes. Dazu wurde Jesus Christus gesandt, dazu hat er seine Apostel gesandt und dazu wurden und werden die Bischöfe gesandt.

[86] Vgl. oben in der Tabelle die Nr. 6.
[87] E. J. Lengeling: Die Theologie des Weihesakramentes, 156.
[88] S. Böntert: Ordinationsverständnis, 168.
[89] Allerdings findet sich im lateinischen Text dort nur der Begriff *adiutor* (16) Die deutsche Übersetzung mit dem Doppelbegriff „Gefährte und Helfer" ist deshalb eine Ausweitung und nimmt vermutlich den im Ordinationsgebet bereits verwendeten Begriff comes für „Gefährten" (16) nochmals auf. Später spricht die deutsche Übersetzung nochmals von „Helfer" – „uns Bischöfen sei er ein zuverlässiger Helfer" –, während das lateinische Original hier vom cooperator spricht.
[90] Pontifikale I., 116.
[91] Vgl. LG 28: „Christus, den der Vater geheiligt und in die Welt gesandt hat (Joh 10,36), hat durch seine Apostel deren Nachfolger, die Bischöfe, seiner eigenen Weihe und Sendung teilhaftig gemacht. Diese wiederum haben die Aufgabe ihres Dienstamtes in mehrfacher Abstufung verschiedenen Trägern in der Kirche rechtmäßig weitergegeben. So wird das aus göttlicher Einsetzung kommende kirchliche Dienstamt in verschiedenen Ordnungen ausgeübt von jenen, die schon seit alters Bischöfe, Priester,

be an dessen Lehr-, Leitungs- und liturgischen Vorsteherdienst[92], resultiert die spezifische Aufgabe der Presbyter: den Bischof in der Ortsgemeinde zu vertreten.[93] Auch in der Modellansprache wird hervorgehoben, dass die Presbyter „den Bischöfen im priesterlichen Amt (*munere sacerdotali*) verbunden sind und so zum Dienst (*servitium*) am Volk Gottes berufen".[94] Die deutsche Übersetzung von „*pro populo ispi commisso*" mit „Gemeinde" (1, 9, 18) lenkt den Blick darauf, dass der sacerdotale Dienst des Priesters sich auf einen bestimmten, vom Bischof zugewiesenen Bereich, eben den der (Pfarr-) Gemeinde[95], bezieht. Nach dem Profil der Weiheliturgie ist der Dienst des Presbyters damit ein „aus göttlicher Einsetzung kommendes kirchliches Dienstamt" (LG 28), das dem Bischof hilft, die sacerdotalen Dienste vor Ort zu garantieren und darin den Bischof in der jeweiligen Gemeinde zu vertreten.

Von hierher ergibt sich ein besseres Verständnis der Formulierung von Lumen Gentium 29, nach der in „der Hierarchie eine Stufe tiefer die Diakone [stehen], welche die Handauflegung „nicht zum Priestertum (*sacerdotium*), sondern zur Dienstleistung (*ministerium*) empfangen". Das Bischof und Presbytern gemeinsame Sacerdotium ist so als Befähigung zur Leitung der Gemeinde und als Bevollmächtigung zur Feier der Eucharistie zu verstehen. Im Unterschied zum Bischof, haben die Presbyter daran aber nur Anteil.[96]

Diakone heißen. Die Priester haben zwar nicht die höchste Stufe der priesterlichen Weihe und hängen in der Ausübung ihrer Gewalt von den Bischöfen ab; dennoch sind sie mit ihnen in der priesterlichen Würde verbunden und kraft des Weihesakramentes nach dem Bilde Christi, des höchsten und ewigen Priesters (Hebr 5,1–10; 7,24; 9,11–28), zur Verkündigung der Frohbotschaft, zum Hirtendienst an den Gläubigen und zur Feier des Gottesdienstes geweiht und zu wirkliche Priester des Neuen Bundes." Mehrfach wird das „mit uns" im Weihegebet betont.

[92] Die Aufgaben der Presbyter beziehen sich nach dem Versprechen der Weihekandidaten und nach dem Weihegebet im Wesentlichen auf die sacerdotalen Dienste: Verkündigung, Verwaltung der heiligen Mysterien durch Taufe, Eucharistie, Versöhnungsdienst, Krankensalbung, Fürbittdienst, Sorge um die ihm anvertraute Gemeinde und Dienst an Einheit. Vgl. Pontifikale I., 116

[93] Vgl. LG 28,1, das den Presbytern die Aufgabe zuspricht, „in den einzelnen örtlichen Gemeinden der Gläubigen […] den Bischof […] gewissermaßen gegenwärtig" zu machen.

[94] Pontifikale I., 99. Die Modellansprache führt dort, wo sie den Weihekandidaten anspricht, dessen Aufgaben entlang der drei munera aus: er hat „teil am Lehramt Christi", „teil am Priesteramt Christi" und „teil am Hirtenamt Christi". Pontifikale I., 100.

[95] Der deutsche Begriff für „Gemeinde" ist in diesem Fall mehr als schillernd. Nach dem CIC can. 518 umfasst die einem Pfarrer anvertraute Pfarrei (*parocia*) „alle Gläubigen eines bestimmten Gebietes". Ob es in diesem Gebiet eine oder mehrere Sozialformen von „Gemeinden" gibt, ist damit nicht ausgesagt.

[96] Vgl. dazu mit Blick auf die *Traditio Apostolica* auch: B. Kleinheyer: Ordinationen und Beauftragungen, 27 sowie ders., Die Priesterweihe im Römischen Ritus, 20. Vgl.

„… zum Dienst in der Kirche": Das Amt und der Dienst des Diakons nach der Weiheliturgie

Bereits die erste Frage beim Versprechen der Weihekandidaten nimmt programmatisch den Begriff *„ministerium"* (1) auf. Damit knüpft die Liturgie nicht nur an die für das II. Vatikanum zentrale Bestimmung des Amtes als „Dienst" an, sondern spezifiziert zugleich das diakonale Handeln, das als „Unterstützung des Bischofs und der Priester" (6) gerade auf den „Dienst in der Kirche" (1) zum „Wohl des christlichen Volkes" (6) zielt.[97] Der Diakonat erscheint so als ein „aus göttlicher Einsetzung kommendes kirchliches Dienstamt" (LG 28), das weniger eine soteriologisch-heiligende (sacerdotale) Ausrichtung, sondern vielmehr eine incarnatorisch-teilende (koinonale), also auf das Wohl des Volkes Gottes zielende Ausrichtung hat.

Dass die Weiheliturgie der Diakonenweihe als einzige vom „dreifachen Dienstamt" spricht, mag der Wiedereinführung des Diakonates als „beständigem Lebensstand"(AG16) geschuldet zu sein. Entscheidend aber ist, dass der Diakonat in keinem Text mehr als Eingangsstufe in den Ordo bezeichnet wird, sondern – analog zum Presbyteramt – vom Bischof her gedacht wird als „Abstufung"[98] des bischöflichen Amtes bzw. als „eine niedrigerer (*inferiori*) Stufe" (LG 29) des Weiheordo. Dementsprechend lässt sich nirgendwo ein Zusammenhang dafür herstellen, dass das Amt des Diakons eine Abstufung des Presbyterats bzw. dessen niedrigere Stufe sei. Beide Presbyterat wie Diakonat sind auf ihre Weise „Teilausgliederungen"[99] aus dem einen Amt, dessen Fülle das Bischofsamt darstellt.

Die damit vorgestellte Ordnung des sakramentalen Ordo in der Kirche ließe sich von hierher in etwa in folgendes Bild bringen:[100]

---

dazu auch H.-J. Schulz: Das liturgisch-sakramental übertragene Hirtenamt in seiner eucharistischen Selbstverwirklichung nach dem Zeugnis der liturgischen Überlieferung, 218–221.

[97] Vgl. LG 29: „Mit sakramentaler Gnade gestärkt, dienen sie dem Volke Gottes."

[98] In LG 28 heißt es in *„vario gradu"*, also in „vielfältiger Abstufung" (Übersetzung von LG 28 nach Herders Theologischer Kommentar, 124). E.J. Lengeling: Die Theologie des Weihesakramentes, 151, zitiert „im unteren Grad der Hierarchie stehend" und verweist auf das Motuproprio über die Erneuerung des Ständigen Diakonats *Sacrum Diaconatus* Paul VI. vom 18. Juni 1967, in der über die Aussage des Konzils interpretiert: es handele sich um den dritten Grad des *Ordo sacer*.

[99] K. Rahner: Über den Diakonat, in: ders., Schriften Bd. IX, 395–414, 403.

[100] Vgl. dazu auch J. Colson: Diakon und Bischof in den ersten drei Jahrhunderten der Kirche, 28f. Vgl. dazu auch M. Mühl: Christsein und Lebensform, 401.

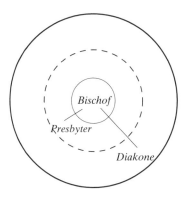

Legende:

——————— *Ordo des geweihten Amtes bzw.* *sacerdotium ministeriale*

- - - - - *Ordo sacerdotalis* in engerem Sinn (gemeinsames *sacerdotium* von Priestern und Bischof im Unterschied zum *ministerium* der Diakone);

——————— *Ordo episcopalis* als Vollform des geweihten Amtes an dem Priester und Diakone auf je unterschiedliche Weise partizipieren

Sucht man nun in den Weihetexten nach der ureigensten Aufgabe des Diakons fällt zunächst seine Hinordnung *zum Lebensvollzug des Volkes Gottes* auf. Wird im Weihegebet der Bischofsweihe der Erwählte auf die Gründung und Leitung des heiligen Volkes verwiesen und wird im Weihegebet der Priesterweihe dem Kandidaten die Leitung und die Heiligung seiner „Gemeinde" zugeordnet, so stellt der Weihetext der Diakonenweihe den Kandidaten mitten in die „Vielfalt der Glieder" des „wunderbar gestalteten Leibes Christi"[101], mitten in das Leben des Volkes Gottes. Das Bild vom Leib Christi mit seinen Gliedern findet sich nur im Ordinationsgebet der Diakonenweihe, nicht bei den beiden anderen. Es scheint, als ob der Diakon darin seine amtliche Sendung findet, dass er der Lebendigkeit, dem „Funktionieren" dieses Leibes dient. Das gelingt aber nur, wenn alle Glieder sich füreinander in Dienst nehmen lassen. „Jedem wurde die Offenbarung des Geistes geschenkt, damit sie anderen nützt." (1 Kor 12, 7) Das Wort vom „nützen", im Sinne eines sich gegenseitig Dienens scheint wie eine Übersetzung des Wortes „diakonia" zu sein: Mit der eigenen Gnadengabe dem Anderen nützen, dienen. Für die Sorge um dieses Mit- und Zueinander wird der Diakon in der Weihe begabt mit dem Heiligen Geist.

---

[101] Pontifikale I., 170/Nr. 69.

Von hierher ergibt sich auch ein Verständnis der vom Weihegebet genannten Aufgaben:

In seinem liturgischen „Dienst am Altar" wird der Diakon dafür sorgen, dass die verschiedenen Berufungen und Aufgaben einander dienen. So ist es in der Liturgie der Eucharistie der Diakon, der die Bitten und die Gaben des Volkes Gottes annimmt, dem Volk Gottes das Wort des Lebens verkündet, der dazu auffordert, sich einander und gegenseitig Frieden und Versöhnung zuzusprechen, und der dem Volk Gottes Christi Leib und Blut austeilt, damit sie zu lebendigen Gliedern seines Leibes werden; und am Schluss ist er es, der das Volk Gottes hinaussendet in den Alltag der Gemeinde und der Gesellschaft.

Dort wo dieses Zueinander nicht gelingt, wo etwa die „Kranken und Armen" übersehen werden, wird er sich darum kümmern, dass Gemeinschaft wieder gelingt.

Es geht beim Dienst des Diakons demnach nicht zuerst um die Gewährleistung der Einheit der Glieder *des* Volkes Gottes, nicht um Leitung und Heiligung, sondern um das lebendige „Zueinander" *im* Volk Gottes, darum, dass jeder mit der eigenen Gnadengabe dem Anderen nützt. Diakonia beschreibt die Sorge um eine gelingende Koinonia.

Weil die Dimension gemeinsam gelebten und geteilten Glaubens, das Leben aus dem Glauben für den Diakon der locus theologicus ist, ist es nur konsequent, dass seine Lebensform auch mit seinem Dienst verbunden ist. Im Ordinationsgebet wird „in seinem Wirken" (*in moribus*, Lebensart) und „das Beispiel seines Lebens" (*suae conversationis exemplo*, Lebenswandel) miteinander verbunden. Wird sein Leben so zu einem Leben für die Anderen, wird sein Leben zum Zeugnis des Glaubens, „leuchten" darin die „Weisungen" Jesu auf und führt er die Gemeinde auf den Weg der Nachfolge."[102] Der Lebensentwurf, die Lebensart und der Lebenswandel des Diakons ist also Bestandteil seines Dienstes. Dies macht auch in der Modellansprache deutlich:[103] Der verheiratete Diakon soll seine „erste Sorge" seiner Familie widmen. Partnerschaft und (mögliche) Vaterschaft, die häusliche Koinonia, wird als vorrangiger Ort der Realisierung seines Dienstes gesehen. Der zölibatär lebende Diakon führt das „ehelose Leben" nicht zur persönlichen Heiligung, sondern es „soll Zeichen und Antrieb deines seelsorgerlichen Eifers sein, eine Quelle der Kraft für ein fruchtbares Wirken in der Welt." Das „Zeichen deiner Hingabe an

---

[102] Pontifikale I., 171.
[103] Vgl. Pontifikale I., 154f.

Christus, den Herrn, um des Himmelreiches willen ehelos zu leben" (11), wird realisiert, wenn es zur Quelle des Wirkens in Welt wird. Für den verheirateten Diakon wiederum wird das Zeichen seiner Hingabe an Christus, den Herrn, um des Himmelreiches willen realisiert in Ehe und Familie. Hier wie dort soll im Wirken in der Welt, im leibhaftigen Vollzug, das Himmelreich, die Gegenwart Christi uns sichtbar werden.

Im Blick auf die Diakonenweihe ist zusammenfassend zu sagen: Die primäre Aufgabe des Diakons, sein „amtstheologisches Spezifikum", hat weniger eine liturgisch-sacerdotale denn eine diakonal-ministeriale Dimension.[104] Selbst sein Verkündigungsdienst zielt auf die Verkündigung „in Wort und *Tat*" (2), auf das „erfülle im Leben" (22). Sein Verkündigungsdienst kann sich deshalb nicht auf die Verkündigung innerhalb der Liturgie beschränken bzw. wird darin vielleicht nicht einmal seinen bevorzugten Ort haben, sondern wird seinen eigentlichen Ort in den verschiedenen Bereichen gemeindlichen Lebens bis hin zur Erstverkündigung an erwachsene Nichtchristen haben.[105]

Immer muss es darum gehen, dass vor allem der Diakon im Auftrag Christi und im Namen der Kirche vertreten durch den Bischof in seiner Sendung das Volk Gottes darin fördert und ermutigt, „die Kirche im Ganzen und die einzelnen Gemeinden zu diakonischen Gemeinschaften werden zu lassen"[106], d. h. zu einer Gemeinschaft, deren Leben Zeugnis gibt, von der befreienden Botschaft Christi und die darin zum „Zeichen und Werkzeug" (LG 1) der Gegenwart Christi im Hier und Heute wird.

---

[104] S. Böntert: Ordinationsverständnis, 169. „Gegenüber den Weihegebeten der Bischofsweihe und der Priesterweihe fällt auf, dass im Falle des Diakons zur Beschreibung seines Dienstes weniger liturgische Beispiele genannt werden, als vielmehr Tätigkeiten aus dem Leben der Gemeinde, die in besonderer Weise den spezifischen diakonalen Dienst dieses Amtes zum Ausdruck bringen." Vgl. M. Stuflesser – A. Winter, Gefährten und Helfer, 52.

[105] Vgl. O. Nußbaum: Theolgie und Ritus der Diakonenweihe, 141.

[106] P. Hünermann: Kommentar zu Ad Gentes, in: HThK Vat.II, Bd.2, (²2006) 458.

Diakonische Elemente in der Eucharistie

Spiegel menschlicher Not und Stärkung zum Engagement

von Ulrike Hudelmaier

Würde man in einer Fußgängerzone Passanten fragen, ob die Feier der Eucharistie etwas mit sozialem Engagement zu tun hat, würden wohl die meisten diese Frage verneinen. Erscheint doch die Eucharistie nicht selten als eine lebensferne Angelegenheit.

Anders dagegen die Ergebnisse empirischer Forschungen: sie stellen eine positive Korrelation zwischen Kirchgang, Gottesglaube und sozialem Engagement fest.[1] Auch das II. Vatikanum weist immer wieder auf den Zusammenhang von Eucharistie und Diakonie hin: „wenn der Bund Gottes mit den Menschen in der Feier der Eucharistie neu bekräftigt wird, werden die Gläubigen von der drängenden Liebe Christi angezogen und entzündet." (SC 10).[2] Dass die empfangene Liebe bei den Gläubigen nicht Halt machen, sondern weitergegeben werden soll, bemerkt das Priesterdekret. „Diese Feier ist aber nur dann aufrichtig und vollständig, wenn sie sowohl zu den verschiedenen Werken der Nächstenliebe und zu gegenseitiger Hilfe wie auch zu missionarischer Tat (…) führt" (PO 6). Liegt hier die Betonung auf der Bewegung Gottes hin zu den Menschen, so ist doch ebenso die Bewegung des Menschen hin zu Gott bedeutsam. Der Mensch ist in der Eucharistie eingeladen, auf Gottes Angebot zu antworten und sein Leben – und damit alles, was ihn bewegt – vor Gott zu bringen. Beides, sowohl die Zuwendung Gottes als auch die Antwort des Menschen, findet Ausdruck im sinnlich Erfahrbaren: in Gebeten, Liedern, rituellen Handlungen und symbolischen Zeichen.

Dieser Beitrag richtet den Blick auf „diakonische" Elemente in der Eucharistie. Damit sind sowohl Elemente gemeint, in denen Gottes „Diakonie" spürbar wird und die den Menschen zum caritativen Handeln befähigen, als auch diejenigen Elemente, in de-

---

[1] Vgl. z. B. P. M. Zulehner u. a (Hg.): Solidarität. Option für die Modernisierungsverlierer, Innsbruck 1996, hier 190f.; B. Küpper / H. Bierhoff: Liebe Deinen Nächsten, sei hilfreich … . Hilfeleistung ehrenamtlicher Helfer im Zusammenhang mit Motiven und Religiosität, in: Zeitschrift für Differentielle und Diagnostische Psychologie, 20 (1999), 217–230.

[2] Vgl. auch SC 47f., 59; AA 3; LG 33.

nen Nöte und Sorgen der Menschen von heute artikuliert werden. Den Schwerpunkt des ersten Teils bildet eine knappe Darstellung der neutestamentlichen Wurzeln und der frühkirchlichen Praxis der Eucharistie. Im zweiten Teil werden einzelne Elemente der Eucharistie herausgegriffen und auf ihre diakonische Dimension hin befragt. Leitende Fragen sind hierbei: Inwiefern machen die jeweiligen Elemente die Situationen Leidender präsent? Inwiefern befähigen sie zum Engagement? Wie können die Anliegen Jesu und der frühen Kirche neu bzw. verstärkt eingebracht werden?

I. Neutestamentliche Wurzeln und frühkirchliche Praxis der Eucharistie

Die liturgischen Formen und Riten der frühen Kirche haben sich erst allmählich entwickelt und auskristallisiert.[3] Vielfältige, zum Teil auch konkurrierende liturgische Formen sind charakteristisch für das anfängliche Christentum.[4] Im Folgenden sind diejenigen Entwicklungslinien nachgezeichnet, die Auskunft über den Stellenwert der Diakonie in der frühen Eucharistiefeier geben.[5]

a) Jesu Mahlgemeinschaften

Wurde bei der Deutung der Eucharistie lange Zeit vor allem auf Jesu letztes Mahl mit seinen Jüngern zurückgegriffen, so betonen in jüngerer Zeit immer mehr Exegeten, dass die Eucharistie nicht verstanden werden kann, wenn nicht auch das ganze Leben Jesu, seine Verkündigung und sein Verhalten, mitberücksichtigt werden.[6]

---

[3] Vgl. G. Rouwhorst: Die frühchristliche Liturgie und die Transformation jüdischer ritueller Traditionen, in: Bulletin ET. Zeitschrift für Theologie in Europa, 10 (1999), 161–168, hier 162f.

[4] Vgl. E. R. Pirozzi: Toward locating the separation of charity from eucharist in the ancient western church, in: Worship, 71(1997) 335–349.

[5] Die folgenden Ausführungen stellen eine Zusammenfassung der Kapitel II.5.2.1 und II.5.2.2 meiner Dissertation dar. Vgl. U. Hudelmaier: zu verkünden und zu heilen (Lk 9,2). Entwurf eines humanwissenschaftlich und biblisch begründeten Handlungsmodells zur Stärkung der gemeindlichen Diakonie (Tübinger Perspektiven zur Pastoraltheologie und Religionspädagogik, Bd. 27), Berlin 2006, 250–260.

[6] Vgl. z. B. H.-J. Klauck: Gemeinde – Amt – Sakrament. Neutestamentliche Perspektiven, Würzburg 1989, 281: „Für die Einordnung des Mahlsakraments ist es wichtig, sich von der Fixierung auf das isolierte Abendmahl zu lösen und zwei eng verbundene Motivkomplexe zu beachten, die in seltener Dichte die Logien und Erzählstücke der Jesusüberlieferung durchziehen. Das sind zum einen die Mahlhandlungen Jesu, die ihm den historisch gesicherten Vorwurf ‚Fresser und Säufer‘ (Mt 11,19) eingetragen haben. Das ist zum anderen sein Umgang mit der eschatologischen Mahlmetaphorik."

Ein Charakteristikum des Handelns Jesu sind seine Tischgemeinschaften mit Zöllnern und Sündern, also mit Menschen, die vom „normalen" Volk verachtet wurden. Diese gemeinsamen Mahlzeiten hatten wohl etwas Großzügiges und Fröhliches an sich und wurden von der Umgebung teils mit Zustimmung, aber auch mit heftiger Ablehnung und harter Kritik bewertet. „Wie kann er zusammen mit Zöllnern und Sündern essen?" (Mk 2,16 par). Nicht zuletzt handelte sich Jesus hier den Vorwurf des „Fressers und Säufers" ein (Mt 11,19). Zur Zeit Jesu war die Mahlgemeinschaft ein Zeichen für Lebensgemeinschaft und gegenseitige Annahme. Auf dem Hintergrund der Botschaft vom Reich Gottes, das sich in einem eschatologischen Mahl vollenden wird, sind Jesu Mahlzeiten mit Randgruppen mehr als ein bloßes fröhliches Beisammensein zu verstehen: „Jesus gewährte sie ausdrücklich im Namen Gottes und brachte damit sinnfällig die Nähe Gottes zu den Armen und Verlorenen sowie das Angebot seiner suchenden Liebe zum Ausdruck. Ohne Zweifel hatten diese Mahlzeiten eine die Zukunft öffnende Bedeutung. Sie waren Ausblick und Vorwegnahme des großen Festmahles der kommenden messianischen Heilszeit, die man sich im geläufigen Bild festlicher Tischgemeinschaft Israels mit dem Messias vorstellte (Mk 14,25)."[7]

b) Das letzte Mahl Jesu

Dass Jesus im Bewusstsein seines bevorstehenden Todes ein letztes Mahl mit seinen Jüngern gehalten hat, gilt als historisch sicher.[8] Es

---

Martin Ebner schreibt im Blick auf Jesu Mahlfeiern, bei denen unterschiedlichste Menschen – Arme und Wohlhabende, Kranke und Gesunde, Ausgegrenzte und gesellschaftlich Integrierte – an einem Tisch sitzen: „ganz sicher sind diese Feste der entscheidende Mutterboden für alles, was sich später ‚Eucharistiefeier' nennen will." Martin Ebner, Die Mähler Jesu im Kontext der Gleichnisse vom Säen und Ernten, Brotbacken und -schenken, Einladen und Feiern, in: BiKi, 57(2002), 9–14, hier 14.
Bernd Kollmann führt die Eucharistie allein auf die Mahlgemeinschaften zurück. „Historischer Ursprung des christlichen ‚Abendmahls' bzw. der ‚Eucharistie' war nicht ein besonderes Abschiedsmahl Jesu, das dieser im engsten Kreise seiner Jünger am Vorabend seines Kreuzestodes abhielt, mit Deuteworten über Brot und Kelch versah und über seinen Tod hinaus regelmäßig zu begehen anordnete, sondern die gesamte Mahlpraxis Jesu während seiner irdischen Wirksamkeit, die in Gestalt offener Mahlgemeinschaften Zöllner, Sünder, Jünger und beliebige weitere Personen einbezog." B. Kollmann: Ursprung und Gestalten der frühchristlichen Mahlfeier (GTA 43), Göttingen 1990, 251.
[7] J. Roloff: Exegetische Verantwortung in der Kirche: Aufsätze, hg. von M. Karrer, Göttingen 1990, S. 203.
[8] Vgl. Th. Söding: „Tut dies zu meinem Gedächtnis!". Das Abendmahl Jesu und die Eucharistie der Kirche nach dem Neuen Testament, in: ders. (Hg.), Eucharistie. Positionen katholischer Theologie, Regensburg 2002, 11–58, hier 14.

erhält den Charakter eines Abschiedsmahls, bei dem Jesus in Worten und Zeichen sein Leben zusammenfasst und deutet. Sein Dasein und Dienst für andere verdichtet sich in der *Fußwaschung* (Joh) wie auch in den Worten und Gesten über Brot und Wein (Mt, Mk, Lk).

Im Johannesevangelium findet sich kein ausführlicher Bericht über das Abendmahl; vielmehr steht an der Stelle, wo die Synoptiker vom letzten Mahl berichten, die *Fußwaschung* (Joh 13,1–20). Durch diese Position räumt Johannes der Fußwaschung „einen ungemein hohen theologisch-symbolischen Stellenwert ein"[9]. Im Alltag war die Fußwaschung als tägliche Reinigung, zur Begrüßung eines Gastes oder als Vorbereitungsritus für kultische Handlungen in allen antiken Kulturen des Mittelmeerraums üblich.[10] Meist wurde sie als eine niedrige Aufgabe der Sklaven betrachtet.[11] In bestimmten Situationen jedoch übernahm der Sohn, die Tochter, die Frau des Hauses oder gar der Hausherr selbst diesen Dienst und drückte so besondere Achtung, Verehrung und Liebe aus.[12] Zeichen besonderer Intimität waren Fußwaschungen, die Schüler ihrem Rabbi/Lehrer, Kinder ihren Eltern oder Frauen ihren Männern erwiesen.[13] Im Vergleich dazu ist Jesu Fußwaschung dennoch einmalig. Er, als Lehrer und von Gott Kommender (Joh 13,13; 3,16) wäscht nicht Gleichrangigen oder Höhergestellten, sondern Unterlegenen als Ausdruck seiner Liebe freiwillig die Füße. „Nicht weil Jesus die demütigende, schmerzliche und schmachvolle Passion hier ausdrücken wollte, wäscht er den Seinen die Füße, sondern weil er die Liebe des Erlösers sichtbar und sinnenfällig machte. (…) Die Fußwaschung ist Symbolhandlung für das gesamte Heilswerk, wie Joh es sieht: Präexistenz – Inkarnation – Sein in der Welt – Rückkehr zum Vater. Und für dieses Heilswerk wird angesichts der bevorstehenden Heimkehr den in der Welt Bleibenden ein Motiv gesagt: Liebe!"[14]

Auch in den *Gesten und Worten über Brot und Wein* drückt sich Jesu Lebensmotto der Liebe und Hingabe aus. Übereinstimmend

[9] H.-J. Klauck, Gemeinde (wie Anm. 6), 277.

[10] B. Kötting / D. Halama: Art. Fußwaschung, in: RAC VIII (1972), 743–777, hier 743.

[11] Vgl. J. Ch. Thomas: Footwashing: in John 13 and the Johannine Community (JSNT.S 61), Sheffield 1991, 50–54, hier 56; B. Kötting / D. Halama: Fußwaschung (wie Anm. 10), 749f.

[12] Vgl. Ch. Niemand: Was bedeutet die Fußwaschung: Sklavendienst oder Liebesdienst? Kulturkundliches als Auslegungshilfe für Joh 13,6–8, in: Protokolle zur Bibel 3 (1994), 115–127, hier 121; J.Ch.Thomas: Footwashing (wie Anm. 11), 56; B. Kötting / D. Halama: Fußwaschung (wie Anm. 10), 750.

[13] Vgl. Ch. Niemand: Fußwaschung (wie Anm. 12), 121.

[14] Ch. Niemand: Fußwaschung (wie Anm. 12), 126 (Kursivdruck aufgehoben).

geben die Synoptiker in ihren Abendmahlsüberlieferungen die Worte über das Brot wieder: „das ist mein Leib" (Mk 14,22 par). Die Hinzufügung „der für euch hingegen wird" bei Lukas und Paulus stellt bereits eine soteriologische Deutung dar und „bezieht die Mitfeiernden in die Selbsthingabe Jesu als Heilsereignis ein."[15] Ebenso erhält das Kelchwort in den jeweiligen Evangelien und bei Paulus unterschiedliche Akzente. Bei Matthäus z. B. erhält das vergossene Blut den Sinn der Sündenvergebung (Mt 26,28). Trotz dieser und weiterer Unterschiede konzentrieren sich alle Abendmahlsüberlieferungen auf die Gaben von Brot und Wein sowie auf die entsprechende Deutung durch Worte und Gesten. Im Kontext der Passionsgeschichte und des gesamten Lebens Jesu leisten sie eine starke Elementarisierung. „Sie machen kenntlich, dass die ganze Sendung Jesu – im genauen Wortsinn – Hingabe ist und dass gerade diese Lebenshingabe Jesu denen das Leben schenkt, die sonst einen bitteren Tod sterben müssten. Dafür stehen das Brot, das elementare Lebensmittel, und der Wein, das Zeichen der Lebensfreude."[16]

Dass das letzte Mahl Jesu ganz im Dienst für die Menschen steht, unterstreicht Lukas durch die Anfügung einer zwischen Jesus und seinen Jüngern stattfindenden *Diskussion über das Herrschen und Dienen* (Lk 22,24–27). In dieser Diskussion stellt Jesus die geltende Wertordnung auf den Kopf und bringt unmissverständlich zum Ausdruck, dass „Dienen" für ihn „Größe" darstellt. Schließlich bezieht er in V.27 die Haltung des Dienstes auf sich. „Ich aber bin unter euch wie der, der bedient." Nach Jürgen Roloff war dieser Vers in einer alten Schicht an die Mahltradition gebunden und deutete die Lebenshingabe Jesu soteriologisch:[17] „Jesu Tod, auf den das letzte Mahl verwies, war nichts anderes als die äußerste Konsequenz seiner dienenden Selbstpreisgabe, und zwar (…) in der Weise, dass sich in diesem Tode die eigentliche Dimension von Jesu Handeln an den Sündern während der Erdentage eröffnete. Sie bestand darin, dass Jesus mit seinem eigenen Leben vor Gott für die eintrat, die ihm sonst hätten ferne bleiben müssen."[18]

[15] H.-J. Klauck: 1. Korintherbrief (NEB 7), Würzburg 1984, 83.
[16] Th. Söding: „Zwei Gesten und zwei Worte". Ein Gespräch mit dem Neutestamentler Thomas Söding über die Eucharistie, in: Herder Korrespondenz, 57 (2003), 285–291, hier 286.
[17] Vgl. J. Roloff: Verantwortung (wie Anm. 7), 141.
[18] J. Roloff: Verantwortung (wie Anm. 7), 142.

c) Einheit von Sättigungsmahl und Gottesdienst in der frühen Kirche

In den ersten christlichen Gemeinden war die eucharistische Feier – damals auch Brotbrechen (Apg 2,42.46; 20,7) oder Herrenmahl (1 Kor 11,20) genannt – mit einem Sättigungsmahl verbunden.[19] Hierbei gaben die Wohlhabenden den Bedürftigen von ihren Speisen und sorgten so für einen Ausgleich zwischen Reichen und Armen. Dieses Teilen war ein wesentliches Element des Mahles. Erfahrungen, die die Gläubigen in diesem Zusammenhang gemacht haben, spiegeln sich wohl in den Speisungswundern wider, die in den Evangelien insgesamt sechsmal erzählt werden.[20] Für einen eucharistischen Bezug spricht die Parallelität zu den Abendmahlsberichten.[21] Denn bei allen fünf synoptischen Speisungswundern nimmt Jesus ebenso wie in den Abendmahlsberichten das Brot, spricht ein Gebet (Lob, Dank, Segen), bricht das Brot und reicht es den Jüngern.[22]

Peter Trummer hebt das Teilen als wesentliches Element der Speisungswunder hervor. Hier gehe es nämlich um die Erkenntnis, „dass wir durch Teilen im Geiste Jesu nicht unserer Lebensgrundlagen beraubt werden, sondern dadurch alle sogar mehr haben können als wir wirklich brauchen."[23] Die Interpretation der Brotvermehrungen mit Hilfe der Erzähltextanalyse unterstreicht diese Deutung. Entscheidend für die Erzähltextanalyse sind Knotenpunkte, die für den weiteren Verlauf der Geschichte Handlungsalternativen eröffnen. Das folgende Modell lädt zum Nachdenken darüber ein, was passiert wäre, wenn sich der Akteur bei den Knotenpunkten anders entschieden hätte:

---

[19] Vgl. B. Kollmann: Ursprung (wie Anm. 6), 271.

[20] Mk 6,30–44; 8,1–10; Lk 9,10–17; Mt 14,13–21; 15,32–39; Joh 6,1–13. Da die Geschichte in den Evangelien so oft erzählt wird, hatte sie in der frühen Kirche vermutlich eine große Bedeutung. Vgl. Angelika Seethaler, Die Brotvermehrung – ein Kirchenspiegel? In: BZ NF, 34 (1990), 108–112, hier 108; I. de la Potterie: Die wunderbare Brotvermehrung. Ihr Sinn und ihre Bedeutung im Leben Jesu, in: Internationale katholische Zeitschrift Communio, 18 (1989), 207–221, hier 207.

[21] Zum eucharistischen Bezug vgl. besonders: H. Patsch: Abendmahlsterminologie außerhalb der Einsetzungsberichte. Erwägungen zur Traditionsgeschichte der Abendmahlsworte, in: ZNW, 62 (1971), 210–231; B. van Iersel: Die wunderbare Speisung und das Abendmahl in der synoptischen Tradition, in: Novum Testamentum, 7 (1964/65), 167–194.

[22] Vgl. Mk 6,41; 8,6; Mt 14,19; 15,36; Lk 9,16.

[23] P. Trummer: „… dass alle eins sind!". Neue Zugänge zu Eucharistie und Abendmahl, Düsseldorf 2001, 52.

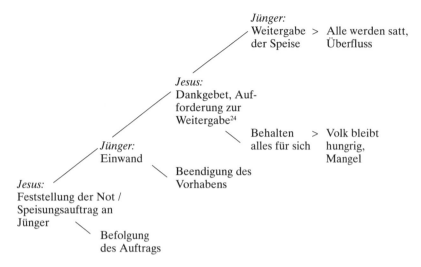

Jünger:
Weitergabe > Alle werden satt,
der Speise   Überfluss

Jesus:
Dankgebet, Auf-
forderung zur
Weitergabe[24]

Behalten > Volk bleibt
alles für sich hungrig,
          Mangel

Jünger:
Einwand

Beendigung des
Vorhabens

Jesus:
Feststellung der Not /
Speisungsauftrag an
Jünger

Befolgung
des Auftrags

Bei der Betrachtung der verschiedenen Knotenpunkte wird deutlich, dass Jesus sich vom Einwand der Jünger nicht beirren lässt und sein Vorhaben weiter verfolgt. Auch überfordert er seine Jünger nicht. Das, was sie weitergeben sollen, wird ihnen zuvor aus seiner Hand gereicht. Das Ergebnis, nämlich das Sattwerden und der Überfluss, hängt jedoch davon ab, ob die Jünger die von Jesus erhaltenen Speisen weitergeben oder nicht. Hätten sie die Gaben für sich behalten, wäre das Volk hungrig geblieben. Damit das „Wunder" geschieht, bedarf es also der Mitwirkung der Jünger bzw. des Handelns im Sinne Jesu.

Die dargestellten Interpretationen geben Anhaltspunkte für einen Bezug der Speisungswunder zu den mit dem Herrenmahl verbundenen Sättigungsmahlzeiten,[25] bei denen die Teilnehmer wohl die Erfahrung machten, dass Teilen zum „Überfluss" führt.

Dass das Teilen zwar zur Eucharistie gehörte, die Praxis aber doch nicht immer dem entsprach, wird besonders im 1. Korintherbrief deutlich. Hier ermahnt Paulus seine Gemeinde anlässlich der Vernachlässigung des Teilens: „Was ihr bei euren Zusammenkünften tut, ist keine Feier des Herrenmahls mehr; denn jeder verzehrt so-

---

[24] Im Johannesevangelium ist diese Aufforderung ausgelassen. Jesus gibt hier das Vorhandene direkt an das Volk weiter (Joh 6,11).
[25] Nach Ludger Schenke hatte die Speisungserzählung Mk 6,30–44 ihren Sitz im Leben in den gemeinsamen eucharistischen Mahlzeiten der urchristlichen Gemeinde. Vgl. L. Schenke: Die wunderbare Brotvermehrung. Die neutestamentlichen Erzählungen und ihre Bedeutung, Würzburg 1983, 114–116.

gleich seine eigenen Speisen, und dann hungert der eine, während der andere schon betrunken ist. (…) Wollt ihr jene demütigen, die nichts haben? Was soll ich dazu sagen? Soll ich euch etwa loben? In diesem Fall kann ich euch nicht loben." (1 Kor 11,20–22).

In seinen weiteren Ausführungen (1 Kor 11,23–34) weist Paulus auf das letzte Abendmahl hin, dessen Vergegenwärtigung im Herrenmahl nicht mit einem unsozialen Verhalten vereinbar ist. Bei der exegetischen Auslegung der gesamten Stelle sind vor allem zwei Argumentationsweisen erkennbar:
– Die Vergegenwärtigung der Selbsthingabe Jesu nimmt die Gläubigen in Pflicht.[26] Man kann nicht die Taten des „Diakons Christus"[27] ins Gedächtnis rufen und dabei das eigene diakonische Handeln vernachlässigen.
– Der Begriff „Leib Christi" hat bei Paulus eine doppelte Bedeutung. Zum einen steht er für das beim Herrenmahl gebrochene Brot (1 Kor 11,23f), andererseits meint er aber auch die Gemeinde:[28] „Ihr aber seid der Leib Christi und jeder Einzelne ist ein Glied an ihm." (1 Kor 12,27). Der eucharistische Leib und der Leib der Gemeinde sind unlösbar miteinander verbunden. „Realisiert die Gemeinde nicht einmal bei ihrer Feier des Herrenmahls die dienende Hingabe Jesu, obwohl sie doch sakramental an ihr teilhat, so ist sie in ihrer Tiefe gestört."[29]

d) Dank und Hingabe als dominante Haltungen

Neben dem Aspekt der Gemeinschaft war im urchristlichen Gottesdienst vor allem die Gesinnung des Dankes lebendig.[30] Seit

---

[26] Vgl. H.-J. Klauck: „Leib Christi" – Das Mahl des Herrn in 1 Kor 10–12, in: BiKi, 57 (2002), 15–21, hier 20; J. Roloff, Der Gottesdienst im Urchristentum, in: H-Ch. Schmidt-Lauber / M. Meyer-Blanck / K-H. Bieritz (Hg.): Handbuch der Liturgik. Liturgiewissenschaft, in: Theologie und Praxis der Kirche, Göttingen ³2003, 45–71, hier 52: Weil im Herrenmahl „die dienende Selbstentäußerung Jesu vergegenwärtigt wird, darum können die Eucharistieteilnehmer nicht egozentrisch an den leiblichen Nöten der Nächsten achtlos vorbeischauen".

[27] Vgl. R. Strunk: Diakonie im Abendmahl, in: M. Roth / K. Horstmann (Hg.): Glauben – Lieben – Hoffen. Theologische Einsichten und Aufgaben, Festgabe für Konrad Stock zum 60. Geburtstag (Arbeiten zur Historischen und Systematischen Theologie; 6), Münster 2001, 257–264, hier 261.

[28] Vgl. H.-J. Klauck: Leib Christi (wie Anm. 26), 15.

[29] G. Lohfink: Braucht Gott die Kirche? Zur Theologie des Volkes Gottes, Freiburg i. Br. 1998, 316.

[30] Vgl. E.J. Kilmartin: The sacrifice of thanksgiving and social justice, in: M. Searle (Hg.): Liturgy and social justice, Collegeville (Minnesota) 1980, 53–71, hier 69; J.A. Jungmann: Missarum sollemnia. Eine genetische Erklärung der römischen Messe, Erster Band: Messe im Wandel der Jahrhunderte – Messe und kirchliche Gemein-

Beginn des 2. Jahrhunderts wird das gemeinsame Mahl als εὐχαριστία bezeichnet.[31] Als Weiterbildung des Wortes χάρις (= alles, worüber man sich freut) enthält εὐχαριστία das Grundgefühl der Freude und bedeutet „dankbare Gesinnung, Dankerweisung, Danksagung".[32] Der Dank war die Antwort auf das von Gott geschenkte Heil. Wie wichtig den Gläubigen bei der gottesdienstlichen Versammlung die Danksagung war, bezeugt Justin: So schickt der Vorsteher des Gottesdienstes über die Gaben von Brot und Wein „Gebete ebenso wie Danksagungen nach bestem Vermögen empor, und das Volk stimmt feierlich mit ein, indem es das Amen spricht" (Just. 1 apol. 67). Der Dank drückte sich jedoch nicht nur im Lobpreis und Gebet aus, sondern auch in der Hingabe und im Dienst am Nächsten. Vor allem bei Paulus erhält die Hinwendung zu Gott und die Sorge um den Mitmenschen den Charakter eines Opfers. „So ermahne ich euch nun, Brüder, kraft der Barmherzigkeit Gottes, eure Leiber als lebendiges, heiliges, Gott wohlgefälliges Opfer darzubringen – als euren geistigen Gottesdienst" (Röm 12,1). Das für „Leib" verwendete Wort σῶμα bezeichnet bei Paulus den Menschen als Träger seiner Handlungen „in seiner leibhaftigen, kommunikativen Gegenwart"[33] – also den Menschen in seiner Ganzheit. „This totality of the self is what Paul solemnly adjures his Christian brethren to offer to God (i.e., put at God's disposition) as a living, holy, and pleasing sacrifice."[34] Opfer und Gottesdienst sind also nicht auf die liturgische Versammlung beschränkt, sondern sollen sich im ganzen Leben, d. h. auch im konkreten Alltag äußern.[35] Die grundlegende Hingabe

---

schaft – Vormesse, Wien [5]1962, 30; A. Mayer: Triebkräfte und Grundlinien der Entstehung des Mess-Stipendiums (MThS 34), St. Ottilien 1976, bes. 21–24.

[31] Vgl. J.A. Jungmann: Missarum (wie Anm. 30), 225f.

[32] Vgl. H.-H. Eßer: Art. εὐχαριστία, in: ThBLNT (Sonderausgabe 1993), 172–173.

[33] H. Schlier: Der Römerbrief (HThK 6), Freiburg i. Br [3]1987, 355.

[34] R. J. Daly: The origins of the Christian doctrine of sacrifice, Philadelphia 1978, 64.

[35] Vgl. E. Lohse: Der Brief an die Römer (KEK 4), Göttingen 2003, 336: „Nicht im kultischen Dienst, der in einem abgegrenzten heiligen Bereich verrichtet wird, sondern in gehorsamer Lebensgestaltung ist Gott die Ehre zu erweisen. Überkommene Unterscheidungen zwischen ‚heilig‘ und ‚profan‘ sind daher aufgehoben; denn alle Bereiche des Lebens der Glaubenden werden dem Zuspruch und Anspruch göttlichen Erbarmens unterstellt." R. Daly spricht von einer „incarnational spiritualization of sacrifice" die das Leben der frühen Kirche prägt: It is „the replacement of an actual offering of material sacrifice with following Christ in the practical, diaconal, or devotional works of Christian life and ministry (...) For the New Testament church, Christian sacrifice was not a cultic but rather an ethical idea, an idea that could include prayer and worship in the formal sense, but was not constituted by them. It was centered not in a formal act of cultic or external ceremonial worship but rather in the everyday practical life of Christian virtue, in the apostolic and charitable work of being a good Christian, of being ‚for others‘ as Christ was ‚for us.‘ It was a totally free

Jesu lädt zum Lobopfer des eigenen Lebens ein. Auch in außerbiblischen Schriften findet sich dieses Opferverständnis. In der Mitte des 2. Jahrhunderts bezeichnet beispielsweise der Hirt des Hermas Fasten und Almosen für Witwen, Waisen oder Arme als angenehmes Opfer, das „gut, erfreulich und dem Herrn wohlgefällig" ist (Herm. sim. V 3,8).

Diese Opfervorstellung und -praxis wurde jedoch schon bald von anderen Entwicklungen, die sich auf eine stärkere Materialisierung und Ritualisierung des Opfers zu bewegten, verdrängt. In immer stärkerem Maße wurde die Feier der Eucharistie als Opfer gesehen.[36] Mit diesen Veränderungen ging auch ein Wandel der diakonischen Praxis im Gottesdienst einher. Besonders deutlich zeigt sich dies beim Umgang mit den mitgebrachten Gaben. Solange die eucharistische Feier mit einer Mahlzeit verbunden war, war die Bereitstellung der Gaben kein eigener ritueller Akt, da die mitgebrachten Speisen bereits in Reichweite lagen. Die Konzentration auf die sakramentale Gegenwart Jesu Christi in Brot und Wein veranlasste beispielsweise im Jahr 393 die Synode von Hippo, nur noch solche Gaben auf dem Altar zuzulassen, die auf Jesus selbst zurückgehen. Das waren Brot und mit Wasser gemischter Wein.[37] Zwar konnten und sollten die Gläubigen nach wie vor Gaben mitbringen, doch wurden diese in einem Nebenraum abgegeben[38] und schwanden somit aus dem Blickfeld der Gottesdienstgemeinde. Außerdem wurde die Gabenbringung in immer stärkerem Maße zweckgerichtet. So brachte man Gaben, um die Wirksamkeit des Fürbittgebets für Verstorbene zu erhöhen oder um selbst Vergeltung zu erhalten.[39]

e) Das fürbittende Gebet

Aufforderungen zum Fürbittgebet finden sich in den neutestamentlichen Schriften vor allem in den Briefen (z. B. 1 Tim 2,1–4; 2 Kor 1,11; Eph 6,18f.). Als Ausdruck der Verbundenheit und Sorge für den Anderen geht das Fürbittgebet auch in die Liturgie

---

and loving response, carried out on the practical level of human existence, to Christ's act of self-giving love." Daly, Origins (wie Anm. 34), 138–140.

[36] Vgl. E.R. Pirozzi: Locating (wie Anm. 4), 339.

[37] Vgl. J.A. Jungmann: Missarum sollemnia. Eine genetische Erklärung der römischen Messe, Zweiter Band: Opfermesse, Wien ⁵1962, 14.

[38] Das galt besonders in der Kirche im Orient und im gallisch-fränkischen Raum, nicht jedoch in der nordafrikanischen Kirche. Vgl. J.A. Jungmann: Missarum (wie Anm. 37), 7–9.

[39] Vgl. A. Mayer, Triebkräfte (wie Anm. 30), bes. 114–118, 124–127.

ein. So z. B. die Fürbitten des 1. Clemensbriefs:[40] „Wir bitten dich, o Herrscher, unser Helfer und Beschützer zu sein: unsere Bedrängten rette, die Gefallenen richte auf, den Betenden zeige dich, die Kranken heile, die Irrenden deines Volkes bringe auf den rechten Weg. Sättige die Hungernden, erlöse unsere Gefangenen, richte auf die Schwachen, tröste die Kleinmütigen, mögen alle Völker erkennen, dass du allein bist Gott, und Jesus Christus dein Knecht, und wir dein Volk und die Schafe deiner Weide." (1 Clem 59,4)

In der ersten Hälfte des 3. Jahrhunderts erwähnen Tertullian und Cyprian das Fürbittgebet als feststehende Einrichtung im Gottesdienst.[41] Dabei wird um Regen und fruchtbare Zeiten, wie auch für Kranke, unschuldig Verfolgte, Gefangene und Reisende gebetet.[42] Nach dem Euchologion des Bischofs Serapion von Thmuis halten die Gläubigen Fürbitte für die Katechumenen, das Volk, für Kranke usw.[43] Im achten Buch der Apostolischen Konstitutionen, der sogenannten Klementinischen Liturgie, ist im allgemeinen Gebet ausdrücklich von der Diakonie die Rede. Auch die Feinde werden ins Gebet eingeschlossen: „Lasset uns beten für jede Diakonie in Christus und alle Dienstleistungen, dass der Herr ihnen eine tadellose Verrichtung gewähre. (…) Lasset uns beten für solche, die in der heiligen Kirche Gaben darbringen und den Armen Almosen geben (…). Lasset uns beten für unsere durch Krankheit geprüften Brüder, dass der Herr sie befreie von aller Krankheit und Schwäche und sie seiner heiligen Gemeinde gesund wiedergebe. (…) Lasset uns beten für unsere Feinde und solche, die uns hassen." (Const. apost. VIII 10)

Die bei jedem Gottesdienst wiederholten Anliegen hielten das Bewusstsein für Menschen in Not wach und hatten Relevanz für das Sozialempfinden der Gemeinden.[44] Benedikt Kranemann schreibt den Bitten eine doppelte Bedeutung zu, „nämlich für den

---

[40] Die clementinischen Fürbitten kehren z. B. in der Tradition der Markus-Liturgie wieder. Inwiefern das Gebet selbst seinen Sitz im Leben in der Liturgie hat, ist nicht ganz eindeutig zu bestimmen. Vgl. H. Löhr: Studien zum frühchristlichen und frühjüdischen Gebet. Untersuchungen zu 1 Clem 59 bis 61 in seinem literarischen, historischen und theologischen Kontext (WUNT 160), Tübingen 2003.

[41] Vgl. O. Dietz: Das Allgemeine Kirchengebet, in: K.. Müller / W. Blankenburg (Hg.): Leiturgia. Handbuch des evangelischen Gottesdienstes, Zweiter Band: Gestalt und Formen des evangelischen Gottesdienstes, I. Der Hauptgottesdienst, Kassel 1955, 417–452, hier 437.

[42] Vgl. O. Dietz: Kirchengebet (wie Anm. 41), 427.

[43] Vgl. O. Dietz: Kirchengebet (wie Anm. 41), 428.

[44] Vgl. Th. Klauser: Art. Gebet II (Fürbitte). B Christlich: III Grabinschriften, Märtyrerakten, Liturgie, in: RAC IX, 19–33, hier 25.

Nächsten zu beten und darüber zu einem entsprechenden Leben im Alltag zu finden."[45]

In der römischen Liturgie schwinden die Fürbitten Ende des 5. Jahrhunderts aus dem Gottesdienst.[46] Vielerorts lebt jedoch das Fürbittgebet als volkssprachliches Element weiter.[47] Das II. Vatikanum führte das Fürbittgebet als reguläres Element der Messe wieder ein (SC 53).

f) Fazit

Der kurze Blick auf die Eucharistie in der frühen Kirche zeigt, wie sehr Liturgie und Leben verbunden waren. Zwei Punkte scheinen für unser Thema bedeutsam zu sein:

– Besonders Paulus und Lukas geben Zeugnis von der engen Verbindung zwischen liturgischer Feier und Sättigungsmahl. Indem Bedürftige bei der Feier anwesend waren und die zu teilenden Gaben sichtbar auf dem Tisch standen, waren auch die Nöte der Gemeindemitglieder präsent. Infolge der Trennung von Liturgie und Sättigungsmahl, dem Schwinden der Fürbitten und der stärker werdenden Betonung des eucharistischen Opfers wurden vor allem die „sichtbaren Hinweise" auf die Nöte – die Armen selbst und die Opfergaben – der Wahrnehmung entzogen.
– Die Grundhaltung, mit der die Feier begangen wurde, hat sich verändert. Die Haltungen des Dankes und der Hingabe sind der Ehrfurcht vor dem eucharistischen Opfer gewichen.

II. Die heutige Eucharistie unter diakonischem Gesichtspunkt

Im Verlauf der Geschichte hat sich die Feier der Eucharistie immer wieder verändert. Jeweils vorherrschende Glaubensauffassungen haben ihre Form und ihren Inhalt beeinflusst. Umgekehrt prägte aber auch die formelle und inhaltliche Praxis der Liturgie die Glaubensüberzeugungen. Im Vergleich zur frühen Kirche ist der diakonische Aspekt der Eucharistie heute etwas in Vergessenheit geraten. Die Kollekte z. B. erscheint oft wie eine Nebenhandlung.

So sollen im Folgenden einzelne Elemente der Eucharistie auf ihre diakonische Dimension hin befragt werden. Dabei sind fol-

---

[45] B. Kranemann: Feier des Glaubens und soziales Handeln. Überlegungen zu einer vernachlässigten Dimension christlicher Liturgie, in: Liturgisches Jahrbuch, 48 (1998), 203–221, hier 207.
[46] Vgl. R. Berger: Neues Pastoralliturgisches Handlexikon, Freiburg 1999, 156.
[47] Vgl. B. Kranemann: Feier (wie Anm. 45), 208.

gende Fragen leitend: Inwiefern machen die jeweiligen Elemente die Situationen Leidender präsent? Inwiefern befähigen sie zum Engagement? Wie können die Anliegen Jesu und der frühen Kirche neu bzw. verstärkt eingebracht werden?

a) Die Adressaten – wer ist und fühlt sich eingeladen?

Jesu Grenzüberschreitungen bei der Wahl der Gäste für seine Mahlfeiern provozierten immer wieder neu. Entgegen der antiken Konvention, wonach man seinesgleichen einlud, öffnete Jesus die Grenzen und hieß Randgruppen als seine Gäste willkommen. Für die frühe Gemeinde sollte dieses Verhalten Jesu Maßstab sein. In Lk 14,12–14 rät Jesus einem Reichen: „Wenn du mittags oder abends ein Essen gibst, so lade nicht deine Freunde oder deine Brüder, deine Verwandten oder reiche Nachbarn ein; sonst laden auch sie dich ein, und damit ist dir wieder alles vergolten. Nein, wenn du ein Essen gibst, dann lade Arme, Krüppel, Lahme und Blinde ein. Du wirst selig sein, denn sie können es dir nicht vergelten; es wird dir vergolten werden bei der Auferstehung der Gerechten." Hier kommen die Vorstellungen des Lukas im Hinblick auf die Adressaten der Herrenmahlfeier zum Ausdruck: „Soziale Schranken werden durchbrochen. Arme werden nicht abgespeist, sondern – wie ebenbürtige Gäste – eingeladen, und sie liegen mit dem reichen Gastgeber zu Tisch."[48]

In unserer Kirche liegt die Überwindung von Grenzen beim Feiern von Gottesdiensten der Vision näher als der Realität. Notleidende und arme Menschen sind kaum präsent. Galten bei Jesus Menschen der unteren Schicht als die vorrangigen Adressaten seines Wirkens, so fühlt sich nach der Sinus-Milieu-Studie der größte Teil der Unterschicht von der Kirche nicht oder nur wenig angesprochen und steht ihr distanziert gegenüber. Allerdings ist eine leise Erwartung an die Kirche als „sozial-karitativer Rettungsanker" oder als „Hilfe für existenzielle Lösungen und Neuorientierung" vorhanden.[49] Wie förderlich für Randgruppen die Einbindung in die Liturgie sein kann, zeigt Dirk Oesselmann in seiner Studie: Die Erfahrung von Würde und Angenommensein, die Auflösung sozialer Grenzen und die Verortung konkreter Lebens-

[48] M. Ebner: Diakonie und Liturgie. Neutestamentliche Rückfragen, in: B. Kranemann / Th. Sternberg / W. Zahner (Hg.): Die diakonale Dimension der Liturgie (QD 218), Freiburg 2006, 31–40, hier 35.
[49] Vgl. H. Haimerl: Sinus-Milleus: Wo bleibt die Kirche?, in: neue caritas, 107 (2006), 18–22.

erfahrungen im Gottesdienst stärken die Person und legen Kräfte zur Bewältigung des Lebens frei.[50]

Wie schon Paulus in seinen Ausführungen über das Herrenmahl anmahnt, muss letztlich der Inhalt des Glaubens auch erfahrbar sein. So stellen sich unserer Kirche drängende Fragen: Wie offen und einladend sind die Gottesdienste? Inwiefern werden Grenzen zwischen verschiedenen Milieus oder Gruppen überwunden? Inwiefern erfahren Menschen, die von der Gesellschaft an den Rand gedrängt werden, gerade hier Angenommensein und Stärkung?

b) Der Bußakt – Bewusstsein um die Begrenztheit des Menschen

Der Bußakt macht zu Beginn der Eucharistiefeier auf die Begrenztheit des Menschen aufmerksam. Er bietet die Gelegenheit, sich der Erlösungsbedürftigkeit und der Abhängigkeit von Gott bewusst zu werden. Im Grunde zeichnet er ein Bild des Menschen, so wie er tatsächlich ist: der Mensch ist nicht allwissend und allmächtig, sondern stößt immer wieder an seine Grenzen, macht Fehler und tut das Böse, das er eigentlich nicht will. Die Erlösung hängt von Gott ab. Beim Bußakt werden die Verhältnisse klar: der begrenzte Mensch steht dem großen Gott gegenüber. Dass aber der Mensch trotz seiner Unvollkommenheit seine Würde nicht verliert, muss beim Bußakt zum Ausdruck kommen! Denn die mögliche Vermittlung des Gefühls der Wertlosigkeit und Unwürdigkeit widerspricht der Botschaft Jesu. Wurde Jesus doch nicht müde, durch sein Verhalten und durch Gleichnisse zu zeigen, dass der Mensch trotz aller Schuld von Gott absolut bedingungslos angenommen ist.[51]

Kann dieses bedingungslose Angenommensein erfahren und als Wahrheit anerkannt werden, kommt dem Bußakt insofern eine diakonische Funktion zu, als er realistisch vom Menschen spricht und ihn dadurch vom Druck befreit, gesellschaftlichen Leitbildern entsprechen zu müssen. So wird das, was in unserer Gesellschaft oft allzu schnell unter den Tisch gekehrt wird – Schwäche, Ohnmacht, Fehler und Schuld – ungeniert benannt und als Tatsache anerkannt. Entgegen weit verbreiteten Tendenzen, wonach der Wert des Menschen von seiner Leistung und Vitalität abhängig gemacht wird, darf der Mensch beim Bußakt wissen: „trotz meiner

---

[50] D. Oesselmann: Spiritualität und soziale Veränderung. Die Bedeutung einer Liturgie des Lebens in der Arbeit mit Randgruppen, Gütersloh 1999.

[51] Z. B. in der Begegnung mit Zachäus (Lk 19,1–10) oder im Gleichnis vom barmherzigen Vater (Lk 15,11–32).

Unvollkommenheit und trotz meiner Schuld kommt mir eine unabdingbare Würde zu." Hier stellt sich die Frage, inwiefern dies Menschen mit einer belasteten Vergangenheit tatsächlich erleben? Schließlich wohnt im Bußakt solidaritätsförderndes Potential inne. Der wiederholte Blick auf die menschliche Unvollkommenheit hilft, sowohl die eigenen Grenzen wie auch die Grenzen Anderer zu akzeptieren. Und dies wiederum befähigt zu diakonischem Handeln. Die amerikanische Politologin Kristen R. Monroe zeigt beispielsweise in ihrer Studie über Menschen, die während des 2. Weltkrieges Juden gerettet haben, dass sich diese Menschen u. a. durch einen äußerst verständnisvollen Umgang mit Schwäche und Schuld auszeichnen und eine große Vergebungsbereitschaft aufweisen.[52] Weitere Studien belegen einen Zusammenhang zwischen dem Umgang mit Schuld und einer möglichen Hilfeleistung: Nach dem „Gerechte-Welt-Glauben" wirkt sich das Verhalten eines Menschen auf sein Schicksal aus, so dass jeder das bekommt, was er auch verdient. Wer von diesem Gerechte-Welt-Glauben überzeugt ist, hilft denjenigen, die sich in einer selbstverschuldeten Notlage befinden, weniger als denen, deren Schicksal unabhängig von ihrem Verhalten ist.[53] Diese Erkenntnisse wie auch die Erfahrung spiritueller Menschen (z. B. Benedikt von Nursia) lassen deutlich werden: Wer sich selbst und Andere in ihrer Begrenztheit und in ihrem wiederholten Schuldigwerden annehmen kann und den „Gerechte-Welt-Glauben" (biblisch gesprochen: den Tun-Ergehens-Zusammenhang) durchbricht, begegnet seinen Mitmenschen auf humanere Weise. Dazu kann der Bußakt einen Beitrag leisten.

c) Die Schriftlesungen – Ermutigung und aktivierender Hoffnungshorizont

In der Eucharistie wird das Handeln Gottes zum Heil der Menschen stets erinnert, vergegenwärtigt und für die Zukunft erhofft. Diese drei Aspekte der Erinnerung, der Vergegenwärtigung und der Hoffnung haben eine nicht zu unterschätzende Bedeutung sowohl für leidende Menschen als auch für diakonisch Tätige.

In der *Erinnerung* an Gottes befreiendes Wirken sowohl im Hören seines Wortes (Lesungen, Evangelium) als auch im eucharistischen Hochgebet wird immer wieder deutlich: Gott steht auf der

---

[52] Vgl. K. Monroe: The heart of altruism: Perceptions of a common humanity, Princeton (New Jersey) 1996.
[53] Vgl. J. Maes / M. Schmitt: Solidarität lernen. Die Förderung von Solidarität in der politischen Bildung aus sozialpsychologischer Sicht, in: Erwachsenenbildung 48 (2002), 8–13, hier 9.

Seite der Notleidenden und begleitet sie auf dem Weg der Befreiung. Das Für-Wahr-Halten dieser Botschaft schenkt gerade den Benachteiligten Würde und Hoffnung: Wenn sich Gott im Verlauf der Geschichte besonders der Leidenden angenommen hat, so wird er dies auch heute und in Zukunft tun. Die Erinnerung an Gottes Geschichte mit den Menschen kann außerdem zum Handeln motivieren. Die Konfrontation mit Propheten wie Amos oder Jeremia lädt beispielsweise dazu ein, auch heute die Gesellschaft kritisch zu betrachten und Ungerechtigkeiten zu benennen.

Erinnerung und *Vergegenwärtigung* gehen ineinander über, wenn die Hörer von der Botschaft Gottes existentiell getroffen sind; wenn sie merken, dass das Gehörte etwas mit dem gegenwärtigen Leben zu tun hat. Der primäre Ort der Vergegenwärtigung ist die Predigt, auf die unten noch näher eingegangen wird.

Nicht zuletzt kann der *Blick in die Zukunft* Hoffnung schenken und zum Handeln motivieren. Damit der Mensch tätig wird, braucht er die Aussicht auf Erfolg, braucht er Visionen. Bei einer in den USA durchgeführten Studie[54] über die Lebendigkeit religiöser Gemeinschaften wurde festgestellt, dass Gemeinschaften ohne Visionen ihrem Tod entgegen gehen. Durch eine „Visionszufuhr" kann die Gemeinschaft wieder auf den Weg der Lebendigkeit gebracht werden. – Das erste Schaubild zeigt den Weg einer Gemeinschaft beim Verlust der Vision.[55] Das zweite Schaubild verdeutlicht, wie durch eine Visionszufuhr der Abstieg verhindert werden kann.[56]

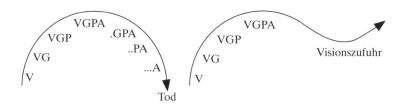

V=Vision; G=Gemeinschaft; P=Programm; A=Administration

[54] Vgl. im Folgenden P.M. Zulehner: Wie eine christliche Gemeinde wirken sollte, in: G. Koch / J. Pretscher (Hg.): Wozu Kirche? Wozu Gemeinde? Kirchenvisionen (Würzburger Domschulreihe), Würzburg 1994, 63–88, hier 66–80.
[55] Das erste Schaubild wurde mit leichten Veränderungen von Zulehner übernommen. Vgl. P. Zulehner: Gemeinde (wie Anm. 54), 67.
[56] Der Verlauf des zweiten Schaubildes findet sich bei K. Vellguth: AsIPA. Entstehung und Kontextualisierung eines Pastoralansatzes, Handout zur Power-Point-Präsentation am 18.12.2004 beim Doktoranden- und Habilitandenkolloquium von Prof. Dr. Ottmar Fuchs in Tübingen, 3.

Der Glaube an das sich durchsetzende Reich Gottes nährt die Vision von einer besseren Zukunft und setzt dadurch Kräfte zum Kampf gegen ungerechte Strukturen und zum Einsatz für mehr Menschlichkeit frei.

d) „Prophetische Predigt" – Sensibilisierung und Aufruf zur Verantwortung

„Man könnte prophetische Menschen als ‚Rufer wider den Strom' (F. J. Stendebach) bezeichnen. Denn sie sind nicht nur wach und hellhörig gegenüber den Ereignissen ihrer Zeit, scharfsichtiger als die Mehrheit ihrer Mitmenschen, sondern sie ahnen auch viel deutlicher, was aus bestimmten politischen, wirtschaftlichen, religiösen Entscheidungen folgt. Das drängt, ja zwingt sie zur Kritik an den jeweiligen Einrichtungen – damit kommen sie aber unweigerlich in Spannung und Konflikt mit den bestehenden Institutionen."[57]

Gesellschaftsanalyse – Kritik – Konflikt: diese Punkte treffen auf alle biblischen Propheten zu, die im Auftrag Gottes Ungerechtigkeiten und soziale Missstände benennen. Die biblischen Propheten machen letztlich nichts anderes, als Gottes Wort und die Gegenwart miteinander zu verbinden. Sie betrachten die Gesellschaft unter dem Blickwinkel von Gottes Maßstäben und zeigen die Differenz zwischen der Realität und der von Gott gewollten gerechten und menschenfreundlichen Gesellschaft auf. Auch der Predigt kommt die Aufgabe zu, die Gegenwart mit den biblischen Texten und ihren Maßstäben zu verbinden. Diese Verknüpfung von Gottes Wort und Leben geschieht in der Predigt einerseits im Blick auf das persönliche Leben und anderseits im Blick auf die Gesellschaft. Besonders Letzteres hat eine diakonische Funktion. Denn die Konfrontation der Realität mit bestimmten Wertvorstellungen ist grundlegender Teil eines jeden Hilfsprozesses.[58] Bei einem Hilfsprozess stellt nämlich die genaue Wahrnehmung einer Notlage die unabdingbare Voraussetzung für die Hilfeleistung dar, und verinnerlichte Wertvorstellungen bzw. die Auseinandersetzung mit Werten gelten als starke Motivationsquellen.

Beides, sowohl die Analyse der Situation als auch die Kritik an ihr gehören zur prophetischen Predigt.[59] Eine prophetische Predigt zeigt

---

[57] U. Struppe / W. Kirchschläger: Einführung in das Alte und Neue Testament, Stuttgart 1998, 55.
[58] Zum Hilfsprozess vgl. U. Hudelmaier: zu verkünden und zu heilen (wie Anm. 5), bes. 86–95.
[59] Vgl. J. Pock: „Wir können unmöglich schweigen über das, was wir gesehen und gehört haben!" (Apg 4,20). Über die Notwendigkeit politischer Predigten, in: R. Bu-

Unrechtsverhältnisse auf, indem sie Menschenrechtsverletzungen, die Lage von Benachteiligten, Machtverhältnisse usw. zur Sprache bringt. Sie rückt das in den Vordergrund, was der „Normalbürger" leicht übersieht oder verdrängt. Dem Unrecht stellt die prophetische Predigt das „Recht", also die von Gott erhaltenen Maßstäbe für eine gerechte und menschliche Gesellschaft gegenüber und gibt dadurch die Richtung für das Handeln vor. Neutralität ist hier fehl am Platz. Vielmehr ergreift die prophetische Predigt Partei für die Benachteiligten und fordert die (Wieder-)Herstellung verletzter Werte. Eine prophetische Predigt beschönigt also nichts, sondern zeichnet die Wirklichkeit wie sie ist. Hierbei wird die Realität mit all ihren Facetten in den Gottesdienst hineingetragen. Den Gottesdienstteilnehmern, die ja nur einen Ausschnitt der Gesellschaft repräsentieren, werden dadurch die Augen für die Not von Menschen geöffnet, mit denen sie normalerweise nicht in Kontakt stehen. Zudem wird ihnen ein Spiegel vorgehalten, der ihr Verhalten zu Tage treten lässt. Schließlich fordert die prophetische Predigt zur Umkehr und zum Handeln auf. Die Umsetzung dieses Punktes bedarf jedoch großer Sensibilität. Ist die Anklage nämlich zu stark und die Forderung zur Umkehr mit Druck behaftet, reagieren die Hörer eher mit Rückzug als mit Engagement. Denn eine wirklich tragfähige Motivation für soziales Handeln kommt in der Regel aus dem Inneren und nicht von Außen. So gilt auch hier, was Johann Pock für eine „politische" Predigt fordert: Es ist „zu beachten, dass zwar die konkreten Situationen analysiert und auf den Punkt gebracht werden – dass es aber nicht darum gehen kann, den HörerInnen konkrete Vorschriften zu machen, wie sie nun angesichts der erhobenen Situation vorzugehen hätten. Denn die konkreten Handlungsschritte zu setzen, liegt wiederum in der freien Entscheidung der Gemeindemitglieder."[60]

e) Das fürbittende Gebet – Spiegel der Not und Entlastung

Mit Verweis auf 1 Tim 2,1–2 führte das II. Vatikanum in seiner Liturgiekonstitution das Fürbittgebet in der Eucharistie wieder ein: „Nach dem Evangelium und der Homilie soll – besonders an den Sonntagen und gebotenen Feiertagen – das ‚Allgemeine Gebet' oder ‚Gebet der Gläubigen' wiedereingeführt werden, damit unter Teilnahme des Volkes Fürbitten gehalten werden für die heilige

---

cher / R. Krockauer (Hg.): Pastoral und Politik. Erkundungen eines unausweichlichen Auftrags (Werkstatt Theologie. Praxisorientierte Studien und Diskurse, Bd. 7), Wien 2006, 198–212, hier 207.
[60] J. Pock: „Wir können unmöglich schweigen" (wie Anm. 59), 208.

Kirche, für die Regierenden, für jene, die von mancherlei Not bedrückt sind, und für das Heil der ganzen Welt" (SC 53). Von Bedeutung ist, dass der Inhalt der Fürbitten nicht auf den binnenkirchlichen Bereich beschränkt bleibt; vielmehr sind gerade die Fürbitten der Ort, an dem das Leben der ganzen Welt vor Gott getragen werden soll.

Greifen die Fürbitten konkrete Nöte und Sorgen der Menschen auf, bringen sie nicht nur die als leidvoll erfahrene Realität ins Bewusstsein, sondern stärken auch die Betroffenen. Hierzu eine Erfahrung: in der sonntäglichen Eucharistie betete unser Pfarrer für einen bei einem Unfall schwer verletzten jungen Mann aus unserer Gemeinde. Die Mutter war äußerst gerührt über das Hineinnehmen des Schicksals ihres Sohnes in den gemeindlichen Gottesdienst. – Im gemeinsamen Fürbittgebet erleben Betroffene und die Gemeinde die Einbettung schwieriger Lebenssituationen in einen größeren Horizont und erkennen, dass die Not nicht alleine bewältigt werden muss, sondern vom gemeindlichen Gebet und möglicherweise auch durch daraus resultierende Hilfsaktionen mitgetragen wird.

Außerdem haben Fürbitten eine entlastende Funktion: man vertraut die als leidvoll erfahrene Situation Gott an, der größere Möglichkeiten zur Veränderung hat. Hier erfahren die Betenden, dass nicht alles in ihren Händen liegt, und nehmen ihre Begrenztheit an. Vor allem für Menschen, die helfend tätig sind, ist dieses „Abgeben" an Gott äußerst wichtig. Stehen doch nicht wenige sozial Engagierte in der Gefahr, sich Notlagen zu sehr zu Herzen zu nehmen und im Einsatz für andere die eigenen Grenzen bis hin zum Burnout zu überschreiten. Die Fürbitte kann dazu beitragen, dass das Gleichgewicht zwischen der im Doppelgebot geforderten Nächsten- und Selbstliebe wiederhergestellt wird.

Zudem weisen die Fürbitten immer wieder neu auf Gott als denjenigen, der letztlich für Gerechtigkeit sorgen wird. Der Glaube an eine höhere Gerechtigkeit wiederum zeigt sich solidaritätsfördernd. Denn Menschen mit diesem Glauben setzen sich mit einer größeren Gelassenheit für die Überwindung von Ungerechtigkeiten ein, weil sie ihre eigenen Grenzen kennen und die Herstellung der vollkommenen Gerechtigkeit Gott überlassen. Ihr Verhalten ist eher von Milde, Verständnis und Versöhnung geprägt, während Menschen mit dem Glauben an eine immanente Gerechtigkeit verbissen für gerechte Zustände kämpfen und dabei nicht selten selbst ungerecht handeln.[61]

---

[61] Vgl. zum Glauben an eine immanente oder höhere Gerechtigkeit: J. Maes / M. Schmitt: More on ultimate and immanent justice: Results from the research project

f) Die Gabenbereitung – Zeichen der Hingabe und des Teilens

Ebenso wie die Fürbitten bietet die Gabenbereitung Raum, die erfahrene Lebenswirklichkeit sichtbar werden zu lassen. In ihr kommt besonders die Haltung der Hingabe und des Teilens zum Ausdruck. So besteht ihre Bedeutung darin, „dass sich die Gläubigen mit den Gaben selbst in das eucharistische Geschehen einbringen wollen durch Glauben und innere Hingabe (…). Diese innere Hingabe wird auch dann symbolisiert, wenn außer Brot und Wein karitative Gaben mitgebracht werden wie die übliche Kollekte. Denn diese materiellen Spenden sind ja Ausdruck helfender Liebe, die Christus auf sich selbst bezieht (‚Das habt ihr für mich getan‘), und der Verantwortung für Welt und Kirche."[62]
Werden die Kollekte und weitere materielle Gaben an einem für alle wahrnehmbaren Ort abgelegt, z. B. vor dem Altar, so erinnern sie an die Situation Leidender und machen sie im Gottesdienst präsent. Arzneimittel für Entwicklungsländer, ein Schulranzen für ein Kind aus einer sozial schwachen Familie, ein Schlafsack für einen umherziehenden Obdachlachlosen lassen an die jeweiligen Menschen denken.
Im obigen Zitat weist Adolf Adam auf die innere Hingabe als eigentliches Element der Gabenbereitung hin. Meiner Wahrnehmung nach spielt jedoch die bewusste Hingabe an Gott in der gegenwärtigen Glaubenspraxis der katholischen Kirche eine geringe Rolle. Damit ist eine grundlegende christliche Haltung in den Hintergrund getreten bzw. ein Stück weit verloren gegangen. Bereits Jesus wies immer wieder auf die Notwendigkeit des Loslassens und auf Gott als den zentralen Bezugspunkt hin: „wer sein Leben retten will, wird es verlieren; wer aber sein Leben um meinetwillen verliert, wird es gewinnen." (Mt 16,25 par). Auch die Rangfolge der Bitten im Vaterunser ist mit einer Prioritätensetzung verbunden: die Bitte „dein Wille geschehe" steht vor den Bitten um Brot und Vergebung. Im Vaterunser finden die menschlichen Grundbedürfnisse durchaus Beachtung; doch die Bitte um ihre Erfüllung steht nicht an erster Stelle. An erster Stelle steht immer Gott und sein Reich. So auch in der Aufforderung „euch aber muss es zuerst um sein Reich und um seine Gerechtigkeit gehen; dann wir euch alles andere dazugegeben" (Mt 6,33 par). Ebenso machen für die Kirche bedeutende

„Justice as a problem within reunified Germany", in: Social Justice Research, 12 (1999), 65–78.
[62] A. Adam: Die Eucharistiefeier – Quelle und Gipfel des Glaubens, Freiburg i.Br. 1991, 59 (Kursivdruck aufgehoben).

Männer und Frauen immer wieder auf die Hingabe an Gott als konstitutives Element des Glaubens aufmerksam, z. B. Papst Johannes XXIII. mit seiner Aussage „Christlicher Glaube heißt: Heiterkeit, innere Ruhe und Hingabe an Gott."[63] oder Edith Stein: „Gotteskind sein heißt an Gottes Hand gehen, Gottes Willen, nicht den eigenen Willen tun, alle Sorgen und alle Hoffnung in Gottes Hand legen, nicht mehr selbst um sich und seine Zukunft sorgen. Darauf beruhen die Freiheit und die Fröhlichkeit des Gotteskindes"[64] Zudem kreist das zentrale Gebet des Klaus von der Flüe um die Hingabe: „Mein Herr und mein Gott, nimm alles von mir, was mich hindert zu dir (…)"[65]Diese Beispiele wie auch die oben dargestellte Praxis in der frühen Kirche fordern dazu auf, die Haltung der Hingabe wieder neu zu betonen. Vollzieht sich doch gerade in der Hingabe an Gott eine radikale Wandlung des Menschen hin zu größerer Aufmerksamkeit und Liebe.[66]

g) Friedensgruß – dem Unfrieden und Leid entgegenstehen

Wie uns täglich vor Augen geführt wird, bringen Unfriede und Krieg unendlich viel Leid mit sich. Und umgekehrt führt die Erfahrung von Armut und Ungerechtigkeit nicht selten zu gewalttätigen Auseinandersetzungen. Jesus kannte diese Zusammenhänge, sonst hätte er nicht immer wieder dazu aufgefordert, einen versöhnenden Umgang miteinander zu pflegen. Quelle der bedingungslosen Vergebung und des Friedens ist Gott. Deutlich wird die Vergebungsbereitschaft Gottes besonders im Gleichnis vom verlorenen Sohn. Jesus belässt es jedoch nicht bei bloßen Worten. Indem er z. B. dem Gelähmten in Lk 5,20 ohne vorausgehendes Bekenntnis und abgelöst vom Kult die Vergebung zuspricht, rührt er an ein Privileg, das nach damaliger Vorstellung nur Gott zustand[67] und lässt so die Vergebung erlebbar werden. Vergebung im Sinne Jesu

---

[63] http://glaube-und-kirche.de/roncalli.htm (28.4.08).

[64] E. Stein, zitiert nach C. Maccise / J. Chalmer: Verlieren um zu gewinnen. Der Weg der seligen Teresia Benedicta vom Kreuz (Edith Stein), Rundbrief der Generaloberen zu ihrer Heiligsprechung, Rom 1998, www.karmel.at/edith/genHaupts.htm#N_25_ (29.4.08).

[65] Für Ignatius von Loyola ist der gleiche Grundgedanke wichtig: „Nimm hin, Herr, und empfange meine ganze Freiheit, mein Gedächtnis, meinen Verstand und meinen ganzen Wille, meine ganze Habe und meinen Besitz (…)". W. Lambert: Aus Liebe zur Wirklichkeit. Grundworte ignatianischer Spiritualität, Mainz [4]1998.

[66] Vgl. F. Jalics: Kontemplative Exerzitien. Eine Einführung in die kontemplative Lebenshaltung und in das Jesusgebet, Würzburg [6]1999.

[67] Vgl. B. Heininger: Neues Testament, in: G. Vanoni / B. Heininger: Das Reich Gottes. Perspektiven des Alten und Neuen Testaments (NEB – Themen; Bd. 4), Würzburg 2002, 61–117, hier 87.

bezieht sich nicht nur auf das Verhältnis zwischen Gott und Mensch, sondern auch auf die Beziehung der Menschen untereinander. Sowohl im Vaterunser als auch in der Aufforderung, dem Bruder siebenmal täglich zu vergeben (Lk 17,3b-4), wird dieser zwischenmenschliche Aspekt thematisiert. Ziel der Vergebung ist die Wiederherstellung zerstörter Beziehungen und somit die Verbesserung der durch Schuld verursachten Not.

Die Alltägliche Erfahrung, dass Menschen, die im Einklang mit sich selbst leben, eher anderen helfen, wird wissenschaftlich unterstrichen: Negative Emotionen wie Feindseligkeit, Ärger und Angst schwächen die Hilfsbereitschaft.[68] So trägt der in der Eucharistiefeier von Gott zugesprochene Friede auch ein solidaritätsförderndes Potential in sich: er befähigt, mit sich selbst Frieden zu schließen wie auch auf den Nächsten zuzugehen und Konflikte beiseite zu legen – wohlwissend, dass so mancher Versöhnungsweg nicht von heute auf morgen beschritten und gegangen werden kann. Im gegenseitigen Händedruck findet die Haltung der Versöhnung ihren sichtbaren Ausdruck.

h) Sendungsauftrag – in den Alltag hineinwirken

Zum Sendungsauftrag „Gehet hin in Frieden" am Ende der Eucharistie schreibt Lambert: „Am Ende der Eucharistie wird nicht gesagt: Es ist so schön miteinander und wir bleiben jetzt beieinander, sondern: Geht und bringt Frieden! Seid Friedensstifter! Umsonst habt ihr empfangen, umsonst sollt ihr geben! Ihr seid nicht zur Sterilität, sondern zur Fruchtbarkeit berufen! Zur Fruchtbarkeit in eurer Beziehung, aber auch darüber hinaus."[69] Damit wird deutlich: Die in der Eucharistie erfahrene Zuwendung Gottes soll weitergegeben werden und in den Alltag hineinwirken. In Wirklichkeit hat der Glaube jedoch seine alltagsprägende Kraft verloren.[70] Für immer weniger Menschen ist das „an Gott glauben" wichtig und immer weniger Menschen praktizieren religiöse Handlungen im alltäglichen, gewöhnlichen Leben (Gebet, Gottesdienstbesuch). Dagegen haben die Feier der Lebenswenden (Taufe, Hochzeit, Beerdigung) und kirchliche Festzeiten nach wie vor eine hohe Bedeutung. Trotzdem erinnert der Sendungsauftrag am Ende einer jeden

---

[68] Vgl. L. Montada / A. Schneider / B. Reichle: Emotionen und Hilfsbereitschaft, in: H. Bierhoff / L. Montada (Hg.): Altruismus. Bedingungen der Hilfsbereitschaft, Göttingen 1988, 130–153.

[69] W. Lambert: Wovon die Liebe lebt, Würzburg ²2006.

[70] Vgl. im Folgenden: U. Hudelmaier: zu verkünden und zu heilen (wie Anm. 5), 239–247.

Eucharistie an die Verbindung von Glaube und Alltag, die immer wieder neu gelebt werden will.

III. Ausblick

Der Blick auf „diakonische" Elemente der Eucharistie hat gezeigt, wie oft die Not der Menschen im Verlauf der Feier sichtbar gemacht werden kann und welch großes Befähigungspotential zur tatkräftigen Hilfe in der Eucharistie liegt. Leicht könnte der Gedanke entstehen, die Eucharistie bewusst zur Stärkung Benachteiligter und caritativ Engagierter oder zur Werbung für soziale Initiativen „einzusetzen". Hier ist immer wieder daran zu denken, dass Liturgie nicht verzweckt werden darf. Ist sie doch in ihrem tiefsten Wesen ein Ort der Begegnung zwischen Gott und Mensch, wo sowohl die Freiheit Gottes als auch die Freiheit des Menschen geachtet werden soll. Letztlich geht es auch in der Liturgie darum, vor und für Gott da zu sein – zuerst zu hören, was er spricht. Möge dies der Hintergrund aller praktischen Bemühungen sein, den „diakonischen" Elementen in der Eucharistie Ausdruck zu verleihen.

„… so etwas wie das Sinnbild der ganzen Kirche"

Der Dienst des Diakons bei Taufe, Trauung und Beerdigung

von Birgit Jeggle-Merz

Das Zweite Vatikanische Konzil hat den sakramentalen Diakonat als eigenständiges Amt in der lateinischen Kirche wieder belebt, ein Dienstamt, von dem schon die Schriften des Neuen Testaments Zeugnis geben und das für das Leben der Kirche über viele Jahrhunderte von großer Bedeutung war, bevor es im Laufe des Mittelalters zu einer Durchgangsstufe zum Presbyterat verkümmerte.[1] In seinen Dokumenten Lumen gentium (LG) 29, Ad gentes (AG) 16 und Orientalium ecclesiarum (OE) 17 hat das Konzil jedoch der Dreistufigkeit des sakramentalen Amtes eine neue Bedeutung zugedacht. Seither hat ein theologischer Reflexionsprozess über das spezifische Profil des Diakons und seine originären Aufgaben eingesetzt,[2] ohne dass sich eine eindeutige theologische Ortsbestimmung des ständigen Diakonats durchgesetzt hat.[3]

Im Zentrum der folgenden Überlegungen stehen die liturgischen Aufgaben des Ständigen Diakons. Die kirchlichen Dokumente weisen dem Diakon neben seinem Dienst in der Eucharistiefeier weit reichende weitere Aufgaben im Rahmen der liturgischen Feiern der Kirche zu. Im Focus dieses Beitrags steht der Dienst des Diakons bei der Feier der Taufe, der Trauung und

---

[1] Das vorvatikanische Verständnis der (Priester-)Weihe gibt treffend folgender Titel wieder: B. Goebel: Auf sieben Stufen zum Altar. Besinnung auf die Weiheliturgie. Regensburg 1962.

[2] Um kritische Deutung der Bandbreite einer Theologie des Diakonats bemüht sich das Dokument der Internationalen Theologischen Kommission: G.L. Müller (Hg.): Der Diakonat – Entwicklung und Perspektiven. Studien der Internationalen Theologischen Kommission zum sakramentalen Dienst. Würzburg 2004.

[3] In ihrem Beitrag „Zur Theologie des sakramentalen Diakonats" weist Eva-Maria Faber darauf hin, dass selbst im deutschsprachigen Raum in der Praxis unterschiedliche Akzentsetzungen in der Ausformung des Diakonats festzustellen sind. „Gibt es in Deutschland sowohl hauptberuflich in der Sozialarbeit oder der Pastoral tätige Diakone wie auch Diakone mit einem ‚Zivilberuf', so kennt die deutschsprachige Schweiz fast ausschliesslich hauptamtliche Diakone, die mehrheitlich in der Pfarrseelsorge arbeiten und vielfach als Gemeindeleiter in eher presbyterale Dienste hineinrücken" (in: Pastoralblatt für die Diözesen Aachen, Berlin, Essen, Hildesheim, Köln, Osnabrück 57 [2005] 35–39, hier: 35).

der Beerdigung. Es ist zu fragen, welche spezifische Bedeutung dem sakramentalen Diakonat im Rahmen dieser liturgischen Feiern für das Leben der Kirche zukommt. Eignet dem sakramentalen Diakonat ein besonderer Zeichencharakter, der es theologisch sinnvoll erscheinen lässt, bestimmte liturgische Aufgaben explizit dem Diakon zuzuweisen? Oder ist der Diakon als liturgischer Rollenträger in vielen Fällen letztlich doch nur (ordinierter) Ersatz für einen fehlenden Priester?[4]

I. Anmerkungen zur Theologie des sakramentalen Diakonats

A. Ad vitam Ecclesiae summopere necessaria (LG 29)

Das Zweite Vatikanische Konzil hat den Diakonat als eigenen und ständigen Grad der Hierarchie wiederhergestellt, indem es das Dienstamt aus göttlicher Einsetzung kommend erklärt (LG 28a) und ihm folgende Aufgaben zuweist: Die Diakone sollen in den *munera* tätig werden, die für das Leben der Kirche höchst notwendig (*ad vitam ecclesiae summopere necessaria*), aber in zahlreichen Gebieten der Kirche aufgrund des Priestermangels nur unzureichend ausgeübt werden können. So wird in LG 29 die Seelsorge (*pro cura animarum*) als der entscheidende Grund für die Wiederherstellung des Ständigen Diakonats in der Ortskirche angeführt.[5] AG 16 sieht

---

[4] Hans Bernhard Meyer benennt das Dilemma: „Die Diakone leiden trotz der Wiedereinführung des Ständigen Diakonats durch das Zweite Vatikanische Konzil und der Bekräftigung der Lehre, dass der Diakonat zum Weihesakrament gehört (LG 29), unter einer beträchtlichen Rollenunsicherheit. Denn alle Dienste, zu denen sie geweiht werden, können und werden faktisch auch von Laien wahrgenommen. Es fehlt deshalb eine überzeugende Theologie des Diakonats, die Zahl der Bewerber hält sich in Grenzen, und Diakone treten am häufigsten bei Gottesdiensten in der ihnen zustehenden liturgischen Kleidung in Erscheinung. Das entspricht sicher nicht dem Sinn des Diakonats. Bei diesem Amt sind noch viele Fragen offen" (in: Laien als liturgische Vorsteher: Stellen wir die richtigen Fragen? Eine Einführung, in: M. Klöckener/K. Richter (Hg.) Wie weit trägt das gemeinsame Priestertum? Liturgischer Leitungsdienst zwischen Ordination und Beauftragung. Freiburg i. Br. 1998 [QD 171] 11–19, hier: 14).
[5] Die Diskussionen in der Konzilsaula lassen den Rückschluss zu, dass für viele Bischöfe der Gedanke im Vordergrund stand, durch die Weihe von Diakonen, insbesondere verheirateten Diakonen, dem Mangel an Presbytern entgegenzuwirken. „Die Geschichte nach dem II. Vatikanischen Konzil hat gezeigt, dass diese Hoffnung trügt. Fehlende Presbyter können nur durch Presbyter ersetzt werden," so P. Hünermann: Theologischer Kommentar zur dogmatischen Konstitution über die Kirche *Lumen gentium*, in: P. Hünermann / B.J. Hilberath (Hg.): Herders Theologischer Kommentar zum Zweiten Vatikanischen Konzil. Bd. 2 Sacrosanctum Concilium. Inter mirifica. Lumen gentium. Freiburg i. Br. 2004, 229–582, hier: 459.

nicht allein im Priestermangel den Grund für die Wiederherstellung des Ständigen Diakonats, sondern macht darauf aufmerksam, dass es angemessen sei, Männern, die faktisch diakonale Dienste ausübten (wie die Katecheten in der Verkündigung und in der Leitung von Gemeinden oder caritativer resp. sozialer Einrichtungen), durch Handauflegung zu diesem Dienst zu stärken und sie näher dem Altar zu verbinden (*corroborari et altari arctius coniungi*).[6]

Die Wiedererrichtung des Ständigen Diakonats ist also in großem Maß durch die Notsituation des Priestermangels und die Sorge um die überlasteten Priester in den Missionsländern geprägt.[7] Von daher versteht sich auch, dass LG das besondere Augenmerk auf das liturgische Bild des Diakons und seinen Dienst der Heiligung legt. Als liturgische Aufgaben des Diakons werden benannt: Spendung der Taufe, Aufbewahrung und Austeilung der Eucharistie, Assistenz der Eheschließung und Erteilung des Trauungssegens, Spendung des Viaticums, „vor den Gläubigen die Heilige Schrift zu lesen, das Volk zu lehren und zu ermahnen, dem Gottesdienst und dem Gebet der Gläubigen vorzustehen, Sakramentalien zu spenden und den Begräbnisritus zu leiten" (LG 29). In der missionarischen Perspektive von AG verlagert sich der Focus zum caritativen Aspekt der Gestalt des Diakons und zum Dienst der Leitung, die der Diakon „im Namen des Pfarrers oder des Bischofs" (AG 16) ausübt.[8]

In nicht geringem Umfang können Diakone nach dieser Wegweisung des Konzils Aufgaben wahrnehmen, die dem Vorsteher einer liturgischen Versammlung zukommen. Die Übernahme des Vorste-

---

[6] Die Internationale Theologische Kommission dazu: „Das Konzil zeigt sich hier also nicht nur durch die aktuellen Probleme der Pastoral motiviert, sondern auch durch das Bedürfnis, die Existenz des diakonalen Dienstamtes in bestimmten Gemeinden anzuerkennen. Es möchte durch die sakramentale Gnade die stärken, die den diakonalen Dienst schon ausüben oder das Charisma zeigen" (Der Diakonat 63 [s. Anm. 2]). Manfred Hauke wiederum hält eine Ordination aus Gründen der Stärkung eines bereits ausgeübten Dienstes mit dem katholischen Verständnis von sakramentaler Ordination nicht vereinbar (vgl. Das spezifische Profil des Diakonates, in: FoKTh 17 [2001] 81–127, hier: 90).

[7] Andreas Weiß analysiert für den vorkonziliaren Prozess durchaus differenziertere Aspekte, die zur Wiedererrichtung des Ständigen Diakonats vorgetragen wurden: vgl. seine Schrift „Der ständige Diakon. Theologisch-kanonistische und soziologische Reflexionen anhand einer Umfrage. Würzburg 1991 (Forschungen zur Kirchenrechtswissenschaft 10)" bes. 72f.

[8] Der lateinische Text von AG 16 verwendet das Verb „moderari" zur Beschreibung der Leitungsfunktion des Diakons. Das Motuproprio *Sacrum diaconatus ordinem* (s. Anm. 11) modifiziert zu „regere". Verschiedentlich wird diese Veränderung der Vokabel als theologische Entwicklung wahrgenommen und die Gemeindeleitung als originärer Dienst des Diakons formuliert (vgl. die Ausführungen bei H. Heinemann: Diakon als Leiter einer Gemeinde?, in: J. Plöger / H. Weber (Hg.): Der Diakon. Wiederentdeckung und Erneuerung seines Dienstes. Freiburg i. Br. 1980, 231–240).

herdienstes durch Diakone hat in der Geschichte der östlichen und westlichen Liturgie nur wenige Vorbilder.[9] Doch gab das Konzil auch nicht vor, die Form des Ständigen Diakonats, den es vorschlägt, wäre eine Restauration einer früheren Form. „Was es herstellt, ist *das Prinzip der Ausübung des ständigen Diakonats*, und nicht eine besondere Form, die er in der Vergangenheit gehabt hat."[10] Das Motuproprio Pauls VI. „*Sacrum diaconatus ordinem*'[11] vom 18.6.1967 ergänzt den in LG 29 genannten Aufgabenkatalog des Diakons um einige spezifisch liturgische Dienste: Es kommt dem Diakon zu

1. „bei den liturgischen Handlungen dem Bischof und dem Priester zu assistieren in allem, was ihm die verschiedenen Ritualbücher zuweisen;
2. die Taufe im feierlichen Ritus zu spenden und die bei einem schon getauften Kind oder Erwachsenen ausgelassenen Zeremonien nachzuholen;
3. die Eucharistie aufzubewahren, sich und anderen zu spenden, als Wegzehrung Sterbenden zu bringen und dem Volk den sogenannten eucharistischen Segen mit der Pyxis (‚Speisekelch') zu erteilen;[12]
4. wo kein Priester vorhanden ist, im Namen der Kirche Eheschließungen zu assistieren und sie zu segnen aufgrund der Delegation des Bischofs oder des Pfarrers, wobei im übrigen zu beachten ist, was im CIC vorgeschrieben ist; ...
5. Sakramentalien zu spenden und die Begräbnisriten zu vollziehen;
6. den Gläubigen die Heilige Schrift vorzulesen und das Volk zu lehren und zu ermahnen;

---

[9] Vgl. H. Brakmann: Zum Dienst des Diakons in der Liturgischen Versammlung, in: J. Plöger / H. Weber (Hg.): Der Diakon. Wiederentdeckung und Erneuerung seines Dienstes. Freiburg i. Br. 1980, 147–163, hier: 155.

[10] Der Diakonat 65 (s. Anm. 2)

[11] Paul VI., Sacrum Diaconatus Ordinem. Litterae Apostolicae Motu proprio datae. Generales normae de Diaconatu Permanenti in Ecclesia Latina restituendo feruntur. Apostolisches Schreiben Motuproprio. Allgemeine Richtlinien für die Erneuerung des ständigen Diakonates in der Lateinischen Kirche, 18. Juni 1967. Von den deutschen Bischöfen approbierte Übersetzung (revidierte Übersetzung), in: Nachkonziliare Dokumentation 9. Trier 1968, 26–45. Vgl. dazu J. Hornef: Die römischen Ausführungsbestimmungen zu den Diakonatsbeschlüssen des Konzils. Eine kritische Betrachtung der jetzigen Rechtslage, in: HlD 21 (1967) 109–114.

[12] Hier geht das Motuproprio über can. 1274 CIC 1917 hinaus. Der Ritualefaszikel „Kommunionspendung und Eucharistieverehrung außerhalb der Messe" (1976) Nr. 91 korrigiert die Einschränkung der Erlaubnis zur Erteilung des Segens mit der Pyxis und lässt den eucharistischen Segen auch mit der Monstanz zu. So auch Der liturgische Dienst des Diakons (12. März 1984). Hg. v. Sekretariat der Deutschen Bischofskonferenz. Bonn 1974 (Die Deutschen Bischöfe – Liturgiekommission) Nr. 175.

7. liturgische Feiern und Andachten zu leiten, wo ein Priester nicht anwesend ist;
8. Wortgottesdienste zu leiten, besonders wo ein Priester fehlt;
9. im Namen der Hierarchie Aufgaben der Caritas und der Verwaltung zu erfüllen und soziale Hilfswerke zu betreuen;
10. im Namen des Pfarrers oder des Bischofs entfernt liegende Christengemeinden rechtmäßig zu leiten;
11. Werke des Laienapostolats zu fördern und zu unterstützen" (EDIL/DEL 966).

Das Motuproprio zählt eine Reihe von liturgischen Diensten auf, die vom Diakon ausgeübt werden können, die so ohne Vorbild in der Tradition der Kirche sind.[13] Der Eindruck, dass viele dieser Aufgaben originär presbyterale Aufgaben sind, die der Diakon in Delegation ausüben kann, lässt sich nicht von der Hand weisen. „So ist nicht ohne weiteres zu sehen, inwieweit das diakonale ‚Prägemal' die Befähigung für bestimmte Kompetenzen oder Vollmachten überträgt, die nur auf Grund einer vorhergehenden sakramentalen Weihe ausgeübt werden könnten. Faktisch gäbe es auch einen anderen Zugang (durch Delegation oder Vertretung und nicht auf Grund des Sakraments der Weihe)", gibt die Internationale Theologische Kommission zu bedenken.[14]

B. Der subsidiäre Charakter des Diakonats

1.) Der Diakon als Diener der Kirche Gottes

Ignatius von Antiochien († um 110) bezeichnet die Diakone als „der Kirche Gottes Diener" und nicht als „Diakone für Speisen und Getränke".[15] Diese Diener der Kirche Gottes sind ganz auf die liturgische Versammlung als Manifestation der Kirche hingeordnet. Nicht Leitung, sondern Dienst ist ihre Aufgabe. „[D]ie historisch sehr verschiedenen Funktionen der Diakone sind doch eines Wesens: Hilfe für die Leiter der Kirche, durch die deren Funktion nicht übernommen und nicht vertreten wird, sondern bei deren Ausübung durch die Leiter der Kirche selbst diese unter-

---

[13] Diese Neuerungen „wären ohne die erstaunliche Öffnung durch die Kirchenkonstitution wohl nicht erreichbar gewesen", so E. J. Lengeling: Der Diakon in den neuen liturgischen Büchern. Verwirklichtes und Versäumtes, in: J. Plöger / H. Weber (Hg.): Der Diakon. Wiederentdeckung und Erneuerung seines Dienstes. Freiburg i. Br. 1980, 164–193, hier: 182.

[14] Der Diakonat 51 (s. Anm. 2).

[15] Ign. Trall. 2,3 (Die Apostolischen Väter. Eingel., hg., übertragen u. erl. von J. Fischer. Darmstadt 1956 [SUC 1] 174f).

stützt werden. Jede Hilfeleistung dieser Art kann grundsätzlich ein Moment an jenem Amt sein, das das der Diakone ist, und darum ermöglicht werden durch jene Gnade, die durch die sakramentale Diakonatsweihe verliehen wird (oder werden kann)."[16] Die Quellen belegen, dass dem Diakon in der eucharistischen Liturgie seit frühester Zeit wichtige, allerdings subsidiäre Aufgaben zukommen. Auch bei den anderen Sakramentenfeiern begegnet der Diakon als Helfer unmittelbar in der Nähe zentraler Handlungen. Doch: „Die Mitwirkung des Diakons zielt darauf ab, dass im Gottesdienst alles einen guten Verlauf nimmt"[17]: Er geht zur Hand, wenn die heiligen Handlungen vollzogen werden; er sorgt dafür, dass die Mitfeiernden angemessen an der liturgischen Versammlung teilnehmen und dass die ganze Versammlung in der rechten Weise betet. Zu den ursprünglichen Aufgaben gehört zudem die gottesdienstliche Verlesung des Evangeliums.

Ist der subsidiäre Charakter des Diakonats überschritten, wenn Diakone in Ausnahmefällen und darüber hinaus als Leiter liturgischer Versammlungen amtieren, den eigentlichen Vorsteher, d. h. den Bischof resp. seinen Vertreter, den Ortspfarrer, zu entlasten und zu unterstützen?

2.) Der Diakon als Ikone Christi
Die syrische Kirchenordnung *Testamentum Domini* aus dem 5. Jh. verfügt:
„Der Diakon tut und teilt nur das mit, was der Bischof ihm aufträgt. Er ist Ratgeber des ganzen Klerus und so etwas wie das Sinnbild der ganzen Kirche. Er pflegt die Kranken, kümmert sich um die Fremden, ist der Helfer der Witwen. Väterlich nimmt er sich der Waisen an, und er geht in den Häusern der Armen aus und ein, um festzustellen, ob es niemand gibt, der in Angst, Krankheit und Not geraten ist. Er geht zu den Katechumenen in ihre Wohnungen, um den Zögernden Mut zu machen und die Unwissenden zu unterrichten. Er bekleidet und ‚schmückt' die verstorbenen Männer, er begräbt die Fremden, er nimmt sich derer an, die ihre Heimat verlassen haben oder aus ihr vertrieben wurden. Er macht der Gemeinde die Namen derer bekannt, die der Hilfe bedürfen."[18]

---

[16] K. Rahner: Die Theologie der Erneuerung des Diakonates, in: K. Rahner / H. Vorgrimler (Hg.): Diaconia in Christo. Über die Erneuerung des Diakonats. Freiburg i. Br. 1962 (QD 15/16) 285–324, hier: 286.
[17] H. Brakmann: Zum Dienst des Diakons in der Liturgischen Versammlung 147 (s. Anm. 9).
[18] Testamentum Domini I.34,1 (48). Übersetzung nach B. Fischer: Dienst und Spiri-

Unsere Quelle spricht nur kurz von den liturgischen Aufgaben des Diakons, beschreibt aber in aller Ausführlichkeit seine caritativen Aufgaben.

Vor dem Hintergrund dieses Dienstes gewinnen die liturgischen Funktionen des Diakons den Sinn eines Höhepunktes im Rahmen seines ganzen Dienstes: „Diese Menschen, denen er Tag für Tag dient, denen er von Haus zu Haus nachgeht, führt er gegebenenfalls in der Taufe dem Einen zu, bei dem ihre eigentliche Zuflucht ist. Bei der Eucharistiefeier geleitet er sie immer wieder als Repräsentant des Volkes am Altar in dieses erlösende Erbarmen. Er reicht ihnen das Kostbarste, was Menschenhände reichen können, die heiligen Gaben vom Altar; wo jemand krank ist, bringt er sie ihm ins Haus."[19] Testamentum Domini sieht den Diakon als „Symbol für die Kirche", denn von ihm soll man ablesen können, was man selber sein solle. „Der Diakon ist gerade, weil ihm reines Dienen und noch kein ‚praeesse' aufgetragen ist, ein Bild dessen, was die Kirche mit all ihren Ämtern bis zum Petrusamt hinauf soll: die Liebe dessen, der gekommen ist, nicht um sich dienen zu lassen, sondern um zu dienen (Mk 10.45)."[20] Der Diakon, der all seinen Aufgaben gerecht wird, wird so zum glaubenweckenden und diesen stärkenden Zeichen, nach altkirchlichem Verständnis also zum *sacramentum* oder *mysterion*, er wird zur „Ikone", die Christus selbst erfahren lässt.[21]

3.) Die Liturgie – Höhepunkt und Quelle
Die kirchlichen Dokumente für den Ständigen Diakonat explizieren die liturgischen Dienste des Diakons deutlich detaillierter und ausführlicher als den Dienst des Wortes oder den Dienst der Liebe.[22] Der Grund dafür ist sicher einerseits in dem Wunsch zu sehen,

---

tualität des Diakons. Das Zeugnis einer syrischen Kirchenordnung des 5. Jahrhunderts, in: J. Plöger / H. Weber (Hg.): Der Diakon. Wiederentdeckung und Erneuerung seines Dienstes. Freiburg i. Br. 1980, 263–273, hier: 265f. – Reiner Kaczynski weist auf ein in dieser Quelle immer wieder verwendete Verb hin, das den Hintergrund des diakonalen Dienstes erschließt: *circumlustret* = er erleuchte von allen Seiten (vgl. „… non ad sacerdotium, sed ad ministerium". Überlegungen zum Diakonat, in: B. Kranemann (H.g): Die diakonale Dimension der Liturgie. Freiburg i. Br. 2006 [QD 218] 220–245, hier: 230).

[19] B. Fischer: Dienst und Spiritualität des Diakons 271 (s. Anm. 18).
[20] B. Fischer: Dienst und Spiritualität des Diakons 271 (s. Anm. 18).
[21] „Damit kann klar werden, warum die östlichen Kirchen die Diakone damit beauftragen, im Gottesdienst die langen Ektenien vorzutragen, in denen all dieser Menschen gedacht wird. So erreicht gottesdienstliches Tun seinen Sinn, weil ihm das Verhalten im Alltag entspricht" (vgl. Kaczynski, „… non ad sacerdotium, sed ad ministerium" 233 [s. Anm. 18].
[22] Franz Kohlschein benennt es ausdrücklich als Defizit, dass die Aufgaben in der Diakonie beispielsweise im Rahmen der Weiheliturgie nicht ausführlicher beschrie-

fehlende Priester in der Seelsorge zu ersetzen, andererseits kann aber auch ein gewichtiges theologisches Argument für die Hervorhebung der Liturgie im Leben des Diakons ins Feld geführt werden: Die Liturgie nimmt im Gefüge der Kirche eine Vorrangstellung ein, ist sie doch – so das Konzil in *Sacrosanctum Concilium* – „heilige Handlung, deren Wirksamkeit kein anderes Tun der Kirche an Rang und Maß erreicht" (SC 7). In diesem Sinn ist die Liturgie – zuvorderst die Feier der sonntäglichen Eucharistie – „der Höhepunkt, dem das Tun der Kirche zustrebt, und zugleich Quelle, aus der all ihre Kraft strömt" (SC 10; vgl. LG 11). Die Liturgiekonstitution sieht die Liturgie als das Spiegelbild des gesamten kirchlichen Lebens, weil das Wesen der Kirche aus ihrem Handeln in der Liturgie offenbar wird.[23] In der Feier der Liturgie eröffnet sich dem feiernden Menschen im Hier und Jetzt ein Ort der Erfahrung des Reiches Gottes und damit des wahren Menschseins.

Das Weihegebet des Pontifikale sieht die *munera* des Diakonats im „Dienst an deinem Altare"[24] zusammengefasst. Alle diakonalen Aufgaben wurzeln in der Feier der Eucharistie und finden hier ihr Ziel,[25] denn in der Liturgie ist die „Diakonia Christi in Wort und Sakrament zugesagt"[26]. Durch seinen Dienst in der Liturgie, so führt die Rahmenordnung für die Ständigen Diakone aus, bekundet der Diakon den untrennbaren Zusammenhang von Gottesdienst und Bruderdienst und weist die Diakonia als Wesenszug christlicher Gemeinde und als zentrale Aufgabe aller christlichen Amtsträger aus.[27]

---

ben werden („Sende auf sie herab den Heiligen Geist ...". Zur Ordination der Diakone in der Kirche, in: LJ 40 [1990] 80–89).

[23] Vgl. K. Richter: Das Verhältnis von Kirche und Liturgie. Zur Rezeption des Zweiten Vatikanischen Konzils, in: HlD 54 (2000) 171–180.

[24] Die Weihe des Bischofs, der Priester und der Diakone. Pontifikale für die katholischen Bistümer des deutschen Sprachgebietes. Bd. I. Hg. i.A. der Bischofskonferenzen Deutschlands, Österreichs und der Schweiz sowie der (Erz-)Bischöfe von Bozen-Brixen, Lüttich, Luxemburg und Straßburg. Trier 1994, Nr. 38.

[25] Vgl. O. Nußbaum: Theologie und Ritus der Diakonenweihe, in J. Plöger / H. Weber (Hg.): Der Diakon. Wiederentdeckung und Erneuerung seines Dienstes. Freiburg i. Br. 1980, 122–146, hier: 141 (Wiederabdruck in: A. Gerhards / H. Brakmann (Hg.): Geschichte und Reform des Gottesdienstes. Liturgiewissenschaftliche Untersuchungen. Paderborn 1996, 202–225).

[26] H. Hoping: Der dreifache Tischdienst des Diakons und die Einheit des Ordosakraments. Theologische Beobachtungen zur Liturgie der Diakonenweihe, in: W. Haunerland (Hg.): Manifestatio Ecclesiae. Studien zu Pontifikale und bischöflicher Liturgie. Regensburg 2004, 189–204, hier: 196.

[27] Rahmenordnung für Ständige Diakone in den Bistümern der Bundesrepublik Deutschland (1994), in: Empfehlungen zur Umsetzung der „Grundnormen" und des „Direktoriums" für den Ständigen Diakonat vom 22.02.1998 in den deutschen Bistümern (1999) Rahmenordnung für Ständige Diakone in den Bistümern der Bundes-

II. Der diakonale Dienst im Rahmen sakramentlicher Feier

Auch wenn eine Theologie des sakramentalen Diakonats noch auf dem Weg ist, so wurde doch deutlich, dass dem Diakonat ein eigener Stellenwert im Leben der Kirche zukommt. Es ist ein Dienst, der im Leib Christi seine spezielle Aufgabe einnimmt. Aus diesem Grund weist die liturgische Ordnung dem Diakon auch einen besonderen Ort in der Liturgie zu. Im Folgenden soll nicht im Vordergrund stehen, was dem Diakon in der Liturgie erlaubt wird und was nicht, sondern im Zentrum steht die Frage nach der theologischen Bedeutung des diakonalen Dienstes im Rahmen sakramentlicher Feiern[28], im Speziellen bei der Feier der Taufe, der Trauung und der Beerdigung.[29] Dazu soll zunächst die gegenwärtige Situation erhoben werden, in der sich diese gottesdienstlichen Feiern heute bewegen, dann soll der theologischen Bedeutung der einzelnen Feiern im Leben der Kirche nachgegangen werden, um darauf aufbauend nach dem speziellen Dienst des Diakons zu fragen.

---

republik Deutschland (1994) / Richtlinien über persönliche Anforderungen an Diakone und Laien im pastoralen Dienst im Hinblick auf Ehe und Familie (1995), hg. v. Sekretariat der Deutschen Bischofskonferenz, Bonn 2000 (Die deutschen Bischöfe 63), 2.3.

[28] Die systematische Theologie unterscheidet aus langer Tradition zwischen den sieben Sakramenten und einer Fülle von Sakramentalien. Wenn im liturgiewissenschaftlichen Diskurs von sakramentlichen Feiern gesprochen wird, geht es nicht um die Aufhebung der Unterscheidung der unterschiedlichen Gottesdienste, sondern um „eine vom Einzelvollzug ausgehende und ihm entsprechende Einordnung in einen gestuften Kosmos symbolischer Vollzüge, welche das große Mysterium/Sakrament Gottes, Christus in seinem Leben, Sterben und Auferstehen, in der Geschichte wahrnehmbar und erfahrbar machen: in den unterschiedlichen Situationen des Lebens und in den verschiedenen Bereichen der Welt" (R. Messner: Art. „Sakramentalien", in: TRE 29 [1998] 648–663, hier: 656). In allen sakramentlichen Feiern ist die Transparenz der Welt als Schöpfung, also als Ort der Begegnung mit dem Schöpfer – in gestufter Dichte und Intensität – symbolisch erfahrbar.

[29] In seiner Dissertation hat Stefan Steger einen anderen Weg gewählt: Er fragt nach den Kriterien, die die nachkonziliare Theologie und die lehramtlichen Äußerungen für diakonales Handeln in der Liturgie erkennen lassen, um diese dann mit der tatsächlichen Erfahrungswelt der Diakone in Korrelation zu bringen. „Wo sehen sich die Diakone selbst in der Liturgie? Welche expliziten und impliziten Kriterien, welche Motivationen von außen oder von innen bestimmen diakonale Orte und diakonales Handeln in der liturgischen Wirklichkeit? Und wie können die Diakone damit selbst umgehen?" (Der Ständige Diakon und die Liturgie. Anspruch und Lebenswirklichkeit eines wiedererrichteten Dienstes. Regensburg 2006 [StPaLi 19] 59.

A. Die Feier der Taufe: Beginn und Darstellung eines herausfordernden Lebensweges

1.) Die Situation: Taufe im postsäkularen Pluralismus

Als Folge der zunehmenden Pluralisierung und Differenzierung der Lebenswelten ist es nicht mehr selbstverständlich, dass Eltern ihre neugeborenen Kinder zur Taufe bringen und zum Glauben führen. Während noch vor nicht wenigen Jahrzehnten in der westlichen Welt eine weithin homogene christliche Gesellschaft bestand – Volkskirche genannt –, in der die Säuglingstaufe eine unhinterfragte, allgemeine Praxis war, hat sich dies heute verändert.[30] Für manche Eltern, die ihre Kinder nicht mehr oder weniger unmittelbar nach der Geburt zur Taufe angemeldet haben, stellt sich die Frage nach der Taufe der Kinder erst im Vorschulalter oder anlässlich der Erstkommunion der Klassenkameraden. Andere Eltern wiederum wählen neue Formen gottesdienstlicher Feiern als die Taufe, so z. B. Segnungsfeiern für Säuglinge.

Die tradierten Liturgien, die im volkskirchlichen Milieu noch uniform erschienen, werden nun mit unterschiedlichen Deutungen konfrontiert. Manches wird mit Taufe verbunden, was durchaus quer zu theologischen und kirchlichen Standards steht: Wenn Taufe vorrangig als Übergangsritus zur Aufnahme in die soziale Welt der Familie gesehen wird, bringt dies in der Regel eine Marginalisierung des christlichen Verständnisses und der Feierformen des christlichen Glaubens mit sich. Wie darauf zu reagieren ist, wird kontrovers diskutiert.[31] Die gegensätzlichen Positionen von Taufe als Segensritual anlässlich der Geburt und Taufe als Sakrament der Wiedergeburt stehen dabei fast unversöhnlich nebeneinander.[32]

Die Geburt eines Kindes und die erste Zeit als werdende Familie stellt für die Eltern und ihre familiäre Umgebung eine sensible und durch ambivalente Gefühle irritierende Phase dar, die nach

---

[30] Vgl. M. Krüggeler: Die Kindertaufe in einem „säkularisierten" Umfeld, in: SKZ 176 (2008) 444–446: Für den Zeitraum zwischen 1996 und 2005 lässt sich ein deutlicher Einbruch in der volksreligiösen Praxis auch für die Kindertaufe nachweisen. Krüggeler bezieht sich auf eine noch nicht veröffentlichte Studie der Universität Bern zum Thema „Familienrituale", im Rahmen dessen auch das Ritual der Kindertaufe untersucht wurde.

[31] Vgl. den Tagungsband von B. Kranemann / G. Fuchs / J. Hake (Hg.): Wiederkehr der Rituale. Zum Beispiel die Taufe. Mit Beiträgen von G. Fuchs / C. Hofrichter / H. Hoping / H. Lutterbach / P. Post / D. Sattler. Stuttgart 2004.

[32] Vgl. die gegensätzlichen Positionen in den Beiträgen von H. Hoping: Das Heilsmysterium der Taufe. Heilszeichen und Grund christlicher Identität, in: B. Kranemann: Wiederkehr der Rituale 99–117 [s. Anm. 31] und C. Hofrichter: Täglich neu in die Taufe hineinkriechen. Ein Monopol als pastorale Chance, in: B. Kranemann: Wiederkehr der Rituale 119–142 [s. Anm. 31]).

Deutung ruft. Darum ist die Taufpastoral als Aufgabe der ganzen Gemeinde eine vordringliche Aufgabe.[33]

2.) Die christliche Botschaft: Eingliederung in die Kirche als existentielles Geschehen

Das christliche Verständnis des Geschehens der Taufe lässt sich am besten an Röm 6 ablesen. Der Apostel Paulus versteht die Taufe als eine Angleichung an das Schicksal Jesu Christi:

„Wisst ihr denn nicht, dass wir alle, die wir auf Christus Jesus getauft wurden, auf seinen Tod getauft worden sind? Wir wurden mit ihm begraben durch die Taufe auf den Tod; und wie Christus durch die Herrlichkeit des Vaters von den Toten auferweckt wurde, so sollen auch wir als neue Menschen leben. Wir wissen doch: Unser alter Mensch wurde mitgekreuzigt, damit der von der Sünde beherrschte Leib vernichtet werde und wir nicht Sklaven der Sünde bleiben. Denn wer gestorben ist, der ist frei geworden von der Sünde. Sind wir nun mit Christus gestorben, so glauben wir, dass wir auch mit ihm leben werden. Wir wissen, dass Christus, von den Toten auferweckt, nicht mehr stirbt; der Tod hat keine Macht mehr über ihn. Denn durch sein Sterben ist er ein für allemal gestorben für die Sünde, sein Leben aber lebt er für Gott. So sollt auch ihr euch als Menschen begreifen, die für die Sünde tot sind, aber für Gott leben in Christus Jesus." (Röm 6,3–11).

Es ist bemerkenswert, dass der Apostel hier nicht etwa folgendermassen formuliert: „Wenn ihr getauft seid, dann erwartet euch am Ende der Zeiten die Erlösung", sondern er formuliert präsentisch: In der Feier der Taufe handelt Gott bereits das Heil der Erlösung. Das neutestamentliche Kerygma lehrt, dass Jesus Christus für unsere Sünden gestorben und zu unserer Erlösung auferstanden ist, damit wir der Sünde sterben und auferstehen zu neuem Leben in ihm. Dies ist das Geschehen, mit dem die Feier der Taufe identifiziert. In der Taufe wird nicht ein vergangenes Ereignis gefeiert, dessen Wirkung für die Zukunft verheißen ist, sondern die Kirche feiern eine gegenwärtige Wirklichkeit, einen beständigen Ruf und eine beständige Antwort, ein neues Leben, das sie als Heil bezeichnet.[34] Getauft werden bedeutet folglich: Zusammen

---

[33] Vgl. P. Spichtig / J. Willa: Wie Kinder Christen werden – und bleiben, in: SKZ 176 (2008) 247–250; W. Haunerland / E. Nagel (Hg.): Den Glauben weitergeben. Werkbuch zur Kindertaufe. Trier 2008.

[34] Vgl. R. Taft: Was leistet die Liturgie? Einige Thesen zur Soteriologie der Liturgiefeier, in: IKZ Communio 22 (1993) 201–216, hier 204 – Vgl. R. Meßner: Die christliche Initiation, in: Ders, Einführung in die Liturgiewissenschaft 59–149, hier: 79f: „Die Bestimmung des Verhältnisses zwischen Christusgeschehen und Taufgeschehen ist

mit Christus sterben, um mit Christus durch das Bad der Taufe als neuer Mensch auferweckt zu werden.[35] Im Medium symbolischer Handlung – des Taufgottesdienstes also – wird der Getaufte schon jetzt in die Realität des Reiches Gottes gestellt. Taufe ist somit symbolische Vorwegnahme des ganzen christlichen Lebensweges, nicht nur dessen punktueller Beginn. „Der Täufling erleidet symbolisch schon seinen Tod, indem in der Taufe sein eigener Tod mit dem Tod Christi symbolisch identifiziert wird. Sein Tod wird damit aber, kraft des Todes Christi, in dem der Sohn Gottes selbst den Tod erlitten hat, zum Transitus zum Leben."[36] Dieser Feier*gehalt* der Taufe muss sich in der Feier*gestalt* wieder finden lassen.

Im Januar 2008 ist eine Neuausgabe des Ritualefaszikels „Die Feier der Kindertaufe"[37] erschienen.[38] Gegenüber der Ausgabe von 1973 sind einige bemerkenswerte Fortschreibungen zu markieren: Das leitende Kriterium für die Taufordnungen ist nicht mehr die Anzahl der Kinder, sondern die Feier der Taufe innerhalb oder ausserhalb der Messe. Ein bedeutsamer innovativer Schritt, der über die lateinische Vorlage hinausgeht, ist die Feier der Taufe in zwei Stufen: 1. Die Feier der Eröffnung des Weges zur Taufe. 2. Die Feier der Taufe ausserhalb / innerhalb der heiligen Messe.

---

das wohl schwierigste Problem der Tauftheologie (ja der Sakramententheologie überhaupt). Sind wir am Kreuz mitgestorben oder in der Taufe? In welcher Beziehung steht der Tauftod zum Kreuzestod? Von Röm 6 her muss die Antwort wohl lauten: Es ist ein- und dasselbe Geschehen, einmal in historisch-einmaliger Kontingenz, zum anderen gegenwärtig im Medium einer Symbolhandlung: der Taufe. Diese ist Offenbarungsgeschehen: die Offenbarung der wahren Existenz des Täuflings im symbolisch gegenwärtigen Tod und in der Auferstehung Christi, mit dem der Täufling identifiziert wird."

[35] Vgl. K. Koch: Die christliche Taufe, in: IKZ Communio 34 (2005) 5–22, hier: 8f.

[36] Vgl. R. Meßner: Die christliche Initiation 61f (s. Anm. 34). Vgl. auch 79: „Der Transitus des Täuflings in die Neuschöpfung (den neuen Äon, das Reich Gottes) kommt auch in der Metapher der Taufe als ,Wiedergeburt' zum Ausdruck (Joh 3,5: Wiedergeburt aus Wasser und heiligem Geist; Tit 3,5: Bad der Wiedergeburt und der Erneuerung des heiligen Geistes)."

[37] Die Feier der Kindertaufe in den Bistümern des deutschen Sprachgebietes. Zweite authentische Ausgabe auf der Grundlage der Editio typica altera 1973. Freiburg i. Br. 2007 (tatsächlich 2008). Die ausführliche liturgietheologisch- und liturgiepastorale Einführung der Bischöfe des deutschen Sprachgebietes konnte nur in einem begleitenden Heft publiziert werden: Die Feier der Kindertaufe. Pastorale Einführung. Hg. v. Sekretariat der Deutschen Bischofskonferenz. Bonn 2008 (Arbeitshilfen 220).

[38] Vgl. M. Klöckener: Feier des Glaubens – Feier der Kirche. Die Neuausgabe der „Feier der Kindertaufe", in: SKZ 176 (2008) 221–224; W. Haunerland: Den Glauben weitergeben. Zur Neuausgabe von „Die Feier der Kindertaufe", in: Den Glauben weitergeben 11–17 (s. Anm. 33).

3.) Der Dienst: Der Diakon als Symbol für die Kirche
Bis zur Erneuerung der Ordinationsliturgie im Zuge des Zweiten
Vatikanischen Konzils war zu Beginn der Diakonenweihe eine
Ansprache vorgesehen, in der die Aufgaben des Diakons benannt
wurden: „Da ihr, geliebte Söhne, in den Stand der Leviten erhoben
werden sollt, so bedenkt recht, zu welch' erhabenen Rang in der
Kirche ihr emporsteigt! Denn der Diakon hat am Altar zu dienen,
zu taufen und zu predigen."[39] Diese drei Aufgaben erscheinen so
wichtig, dass sie in der Ordinationsliturgie eigens genannt werden
müssen. „Kein Wort von anderen Gottesdienstfeiern, auch nicht
vom Stundengebet, das zu verrichten die Kandidaten schon mit
der Subdiakonenordination verpflichtet worden waren. Kein
Wort vom karitativen Dienst. Dies wurde offensichtlich nicht als
dringend angesehen."[40]

Der seinerzeit gültige CIC von 1917 sah allerdings den Diakon
nur als außerordentlichen Spender der Taufe vor, da verwundert
es, dass die Ordinationsliturgie die Taufe zu den vorrangigen Aufgaben des Diakons zählt. Die Liturgiekonstitution *Sacrosanctum
Concilium* benannte – ungeachtet des damals geltenden Rechts –
in Art. 68 den Diakon neben dem Presbyter als ordentlichen Vorsteher der Tauffeier. So dann auch der CIC von 1983 in can. 861
§ 1.[41] An diesem Umstand wird deutlich, dass die Frage ‚ordentli-
cher‘ oder ‚außerordentlicher‘ Spender der Taufe nicht weiter er-
hellend ist. Hilfreicher ist ein anderer Gedankengang: Die Taufe
ist so wichtig – da heilsentscheidend –, dass im Notfall jeder Christ
taufen kann. Es ist also Aufgabe der ganzen Kirche und jedes einzelnen Gliedes, Menschen für die Frohe Botschaft in Jesus Christus zu begeistern und ihnen den Weg in das ewige Leben aufzuzeigen. Wenn dem Diakon diese Aufgabe, die ja jedem Christen gilt,
in besonderer Weise aufgetragen wird, dann stellt er exemplarisch
die Kirche dar, ist er doch das Symbol für die dienende Kirche, die
um das Heil aller bemüht ist.

---

[39] „Provehendi, filii dilectissimi, ad leviticum Ordinem, cogitate magnopere, ad quan-
tum gradum Ecclesiae ascenditis. Diaconum enim oportet ministrare ad altare, baptizare, et praedicare" (Pontificale Romanum, reimpressio ed. Iuxta typ. anno 1962 pu-
blici iuris factae. Ed. A. Ward / C. Johnson. Romae 1999 (BEL.S 103; Instrumenta
liturgica Quarreriensia 8, 35). Übersetzung nach R. Kaczynski: „non ad sacerdotium,
sed ad ministerium" 230 (s. Anm. 18).
[40] R. Kaczynski: „non ad sacerdotium, sed ad ministerium" 231 (s. Anm. 18).
[41] So auch Der liturgische Dienst des Diakons Nr. 151f (s. Anm. 12).

B. Die Feier der Trauung: Eine Feier der Einsegnung des Lebens

1.) Die Situation: Die kirchliche Trauung angesichts hoher Scheidungsraten

Überall, wo das Thema „Ehe" begegnet, ist sogleich die Rede von den rasanten Umbrüchen in den sozialen Formen des Zusammenlebens. Die Deutsche Bischofskonferenz gibt in den regelmäßig erscheinenden „Eckdaten des kirchlichen Lebens in den Bistümern Deutschlands" an, dass sich die Zahl der kirchlichen Eheschließungen zwischen 1990 (116.332) und 2006 (49.613 [bei insgesamt 373 681 Trauungen[42]]) um fast 58 % verringert habe.[43] Das Statische Bundesamt belegt, dass seit 2004 die Zahl der Scheidungsfälle zwar etwas rückläufig ist (23,8 % je 10.000 Einwohner), führt dies aber auf die insgesamt sinkende Zahl der Eheschließungen und der durchgängig bestehenden Ehen zurück.[44] Defacto ist der Trend zur Ehescheidung ungebrochen. Wer nach der Situation der Ehe heute fragt, sieht sich unvermittelt mit einer Fülle ambivalenter Fakten und Probleme konfrontiert: „Ehe, das steht gleichermaßen für Glück als auch für Leid, für Hoffnung wie für Enttäuschung und Scheitern. Zu verzeichnen ist einerseits eine ungebrochen große Sehnsucht der Menschen nach Treue und dauerhafter Liebe, andererseits wird dieses Vorhaben immer mehr als subjektive Überforderung empfunden."[45] Der zeitgeschichtliche Anstieg der Ehescheidungen ist nur vorschnell allein als Zeichen für einen Verfall oder eine Krise der Ehe zu interpretieren. Vielmehr ist die Vielzahl der Scheidungen Zeichen der „enormen psychische[n] Bedeutung im Leben des einzelnen Menschen heute".[46] Es stellt sich weniger die Frage, ob Ehe nun ein Auslaufmodell ist oder nicht, sondern neu ins Bewusstsein zu heben ist, worin der spirituelle, geistig-geistliche Gehalt der ehelichen Gemeinschaft von Mann und Frau besteht. Die

---

[42] http://www.destatis.de/jetspeed/portal/cms/Sites/destatis/Internet/DE/Content/ Statistiken/Bevoelkerung/EheschliessungenScheidungen/Tabellen/Content50/Erst EhenWiederverheiratung.psml (Zugriff: 4. Juli 2008).

[43] http://www.dbk.de/imperia/md/content/kirchlichestatistik/eckdaten90–06.pdf (Zugriff: 4. Juli 2008).

[44] http://www.destatis.de/jetspeed/portal/cms/Sites/destatis/Internet/DE/Content/ Publikationen/Querschnittsveroeffentlichungen/WirtschaftStatistik/Bevoelkerung/ Ehescheidungen06,property=file.pdf (Zugriff: 4. Juli 2008).

[45] D. Eckmann: Lernprozess christliche Ehe: Anspruch – Wirklichkeit – Perspektiven, in: BiLi 79 (2006) 212–217, hier: 212.

[46] T. Pfammatter: „Ehe ist nichts Fertiges": Die spezifisch christliche Antwort auf die Sehnsucht des Menschen nach gelingender Partnerschaft, in: BiLi 79 (2006) 203–211, hier: 204.

Kirche muss ihre „kairologische Sensibilität"[47] unter Beweis stellen, indem sie sich für das Gelingen menschlicher Beziehungen in Ehe und Familie engagiert.

2.) *Die christliche Botschaft: „μόνον ἐν κυρίῳ" (1 Kor 7,39b) –*
Christen heiraten im Herrn

Johannes Paul II. betont in seinem Apostolischen Schreiben „Familiaris consortio"[48] die Ehe als Quelle der Humanität und als Weg zur Heiligung und Vollendung des Menschen mit Gott. Die Ehe, so führt der Papst aus, ist für diese beiden Christen, die in der Ehe in unauflöslicher Weise wie Christus und die Kirche miteinander verbunden sind (Eph 5,32), ihre Weise die Taufgnade zu leben und das ewige Heil zu erlangen.[49] Die Wertschätzung der Ehe ist in der Überzeugung begründet, dass Gott selbst den Menschen „mit überströmender Liebe" begegnet. Die Konstitution über die Offenbarung Dei Verbum spricht davon, dass sich diese Liebe Gottes im „Sakrament seines Willens" konkretisiert, nämlich den „Menschen wie Freunden" zu begegnen und ihnen Teilhabe am göttlichen Leben selbst anzubieten. Es ist das Ziel göttlichen Handelns, die Menschen „zur [Lebens-]Gemeinschaft [mit Gott selbst] einzuladen" (DV 2).[50]

In der jüdischen Bibel wird das Verhältnis zwischen Gott und Mensch mehrfach als eheliche Beziehung umschrieben.[51] Die Zeichen der Zuwendung Gottes konkretisieren sich im Christusgeschehen und werden im Leben der Kirche in der Kraft des Geistes bezeugt. Damit ist die Überzeugung und das Vertrauen verbunden, dass die Menschen auf die umfassende Erfahrung die-

---

[47] T. Pfammatter: „Ehe ist nichts Fertiges" 206 (s. Anm. 46).

[48] Vgl. Johannes Paul II.: Apostolisches Mahnschreiben „Familiaris consortio" , Bonn, 1982, (VApS 74) 92–149 (DH 4700–4716).

[49] Familiaris consortio im Wortlaut: „Denn durch die Taufe werden Mann und Frau ein für allemal in den Neuen und Ewigen Bund, in den bräutlichen Bund Christi mit der Kirche, eingefügt; und aufgrund dieser untilgbaren Einfügung wird die vom Schöpfer begründete innigste eheliche Lebens- und Liebesgemeinschaft erhöht und in die bräutliche Liebe Christi aufgenommen, die durch seine erlösende Kraft bestärkt und bereichert wird. Wegen des sakramentalen Charakters ihrer Ehe binden sich die Ehegatten auf zutiefst unauflösliche Weise aneinander. Weil sie sich gegenseitig gehören, bekunden sie durch das sakramentale Zeichen wirklich die Verbindung Christi mit der Kirche. Die Ehegatten sind daher für die Kirche eine ständige Erinnerung an das, was am Kreuz geschehen ist; sie sind füreinander und für ihre Kinder Zeugen des Heils, zu dessen Teilhabern sie das Sakrament macht" (DH 1704–1706).

[50] Vgl. W. Kirchschläger: Die Ehe als Sakrament. Eine biblische Spurensuche, in: BiLi 79 (2006) 228–237, hier: 228.

[51] Vgl. W. Kirchschläger: God and His People. A Marital Relationship, in: INTAMS Review 9 (2003) 32–42.

ser Liebe Gottes zustreben und sie Gott darin in einem „Leben in Überfluss" (so Joh 10,10) werden begegnen können. Das biblische Sprechen von Ehe lässt die Verbindung zweier Menschen als eine Wirklichkeit erkennen, die eine über sich hinausragende tiefere Dimension aufweist: Die Ehe ist nach biblischem Zeugnis Zugang zum Verstehen der Eigenart und Einzigartigkeit Gottes. „Ehe ist das einzige Sakrament, das auf biblischer Basis diese Form von ‚Sakramentalität', also diesen unmittelbaren Gotteshinweischarakter für sich in Anspruch nehmen kann."[52]

Die Grundlage für die Entwicklung einer Liturgie der Eheschließung bildet dieses biblischen Verständnis: Die Ehe zweier Menschen ist Heilszeichen mitten in dieser Welt. Auch wenn die Kirche dem Grundsatz des römischen Eherechts, nach der die Willensübereinstimmung die Ehe begründet, von Anfang an folgte[53], so sind doch schon in den frühesten liturgischen Quellen Propriumselemente für eine Eucharistiefeier aus Anlass einer Trauung verzeichnet. Die ältesten stadtrömischen Sakramentare enthalten z. B. unter der Überschrift *Velatio nuptialis* je ein Formular mit diversen Präsidialgebeten zur Eucharistiefeier. Im Gelasianum folgen auf die Messtexte ohne einleitende Rubriken Einsegnungsgebete, die in alter Zeit mit der Zeremonie der *velatio*, der Verhüllung von Braut und Bräutigam verbunden waren.[54] Diese *benedictio nuptialis* hat ihren Ort nach dem Vaterunser, vor dem Friedensgruß und ist ein großes anamnetisch-epikletisches Gebet, dass Gott um seines Heilshandelns preist und ihn angesichts dieser Heilsgeschichte hier und jetzt um den Segen für die Menschen bittet, um die es in dieser Feier geht. Dass dieses Gebet bis zur Liturgiereform im Zuge des Zweiten Vatikanischen Konzils nur der Braut galt, liegt weniger darin begründet, dass nur die Braut des Segens Gottes bedarf, sondern darin, dass die Braut Abbild der Kirche ist, die Christus vermählt wird.

Dieser Segen Gottes über die Ehe, in den die Brautleute durch das Gebet der Kirche aufgenommen werden, ist der Grund und das Fundament der ehelichen Gemeinschaft. Gott ist es, der den Eheleuten durch seinen Segen die Möglichkeit schöpfungsgemäßer Existenz in dieser Gemeinschaft eröffnet. „Im Segensgebet über die Brautleute wird der menschliche Akt der gegenseitigen Konsenserklärung sozusagen ins Licht des Handelns Gottes des

---

[52] W. Kirchschläger: Die Ehe als Sakrament 232 (s. Anm. 50).
[53] Der Grundsatz des katholischen Eherechts „Consensus facit matrimonium" (vgl. CIC 1983 can. 1057 § 1) hat hier seine Wurzeln.
[54] Vgl. K. Ritzer: Formen, Riten und religiösen Brauchtum der Eheschließung in den christlichen Kirchen des ersten Jahrtausends. 2. Aufl. Münster 1981 (LQF 38).

Schöpfers gestellt, der von Anbeginn an die Ehe als Grundordnung des menschlichen Zusammenlebens gestiftet und mit seinem
Segen ausgestattet hat."[55]

*3.) Der Dienst: Der Diakon als Vorsteher der Liturgie der
      Eheschließung*

Entsprechend CIC 1983 can. 1111 verfügen die römischen Praenotanda des Ritualefaszikels zur Trauung: „Auch einem Diakon
kommt es zu, mit Befugnis des Pfarrers oder des Ortsordinarius,
die Feier des Sakramentes zu leiten und auch den Brautsegen zu
spenden".[56] Die Pastorale Einführung der Bischöfe des deutschen
Sprachgebietes geht auf die Frage des Vorstehers der Feier der
Eheschließung nicht eigens ein. Da aber mit Verweis auf SC 61
die Trauung „nach Möglichkeit innerhalb einer Eucharistiefeier
stattfinden" soll,[57] bleibt dem Diakon nur der „Ersatzdienst" für
die Fälle, in denen keine Eucharistie gefeiert wird oder werden
kann.[58] Mit gutem Grund allerdings wird als Vollform der katholischen Eheschließung die „Feier der Trauung in der Messe" angesehen. Die letzte Ausrichtung der Ehe ist – als Abbild des Bundes
zwischen Christus und der Kirche – das endzeitliche Mahl im
Reich Gottes am Ende der Zeiten. Eucharistie als Christusanam-
nese ist symbolische Antizipation dieses himmlischen Mahles und
für den glaubenden Menschen zum neuen Ort seiner Existenz.
Dieses „in Christus sein" der Brautleute findet seinen besonderen
Ausdruck darin, dass die versammelte Kirche anlässlich der Eheschließung Anteil an diesem endzeitlichen Mahl um Gottes Thron

---

[55] R. Meßner: Die Trauung, in: Ders., Einführung in die Liturgiewissenschaft. Paderborn 2001 (UTB 2173) 376–382, hier: 378. – Vgl. auch J. Bärsch: „Wo Mann
und Frau in Liebe zueinander stehen … wird deine Treue zu uns sichtbar." Theologische und spirituelle Motive christlicher Ehepraxis in der Feier der Trauungslitur-
gie, in: BiLi 79 (2006) 217–228; B. Jeggle-Merz: „Und sie lebten glücklich und zufrieden …". Die Feier der Trauung als Erfahrung der heiligenden Gegenwart
Gottes, in: ThpQ 150 (2002) 143–154; Ders., Die Ehe feiern – liturgische Dimensionen der Ehe, in: BiLi 72 (1999) 66–74.
[56] Rituale Romanum, Ordo Celebrandi Matrimonium. Praenotanda (Deutsche
Übersetzung) Nr. 24, in: Die Feier der Trauung in den katholischen Bistümern des
deutschen Sprachgebietes. Hg. i.A. der Bischofskonferenzen Deutschlands, Österreichs und der Schweiz sowie der (Erz-)Bischöfe von Bozen-Brixen, Lüttich, Luxemburg und Straßburg. Freiburg i. Br. ²1992. So auch in: Der liturgische Dienst des Diakons Nr. 162f (s. Anm. 12).
[57] Pastorale Einführung Nr., 24 (s. Anm. 56).
[58] Die Pastorale Einführung Nr. 29 (s. Anm. 56) nennt folgende Situationen, in denen
die Feier der Eucharistie nicht möglich oder nicht angemessen ist: „Die Brautleute
stehen dem Leben der Kirche fern, oder sie wollen bei der Trauung nicht kommuni-
zieren. Ein Diakon leitet die Feier oder ein Priester, der an diesem Tag keine weitere
Messe feiern darf."

sucht. Aus diesem Grund sollte „die Leitung der Trauung durch einen Diakon eher die Ausnahme sein."[59]

Ist der Dienst des Diakons bei der Feier der Trauung daher wirklich nur „Ersatzdienst" in Ausnahmefällen, wenn der zuständige Pfarrer verhindert ist und als solcher ohne große Aussagekraft? Kommt ihm als „Diener der Kirche Christi", in den Fällen, in denen er der Feier der Trauung im Rahmen eines Wortgottesdienstes vorsteht, nicht auch eine eigene Symbolkraft zu?

Die Aufgabe des Lebensstandes Ehe ist es, in der gemeinsamen Liebe die Liebe Gottes zu erfahren und darin Gott als einen liebenden Gott zu bezeugen – so das durchgängige Verständnis der Heiligen Schrift.[60] Damit ist die Ehe auch die Berufung zum Zeugnis für Christus und damit zum Dasein für andere. „Der spezifische Modus des Zeugnisses ist nicht die Verkündigung durch Worte und Predigt, sondern die Lebensführung, die einer christlichen Ehe angemessen ist."[61] Das bedeutet: Die Eheleute sollen das in ihrem Leben bezeugen, was den Dienst des Diakons ausmacht. So heißt es im Ordinationsgebet zur Diakonenweihe: „In ihrem Wirken sollen deine Weisungen aufleuchten; das Beispiel ihres Lebens soll die Gemeinde auf den Weg der Nachfolge führen. So bezeugen sie wahrhaft den Glauben und bleiben bis ans Ende fest in Christus verwurzelt."[62] Der Ständige Diakon, der – wenn auch nur in Ausnahmefällen – die Feier der Trauung leitet, ist Heilszeichen des dienenden Christus und Wegzeichen der Nachfolge für die neuvermählten Eheleute.

C. Gottesdienstliches Feiern im Angesicht der Wirklichkeit „Tod"

1.) Die Situation: Ambivalenzen im Umgang mit Sterben und Tod

Wenige Themen haben im öffentlichen Diskurs eine ähnliche Brisanz wie Sterben und Tod. Die sich daraus ergebenden ethischen Fragen stellen Gesetzgeber und Gesellschaft vor große Herausforderungen. Gleichzeitig ist das Thema Sterben und Tod gekennzeichnet durch eine unübersehbare Ambivalenz: Auf der einen

---

[59] Die Leitung gottesdienstlicher Feiern – Rahmenordnung für die Zusammenarbeit von Priestern, Diakonen und Laien im Bereich der Liturgie (8. Januar 1999). Hg. v. Sekretariat der Deutschen Bischofskonferenz. Bonn 1999 (Die deutschen Bischöfe 62) Nr. 16. Das bischöfliche Schreiben nennt allerdings als einzigen Grund für diese Beschränkung, dass durch den Pfarrer (oder den Bischof) der Bezug zur Pfarrgemeinde deutlich würde. Bei genauerer Betrachtung ist diese Begründung aber nebensächlich.

[60] Vgl. W. Kirchschläger: Die Ehe als Sakrament 235 (s. Anm. 50).

[61] Vgl. R. Messner: Die Trauung 381 (s. Anm. 55).

[62] Pontifikale I (1994), Nr. 38 (s. Anm. 24)

Seite finden beispielsweise Publikationen im Umfeld Tod reißenden Absatz, werden neue Ansätze zur Sepulkralkultur lebhaft diskutiert und haben thanatologische Forschungsprojekte Hochkonjunktur. Auf der andere Seite jedoch bestimmen Phänomene von Privatisierung und Anonymisierung des Todes das Bild. Phänome, die dazu führen, dass Sterben als öffentliches Ereignis tabuisiert wird – eine Ausnahmeerscheinung stellt der Tod Johannes Pauls II. dar – und alte und kranke Menschen sich in Altersheimen und Intensivstationen mit dem Ereignis des Todes allein gelassen fühlen. Für den abendländischen Menschen ist der Tod offenbar ein Krisenphänomen, für dessen Bearbeitung das in früherer Zeit selbstverständliche, seit Generationen eingeübte und täglich praktizierte Instrumentarium nicht mehr zur Verfügung steht.[63]

Gerade in dieser Situation gehört die Verkündigung der christlichen Botschaft von Tod und Auferstehung zum Grundauftrag der Kirche. Durch die Weise, wie Christen mit Sterben und Tod umgehen, geben sie Zeugnis ihres Glaubens, so bemerkt Karl Lehmann im Vorwort für das Schreiben der deutschen Bischöfe „Tote begraben und Trauernde trösten. Bestattungskultur im Wandel aus katholischer Sicht": „Der christliche Glaube leistet einen unverzichtbaren Beitrag für eine Kultur des Trauerns und des Umgangs mit dem Tod, indem er die Frage nach den Toten und ihrem Schicksal wach hält. Die Kirche versteht sich als Gemeinschaft der Lebenden und Toten und ist deshalb Trägerin eines fortdauernden kulturellen Gedächtnisses."[64]

2.) Die christliche Botschaft: Der Tod als Aufbruch zu Christus
Schon im Altertum überzeugte der Christusglaube durch die Hoffnung, die sich für ein Leben nach dem Tod eröffnete. Der Tod, jenes immer wieder neu ängstigende, Resignation und Verzweifelung weckende Ende, wurde in der christlichen Predigt als Tor zum Leben verkündet.[65] *„Wer an mich glaubt, wird leben, auch wenn er stirbt, und jeder, der lebt und an mich glaubt, wird auf ewig nicht sterben", und darum „werde ich euch wieder sehen, dann wird euer Herz sich freuen, und niemand nimmt euch eure*

---

[63] Vgl. U. Volp: Tod und Ritual in den christlichen Gemeinden der Antike. Leiden u. a. 2002, 1.

[64] K. Lehmann: Vorwort, in: Die deutsche Bischöfe: Tote begraben und Trauernde trösten. Bestattungskultur im Wandel aus katholischer Sicht (Die deutschen Bischöfe 81) (20. Juli 2005). Bonn 2005, 5.

[65] Vgl. N. Brox: „Den Tod einüben". Gedanken der Kirchenväter über das Sterben, in: W. Beinert: Einübung ins Leben – der Tod. Der Tod als Thema der Pastoral. Regensburg 1986, 55–86, hier: 76.

Freude" (Joh 16,22). Darum sollen die Christen angesichts des Todes nicht trauern, *„wie die anderen, die keine Hoffnung haben"*
(1 Thess 4,13), denn – so Paulus – *„für mich ist Christus das Leben
und Sterben Gewinn"* (Phil 1,20). Diese christliche Lebenshoff-
nung fand ihren Niederschlag darin, dass die menschliche Sorge
um Sterbende und Verstorbene nicht mehr nur – wie im Altertum
üblich – als Liebespflicht der nächsten Angehörigen angesehen
wurde, sondern als Liebespflicht der Gemeinde, in denen die Menschen auf Erden lebten und deren Glieder sie über den Tod hinaus
blieben. Eine christliche Sterbe- und Begräbnisliturgie, die bereits
vor dem Augenblick des Sterbens einsetzte und bis zur Grablegung andauerte, entwickelte sich.[66] Die christliche Gemeinschaft
steht der sterbenden Schwester oder dem sterbenden Bruder bei
und begleitet den letzten Weg vom Abschiednehmen aus dieser
Welt bis zur Grablegung des Leichnams. Das Sterben wird als ein
prozesshaftes Geschehen verstanden, als der Übergang ins ewige
Leben. Die Totenliturgie erscheint als eine österliche Wanderung,
als Vollendung des Weges, den der Christ in seiner Taufe begonnen hat.[67]

Als Glied der Gemeinde Christi nimmt selbstverständlich auch
der Amtsträger an dieser Begleitung des Bruders resp. der
Schwester teil. Anders im Altertum: Eine Teilnahme von paganen
Priestern, geschweige denn eine Leitung der Bestattungsrituale
durch sie, war aufgrund der antiken Unreinheitsvorstellungen
durch den Kontakt mit einem Leichnam undenkbar. Jede Berüh-
rung mit der Sphäre des Todes gefährdete den Tempeldienst.[68]
Der christliche Amtsträger jedoch fungiert als Leiter der Gemeinde auch als ihr Vorsteher im Gebet und führt die Begleitung des
Verstorbenen zur Grablegung durch die ganze Gemeinde an.
Wenn der Christ den im sakramentalen Zeichen der Taufe begon-
nenen Weg im Tod als letzten Akt seines Paschas (Röm 6) vollzieht, dann ist der Bischof resp. der Priester unfraglich an seiner
Seite.

---

[66] Vgl. R. Kaczynski: Sterbe- und Begräbnisliturgie, in: B. Kleinheyer / E. Severus /
R. Kaczynski, Sakramentliche Feiern II. Regensburg 1994 (GdK 8) 191–232, hier:
208.

[67] Vgl. J. Bärsch: Die nachkonziliare Begräbnisliturgie. Anmerkungen und Überlegungen zu Motiven ihrer Theologie und Feiergestalt, in: A. Gerhards / B. Kranemann (Hg.): Christliche Begräbnisliturgie und säkulare Gesellschaft. Leipzig 2002
(Erfurter Theologische Studien; 30) 62–99, hier: 64f.

[68] Vgl. die Untersuchungen von U. Volp: Tod und Ritual in den christlichen Gemeinden der Antike (s. Anm. 63).

3.) Der Dienst: Der Diakon in den liturgischen Feiern rund um Sterben und Tod

Die Tradition der Kirche kennt die Leitung von Begräbnisriten durch einen Diakon nicht. Doch schon die frühen Quellen zeugen davon, dass die Sorge um die Sterbenden und die Verstorbenen zu den expliziten Aufgaben des Diakons gehört: So ist es z. B. nach Ausweis von *Testamentum Domini* gerade der Diakon, der in Fürsorge für die Schwachen und Notleidenden zum Vorbild christlichen Handelns wird. Er ist es, der die verstorbenen Männer für das Begräbnis herrichtet und die Fremden begräbt er sogar.[69] LG 29 versteht die Liebestätigkeit als Ausfluss der sakramentalen Gnade, die dem Diakon durch Handauflegung und Gebet zukommt, und nennt die Wegzehrung und die Leitung der Begräbnisriten als explizite Dienste des Diakons.[70]

Die Pastorale Einführung in das Ritualefaszikel „Die Feier der Krankensakramente" nennt zwar nicht den Diakon als einen Stand, dem die Fürsorge für Kranke und Sterbende explizit zukommt, aber der theologische Argumentationsstrang der deutschsprachigen Bischöfe kann insbesondere auf den Diakon als „Ikone des dienenden Christus" angewandt werden. Was für jeden Christen gilt, gilt insbesondere für den Diakon: „Wenn in der Kirche, dem Leib Christi, ein Glied leidet, leiden alle Glieder (vgl. 1 Kor 12,26). Daher ist es nicht nur sinnvoll, sondern auch notwendig, dass alle Christen an diesem Dienst gegenseitiger Liebe innerhalb des Leibes Christi teilnehmen. Sie tun das, wenn sie die Kranken helfend begleiten, und sie tun das, wenn sie für und mit den Kranken die Sakramente feiern" (Nr. 12). Im epikletischen Teil des Weihegebetes erbittet die Kirche für den Diakon „unermüdliche Sorge für die Kranken".[71] So ist es auch er, der in der Kirche Christi „ad ministerium" geweiht ist[72], „von

---

[69] Vgl. *Testamentum Domini* Anm. 18.

[70] Die Praenotanda der „Feier der Krankensakramente" (Die Krankensalbung und die Ordnung der Krankenpastoral in den katholischen Bistümern des deutschen Sprachgebietes. Hg. i. A. der Bischofskonferenzen Deutschlands, Österreichs und der Schweiz sowie der [Erz-] Bischöfe von Bozen-Brixen, Lüttich, Luxemburg und Straßburg. Zweite Aufl. Einsiedeln 1994) Nr. 29 nennen als ordentlichen Spender der Wegzehrung den zuständigen Ortspfarrer (und seine direkten Vertreter) und dann erst den Diakon. Der Grund wird darin liegen, dass dem Sterbenden die Möglichkeit zum Empfang des Bußsakraments und der Krankensalbung offen stehen soll.

[71] Pontifikale I (1994), Nr. 38 (s. Anm. 24).

[72] Der Diakon ist nach LG 29 zum *ministerium* und nicht zum *sacerdotium* ordiniert. E. J. Lengeling hat hier von einem missverständlichen Satz gesprochen, denn LG spricht von dem *ministerium ecclesiasticum*, dem einen von Gott eingesetzten kirchlichen Dienstamt (Die Theologie des Weihesakraments nach dem Zeugnis des neuen Ritus, in: LJ 19 [1969] 142–166). Vgl. zur Frage nach dem Verhältnis von *ministerium* und *sacerdotium* die Ausführungen von H. Hoping: Der dreifache Tischdienst

Amts wegen" dazu berufen, an der Spitze derjenigen zu gehen, die einen Verstorbenen zur Grablegung geleiten und denen helfende Zuwendung zu geben, die an den Gräbern nach Trost verlangen. In ihrem Schreiben „Zum gemeinsamen Dienst berufen. Die Leitung gottesdienstlicher Feiern" weisen die deutschen Bischöfe darauf hin, dass der Diakon diesen Dienst der Leitung des Begräbnisses in Delegation des Pfarrers ausübt, dessen eigentliche Aufgabe die Leitung des Begräbnisses darstelle. Bei der Delegation, so das Schreiben, seien aber auch Gesichtspunkte der seelsorgerlichen Beziehung zur Trauerfamilie zu berücksichtigen.[73] Das bedeutet, wenn der Diakon schon vor der Grablegung den Weg von Krankheit und Sterben mit einer Familie gegangen ist, ist es sinnvoll, dass dieser den Verstorbenen auch auf diesem letzten Weg begleitet und den Angehörigen Trost aus der Verkündigung der frohen Botschaft spendet.

III. Der Diakon als Icona vivens Christi servi in Ecclesia

Das Spezifikum des Diakonats ist nicht in einem Segment kirchlichen Handelns zu suchen. Pointiert gesprochen: Das Entscheidende des Diakonats ist nicht, was der Diakon gegenüber einem Laien „mehr darf" oder was nicht. „Spezifikum des Diakons in all den von ihm ausgeübten Diensten in Diakonie, Liturgie und Verkündigung ist vielmehr die personale Repräsentation des Zusammenhangs von contemplatio und actio, von extra nos des Heils und pro nobis des Heilhandelns Gottes, d.h. des inneren Zusammenhangs von Liturgie und ‚Diakonie', von Amt und Dienst."[74] Sein sakramentaler Dienst ist ein heiligender, lehrender und leitender Dienst insbesondere an denen, die krank, alt, schwach, ausgegrenzt ... sind und „denen im Diakon der vorbehaltlos liebende Christus, der Herr der Kirche, im ‚Bild des Knechtes' begegnet."[75]

---

des Diakons und die Einheit des Ordosakraments. Theologische Beobachtungen zur Liturgie der Diakonenweihe, in: W. Haunerland (Hg.): Manifestatio Ecclesiae. Studien zu Pontifikale und bischöflicher Liturgie. Regensburg 2004, 189–204. Dazu auch R. Kaczynski: „non ad sacerdotium, sed ad ministerium" (s. Anm. 18).

[73] Zum gemeinsamen Dienst berufen. Die Leitung gottesdienstlicher Feiern – Rahmenordnung für die Zusammenarbeit von Priestern, Diakonen und Laien im Bereich der Liturgie (8. Januar 1999). Hg. v. Sekretariat der Deutschen Bischofskonferenz. Bonn 1999 (Die deutschen Bischöfe 62) Nr. 15. Vgl. auch Der liturgische Dienst des Diakons Nr. 162 f (s. Anm. 12).

[74] M. Mühl: „Mysterium fidei". Drei Thesen als Bausteine für eine Theologie des Diakonats, in: IKZ Communio 33 (2004) 387–398, hier: 391.

[75] M. Mühl: ‚Mysterium fidei' 395 (s. Anm. 74).

Im Diakon soll das ausdrücklich werden, was der ganzen Kirche aufgetragen ist: in ihrem Dienen Christus Gestalt zu geben. „Im Dienst des ordinierten Diakons wird im kirchlichen Leben das Zeichen gesetzt, dass wir im gegenseitigen Dienen nicht nur das Vorbild Jesu nachahmen. Es geht nicht nur die Sache und das Vorbild Jesu weiter, er selbst bleibt gegenwärtig als der Dienende."[76]

Stefan Steger hat im Rahmen seiner Untersuchung „Anspruch und Lebenswirklichkeit eines wiedererrichteten Dienstes" auf Spannungen und Unsicherheiten hingewiesen. Der Diakonat werde von den Diakonen selbst häufig wie eine „Zwitterstellung" zwischen Presbyter und ehren- und hauptamtlich tätigen Gemeindemitgliedern erlebt.[77] Auf der Ebene des Wortes und der Zeichen wären in der Liturgie als Versammlung der Gemeinde Formen wieder aufzugreifen oder neu zu schaffen, die der feiernden Gemeinde deutlich vernehmbar machen, dass der Diakon den dienenden Christus in mitten der Versammlung repräsentiert und vergegenwärtigt. „Bleibt dies unterlassen, so könnte sich, auch zum Schaden des erneuerten Amtes, der Eindruck verfestigen, der Diakon habe keine ihm eigenen Aufgaben, er sei sozusagen ein ‚Mini-Priester'."[78]

---

[76] E-M. Faber: Zur Theologie des sakramentalen Diakonats 38 (s. Anm. 3).

[77] Vgl. S. Steger: Der Ständige Diakon und die Liturgie 52 (s. Anm. 29).

[78] H. Brakmann: Zum Dienst des Diakons in der Liturgischen Versammlung 158 (s. Anm. 9). Die Schlussfolgerung Brakmanns ist stringent: „Wo aber, nicht aus Willkür, zur Befriedigung persönlicher Eitelkeiten oder zur bequemeren Arbeitsteilung, sondern aus drängender Notwendigkeit in einer Gemeinde die Leitung Liturgischer Versammlungen durch Diakone zur Regel wird, dort wird zu fragen sein, ob die ‚veritas ordinum et ministeriorum' es nicht gebietet, denen, die in Wirklichkeit schon den Dienst des gottesdienstlichen Vorstehers ausüben müssen und können, unter Gebet und Handauflegung auch das dieser Funktion entsprechende Amt zu übertragen" (ebd.).

Systematische Fragestellungen

Die „verschiedenen Dienstämter" (LG 18) und die Einheit des Ordo

Zum Spezifikum des diakonalen Amtes

von Ralf Miggelbrink

1. Der hermeneutische Rahmen

Das II. Vatikanische Konzil überwindet eine Betrachtung der Kirche, die sich exklusiv vom Begriff und der Theorie der Institution bestimmen lässt.[1] Nicht die soziologisch inspirierte Betrachtung unterschiedlich definierter Rollen, deren stiftungsgemäßer Gestalt und der aus ihnen resultierenden Rechte und Pflichten der jeweiligen Rolleninhaber innerhalb des Sozialkörpers Kirche bestimmen die Perspektive des Konzils. Statt in dieser Spur gegenreformatorischer Analogie zwischen staatlichen und gesellschaftlichen Sozialverbünden und der Kirche weiter zu denken, entwirft die Kirchenkonstitution *Lumen gentium* in kraftvollen Linien ein genuin theologisches Bild der Kirche als einer Gemeinschaft, die sich selbst und anderen als das Geheimnis der göttlichen Wirksamkeit unter den Menschen in der Welt aufgegeben ist.[2]

---

[1] Von der gegenreformatorischen Fixierung auf die sichtbare Kirche (K. Diez: „Ecclesia non est Civitas Platonica". Antworten katholischer Kontroverstheologen des 16. Jahrhunderts auf Martin Luthers Anfrage an die Sichtbarkeit der Kirche, Frankfurt a. M. 1997) bis zu der Bedeutung des Institutionenbegriffs in Medard Kehls Ekklesiologie (ders.: Kirche. Eine katholische Ekklesiologie, Würzburg 1992) durchzieht die Betonung der ekklesialen Sichtbarkeit das katholische Denken über die Kirche. Jürgen Werbick knüpft daran an, aporetisiert aber die mit der Überzeugung von Historizität und Sichtbarkeit einhergehende Selbstgewissheit: Die Sichtbarkeit ist ihm einerseits die Sichtbarkeit Gottes, der aber andererseits ist, was niemand je gesehen hat (J. Werbick: Kirche. Ein ekklesiologischer Entwurf für Studium und Praxis, Freiburg 1994, S. 17–44).

[2] Der Titel des ersten Kapitels vom Lumen gentium (De ecclesia mysterio) rückt das Thema dieses Kapitels, nämlich die Wesensbestimmung der Kirche, in den weiten Raum des verborgenen und dennoch wirksamen Handelns Gottes an der Welt. Der Mysterienbegriff wird im zweiten Satz der Dogmatischen Konstitution im Sinne des Sakramentsbegriffs präzisiert: Die Kirche ist göttliches Heilsungsmittel *(sacramentum)*. Der Sakramentsbegriff wird in seiner ekklesiologischen Verwendung doppelt modifiziert: Adressat des Sakramentes ist nicht der einzelne Sakramentenempfänger, sondern das ganze Menschengeschlecht *(genus humanum)*. Ziel der sakramentalen Ef-

Das Konzil spricht von der Gemeinschaft der Christgläubigen, die Gott *zusammenruft*[3], die durch die *Ausgießung des Gottesgeistes* offenbar wurde[4] und in der alle Gerechten „von Adam an [...] versammelt werden."[5] Mit dem Motiv der *ecclesia ab Abel* wird noch einmal ein kräftiger Akzent im Sinne eines spezifisch theologisch-eschatologischen Kirchenverständnisses gesetzt.

Der die Begriffe von *mysterium* und *sacramentum* in Lumen gentium 1 explizierende Begriff „*instrumentum*" signalisiert, dass es dem Konzil nicht nur um eine Betonung der sakramentalen Geheimnishaftigkeit des göttlichen Wirkens in der Welt und durch die Kirche geht, sondern auch um eine handlungs- und effizienzorientierte Betrachtungsweise dieses Wirkens. Der Bestimmung der Kirche als Werkzeug entspricht die durchgängige Behandlung der kirchlichen Ämter als „*ministeria*"[6]. Die Deutung des kirchlichen Amtes im Ausgang von der Dienstfunktion ist nicht nur an der Benennung des Amtes ablesbar, sondern auch da erkennbar, wo der „heilige Stand" *(sacer ordo)* in Abgrenzung zu den Christgläubigen, „die man Laien nennt"[7], begründet wird: Die traditionelle institutionentheoretische Figur der stiftenden Ordnungssetzung durch den Gründer Christus wird hier durch eine finale Zweckbestimmung ergänzt: „Christus, der Herr, hat um das Volk Gottes zu weiden und ständig zu mehren, in seiner Kirche verschiedene Dienste *(ministeria)* eingesetzt" (LG 18, 1).

Dieser funktionalen Betrachtungsweise entspricht die Darstellung der Beziehungen innerhalb des *ordo*. Dies wird sehr deutlich bei der Beschreibung des organischen Zusammenwirkens von Bischöfen und Priestern.[8] Weder das hierarchische Weisungs- und Herrschaftsverhältnis noch unterschiedliche heilige Vollmachten *(sacrae potestates)* bilden hier den wesentlichen Argumentations-

---

fizienz ist die Heiligung der ganzen Menschheit, präzisiert als deren Einigung und Vereinigung mit Gott.

[3] „*Aeternus Pater [...] Credentes autem in Christum convocare statuit in Sancta Ecclesia, [...].*" (LG 2, 1).

[4] „*Effuso spiritu est manifestata [...].*" (LG 2, 1).

[5] *[...] „omnes iusti inde ab Adam, ‚ab Abel iusto usque ad ultimum electum' in Ecclesia universali apud Patrem congregabuntur.*" (LG 2, 1). Die Nähe der Terminologie dieser Stelle zur „*congregatio sanctorum*" des 7. Artikels der Confessio Augustana ist nicht zufällig, ging es doch auch gerade der Reformation darum, einen spezifisch theologischen statt eines rein rechtlich-politischen Kirchenbegriffs zu begründen. In der Reformation führte dieses Unterfangen geradewegs zum Postulat der *ecclesia invisibilis*: Was nicht institutionell ist, ist nicht sichtbar.

[6] LG 18: „*Christus Dominus ad Populum Dei pascendum semperque augendum in Ecclesia sua varia ministeria instituit.*"

[7] LG 30: „*christifidel[es] qui laici nuncupantur.*"

[8] LG 28, 2.

grund. Das Konzil betont vielmehr eine familiale Verbundenheit von Priestern und Bischöfen[9], die in LG 18 auch diejenigen umfasst, die nicht dem *ordo* angehören: Für alle Glieder der Kirche gilt die verbindende Zielsetzung der Kooperation, „[...] frei und geordnet auf dasselbe Ziel hin zusammenzuwirken."[10] Entscheidend für die Differenziertheit des *ordo* sind die unterschiedlichen Erfordernisse, die sich aus der verbindenden Zwecksetzung des Weidens und Mehrens ergeben.

2. Die Einheit des ordo

Zur Darstellung der Einheit des *ordo* in seiner inneren Differenziertheit bedarf es zunächst einer theologischen Unterscheidung der Ordinierten von den nicht Ordinierten. Zur Beschreibung dieses Verhältnisses empfiehlt sich eine enkaptische Systematik: Grundlegend und alle Christen verbindend ist die in Taufe, Firmung und Eucharistie sakramental im Leben des einzelnen Christen wirksame Berufung zur Teilhabe am Heiligungsdienst der Kirche als ganzer gegenüber der Welt, den 1. Petr 2, 4–10 als priesterlichen Dienst deutet.[11] Das II. Vaticanum entfaltet die Theologie des Allgemeinen Priestertums aller Gläubigen ausdrücklich in LG 10f.: Alle Gläubigen sind Mitwirkende des eucharistischen Opfers.[12]

Von diesem allgemeinen Priestertum aller Gläubigen ist der *ordo* als ein besonderes geistliches Dienstamt zu unterscheiden[13]. Der *ordo* definiert sich zunächst und alle Dimensionen des *ordo*

---

[9] LG 28, 3 „*Episcopus vero Sacerdotes cooperatores suos ut filios et amicos conderet [...]."*
[10] LG 18, 1: „*[...]ad eundem finem libere et ordinatim cooperantes [...]."*
[11] LG 32, 2: „*Apostolatus autem laicorum est participatio ipsius salvificae missionis Ecclesiae ad quem apostolatum omnes ab ipso Domino per baptismum et confirmationem depunantur."*
[12] LG 10, 2: „*[...]fideles vero vi regalis sui sacerdoti in oblationem Eucharisticae concurrunt[...]."*
[13] Die Begriffskonstruktion des Dienstamtes entspricht der Präzisierung des *ordo* als *ministerium*, wie sie in Lumen gentium durchgängig vorgenommen wird. Im ökumenischen Gespräch hat sich seit der Konvergenzerklärung des Ökumenischen Rates der Kirchen über Taufe, Eucharistie und Amt (ebd. Amt, 2, 8 = Dokumente wachsender Übereinstimmung I, [Paderborn 1983] 569) als Abgrenzungskriterium zwischen der christlichen Gemeinde und dem Dienstamt die dreifaltige Bestimmung durchgesetzt: Das ordinierte Amt repräsentiert (1) „öffentlich" (2) „auf Dauer" (3) „die fundamentale Abhängigkeit von Jesus Christus" (so auch: Abschließender Bericht des Ökumenischen Arbeitskreises evangelischer und katholischer Theologen (ÖAK), in: D. Sattler / G. Wenz, Das Kirchliche Amt in der apostolischen Nachfolge. III. Verständigung und Differenzen, Freiburg 2008, S. 167–267, hier: S. 255f.).

durchdringend durch seine dienende Funktion gegenüber der Gesamtkirche entsprechend dem Auftrag der Kirche an der Welt. Diese fundamentale Verbundenheit aller Ordinierten im Dienst (*ministerium*) findet einen sakramentalen Ausdruck in der ihnen allen primär zuteil gewordenen Ordination zu Diakonen. Über die allgemeine, diakonale Ordination zum Dienst hinausgehend, kommt einigen zum Dienst Bestimmten die Ordination zu Presbytern zu. Schließlich kommt einigen Presbytern die Bestimmung der Leitung einer Ortskirche als Bischof zu. Allerdings handelt es sich bei dieser kirchlichen Bestimmung um eine Spezifizierung des allgemeinen (diakonalen) Dienstes an der Kirche im Sinne des kirchlichen Dienstes an der Welt.

Am schwierigsten ist innerhalb dieser Systematik die Besonderheit des presbyteralen Dienstamtes zu bestimmen. Diese Schwierigkeit steht im Gegensatz zu der Tatsache, dass dem Presbyterat die größte praktische Bedeutung innerhalb des *ordo* zukommt. Dieser Umstand verdankt sich verschiedenen historischen Entwicklungen: Das aus dem Modell der Leitung frühjüdischer Synagogen hervorgegangene Kollegium der Ältesten (*presbyteri*) erlangt mit der Ausweitung der christlichen Gemeinden in das weitere Umland der antiken Städte eine Bedeutung, die diejenige der Wahl, der Beratung, Unterstützung und gelegentlichen Vertretung des Episkopen als des Hauptes der örtlichen Kirche bei weitem überragt. Die entfernt vom Bischofssitz einer eucharistischen Tischgemeinschaft vorstehenden *presbyteri* rücken selbst in die Rolle von Gemeindevorstehern. Diese Verwischung zwischen dem presbyteralen und dem episkopalen Dienst verschärft sich in der Weite der Missionsgebiete des frühen Mittelalters: Der Presbyter wird in der Fläche zur weitgehend einzig präsenten Gestalt des kirchlichen Dienstamtes. Auf ihn konzentriert sich folglich jede kirchenreformerische Erneuerungsbemühung, ihn vor allem muss die Bildungsarbeit der Kirche erreichen. Mit der durch das Tridentinum normierten Priesterbildung kommt diese Entwicklung zu ihrem Höhepunkt. Der Presbyter wird zum Regelfall des gut ausgebildeten, geistlich zugerüsteten, kirchlichen Leitungsspezialisten von herausragender Tugend. Als solcher ist er von der Gegenreformation bis zum Kirchenkampf eine ekklesiale Größe von nicht zu überschätzender Bedeutung.

Parallel zu dieser Entwicklung verläuft die Konzentration des Presbyterverständnisses im Ausgang von Begriff und Konotation des Priesterbegriffs. Der Priesterbegriff stellt eine Adaption aus dem religionsgeschichtlichen Fundus dar, die allerdings schon für das ausgehende erste Jahrhundert als Bezeichnung christlicher *mi-*

nistri belegt ist.[14] Insbesondere als Darbringer der Opfergaben ist der heidnische Priester Heilsmittler. Für die Mission nach dem Zusammenbruch der antiken Bildungsträger bot sich die Anknüpfung am religionsgeschichtlich geprägten Priesterbegriff an. Der Priester in seiner spezifizierten Gestalt als heilsmittelnder Opferpriester wird zum dominierenden Modell des Kirchenmannes. Insbesondere das ämtertheologische Modell der gestuften Mitteilung unterschiedlicher heiliger Vollmachten *(sacrae potestates)*, das bis in die Konzilszeit hinein die einschlägigen Handbücher dominierte und das auch durch das II. Vaticanum bestätigt wird, musste zu dem Eindruck führen: Die wichtigsten Vollmachten „[…] *consecrandi, offerandi et ministrandi corpus et sanguinem [Domini Salvatoris]* […] *et peccata dimmitendi et retinendi* […]"[15]sind in der Hand des Presbyters vereint. Was darüber hinaus dem Bischof an sakramentalen Diensten vorbehalten ist, ist zunächst für das alltägliche Leben der Gläubigen nicht so bestimmend und kann darüber hinaus im Wege außerordentlicher Bevollmächtigung ebenfalls dem einfachen Presbyter übertragen werden. Lediglich hinsichtlich der Bischofskonsekration und abgeschwächt auch in Bezug auf die *ordinatio presbyterum* gibt es ein ganz überwiegendes theologisches und kanonistisches Votum für die Unmöglichkeit der zeitweisen Übertragung der entsprechenden Vollmachten an die *presbyteri*.

Was sollen neben diesem Passepartout des geistlichen Dienstes noch die Dienstämter des Episkopen und des Diakons? Der Diakonat degeneriert zu einer Durchgangsstation des angehenden kirchlichen Amtsträgers.[16] Um die Profilierung des bischöflichen Dienstamtes hat sich das Konzil bemüht. Der Diakonat wurde durch die Wiedereinführung des Ständigen Diakonats gestärkt. Aber welcher spezifische Dienst kommt den Diakonen zu?

3. Der besondere Dienst des Diakons

a) Suchbewegungen

Ein erster Weg zur Profilierung des diakonalen Amtes besteht in der Regel in der Rückfrage nach biblischen und historischen Vorbildern.

---

[14] 1. Clemensbrief, 40, 1–3.
[15] Konzil von Trient, 23. Sitzung , DH 1764.
[16] J. St. H. Gibaut, The Cursus Honorum. A Study of the Origins and Evolution of Sequential Ordination, New York 2000.

In der Konzilszeit wurde ein solches Vorbild vorzugsweise in der diakonalen Dimension christlicher Existenz gesehen. Die Kirche als ganze ist durch ihren Dienst an der Menschheit definiert. Spezialisten für den Dienst sind die Diakone, die als solche in eminenter Weise das dienende Wesen der Kirche als ganzer zum Ausdruck bringen. Das biblische Vorbild von Apg 6,1–7 präzisiert den innerkirchlichen Dienst als „Dienst an den Tischen", womit im Kontext eine innergemeindliche Armenfürsorge gemeint ist.[17] In diesem Sinne bildet der Protestantismus im 19. Jahrhundert einen Diakonat aus, mit dem das soziale Engagement der Kirche im Feld wachsender Armut eine ekklesiale Deutung und Aufwertung erfährt.[18]

An diesem Vorbild lehnt sich die katholische Wiederbelebung des ständigen Diakonats nach dem II. Vatikanischen Konzil immer wieder an. Das Verständnis des Diakonates als eines caritativen Dienstamtes in der Gemeinde verbindet sich dabei häufig mit dem tendenziell presbyteralen Verständnis der Altargemeinde als der zentralen Realisationsform von Kirche.[19] Als solche muss die Gemeinde auch Experten für die kirchliche Sorge um das Wohl der Menschen in der Konkretheit ihrer leiblichen Existenz bereithalten. Der Diakonat wird auf diese Weise begründet als ein neben dem Presbyterium, diesem gegenüber andersartig profiliertes Dienstamt. Das Prebyterium wird dadurch gleichzeitig auf die Funktionen gemeindlicher Leitung und kultisch-sazerdotalen Dienstes konzen-

---

[17] Wenn die Aufgabe der Sieben in Apg 6 implizit bezeichnet wird als „Dienst an den Tischen" (διακονεῖν τραπέζαις: V. 2), so entspricht dies einer über lange Zeit gepflegten Vorstellung von der Semantik des griechischen Verbs „διακονεῖν": Der Begriff bezeichne im Profangriechischen das Aufwarten bei Tisch, mithin einen vergleichsweise niederen Dienst. Der Tischdienst wurde nach dieser Interpretation zum Modell jeder dienenden Tätigkeit, die sich auf die vitalen und leiblichen Bedürfnisse der Menschen bezieht. Die Identifizierung der „Sieben" aus Apg 6 mit ordinierten Diakonen (Apg 13, 1–3; 1. Tim 1, 18; 4, 14) ist nicht selbstverständlich: Bernhard Dogmalski folgert aus der Vermeidung des Begriffes „Diakon" in Apg 6, dass Lukas die Bestellung der „Sieben" unter Gebet und Handauflegung als Musterfall amtstheologischer Lösung ekklesialer Organisationsprobleme vorstellt und dass es ihm eben nicht darum ging, Genese und Zweck des ihm wohl bekannten gemeindlichen Diakonenamtes zu erzählen (ders.: Waren die ‚Sieben' (Apg 6, 1–7) Diakone? In: Bibl. Zeitschrift 26 (1982), S. 21–33).
[18] Collins erblickt die caritative Profilierung des Diakonates eher als eine Frucht der 19. Jahrhunderts mit seinen bedrückenden sozialen Problemen. Insbesondere der Gründer der Kaiserswerther Diakonie Theodor Fliedner (1800–1864) gilt Collin als maßgeblich für eine primär und exklusiv sozial profilierte Vorstellung des diakonalen Dienstes (ders.: Deacons and the Church. Making Connections Between Old an New, Herforshire 2002, S. 185–189).
[19] D. Reininger, Diakonat der Frau in der einen Kirche. Diskussionen, Entscheidungen und pastoral-praktische Erfahrungen in der christlichen Ökumene und ihre Beitrag zur römisch-katholischen Diskussion, Ostfildern 1999.

triert. Auch den Vertretern dieses Modells ist klar, dass die entsprechende Profilierung der Dienstämter über ihre spezifischen Aufgaben die Realisation von Aufgaben, die schwerpunktmäßig dem anderen Dienstamt zugeordnet sind, nicht aus-, sondern notwendig einschließt: Diakone sind eben auch mit Liturgie und Verkündigung befasst, so wie Presbyter mit der Sorge um das umfassende Wohl der ihnen Anvertrauten befasst sein sollen.[20]

Die Profilierung des Diakonts über ein an die Gemeinde gebundenes Verständnis diakonalen Dienstes im Sinne caritativ-sozialarbeiterischen Handelns ist in der Praxis des erneuerten Diakonates faktisch nicht rezipiert worden: Zwar konstatieren praktische Theologen ein beachtliches Interesse der Christen in den Gemeinden an caritativer Arbeit. Dieses Interesse bildet allerdings nicht den Schwerpunkt der Tätigkeit ordinierter Diakone im deutschen Sprachraum.[21] Faktisch werden Diakone nicht primär oder gar exklusiv für die Dienstleistung insbesondere in der Sorge um das materielle Wohl der Menschen eingesetzt.[22]

---

[20] Bernd-Jochen Hilberath erklärt: „Es scheint stimmig, den ordinierten Diakon (die ordinierte Diakonin) in besonderer Weise dem diakonalen Grundvollzug der Gemeinde zuzuordnen [...]. Während der Presbyterat das ,extra nos' des Heiles wachhält und im Verkündigungshandeln (einschließlich der Sakramente) repräsentiert, ruft der Diakon das pro nobis et pro omnibus des Heilshandelns Gottes in Erinnerung und sorgt für seine Realisierung in aller Gebrochenheit und Vorläufigkeit." (ders.: Das Amt der Diakonie: ein sakramentales Amt? Ein Zugang von der Gemeinde her, in: P. Hünermann u. a. (Hg.), Diakonat. Ein Amt für Frauen in der Kirche – ein frauengerechtes Amt?, Ostfildern 1997, S. 212–218).

[21] P. M. Zulehner / E. Patzelt: Samariter – Prophet – Levit. Diakone im deutschsprachigen Raum. Eine empirische Studie, Ostfildern 2003, S. 64–74, S. 79: Diakone sind im deutschsprachigen Raum überwiegend mit Verkündigungsaufgaben befasst, also in Bereichen, die nach der von Bernd Jochen Hilberath angebotnen Systematik doch wohl dem „extra nos" des Gotteswortes zuzuordnen sind.

[22] So bedauert der Neutestamentler Martin Ebner, die Diakone würdigten in ihrer Mehrheit nicht das eigentlich Diakonale an ihrem Dienst (ders.: Diakonie und Liturgie – Neutestamentliche Rückfragen, in: B. Kranemann (Hg.): Die diakonale Dimension der Liturgie, Freiburg 2006 (=QD 218), S. 31–40, hier: S. 32). Mit ähnlichem Tenor: H. Vorgrimler: Diakonie und Diakone, in: B. Kranemann (Hg.): Die diakonale Dimension der Liturgie, S. 236–245. Diesen Positionen liegt die Vorstellung eines komplementären und insofern konfliktfreien Verhältnisses der Ämter in der Kirche zugrunde: Die Diakone dienen dem leiblichen Wohl der Menschen, Priester und Bischöfe ihrem geistlichen. Charmant an diesem, neuerlich von Stefan Sander (ders.: Gott begegnet im Anderen. Der Diakon und die Einheit des sakramentalen Amtes, Freiburg 2006) anspruchsvoll argumentierten Modell ist die Vorstellung eines konfliktfrei nach Aufgabenbereichen strukturierten *ordo*. Mit Recht argumentiert Bart Koet (ders.: Wo bleibt die „Diaconia des Wortes"?. Randbemerkungen zu einer aktuellen Studie über den Diakon und die Einheit des sakramentalen Amtes, in: Diaconia Christi 42/2 (2007), S. 182–191) mit exegetischen und historischen Gründen gegen dieses Modell. Allerdings können auch die systematischen Gründe Sanders durchaus in Frage gestellt werden: So richtig seine mit Lévinas argumentierte Ein-

Insbesondere die exegetische Arbeit von John N. Collins weist eindrucksvoll nach, dass die Semantik von „διακονεῖν" mit dem Modell des inferioren Tischdieners nur sehr unzureichend erfasst ist: In Wirklichkeit lassen sich die komplexen Bedeutungsgehalte der Wurzel „διακον-„auf die Grundbedeutung des Zwischen-gehens/-wirkens zurückführen. Der „διάκονος" ist dann wesentlich der in den unterschiedlichsten Bereichen im Zwischenraum Agierende: Das schließt die Kellnerfunktion *zwischen* Küche und Tisch ebenso ein wie die Botenfunktion zwischen Sendendem und Empfangenden oder die Agentenfunktion zwischen Auftraggeber und Klientem.[23]

Die rein caritative Bestimmung des Diakonenamtes als eines Dienstes am leiblichen Wohl der Menschen verfehlt in zweifacher Hinsicht den biblischen und historischen Befund.

(1) Sowohl biblisch als auch kirchengeschichtlich ist zunächst zu konstatieren, dass der Diakon nicht ausschließlich als Armendiener tätig war: Stephanus schildert die Apostelgeschichte als wundertätigen Verkünder „voll Gnade und Kraft" (Apg 6, 8), der wortgewaltig öffentlich lehrte (Apg 6, 9f.; 7, 2–60). Dieser Profilierung entspricht Lumen gentium mit einer dreifachen Bestimmung des diakonalen Dienstes: Die Diakone dienen „dem Volk Gottes in Gemeinschaft mit dem Bischof und seinem Presbyterium" „in der Diakonie der Liturgie, des Wortes und der Liebe."[24] Die Weiheliturgie des Diakons bezeugt diese dreifaltige Finalisierung seines Dienstes.[25]

---

schätzung ist, das Fremde, Ungelegene, nicht Ersehnte müsse in der Kirche Heimatrecht haben als eine „Weise sakramentaler Christuspräsenz" (a. a. O., S. 304), so fraglich ist die Idee, dass gerade diese Präsenz in ihrer Unverfügbarkeit als unterscheidendes Spezifikum eines bestimmten Dienstamtes gewertet werden soll: Ist die Sensibilisierung für den fremden Christus unter uns im Sinn von Mt 28 nicht wirklich eine allen Gliedern der Kirche um ihres Christseins willen aufgegebene Berufung, die als solche natürlich auch alle Amtsträger durchdringen muss?

[23] J. N. Collins: Diakonia. Re-interpreting the Ancient Sources, New York/Oxford 1990, S. 67; A. Hentschel: Diakonia im Neuen Testament. Studien zur Semantik unter besonderer Berücksichtigung der Rolle von Frauen, Tübingen 2007, S. 85–89.

[24] LG 29, 1: Die Verwendung des Begriffes „caritas" ist in diesem Kontext aufschlussreich: Was der (überwiegend evangelischen) Diakoniekonzeption des 19. Jahrhunderts als das eigentlich Diakonische erscheint, heißt in der Sprache des Konzils „caritativ". Zur Verhältnisbestimmung der Begriffe Diakonie und Caritas: A. Hentschel: Diakonia im Neuen Testament.

[25] Liturgische Institute Salzburg, Trier, Zürich (Hg.): Die Weihe des Bischofs, der Priester, der Diakone, Freiburg 1994, S. 122–148: Die Weihekandidaten versprechen: Dienst zur Unterstützung von Bischof und Priestern. Sie versprechen, „den Armen und Kranken beizustehen und den Heimatlosen und Notleidenden zu helfen" (S. 131). Über sie wird gebetet, Gott möge sie für den „Dienst an [s]einem Altar" annehmen (S. 131). Sie werden schließlich im Ritual der Übergabe des Evangeliars ausdrücklich für die glaubende und deutende Verkündigung des Gotteswortes bestellt (S. 148); vgl. auch die dreifaltige Bestimmung des diakonalen Dienstes in LG 29, 1.

(2) Auch die Inferiorität und Simplizität des Dienstes[26] war über Jahrhunderte keineswegs das kennzeichnende Merkmal des Diakons: Bereits im Sprachgebrauch der Septuaginta ist der διάκονος eher der hohe Hofbeamte. Im Buch Ester ist er zwar königlicher Tischdiener, aber eben auch königlicher Bote und Agent.[27] In diesen Rollen finden wir den Diakon in der Länge der Kirchengeschichte wieder: Als Verwalter der Armenkasse wird er vielerorts zum kirchlichen Güterverwalter überhaupt, zur Administrations- und Organisationskraft des Bischofs. Dass insbesondere die römische *cathedra* einen erheblichen Bedarf hatte an solchen nicht als lokale Presbyter wirkenden, sondern in der Organisation und Aufsicht tätigen Kleriker, mag den Hintergrund bilden für die Tatsache, dass vom 5.–7. Jahrhundert zahlreiche Päpste vor ihrer Wahl zwar Diakone, aber nicht Priester oder Bischöfe waren.[28] Noch im 19. Jahrhundert wirkten Kardinäle, die weder die Ordination zum Presbyter noch zum Bischof empfangen hatten.[29]

---

[26] Eine entsprechende Profilierung des Diakonates schließt an die Negativbestimmung an LG 29, 1: *„In gradi inferiori hierarchiae sistunt Diaconi, quibus non ad sacerdotium, sed ad ministerium manus imponuntur."* Der niedrigste Grad der Hierarchie wird nicht zum Priestertum, sondern „zum Dienst" geweiht. Wo das Priestertum ohnehin als faktisch *plenitudo potestatis* verstanden wird, liegt der Gedanke nahe, hier gemeinte Dienst des Diakons sei zu verstehen als Subsidium des Pfarrers. Der Diakon wäre mit einer entsprechenden Theologie nicht nur aufgrund seiner hierarchischen Inferiorität abhängig vom Priester, sondern insofern sein Amt sich wesentlich vom Priesteramt ableiten würde. Wo hingegen Dienst primär als caritativer Dienst verstanden wird, da kann man mit Gisbert Greshake den zum Dienst geweihten Diakon als die amtliche Repräsentanz Christi als des Dienenden in seiner Kirche verstehen. Durch einen separaten Tätigkeitsbereich würde dem Diakon ein eigenes Profil zuwachsen. Der Sprachgebrauch des Konzils gibt aber diese weitreichende Interpretation im Sinne von sozialem Dienst nicht her. Im Gegenteil: Dienst ist das Grundwort allen amtlichen Tuns in der Kirche. Auch die Bischöfe und Priester, in denen Greshake die amtliche Repräsentanz Christi als des Hauptes erblicken will, sind zum Dienst geweiht, ja, ihr ganzes Amt ist wesentlich Dienst.

[27] B. Koet: Diakonie ist nicht nur Armenfürsorge. Neuere exegetische Erkenntnisse zum Verständnis von Diakonie, in: Christoph Granzow u. a. (Hg.): Lernen wäre eine schöne Alternative. Religionsunterricht in theologischer und erziehungswissenschaftlicher Verantwortung, FS Helmut Hanisch, Leipzig 2008, S. 303–320. Besonders eindrucksvoll ist das Beispiel des römischen Diakons Hildebrand, der als Diakon (Subdiakon, Diakon, Archidiakon) in päpstlichen Diensten als Agent der römischen Kirche in schwierigsten Missionen tätig war und der ohne vorherige Priesterweihe 1073 zum Papst gewählt wurde, um sodann als Gregor VII. außerordentlich bedeutsam als Papst zu wirken (U.-R. Blumenthal, Gregor VII. Papst zwischen Canossa und Kirchenreform, Darmstadt 2001).

[28] R. Scheule: Der etwas andere Geistliche. Für ein material nicht festgestelltes, der Form nach aber klerikales Selbstverständnis des Diakons. Ein Diskussionsangebot in zwei Thesen und elf Artikeln, in: Diakonia XP 41 (2006), S. 2–5, hier: S. 2.

[29] Ercole Consalvi (1757–1824) und Giacomo Antonelli (1806–1876).

Im Ergebnis scheint eine exklusive Präzisierung des diakonalen Dienstes über eine als *caritas* verstandene kirchliche *diákonia* nicht zielführend. Sowohl neutestamentlich als auch kirchen- und sprachgeschichtlich ist der Dienst des *diákonos* nicht auf den eines kirchlichen Sozialarbeiters engzuführen. Legt man die Lehre von den drei Ämtern Christi, wie sie ursprünglich Justin Martyr entwickelte[30], zugrunde, so ist darüber hinaus festzuhalten, dass die Diakone ebenso wie zum caritativen auch zum liturgischen und zum Verkündigungsdienst ordiniert werden. Sie haben wie auch Bischöfe und Priester an allen drei *munera ecclesiastica* ihren Anteil.

Fragt man nun weiter nach der spezifischen Gestalt dieses Anteils an den wesentlichen Vollzügen der Kirche, so wird man hinsichtlich der *leitourgía* durch LG 29, 1 auf eine bestimmte Spur gebracht. Das Konzil beschreibt ganz im Sinne der alten Vollmachtslehre, was alles in liturgischer Hinsicht dem Diakon obliegt. Da alle in LG 29, 1 genannten Aufgaben (feierliche Taufe, Verwahrung und Ausspendung der Eucharistie, Eheassistenz, Überbringung des *viaticums* an die Sterbenden, Unterweisung und Ermahnung des Volkes, Spendung von Sakramentalien und Vorsteherdienst beim Begräbnis) aber nicht alleine Sache des Diakons sind, sondern ebenso der *presbyteri* und des Bischofs, erschließt sich über sie nicht unbedingt, warum es der Diakone als einer spezifischen Gestalt des kirchlichen Dienstamtes bedarf. Das Konzil komplettiert die entsprechende Ratlosigkeit sogar, wenn es als Anlass der Wiedereinführung des Diakonates als eines „*proprius et permanens gradus hierarchiae*" den in „mehreren Gebieten" (*pluribus regionibus*) herrschendem Mangel an Priestern nennt.[31] Auf diese Weise wird der Gedanke des Diakons als eines minderen Hilfsgeistlichen zur Vertretung des abwesenden Priesters nahegelegt. Der gegen die Liste liturgischer Aufgaben des Diakons erhobene Einwand, diese Dienste könnten auch Laien übertragen werden und es sei mithin nicht einsichtig, warum es für sie einer diakonalen Ordination bedarf, entspringt einem falschen Ordinationsverständnis. Es geht bei der Ordination nicht darum, einen Menschen zu etwas zu befähigen, dessen er ohne Ordination nicht fähig wäre. Und es ist nicht so, dass eine Ordination dann überflüssig ist, wenn prinzipiell das, wozu der Ordinierte ordiniert wird, ihm auch ohne diese Ordination möglich ist. Die Ordination ordnet wesentliche kirchliche Handlungen in die dialogische Grundstruktur der Kirche ein: Als Einrichtung in der Welt richtet sich

---

[30] Dialog mit Tryphon 86, 2.
[31] LG 29, 2.

die Kirche auf die ewige Wirklichkeit Gottes aus, indem sie Menschen dazu aussondert, die den sakramentalen Handlungen eigene Dimension des göttlichen *extra nos* mit der Lebensweihe ihrer ganzen Existenz zu bezeugen. Auch wenn diese Menschen durch dieses Los *(kléros)* zu den vorrangigen Akteuren der liturgischen Vergegenwärtigung Christi werden, so schließt dies nicht aus, dass auch nicht ordinierte Christen diese Aufgabe gelegentlich übernehmen. Allerdings drängt die dauerhafte Übernahme entsprechender Aufgaben darauf hin, dass die Betreffenden durch die Kirche im Akt der Ordination anerkannt und bestätigt werden.

Problematisch an der Liste aus LG 29, 1 ist aber, dass sie lediglich hinsichtlich der liturgischen Aufgaben des Diakons genau ist. Der entsprechenden Ungenauigkeit hinsichtlich aller weiteren Tätigkeiten des Diakons eignet allerdings eine tiefe Sachgerechtigkeit, die sich in der Geschichte des Diakonates immer wieder erwiesen hat: Der Diakon ist im allgemeinsten Sinne der sakramentale Diener seiner Kirche, der insbesondere da bedeutsam werden kann, wo die festen Strukturen sich auflösen.

b) Dienst als alle Glieder des ordo verbindendes Amtsmerkmal

Bereits weiter oben wurde der Gedanke einer enkaptischen Ämterlehre angedeutet. Wenn die Diakone „nicht zum Priestertum", sondern „zum Dienst" geweiht sind, so heißt dies eben nicht, die Priester wären nicht zum Dienst geweiht. Dienst *(ministerium)* bezeichnet die Grundbestimmung aller Stufen des *ordo*. Es hat sich auch als nicht zielführend erwiesen, in bezug auf den Diakon niedere von höheren priesterlichen oder episkopalen Diensten zu unterscheiden.[32] Es ist ein und derselbe Dienst *„pascendum semperque augendum"*, den alle Glieder des *ordo* versehen.

Dem Bischof kommt innerhalb dieser Dienstgemeinschaft das Leitungsamt zu. Den Presbytern kommt die Stellvertretung des Bischofs im Vorsteheramt in den einzelnen Gemeinden eines Bistums zu. Eng damit verbunden ist die liturgische Aufgabe des Vorstehers der Eucharistiefeier. Insofern durch diese unterschiedlichen Aufgaben unterschiedliche Vollmachten impliziert sind,

---

[32] Gisbert Greshakes (ders.: Priester sein. Zur Theologie des priesterlichen Amtes, Freiburg ²2001, S. 102–109) Unterscheidung zwischen priesterlich-episkopaler Realrepräsentanz *Christi in capite* von der diakonalen Realrepräsentanz des dienenden Christus führt in die Irre. Der kosmische Christus als das Haupt seiner Kirche in Eph 1, 22 und 4, 15 ist in dieser Funktion gerade nicht vertretbar. Sehr wohl aber ist die Dienstfunktion allen Gestalten kirchlicher Leitung nachgerade *iure divino* aufgegeben (Mt 20, 27f.).

kommt dem Diakon in der Tat der „*gradus inferior*" innerhalb der Hierarchie zu, weil sein Dienst das geringste Maß sakramentaler Vollmacht beinhaltet.

Die Entwicklung der Kirche in der Gegenwart wirft aber ganz andere Fragen auf: Angesichts schrumpfender Kirchen müssen neue Formen des kirchlichen Dienstes und der Gegenwart unter den Menschen gesucht werden. So erfolgreich in der Vergangenheit Priester in ähnlichen Situationen des ekklesialen Niedergangs agiert haben, so sehr scheint es in der Gegenwart spezifische *Handicaps* des presbyteralen Dienstamtes zu geben und umgekehrt bestimmte Vorzüge des diakonalen Dienstamtes: Die Herleitung des Presbyteriums vom Vorsteheramt in den eucharistischen Gemeinden eines Bistums lässt in Zeiten des Priestermangels kaum Raum dafür, die Priester mit nicht spezifisch presbyteralen Aufgaben zu betrauen. Der Diakon kann hier gerade als Inhaber eines flexiblen kirchlichen Dienstamtes in vielfältigster, vielerorts eben auch neuer und kreativer Weise[33] aktiv werden. Entscheidend für das Gelingen solcher Suchbewegungen ist allerdings, dass der „*gradus inferior*" des Diakons nicht zum Anlass genommen wird, seine kreative Selbsttätigkeit und professionelle Entwicklung unbillig zu beschneiden. In diesem Zusammenhang ist entscheidend, dass eine hierarchische Überordnung des Presbyters über den Diakon sinnvollerweise nur da anzunehmen ist, wo ein Diakon in dem Amts- und Aufgabenbereich eines dauerhaft mit dem Vorsteheramt in einer Gemeinde betrauten Presbyters tätig wird. Wo Presbyter und Diakon Bereichen des kirchlichen Dienstes außerhalb der Gemeinde zugeordnet sind, kann es sachlogische Gründe geben, dem Diakon Weisungsvollmachten auch gegenüber dem Presbyter einzuräumen.

Der geschichtliche Rückblick zeigt die Vielfalt des diakonalen Wirkens: Der Diakon kann caritativ-praktischer Diener sein. Er kann administrativ-organisatorisch-leitend tätig sein. Ihm kann es obliegen in den verschiedensten Zusammenhängen als Lehrer des Glaubens zu wirken. Er handelt schließlich auch liturgisch. In der eucharistischen Feier positioniert sich der Diakon, so wie es seiner vielfältigen Lehrer-, Mittler- und Manageraufgabe gemäß ist. Im Pontifikalamt ist sein Platz beim Bischof, als dessen Mittler er tätig ist. Dass er dabei einen Schritt hinter dem Bischof zurücktritt entspricht der Wesensstruktur jedes Menschen, der sich selbst um des

---

[33] Die notwendige Suche nach zeitgemäßen Gestalten des Dienstes in der Kirche wird als Fragehorizont erkennbar in: B.J. Hilberath / R. Mascini: Diakonie – Diakonat – Ökumene. Rückblick der Veranstalter, in: Internationales Diakonatszentrum, Diaconia Christi, Rottenburg 2005, S. 59–73.

Gelingens dessen, wofür er einsteht, zurücknimmt. In der Eucharistiefeier der Gemeinde ist der Diakon zwar auf die Mitte des eucharistischen Geschehens hingeordnet. Er ist aber eben nicht derjenige, der dieses Geschehen in seiner Person vergegenwärtigt. In dieser Einschränkung der diakonalen *potestas* liegt eine doppelte Perspektive verborgen: (1) Der Diakon versinnbildlicht, dass sein durch Ordination getragenes Wirken in der Kirche empfangend hingeordnet ist auf Gott und die Gesamtkirche, die in der Eucharistiefeier nicht einfach durch den Diakon vergegenwärtigt wird. Auf diese Weise werden kirchliche Amtsträger als Empfangende im Gottesdienst erlebbar. (2) Der Diakon bietet die Chance, in den Gemeinden, neben der Eucharistiefeier andere Gottesdienstformen zu entdecken und zu pflegen.

c) Perspektiven des Diakonates

Wenn im Vorangegangenen im Sinne einer enkaptischen Ämterlehre dafür argumentiert wurde, die Diakonenweihe als die grundlegende, alle Glieder des *ordo* verbindende *ordniatio ad ministerium* zu deuten, zu der die *presbyteri* und *episcopi* jeweils weitergehende Vollmachten eigener Art erhalten, dann entspricht diese Deutung der vom II. Vaticanum verfolgten Amtstheologie des Dienstes, die allerdings ihrerseits einer theologischen Präzisierung bedarf, um nicht bloße Rhetorik zu bleiben. Christlicher Dienst an der Welt, der in den Gliedern des *ordo* seine amtliche Gestalt findet, gründet in der vorbedingungslosen kreativen göttlichen Benevolenz gegenüber der Welt. Christlicher Dienst bringt in der caritativen Zuwendung, dem sakramentalen Zeichen und dem Sinn und Leben spendenden Gotteswort das grundlegende Wohlwollen Gottes gegenüber der Welt als ganzer zur Erscheinung. Darin ist die Kirche Werkzeug der schöpferischen und vollendenden Wirklichkeit Gottes für die Welt und insofern Sakrament (LG 1, 1). Weil Gottes Wort sein Wohlwollen gegenüber allen Seienden zur Geltung bringt, hängt seine Verkündigung unlösbar zusammen mit der sakramentalen und caritativen Darstellung dieses Wohlwollens (Jak 2, 14–16). Wo in dem Maße, in dem das Zeugnis der grundlegenden Benevolenz Gottes gegenüber allem Lebenden begriffen und ergriffen wird, das Bedürfnis wächst, Gottes Wohlwollen als tragenden Grund des Daseins zur Erscheinung zu bringen, drängt es zu neuen und kreativen Formen dienender Heilsperformanz hin. Wo aber Gottes Benevolenz als das Gesetz aller Lebendigen begriffen wird, da drängt es zur Gerechtigkeit als der menschlich-tugendhaften Adaption der göttlichen

Haltung schöpferischen und vollendenden Wohlwollens. Als Diener des göttlichen Wohlwollens sind die Diakone Verkünder der göttlichen Gerechtigkeit. Als solche verkünden sie auch mahnend und zurechtweisend Gottes Wort unter den Menschen. In all diesen wesentlichen Funktionen amtlichen Dienstes in der Kirche sind Diakone, Prebyter und Episkopen geeint mit dem dienenden Menschensohn als dem Urbild des Menschen, der Gott entspricht und ihm ähnlich ist darin, dass er menschliches Leben als gemeinschaftliches Leben gerechter Achtung voreinander fördert.[34]

Bei einem solch weiten Verständnis kirchlichen Dienstes wird der Diakonat zum Hauptmerkmal jeglicher Ordination in der Kirche überhaupt: Zunächst und zuvorderst und zumeist sind alle Amtsinhaber der Kirche ordiniert zum umfassenden Dienst. Dieser Dienst verbindet sie mit dem dienenden Menschensohn und begründet ihre sakramentale Effizienz als das Wirksamwerden des schöpferischen und vollendenden Wohlwollens Gottes gegenüber allen Menschen.

Karl Rahner hat anlässlich der Wiedereinführung des Diakonates als eines auf Dauer bestehenden Dienstamtes der Kirche eine Antwort auf die Frage gesucht, wie es denn möglich ist, dass ein *iure divino* in der Kirche gewolltes Dienstamt über eine längere Zeit der Kirchengeschichte als ein selbständiges Amt faktisch nicht besteht.[35] Rahner sucht die Antwort in einer Differenzierung: Die Tatsache, dass eine formelle Ordination für ein auf Dauer übertragenes diakonales Dienstamt nicht oder nur eingeschränkt stattfand oder stattfindet, bedeutet nicht, dass der faktische Dienst der Diakone in der Kirche nicht erbracht würde. Auch darf angenommen werden, dass die entsprechenden Menschen, wo sie sich der Gnade ihres Wirksamseins für andere in der Kirche öffnen, durch die ihnen von Gott zugemutete Aufgabe geprägt werden. Damit aber nimmt Rahner in bezug auf die vielen „Katecheten", „Fürsorger" und Bediensteten der kirchlichen „Verwaltung" an, dass unter ihnen faktische Diakone ihren Dienst tun, der an Klarheit und Wirksamkeit durch die formelle Anerkennung der faktischen wirksamen Präsenz dieses Charismas im Sakrament der Ordination nur gewinnen kann. Aus der Argumen-

---

[34] S.-E. Brodd: A Diaconate Emerging from Ecclesiology. Towards a Constructive Theology on the Office of Deacon, in: IKZ 95 (2005), S. 266–288, S. 271: „Diakonia is an ecclesiological concept and thereby rooted in the person and work of Jesus Christ."

[35] K. Rahner: Die Theologie der Erneuerung des Diakonates, in: ders. / H. Vorgrimler (Hg.): Diaconia in Christo. Über die Erneuerung des Diakonates, Freiburg 1962 (=QD 15/16), S. 285–324, hier: S. 298f.

tation Rahners ergibt sich für die Kirche eine doppelte Beunruhigung: (1) Gelingt es ihr durch ihre Ordinationspraxis die Einheit und Vielfalt des kirchlichen Dienstamtes angemessen zum Ausdruck zu bringen? (2) Bestärkt und orientiert die Kirche alle diejenigen, die in der Kirche faktisch diakonale Dienste ausüben in der diesen Diensten gemäßen sakramentalen Form?

4. Ergebnis

Mit seinem sakramentalen Verständnis der Kirche als Werkzeug legt das II. Vaticanum die kirchlichen Amtsinhaber auf das theologisch in der göttlichen Benevolenz und Gerechtigkeit gründende basale Konzept der Diakonie als der grundlegenden Wesensbestimmung kirchlichen Dienstes fest. Die allen Amtsträgern gespendete Diakonenordination macht diese Bestimmung liturgisch-sakramental sinnenfällig. In der Tradition vollmachtsorientierter Amtstheologie musste das Diakonenamt als die defizitärste, weil am geringsten mit Vollmachten ausgestattete Form des kirchlichen Amtes erscheinen. In der Perspektive einer dienstorientierten Amtstheologie dagegen muss die Diakonenordination als die sakramentale *pars maior* der Ordination für den kirchlichen Dienst verstanden werden: Zuerst und zuvorderst werden alle kirchlichen Amtsträger für die Vergegenwärtigung des Dienstes Christi als der geschichtlich effizienten Gestalt göttlicher Benevolenz und Gerechtigkeit unter den Menschen ordiniert.

Dass die diakonale Ordination darüber hinaus keine speziellere Vollmacht einschließt, muss nicht als Defizit der Ordination verstanden werden, sondern kann gedeutet werden als Befreitsein zur kreativen Suche nach den Gestalten, unter denen in der gesellschaftlichen Gegenwart caritativ, martyrial und liturgisch in möglichst wirksamer Weise der erlösende Dienst Gottes selbst an einem befreiten Leben der Menschen in Gerechtigkeit Gestalt annehmen kann.

Solange in der Kirche amtstheologisch das Verständnis des Amtes als *ministerium* nicht überall dominierend ist, hat der Diakon als einfachster und vollmachtsärmster Diener unter den Dienern der Kirche die prophetische Aufgabe, den Dienst an den Menschen als die Mitte und den Sinn alles kirchlichen Tuns stellvertretend zu vergegenwärtigen. Der Zerfall volkskirchlicher Strukturen allerdings verlangt nach Menschen, die nicht immer mehr Vollmachten über das, was immer weniger wird, für sich erstreben, sondern die vielmehr aus der Anonymität und Verborgenheit der

Gegenwart Gottes in der Welt neue Ereignisorte der Erfahrbarkeit göttlichen Wohlwollens und göttlicher Gerechtigkeit erwachsen lassen, indem sie in der dem göttlichen Wirken zutiefst gemäßen Haltung dankbaren und demütigen Empfangens das stützen und fördern, was Gottes heiliges *pneûma* wachsen lässt.

Helmut Hoping unterscheidet drei Modelle der Bestimmung des Diakonates innerhalb des *ordo*: (1) Der Diakonat als allgemeines Dienstamt, (2) der Diakonat als komplementäres Dienstamt, (3) der Diakonat als amtliche Repräsentanz des dienenden Christus.[36] Das zweite Modell basiert auf einem Modell der Arbeitsteilung, das sich nach den hier vorgetragenen Erkenntnissen aus Schrift, Tradition und lehramtlicher Verkündigung nicht legitimieren lässt: Der *ordo* ist im profunden Sinne *einer*. Die Positionen 1 und 3 aber widersprechen einander nicht. Vielmehr beinhaltet die Position 3 gegenüber der Position 1 eine veränderte amtstheologische Akzentsetzung, die im vorliegenden Aufsatz intensiviert wurde, indem der diakonale Charakter jedweden kirchlichen Amtes betont wurde.

Dass dabei die Bestimmung des diakonalen Amtes in seiner weitgehenden Bestimmungsoffenheit erblickt wurde, muss unter den Bedingungen einer sozial fest gefügten Kirchlichkeit, in der ein jeder das ihm Zustehende zu tun findet, als Defizit erscheinen. Unter den Bedingungen einer dynamisch sich wandelnden und so ihren diakonalen Dienst an der Welt als das Wesen ihrer sakramentalen Beauftragung suchenden Kirche beinhaltet das Amt ohne besonderen Auftrag die Chance kreativer Suchprozesse. In der Spur Karl Rahners allerdings ist nicht alleine zu fragen, wo überall neue diakonale Dienste in der Kirche wie profiliert werden können, sondern eben auch, welche der bestehenden Dienste in der Kirche in ihrer faktischen Sakramentalität als Dienstämter kirchlich anerkannt werden sollten. Ein entsprechender Klärungsprozess kann vielfältig auf Dauer im kirchlichen Dienst haupt- wie nebenberuflich Tätigen helfen, die sakramentale Würde ihres faktischen Tuns zu erkennen, ihr besser zu entsprechen und durch die Ordination Bestärkung zu erfahren in der ekklesialen Einbindung. Umgekehrt kann aber auch die Kirche durch einen entsprechenden Klärungsprozess über sich selbst erfahren, wie vielfältig und hochrangig in ihr Gottes Geist Begabungen und Berufungen zum Aufbau der Gemeinde weckt.[37] In der Praxis mag dies zu einer all-

---

[36] H. Hoping: Die liturgische Verortung des Diakons und seine Stellung innerhalb des sakramentalen Ordo, in: IKZ 95 (2005), S. 248–264, hier: S. 260.

[37] Das II. Vaticanum mit seinem Konzept einer werkzeuglich dienenden und in diesem Sinne sakramentalen Kirche stellt ein dauerndes, provozierendes Korrektiv dar gegenüber allen Kirchenkonzepten, die den Mangel an kirchlicher Wirksamkeit und

zu starken Gestaltung des Diakonates von der gegenwärtigen Gestalt des Presbyterates her führen. Eine solche Fremddefinition nämlich birgt immer das Risiko, dass der *inferior gradus hierarchiae* uminterpretiert wird zu einem *inferior gradus sacerdotii.* In der Logik dieses Ansatzes liegt jede Beschreibung des Diakonates mit Sätzen, mit denen lediglich gesagt wird, was der Diakon im Gegensatz zum Priester *nicht kann* oder *nicht darf.*

Die vergleichsweise geringe Ausstattung der Diakone mit Vollmachten kann unter der so skizzierten Perspektive als Chance gesehen werden. Für den weniger Bevollmächtigten ist nicht primär das Bewahren des Bestehenden, sondern die Sorge um Neues und Zielführendes die Chance seines Amtes, dessen Inhaber dienen soll, ohne dass die Strukturen des Dienstes durch die verliehenen Vollmachten vorgegeben wären. Das II. Vaticanum rückt alles kirchliche Wirken in den eschatologischen Horizont der in göttlicher Offenbarung und kirchlichem Heilswirken herannahenden Vollendung der Welt. Dieser eschatologischen Rahmensituation entspricht eine offene, durch Momente der Unbestimmtheit charakterisierte Diensttheologie im weit größeren Maße als eine pflichtenethische Standestheologie, deren klare Bestimmungen der Dienstinhalte um den Preis der Bindung kirchlicher Ämter an möglicherweise irreversibel verlorene Strukturen erkauft wird.

Entscheidend für das Gelingen allerdings eines weitgehend bestimmungsoffen profilierten Diakonates ist dessen Akzeptanz als ein ordiniertes Amt, dessen Inhaber zur vollen Würde des heiligen Dienstes in der Kirche berufen und ordiniert ist. Eine solch angemessene Sicht des Diakonates wird allerdings da leichter, wo der Dienst überhaupt als Wesensmerkmal des Amtes wahrgenommen wird, so dass der Mangel an Vollmacht nicht verwechselbar ist mit dem Mangel an Amt. In diesem Sinne wurde deshalb hier dafür argumentiert, die *ordinatio ad ministerium* (29, 1) als das grundlegende und wesentliche Moment jedweder Ordination zu deuten. Die darüber hinausgehende Ordination für das Vorsteheramt in der Eucharistiefeier und verbunden damit für die Leitung einer dauerhaft bestehenden eucharistischen Tischgemeinschaft sowie

---

Akzeptanz in der Welt apokalyptisch oder auch nur pseudoelitär uminterpretieren zu einem Indikator der Höherwertigkeit bestehender kirchlicher Kultur, so als wäre die Tatsache des Unverstanden- und Nichtakzeptiertseins allein der ausreichende Beweis der eigenen Eminenz. Das II. Vaticanum lädt stattdessen zu einer Freude an der ekklesialen Fertiliät und Vielfalt ein, mit denen die Kirche nicht alleine *sigum elevatum in nationis* ist, sondern vor allem in der Vielfalt der Lebenswelten und Mentalitäten wirksames Werkzeug „für die innigste Vereinigung mit Gott und für die Einheit der ganzen Menschheit".

die Ordination für die Leitung einer Ortskirche stellt gegenüber der allgemeinen Bestimmung für den kirchlichen Dienst eine Spezifizierung dar, die sich nach dem ekklesialen Bedarf richtet, die aber die Ordination zum kirchlichen Dienst nicht aufhebt. Umgekehrt erscheint es aufgrund der hier entwickelten Theologie des *ordo* nicht als sinnvoll Männer für den Presbyterat zu ordinieren, so lange sie zwar in kirchlichen Diensten tätig sind, jedoch nicht das Vorsteheramt in einer konkreten Gemeinde übernehmen.

„Kalte Eisen"[1]? – Zwischen Amt und Ehe

Die Frage nach der Lebensform

von Matthias Mühl

Die Frage nach dem Zusammen von Lebensform und Weiheamt in der Kirche gehört zu den theologischen Dauerbrennern. Das öffentlich gewordene Scheitern Einzelner am Zölibat oder pointierte Stellungnahmen zu diesem von welcher Seite auch immer, können sich einer Schlagzeile genauso sicher sein, wie die Forderung nach Zulassung verheirateter Männer. Der Frage nachzugehen, warum einer an sich – aller Debatten um die „Rückkehr der Religion" zum Trotz – für gewöhnlich nicht über die Maßen an Religion und Glauben interessierten öffentlichen Meinung gerade diese Frage derart beschäftigt, gäbe Stoff für eine zweifellos spannende Untersuchung.

Angesichts der (nicht nur) medialen Aufmerksamkeit die diesem Thema zukommt, ist es nicht verwunderlich, dass auch die theologische Debatte darum nicht verstummen will und zu einer kaum mehr zu überblickenden Flut von Beiträgen zu Zölibat und Amt geführt hat. Die vorgetragenen Standpunkte, so unterschiedlich und kontrovers sie auch sein mögen, eint dabei, dass in ihnen meist geflissentlich übersehen wird, dass sich auch in der lateinischen Westkirche seit dem Zweiten Vatikanischen Konzil wieder verheiratete Männer innerhalb des Weiheordos finden, für die die Frage nach der Möglichkeit oder Unmöglichkeit des Zusammens von Weiheamt und ehelicher Lebensform keine Frage theologischer Theorie, sondern konkret-lebendiger Praxis ist.

Der vorliegende Beitrag knüpft darum zwar an die theologische Debatte zum Zölibat der geweihten Amtsträger an, nimmt aber gerade nicht die Frage des *ob*, d. h. ob das ordinierte Amt auch für verheirate Männer offen stehen sollte, zum Ausgangspunkt, sondern setzt stattdessen das Zusammen von Weiheamt und ehelicher Lebensform bereits voraus und versucht es als solches zu be-

---

[1] So Hans Urs v. Balthasars provokante Umschreibung der *„viri probati"* unter den geweihten Amtsträgern. Balthasar markiert damit die Differenz zu den Zölibatären, den „heißen Eisen", die „einzig imstande sein [werden], das eigene Glühen andern mitzuteilen". Vgl. H.U.v. Balthasar: Zölibatäre Existenz heute, in: Pneuma und Institution. Skizzen zur Theologie IV, Einsiedeln 1974, 369–383, 372.

leuchten. Damit – das soll an dieser Stelle ausdrücklich betont werden – soll der Zölibat als solcher keinesfalls in Frage gestellt werden. Vielmehr wird versucht dem bereits genannten Umstand Rechnung zu tragen, dass es mit den verheirateten Diakonen bereits eine nicht mehr zu übersehende Zahl verheirateter ordinierter Amtsträger gibt.

I. Der Gang der Argumentation

Die Frage nach dem Verhältnis von Amt und Lebensform zielt in die Herzmitte des Christentums. Denn seinem Wesen nach ist das Christentum weniger eine Buchreligion, denn eine „Form des Handelns"[2]. Christsein geht nicht auf im Für-wahr-halten von bestimmten Sätzen, vielmehr gibt es Christentum letztlich nicht anders denn im „leibhaftigen" Vollzug des Gehörten, im „körperlichen" Durchbuchstabieren des Geschenk des Glaubens. Eine der ersten Selbstbezeichnungen der Christen war deshalb „neuer Weg" (Apg 22,4). Mit dieser stellten sie heraus, dass der Glaube an den gekreuzigten und auferweckten Christus zuinnerst eine aus dem Glauben, aus der durch ihn hervorgerufenen Umkehrbewegung heraus erwachsende Neuordnung des Lebens impliziert, an der sich gleichsam die Wahrheit dieses Glaubens leibhaftig ablesen lässt.[3] Gehört aber der Zusammenhang von Sendung und Lebensform zur Grundstruktur des Christseins, dann muss sich ein solcher auch im besonderen Dienstamt finden.

Eine umfassende Reflexion auf den Zusammenhang von Lebensform und amtlichen Dienst in der Kirche bedürfte so einer anthropologisch gewendeten, exegetisch fundierten und vor diesem Hintergrund systematisch erschlossenen *„Hermeneutik der Nachfolge"*[4]. Das aber kann an dieser Stelle nicht geleistet werden. Doch soll wenigstens versucht werden, thesenartig vier Eckpunkte zu umreißen, ohne die eine theologisch angemessene Reflexion immer schon windschief wird. In einem ersten Anlauf wird darum

---

[2] F. Hengsbach: Die Ökonomisierung des kirchlichen Dienstes, in: W. Krämer / K. Gabriel / N. Zöller (Hg.): Neoliberalismus als Leitbild für kirchliche Innovationsprozesse, Münster 2000, 33–65, hier 51.

[3] Vgl. G. Kretschmar: Die Geschichte des Taufgottesdienstes in der Alten Kirche, in: Leit 5 (1970) 35–69, hier 59. Vgl. dazu auch Chr. Gnilka: XRHESIS. Die Methode der Kirchenväter im Umgang mit der antiken Kultur. Bd. II. Kultur und Conversion, Basel 1993, 28–54, der besonders auf den Zusammenhang des Weg-Motives mit der Wahrheitsfrage aufmerksam macht.

[4] J. Werbick: Den Glauben verantworten. Eine Fundamentaltheologie, Freiburg 2000, 721.

das Verhältnis von Berufung und Nachfolge innerhalb des Neuen Testamentes in Blick genommen. Vor diesem Hintergrund wird dann das Zueinander von Berufung und Lebensform unter Aufnahme sozialphilosophisch-anthropologischer Überlegungen systematisch entfaltet. Erst nach dieser doppelten Grundlegung, zu der noch ein Exkurs zu den Grundzügen einer Theologie der Ehe tritt, erfolgt die Zuspitzung auf das Verhältnis von Amt und Ehe – wieder in zwei Schritten: Zunächst in der Auseinandersetzung mit dem Verhältnis von in der Weihe realisierter Indienstnahme und deren existentieller Entsprechung, die dann konkretisiert wird in einer auf diese Frage hin focusierten Relecture der Liturgie der Diakonenweihe.

II. Berufung und Nachfolge: Biblisch-neutestamentliche Beobachtungen

Erwählung und Berufung bezeichnen biblisch-neutestamentlich den responsorischen Zusammenhang zwischen erwählend-berufendem Handeln Gottes, der darin Menschen für seinen Dienst zu gewinnen sucht und der darauf erfolgenden Antwort des Menschen.

Drei Grundprinzipien lassen sich dabei ausmachen: (1) Erwählt wird „nicht zum Privileg, nicht zur *Bevorzugung vor* anderen, sondern zur *Existenz für* die anderen".[5] (2) Gottes erwählendes und berufendes Handeln ist voraussetzungslos. Es orientiert sich nicht an besonderen Qualitäten oder Leistungen, sondern ist Wahl der Liebe. (3) Der „An-Ruf" Gottes trifft den Menschen als „An-Spruch", dessen Annahme seitens des Menschen, eine neue Lebensorientierung und die Zuweisung bestimmter Aufgaben – den Erhalt einer Sendung – impliziert.[6]

So fußt die *Nachfolge als Jünger* Jesu nach dem neutestamentlichen Zeugnis nicht im Entschluss des Einzelnen (wie im Schriftgelehrtentum und Rabbinat), sondern ist Antwort des Gerufenen auf

---

[5] G. Lohfink: Braucht Gott die Kirche? Zur Theologie des Gottesvolkes, Freiburg 1998, 57 (Kursivsetzung MM).

[6] Vgl. L. Coenen: Hermeneutische Überlegungen zu Erwählung/Berufung, in: Theologisches Begriffslexikon zum Neuen Testament 1 (1997) 399–401, hier 400. Anders dagegen Ulrich Busse, der noch ein weiteres Modell von Nachfolge in den Evangelien kennt: die Nachfolge „aus freien Stücken", die nach Busse allerdings in den Evangelien aufgrund des Osterglaubens zugunsten der Berufung zurückgedrängt wurde. Vgl. U. Busse: Nachfolge auf dem Weg Jesu. Ursprung und Verhältnis von Nachfolge und Berufung im Neuen Testament, in: H. Frankemölle / K. Kertelge (Hg.): Vom Urchristentum zu Jesus. FS J. Gnilka, Freiburg 1989, 68–81, hier bes. 79 u. 81.

den an ihn ergangenen Ruf Jesu ihm nachzufolgen.[7] Dieser Ruf fordert auf Seiten des Angerufenen die Entscheidung sich „aus allen Bindungen zu lösen und allein an Jesus zu binden".[8] „Nachfolge Jesu" bedeutet „nicht, oder nicht nur oder nicht zuerst, ein Nachahmen von Eigenschaften Jesu".[9] Sie ist deshalb auch zu unterscheiden von dem späteren Ideal der *imitatio Christi*, sondern meint zunächst „ein Hinter-her-gehen in ganz wörtlichem Sinn"[10]. Das aber bedeutet zugleich das Eingehen einer „uneingeschränkten Schicksalsgemeinschaft"[11], die konkret bestimmt ist durch die mit Jesus geteilte Mittel-, Heimat- und Ehelosigkeit (Wanderradikalismus). Die Radikalität der Nachfolge erwächst aus dem den Einzelnen treffenden Ruf Jesu in die konkrete und unmittelbare Nachfolge. Sinn und Zweck des Rufes Jesu in eine ihm „inhaltlich voll und ganz" entsprechende Nachfolge besteht dabei nicht zuvorderst im Teilen der Lebensform, sondern in der Anteilgabe an der Sendung Jesu in Wort (Verkündigung) und Tat (zeichenhafte Handlungen):[12] „Der Sinn der Nachfolge Jesu besteht in der Teilhabe des Jüngers an der Sendung Jesu, die Basileia zu verkünden und in heilender Tat zu erweisen".[13] Analog zu den alttestamentlichen Prophetenberufungen[14] geht die Berufung zur Nachfolge durch Jesus so stets einher mit der Beauftragung und Aussendung zur Verkündigung[15]. Sie impliziert Teilhabe am Geschick Jesu wie Teilhabe an dessen Sendung, das in Christus angebrochene Heil

---

[7] Vgl. u. a. Mt 4,18–22 par., sowie G. Theißen: Soziologie der Jesusbewegung. Ein Beitrag zur Entstehungsgeschichte des Urchristentums, München [3]1981, 14.

[8] Vgl. Mk 10, 28–30 par., sowie H.-D. Betz: Nachfolge und Nachahmung Jesu Christi im Neuen Testament, Tübingen 1967, 29. Vgl. dazu auch H. Merklein: Der Jüngerkreis Jesu, in: K.-H. Müller (Hg.): Die Aktion Jesu und die Re-Aktion der Kirche. Jesus von Nazareth und die Anfänge der Kirche, Würzburg 1972, 65–100, hier bes. 72 u. 77 sowie G. Kittel: ἀκλοθέο, in: ThWNT 1 (1933) 210–216, hier 214.

[9] R. Schnackenburg: Nachfolge Christi, in: ders., Christliche Existenz nach dem Neuen Testament. Abhandlungen und Vorträge. Bd. 1, München 1967, 87–108, hier 93.

[10] H. Merklein: Der Jüngerkreis Jesu, 70.

[11] M. Hengel: Nachfolge und Charisma. Eine exegetisch-religionsgeschichtliche Studie zu Mt 8,21f und Jesu Ruf in die Nachfolge, Berlin 1968, 80.

[12] Vgl. Mk 3,13f; 6,6b-13 par., sowie F. Hahn: Neutestamentliche Grundlagen für eine Lehre vom kirchlichen Amt, 16.

[13] H. Merklein: Die Gottesherrschaft als Handlungsprinzip. Untersuchung zur Ethik Jesu, Würzburg [3]1984, 63. Ebenso etwa M. Hengel: Nachfolge und Charisma, 81 und A. Schulz: Nachfolgen und Nachahmen. Studien über das Verhältnis neutestamentlicher Jüngerschaft zur urchristlichen Vorbildethik, München 1962, 67

[14] Vgl. dazu B.O. Long: Art. Berufung I. Altes Testament, in: TRE 5 (1980) 676–684, 679.

[15] Vgl. dazu auch W. Schrage: Ethik des Neuen Testaments, Göttingen 1982, 54: „Berufen wird man, um zu anderen gesandt zu werden".

der Gottesherrschaft zu bezeugen und zu verkünden.[16] Die durch Jesus an Einzelne ergehende Berufung erfolgt dabei mit göttlicher Vollmacht.[17] Aus dieser, ebenfalls in der Tradition der alttestamentlichen Prophetenberufungen stehenden, unbedingten Inanspruchnahme durch Gott, erklärt sich sowohl die Unbedingtheit des Rufes, wie die der Sendung oder Beauftragung durch Jesus.[18] Aufgrund dieser Unbedingtheit ist Berufung neutestamentlich nie situativ-temporäre, sondern dauerhafte Bestellung zu – in der vorösterlichen Situation der Verkündigung Jesu – einer ganz buchstäblich verstandenen Nachfolge.[19] Radikalität und Unbedingtheit des von dem Jesus „wortwörtlich" Nachfolgenden zu wagenden Schrittes („wir haben alles verlassen und sind dir nachgefolgt", Mk 10,28) und besondere ganzheitliche „Indienstnahme für die Sache der Gottesherrschaft" sind aufs engste aufeinander bezogen:[20] Der Ruf Jesu in die Nachfolge, ist *„nicht das Ziel des Wirkens Jesu*, sondern dessen [...] *Werkzeug"*[21].

Diese Werkzeuglichkeit im Dienste der Verkündigung der Gottesherrschaft findet ihren Höhepunkt in der Repräsentation Jesu durch die Zwölf (vgl. Lk 10, 16; par Mt 10,40; Joh 13,20). Die von Jesus gesandten Jünger verrichten *an Stelle* Jesu selbst, welcher der eigentlich Gesandte ist, die Sendung Jesu. In ihnen ist Jesus (und damit implizit zugleich der ihn sendende Vater) gegenwärtig.[22]

---

[16] Vgl. dazu u. a. Mt 4, 19 parr.

[17] Vgl. F. Wagner: Art. Berufung. II. Neues Testament, in: TRE 5 (1980) 684–688, bes. 685.

[18] Vgl. u. a. M. Hengel: Nachfolge und Charisma, hier bes. 82–89.

[19] Als solche ist sie auch von der erblichen Berufung des priesterlichen Stammes Levi wie der Israels insgesamt zu unterscheiden. Vgl. dazu auch A. Klingl: Nachfolge Christi – ein moraltheologischer Begriff, in: K. Demmer u. a. (Hg.): Christlich glauben und handeln. Fragen einer fundamentalen Moraltheologie in der Diskussion. FS J. Fuchs, Düsseldorf 1977, 78–95, der die exegetische Diskussion zusammenfassend festhält: „Das zentrale und unaufgebbare Moment der Nachfolge Christi ist in allen Schichten die aktuelle und dauernde Lebensgemeinschaft mit Christus" (ebd. 91).

[20] H. Merklein: Die Gottesherrschaft als Handlungsprinzip, 63. Die geforderte Radikalität der Entscheidung erwächst damit nicht aus einer eschatologischen Naherwartung, sondern ergibt sich aus der Unbedingtheit des Anrufes. Vgl. dazu auch K. Kertelge: Offene Fragen zum Thema „Geistliches Amt" und das neutestamentliche Verständnis von der „Repraesentatio Christi", in: R. Schnackenburg u. a. (Hg.): Die Kirche des Anfangs. FS H. Schürmann, Leipzig 1977, 583–605, hier 589: „Die Beziehung, die zwischen Jesus und seinen Jüngern besteht, ist die einer ganzheitlichen Inanspruchnahme. Sowohl in ihrem Wort als auch in ihrem Lebensverhalten bringen sie die Intention Jesu zum Ausdruck".

[21] J. Roloff: Die Kirche im Neuen Testament, Göttingen 1993, 39. Entsprechend auch T. Schmeller: Brechungen. Urchristliche Wandercharismatiker im Prisma soziologisch orientierter Exegese, Stuttgart 1989, 69.

[22] Vgl. H. Merklein: Der Jüngerkreis Jesu, 98.

Angesichts dieses Verhältnisses zu Jesus kann auf sie der Apostelbegriff angewendet werden.[23]

Der Begriff der Nachfolge (ακολουθεω) durchläuft aber bereits in der theologischen Rezeption der Evangelisten eine bemerkenswerte Bedeutungserweiterung: „Nachfolge" wird jetzt weniger als konkretes Hinterhergehen verstanden, sondern wird immer mehr zur Beschreibung der Existenzform aller Christen.[24]

Bei *Paulus* schließlich ist der Begriff der „Berufung" eng mit seiner Berufung zum Apostel verbunden. Analog zu dem für das Selbstverständnis Israels zentralen Zusammenhang von Erwählung und Aussonderung zu einer besonderen Sendung und stellvertretendem Dienst,[25] stehen auch bei Paulus Berufung zum Apostolat (κλητος αποστολος) und „Ausgesondertsein" (άφωρισμένος) in einem unauflöslichen Zusammenhang.[26] Doch greift jetzt bei Paulus das erwählende und berufende Handeln Gottes über Israel hinaus auf die Kirche als den Leib Christi.[27] Berufung bedeutet auch für Paulus Bestellung zu einem bestimmten Dienst, der auf Seiten des Berufenen eine umfassende Übereignung an Gott bzw. Christus verlangt.[28] Vor diesem Zusammenhang meint Berufung nicht ein „erreichtes Ziel, sondern [ein] zu bewährender Anfang", der weder „an Voraussetzungen anknüpft oder gar darauf gründet", noch „ein Privileg schafft", sondern nur dann sinnvoll bestehen kann, wenn er „zur Antwort, zur Gottesliebe, zum Gehorsam und einer durch das den Auftrag und das Gebot bestimmten Existenz führt".[29]

Von hierher ist auch die paulinische Rede von den Christen als „berufenen Heiligen" (1 Kor 1,2) bzw. den „von Christus Berufenen" zu verstehen. Denn Berufung bedeutet zunächst die „Versetzung in den Christenstand"[30] und die davon nicht abzutrennende

---

[23] Vgl. K. Kertelge: Offene Fragen zum Thema „Geistliches Amt", 589f. Historisch sind allerdings Jüngerkreis und Zwölferkreis nicht identisch. Vgl. dazu u. a. H. Merklein: Der Jüngerkreis Jesu, 91–93.

[24] Vgl. M. Hengel: Nachfolge und Charisma, 55 der herausarbeitet, dass „in der nachösterlichen Gemeinde Nachfolge und Jüngerschaft zum Ausdruck der glaubenden Existenz [wurden], wobei daran festgehalten wurde, dass jeder Glaubende zugleich in den Dienst des Christus Gottes gestellt ist".

[25] Vgl. L. Coenen: έκλεγομαι, in: Theologisches Begriffslexikon zum Neuen Testament 1 (1997) 388–394, bes. 388–391.

[26] Vgl. etwa Röm 1,1.

[27] Vgl. L. Coenen έκλεγομαι, 391.

[28] Vgl. U. Brockhaus: Charisma und Amt. Die paulinische Charismenlehre auf dem Hintergrund der frühchristlichen Gemeindefunktionen, Wuppertal 1987, nach dem das „In-Christus-Sein" der Getauften „nicht erreichtes Ziel, sondern geschenkter Auftrag, nicht nur Gabe, sondern zugleich Aufgabe" ist (ebd. 169).

[29] U. Brockhaus: Charisma und Amt. 390.

[30] F. Wagner: Berufung. II. Neues Testament, 687f.

Bewährung und Realisierung der Berufung im konkreten Leben. Nach Eph 1,4 sind die Christen „in" Christus, durch die „Gemeinschaft mit Christus" erwählt, damit sie „heilig und untadelig leben vor Gott". Taufe, genauer der Prozess des Christwerdens und -seins, hat sich in das Handeln des Menschen hinein auszuzeitigen, in dem die heilende und rechtfertigende Erwählung und Sendung Gottes leibhaftig erfahrbar und die erfolgte Antwort des Menschen auf den Ruf Gottes ausdrücklich wird.

Berufung ist für Paulus so jenes Geschehen, in dem „Gott die vorher von ihm Erwählten und Bestimmten aus ihren Bindungen an diese Welt herausruft, um sie zu rechtfertigen, zu heiligen und in seinen Dienst zu nehmen".[31] Der Sinn von Erwählung liegt – formuliert im Anschluss an Mt 5,13f – folglich in der Berufung, „Salz der Erde" und „Licht der Welt" zu sein, d. h. „den Vielen den Geschmack der Heiligkeit zu spenden"[32], in dem etwas von dem in Christus angebrochenen Heil erfahrbar wird.

Auch wenn Paulus durchaus Formen spezifischer Berufung, etwa zum Aposteldienst, kennt, lässt sich bei ihm Berufung zur Nachfolge keinesfalls auf eine bestimmte Lebensform oder einen besonderen Dienst innerhalb der Gemeinschaft der Zu-Christus-Gehörenden eingrenzen. Vielmehr ist diese für ihn in der Taufe grundgelegt. Als Annahme eines christlichen Lebens- und Existenzstiles bedeutet Christusnachfolge eine das Leben bleibend prägende Entscheidung, die eine spezifische Konkretisierung erfahren bzw. schon immer mit einer solchen verbunden sein kann.

III. Sendung und Lebensform als Grundstruktur des Christseins

Die Frage nach dem Zusammenhang von Amt und Lebensformen steht – wie Ehe oder Räteleben – heute unter dem Verdacht einer personale Freiheit überspielenden und darum überholten und letztlich zu überwindenden Ordnung anzugehören. Bevor so in einem engeren Sinn auf das hier zu behandelnde Thema eingegangen werden kann, ist darum – angesichts des gegebenen Rahmens – die Suche nach Möglichkeiten der Vermittlung von normativen Lebensentwürfen und individueller Selbstverwirklichung wenigstens zu streifen.

Da Christsein und darum auch der amtliche Dienst in der Kirche den konkreten Lebensvollzug des Menschen in seiner ganzen, körperlich-geistigen Existenz betreffen, ist zudem den anthropolo-

---

[31] L. Coenen: καλέω, 398.
[32] J. Werbick: Den Glauben verantworten, 699f, hier 700.

gischen Bedingungen der leiblichen Verfasstheit des Menschen und deren Bedeutung für die Lebenform nachzugehen.

– Zum Zusammenhang von Lebensform und leiblichem Ausdruck

Bereits *Ernst Cassirer* verwies in seiner „Philosophie der symbolischen Formen" auf den Zusammenhang von leiblichem Ausdruck und Sinn. Das Verhältnis von Leib und Seele ist für ihn das „Musterbild für eine rein symbolische Relation [...], die sich weder in eine Dingbeziehung noch in eine Kausalbeziehung umdenken läßt".[33] Als solches stellt es ein „sinnerfülltes Ganzes dar, das sich selbst interpretiert".[34] Aufgrund des innerlichen Zusammenhanges von sinnlichen und geistigen Momenten zeigt sich der Leib als Realisation, als Inkarnation eines Sinnes, der nicht zuerst innerlich gehabt wird und dann auch äußerlich sichtbar wird, sondern als dessen leiblichen Ausdruck, der gerade die „Realisierung" dieses Sinnes *ist*.[35]

Realisiert sich Sinn im leiblichen („sinnlichen") Ausdruck[36], so ist dieser nicht nur der „sichtbare Ausdruck" des Selbst[37], sondern auch Ausdruck des Sinns der Existenz des Selbst bzw. Ausdruck des Sinns, den das Selbst seiner (leiblichen) Existenz zuerkannt hat.[38]

Der Leib als die von (aktiv und passiv) Erfahrenem und Ausgedrücktem durchwirkte Umschlagstelle beider, bedeutet dem Ich selbst wie den Anderen, was es ist, oder besser: „wer ich bin".[39] Das leiblich-körperliche Tun des Menschen ist damit keineswegs als sekundär einzustufen, sondern drückt Sinn (oder „Un-Sinn") aus, es ist Realisierung, Inkarnation eines Sinnes.[40] Es besitzt „Außen-" und „Innenwirkung", in der es den Anderen wie dem Subjekt selbst bedeutet, wer es ist. Der Sinn eines Lebens schreibt sich gleichsam dem Leib ein wie Falten dem Gesicht.[41]

---

[33] E. Cassirer: Philosophie der symbolischen Formen. Bd. 3. Phänomenologie der Erkenntnis, Darmstadt 1954, 117.

[34] E. Cassirer: Philosophie der symbolischen Formen. 117.

[35] B. Waldenfels: Das leibliche Selbst. Vorlesungen zu einer Phänomenologie des Leibes, hg. von R. Giuliani, Frankfurt a.M. 2001, 222.

[36] Vgl. B. Waldenfels: Das leibliche Selbst. 224.

[37] B. Waldenfels: Das leibliche Selbst, 210.

[38] Vgl. dazu auch F. Hammer: Leib und Geschlecht. Philosophische Perspektiven von Nietzsche bis Merleau-Ponty und phänomenologisch-systematischer Aufriss, Bonn 1974, 212ff.

[39] Vgl. P. Bourdieu: Sozialer Sinn. Kritik der theoretischen Vernunft. Übers. v. G. Seib, Frankfurt a.M. 1987, 135: „Was der Leib gelernt hat, besitzt man nicht wie ein wieder betrachtbares Wissen, sondern das ist man".

[40] Vgl. M. Merleau-Ponty: Phänomenologie der Wahrnehmung. Aus dem Franz. übers. u. eingel. v. R. Boehm, Berlin 1966, 198.

[41] Vgl. dazu M. Merleau-Ponty: Die Struktur des Verhaltens. Aus dem Franz. übers.

Der Leib ist folglich Träger und Ausdruck eingegangener und angenommener sinnhafter Strukturen: Leib ist „geronnene Existenz", wie Existenz „unaufhörliche Verleiblichung" ist.[42] Er ist der „Inbegriff wirkender und erscheinender Existenz auf Sinn hin".[43]

– Glaube als lebensformende Sendung

Insoweit Christ zu werden bzw. zu sein, bedeutet, das Leben, die eigene Existenz von Christus her neu zu verstehen, ihr einen neuen „Sinn", eine neue Orientierung zu geben, muss, aufgrund der leiblichen Verfasstheit menschlicher Existenz, daraus auch ein leibliches Handeln folgen, in dem dieser „Sinn" seinen konkreten Ausdruck findet.

Der damit aufgerufene Zusammenhang von Berufung und Lebensform begegnet schon im Alten Testament als „Übereinstimmung von Botschaft und Leben"[44]. Exemplarisch sei hier an die geradezu verstörende Weise erinnert, in der er bei Hosea entgegentritt, der die Untreue Israels im Eingehen einer Ehe mit einer Tempeldirne darzustellen hat (vgl. Hos 1–3).[45] Er findet sich aber auch im Berufungshandeln Jesu und in der neutestamentlichen Briefliteratur. Gerade Paulus wird nicht müde, immer wieder auf die leibhaftigen Implikationen der Bekehrung zu Christus und der Taufe auf den Namen Jesu Christi hinzuweisen.[46] Im altkirchlichen Katechumenat, näherhin in der dort vorgenommenen Verknüpfung des Prozesses des Zum-Glauben-Kommens mit der Einübung in eine demgemäße Lebenspraxis, gerinnt dieser Zusammenhang schließlich zur Institution.

Mit dem Verschwinden des Katechumenats im Übergang von Spätantike zum Frühmittelalter und der damit einhergehenden Identifizierung von Ehe und Taufe im „Laiesein" als „niederster" und letztlich unvollkommener Form des Christseins (im Unterschied zur ehelosen und insoweit „höheren" bzw. „vollkommeneren" und „heiligeren" Lebensform der Ordenschristen und Kleri-

---

und eingel. v. B. Waldenfels, Berlin-New York 1976, 191f: „Ein Gesicht ist ein Zentrum menschlichen Ausdrucks, die durchsichtige Hülle für die Haltungen und Begierden des Anderen".

[42] M. Merleau-Ponty: Phänomenologie der Wahrnehmung, 199.

[43] M. Merleau-Ponty: Phänomenologie der Wahrnehmung, 191.

[44] P. Deselaers: Art. Berufung, in: LThK 2 (³1994) 302–306, hier 303.

[45] Vgl. bes. H. Verweyen: Theologie im Zeichen der „schwachen Vernunft", Regensburg 2000, 69–80.

[46] Vgl. neben den weiter oben bereits genannten Belegstellen: Phil 3,14; 1 Thess 4,7; 5,24, sowie 1 Petr 1,15; 2,21; 2 Petr 1,10.

ker) geriet diese ursprüngliche Bedeutung des Zusammenhangs von Glaube und Lebensform für Jahrhunderte ins Vergessen.[47] Erst das II. Vatikanum hat in seiner Kirchenkonstitution „Lumen Gentium" die Berufung zu einem Leben in Heiligkeit und Vollkommenheit, d. h. zu einem Leben aus der vorbehaltlosen Übereignung an Christus, (wieder) zu der grundsätzlich allen Christen aufgegebenen Berufung gemacht und damit zugleich erinnert an den für alle Christen, aufgrund der in der Taufe erhaltenen und übernommenen Sendung, gegebenen Zusammenhang von leibhaftig-konkreten Existenzvollzug und Indienstnahme (Sendung), in dem die Kirche insgesamt zur „Berufungsgemeinschaft"[48] wird.[49] Der biblische Konnex von Berufung und Sendung begegnet auch hier: Berufung geht stets einher mit Sendung; Berufung und Sendung als Beauftragung zum Heilsdienst für die anderen sind einander koextensiv.[50]

Damit aber wird der Bereich von Berufung und Nachfolge markant entgrenzt. Nachfolge, Berufung (Erwählung) und Sendung sind nicht exklusives „Vorrecht" „kirchlicher Berufe" oder Berufungen in der Kirche. Vielmehr erweist sich der jeweilige Lebensort des Christen als der konkrete Ort, an dem sich die in der christliche Initiation übernommene Sendung und Lebensform zu bewähren, an dem „das entscheidend und unterscheidend Christliche […] hier und jetzt sichtbar und identifizierbar" zu werden hat[51] und der darin zum Ort des „Gottesdienstes im Alltag" (vgl. Röm 12,1–2) wird.[52]

Die Annahme des Rufes zum Christsein bedeutet damit stets Bestellung zur Bezeugung des in Christus angebrochenen Heiles und Bereitschaft zur Hingabe an den Willen Gottes. Als solcher

---

[47] Mit dem Niedergang des Katechumenats und der damit verbundenen Dekomposition der Initiationssakramente kommt es zur Entwicklung der Vorstellung eines gestuften Christseins (d. h. die Idee, dass es ein höheres Christsein gibt als das des Getauften) wie der Strukturierung der Kirche vom ordinierten Amt her. Vgl. R. Meßner: Einführung in die Liturgiewissenschaft, Paderborn, 2001, bes. 148.

[48] G. Greshake: Wie ist Gottes Ruf erkennbar?, in: ders.: Ruf Gottes – Antwort des Menschen. Zur Berufung des Christen in Kirche und Welt, Würzburg 1991, 97–125, hier 123.

[49] Vgl. etwa insbes. LG 40. Dass dieser Impetus des Konzil auch in der weiteren lehramtlichen Verkündigung aufgenommen und weitergetragen wurde verdeutlicht u. a. Johannes Paul <Papa II.>: Enzyklika „Veritates Splendor" von Papst Johannes Paul II. an alle Bischöfe der katholischen Kirche über einige grundlegende Fragen der Morallehre, Bonn, 1993 (VApS 111) bes. Nr. 18 u.19.

[50] Vgl. G. Greshake: Wie ist Gottes Ruf erkennbar, 99.

[51] J. Werbick: Den Glauben verantworten, 721. Vgl. dazu auch ders.: Vom entscheidend und unterscheidend Christlichen, Düsseldorf 1992, 75.

[52] Vgl. auch G. Greshake: Wie ist Gottes Ruf erkennbar, 101–103.

ist der Anruf Gottes aber immer auch ein Ruf ins Andere, ein Ruf, der aus dem Bisherigen, bloß Menschlichen, herausruft und eine lebensverändernde Umkehr verlangt, die im „Ernstfall" die Bezeugung Christi und seines Heiles in Leid und Tod, das Zeugnis der ganzen Existenz, und damit die vollkommene Angleichung an Christus, der sein Leben hingab für die Vielen, bedeuten kann.[53] „Glaubende Existenz" wird so zur „Existenz im Liebestod", d. h. zur „Antizipation der Lebenshingabe bei jeder einzelnen Situation christlicher Existenz".[54] Als Ruf in die Christusnachfolge ist Berufung Berufung zu einer Hingabe, die das dem Menschen von sich her mögliche übersteigt. Gerade darin aber ist sie „der einzige Weg zu einer Vermenschlichung des Menschen, die nicht in privater Selbstverwirklichung und heilsindividualistischer Therapie stecken bleibt"[55], sondern den Menschen seine Vollendung finden lässt. Die Möglichkeit dazu, das konkrete Durchhalten, das leibhafte Ausbuchstabieren der im Ruf gegebenen Sendung ist schon im Ruf mitgegeben, mitgeschenkt. Denn „Gottes Ruf ist ein wirksamer Ruf, er schenkt das, wozu er auffordert".[56] Gerade hierin liegt die *differentia spezifica* christlicher Berufung, dass sie „über die immanent alltäglichen humanen Lebensmöglichkeiten hinausführt in die je größere Nähe zu Person und Gestalt Christi"[57]. Darin aber wird der Mensch zum „Täter", zum „Subjekt jener Liebe, die welt- und zeitimmanent alles Sinnlose in Sinn verwandeln und transformieren will, bis Christus schließlich ‚alles in allen und in allem' (Eph 1,3–14; Kol 1,15–20) sein wird"[58].

– Ruf und Antwort, Lebensform und Freiheit in der Bestellung zu einem besonderen Dienst in der Kirche

Die in der Weiheliturgie seitens des Einzelnen sich ereignende Über- bzw. Annahme eines kirchlichen Dienstes bedeutet die Entscheidung für eine das ganze menschliche Dasein bestimmende Berufung. Innerhalb einer sozialphilosophischen Betrachtung ist eine solche Entscheidung Teil, ja gleichsam Katalysator und Vollzugsort menschlicher Identitätsbildung. In ihr ereignet sich ein Akt der Verwirklichung meiner selbst, in dem es um „den Sinn

---

[53] H.U.v. Balthasar: Cordula oder der Ernstfall, Einsiedeln 1966, bes. 14–21.

[54] H.U.v. Balthasar: Cordula oder der Ernstfall, 20.

[55] K.-H. Menke: Die Einzigkeit Jesu Christi im Horizont der Sinnfrage, Freiburg 1995, 175.

[56] G. Greshake: Wie ist Gottes Ruf erkennbar, 110.

[57] G. Greshake: Wie ist Gottes Ruf erkennbar, 112.

[58] K.-H. Menke: Die Einzigkeit Jesu Christi, 175.

meines einmaligen sterblichen Daseins im Ganzen"[59] geht. Als solche aber verlangt sie eine Ausdrucksform in dem sich dieser Sinn auch leiblich realisieren kann bzw. überhaupt erst konkret-erfahrbar wird.

Diesem anthropologischen Grunddatum entspricht, dass im Versprechen der Weihekandidaten bei der Diakonenweihe, also beim Eintritt in den Ordo des besonderen Dienstes ausdrücklich die Frage der Lebensform aufgenommen ist.[60] Die mit der Erklärung zur Bereitschaft zum besonderen Dienst in der Kirche zugleich geforderte Zustimmung zu einer (vor-)gegebenen Lebensform überspielt dabei keinesfalls von Vorneherein menschliche Freiheit. Vielmehr bildet sich menschliche Identität – wie unter Aufnahme der sozialwissenschaftlichen Theorien der Identitätsbildung, zur Identitätsbildung näher zu zeigen wäre[61] – nicht anders denn in einem gegenseitigen Bedingungsverhältnis von aktiver An- und Übernahme von Vorgegebenem.[62] „Die anthropologische Einsicht des Personalismus, dass Selbstwerdung von anderen her vermittelt ist, sozialwissenschaftlich im Konzept des Symbolischen Interaktionismus erweitert um die Größe des ‚verallgemeinerten Anderen (generalized other)'[63], in dem dem einzelnen die soziale Gruppe in ihren institutionellen Zügen, ihren Regeln und Normen begegnet, gilt auch in religiösen Vollzügen bei der Subjektwerdung im Glauben".[64] Theologisch gewendet: Erst in der Annahme der mir von Gott her geschenkten Berufung werde ich zu dem, der ich bin bzw. von Gott her sein soll.[65]

Analog zu Taufe, Ehe oder Profess bedeutet die Weihe zu einem besonderen Dienst in der Kirche Antwortgabe des Menschen

---

[59] B. Casper: Was gibt unserem Leben den Sinn?, in: G. Greshake (Hg.): Ruf Gottes – Antwort des Menschen. Zur Berufung des Christen in Kirche und Welt, Würzburg 1991, 11–26, hier 17.

[60] Vgl. Die Weihe des Bischofs, der Priester und der Diakone. Pontifikale I. Handausgabe mit pastoralliturgischen Hnweisen, hg. von den Liturgischen Instituten Salzburg Trier Zürich, Freiburg 1994, Nr. 31f, 131–135.

[61] Vgl. M. Mühl: Lebensform und Christsein, 49–53.

[62] Vgl. dazu u. a. F.-X. Kaufmann: Theologie in soziologischer Sicht, Freiburg 1973, 77.

[63] Vgl. G. H. Mead: Geist, Identität und Gesellschaft aus der Sicht des Sozialbehaviorismus, Frankfurt [7]1988, 180.

[64] G. Bausenhart: Das Amt in der Kirche. Eine not-wendende Neubesinnung, Freiburg 1999, 288.

[65] Systematisch entfaltet findet sich dieser Gedanke bei H.U.v. Balthasar, für den der Mensch als „Geistsubjekt" die „Bezeichnung Person […] nur aufgrund einer Beziehung zu [Jesus Christus]", nur „in Abkünftigkeit von ihm", erst in der Annahme der ihm von Gott geschenkten Berufung und Sendung „verdient". Vgl. ders., Theodramatik. Bd. II/2. Personen des Spiels, Einsiedeln 1978, bes. 186–191, hier 190.

auf einen an ihn ergangenen Anruf Gottes bzw. Konkretion der im Vorgang des Zum-Glauben-Kommens – sakramental realisiert in der christlichen Initiation – vollzogenen vorbehaltlosen Übereignung an den rufenden Christus und darin zugleich Sendung zum Dienst in und für die Gemeinschaft der Glaubenden. Die Entscheidung dafür erwächst einem responsorischen Vorgang: Sie ist Antwort auf einen vorgängigen Anruf, ist „Selbstverwirklichung weil Antwort", „Erwähltwerden, das gerade erst zu dem eigentlichen Selbsttun freisetzt", das als solches „der Ineinsschlag von Heteronomie und Autonomie" ist.[66] Sie ist „Antwort auf die Anrede Gottes an uns in Jesus Christus"[67] und darin „Zustimmung zur Berufung"[68].

Aufgrund der Kontingenz menschlicher Existenz bedeutet die Antwort auf den Ruf Gottes aber immer zugleich auch Entscheidung, d.h. Wahl des einen und damit Ausschluss von anderem. Doch ist hier „nicht meine Entscheidung das Letzte, sondern dass ich mich dem Entscheidenden überantworte und deshalb entschieden bin, mich von dem Einmaligen, das sich zur Begegnung gewährt prägen zu lassen"[69]. Eine solche Wahl ist darum nicht zu verwechseln mit einem Wählen angesichts zwar verschiedenartiger aber prinzipiell gleicher oder gleichartiger Optionen. Sie ist vielmehr freie Einwilligung und Bejahung des zuvor ergangenen Anrufes Gottes zur Wahl des *einen*.[70] Das darin immer mitgegebene Moment des Verzichtes ist von daher kein Verzicht um irgendeines asketischen Ideals willen, sondern steht im Dienst eines „dichten und intensiven Lebens"[71]. Der in der Wahl gegebene Verzicht auf alle anderen möglichen Optionen ist nicht Beschneidung an Fülle, sondern erst die eigentliche Eröffnung eines freien Gestaltungsspielraumes. Denn: „Freiheit kulminiert nicht in der Eröffnung

---

[66] B. Casper: Was gibt unserem Leben den Sinn?, 23. Vgl. dazu auch H. Volk: Christenstand – Ordensstand, in: OK 7 (1966) 66–92, 82f, der gleichfalls betont, dass „christlicher Stand nicht schlechthin unser Entschluss ist, nicht allein aus unserer Entscheidung und Entschiedenheit entsteht, vielmehr, dass unsere Entscheidung schon Antwort ist in der Gnade auf die Gnade, die uns in Christus generell zuteil geworden ist. ‚Nicht ihr habt mich erwählt, ich habe euch erwählt' (Joh 15,16)".

[67] H. Volk: Christenstand – Ordensstand, 83.

[68] H.U.v. Balthasar: Christlicher Stand, Einsiedeln ²1981, 323.

[69] Ders.: Theodramatik. Bd. II/1. Der Mensch in Gott, Einsiedeln 1976, 29. Vgl. dort auch den Abschnitt zu „Endlicher Freiheit", 186–219.

[70] Vgl. Dtn 30,19: „Leben und Tod lege ich dir vor, Segen und Fluch. Wähle also das Leben, damit du lebst", wo die zu treffende Wahl ebenfalls keine Wahl zwischen gleichwertigen Optionen darstellt, sondern in der Wahl des „Lebens", sich die Zustimmung zur Bestimmung zum Leben durch Gott ereignet.

[71] K. Demmer: Die Ehe als Berufung leben. II. Teil , in: Intams 1 (1996) 120–137, hier 131.

der Möglichkeit, jeweils auch das Gegenteil zu tun; Freiheit kulminiert vielmehr in der Möglichkeit sich zu entscheiden und entschieden zu sein."[72]

– Gesendet zum Dienst: Indienstnahme und Lebensform

Bedeutet die sakramentale Ordination Beauftragung zum Dienst
im Namen Jesu und „seiner" Kirche, dann kann diese Sendung
nichts anders bedeuten als eine spezifisch sakramentale Form der
Anteilgabe an Christi Sendung selbst, um darin die *diakonia* Christi,
Christi Heilsdienst *für uns* je neu gegenwärtig werden zu lassen.[73]
Steht das kirchliche Dienstamt aber „im Zeichen" Christi und seiner Sendung *pro nobis*, dann hat es auch an deren innerer „Struktur" Anteil, die ihr „Wesen darin hat, dass sie die ganze Person für
das Amt gebraucht und verbraucht".[74] Als sakramentale Hineinn-
nahme in die Werkzeuglichkeit Christi bedeutet das sakramentale
Amt unbedingte und darum definitive, die ganze Existenz betref-
fende Indienstnahme für die mit ihm aufgegebene Sendung.[75]

Bevor auf die Frage nach dem Zusammenhang von Amt und
Lebensform näher eingegangen werden kann, gilt es darum herauszustellen, dass das ordinierte Amt weder Mittel zur persönlichen
Heiligung ist[76], noch eine „persönlich bevorzugte ‚Elite' in der Kirche, [eine] Art übergeordnete Klasse mit klerikalem Standesbe-

---

[72] H. Volk: Der Priester und sein Dienst, 74.

[73] Vgl. H.U.v. Balthasar: Priesterliche Existenz, in: ders., Sponsa Verbi. Skizzen zur
Theologie II, Einsiedeln 1961, 388–433: Christus schafft im Amtsträger „solche
Durchsichtigkeit […], dass dieser als reiner Diener den über ihm stehenden Herrn
durchsichtig werden lassen kann. Je mehr er deshalb dient, umso besser gelingt die
Durchsicht".

[74] H.U.v. Balthasar: Priesterliche Existenz, 399.

[75] Vgl. dazu noch einmal H.U.v. Balthasar: Der Priester im Neuen Testament. Eine
Ergänzung, in: GuL 43 (1970) 39–45, 44f aber auch J. Ratzinger: Zur Frage nach
dem Sinn des priesterlichen Dienstes, in GuL 41 (1968) 347–376, 375 und P. Hünermann: Ekklesiologie im Präsens, Münster 1995, 274: „Der Grund dafür, dass der bischöfliche Dienst so im ausgezeichneten Sinn personaler Dienst ist, der in keiner Hinsicht eine ‚beschränkte Haftung' erlaubt, liegt in der sichtbaren Vergegenwärtigung
des einen Mittlers Gottes und der Menschen, Jesus Christus, dessen Zeugnis von Gottes Gnade nicht aspekthaft, sondern nur ganzheitlich personal angenommen […] werden kann".

[76] Vgl. W. Kasper: Die Funktion des Priesters in der Kirche, in: GuL 42 (1969)
102–116, 112: „Auch die besondere Gnade des Priestertums wird nicht zur persönlichen Heiligung gegeben, sondern zum Dienst an der Heiligung der andern. Seine eigene Heiligung wirkt der Priester, indem er sich der Heiligung der anderen widmet,
sie geschieht im Vollzug seines Dienstes selbst". Ähnlich auch J. Ratzinger: Zur Frage
nach dem Sinn des priesterlichen Dienstes, 372, der dies auf die „Formel" bringt:
„Heiligkeit durch Dienst".

wusstsein und -dünkel"[77] begründet. Es führt „nicht in die ‚Hoch-würdigkeit', in einen Stand besonderer Auserwähltheit, in eine ‚Überkaste', sondern in den schmutzigen Dienst".[78] Maß dieses Dienstes ist der Dienst Christi an und für uns – weshalb zum ordinierten Amt nicht nur der liturgische Dienst, sondern genauso die Dienste der Verkündung des Evangeliums wie der Dienst an den Armen und – auf welche Weise auch immer – Bedürftigen gehört.

Gerade aber weil das sakramentale Amt sein Maß hat am Dienst Christi, bedeutet es eine unbedingte existentielle Beanspruchung, eine die Person enteignende Indienstnahme, stellt es schon in sich eine Überforderung dar. In seinem amtlichen Dienst hängt es darum nicht von der persönlichen Disposition, dem individuellen Charisma des Amtsträgers ab, sondern von der „Objektivität der Sendung"[79]. Die „objektiv-überpersonale Gültigkeit der kirchlichen Amtshandlung" ergibt sich folglich nicht aus der „(ontischen) ‚Vollmacht'", sondern aus der Radikalität der Indienstnahme durch Gott für sein Volk.[80] Sie besitzt so einen grundlegenden „ekklesiologischen Bezug".[81] Gerade aufgrund der letztlich prinzipiell nie einzuholenden Unbedingtheit des mit der Ordination gegebenen Anspruches ist der Heilsdienst des Amtsträgers nicht von dessen persönlicher Heiligkeit und Würde abhängig.[82] An deren Grenzen fände sonst nicht nur das unbedingte Heilsangebot Gottes seine Be-

---

[77] G. Greshake: Priester sein in dieser Zeit. Theologie – Pastorale Praxis – Spiritualität, Freiburg ²2000, 106.

[78] G. Greshake: Priester sein in dieser Zeit. 107. Zurecht führt Gisbert Greshake weiter aus, dass „so gesehen […] wohl manche priesterlichen, besser: klerikalen Standesformen, angefangen von einem bestimmten Wohn-, Kleidungs- und Lebensstil bis hin zu gesellschaftlichen Sonderstellungen und Privilegien einer kritischen Überprüfung unterzogen werden müssten. Vor allem ist zu fragen, was das unselige pseudohierarchische Titulaturen-Unwesen in der Kirche des dienenden, demütigen und gekreuzigten Christus, der auf den allerletzten Platz gegangen ist, zu suchen hat" (ebd. 108).

[79] Vgl. W. Kasper: Die Funktion des Priesters, 112: „Diese objektive Sendung, die von der subjektiven Realisierung unabhängig ist, meinen wir im Grunde im dem unauslöschlichen Prägemerkmal".

[80] H.U.v. Balthasar: Der Priester im Neuen Testament. Eine Ergänzung, in: GuL 43 (1970) 39–45, 44; vgl. dazu auch ders.: Priester des Neuen Bundes, in: Pneuma und Institution. Skizzen zur Theologie IV, Einsiedeln 1974, 340–368, bes. 366f sowie H. J. Pottmeyer: Amt als Dienst – Dienst als Amt, in: LS 33 (1982) 153–158, 156: „Das Amt ist nicht Vollmacht, wohl hat es Vollmacht, um seinen Dienstauftrag erfüllen zu können".

[81] Vgl. H. J. Pottmeyer: Das Bleibende an Amt und Sendung des Presbyters. Die ekklesiologische Einordnung des Priesteramtes als Anliegen gegenwärtiger Theologie, in: LS 21 (1970) 39–58, 44.

[82] Vgl. dazu auch H. v. Campenhausen: Die Anfänge des Priesterbegriffes in der alten Kirche, in: Tradition und Leben. Kräfte der Kirchengeschichte, Tübingen 1960, 272–289, hier 283: Die Lehre vom *character indelebilis* „erstrebte nicht die Unabhängigkeit des Priesters von der Gemeinde, sondern sozusagen die Unabhängigkeit von seiner Person, deren Unzulänglichkeiten und Schwächen den Dienst nicht gefährden dürfen".

grenzung, der Amtsträger würde selbst zu einem „Mittler neben dem einen Mittler Jesu Christi"[83]. Der Dienst des Amtsträgers ist darum gebunden an das „Amt, d.h. an Berufung, Weihe und Sendung".[84] Die damit herausgestellte Selbstbindung Christi, im Dienst des Geweihten seinen Heilsdienst weiterzuvermitteln, ist der innere Gehalt der theologischen Rede vom in der Weihe verliehenen „*character indelebilis*".[85] Mit dem Begriff des „unauslöschlichen Prägemerkmals" wird damit also weder eine Höherstellung des sakramental Geweihten gegenüber dem Nichtgeweihten ausgesagt, noch ein „metaphysisches, klerikales Privileg" aufgestellt[86], sondern die Verlässlichkeit der Zusage Christi und der „Vorrang der göttlichen Wirkung vor allem menschlichen Tun" festgehalten.[87] Dieses ist so auch allein darum „unauslöschlich", „weil es in der unverbrüchlichen Verheißung und im reuelosen Willen Christi gründet, sein Heilswerk weiterzuvermitteln" und „weil die Befähigung zum amtlichen Dienst letztlich von Gott selbst stammt".[88]

Bringt das *theologoumenon* vom *character indelebilis* mit Blick auf den Dienst des geweihten Amtes in der Kirche so die Objektivität oder den Primat des in der Weihe verliehenen Charismas gegenüber der Lebensführung, sprich der „Heiligkeit" der geweihten Amtsträger zum Ausdruck, so folgt daraus im Blick auf den Amtsträger jedoch nicht eine personale Folgenlosigkeit der in der sakramentalen Ordination gleichsam objektiv gewordenen Berufung und charismatischen Geistbegabung zum Dienst im und am Volk Gottes.[89] Die mit der Weihe gegebene besondere Indienstnahme

---

[83] G. Greshake: Priester sein in dieser Zeit, 282. Vgl. dazu auch ders., Priestersein, Freiburg [5]1991, 113–115, bes.115.

[84] (s.Anm. 83)

[85] Zu den Anfängen der Rede vom *character indelebilis* – auf die hier genauso wenig eingegangen werden kann wie auf dessen weitere Entwicklung – vgl. u. a. G. Bachl: Anmerkungen zur Lehre vom sakramentalen Charakter, in: K. Böcklinger (Hg.): Priesterbild im Wandel. FS A. Gruber, Linz 1972; H. v. Campenhausen: Die Anfänge des Priesterbegriffs in der Alten Kirche, in: ders.: Tradition und Leben, Tübingen 1960, 272–289; E. Dassmann: Character indelebilis. Anmaßung oder Verlegenheit, in: ders.: Ämter und Dienste in den frühen christlichen Gemeinden, Bonn 1994, 114–128; H. Legrand: Das „unauslöschliche Prägemerkmal" und die Theologie des Weiheamtes, in: Conc (D) 8 (1972) 262–267; P.J. Cordes: Sendung um Dienst. Exegetisch-historische und systematische Studien zum Konzilsdekret „Vom Dienst und Leben der Priester", Frankfurt a.M. 1972, bes. 251–263.

[86] W. Kasper: Die Funktion des Priesters, 112.

[87] K. Lehmann / W. Pannenberg (Hg.): Lehrverurteilungen – kirchentrennend? Bd. 1. Rechtfertigung, Sakramente und Amt im Zeitalter der Reformation und heute, Freiburg 1986, 162.

[88] G. Greshake: Priester sein in dieser Zeit, 282.

[89] Vgl. dazu auch K. Rahner: Priesterliche Existenz, in: Schriften zur Theologie 3 ([7]1967) 285–382, 306–312, bes. 311 der herausstellt, dass der mit der Ordination über-

für das Evangelium Jesu Christi hat sich vielmehr auch personal zu konkretisieren.[90] Denn obgleich die Gültigkeit der Amtshandlung nicht von der Würdigkeit der Person abhängt, ist zum einen die Überzeugungskraft der Verkündigung des Wortes Gottes doch nicht unabhängig von der existentiellen Glaubwürdigkeit der Zeugen. Zum anderen entspricht eine existentielle Verortung der leiblichen Verfasstheit menschlicher Existenz wie dem theologischen Charakter von Berufung und Sendung. Die Lebensgestalt dessen, der verkündigt, steht darum selbst „im Dienst des zu verkündigenden Evangeliums".[91]

Auch im Weiheamt begegnet so der die menschliche Freiheit unbedingt herausfordernde Entscheidungs- und Anrufcharakter des Christseins und dessen leibhaftiger Ernst. Der Weihe eignet ein durch den Anruf Gottes evozierter Entscheidungscharakter, der sich nicht zuletzt in der Unwiderruflichkeit der Antwort und in der mit dem Eintritt in den sakramentalen Ordo in der Weihe zum Diakon verbundenen Frage nach der Lebensform zeigt.[92]

Exkurs: Grundzüge einer Theologie der Ehe

Bedeutet die Weihe eine Indienstnahme der ganzen Person, dann wird diese sich nicht an der ehelichen Lebensform vorbei ereignen können. Die Frage nach dem Zueinander von Amt und Ehe setzt so eine Reflexion auf die theologisch-ekklesiologische Bedeutung der Ehe voraus. Dies soll im folgenden Exkurs mittels sieben Thesen als Grundzüge einer Theologie der Ehe wenigstens im Ansatz versucht werden einzuholen.

---

nommene Auftrag eine „*neue*, bisher nicht dagewesene ‚Inanspruchnahme' seines *Glaubens* ist – also etwas, was er schon als Christ besitzt! –", so dass sich aufs Neue zeigt, „dass das Sakrament der Weihe wesentlich auf dem Glaubenssakrament der Taufe aufbaut" (ebd.; Kursivsetzung MM).

[90] Vgl. dazu auch H.-J. Pottmeyer: Amt als Dienst, 157: „Die Amtsträger [...] sind durch Verkündigung, die Feier der Sakramente und Diakonie und *durch ihre ganze Existenz* zeichenhafter Verweis auf [Christus]" (Kursivsetzung MM).

[91] J. Müller: In der Kirche Priester sein. Das Priesterbild in der deutschsprachigen katholischen Dogmatik des 20. Jahrhunderts, Würzburg 2001, 242, die fortfährt: „Die Grundhaltungen apostolischer Existenz [...] bleiben ein stets gültiger und wohl nie ganz eingeholter Maßstab eines jeden kirchlichen Dienstes, der umso mehr verpflichten muss, je umfassender und – wenn man so will ‚amtlicher' der jeweilige Dienst innerhalb des Gesamtauftrages der Kirche ist".

[92] Die Bereitschaft zur Übernahme der „zölibatären Lebensform" stellt sich nicht bei der Priesterweihe, sondern bei der Diakonenweihe. Vgl. Pontifikale I, Nr.31, 133.

1. These: Anthropologischer Ausgangsdatum einer Reflexion über die Ehe hat ein Bedenken der menschliche Geschlechtlichkeit zu sein. Wird hierbei die leibliche Verfasstheit des Menschen ernst genommen, zeigen sich Frau und Mann als zwei verschiedene Seinsweisen desselben. Das mit der so beschriebenen Geschlechterdifferenz verbundene „Begehren des Anderen" kann dabei als Ausdruck der für den Mensch konstitutiven relationalen Wesensstruktur verstanden werden. Diese findet in der Sexualität, insofern sie auf „die Einheit mit sich selbst im Sein beim anderen"[93] zielt, einen spezifischen leiblich-konkreten Ausdruck, in dem die wesenhafte Zweiheit auf eine größere Einheit hin überschritten wird. In einem solchen leiblichen Handeln, das immer auch Ausdruck und Träger von Sinn ist, werden Liebe, Hingabe und Treue überhaupt erst anschaulich und konkret.[94]

2. These: Nach den Schöpfungsberichten ist der Mensch von Gott als Mann und Frau geschaffen. Beide werden darin als wesentlich aufeinander Verwiesene vorgestellt. Genauer: In der geschlechtlichen Differenz zeigt sich die Grundsituation des Menschseins als gegenseitige Verwiesenheit, in der Mann und Frau von Gott her füreinander bestimmt sind.[95]

3. These: Darauf nimmt das Wort Jesu in Mk 10,4–9 parr Bezug, dem es zuvorderst „auf die Verbindung von zwei von Gott füreinander bestimmten Menschen"[96] ankommt. Movens und Grund dieser sich in der Ehe vollziehenden ganzheitlich-personalen Verbindung von Mann und Frau ist dabei Gott, der in dem Logion Jesu „ausdrücklich als der Verbindende dargestellt"[97] wird. Ehe, so kann von hierher gesagt werden, ist für Jesus der Bund zweier von Gott füreinander bestimmter Menschen. Die Unauflöslichkeit der Ehe ist jesuanisch Folge des verbindenden Handeln Gottes. Damit aber erscheint die Ehe nicht (mehr) als die allgemeine Bestimmung aller Menschen, sondern als Ausdruck der Bestimmung zweier Menschen, d.h. einer bestimmten Frau und eines bestimm-

---

[93] D. Mieth: Das gläserne Glück der Liebe, Freiburg 1992, 112.
[94] Zu einem angemessenen Verständnis des Begriffes der „Hingabe" vgl. H-G. Gruber: Familie und christliche Ethik, Darmstadt 1995, 107f, der herausstellt, dass Liebe als Selbsthingabe Selbstliebe und Selbstbesitz voraussetzt.
[95] Vgl. dazu u. a. C. Westermann: Genesis. Bd. 1. Genesis 1–11, Neukirchen-Vluyn 1974, 221 oder L. Ruppert: Genesis. Ein kritischer und theologischer Kommentar. 1. Teilband: Gen 1,1–11,26, Würzburg 1992, 88.
[96] J. Gnilka: Das Evangelium nach Markus, Bd. 2, Zürich 1979, 73f.
[97] J. Gnilka: Das Evangelium nach Markus, 73f.

ten Mannes, durch Gott füreinander, welcher sich so zugleich als Geber und Erhalter dieses Bundes zeigt. Theologisch angemessen kann darum von einer Berufung zur Ehe nur im Blick auf die besondere, menschlich letztlich nicht machbare personale Relation eines bestimmten Mannes und einer bestimmten Frau die Rede sein. Von einer Berufung zur Ehe als Lebensform kann darum höchstens mittelbar gesprochen werden, insoweit diese sich aus der – in der Trauung bejahten und ausdrücklich gemachten – Bestimmung eines Paares durch Gott für- und zueinander (notwendig) ergibt. Die Berufung zum „spezifische Modus" des Christseins in der Ehe folgt so erst aus der Berufung zueinander bzw. aus deren sakramental-liturgisch vollzogener Annahme.

4. These: Die Aussage Jesu in Mk 10,4–9 parr versteht das Jawort der Eheleute zueinander zugleich als deren Ja zu Gott. Es setzt so eine Umkehrbewegung des Menschen zu Gott voraus. Erst von dieser Umkehrbewegung her, d.h. letztlich erst in der Annahme der in Christus angebrochenen Gottesherrschaft, wird die Ehe in ihrem ursprünglichen, ihrem schöpfungsgemäßen Sinn (wieder) möglich.

5. These: In Verlängerung der alttestamentlichen Prophetie hat für den Epheserbrief das Zueinander von Mann und Frau sein Urbild im Bund Gottes mit den Menschen bzw. ist die christliche Ehe (sichtbares) Abbild, Ausdruck und Nachvollzug der in Liebe begründeten Verbindung von Christus und Kirche.[98] In der gegenseitigen Beziehung, genauer: in der gegenseitigen Liebe und Hingabe von Mann und Frau in der Ehe, wird sakramental-zeichenhaft etwas sichtbar von dem Bund zwischen Christus und Kirche. Die in der Ehe verbundenen Christen nehmen darum „nicht nur als einzelne am Heilsgeschehen in Christus" teil, sondern als Verheiratete auch „durch ihre Ehe".[99] Christliche Ehe, als eine mit dem Heilsgeschehen verbundene und durch dieses begründete Wirklichkeit[100], ist damit gerade als Teil der Schöpfungsordnung von

---

[98] Vgl. dazu auch R. Schnackenburg: Die Ehe nach dem Neuen Testament, in: H. Greeven / G. Krems / R. Mumm (Hg.): Theologie der Ehe. Veröffentlichung des Ökumenischen Arbeitskreises evangelischer und katholischer Theologen, Regensburg 1969, 9–36, 29: „Nicht die Ehe soll Modell für Christus und Kirche sein, sondern umgekehrt […] sollen Christus und die Kirche Vorbild, Modell, mehr noch bestimmende Größe für die Ehe und ihr Verhalten sein".

[99] U. Baumann: Die Ehe – Ein Sakrament?, Zürich 1988, 165.

[100] K. Niederwimmer: Askese und Mysterium. Über Ehe, Ehescheidung und Eheverzicht in den Anfängen des christlichen Glaubens, Göttingen 1975, 155.

der Heilsordnung her zu verstehen, wobei das sich daraus ergebende Verständnis der Ehe „als das in der Schöpfung Gottes eigentlich gemeinte"[101] zeigt.

6. *These:* Die Deutung der Ehe als Bund ist für das theologische Verständnis der Ehe im Anschluss an das II. Vatikanum von herausragender Bedeutung. Die Rede von der Ehe als Bund umfasst aber nicht nur die personale Dimension der Ehe, in welcher die Ehe „ein Bund zwischen Mann und Frau im Sinne einer personalen Lebens- und Liebesgemeinschaft"[102] ist. Zu ihr gehört ebenso die ekklesial-sakramentale Dimension der Ehe. Denn Sakrament ist die Ehe „weil hier in der unbedingten liebenden Annahme zweier Menschen die in Christus offenbar gewordene unwiderrufliche Annahme des Menschen durch Gott zeichenhaft dargestellt und neu Wirklichkeit wird".[103] Die ekklesiale Dimension der Ehe bedeutet so einmal, dass die Ehe als Sakrament gar nicht anders wirklich zu werden vermag, denn als kirchlich-sakramentale Feier, in der sich ein Paar sein „Ja" zueinander in die Gabe des ihrem „Ja" vorgängigen „Ja" Gott zu ihm hinein zuspricht und sich in dieser unbedingten gegenseitigen Bejahung etwas zusagt, was die Möglichkeiten und Kräfte eines Menschen eigentlich übersteigt.[104]

7. *These:* Doch eignet der ekklesialen Bedeutung der Ehe darüber hinaus noch eine andere Zugrichtung: Denn indem ein Mann und eine Frau eine sakramentale Ehe eingehen, erhalten sie „gnadenhaft Anteil [...] an dem, was in der Verbindung Christi und der Kirche geschieht".[105] Das Verhältnis Ehe und Kirche ist so kein einseitiges. Denn indem die Kirche der Ehe „hilft [...], Zeichen sein zu können", begegnet ihr die christliche Ehe als ein Zeichen „an dem sie selber etwas lernen kann".[106] In der sakramentalen Ehe erkennt die Kirche das, „was auch das Wesen der Kirche im

---

[101] H. Baltensweiler: Die Ehe im Neuen Testament. Exegetische Untersuchungen über Ehe, Ehelosigkeit und Ehescheidung, Zürich, 1967, 233.

[102] M. Knapp: Glaube – Liebe – Ehe. Ein theologischer Versuch in schwieriger Zeit, Würzburg 1999, 132.

[103] M. Knapp: Glaube – Liebe – Ehe, 137.

[104] Vgl. dazu auch den Beitrag von Ralf Miggelbrink, der den selben Zusammenhang aus sprechhandlungs- und institutionentheoretischen Überlegungen zu gewinnen sucht: R. Miggelbrink: Ist die Ehe ein Sakrament? Die Sakramentalität der Ehe im Kontext einer zeitgenössischen Sakramententheologie, in: GuL 74 (2001) 193–209, hier 204f.

[105] M. Knapp: Glaube – Liebe – Ehe, 136.

[106] D. Mieth: Ehe als Entwurf. Zur Lebensform der Liebe, Mainz 1984, 79.

Ganzen ausmacht".[107] Und zwar nicht nur als hinweisendes Zeichen, sondern als „Realsymbol", als leibhaftige Verwirklichung und wirksame Vergegenwärtigung[108] der Agape Christi „im Sinne einer unbedingten Annahme und Bejahung des Menschen"[109] und als „Abbild der liebenden und fürsorgenden Selbstzusage Gottes an den Menschen"[110]. Diese der christlichen Ehe eigene Zeichenfunktion ist teil der ihr zukommenden besonderen Weise der Teilhabe am „gnadengewirkten Aufbau der Kirche als Leib Christi"[111].

Zusammengefasst: Die Ehe ist eine „qualifizierte Form christlicher Existenz"[112], die dazu bestimmt, auf „spezifische Weise am erlösenden Dienst Christi teilzunehmen"[113]. Die „sakramental geschlossene Ehe ist gnadenvermittelnde Figur der Christusnachfolge, Eingefügtwerden in seine Sendung, in seine Liebeshingabe an die Menschen, mit der er sie für Gottes Herrschaft gewinnen will."[114] Sendung und Berufung der verheirateten Christen ist es, in ihrer Ehe Abbild von Gottes, Liebe, Treue und Schöpferkraft zu sein und darin zu einem Zelt Gottes unter den Menschen und zum „wirksamen Zeichen", zum „erfüllten Symbol", zur „wirklichen Vergegenwärtigung" und „Epiphanie der in Christus erschienen Liebe Gottes" für und in Kirche und Welt zu werden.[115]

IV. Amt und Ehe – Versuch einer Verhältnisbestimmung

– „Zeichen der Hingabe an Christus den Herrn"[116] – Überlegungen zu Zölibat und Amt

Die besondere Indienstnahme für die Sache Jesu, das ausdrückliche, amtliche Handeln im Namen Jesu war immer schon verbunden mit dem Anspruch einer größtmöglichen Verfügbarkeit „für

---

[107] K. Lehmann: Die christliche Ehe als Sakrament, in: IkaZ 8 (1979) 385–392, 389.
[108] Vgl. K. Lehmann: Die christliche Ehe als Sakrament, 389.
[109] M. Knapp: Glaube – Liebe – Ehe, 137.
[110] K. Demmer: Die Ehe als Berufung leben, 52.
[111] R. Miggelbrink: Ist die Ehe ein Sakrament?, 208.
[112] R. Miggelbrink: Ist die Ehe ein Sakrament?, 209.
[113] M. Figura: Christus und Kirche – das große Geheimnis (Eph 5,32). Zur Sakramentalität der christlichen Ehe, in: IKaZ 26 (1997) 33–43, hier 40. Vgl. dazu auch: H-G. Gruber: Familie und christliche Ethik, Darmstadt 1995, 111f.
[114] J. Werbick: Kirche. Ein ekklesiologischer Entwurf für Studium und Praxis, Freiburg 1994, 274.
[115] W. Kasper: Zur Theologie der christlichen Ehe, 45
[116] Pontifikale Nr.31, 133.

die Sache des Herrn" (1 Kor 7,32). Die Entstehung des Zölibates ist keinesfalls monokausal auf die Idee kultischer Reinheit rückführbar – selbst wenn diese Vorstellung spätestens mit Ausgang der Spätantike einen kaum zu übersehenden Einfluss gewonnen hat.[117]

Dass seit der Wiederherstellung des dreigliedrigen Amtes durch das II. Vatikanum auch in der katholischen Kirche in Glaube, Ehe und Kirche „bewährte Männer" – das Ja der Ehefrau vorausgesetzt – zum Diakonat und damit zum Weiheamt in der Kirche zugelassen sind, stellt heraus, dass auch für die lateinische Westkirche der Zölibat „nicht vom Priestertum seinem Wesen nach erfordert" ist.[118]

Das eigentliche Anliegen des Zölibates ist so nicht, den Amtsträger „zu einem halben Ordensmann"[119] zu machen. Es geht in ihm vielmehr darum, das in der Weihe gegebene Charisma des Dienstes zu „verorten", ihm einen leibhaftigen Ausdruck zu verschaffen, es an Lebensführung und Lebensform und damit nicht zuletzt an das persönliche Charisma rückzubinden.[120] Womit zugleich auch gesagt ist, dass das Charisma des Amtes und das der Ehelosigkeit nicht schon per se identisch sind. Die von „Presbyterium Ordinis" betonte „vielfältige Übereinstimmung (*convenientiam*)"[121] zwischen amtlichen Dienst und Ehelosigkeit um des Himmelreiches Willen setzt so voraus, dass diese verstanden und gelebt wird als unbedingtes In-Dienst-genommen-Sein durch

---

[117] Vgl. zur Frage nach der Entstehung und Entwicklung des Zölibates, S. Heid: Zölibat in der frühen Kirche. Die Anfänge der Enthaltsamkeitspflicht für die Kleriker in Ost und West, Paderborn 1997; B. Kötting: Der Zölibat in der Alten Kirche, in: ders., Ecclesia peregrinans. Gesammelte Aufsätze. Bd. 1, Münster 1988, 448–466; K. Mörsdorf: Zölibat, in: LThK 10 (²1965) 1395–1400. Vgl. dazu auch K. Rahner: Priesterliche Existenz, 311 der – fast zu kategorisch – festhält, dass der „existentielle Charakter" des Weiheamtes „nie vom Kultischen, sondern immer vom Apostolischen im engeren Sinne ausgeht".

[118] Dekret über den Dienst und das Leben der Presbyter „Presbyterorum ordinis" (PO), 16,1, in: Die Dokumente des Zweiten Vatikanischen Konzils. Konstitutionen, Dekrete, Erklärungen. Lat.-dt. Studienausgabe. Hg. v. P. Hünermann, Freiburg 2004 (Herders Theologischer Kommentar zum Zweiten Vatikanischen Konzil 1). Dort unter Bezug auf die „Praxis der Urkirche" und die „Tradition der Ostkirchen".

[119] B. Senger: Die priesterlichen Dienstämter und der Ordensstand nach den Aussagen des Zweiten Vatikanischen Konzils, Dülmen 1967, 76.

[120] Vgl. dazu auch E.-M. Faber: Einführung in die Sakramentenlehre, Darmstadt 2002, 174: „Faktisch bedeutet der Zölibat heute, dass im Charisma der Ehelosigkeit die Gewähr für die Rückbindung der amtlichen Vollmacht an das Charisma gesucht wird".

[121] PO 16,2. Ähnlich auch die *Bischofssynode 1971*. Das Priesteramt, 78, die zwischen der Berufung zum Weiheamt und Ehelosigkeit eine „volle Zusammenstimmung (*plena concordantia*)" und einen „innersten Zusammenhang (*intima cohaerentia*)" sieht.

Christus und seine Kirche, als „Zeichen und Zeugnis für Christus"[122].

Als Teil der Trias der evangelischen Räte verweist die Ehelosigkeit um der „vollen Verfügbarkeit"[123] für den Dienst Christi willen zudem auf „Armut" und „Gehorsam" und den in den evangelischen Räten ausgedrückten eschatologischen Charakter des Christseins.[124] Während aber der Gehorsam ausdrücklicher Bestandteil des Weiheamtes ist, gilt dies nicht für das Gelübde der Armut. Doch erinnert schon das Konzil eindringlich an die Bedeutsamkeit „freiwilliger Armut" für das ordinierte Amt.[125] Zudem gilt es zu bedenken, dass gerade „in einer Gesellschaft von Singles, Ehe und Ehelosigkeit eine völlig andere Einschätzung erfahren"[126], weshalb die Ehelosigkeit „heute nur in Verbindung mit einer glaubwürdigen persönlichen Lebensgestaltung zeichenhafte Bedeutung beanspruchen"[127] und zu einem leibhaftigen Zeichen der Unbedingtheit der Sendung und Indienstnahme zu werden vermag.[128]

– „mit ungeteiltem Herzen"[129]? – Indienstnahme und Ehe

Wird – mit der vom II. Vatikanum auch unter veränderten Vorzeichen fortgeführten kirchlichen Tradition – von einer inneren Nähe von Zölibat und besonderer Indienstnahme ausgegangen, steht da-

---

[122] H. Volk: Der Priester und sein Dienst, 79. Vgl. dazu auch O. Fuchs: Theologischer Kommentar zum Dekret über den Dienst und das leben der Priester „Presbyterium Ordinis". Kommentierung, in: HThK Vat.II, Bd. 4 (2005) 411–542, 509–511, der den Abschnitt kritisch würdigt.

[123] Vgl. Bischofssynode 1971. Das Priesteramt, hier 75 und 79 .

[124] Den Zölibat in seiner eschatologischen Zeichenhaftigkeit und Bedeutsamkeit stellt u. a. besonders Hermann Volk heraus. Vgl. H. Volk: Der Priester und sein Dienst, 75–87. Vgl. dazu auch G. Greshake: Evangelische Räte und Weltpriestertum, in: Priesterliche Lebensform, hg. v. Sekretariat der Deutschen Bischofskonferenz, Bonn 1984 (Arbeitshilfen Nr. 36) 98–109.

[125] Vgl. bes. PO 17,4.

[126] E.-M. Faber: Einführung in die Sakramentenlehre, 174.

[127] Ebd. In diese Richtung deutet auch Karl Rahner, der bereits 1968 prognostizierte, dass in Zukunft die Entscheidung zum Priesteramt nicht mehr einen Entschluss zu einem bürgerlichen Beruf bedeutet, sondern den „Entschluss zu einer Lebensweise, die von vornherein im Widerspruch steht zu dem, was sonst üblich ist, zu einem Leben, das arm und unbürgerlich sein wird" (K. Rahner: Der Zölibat des Weltpriesters im heutigen Gespräch [II]. Eine Antwort, in: GuL 41 [1968] 285–304, hier 301).

[128] Vgl. dazu auch K. Rahner: Zur Spiritualität des Priesters vom Amt aus gesehen, in: Schriften zur Theologie 14 (1980) 182–207, hier bes. 198–201, der von „der dreifachen Armut des Ökonomischen, des Kulturellen und auch des Spirituellen" spricht, die zur „christlichen Spiritualität im Allgemeinen", wie zu der „gerade vom Priester und gerade heute" verlangten gehört (201). Sowie G. Greshake: Evangelische Räte und Weltpriestertum, 106f.

[129] PO 16,2

244

mit zugleich die Frage im Raum, was daraus mit Blick auf die Lebensform der Ehe folgt. Ins Grundsätzliche gewendet: Findet die mit der Weihe verbundene, die ganze Person fordernde Indienstnahme ihren wesentlichen Ausdruck im Zölibatsversprechen? Wenn dem so wäre, dann fehlte dem verheirateten Diakon gerade das was, wie oben gezeigt, anthropologisch wie theologisch zu jeder Form von Berufung und Sendung gehört, wäre er tatsächlich so etwas wie ein „hölzernes Eisen", ein theologisches Oxymoron. Doch ist dem tatsächlich so? Kann sich die vom Amt bzw. vom geweihten Amtsträger verlangte volle Hingabe allein in der Ehelosigkeit „um des Himmelreiches willen" ausdrücken?

Dagegen scheint zunächst schon das auch vom II. Vatikanum konstatierte Faktum zu sprechen, dass es auch „höchst verdiente verheiratete Presbyter" (PO 16,1) gibt. Zudem ist an die geschichtliche Genese des Zölibates zu erinnern.[130] Gegen eine exklusive Verbindung von Amt und Zölibat spricht darüber hinaus die oben angedeutete Zugrichtung des Zölibats, der seine eigentlichen Ausdruck erst in der Einbettung in eine entsprechende Lebensführung insgesamt findet, d.h. als bloße geschlechtliche Enthaltsamkeit verstanden noch gar nicht seinen zeichenhaften Verweischarakter entfalten kann.

Ekklesiologisch schließlich ist die Zulassung verheirateter Männer zum Diakonat – trotz der Entscheidung des Konzils am Zölibat für Priester und Bischöfe festzuhalten[131] – einzuordnen, in die grundlegende ekklesiologische Ausrichtung des II. Vatikanums bzw. dessen (Neu-) Justierung des Verhältnisses der Berufungen und Lebensformen in der Kirche insgesamt. Dieses aber ist bestimmt von der (Wieder-) Herausstellung der gemeinsamen Berufung zu Heiligkeit und Vollkommenheit aller Christen (LG 32,2), die sich in den verschiedenen Lebensformen und Berufungen in der Kirche auf je unterschiedliche Weise realisiert und mit der die

---

[130] Der kirchengeschichtliche Weg zum Zölibat kann mit Ottmar Fuchs wie folgt zusammengefasst werden: „Von einer größeren Freiheit diesbezüglich hin zur verpflichtenden Verordnung; von den Bischöfen als Familienvätern in neutestamentlichen Gemeinden über die Empfehlung, Priesteramt und Ehelosigkeit in eigener Freiheit zu verbinden, bis hin zur Verpflichtung der zölibatären Lebensform für die Priester". Vgl. O. Fuchs: Theologischer Kommentar zum Dekret über den Dienst und das Leben der Priester „Presbyterium Ordinis". Kommentierung, in: HThK 4 (2005) 411–542, 512.

[131] Vgl. dazu u. a. P. Hünermann: Theologischer Kommentar zum Dekret über den Dienst und das Leben der Priester „Presbyterium Ordinis". Einleitung, in: HThK 4 (2005) 342–410, bes. etwa 375f sowie O. Fuchs: Theologischer Kommentar zum Dekret über den Dienst und das leben der Priester „Presbyterium Ordinis". Kommentierung, in: HThK 4 (2005) 411–542, bes. 505–507.

Qualifizierung der unterschiedlichen Lebensformen als „höherwertig" obsolet geworden sind. Sind aber auf den „Geist der Räte" grundsätzlich alle Christen verpflichtet,[132] dann ist damit zugleich gesagt, dass dies – auf eigene Weise – auch für die Eheleute gilt. Auch von hierher vermag so deutlich zu werden, dass der Zölibat keinesfalls als Alleinstellungsmerkmal einer besonderen Indienstnahme gedacht werden *muss* bzw. anders formuliert, dass diese auch in einer Ehe zum Ausdruck gebracht werden *kann*.[133]

– „Was du verkündest, erfülle im Leben"[134] – Indienstnahme und Lebensform nach der Liturgie der Weihe der Diakone

Ein Blick in die Weiheliturgie der Diakone macht klar, dass auch die Liturgie als Ausdruck des „überlieferten Glaubens *sub specie celebrandi*",[135] die Frage der Lebensform, d. h. die des lebensformenden Ausdrucks des besonderen Dienstes, nicht auf die Ehelosigkeit um des Himmelreiches beschränkt. Vielmehr entfaltet die Liturgie das nach der Erklärung der Bereitschaft zur Übernahme des diakonalen Amtes durch die Weihekandidaten programmatisch an erster Stelle stehende Versprechen der „selbstlosen Hingabe" in einem umfassenden Sinn. So werden die Verkündigung des Glaubens „in Wort und Tat", das Leben „aus dem Geist der Innerlichkeit", das Werden zu einem „Mann des Gebetes", die Verrichtung das Stundengebetes „mit dem Volk Gottes und für dieses", dem Beistand für die „Armen und Kranken" und „die Heimatlosen und Notleidenden" als Weisen dessen Realisation aufgeführt, die schließlich kulminieren in dem Versprechen das eigene Leben „nach dem Bild und Beispiel Christi" zu gestalten.[136] Die Forderung sich mit seinem ganzen Leben in den Dienst in und für das Volk Gottes nehmen zu lassen erweist sich so als Leitmotiv des Weiheversprechens. Das verdeutlicht, dass der existentielle Ausdruck der mit der Diakonenweihe verbundenen Indienstnahme für einen besonderen Dienst in der Kirche nicht nur

---

[132] Vgl. F. Wulff: Kommentar zur dogmatischen Konstitution über die Kirche. Fünftes und sechstes Kapitel, in: LThK.E I (1966) 284–313, 289.

[133] Vgl. O. Fuchs: Theologischer Kommentar zum Dekret über den Dienst und das Leben der Priester „Presbyterium Ordinis", 515, der anmerkt, dass „eine sexuell nicht enthaltsame aber durchaus keusche treue Ehe mindest genauso kontrastiv [wie der Zölibat] erfahren werden kann".

[134] Vgl. Pontifikale, Nr. 41, 148.

[135] H. Hoping: Der dreifache Tischdienst des Diakons und die Einheit des Ordosakraments, in: W. Haunerland u. a. (Hg.): Manifestatio Ecclesiae. Studien zu Pontifikale und bischöflicher Liturgie, Regensburg 2004 (StPli 17), 189–204.

[136] Vgl. Pontifikale, Nr. 31, 131–134.

nicht auf das Zölibatsversprechen zu beschränken ist, sondern auch für die verheirateten Diakone gilt.

Bemerkenswerter Weise ist seit der Einführung des erneuerten Pontifikale Romanum von 1990 das von den unverheirateten Kandidaten abzulegen Zölibatversprechen auch von Ordensangehörigen abzulegen. Wie das Dekret der Kongregation für den Gottesdienst und für das Sakramentenrecht ausführt, soll so betont werden, dass das Zölibatsversprechen ein „besonderes Versprechen darstellt, das von Rechts wegen mit der Ordination verbunden ist".[137] Doch ergibt sich damit zugleich die Möglichkeit das Zölibatsversprechen zu verstehen als ausdrückliche Indienstnahme der bereits gewählten ehelosen Lebensform des Weihekandidaten.[138] Im Anschluss daran ließe sich auch das von den Ehefrauen der verheirateten Kandidaten zu gebende Versprechen die Ehemänner in ihrem Dienst „zu unterstützen", verstehen als Ausdruck, dass auch die von den verheirateten Kandidaten bereits gewählte Lebensform der Ehe zum Ort der Bewährung im amtlichen Dienst wird.[139] Das Versprechen der Ehefrauen stellt damit zum einen vor Augen, dass auch bei den verheirateten Kandidaten deren eheliche Lebensform – analog dem Zölibat – in Dienst genommen wird. Zum anderen erinnert es daran, dass weil dem so ist und weil die Lebensform der Ehe wesentlich bestimmt ist von der gegenseitigen Zuordnung der Partner aufeinander, ohne das explizite Ja der Ehefrau der verheiratete Weihekandidat sich nicht in diesen Dienst nehmen lassen könnte. Zölibatsversprechen wie Ehe – in der ihrer eigenen, im oben gemachten Exkurs angedeuteten Zeichenhaftigkeit – sind so sprechende Verdeutlichung, dass der diakonale Dienst bzw. der Dienst des geweihten Amtes insgesamt eine existentielle Indienstnahme bedeutet, welche die ganze Person betrifft.

Der das Weiheversprechen prägende Schwerpunkt der lebensformenden Ausgestaltung des Dienstes wird auch von den Bitten des epikletischen Teils des Weihegebetes, das seit der Reform des Ordinationsliturgie durch das Pontifikale von 1968 zum alleinigen, die Handauflegung ausdeutenden Wort und damit zu einem herausragenden *locus theologicus* der Weihe wurde, aufgenommen.[140]

---

137 Vgl. Pontifikale, 9.
138 Vgl. dazu auch P. Hünermann: Theologischer Kommentar „Presbyterium Ordinis". Einleitung, 391, Anm. 185.
139 Vgl. dazu auch die Modellansprache bei der Weihe der Diakone, die dort wo sie sich explizit an die verheiraten Kandidaten wendet ausführt, dass „eure erste Sorge euren Familien" bzw. der Liebe zur Ehefrau gilt, damit „euer Haus ein sichtbares Zeichen der Liebe Gottes sei" (Pontifikale Nr. 29, 128 u. 133).
140 Vgl. Pontifikale Nr. 38, 147.

Nach der Bitte um die Gabe des heiligen Geistes, zur Stärkung bei der Erfüllung des Dienstes", erfolgt unmittelbar die Bitte, dass „das Evangelium Christi ihr Leben durchdringe". Die darauf folgende Bitten können allesamt als Ausfaltung dieser einen Bitte verstanden werden: „Selbstlose Liebe sei ihnen eigen, unermüdliche Sorge für die Kranken und Armen. Mit Würde und Bescheidenheit sollen sie allen begegnen, lauter im Wesen und treu im geistlichen Dienste". Auch der Abschluss der Bitten nimmt gleichsam als Schlusscoda nochmals das Motiv der Lebensform auf, wenn es heißt: „In ihrem Wirken sollen deine Preisungen aufleuchten; das Beispiel ihres Lebens soll die Gemeinde auf dem Weg der Nachfolge führen". Dass diese nicht allein auf die Frage der Ehelosigkeit verkürzt werden darf, macht auch die im Pontifikale Romanum von 1990 gegenüber dem Text des Weihegebetes von 1968 vorgenommene Änderung deutlich. Hieß es in letzterem noch „*in suae* castitatis *exemplo*", sagt das erneuerte Weihegebet die Anforderung zu einem vorbildlichen Leben jetzt in einem „umfassenderen" Sinn aus,[141] so dass in der Bitte auch die Gestaltung der Ehe der verheirateten Diakone als Weise der „Bezeugung des Glaubens" einzutragen ist.

Schließlich nimmt der ausdeutenden Ritus der Diakonenweihe, die Überreichung des Evangeliars, das Thema der Lebensform noch einmal auf. Das an den neugeweihten Diakon gerichtete Wort des Bischofs gipfelt darin in der Aufforderung das im Dienst verkündete, „im Leben" zu erfüllen.

Die Frage der lebensformende Ausgestaltung des im Diakonat übernommenen amtlichen Dienstes findet sich damit in allen Elementen der Diakonenweihe und stellt folglich eines der Leitmotive der Diakonenweihe dar. Die Liturgie geht damit nicht nur von einer unbedingten, d. h. die ganze Person umgreifenden Indienstnahme aus. Indem in ihr verheiratete und unverheiratete Männer in den besonderen Dienst der Kirche genommen werden, stellt sie zugleich heraus, dass diese sich nicht nur im Status des Verheiratetseins realisieren lässt, sondern sich auch in diesem ausdrückt und diesen mit in Dienst nimmt.

In Unterschied und Ergänzung zum Zölibat ruft dabei der verheiratete Diakon in Erinnerung, dass die unbedingte Indienstnahme sich nicht in der Ehelosigkeit erschöpft, und dass die mit dem Christsein grundsätzlich verbundene leiblich-existentielle Bekehrung und Berufung zu Heiligkeit und Christusnachfolge einen vol-

---

[141] H. Hoping: Der dreifache Tischdienst des Diakons und die Einheit des Ordosakraments, 196f.

len und ganzheitlichen Ausdruck auch jenseits einer ehelos-geschlechtlich enthaltsamer Lebensform zu finden und gerade in der gegenseitigen Hinwendung und Liebe von Mann und Frau zu verleiblichen vermag.

Dass die Ehelosigkeit um des Himmelreiches willen eine Weise ist, die der Bestellung zur vollen Verfügbarkeit für den Herrn besonders entsprechen kann, ist damit nicht in Abrede gestellt. Genauso wenig ist damit schon ein Präjudiz für die Zulassung von *viri probati* für den priesterlichen Dienst oder das bischöfliche Amt gegeben. Doch kann und wird sich das eingangs in dem Diktum von Balthasar angesprochene ansteckende „Glühen" für die Sache Jesu genauso unter denen finden, die sich auch in der Ehe bewährt haben.

Ein Amt – vier Ausführungen?

Systematische und pastoralpraktische Anmerkungen zur Ausgestaltung des Diakonats mit und ohne Zivilberuf

von Stefan Sander

Das Amt des Diakons gibt es in verschiedenen Ausführungen. Neben den Diakonen, die nach relativ kurzer Zeit zum Priester geweiht werden, gibt es jene, die ihre Berufung mit ganzer Kraft, Engagement und zeitlichen Ressourcen als Diakon im Hauptberuf leben. Und es gibt eine große Zahl derer, die sich mit großem Einsatz ihrem Auftrag widmen, allerdings gleichzeitig in ihrem vor der Weihe ausgeübten Beruf verbleiben. Damit geht dieses Amt einen Sonderweg innerhalb der Weiheämter und innerhalb der pastoralen Berufe überhaupt. Dass dieser Weg nicht unerheblich für das pastorale Handeln der Kirche in Deutschland ist, zeigen allein die nackten Zahlen. So gab es Ende 2007 1452 Diakone mit Zivilberuf und 851 Diakone im Hauptberuf.[1] Damit üben mehr als 60 % der Diakone in Deutschland ihr Amt neben ihrem Zivilberuf aus. Das kann nicht ohne Folgen bleiben, sowohl für die Amtsträger selber als auch für die Gemeinden und Pfarreiengemeinschaften, in denen sie ihren Dienst tun.

So birgt ein eng umrissenes zeitliches Budget für die vielfältigen Aufgaben des Diakons die Gefahr falscher Priorisierungen in sich. Der Diakon mit Zivilberuf wird mancherorts in der Gemeinde sichtbar nur am Altar, wenn er seinen Dienst in der Eucharistieassistenz ausübt. Dieser sorgt aber sowohl bei den Gemeinden als auch den Diakonen eher für Irritationen. Die Gemeinden verstehen nicht recht, wofür der Diakon in der Eucharistie steht und geht; die Diakone stehen recht unbeschäftigt neben oder hinter dem zelebrierenden Priester und können ihre Rolle im Gottesdienst und darüber hinaus kaum deutlich machen. Für die Diakone selber kommt noch ein weiteres Problem hinzu. Manche reden von einer Zwei-

---

[1] Vgl. Arbeitsgemeinschaft Ständiger Diakonat der Bistümer in der Bundesrepublik Deutschland (Hg.): Der Diakon in größer werdenden pastoralen Räumen. Dokumentation der Jahrestagung 2008, 25 (2008), S. 68.

klassengesellschaft innerhalb der Diakonengemeinschaft: die Diakone im Hauptberuf können sich den pastoralen Herausforderungen stellen und sich mit entsprechenden Arbeitsschwerpunkten stimmig einbringen, sie werden von der Gemeinde und den anderen pastoralen Berufen gesehen und ernst genommen; die Diakone mit Zivilberuf tauchen bisweilen in der Eucharistieassistenz auf, predigen einige Male im Jahr, können sich sonst aber kaum sichtbar machen und das Leben der Gemeinde nachhaltig mitgestalten. Zumindest die Frage darf erlaubt sein, ob Diakone mit Zivilberuf einem Amt, das um seine Identität ringt, überhaupt das entsprechende Profil geben können. Positiv gewendet: Welche Herausforderungen ergeben sich für das Amt des Diakons mit Zivilberuf, wenn er dem Proprium und Profil des Amtes gerecht werden will? In der Debatte wird der Diakon mit Zivilberuf häufig auch Diakon im Zivilberuf genannt. Er übe, so die These, sein Amt im Unterschied zum Diakon im Hauptberuf vor allem in Familie und Beruf aus und sei schon deshalb ein großer Gewinn für die Glaubwürdigkeit der Kirche. Stimmt das so? Ist der Diakon mit Zivilberuf nahezu umfassend dispensiert von gemeindlichen Aufgaben? Kann er sich mit Predigtdienst und Eucharistieassistenz in groben Abständen in das Leben der Gemeinde einspielen? Sollte und kann man überhaupt vom Diakon *im* Zivilberuf sprechen?

Die nachfolgenden Seiten verstehen sich als Versuch, auf die vielen offenen Fragen um das Amt des Diakons mit Zivilberuf einzugehen. Sie nehmen ihren Ausgang bei systematisch-theologischen Überlegungen, um im Anschluss daran pastoralpraktische Profilierungsschritte zu formulieren.

Die Fragen der Gemeindemitglieder nach der theologischen Begründung des sakramentalen Diakonats sind in der Regel funktional gewendet: Was kann der Diakon bzw. was darf der Diakon? Darf er durch die Weihe mehr und anderes als vorher? Das mit der Antwort darauf allerdings keine Theologie des Diakonats zu machen ist, darf als eine der wenigen sicheren und unbestrittenen Erkenntnisse der mittlerweile intensiv geführten Debatte um den sakramentalen Diakonat gelten. Mit seinen Vollmachten allein lassen sich keine theologischen Positionen besetzen und begründen; schließlich kann der Diakon nichts, was nicht auch ein Laie mit Erlaubnis gültig tun dürfte. Und für den Diakon mit Zivilberuf darf ergänzt werden, dass er auch zeitlich nicht viel mehr tun kann als ein engagiertes Gemeindemitglied ohne Weihe.

Nun kann in der Debatte um eine Profilierung des Diakonenamtes aus systematisch-theologischer Perspektive kein Unterschied zwischen Diakonen im Hauptberuf und solchen mit Zivilberuf gemacht werden. Es gibt schließlich keine Weihe zum Diakon im Hauptberuf oder eine zum Diakon mit Zivilberuf, übrigens auch keine zum Ständigen Diakon oder Durchgangsdiakon. Ausgangspunkt aller weiteren Überlegungen muss also das grundsätzliche Amtsverständnis des Diakonats sein. Unterschiedliche Positionen gibt es nach wie vor genug: Der Diakon ist Helfer des Priesters oder „Lückenbüßer" in pastoraler Notlage. Als Diakon mit Zivilberuf wird er dann allerdings nur eine kleine Lücke füllen können. Andere beschreiben ihn als Stellvertreter der Armen und nehmen durchaus ein eigenständiges Profil wahr. Dem Diakon mit einem sozialen Zivilberuf käme fachliche Kompetenz zu, die ihn enorm wertvoll machen würde für seinen sakramental-amtlichen Dienst. Etliche Diakone, die als Sozialarbeiter, Pfleger, Heimleiter, Therapeuten, Erzieher, Altenpfleger usw. arbeiten, bereichern mit ihren beruflichen Erfahrungen schon jetzt die seelsorgliche Kompetenz der Kirche. Manche bestreiten allerdings einen sozial-diakonischen Schwerpunkt des Amtes und rufen die Diakonie des Wortes in ihrer Bedeutung für das Profil des Diakonats in Erinnerung.[2] So oder so steht der Diakon mit Zivilberuf heute vor neuen Herausforderungen: Welche Orte kann er für ein Zeugnis des Wortes oder ein sozialdiakonisches Engagement finden? Wie gestaltet er seinen Predigtdienst mit engem Zeitbudget? Wie und wo findet er seinen Ort in immer größer werdenden pastoralen Räumen? Vor notwendigen Antwortversuchen muss aber ein systematisch-theologisches Fundament gelegt werden.

I. Ein Diakon, der nur dient, dient zu gar nichts

In der systematisch-theologischen Debatte berufen sich erstaunlicherweise nahezu alle Teilnehmerinnen und Teilnehmer trotz differenter, nicht miteinander vereinbarer Positionen bzgl. der Identität des sakramentalen Diakonats auf eine inhaltliche Konstante: Der Diakonat ist Dienst. Der Diakon ist ein Diener, sagen Interessenten für die Ausbildung zum Diakon; Gemeindemitglieder reden davon, dass der Diakon an Christus den Diener erinnere und Theologen sprechen davon, dass der Ursprung des sakramentalen Diakonats der Dienst, die diaconia Jesu Christi selbst sei. Die Fußwaschungsszene in Joh 13,1–20 wird dann häufig zur „Gründungsurkunde" des

---

[2] Vgl. B. J. Koet: Wo bleibt die „Diakonie des Wortes"? Randbemerkungen zu einer aktuellen Studie über den Diakon und die Einheit des sakramentalen Amtes, in: Diaconia Christi 42 (2007) 2, 182–192.

Diakonats stilisiert. Manche formulieren eine *repraesentatio Christi diaconi* bzw. ein *agere in persona Christi diaconi* für das Amt des Diakons. Wer wollte ihnen darin widersprechen? Auch an dieser Stelle soll zunächst kein Widerspruch erhoben werden. Allerdings soll auf die Unschärfen hingewiesen werden, die mit der Verwendung des Diakoniebegriffes einhergehen. Schließlich muss es doch stutzig machen, dass in den Diskussionen um den Diakonat stets und überall vom dienenden Christus die Rede ist, eine gewisse Zufriedenheit die Runde macht in der Annahme, das Proprium des Diakonats hinlänglich beschrieben zu haben; und am Ende bleiben doch alle Positionen unversöhnt nebeneinander stehen. Deshalb möchte ich an dieser Stelle einwenden, dass eine inhaltliche Differenzierung, geschweige denn Profilierung des Amtes allein mit der Rede von der repraesentatio Christi diaconi nicht gegeben ist. Vielmehr dient die Rede von der *diaconia* in diesem Zusammenhang eher zu einer gewissen Verschleierung der Position. Jedenfalls wird mit ihr der Diakon zum Helfer des Priesters[3] oder zum zweiten Arm des Bischofs neben dem des Presbyters[4]. Sollte das nicht Anlass genug sein, den Begriff der *diaconia* im Kontext der Diskussion um die Theologie des Diakonats mit gewisser Zurückhaltung einzubringen? Die Polyphonie des *diaconia*-Begriffes sorgt nämlich mehr für Unschärfen denn für Profilierung.

A. Zur Polyphonie des diaconia-Begriffes

Eine jüngst erschienene Studie zum Diakonat formuliert: „Dienen ist ein Merkmal allen kirchlichen Lebens. Dennoch wurden schon in der frühen Kirche Personen bestellt, ‚amtlich' zu dienen. Die kirchliche Diakonie wurde zum amtlichen Diakonat."[5] C. Wessely

---

[3] Vgl. G. L. Müller: Die Einheit der drei Ordostufen im apostolischen Ursprung, in: LebZeug 57 (2002), 14–21; ders.: Priestertum und Diakonat. Der Empfänger des Weihesakramentes in schöpfungstheologischer und christologischer Perspektive, Freiburg 2000; ders.: Theologische Überlegungen zur Weiterentwicklung des Diakonats, in: MThZ 40 (1989), 129–143.

[4] Vgl. vor allem W. Kasper: Der Diakon in ekklesiologischer Sicht angesichts der gegenwärtigen Herausforderungen in Kirche und Gesellschaft, in: Diaconia Christi 32 (1997), 3/4, 13–33; G. König: Diakonat, ein ungeklärtes Amt?, in: Diaconia Christi 30 (1995), 3/4, 47–54. Die Position greift auf die umfänglichen Vorüberlegungen von P. Hünermann zurück. Vgl. dazu z. B. P. Hünermann: Diakonat – Ein Beitrag zur Erneuerung des kirchlichen Amtes, in: Diaconia Christi 9 (1974), 1, 3–52; ders.: Diakonie als Wesensdimension der Kirche und als Spezifikum des Diakonates. Systematisch-theologischer Beitrag zur gegenwärtigen Situation, in: Diaconia Christi 13 (1978), 4, 3–22.

[5] P. M. Zulehner: Dienende Männer – Anstifter zur Solidarität. Diakone in Westeuropa, Ostfildern 2003, 39.

gibt seiner Studie des Diakonats aus fundamentaltheologisch-ekklesiologischer Sicht den Titel „Gekommen, um zu dienen"[6]. Wer hier das Proprium des Diakonats formuliert sieht, dem mag entgegen gehalten werden, dass ein stabiles Fundament noch lange kein wohl geformtes Haus in seinem ganzen eigentümlichen Glanz erahnen lässt. Vielmehr lassen sich auf dem Fundament ganz unterschiedliche Amtsgebäude errichten. Wird dies nicht beachtet, dann sorgt der Dienstbegriff eher für Profilverwirrung als für Profilbildung. Was lässt sich nun mit den unterschiedlichen inhaltlichen Klängen des *diaconia*-Begriffes ausdrücken?

Zunächst lässt das *diaconia*-Motiv seine grundlegende christologische Perspektive aufscheinen. Jesu „Existenz besteht nur als Sendung, Sein von einem anderen her und auf die anderen hin."[7] Der Dienst für den Anderen ist das seiner Sendung und seinem Sein zugrunde liegende Selbstverständnis. Was er ist, sein Wesen existiert in der Relation des „für Gott" und „für uns"; er geht seinen Weg für Gott und für die Menschen und angesichts des Leidens und des Todes „wird das Leben des Menschensohnes ganz ‚Proexistenz'; wird er zum Retter und Heilbringer für die ‚vielen': nicht nur für die verstreuten Kinder Israels, sondern für die zerstreuten Kinder Gottes überhaupt"[8]. Der Wesenszug Jesu Christi ist die Selbstentäußerung, die Hingabe für das Leben der Welt (vgl. Phil 2,6–11). Jesus nimmt seine Jünger und die gesamte Nachfolgegemeinschaft in die Bereitschaft zur Hingabe hinein. Er ruft sie in die doppelte Stellvertretung, sie sollen ganz für Gott und ganz für die Menschen einstehen. So zieht er sie in seine messianische Verantwortung hinein, die im Begriff der *diaconia* ihre fundamentale christologische Ausrichtung erfährt.

Zugleich wird die *diaconia* zum ekklesiologischen Grundprinzip im Neuen Testament in der Bereitschaft der Nachfolgegemeinschaft zum Eintritt in die universale Sendung ihres Herrn. Sie erweist sich in der Grundhaltung des Dienstes als Teilhabe an der Sendung (*missio*) und *diaconia* Christi (vgl. Phil 2,6–8; 1 Kor 12,5). Der im Geiste Jesu lebenden Kirche insgesamt ist das „diakonische Prinzip von ihrem Ansatz her eingestiftet."[9] In diesem

---

[6] C. Wessely: Gekommen, um zu dienen. Der Diakonat aus fundamentaltheologisch-ekklesiologischer Sicht, Regensburg 2004.
[7] J. Ratzinger: Zur Frage nach dem Sinn des priesterlichen Dienstes, in: GuL 41 (1968), 347–376, 352.
[8] J. Ratzinger: Jesus von Nazareth, Freiburg 2006, 381f.
[9] J. Roloff: Zur diakonischen Dimension und Bedeutung von Gottesdienst und Herrenmahl, in: ders.: Exegetische Verantwortung in der Kirche, Göttingen 1990, 201–218, 208.

Sinn klingt im Begriff *diaconia* zunächst eine Grundhaltung an, die als Bereitschaft zur Hingabe zur Magna Charta christlicher Existenz wird. Bis hierher besteht in der Debatte um das Amt des Diakons ein breiter Konsens. Inwieweit ist aber mit der Grundhaltung ein Grundauftrag verbunden? Wie lautet der und wie wirkt er sich auf das Proprium des Diakonats aus? Oder ist schon die Grundhaltung selbst das Proprium des Diakonats?

In stringent ontologisch ausgerichteten amtstheologischen Modellen wird dem Diakon vor allem der Dienst als Grundhaltung und Proprium seines Amtes verordnet. Mit Rekurs auf die Fußwaschungsszene (Joh 13,1–20) kommt dem Diakonat der Dienst des Helfens zu, *ministerium*. Er dient nicht nur der Kirche im Allgemeinen, sondern dem *sacerdotium* im Besonderen und führt aus, was ihm vom Priester oder Bischof gesagt wird. Es steht hier also nicht das Amt im Sinne einer konkreten Aufgabe im Mittelpunkt der Erwägungen, sondern die konkrete Person, die ihre je persönliche *configuratio cum Christo* als Selbstbescheidung auszulegen gehalten ist. *Diaconia* wird zur personalen Grundhaltung, die sich im konkreten ministerium Ausdruck verschafft. *Ministerium* und *sacerdotium* stehen einander gegenüber.

Der neutestamentliche Befund spricht meiner Ansicht nach gegen diese amtstheologische Position. Alle Ämter sind an konkrete Dienstleistungen geknüpft, so z. B. an den Dienst am Tisch (vgl. Apg 6,2) und am Wort (vgl. Apg 6,4; Röm 12,7) oder an die Sorge um die Notleidenden (vgl. 2 Kor 8,4) und um die ganze Gemeinde (vgl. 1 Kor 12,28). Paulus verwendet zur übergreifenden Kennzeichnung aller evangeliumsbezogenen Dienste den Begriff *diaconia*. Auffallend häufig bezeichnet er auch seinen Apostolat als *diaconia* (Röm 11,13; 2 Kor 3,7–9; 4,1; 5,18; 6,3). Auch der *diaconos* im unspezifischen Sinn kommt in den paulinischen Briefen immer wieder vor.[10] 2 Kor 4,5 erschließt den grundlegenden christologischen Zusammenhang: So wie Christus in seiner Hingabe ganz Diener, diaconos, geworden ist, so können die von ihm Beauftragten sich auch nur von seinem Dienst „für die vielen" her verstehen. Paulus stellt sich damit in die Tradition von Mk 10,45 parr und ruft den Dienst als unauslöschliche Grundhaltung christlicher Existenz in Erinnerung. Das Grundbild des dienenden Christus wird einem Prägestempel gleich (*typos*) der Gemeinde eingeprägt (Phil 3,17). Über das an eine Person gebundene Amt des Diakons mit einer ganz konkreten Aufgabe hat er damit aber noch nichts gesagt.

---

[10] Vgl. A. Weiser: Art. διακονέω, in: EWNT² I (1992), 726–732, 726.

Mit Paulus lässt sich vielmehr sagen, dass alle Dienste und Ämter unter dem einen Vorzeichen der *diaconia* stehen; sie ist zentrales Kriterium für die Legitimität eines jeden Amtes, dass sich der Treue zu seinem Herrn verpflichtet weiß. Als allgemeine Bezeichnung für das, was wir Amt nennen, findet sich im ganzen Neuen Testament nur ein einziges Wort: *diaconia*, Dienst.[11] Darüber hinaus hat es an keiner Stelle eine normative Theorie des Amtes entwickelt; nicht einmal ein übergeordneter Amtsbegriff lässt sich finden. Wenn aber der Gedanke der *repraesentatio* Christi vom Dienstmotiv in seinem normierenden Charakter her entwickelt wird, dann wird das Dienstmotiv, die *diaconia* der *differentia specifica* der einzelnen sakramentalen Ämter vorgeordnet und zum Vorzeichen aller Ämter. Ist dann aber mit der einzigen und zugleich unumstößlichen Forderung an jedes kirchliche Amt zugleich das Proprium eines einzigen Amtes stimmig zu beschreiben, das zu allem Überfluss auch noch nahezu 1000 Jahre in der Versenkung verschwunden war? Eine gewisse Skepsis ist berechtigt.

Die Rede über das Herrschen und Dienen (Mk 10,42–45 parr) im Zusammenspiel mit der Fußwaschungsszene führt darüber hinaus zu einer weiteren Polarität, die ebenso bedeutsame Konsequenzen für den Diakonat hat. Zunächst erschließt Mk 10,42–45 hier den inneren Zusammenhang von Jesu eigener Identifikation mit dem kommenden Weltenrichter wie mit dem leidenden und sterbenden Gottesknecht. Mit Mk 10,42–45 und Joh 13,1–20 wird ein Amtsverständnis entworfen, dass das diakonale vom presbyteralen resp. episkopalen Amt zu unterscheiden versucht, indem Leitung und Dienst, *repraesentatio Christi capitis* und *repraesentatio Christi diaconi* gegenüber gestellt werden. Der Diakon repräsentiere insbesondere den dienenden Christus, die Fußwaschungsszene sei in diesem Sinn quasi als Einsetzungsbericht des diakonalen Amtes zu lesen. Dem ist allerdings entgegen zu halten, dass hier die innere Einheit von Hoheit und Niedrigkeit sichtbar wird, Dienen und Herrschen legen sich gegenseitig aus und sind christologisch untrennbar miteinander verbunden. „Das Dienen ist die wahre Weise des Herrschens und lässt uns etwas von Gottes Weise des Herrseins, von der ‚Herrschaft Gottes' ahnen."[12] In der johanneischen Fußwaschungsszene und den ihr korrespondierenden Berichten vom letzten Abendmahl wird der unlösbare Zusammenhang vom Herrschen und Dienen ebenso unübersehbar. Jesus

---

[11] Vgl. E. Schweizer: Gemeinde und Gemeindeordnung, 157; F. Hahn: Neutestamentliche Grundlagen für eine Lehre vom kirchlichen Amt, 166.
[12] J. Ratzinger: Jesus von Nazareth, 381f.

selbst sagt: „Ihr sagt zu mir Meister und Herr, und ihr nennt mich mit Recht so; denn ich bin es. Wenn nun ich, der Herr und Meister, euch die Füße gewaschen habe, dann müsst auch ihr einander die Füße waschen (Joh 13,13.14)." „Ist es möglich, in der Repräsentation Christi ‚Haupt' und ‚Dienst' zu trennen und aus beiden ein Prinzip der spezifischen Differenz zu machen? Christus der Herr ist zugleich der höchste Diener und der Diener aller."[13] Ein Handeln in *persona* Christi ist demzufolge immer zugleich *agere in persona Christi capitis et diaconi*. Gerade in der auf die Leitungsvollmacht zugespitzten Diskussion um Ämter und Dienste in unserer Kirche sorgt die Rede von der zweifachen Christusrepräsentanz für Abgrenzungsbewegungen an einer Stelle, wo sie nicht zur sakramental-amtlichen Einheit des *ordo* passt.

Andere Modelle wiederum finden in Jesu Identifikation mit dem kommenden Weltenrichter (Mt 25,31–46) ihren grundlegenden Ausgangspunkt einer inhaltlich-funktionalen Bestimmung des Diakonats. Im Anschluss an das Konzil (vgl. besonders LG 8) restrukturiere sich die Kirche durch die *diaconia* neu. Jesus Christus wusste sich insbesondere zu den Armen und Verlorenen gesandt und hat „die unlösliche Verschränkung von Gottes- und Nächstenliebe"[14], von Gottesdienst und Nächstendienst in unüberbietbarer Weise mit seiner ganzen Existenz ausgedrückt und gelebt. Nachfolge Jesu Christi bezeugt und lebt diese umfassende Solidarität als bedingungsloses Sein-für-den-Anderen. Gottes- und Nächstenliebe „gehören so zusammen, dass die Behauptung der Gottesliebe zur Lüge wird, wenn der Mensch sich dem Nächsten verschließt" (DCE 24). Der Diakon repräsentiere, erinnere mit seiner ganzen Person öffentlich und unumkehrbar diesen inhaltlich nicht beliebigen Grundauftrag der Kirche und wisse sich vor allem zu den Armen und Notleidenden gesandt.[15] Dies ist später noch näher zu entfalten.

Leider sorgt der *diaconia*-Begriff auch hinsichtlich der konkreten Aufgabe des Diakons nicht für Eindeutigkeit. LG 29 sieht den Dienst des Diakons in der Diakonie der Liturgie, des Wortes und der Liebestätigkeit verortet. *Diaconia* wird hier also als grundlegende Dienstbereitschaft in allen Grundvollzügen der Gemeinde

---

[13] G. L. Müller (Hg.): Der Diakonat – Perspektiven und Entwicklungen, 80.
[14] Benedikt <Papa XVI.>: Enzyklika „Deus caritas est" von Papst Benedikt XVI. an die Bischöfe, an die Priester und Diakone, an die gottgeweihten Personen und an alle Christgläubigen über die christliche Liebe, Bonn 2006 (VApS 171 Nr. 24), (künftig abgekürzt: DCE).
[15] Vgl. O. Fuchs: Ämter für eine Zukunft der Kirche, 72f.

verstanden.[16] Die Verfechter dieser Option wenden sich eindringlich gegen eine sozialdiakonische Schwerpunktsetzung des Diakons und betonen u. a. die Diakonie des Wortes als eine seiner expliziten Aufgaben. In den Konzepten, die Gottesliebe und Menschenliebe in ihrer Zusammengehörigkeit als das entscheidende und unterscheidende christliche Proprium kirchlicher und christlicher Existenz markieren,. werden die Grundvollzüge diesen Grunddimensionen nachgeordnet. Martyria und Diakonia beschreiben das von Gott geschenkte Wesen der Kirche, „das sich in den ‚kategorialen' Grundgesten der Kirche (Diakonie, Verkündigung, Liturgie und Koinonie) realisiert."[17] Der Diakon als Repräsentant der Grundgeste *diaconia* sei Garant der Armenfürsorge.[18] Das Diakonenamt suche „die Vermittlung der Gläubigen einer Gemeinde mit der Präsenz Gottes in den Opfer- und Befreiungsgeschichten der [...] Vergangenheit und mit der Präsenz Gottes in den gegenwärtigen Leidenden sowie in den Menschen in der Gegenwart [...] die Barmherzigkeit und Gerechtigkeit tun."[19]

Nach dem Gesagten überrascht es nicht, dass die mit dem Begriff *diaconia* verbundene Polyphonie zu einem kakophonen Missklang werden kann, sobald allein mit ihm das Proprium des Diakonats bestimmt werden soll. Im besten Fall ließe sich von einem diffusen Klangbild sprechen, dass dabei entsteht. Das zeigt sich auch in den unterschiedlichen Zuordnungen innerhalb des dreigliedrigen *ordo*, die alle ihren Ausgang beim *diaconia*-Begriff nehmen. Mit Berufung auf CD 15 sprechen beispielsweise die Grundnormen für die Ausbildung der Ständigen Diakone davon, dass der Diakon dem mit der Fülle des Weihesakramentes ausgestatteten Bischof zugeordnet sei; zu den Priestern ständen die Diakone in einem „besonderen Verhältnis [...] und sind gerufen, in Verbundenheit mit diesen dem Volk Gottes zu dienen."[20] Das Direktorium entfaltet die Diakonie der Nächstenliebe, ordnet den Diakon aber als geistlichen Diener in den *ordo* ein, wo er dem Bischof

---

[16] Vgl. beispielsweise K. Lehmann: In allem wie das Auge der Kirche. 25 Jahre Ständiger Diakonat in Deutschland – Versuch einer Zwischenbilanz, in: Arbeitsgemeinschaft Ständiger Diakonat der Bistümer in der Bundesrepublik Deutschland (Hg.): 25 Jahre Ständiger Diakonat in Deutschland „Ein Plädoyer für eine diakonische Kirche". Dokumentation der Jahrestagung 1993, 10 (1993), 9–27.

[17] O. Fuchs: Martyria und Diakonia: Identität christlicher Praxis, in: H. Haslinger (Hg.): Praktische Theologie. Grundlegungen, Mainz 1999, 178–198, 182, Anm.6.

[18] Vgl. O. Fuchs: Wer ist der Diakon? Seine Berufung, seine lokalen, überregionalen und globalen Aufgaben, in: Draußen vor der Tür? Diakone und Diakonie. Hg. v. Bischöflichen Ordinariat Rottenburg-Stuttgart, Rottenburg-Stuttgart 2001, 8–22, 10.

[19] O. Fuchs: Ämter für eine Zukunft der Kirche, 79.

[20] Grundnormen für die Ausbildung der Ständigen Diakone, 26.

und den Priestern dient und hilft.[21] Sodann wird in den Grundnormen der Dienstcharakter des kirchlichen Amtes überhaupt aus seiner sakramentalen Natur erschlossen. „Weil die Amtsträger ganz von Christus abhängig sind, der Sendung und Vollmacht gibt, sind sie wahrhaft ‚Knechte Christi' (vgl. Röm 1,11) nach dem Vorbild Christi, der für uns freiwillig ‚Knechtsgestalt' angenommen hat (Phil 2,7)."[22]

Drei der zurzeit „gängigsten" amtstheologischen Modelle mögen im Folgenden als Beleg für die beschriebene Problematik genügen.

B. Amtstheologische Modelle

Das Konzil hat das Amt des Diakons zunächst durch eine recht offene Aufzählung verschiedenster Aufgaben beschrieben.[23] Die ihm zugeschriebene Teilhabe am Dienst an der einen Sendung Jesu Christi bleibt in ihrer Akzentuierung allerdings unpräzise. Nicht unerheblich ist in diesem Zusammenhang die zwiespältige Ekklesiologie des Konzils[24], die diverse amtstheologische Optionen möglich macht und unterschiedliche Zugänge zum theologischen Verständnis des Diakonats nach sich gezogen hat.

Das Salz in der Suppe amtstheologischer Debatten ist heute neben der Frage der spezifischen Funktion zweifelsohne die ungeklärte Zuordnung von Presbyterat und Diakonat und das Verhältnis beider Ämter zum Bischofsamt. Hinzu kommt ein unterschiedliches Verständnis des Amtsbegriffes und der Begründung für die Sakramentalität des Diakonats. Schließlich müsste noch das Moment der Einheit des dreigliedrigen *ordo* formuliert werden. Erst dann dürften die für die Profilierung des Diakonats notwendigen Bausteine vorliegen.

Bisher stehen Modelle, die sich an einer hierarchisch-juridischen Ekklesiologie orientieren, unversöhnt neben Positionen, die als Ausgangspunkt ihres Denkens die konziliare Leitidee der *communio* gewählt haben. Daraus haben sich neben dem traditionellen, hierarchisch strukturierten Amtsverständnis komplementäre Modelle entwickelt und etabliert, die neben einer Eigenständigkeit des Diakonats bisweilen auch eine Gleichrangigkeit von Presbyterat und Diakonat in einer bipolaren Zuordnung der beiden Ämter postulieren. Schon unmittelbar nach dem Konzil lagen

---

[21] Vgl. Direktorium für Dienst und das Leben der Ständigen Diakone, 69, 82, 94.
[22] Grundnormen für die Ausbildung der Ständigen Diakone, 12.
[23] Vgl. SC 35, 68; LG 20, 29, 41; OE 17; CD 15; DV 25; AG 16.
[24] Vgl. H. J. Pottmeyer: Die zwiespältige Ekklesiologie des Zweiten Vaticanums – Ursachen nachkonziliarer Konflikte, in: TThZ 92 (1983), 272–283.

die ersten Entwürfe dieser Art vor[25], die bis heute immer wieder verfeinert und neu akzentuiert worden sind. In der Form, die zuletzt W. Kasper als Bischof von Rottenburg-Stuttgart vorgelegt hat[26], ist das komplementäre Amtsmodell Grundlage der Ausbildung und des Einsatzes der Diakone in vielen deutschen Bistümern. Allerdings findet sich auch ein sazerdotal ausgerichtetes und hierarchisch strukturiertes Modell in einigen Diözesen. Die bipolare Zuordnung von Diakon und Presbyter ist dagegen zurzeit noch von der visionären Kraft und Hoffnung auf eine systematische Neuorientierung und veränderte pastorale Praxis in der nahen Zukunft getragen. Die Modelle im Einzelnen stellen sich wie folgt dar.

1.) Das komplementäre Amtsmodell

Ausgangspunkt der komplementären Modelle ist die im Bischofsamt gegebene sakramentale Fülle des Amtes. Der Episkopat und nicht mehr das Sazerdotium wird damit gemäß dem Anliegen des Konzils zum Konstruktionspunkt des Amtes (vgl. CD 15,1). Diakone und Presbyter haben an dem einen sakramentalen Amt auf je spezifische Weise Anteil. Beide sind Mitarbeiter des Bischofs und handeln vor Ort als seine Stellvertreter. Bischof, Presbyter und Diakon haben also in je unterschiedlicher Weise Anteil an der einen Sendung Jesu Christi. „Der Bischof hat zu seiner Unterstützung sozusagen zwei Arme, die jeweils unterschiedliche Aufgaben haben, die aber zusammenarbeiten müssen."[27]

Dienste und Ämter der Kirche sind in diesem Modell gemäß dem neuen Ansatz des Konzils auf das Wohl des ganzen Leibes ausgerichtet (vgl. LG 18,1). Als Volk Gottes stehe die Kirche als Ganze im Dienst an der Sendung Jesu Christi, der sich ganz seinem Vater und ganz den Menschen zu ihrem Heil hingegeben hat. So sei die Kirche Lebens- und Glaubensgemeinschaft, die den Weg des Dienens, der Hingabe an die Armen und Ausgegrenzten gehe. Sie stehe im Dienst der Stellvertretung Jesu Christi. Eine innere Amtsstrukturierung ergebe sich durch das Modell gestufter Anteilgabe an der Fülle der Sendung Jesu, die er an die Apostel und deren Nachfolger weitergegeben habe. Das

---

[25] Vgl. J. Caminada: Der Diakon. Reflexionen über die Dogmatik des eigenständigen „Dienstamtes" in der Kirche, Diss. Münster 1970; A. Winter: Das komplementäre Amt. Überlegungen zum Profil des eigenständigen Diakons, in: IKaZ 7 (1978), 269–281.

[26] Vgl. W. Kasper: Der Diakon in ekklesiologischer Sicht angesichts der gegenwärtigen Herausforderungen in Kirche und Gesellschaft, in: Diaconia Christi 32 (1997), 3/4, 13–33.

[27] W. Kasper: Der Diakon in ekklesiologischer Sicht, 17.

Amt stelle sich in den Dienst der öffentlichen, bevollmächtigten, verantwortlichen Entfaltung der Sendung Jesu Christi in der Kirche und der Gesellschaft. Dafür werden Personen in Dienst genommen, die ihr Leben dieser Aufgabe unterstellen. Leitmotive dieses Amtsverständnisses sind also weder Jurisdiktion, Hierarchie noch kultisch-sazerdotale Kategorien. Mit Anschluss an die Blütezeit des Diakonats erfolge im sakramentalen Amt vielmehr eine je unterschiedlich akzentuierte Gesamtrepräsentation der einen Sendung Jesu Christi.[28]

Im hier vorgestellten Modell kommt dem sakramentalen Amt die repraesentatio Christi des Hauptes der Kirche zu (*repraesentatio Christi capitis ecclesiae*). Es sei wesentlich Leitungsamt. Im NT werde zugleich der Dienstcharakter leitender Funktionen durchgängig betont und als Zurüstung der anderen Dienste für ihren Dienst verstanden. Auch die Diakone haben demgemäß Anteil an der sakramentalen *repraesentatio* Jesu Christi als Herr und Haupt seiner Kirche. Als Mitarbeiter des Bischofs arbeiten Presbyter und Diakone in unterschiedlichen Aufgabenbereichen und haben in je unterschiedlicher und nicht bloß abgestufter Weise Anteil an der einen Sendung Jesu Christi. In LG 29 gehe es um die geringere Anteilhabe des Diakons am Amt des Bischofs, nicht um eine Unterordnung des Diakons unter den Presbyter. Die dort gebrauchte Formel „*non ad sacerdotium, sed ad ministerium*" wolle also die Eigenständigkeit des Diakonenamtes betonen. Der Diakonat habe eben nicht nur den Charakter einer Durchgangsstufe auf einer hierarchisch strukturierten Amtsleiter.[29]

Die Weihe *ad ministerium* (LG 29) bedeute für den Diakon, dass ihm die Diakonie in besonderer Weise aufgegeben sei. Die Anteilhabe des presbyteralen Amtes am Bischofsamt sei als *repraesentatio Christi capitis et unitatis ecclesiae* und die des diakonalen Amtes als *repraesentatio Christi diaconi et ecclesiae servientis* zu bezeichnen. Auch unter Berücksichtigung der biblischen und frühkirchlichen Ursprünge des Diakonats könne das Proprium des Diakonats nur in der *repraesentatio Christi diaconi* bestehen. „In Vertretung des Bischofs vor Ort und in Zusammenarbeit mit den Priestern leitet, d.h. inspiriert und motiviert er die Diakonie der Gemeinde. So haben die Diakone aufgrund ihrer Teilhabe am Amt im Hinblick auf die Diakonie auch Anteil an der kirchlichen

---

[28] Vgl. P. Hünermann: Theologische Argumente für die Diakonatsweihe von Frauen, in: ders. u. a. (Hg.): Diakonat: Ein Amt für Frauen in der Kirche – Ein frauengerechtes Amt?, 98–128, 115ff.

[29] Vgl. W. Kasper: Dank für 25 Jahre Ständiges Diakonat, in: Diaconia Christi 29 (1994), 1/2, 22–34, 24.

Leitungsvollmacht. Diakonat als ordiniertes Amt verdeutlicht, dass Diakonie eine wesentliche Dimension kirchlicher Leitungsverantwortung ist."[30] Der Diakon nehme am diakonalen Auftrag des Bischofs teil, ohne einseitig sozialdiakonisch tätig zu werden. Vielmehr sind dem Dienst des Diakons alle drei Grundvollzüge kirchlichen Lebens unter dem Gesichtspunkt der *diakonia* im engeren Sinn aufgetragen.

Das komplementäre Amtsmodell in der hier vorgelegten Form versucht die Eigenständigkeit des Diakonats hervorzuheben und folgt darin den Vorgaben des Konzils. Insbesondere wird das Bischofsamt zum Konstruktionspunkt des sakramentalen Amtes gemacht und die kultisch-sazerdotale Verengung amtlich-hierarchischen Selbstverständnisses überzeugend aufgehoben. Das eine, dreigliedrige sakramentale Amt strukturiert sich gemäß einer gestuften Anteilgabe an der einen Sendung Jesu durch den Vater. Die sakramentale Indienstnahme verleiht eine Christusunmittelbarkeit. Sie drückt sich konkret aus in einer gewissen Eigenständigkeit und Eigenverantwortung des Presbyters und des Diakons. Beide sind in Dienst genommen für die öffentliche, bevollmächtigte und personal gebundene Entfaltung der einen Sendung Jesu Christi. Damit steht das sakramentale Amt in seiner dreifachen Ausfaltung immer im Dienst der Leitung. Also hat natürlich auch das Amt des Diakons aufgrund seines sakramentalen Charakters Anteil an der Leitungsvollmacht. Das ist wichtig, denn sein als *repraesentatio Christi diaconi* vorgestelltes Proprium könnte zur Annahme führen, er sei lediglich Diener und nicht auch mit Leitungsvollmacht betraut. Sein Dienst vollzieht sich in den drei Grundvollzügen der Gemeinde, in der Diakonie hat er Anteil am Leitungsamt. Daraus ergibt sich die Bestimmung seines Propriums als *repraesentatio Christi diaconi et ecclesiae servientis*. Das episkopal-presbyterale Leitungsamt steht im Dienst der universalen *repraesentatio Christi capitis et unitatis ecclesiae*.

Genau an dieser Stelle wird schon die gravierende Spannung sichtbar, die das Modell nicht auflöst. Die Presbyter, die in Einheit mit ihrem Bischof ein einziges Presbyterium bilden (vgl. LG 28), sollen den Bischof vor Ort vertreten. Daraus ergibt sich konkret vor Ort auch eine Zuordnung des Diakons zum presbyteralen Leitungsamt. Seine Eigenständigkeit wird nahezu aufgesogen, von einer gleichwertigen Teilhabe des presbyteralen und diakonalen Amtes an der im Bischofsamt gegebenen sakramentalen Fülle kann keine Rede sein. Solange der Presbyter den Bischof vor Ort

---

[30] W. Kasper: Der Diakon, 20.

vertritt, Christus das Haupt der Kirche repräsentiert in seiner Funktion als Gemeindeleiter und im Eucharistievorsitz, kann der Diakon gar kein stimmiges Gegenüber sein. Er repräsentiert Christus den Diener und wird schnell zum Diener bzw. Helfer des Gemeindeleiters oder zum diffusen Lückenfüller in der Vielfalt pastoraler Notwendigkeiten. Die sozialdiakonische Dimension der Gemeinde, für die er wesentlich einsteht, steht in der Gefahr, ebenso abgewertet zu werden. Gerade sie darf aber nicht herabgestuft werden zur Vorfeldarbeit oder zu einer unbedeutenden Randerscheinung im weiten Feld der Pastoral. Der Ort des Diakonats innerhalb des einen sakramentalen Amtes entspricht nicht der Bedeutung der dem Diakon übertragenen repraesentatio Christi diaconi, die der repraesentatio Christi capitis keinesfalls nachgeordnet werden dürfte! An dieser Stelle scheint der Entwurf noch ausbaufähig und präzisionsbedürftig.

2.) Die bipolare Zuordnung von Presbyter und Diakon

B. J. Hilberath, der dieses Modell vorgestellt hat, greift die konziliare Leitidee der Kirche als *communio* auf und entwickelt daraus theologische Kriterien für die Zuordnung von Presbyterat und Diakonat. Die spannungsvolle Einheit von *communio* und *missio* stelle die doppelteine Grunddimension der Kirche dar. Die Kirche lebe also nicht aus sich selbst, sondern aus dem Heilshandeln des dreieinigen Gottes, und sie lebe ebenso wenig für sich selbst, sondern um das Heil Gottes in der Welt zu bezeugen, zu leben und zu feiern. Diese Spannungspole des Nicht-aus-uns-selbst und des Nicht-für-uns-selbst drücken sich in diesem Modell in der bipolaren Zuordnung von Presbyterat und Diakonat aus.

In den Konzilsdokumenten diene die Idee der *communio* u. a. zur Charakterisierung universalkirchlicher und ortskirchlicher Bezüge. Sie charakterisiere also auch die Beziehung der Presbyter und Diakone zu ihrem Bischof. Vor allem die Grundintention von Lumen Gentium erschließe sich vor dem Hintergrund der Communio-Ekklesiologie. Sie sei also auch auf die hierarchisch-juridischen Geist atmenden Formulierungen in LG 29 anzuwenden. *Communio* bedeute zuerst Teilhabe (*participatio*) an den von Gott geschenkten Gütern des Heils. Die Kirche lebe aus dem Heilshandeln des dreieinigen Gottes. Diese innere Gründung müsse sich allerdings auch in den Strukturen abbilden. Damit rücke das Verhältnis von Communio-Mysterium und Communio-Struktur in den Blickpunkt. Die Gemeinde, die Zeichen und Werkzeug des Reiches Gottes sein soll, müsse sich fragen, wie sie ihre Verwurzelung in Gott ebenso öffentlich darstellen kann wie ihre Aufgabe,

Reich Gottes zu verwirklichen. Auch wenn Heil und Heilung in dieser Welt immer nur begrenzt und vielfach gebrochen gelingen könne, so komme der Diakonie in dieser Hinsicht doch besondere Bedeutung zu. Die Grundvollzüge sind im Zusammenspiel zwar gleichberechtigt, gleichwertig und ohne die anderen nicht sie selbst; aus der Reich-Gottes-Praxis Jesu werde allerdings deutlich, dass die diaconia als Dienst am Nächsten die Antwort des Menschen auf Gottes Dienst an ihm selbst ist.[31] Die Rede von der Kirche als Sakrament werde vor allem in ihrer diakonischen Grundstruktur sichtbar. Darin richte die Nachfolgegemeinschaft sich aus an Jesus Christus, der sich selbst zum Diener aller gemacht hat. Die sakramentale Dimension der Kirche habe also ein diakonisches Gesicht und das diakonische Handeln habe sakramentalen Charakter.

Innerhalb der einen Sendung der Gemeinde würden einige der charismatischen Dienste amtlich wahrgenommen. Der ordinierte Dienst in der Gemeinde nehme seine Aufgaben an der Gemeinde dadurch wahr, dass der Dienst auch *gegenüber* der Gemeinde wahrgenommen werde. Der Amtsträger stehe also in der Gemeinde und sei Christ wie jeder andere; und er stehe ihr gegenüber, wo er die für ihn entscheidenden Funktionen wahrnehme.[32] Für einen bestimmten Zeitraum, gegebenenfalls ein Leben lang, übernähmen bestimmte Personen in öffentlicher Verantwortung einen charismatischen Dienst. Innerhalb der charismatischen Dienste gebe es die ordinierten Dienste des Bischofs, Presbyters und Diakons, die sich schon früh als konstitutiv für die Kirche erwiesen hätten. Ihnen komme die Aufgabe zu, beständig und öffentlich an die doppelteine Grunddimension des Nicht-aus-sich-selbst und des Nicht-für-sich-selbst zu erinnern und die Grundvollzüge der Gemeinde transparent auf die Grunddimensionen *communio* (Gemeinsamkeit) und *missio* (Sendung) hin zu halten. In diesem Sinn handelten sie in der Person Jesu Christi (*agere in persona Christi*) und in der Kraft des heiligen Geistes. Da ihr Dienst für die Gemeinde konstitutiv sei, werde er durch Ordination übertragen.

---

[31] Vgl. B. J. Hilberath: Ordinationstheologische Leitlinien, 26.

[32] B. J. Hilberath spricht sich damit keinesfalls für eine rein funktionale Amtsbegründung aus. Vielmehr gelte laut B. J. Hilberath: Tübinger Thesen zum Amt in der Kirche, in: K. Raiser / D. Sattler (Hg.): Ökumene vor neuen Zeiten, Freiburg 2000, 261–293, 286: „Der Dienst der Ordinierten ist eine Funktion, die für die Kirche wesentlich ist und das ,Wesen' der Ordinierten prägt, ohne dass sie dadurch in ihrem persönlichen ,Wesen' oder ontologischen Status verändert, überhöht usw. würden. Wenn aber eine Funktion eine Person wesentlich charakterisiert, kann man das als ontologisch bezeichnen."

Anders als im komplementären Modell betrachtet Hilberath die Differenzierung des Handelns in der Person Christi des Hauptes (*agere in persona Christi capitis* durch den Presbyter) und des Dieners (*agere in persona Christi diaconi* durch den Diakon) äußerst kritisch. Sie sorge nur für eine Identifizierung des Presbyters mit dem Herrn und Haupt der Kirche. Die Funktion der Leitung durch ihn profiliere sich auf Kosten der Funktionen des Verweisens, des Sendens und Zusagens. Der Presbyter diene aber vielmehr der Einheit und Vielfalt der Charismen durch stete Erinnerung an die Grunddimension des Nicht-aus-uns-selbst, durch Verweis auf das uns von Gott zugesagte Heil (*extra nos*). Ihm komme die Aufgabe der geistlichen Leitung und Begleitung zu. Da sich die Grunddimension des Nicht-aus-uns-selbst und die Sendung zur Umsetzung im konkreten Leben wesentlich im Wort ereigne und in sakramentalen Feiern verdichte, ergebe sich für den Dienst des Presbyters ein Schwerpunkt in der *martyria,* der sich in der *leiturgia* verdichte.

Im Sinne einer ausbalancierten Theologie des ordinierten Dienstes ergäbe sich für das Amt des Diakons, dass er den Aspekt des Nicht-für-uns-selbst in Erinnerung rufe und in der Liturgie sichtbar mache. Der Diakon sei somit nicht die dritte Stufe im ordinierten Dienst, die inhaltlich auch vom Presbyter oder vom Bischof übernommen werden könne. Seine Funktion liege in der steten Erinnerung an die doppelteine Grunddimension. Sein Akzent sei dabei der Verweis auf das für uns und für alle des Heilshandelns Gottes. Der Weg des Diakons sei nicht nur der von der Liturgie zur Diakonie; primär komme er vom diakonischen Dienst in die liturgische Versammlung, in der immer neu Zusage und Aussendung geschehe. Der Diakonat sei also kein Durchgangsstadium zum Presbyterat, keine verdünnte Form der martyria, keine Ersatzfunktion bei der Liturgie. Es sei ein eigenständiger Dienst, der eine besondere Nähe zum sozialdiakonischen Aufgabenfeld habe. Als Konsequenz ergebe sich aus diesem Ansatz, dass in jeder Gemeinde oder jeder Pfarreiengemeinschaft wenigstens ein Presbyter und ein Diakon seinen Dienst tun müsse.

Das bipolare Amtsmodell macht in seiner vorliegenden Ausformung den Grund kirchlicher Sendung und den Orientierungspunkt amtlichen Handelns im Heilshandeln des dreifaltigen Gottes fest. Die Communio-Ekklesiologie des Konzils dient als Grundlage amtstheologischer Erwägungen. Das macht den Entwurf besonders interessant. Darüber hinaus nutzt das Konzept den Gestaltungsspielraum, der in der langen und variantenreichen Geschichte des ordo seit jeher sichtbar geworden ist. Konstanten des ordinierten Dienstes sind lediglich Beständigkeit, Öffentlichkeit und erinnernde Verweisfunktion. Stimmig ist das Modell auch deshalb, weil es weder sazerdotal-kultische Ansätze noch klassische *repraesentatio*-Momente bemüht, um die Zuordnung der Ämter zueinander in eine griffige Formel zu bringen. Auch das bisher immer wieder für Irritationen sorgende Dienstmotiv wird konsequent als grundlegende Dimension aller Ämter und Dienste in der Kirche beschrieben. Wenn aber der Dienstcharakter durchgängiges Vorzeichen des gesamten sakramentalen Amtes ist, dann macht es eben keinen Sinn, nur einem Amt die *repraesentatio Christi diaconi* als charakteristisches Spezifikum zuzuordnen. Ebenso lässt sich das presbyterale Amt nicht allein als Repräsentation Jesu Christi als Herrn und Haupt der Kirche beschreiben. Beide Ämter handeln schlicht in der Person Christi (*agere in persona Christi*) und erinnern die Kirche an die entscheidenden Identitätspole der Nachfolge, die sich in *communio* und *missio* ausdrücken. Das Amt dient also der Kirche, die immer zugleich in Beziehung zu Gott und zum Heil der Welt steht.

Vielleicht ist der größte Gewinn dieses Modells darin zu sehen, dass es konsequent alte, tief gefurchte Denkstrukturen amtstheologischer Debatten verlässt und dem Diakon erstmals einen aus seiner Funktion heraus stimmig erschlossenen Ort im sakramentalen ordo zuweist. Der ordinierte Dienst weist stellvertretend auf die fundamentale Abhängigkeit der Kirche von Jesus Christus hin und er bezeugt, dass die Kirche nicht aus sich selbst lebt und nicht für sich selbst da ist.[33] Ein weiteres Moment ist abschließend hervorzuheben. „Wenn Kirche mit dem zweiten Vatikanischen Konzil als Sakrament beschrieben wird, dann wird sie beschrieben als ein äußeres Zeichen, das eine innere Gnade realisiert. Ein Zeichen, das aber das Gegenteil von dem bezeichnet, was sein inneres Wesen ist, taugt zu nichts mehr. Deswegen ist es aus theologischen Gründen wichtig, dass die Strukturen der Kirche Strukturen der Gemeinsamkeit sind, wenn es denn stimmt, dass Kirche in ihrem innersten Wcscn Teilhabe, gemeinschaftliche Teilhabe an der Gemeinschaft des dreieinigen Gottes ist."[34]

---

[33] So sieht es auch die Deutsche Bischofskonferenz in: Der Pastorale Dienst in der Pfarrgemeinde. Eine Erklärung der Deutschen Bischofskonferenz, in: Zur Pastoral der Gemeinde (Freiburger Texte 25), hg. v. Erzbischöflichen Ordinariat Freiburg, Freiburg 1996, 9–35, 22.

[34] B. J. Hilberath: Communio hierarchica. Historischer Kompromiß oder hölzernes Eisen?, in: ThQ 177 (1997), 202–219.

3.) Das hierarchische Stufenmodell

Eine ganz anders gelagerte theologische Ausrichtung begegnet uns im hierarchisch strukturierten Amtsmodell. Der Diakon wird in seiner Teilhabe am kirchlichen Dienstamt als ein besonderes Zeichen des dienenden Christus verstanden, er wird zur untersten Stufe der amtlichen Hierarchie und zum Diener des *sacerdotium*.[35]

Die vom Zweiten Vatikanischen Konzil hervorgehobene sakramentale Grundstruktur wird auch im Stufenmodell zum entscheidenden Gestaltprinzip der Kirche und des Amtes in ihr. Die sichtbare Gestalt der Kirche verdanke sich nämlich dem Wirken des Geistes, so dass sich in ihr zugleich ihr sakramentales Wesen anzeige. Die sichtbare und die unsichtbare Dimension der Kirche bestimmten also das Wesen der einen Kirche und legten sich wechselseitig aus. So finde die Verfassung der Kirche ihren Ursprung im Heiligen, im geschichtlich verwirklichten Heilsplan Gottes und werde deshalb hierarchisch genannt. Zum Leben der Kirche als Sakrament des Heils gehöre eine abbildliche, also sakramentale Repräsentation Christi. Christus als Haupt der Kirche müsse im Gegenüber zur Kirche als Leib Christi personal repräsentiert werden. Schließlich sei Jesus Christus selbst Urbild und Vorbild des Hirtenamtes der Apostel. In der Nachfolge der Apostel seien die Presbyter und Bischöfe zeichenhafte Vergegenwärtigung Christi, des Priesters und Hirten. Da die Titel *presbyteros* und *episkopos* schon in den späteren Schriften des NT miteinander verschmolzen seien, müsse von der ursprünglichen Identität der beiden ausgegangen werden. Schon seit jüngster Zeit gebe es in jeder Ortskirche ein Kollegium von Hirten der Gemeinde und Lehrern des Evangeliums, deren Vorsitzender den Titel Bischof trage. Ihm und seinem Presbyterium sei ein Personenkreis zugeordnet, der die Amtsbezeichnung Diakon erhalten habe. Schon die Berufung der sieben Männer in Apg 6,1–7 zeige die Aufgliederung des Apostelamtes in verschiedene Dienstbereiche. Der Bericht könne zwar nicht schlicht als Einsetzung des Diakonenamtes als unterste Stufe des sakramentalen Amtes verstanden werden. Deutlich werde allerdings, „dass sich die Verselbständigung eines eigenen Amtes als Dienst an den Menschen besonders in ihren leiblichen und seelischen Nöten dem Wirken des Geistes in der Urkirche und der

---

[35] Vgl. zu diesem Modell vor allem G. L. Müller: Die Einheit der drei Ordostufen im apostolischen Ursprung, in: LebZeug 57 (2002), 14–21; ders.: Priestertum und Diakonat. Der Empfänger des Weihesakramentes in schöpfungstheologischer und christologischer Perspektive, Freiburg 2000; ders.: Theologische Überlegungen zur Weiterentwicklung des Diakonats, in: MThZ 40 (1989), 129–143; ders. (Hg.): Der Diakonat – Entwicklung und Perspektiven.

Initiative der Apostel verdankt, ,indem sie sieben Männer von gutem Ruf und voll Geist und Weisheit erwählten und sie zu diesem Amt einsetzten' (Apg 6,4)."[36] Somit lasse sich die Lehre von den zwei heiligen Weihen, der des Sazerdotiums und der des ministerialen Diakonats bis ins Neue Testament zurückverfolgen. Der Diakon stelle die Stufe des Dienstamtes dar, die vor allem eine Hilfe und ein Dienst für den Leitungsdienst des Bischofs und seines Presbyteriums sei. Er empfange die Handauflegung zur Dienstleistung in den Grundvollzügen *martyria, diaconia* und *leiturgia*. Zugleich verleihe die Diakonenweihe eine heilige Vollmacht und habe unlösbaren sakramentalen Charakter. Somit unterscheide sich der diakonale Dienst im Weiheamt von den Diensten der Laien dadurch, dass er den Heilsdienst Christi vom Haupt zum Leib hin repräsentiere. Die Tätigkeit selbst könne den Unterschied schließlich nicht begründen, denn im Notfall könne der Laie alle Tätigkeiten des Diakons ausführen. Eine Funktion als Kern einer Wesensbestimmung komme somit nicht in Frage. Vielmehr müsse die Weihe als Quelle der diakonalen Funktionen verstanden werden; einem dynamischen Ursprungsgeschehen gleich gingen aus ihr die diakonalen Aufgaben hervor. Sie qualifiziere den Geweihten definitiv von Gott her und sage dem Empfänger die Gnade zu, die die Person zum Repräsentanten des helfenden, zubereitenden und austeilenden Heilswirkens Christi mache.

Die entscheidende Kritik an diesem Modell lässt sich wie folgt formulieren: „Wieso machen [...] die verschiedenen diakonalen Funktionen die unterste Stufe des Weihesakramentes aus? Gibt es sozusagen zweierlie Weisen des Dienens in der Kirche: Die eine Weise, die man als normaler Laie innehaben kann, und die zweite Weise, aber für den gleichen Dienst, die sich nur dadurch von der Ministerialität des Laien unterscheidet, dass auf den Diakon, nicht aber auf den Laien, die besonderen Gnadengaben herabgerufen werden?"[37]

II. Pastoralpraktische Profilierungsschritte

Die konziliare Leitidee der *communio*, die Restrukturierung der Kirche durch das Prinzip der Stellvertretung der Armen (LG 8), die unlösbare Einheit von Gottesliebe und Nächstenliebe, von Gottesdienst und Nächstendienst, die Fülle des Weihesakramentes

---

[36] G. L. Müller: Priestertum und Diakonat, 159f.
[37] G. Greshake: Priester sein in dieser Zeit, 171.

im Bischofsamt als Konstruktionspunkt des Amtes (CD 15,1) sowie die durch die Differenzierung der einen *repraesentatio Christi* hervorgerufenen Irritationen bzgl. der Zuordnung im sakramentalen *ordo* sind einige der entscheidenden Gründe dafür, dem bipolaren Amtsmodell die größte Valenz für eine stimmige Verortung des Diakonats im *ordo* und für den Dienst in der Gemeinde zuzusprechen. Die folgenden Profilierungsschritte schließen daran an und versuchen einige bedeutende pastorale Handlungsorientierungen für das Amt des Diakons mit und ohne Zivilberuf zu formulieren.

A. Der Diakon ist Stellvertreter der Armen

Die Kirche hat sich in der Nachfolge Jesu Christi von Anfang an auf das Kommen des Reiches Gottes ausgerichtet und sich in den Mitvollzug des Dienstes und der Sendung Jesu Christi gestellt. Im Anschluss an das Zweite Vatikanische Konzil restrukturiert sich die Kirche durch die *diaconia:* In ihrer Nähe zu Gott und in ihrem Dienst am Menschen hat die Kirche Anteil an der einen Sendung Jesu Christi, der sich insbesondere zu den Armen und Verlorenen gesandt weiß. Die „unlösliche Verschränkung von Gottes- und Nächstenliebe" (DCE 24) hat Jesus in unüberbietbarer Weise mit seiner ganzen Existenz ausgedrückt und gelebt. Im Anschluss an Mt 25,31–46 ist die Kirche einem Leben als Nachfolgegemeinschaft der Armen und Entrechteten verpflichtet. Auch das Konzil bestätigt, dass sie darin in ihren sakramentalen Charakter findet: „Christus wurde vom Vater gesandt, ‚den Armen frohe Botschaft zu bringen, zu heilen, die bedrückten Herzens sind' (Lk 4,18), ‚zu suchen und zu retten, was verloren war' (Lk 19,10). In ähnlicher Weise umgibt die Kirche alle mit ihrer Liebe, die von menschlicher Schwachheit angefochten sind, ja in den Armen und Leidenden erkennt sie das Bild dessen, der sie gegründet und selbst ein Armer und Leidender war. Sie müht sich, deren Not zu erleichtern, und sucht Christus in ihnen zu dienen (LG 8)."

Die Neuausrichtung der Kirche als Kirche der Armen bietet eine hervorragende Möglichkeit, das Amt des Diakons entsprechend wieder herzustellen und damit an die hohe Glaubwürdigkeit des Diakonats in seiner Blütezeit in den ersten vier Jahrhunderten anzuschließen. Umgekehrt kann der Diakonat seine Identitätskrise glaubhaft nur in einer Kirche überwinden, die Mt 25,31–46 und LG 8 nicht lediglich als Mahnung und eschatologische Bezugsgröße, sondern als konkreten Auftrag und elementare Notwendigkeit für die Identität der Nachfolgegemeinschaft Jesu Christi erfasst und umsetzt. Bei allem Bemühen um sein Profil sollte der Diakon seiner Verantwortung für eine Kirche an der Seite der Armen dadurch gerecht werden, dass er der Gemeinde Auge ist für die Nöte vor Ort. In seinem Dienst kann sich zugleich das Licht Christi, der sich besonders zu den Armen gesandt wusste, spiegeln und so die Menschen erleuchten; sein Dienst stiftet an zur Solidarität, die Gemeinde wird zum Handlungsträger der Sorge um die Ausgegrenzten und Bedrängten aller Art. Je mehr der Diakon die Armen seiner Stadt kennt, umso eher kann er seiner Aufgabe gerecht werden in einer Kirche, die sich stets ihres Grundauftrages neu vergewissern muss.

Der Diakon als Stellvertreter der Armen braucht in seinem Dienst eindeutig einen sozialdiakonischen Schwerpunkt; nur aus dieser Aufgabe heraus kann er glaubhaft jeden Christen an seine Verantwortung für das Heil und die Heilung des Nächsten erinnern, denn „jeder trägt jeden, jeder ist für jeden verantwortlich und jeder auch für jeden im Heil bedeutsam. Das Gebot der Nächstenliebe ist nicht ein Gebot, dafür gegeben, dass es bürgerlich oder privat erträglich oder angenehm zugeht, sondern ist Proklamation der Heilssorge und Heilsmöglichkeit jedes für jeden."[38] Für den Diakon im Hauptberuf ist das keine Schwierigkeit, sondern unbestrittene Pflicht. Bei allen zeitlichen Begrenzungen müsste auch der Diakon mit Zivilberuf einen sozialdiakonischen Schwerpunkt in seinem Dienst setzen. Dabei darf das sozialdiakonische Handlungsfeld allerdings nicht zu eng gezogen werden. Er könnte beispielsweise in Kooperation mit einem Dienst der Caritas (z. B. ASB) eine Sprechstunde einrichten, die Menschen, die von Armut bedroht sind, Beratung und Unterstützung bietet. In konkreten Einzelfällen könnte er mit der Armenkasse, die die Gemeinde einrichtet, tatkräftig und unkonventionell helfen. Natürlich könnte auch ein klassisch sozialdiakonisches Handlungsfeld der Gemeinde seine Heimat sein, aus der heraus er seinen Dienst in der Verkündigung und in der Liturgie tut. Selbst eine sozialdiakonische Aufgabe in seinem Berufsumfeld könnte seinem Profil dienstbar sein. Ein Teilauftrag in der Betriebseelsorge würde ihn beispielsweise zum Diakon im Zivilberuf machen. Diese Bezeichnung bietet sich allerdings nur dann an, wenn er auch einen konkreten Auftrag bekommen hat. Ansonsten würde er einen eher zufälligen sozialdiakonischen Dienst im Betrieb als engagierter Christ tun. Allemal muss sein Handlungsfeld auch nicht alle Ein-

---

[38] K. Rahner: Der eine Mittler und die Vielfalt der Vermittlungen, in: ders.: Schriften zur Theologie VIII, Einsiedeln 1967, 218–235, 226.

zelgemeinden einer Pfarreiengemeinschaft berühren. Das wird ein Diakon mit Zivilberuf kaum leisten können. Warum sollte er nicht einen Teilauftrag in der Wohnungslosenhilfe einer Gemeinde bekommen, um dann in allen Gemeinden seinen Predigtdienst aus dieser Aufgabe heraus zu gestalten? In der Eucharistie könnte er für sein sozialdiakonisches Handlungsfeld, für konkrete Bedürfnisse wohnungsloser Menschen einstehen. Ohne diesen sozialdiakonischen Schwerpunkt kann der Diakon mit Zivilberuf meiner Ansicht nach überhaupt kein Profil entwickeln. Gerade sein zeitlich enges Budget fordert eine Konzentration seiner Handlungsmöglichkeiten auf den Schwerpunkt, der ihm Identität verleiht. Ein Dienst in allen Grundvollzügen, der keinen Schwerpunkt erkennen lässt, macht ihn zum Priester minderer Kompetenz oder zu einem „Geheimnis des Glaubens".

Der Diakon mit Zivilberuf dient in diesem Sinne auch dadurch, dass er sich zuerst um seinen Aufgabenschwerpunkt und eine kompetente Umsetzung müht. Personale Ganzhingabe, die häufig von einem Amtsträger gefordert wird, meint dann eben nicht einen zeitlichen Einsatz bis an die Grenzen der Erschöpfung. Ganzhingabe meint kompetente, professionelle Ausübung einer bestimmten Aufgabe im entsprechenden Handlungsfeld mit Rückbindung ins eigene Gebetsleben, in die Eucharistie und den Verkündigungsdienst. Eine professionelle Ausübung ist in diesem Sinn Reich-Gottes-verdächtig.

Ein Diakon – und das gilt für die unterschiedlichen „Ausführungen" –, der seinen sozialdiakonischen Auftrag aufgrund der Bedürfnisse der Gemeinde oder des Priesters aufgibt oder vernachlässigt, legt sein Amt quasi still. Dieser Gefahr könnte so mancher aufgrund pastoraler Notlagen in Zukunft häufiger erliegen. Umso mehr ist eine Beheimatung im sozialdiakonischen Handlungsfeld geboten; je mehr sie zu einem Herzensanliegen wird, umso mehr verbindet sich die wesentliche Funktion mit der Person des Amtsträgers, formt seinen Dienst und ihn selbst. Offensichtlich haben es die Diakone angesichts des mangelnden Bewusstseins mancher Gemeinden für ihren sozialdiakonischen Auftrag nicht leicht, ihrer Aufgabe gerecht zu werden. Das kann dazu verführen, sozialdiakonisch tätig zu werden, ohne die Gemeinde zu sensibilisieren oder anzustiften zum Dienst für Bedürftige. Der Diakon wird schleichend zum Allestäter, die Gemeinde dispensiert sich von ihrem Auftrag, Unter solchen Bedingungen wird ein Diakon mit Zivilberuf schnell ausbrennen oder in einer Nische seinen Dienst ohne Aufmerksamkeit tun. Um der Gefahr nicht zu erliegen, sollte der Zusammenhang von amtlicher Identität und gemeindlichem Selbstverständnis immer wieder in Erinnerung gerufen werden: Beide sind aufeinander bezogen und vermitteln sich perichoretisch in ihre je eigene Identität hinein. Stellvertreter der Armen kann gerade der Diakon mit Zivilberuf nur dann sein, wenn er auch gleichzeitig von der Gemeinde getragen wird, wenn sie ihn stützt und er in diesem Sinn zum lebendigen Anstifter zur Solidarität werden kann. Unabdingbare Voraussetzung ist dafür auch eine stimmige Einbindung des Diakons mit Zivilberuf in das Team der Hauptamtlichen vor Ort. Er muss nicht an jeder Besprechung des hauptamtlichen Pastoralteams teilhaben; sozialdiakonische Themen gehen ihn allerdings an und müssten immer in seinem Beisein vorangetrieben werden.

B. Die Aufgabe macht das Amt und macht es unerlässlich für die Gemeinde

Eine weitere pastoralpraktische Überlegung braucht noch einmal einen systematischen Anweg, der an dieser Stelle kurz vorausgeschickt werden soll. Ein Blick zurück auf die Ursprünge des Amtes führt zum Grundcharakteristikum neutestamentlichen Amtsverständnisses, das sich im diaconia-Motiv seinen Ausdruck verschafft und zu dem Vorzeichen amtlichen Handelns im Sinne Jesu Christi wird. Insofern weist der Begriff *diaconia* auf die Art und Weise amtlichen Handelns insgesamt zurück und definiert nicht aus sich heraus schon ein Amt. Das Diakonenamt als „Dienstamt" zu beschreiben, kommt somit über die Beschreibung einer amtlichen Grundhaltung nicht hinaus. Der Begriff „Dienstamt" bemüht lediglich ein „inhaltsloses Beziehungswort", das allemal noch mit der spezifischen Funktion des Amtes zu füllen ist.[39] Da der unspezifische Dienst aber sicher auf eine mit ihm verbundene Funktion rekurriert, ist für die Ursprünge des Amtes auszugehen „von bestimmten Funktionen, die Menschen wahrnehmen, die den Gemeinden unverzichtbar sind und darum auf Dauer gestellt werden und die dann auch eine Bezeichnung erhalten, die solche ‚Persongebundenheit bestimmter Funktionen' zum Ausdruck bringt."[40] Die Aufgabe macht das Amt und macht es unerlässlich für die Gemeinde, zu der es in absoluter Relation steht. Darum wird eine für die Identität der Gemeinde Jesu Christi essentielle Funktion öffentlich, unumkehrbar, auf Dauer an eine Person ge-

---

[39] Vgl. O. Linton: Das Problem der Urkirche in der neueren Forschung (UUA), Uppsala 1932, 107.
[40] G. Bausenhart: Das Amt in der Kirche, 121.

bunden; sie neigt zu amtlicher Fixierung und „Erstarrung". Die funktional bestimmte Autorität wird dann sogleich mit sakramentaler Vollmacht ausgestattet. „Das Amt ist nicht Vollmacht, wohl hat es Vollmacht, um seinen Dienstauftrag erfüllen zu können."[41] Die Berufung der „Sieben" (Apg 6,1–6) zeigt genau diesen Zusammenhang; sie werden bestellt für das, was hier gebraucht wird. Wahl und Bestellung durch die Gemeinde, Handauflegung und Gebet sowie Anerkennung bilden eine in sich geschlossene Einheit. Die „Sieben" werden in einer Gemeinde und für eine Gemeinde in Dienst genommen für eine bestimmte Aufgabe.[42]

Wenn aber essentielle Dienste institutionalisiert werden, hängen sowohl die Legitimation des Amtes wie seine Akzeptanz gerade an diesem Sachverhalt. „Jede Institution übersteht die Krise ihrer Legitimation, wenn sich dic soziale Einheit neu über den Sinn der Institution vergewissert und diese ihre Leistungsfähigkeit neu unter Beweis zu stellen vermag, konkreter: wenn sie Bedürfnisse wieder an sich zu binden versteht."[43] Vor diesem Hintergrund ist das nahezu tausendjährige Verschwinden des Diakonats als eigenständiges Amt mit wirklicher Bedeutung für die Kirche zu sehen. Noch vor dem Ende des ersten Jahrtausends ist der Diakon nach dem Auszug der sozialdiakonischen Dimension aus der amtlichen Leitungsstruktur der Gemeinde funktionslos und theologisch ortlos geworden.[44] Auch nach seiner Wieder-Holung durch das Konzil wird der Diakonat auf Dauer nur profilierten Dienst in der Kirche tun können, wenn er eine für die Identität der Kirche lebensnotwendige Funktion an sich zu binden in der Lage ist. Der Diakon braucht einen sozialdiakonischen Schwerpunkt und er müsste von der Kirche als Stellvertreter der Armen auch anerkannt werden. Zugleich müsste die Kirche bereit sein, ihm den seiner Funktion entsprechenden Platz in den amtlichen Strukturen einzuräumen. Keinesfalls dürfte es wieder zu einer strukturellen Nachrangigkeit der Sozialdiakonie kommen; schließlich ist mit dem Verkümmern des Diakonats bis hin zur Bedeutungslosigkeit schon einmal die Geschichte der Abwertung der Diakonie[45] verbunden gewesen.

---

[41] H. J. Pottmeyer: Amt als Dienst – Dienst als Amt, in: LS 33 (1982), 153–158, 156.

[42] Vgl. W. Kasper: Das kirchliche Amt in der Diskussion. Zur Auseinandersetzung mit E. Schillebeeckx „Das kirchliche Amt" (Düsseldorf 1981), in: ThQ 163 (1983), 46–53, 49ff.

[43] G. Bausenhart: Das Amt in der Kirche, 323.

[44] Vgl. S. Sander: Gott begegnet im Anderen, 176–184.

[45] Vgl. H. Haslinger: Diakonie zwischen Mensch, Kirche und Gesellschaft. Eine praktisch-theologische Untersuchung der diakonischen Praxis unter dem Kriterium des Subjektseins des Menschen (Studien zur Theologie und Praxis der Seelsorge 18), Würzburg 1996, 380.

In konsequenter Anwendung dieser Ausführungen ergibt sich u. a. die Forderung, dass in jeder Gemeinde bzw. jede Pfarreiengemeinschaft das Amt des Diakons gegeben sein sollte, dem die Bedeutung seiner Aufgabe bewusst ist, dem entsprechende personale und strukturelle Kompetenzen zur Umsetzung zur Verfügung stehen. Das Instrument der Armenkasse ist in diesem Zusammenhang eine bedenkenswerte Möglichkeit der Zurüstung für seinen Dienst; ebenso könnte eine enge Zusammenarbeit mit den professionellen Diensten der Caritas seine Aufgabe erleichtern.

C. Sakramentalität und Funktionalität gehören unmittelbar zusammen

In der Weihe wird der Diakon neben seinem Dienst am Wort und in der Liturgie für seine sozialdiakonische Leitungsverantwortung in der Gemeinde in Dienst genommen. Der Zusage des Geistes Gottes entspricht die Ganzhingabe seiner Person. Er tritt aus sich heraus, wird durch Jesus Christus aus sich herausgezogen (DCE 22) und unterstellt seine Existenz ganz dem dienenden Christus, der ihn in seine messianische Verantwortung hinein nimmt. In der Ordination wird der Diakon somit in die heilige Ordnung gestellt, die der Logik von Berufung durch und Verantwortung vor Gott entspricht. Er wird Stellvertreter der Armen und stiftet die Gemeinde zur Solidarität mit den Armen an. Handlungsleitend für seinen Dienst der Stellvertretung ist die Gewissheit, das uns im Bedürftigen, im nicht ersehnenswerten Anderen Jesus Christus begegnet und in ihm Gott (vgl. Mt 25,31–46). Sakramental-amtlicher Dienst des Diakons bedeutet somit einen Gott zu bezeugen, „der sich jenseits der Beziehung zwischen mir und dem Anderen aufhält, aber damit unmittelbar zu tun hat. Die Sehnsucht, die dem Höchsten gilt, wird auf den Anderen umgeleitet. Einheit von Gottes- und Nächstenliebe."[46] Der Diakon kehrt durch seinen Dienst an der Seite und an der Stelle der Armen die Sehnsucht nach dem ganz Anderen um in die Verantwortung für den nicht ersehnenswerten Anderen, für den Bedürftigen, den von den Grenzen des Lebens Getroffenen. Er sucht „die Vermittlung der Gläubigen einer Gemeinde mit der Präsenz Gottes in den Opfer- und Befreiungsgeschichten der [...] Vergangenheit und mit der Präsenz Gottes in den gegenwärtigen Leidenden sowie in den Menschen in der Gegenwart [...] die Barmherzigkeit und Gerech-

---

[46] E. Dirscherl: Die Bindung Isaaks und die Bindung an Gott. Abraham und die Intrige des Opfers im Dialog mit S. Kierkegaard und E. Levinas: in: BuL 72 (1999), 208–223, 218.

tigkeit tun."[47] Der Indienstnahme des Diakons für diese Funktion entspricht die Bedeutung seiner sakramentalen Ordination. Sakramentalität und Funktionalität haben somit unmittelbar miteinander zu tun und dürfen nicht gegeneinander ausgespielt werden. Vielmehr ist der Dienst der Ordinierten „eine Funktion, die für die Kirche wesentlich ist und das ‚Wesen' der Ordinierten prägt, ohne dass sie dadurch in ihrem persönlichen ‚Wesen' oder ontologischen Status verändert, überhöht usw. würden. Wenn aber eine Funktion eine Person wesentlich charakterisiert, kann man das als ontologisch bezeichnen."[48] Die Alternative zwischen sakramentalem und funktionalem Amtsverständnis löst sich als unhaltbar auf.

Der Diakon erinnert die Gemeinde an das *extra nos*, an die Unverfügbarkeit und Vorgegebenheit von Gabe und Aufgabe Gottes. Sein Dienst als Stellvertreter der Armen ist also nicht dem beliebigen Wohlwollen der Kirche überlassen. Gerade deshalb hat sein Dienst sakramentalen Charakter, der ihm eine Leitungsverantwortung in der Gemeinde zuweist. Denn Gemeindeleitung ist von ihrem Wesen her sakramental. Nur im Namen Jesu Christi und in der Kraft des Heiligen Geistes kann jemand leitende Aufgaben übernehmen, die der sichtbaren kirchlichen Anerkennung bedürfen. „Das Sakrament des Ordo ist die Gestalt sozialer Ausdrücklichkeit, welche das sakramentale Wesen von Gemeindeleitung erfordert."[49] Die sakramentale Indienstnahme verleiht zugleich eine Christusunmittelbarkeit, die dem Amtsträger für seinen Dienst der Stellvertretung Eigenständigkeit und Eigenverantwortung schenkt.

Soziologisch betrachtet entspräche der Ausdifferenzierung in kirchliche und gesellschaftliche Subsysteme eine kollegiale Leitungsstruktur auf der Ebene der Gemeinde bzw. Pfarreiengemeinschaft. Sie könnte eine Integration der Teilbereiche leisten und den unlösbaren Zusammenhang von Gottesdienst und Nächstendienst vermitteln. Leider gibt es für den Diakon bis heute keine seiner sakramentalen Indienstnahme entsprechende strukturelle Verankerung in der Gemeindeleitung. Er ist dem Presbyter zu- resp. untergeordnet und wird nach wie vor von Gemeindemitgliedern als Helfer des Priesters identifiziert. Dies wäre unerheblich, wollte man nicht den unmittelbaren Zusammenhang von Kult

[47] O. Fuchs: Ämter für eine Zukunft der Kirche. Ein Diskussionsanstoß, Luzern 1993, 79.
[48] B. J. Hilberath u. a.: Tübinger Thesen zum Amt in der Kirche, in: K. Raiser / D. Sattler (Hg.): Ökumene vor neuen Zeiten, Freiburg 2000, 261–293, 286.
[49] P. Hünermann: Diakonat – ein Beitrag zur Erneuerung des kirchlichen Amtes? Wider-Holung, in: Diaconia Christi 29 (1994), 3/4, 13–22, 19.

und Caritas, von sakramentaler Gegenwart Gottes in Brot und Wein und im nichtersehnenswerten Anderen im Amt der Stellvertretung des Presbyters und des Diakons erinnern.

An dieser Stelle stellt sich die nicht leicht zu beantwortende Frage, ob ein Diakon mit Zivilberuf dieser Aufgabe überhaupt gerecht werden kann? Wie soll er eine gemeindeleitende Funktion im Konzert des hauptamtlich organisierten Teams übernehmen, wenn er nicht immer anwesend sein kann, wenn die Gemeinde ihn nur hin und wieder wahrnimmt? Unerlässlich wäre zum Beispiel eine durchgängige Teilnahme an Dienstbesprechungen des Pastoralteams, die ihm in der Regel kaum gelingen dürfte. Die Leitung eines Sozial- oder Caritasausschusses, die sicher möglich wäre, würde nicht einer Teilhabe an der Leitung der Gemeinde gleichkommen. Kann also die Option für eine sozialdiakonische Leitungsverantwortung des Diakons nur für den ohne Zivilberuf gelten? Bevor schnelle Antworten Grenzen ziehen, mag an dieser Stelle der Hinweis genügen, dass die Leitungsthematik trotz heftiger Debatten und intensiver Bemühungen in den letzten Jahren noch Zeit braucht.

Der Diakon – ob mit oder ohne Zivilberuf – stößt zunächst immer wieder auf die Problematik, dass die Caritas über Jahrhunderte keinen Platz in der Leitung der Gemeinde gefunden hat, der ihrer Bedeutung für die Nachfolge Jesu Christi entsprechen würde. Wie könnte der Diakon seiner sakramental-amtlichen Leitungsvollmacht gerecht werden? Er ist ja nicht irgendein Geschäftsführer oder Fachbereichsleiter! Die Anfänge des Diakonats können vielleicht eine Perspektive eröffnen für die angerissene Problematik. Sie führen zunächst in die Sinnmitte, zur Quelle und zum Höhepunkt gemeindlichen Lebens:die Eucharistiefeier.

D. Soziale Leitungsverantwortung erwächst aus der Eucharistie

Jesu Mahlgemeinschaft mit den Armen und Ausgestoßenen der Gesellschaft als Vorwegnahme des eschatologischen Festmahles und als anbrechende Erfüllung der Verheißung messianischen Heils (vgl. Mk 14,25) erfasst den Menschen in seiner leibseelischen Ganzheit, vermittelt zeichenhaft Heil und Heilung. Seine Mahlfeiern mit Zöllnern und Sündern, mit Armen und Ausgestoßenen „bildeten einen zentralen Zug seines Wirkens, der sich seiner Umgebung in Zustimmung, aber auch in Ablehnung fest eingeprägt hat."[50] In ihnen ist Gottes Liebe und Barmherzigkeit „gerade den

---

[50] J. Roloff: Zur diakonischen Dimension, 203.

Armen so handgreiflich nahegekommen, dass sie schon jetzt mit Gott zu Tische sitzen dürfen [...] und so Anteil am Heil des Reiches Gottes erhalten."[51] Die direkte Verknüpfung der Tischgemeinschaft mit dem Herrn und der elementaren Armenfürsorge wird auch zum prägenden Motiv der nachösterlichen Mahlgemeinschaft der jungen Kirche, der sich „im Medium des gemeinsamen Mahles [...] die leibhaftige, den im Tod hingegebenen Leib verwandelnd ‚aufhebende' Gegenwart des auferstandenen Jesus"[52] vermittelt. Identitätsbildend für die Nachfolgegemeinschaft ist die Gewissheit: „Die ‚Mystik' des Sakraments hat sozialen Charakter [...] Eucharistie, die nicht praktisches Liebeshandeln wird, ist in sich selbst fragmentiert" (DCE 21).

Die Entwicklungslinie neutestamentlicher Christologie insgesamt macht deutlich sichtbar, dass soziale Leitungsverantwortung direkt in der Mahlgemeinschaft verankert ist.[53] Von zentraler Bedeutung wird gewesen sein, dass die Mahlgemeinschaft mit Jesus mit einer leiblichen Sättigung einhergeht. Das legt sich auch von 1 Kor 11,17–34 her nahe; Paulus mahnt entschieden an, den für die Identität des wahren Herrenmahles bedeutsamen Zusammenhang von eucharistischer Feier und Sättigungsmahl nicht zu gefährden. „Der Einspruch gegen die Art der Herrenmahlsfeier in Korinth, den Paulus in seinem Brief erhebt, ist gesteuert von der Paradosis 1 Kor 11,23–25, in der sich das Lebensprogramm Jesu sprachlich kristallisiert. Es geht Paulus gerade nicht darum, ob die Korinther an das Ursprungsprofil ‚glauben', sondern ob sie das ‚Hingabe-Modell' Jesu, das in seinem Tod am Kreuz kulminiert, in ihren Reihen in soziale Realität umzusetzen versuchen."[54] In der spannungsvollen Einheit von gottesdienstlich-sakramentalem und gesellschaftlich-sozialem Geschehen, wie sie in der rechten Feier des Herrenmahles zum Tragen kommt, findet die „wahre" Gemeinschaft des endzeitlichen Volkes Gottes konkret in ihre Identität als Nachfolgegemeinschaft Jesu Christi. Die von Jesus geladenen Randexistenzen, für die Armut und Hunger tagtäglich eine lebensbedrohliche Konfrontation darstellen, finden in der leiblichen Sättigung die soziale Umsetzung des *diaconia*-Motivs, sie erfahren im Mahl die zeichenhafte Erfüllung der lukanischen Seligpreisung, „mit der Jesus die große, von Gott ausgehende Ver-

---

[51] M. Kehl: Die Kirche. Eine katholische Ekklesiologie, Würzburg 1992, 287.

[52] M. Kehl: Die Kirche, 288.

[53] Vgl. P. Philippi: Art. Diakonie I, in: TRE 8 (1991), 621–644, 622.

[54] M. Ebner: Identitätsstiftende Kraft und gesellschaftlicher Anspruch des Herrenmahls. Thesen aus exegetischer Sicht, in: ders. (Hg.): Herrenmahl und Gruppenidentität (QD 221), Freiburg 2007, 284–291, 286.

änderung aller Verhältnisse in der Heilszeit ankündigt: ‚Selig, die ihr jetzt hungert, denn ihr werdet satt werden!' (Lk 6,21)"[55].

Die in Phil 1,1 genannten Ämter der *episcopoi* und *diaconoi* werden in diesen glaubens-, lebens- und sozialgeschichtlichen Kontext eingebunden gewesen sein.[56] Der signifikante Zusammenhang des Amtsttitels *diaconos* mit dem *diaconia*-Motiv erschließt sich dann nicht ausschließlich aus einer dienenden Grundhaltung, sondern spielt zugleich inhaltlich den Kontext der eucharistischen Mahlgemeinschaft der jungen Kirche ein, die sich als spannungsvolle Einheit sakramental-eucharistischer Feier und konkreter sozialer Umsetzung erschließt. Hier hat der Diakon seinen Platz gefunden und seine für die Identität der Gemeinde wesentliche Funktion ausgeübt.[57] Aus der eucharistischen Mahlgemeinschaft heraus wächst ihm die Aufgabe der Armenfürsorge zu. Das „Zwillingsamt" *episcopos* und *diaconos* erinnert den unlösbaren Zusammenhang beider Dimensionen und sorgt durch seinen Dienst für die rechte Feier des Gedächtnismahles.

Umso wichtiger ist auch heute der Dienst des Diakons in der Eucharistie. Als Stellvertreter der Armen, der nicht ersehnenswerten Anderen steht er dafür ein und erinnert die Gemeinde daran, dass Jesu Selbstpreisgabe bis in den Tod als konkrete Solidarität mit den Leidenden und Bedürftigen unserer Welt gelebt werden will. Dies kann er aber nur glaubhaft tun, wenn er selbst die Armen seiner Stadt kennt, an ihrer Seite steht, ihr Anwalt, ihr Stellvertreter ist und dies in der Eucharistie durch seinen Dienst erinnert. Andernfalls unterbrechen die Diakone nur den homogenen Vollzug der eucharistischen Liturgie[58] mit Rufen und Handlungen, die nicht auszudrücken in der Lage sind, wofür der Diakon den Dienst der Stellvertretung tut. Für die Gemeinde bleiben sie andernfalls nur das, was sie in der Eucharistiefeier mit diakonaler Aisstenz proklamieren: ein „Geheimnis des Glaubens".[59]

---

[55] J. Roloff: zur diakonischen Dimension und Bedeutung von Gottesdienst und Herrenmahl, in: ders.: Exegetische Verantwortung in der Kirche, Göttingen 1990, 201–218, 204.

[56] Vgl. S. Sander: Gott begegnet im Anderen, 117ff.

[57] Vgl. S. Sander: Gott begegnet im Anderen, 106–130.

[58] Vgl. H. Vorgrimler: Liturgie, Diakonie und Diakone, in: B. Kranemann / Th. Sternberg / W. Zahner (Hg.): Die diakonale Dimension der Liturgie (QD 218), Freiburg 2006, 236–245, 241.

[59] M. Kunzler: Liturge sein. Entwurf einer Ars celebrandi, Paderborn 2007, S. 70, bringt das Dilemma so auf den Punkt: „Zum einen steht der Diakon nach der heute gültigen liturgischen Ordnung ziemlich unbeschäftigt neben dem zelebrierenden Priester und kann seine Rolle im Gottesdienst nur an wenigen, ihm vorbehaltenen Vollzügen festmachen, von denen die meisten zudem recht unbedeutend sind. Auf der anderen Seite werden Diakone behandelt und eingesetzt als ‚kleine Priester', die

Leider ist die gegenwärtige Form der Eucharistieassistenz wenig geeignet, der Gemeinde gegenüber den Dienst der Stellvertretung der Armen zu erinnern. Amtliche Stellvertretung Christi vollzieht sich ja nicht als eine Art substanzhafter Vergegenwärtigung Christi, bei der dann seine pure Anwesenheit schon hinreichend Christus gegenwärtig machen könnte. Der Amtsträger wird eben nicht in seinem Wesen quasi ein zweiter Christus[60]. Er handelt vielmehr in bestimmten, fest umrissenen sakramentalen Zeichen*handlungen*, die das Heilswerk Christi vermitteln. Nun lässt sich dies ohne Bedenken für den Stellvertreterdienst des Presbyters ausführen. Wie aber ist es um sakramentale Zeichen*handlungen* des Diakons in der Eucharistiefeier bestellt?

Seit alters her ist die Gabenbereitung Ort diakonischen Handelns. So betont die IGMR[61] den engen Zusammenhang zwischen dem Herbeibringen und der Bereitung der zu eucharistisierenden Gaben auf der einen und der Gaben für die Armen auf der anderen Seite, wenn es heißt:

„Dann bringt man die Opfergaben zum Altar. Angemessenerweise werden Brot und Wein von den Gläubigen dargereicht, vom Priester aber oder von einem Diakon an einem geeigneten Ort entgegengenommen, um zum Altar gebracht zu werden. Wenn auch die Gläubigen das Brot und den Wein, die für die Liturgie bestimmt sind, nicht mehr wie früher selbst mitbringen, behält der Ritus, sie nach vorne zu tragen, doch Aussagekraft und geistliche Bedeutung

Auch Geld oder andere Gaben, die von den Gläubigen für die Armen oder für die Kirche gespendet beziehungsweise in der Kirche eingesammelt werden, sind willkommen. Deshalb werden sie an einem geeigneten Ort niedergelegt, nicht jedoch auf dem Tisch der Eucharistie." (Nr. 73)

Könnte der Diakon in diesem Sinn nicht den Tisch der Armen decken, den Tisch der nichtersehnenswerten Anderen? Er könnte die eingesammelten Gaben ganz konkret für Bedürftige der Gemeinde einsammeln. In der Eucharistiefeier könnte er konkret an

---

außer in den sakramentalen Feldern der Eucharistie, der Krankensalbung und Buße genauso ihren ‚Vorsteherdienst' leisten wie ihre priesterlichen Amtsbrüder, obwohl sie von ihrer weiheamtlichen Identität her sich von diesen in doch erheblichem Ausmaß unterscheiden."

[60] G. Greshake: Priester sein in dieser Zeit, 107.

[61] Institutio Generalis Missalis Romani, Editio typica tertia 2002: Grundordnung des Römischen Messbuchs. Vorabpublikation zum Deutschen Messbuch (3. Auflage), Arbeitshilfen der Deutschen Bischofskonferenz Nr. 125, hg. v. Sekretariat der deutschen Bischofskonferenz, Bonn 2007.

der Seite der Bedürftigen stehen oder als Anwalt für sie die Gaben entgegennehmen, um sie später zu verteilen. So würde er Stellvertreter der Armen, konkret und handgreiflich. In der Gemeinde müsste dann aber die Gabenprozession fester Bestandteil der Gabenbereitung werden. Auffällig ist in diesem Zusammenhang allerdings, dass sich die Rolle des Diakons in der IGMR weitgehend auf die Vorbereitung der zu eucharistisierenden Gaben beschränkt.[62] Hingegen wäre es durchaus sachgerecht, wenn der Diakon stärker in die diakonisch orientierte Kollekte einbezogen würde. Dafür sprechen auch entsprechende Beispiele aus der Liturgiegeschichte.[63] Vertreter/-innen der Gemeinde könnten in einer gestalteten Prozession nicht nur die zu eucharistisierenden, sondern auch die sozialdiakonischen Gaben zum Altar bringen. Der Diakon gibt den konkreten Adressaten oder Zweck bekannt, den er ggf. in der Homilie entfaltet hat. Der Diakon mit Zivilberuf könnte also an bedeutender Stelle seiner Funktion gerecht werden und eine dieser Aufgabe entsprechende Rolle in der Eucharistie übernehmen. Zeitlich dürfte ihn das nicht überlasten. Er könnte in seiner Homilie sogar prophetisch-anwaltschaftliche Züge einbringen und dann ganz anschaulich die Gaben entgegennehmen: die Macht der Bilder wird ihm ein neues Gesicht geben. Bisweilen wird es ihm vielleicht sogar gelingen, den ein oder anderen Menschen in Not in die Eucharistiefeier einzuladen, um ihm in der wahren Feier des Herrenmahles anfanghaftes Heil und ganzheitliche Heilung zukommen zu lassen. Selbst mit einem noch so eng umgrenzten sozialdiakonischen Schwerpunkt würde der Diakon miz oder ohne Zivilberuf enorm an Identität gewinnen.

Abschließend darf daran erinnert werden, dass gerade die variantenreiche Geschichte des sakramentalen Amtes die große Freiheit der Kirche zeigt, entsprechende den Herausforderungen der jeweiligen Zeit das Amt zu gestalten. „Wesentliche Etappen in der Entwicklung des Amtsbegriffs haben auf Krisen geantwortet."[64] Vielleicht sind die großen Umbrüche unserer Zeit ein hinreichendes Indiz für eine Krise, die Mut zur Kreativität und Veränderung wachsen lässt. Auch die Wahrheit des Amtes will sich bewähren, will Sinn stiften in der Geschichte und für die Menschen. In diesem Sinn bleibt auch 40 Jahre nach der Weihe der ersten Diakone nach dem Zweiten Vatikanischen Konzil genügend

---

[62] Vgl. IGMR, Nr. 178.

[63] Vgl. beispielsweise Did. 1; 9–10; 14,1.2; 15,4; trad. apost. 28 (FC 1, 279ff).

[64] A. Merkt: Das Problem der Apostolischen Sukzession im Lichte der Patristik, in: Th. Schneider / G. Wenz (Hg.): Das kirchliche Amt in apostolischer Nachfolge I (Dialog der Kirchen 12), Freiburg 2004, 264–295, 287.

Spielraum für Veränderungen. Wenn der Diakon als Stellvertreter der Armen sich für die Kirche und für die Bedürftigen mit ganzem Herzen in Dienst nehmen lässt und einen seiner Aufgabe und sakramentalen Indienstnahme entsprechenden Ort in Gemeinde und *ordo* zugewiesen bekommt, wird die Kirche der Zukunft sicher ein sozialdiakonisches und damit glaubwürdiges Zeugnis in dieser Welt ablegen können. Der Diakon mit oder ohne Zivilberuf wird dann ein Gewinn für unsere Kirche sein!

Pastorale Herausforderungen

Gesellschaftliche Veränderungen als Herausforderung an den Diakonat

von Paul M. Zulehner

I. Gerechtigkeit

„Man muss der Freiheit immer Gerechtigkeit abringen." So formulierte der am Beginn des 19. Jahrhunderts in Frankreich lebende Dominikaner Jean Baptist Lacordaire (1802–1865). Er beobachtete, wie die neuen parlamentarischen Freiheiten der Kapitaleigner in England der arbeitenden Bevölkerung, dem Proletariat, keine Gerechtigkeit brachten. In diesem Satz von Lacordaire schwingen zwei Megathemen der neuzeitlichen europäischen Geschichte an. Das eine Thema ist das Ringen um Freiheit, besser gesagt um demokratische Freiheitsgrade. Dieses Ringen begann mit dem Bill of rights (1689), setzte sich fort über die Französische Revolution (1789) hin bis zur samtenen Revolution (1989). Stets galt es auch, diese Freiheit gegen freiheitsmissachtende Totalitarismen zu verteidigen, den faschistischen wie den kommunistischen. Auch von einem „Faschismus des Konsumismus" war[1] und ist[2] wieder die Rede. Das andere Großthema aber ist jenes der Gerechtigkeit. Mit großen Anstrengungen und zum Teil gewaltsam-blutigen Auseinandersetzungen ist es in Europa gelungen, als Lösung der Sozialen Frage des 19. Jahrhunderts Gerechtigkeit für viele zu organisieren. Das Juwel des Sozialstaates als organisierter Solidarität gegen die Risiken der Arbeitslosigkeit, der Krankheit und des Alters entstand.

Nun sieht alles danach aus, dass heute neuerlich Freiheit Gerechtigkeit abzuringen ist. Eine Neue Soziale Frage ist entstanden. Nach dem Fall des Kommunismus, technologisch unterstützt durch die Informatisierung, sind im Bereich der Finanzmärkte

---

[1] P. Pasolini: Freibeuterschriften. Die Zerstörung der Kultur des Einzelnen durch die Gesellschaft, hg. v. P. Kammerer, übersetzt von Th. Eisenhardt, Berlin ²2006.

[2] Heute nimmt nach eigenen Langzeitstudien in freiheitlichen Gesellschaften die Zahl jener (auch junger) Menschen zu, welche die lästige Last der Freiheit wieder loswerden wollen und unterwerfungsbereit werden: P. M. Zulehner: Religion im Leben der ÖsterreicherInnen 1970–2000, Ostfildern 2001.

und der weltweiten Konzerne durch Deregulierung neue globale Freiheiten entstanden. Diese neue Situation bringt viele Vorteile für die sozioökonomische Entwicklung. Zugleich aber hat diese Globalisierung auch Schattenseiten, wie die Weltwirtschaftskrise 2008 illustriert. Denn die alte Lösung der Sozialen Frage (nämlich der Sozialstaat) gerät immer mehr in eine Finanzierungskrise. Erwirtschafteter Reichtum kann sich seiner sozialen Verpflichtung entziehen. Verschärft wird diese noch durch eine erfreulich gewachsene Lebenserwartung der Menschen in den reichen Ländern. Dazu kommt ein Phänomen, das Hans Magnus Enzensberger so beschrieben hat: „Selbst in reichen Gesellschaften kann morgen jeder von uns überflüssig werden. Wohin mit ihm?"[3] Überflüssig zu werden droht aber, wer nicht den Kriterien des gesellschaftlichen Lebens entspricht, also in einer Arbeitsgesellschaft keine Erwerbsarbeit hat, in einer Konsumgesellschaft keine Kaufkraft, in einer Erlebnisgesellschaft sich nicht am Fun und Spaß der Gesellschaft beteiligen kann, in einer Wissensgesellschaft sein Wissen nicht rasch genug updaten kann und in einer Biowissenschaftsgesellschaft die falschen Gene hat. Es ist nicht schwer, die in solchen tendenziell neodarwinistischen Verhältnissen Gefährdeten zu entdecken.

Mit Hilfe dieser Kriterien lassen sich die Gefährdeten leicht aufspüren. Es sind jene Personengruppen, die in der kommenden Zeit in besonderer Gefahr sind, die soziale Aufmerksamkeit zu verlieren und in diesem überraschenden Sprachsinn „ent-sorgt" zu werden. Dazu zählen (was näher auszuführen wäre):

– die Sterbenden, deren (oft „übermedikalisiertes"[4]) Sterben zu teuer kommt und für die angesichts ihrer „Zählebigkeit" „sozialverträgliches Frühableben" geplant werden könnte (so das Unwort des Jahres 1998, formuliert vom damaligen Chef der deutschen Bundesärzteschaft Karsten Vollmar);
– bedroht sind die Menschen mit Behinderung, die vorgeburtlich aufgescreent und beseitigt werden, was nicht nur die werdenden Mütter, sondern auch jene massiv unter Druck bringt, die nachgeburtlich durch Unfall oder Erkrankung behindert werden;
– schwer haben es jene arbeitswilligen Millionen Frauen und Männer – mehr als zwanzig Millionen allein in Europa – die in immer schwächer finanzierter Langzeitarbeitslosigkeit ruhig ge-

---

[3] H. Enzensberger: Die Große Wanderung: 33 Markierungen; mit einer Fußnote „Über einige Besonderheiten bei der Menschenjagd", Frankfurt [4]1992.
[4] Eine Übersetzung des weit stärkeren Wortes aus dem Französischen: „surmedicalisé": Vgl. CCEE: Umgang des heutigen Menschen mit Geburt und Tod. VII. Symposium der europäischen Bischöfe in Rom, 12.-17.10.1989.

stellt werden, die Finanzkrise des Jahres 2008 wird die Lage dramatisch verschärfen.

- Überflüssig werden immer mehr Kinder; sie stören häufig das Leben der Erwachsenen, weil diese kaum noch Lebensenergie frei haben, die sie mit Kindern entspannt teilen könnten. Europa ist dabei auszusterben – eine Aussage, die sich auf die Hochrechnung der derzeitigen Geburtenraten in Europa stützt.
- Überflüssig werden können ganze Kontinente, wie der AIDS-verseuchte afrikanische.

Nun ist das die dunkle Rückseite einer Entwicklung, die auch eine lichtvolle andere Seite hat. Es gibt für die Sterbenden die Hospizbewegung, für die Behinderten engagierte Vereinigungen und schützende Gesetze, Überlegungen zur Langzeiterwerbslosigkeit werden angestellt, auch bildet sich eine Lobby für Kinder: nicht nur bei Frauen, sondern in Ansätzen auch bei so genannten „neuen Vätern".

Auf diesem Hintergrund gewinnt die alte Forderung Lacordaires neuerlich Aktualität und wird dabei zugleich ausgeweitet. Denn heute muss man globalen Freiheiten globale Gerechtigkeit abringen. Gelingt dies nicht, steht der globale Friede auf dem Spiel – globaler Terror droht.

Zur Lösung sozialer Herausforderungen braucht es Menschen, die ein hohes Maß an Solidarität besitzen. Solche Solidarität ist kein schönes Gefühl, sondern eine Tauglichkeit, eine Tugend, durch die jemand sich stark machen kann für einen offenen Zugang möglichst vieler zu den knapper werdenden Lebenschancen der einen Welt.[5] Dergestalt solidarische Menschen vernetzen sich: in politischen Bewegungen und Organisationen, zunehmend in zivilgesellschaftlichen Netzwerken.

II. Soziale Kraft der Kirchen

Inmitten einer solchen nach Gerechtigkeit schreienden Welt leben die Christen in ihren Gemeinden und Kirchen. Sie wissen sich in tiefer Gemeinschaft mit einem Gott, von dem die biblische Tradition sagt, dass er den „Schrei der Armen" hört. In seinem Katechismus von 1560 formulierte Petrus Canisius als Merkvers:

---

[5] Zum gewichtigen Thema Solidarität: P. M. Zulehner / H. Denz / A. Pelinka / E. Tálos: Solidarität. Option für die Modernisierungsverlierer, Innsbruck [2]1997. P. M. Zulehner: Wege zu einer solidarischen Politik, Innsbruck-Wien 1999.

„Clamitat ad dominum vox sanguinis et Sodomorum,
vox oppressorum, merces detenta laborum."

Zum Herrn schreit die Stimme des Blutes (Abels) und das in So-
dom an den Söhnen Lots unter Verletzung des Gastrechts geschehe-
hen Unrechts; es ertönt der Schrei der Unterdrückten (Israel in
Ägypten) und jener, denen der überlebenswichtige Tageslohn vorenthalten wird. Der Bericht über die unterdrückten Israeliten in
Ägypten läßt uns Gott von dieser Seite kennenlernen (Ex 3,7–10):
Gott sieht das Elend und hört den Schrei, er steigt herab, er befreit. Nun heißt an Gott glauben in der christlichen Tradition, mit
ihm tief zu verwachsen. Mystische Gotteinung ist die innerste
Herzmitte aller Religion. Wenn durch solche Einung aber jemand
gleichsam „gottvoll" wird, kann er gar nicht mehr anders, als gott-
förmig bei den Menschen und hier wieder besonders bei den Armen und Armgemachten zu sein. Im Passauer Pastoralplan, unter
dem pastoral sensiblen Bischof Franz Xaver Eder veröffentlicht,
heißt es: *„Eine Kirche, die um sich selbst kreist und dabei Gott ver-
gisst, wird leidunempfindlich. Wer hingegen in Gott eintaucht,
taucht neben dem Menschen auf. Dabei kann der Weg auch in der
anderen Richtung verlaufen: Wer den Menschen begegnet, findet in
diesen auch Gott (vgl. Mt 25)."*
Dieser unlösbare Zusammenhang zwischen Mystik und Politik,
Kontemplation und Aktion wird neutestamentlich in den frühen
Bildern der Kirche deutlich. Wird die Kirche dargestellt (wie im
Perikopenbuch Kaiser Heinrichs II. aus dem Jahre 1007), dann finden sich stets die Szenen des Abendmahls und der Fußwaschung
beisammen. Wer sich Christus einverleibt, wird selbst „Leib hingegeben für das Leben der Welt", also eine Gemeinschaft, die dient.
Diakonie ist daher ebenso Mitte des christlichen Lebens wie die
Anbetung. Erst beide zusammen, Gottes- und Nächstenliebe, machen das „Kerngeschäft der Kirche" aus.
Diakonie ist damit ein Grundzug christlichen Lebens. Es kann
nicht fehlen, wo jemand in der Nachfolge Christi lebt. Der Weg
führt ihn, wie Jesus, vom Berg herauf hin zu den Ausgesetzten, denen, die an den Rändern des Lebens sind (Mt 8,1–4). Mit Blick auf
den Bericht über den Auszug Israels aus Ägypten lässt sich auf-
fächern, welche Dimensionen eine solche gottförmige Spiritualität
ausmachen. Es ist eine Spiritualität der offenen Augen – sie schaut
hin, wo andere wegschauen; eine Spiritualität des wachen Verstan-
des – sie analysiert die Ursachen des Elends und gibt sich mit blo-
ßer Milderung der Symptome, so wichtig diese auch als erste Hilfe
immer ist, nicht zufrieden. Es ist eine Spiritualität des mitfühlen-

Abendmahl und Fußwaschung:
Perikopenbuch Kaiser Heinrichs II. um 1007,
München Bayerische Staatsbibliothek

den Herzens, der compassion[6], jenes Erbarmens, welche die Grundeigenschaft Gottes ist.[7] Schließlich ist es eine Spiritualität der engagierten Hände, die sich in Projekten und Einrichtungen für die Armgemachten der Welt einsetzt.

Solche diakonale Gesinnung eignet jeder gläubigen Christin, jedem gläubigen Christen. Sie kann Alltagsdiakonie genannt werden. In lebendigen Gemeinden wird diese diakonale Seite des Glaubens ebenso gefördert wie die mystische. So gibt es neben Exerzitien im Alltag auch Exerzitien in Solidarität – und diese gilt zunächst den Glaubensgenossen, und, soweit die Kraft reicht, den Menschen, die nicht zur kirchlichen Gemeinschaft gehören.

Die Wirksamkeit solidarischer Gesinnung steigt mit der Bündelung und Vernetzung solidarischer Menschen in Gemeinschaften, Einrichtungen, Projekten. Die „tätigen Orden" haben dabei eine herausragende Bedeutung, aber auch die verbandlich organisierte Caritas/Diakonie spielt eine Rolle.[8] In der Frühzeit der katholischen Kirche waren die Diakone mit solchen Aufgaben im Bereich der glaubensgestützten Solidarität tätig. Im Lauf der Geschichte war es durch andere Einrichtungen abgelöst worden, bis es auf dem Zweiten Vatikanischen Konzil wieder an Bedeutung gewann. Dabei waren die Beweggründe für die Konzilsväter nicht nur soziale Sorgen. Auch die Frage nach genug Priestern und deren Lebensform spielte zweifelsfrei eine Rolle. Die Diakonie der einzelnen verdichtete sich also, in Orden, in Verbänden, aber im amtlichen Diakonat. Dabei bleibt unbestritten, dass alle Organisationen keinen Ersatz für die diakonale Qualität der einzelnen Gläubigen und der Gemeinden sind: weder der Caritasverband, noch die Diakone. Dies gilt insbesondere dann, wenn die Diakonie veramtlicht wird. Denn das Verhältnis zwischen den priesterlichen Volk und den Presbytern der Kirche besteht ja auch nicht darin, dass wegen der Priester das Kirchenmitglied aufhört, priesterlich zu sein. Karl Rahner formulierte daher unmissverständlich: Während alle Christen kirchlich handeln, handeln die Amtsträger im

---

[6] Hier stütze ich mich auf die wichtigen Arbeiten von J. Metz: Memoria passionis. Ein provozierendes Gedächtnis in pluralistischer Gesellschaft, Freiburg [2]2006,105ff.

[7] P. M. Zulehner: Gott ist größer als unser Herz. Für eine Pastoral des Erbarmens, Ostfildern 2006.

[8] Benedikt XVI. hat in seiner ersten Enzyklika auf die Geschichte der Caritas mit berechtigtem Stolz der Kirchen hingewiesen: Benedikt <Papa XVI.>: Enzyklika DEUS CARITAS EST von Papst Benedikt XVI. an die Bischöfe, an die Priester und Diakone, an die gottgeweihten Personen und an alle Christgläubigen über die christliche Liebe, Bonn, 2006 (VApS 171). Dazu: P. M. Zulehner: Liebe und Gerechtigkeit. Zur Antrittsenzyklika von Papst Benedikt XVI., Wien 2006.

Namen der Kirche.[9] So sind alle Christinnen und Christen diakonal, und eben diese Diakonie wird von den amtlichen Diakonen
im Namen der Kirche gemacht. Sie tun dies auch nicht stellvertretend für die Leute, sondern sehen eine ihrer Hauptaufgaben darin,
die diakonale Kraft der Kirche in ihren Gemeinden und Einrichtungen zu stärken.

IV. Die Wirklichkeit

Damit ist der gesellschaftliche wie kirchliche Hintergrund skizziert, auf dem einige Ergebnisse eine Studie an Diakonen im Jahre
2002[10] diskutiert werden können.

A. Kulturelle Elite

Diakone, so die Studie, sind eine kulturelle Elite. Denn erstens
sind sie religiöse Männer (was keine Selbstverständlichkeit ist,
wie Männerstudien hinlänglich belegen[11]). Sodann sind sie weit
über dem Bevölkerungsschnitt mit Solidaritätsvorrat ausgestattet;
zugleich haben sie wenig von der weit verbreiteten angstbesetzten
Ichbesorgtheit an sich. Für sie besteht der Sinn des Lebens, anders
als bei der Mehrheit in modernen Bevölkerungen, nicht darin,
„das Beste (für sich) herauszuholen". Sie sind – was in unserer
Kultur wie ein Paradox klingt – „dienende Männer" und also solche „Anstifter zur Solidarität". Selbstbezogenheit[12] und Setzen auf

---

9 P. M. Zulehner / A. Heller: Denn Du kommst unserem Tun mit Deiner Gnade zuvor. Zur Theologie der Seelsorge heute. Paul M. Zulehner im Gespräch mit Karl Rahner, Ostfildern 2002 (Neuauflage).

10 P. M. Zulehner: Dienende Männer – Anstifter zu Solidarität. Diakone in Westeuropa, Ostfildern 2003. Ders.: Samariter – Prophet – Levit. Diakone im deutschsprachigen Raum. Eine empirische Studie, Ostfildern 2003.

11 P. M. Zulehner / A. Slama: Österreichs Männer unterwegs zum neuen Mann? Wie
Österreichs Männer sich selbst sehen und wie die Frauen sie einschätzen. Erweiterter
Forschungsbericht, bearbeitet im Rahmen des Ludwig Boltzmann-Instituts für Wer-
teforschung. Österreichisches Bundesministerium für Jugend und Familie, Wien
1994. P. M. Zulehner / R. Volz: Männer im Aufbruch. Wie Deutschlands Männer
sich selbst und wie Frauen sie sehen. Ein Forschungsbericht. Ostfildern 1998. P. M.
Zulehner: MannsBilder. Ein Jahrzehnt Männerentwicklung, Ostfildern 2003.

12 So wird diese Haltung inhaltlich definiert: Der Sinn des Lebens besteht darin, eine
angesehene Position zu gewinnen. Sicherheit und Wohlstand sind wichtiger als Freiheit. Der Beruf soll in erster Linie dazu da sein, ein gesichertes Einkommen zu garantieren. Das Boot ist voll. Unser Land sollte seine Grenzen für weitere Flüchtlinge
sperren. Ich bin der Meinung, dass wir jetzt unseren mühsam erarbeiteten Wohlstand
verteidigen sollen.

die eigene Sicherheit[13] sind so gut wie nicht vorhanden, dafür ist
Solidarität[14] stark vorhanden.

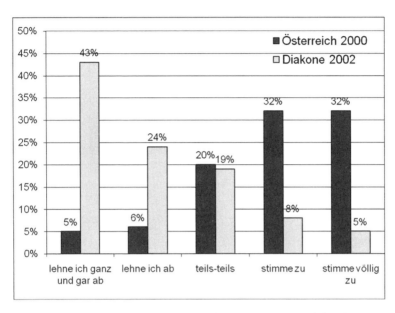

*Abbildung 1: „Der Sinn des Lebens ist, dass man versucht, dabei das
Beste herauszuholen."*

---

[13] Das sind die dazugehörigen Einzelaussagen: Man muss sich das Leben so angenehm wie nur möglich machen. Wichtig ist, dass der Mensch glücklich wird. Wie das
ist seine Sache. Jeder muss seine Probleme selbst lösen. In entscheidenden Situationen ist es besser, zuerst einmal an sich selbst zu denken. Der Sinn des Lebens ist, dass
man versucht, dabei das Beste herauszuholen.
[14] So wird diese Solidarität definiert: Gemeinnutz geht vor Eigennutz. Wenn wir alle
etwas verzichten würden, gäbe es bald keine Armut mehr. Die anstehenden Probleme
lassen sich nur lösen, wenn wir alle zusammenhelfen. Von den Gütern der Erde müssen alle Menschen leben können. Daher müssen die Reichen mit den Armen die Güter teilen. Das Wichtigste, was Kinder lernen müssen, ist das Teilen.

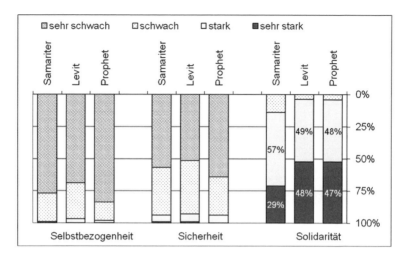

Abbildung 2: Selbstbezogenheit, Sicherheitsstreben und Solidarität

B. Variationen

In der letzten Graphik tauchen bereits die drei in der Studie abgegrenzten Diakons-Typen auf. Dieses Ergebnis ist insofern wichtig, weil es Abschied nehmen läßt von der Vorstellung, es gäbe „den" Diakon in der katholischen Kirche. Auch die Geschichte des Diakonats (nicht zuletzt in seiner weiblichen Form) zeigt, wie kontextabhängig die Ausformung des diakonalen Amtes sein kann.

Zwar gibt es bei allen befragten Diakonen einen gemeinsamen Grundton. Der Diakon, so sagen sie übereinstimmend, ist für mich
– ein Diener an Menschen in Not
– Zeichen der Solidarität Gottes mit den Menschen
– für mich die Verwirklichung meiner Berufung
– Einforderung zu einer diakonischen Kirche
– Brücke zwischen Fernstehenden und Kirche

Dann aber gibt es doch deutlich unterscheidbare Variationen.
– Da ist zunächst der Levit. Er tendiert in allen einschlägigen Fragen zum Priesteramt. Das macht ihn zu einer Art „Diakon im presbyteralen Standby". Er wäre jederzeit bereit, sich zum Priester weihen zu lassen, wenn er Priesteramt und Ehe wie im Amt des Diakons verbinden kann. Soviel zum Priestermangel.[15]

---

[15] Es gibt auch unter den PastoralreferentInnen zwei presbyterialisierende Typen.

Nur 29 % von ihnen (aber 46 % der Samariter und 52 % der Propheten) wollte „nie" Priester werden.
– Der zweite Typ hat von uns die Bezeichnung „Samariter" erhalten. Ihn zeichnet aus, dass er den Armen unmittelbar zu helfen bereit ist. Die Strukturen des Unrechts sind weniger sein Thema.
– Damit befasst sich neben der unmittelbaren Hilfe der Prophet. Ihn interessieren Unrechtsstrukturen in Gesellschaft und Kirche.

Bemerkenswert ist, dass die einzelnen von uns untersuchten Diözesen im mitteleuropäischen Raum stark voneinander abweichende Verteilungen zwischen diesen drei Typen aufweisen. Manche Diözesen haben Diakone mit Blick auf die (fehlenden) Priester; andere mit Blick auf die Armen.

Die Unterscheidung zwischen Samaritern und Propheten entspricht im Übrigen diakoniewissenschaftlichen Einsichten. So gibt es eine helfende Diakonie. Wie der Samariter jenem Opfer half, das unter die Räuber fiel, braucht es den unmittelbaren Überlebensdienst an den vielfältigen Armen. Die Kirche hat aber aus dem marxistischen Vorwurf, dass sie nur an den Symptomen des Unrechts arbeite – oder wie die sozialistische Arbeiterzeitung in Österreich 1898 der Kirche vorwarf: sie betreibe lediglich „Klingelbeutelsozialreform"[16] – gelernt: Es gehört heute zu den Selbstverständlichkeiten der Katholischen Soziallehre, dass nicht nur das Elend rehabilitativ, sondern auch die Strukturen im Sinn der Armutsbekämpfung präventiv zu bearbeiten sind. Nicht Umverteilung allein (sie mag ein notwendiger Zwischenschritt sein), sondern gerechtere Strukturen sind das Ziel des Ringens um nachhaltige Gerechtigkeit.

C. Kompetenzen

Je nachdem, welche Art von Diakon ein Kirchengebiet haben will bzw. braucht, wird sie in Aus- und Fortbildung auch entsprechende Kompetenzen vermitteln. Leviten werden vorrangig liturgisch-sakramentale Kompetenzen erwerben (wollen[17]). Samariter wieder brauchen Fähigkeiten, wie sie aufmerksam die oft verschämten Armen aufspüren und gleichsam „erste Hilfe" leisten.

Vgl. P. M. Zulehner: Ortsuche. Umfrage unter Pastoralreferentinnen und Pastoralreferenten im deutschsprachigen Raum, Ostfildern 2006.

[16] Arbeiterzeitung vom 13.1.1898, 12.1.1894 sowie Gleichheit vom 10.10.1887. Mehr dazu in P. M. Zulehner: Kirche und Austromarxismus. Eine Studie zur Problematik Kirche-Staat-Gesellschaft, Wien 1967,182ff.

[17] Dahinter verbirgt sich ein ziemlich diakoniearmes Priesterbild.

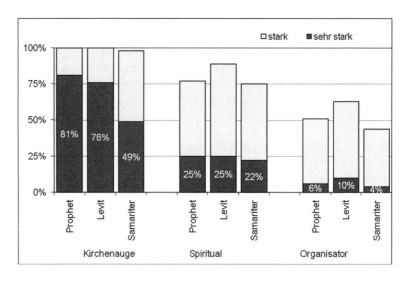

Abbildung 3: Diakone als „Auge der Kirche"

Die syrische Kirchenordnung des fünften Jahrhunderts[18] verpflichtete daher Diakone als „Auge der Kirche", die Strände nach Toten abzusuchen und für deren Beerdigung zu sorgen, die Kranken in den Dörfern zu finden und nicht zuletzt die Presbyter der Gemeinde (wir beachten die Mehrzahl!) darüber zu informieren. Samariter sollten eine gute Streetworkerausbildung haben. Propheten schließlich brauchen nicht nur theologische und pastorale Ausbildung (diese werden gut benotet), sondern vor allem auch Kenntnisse in strukturellen Zusammenhängen, also in Sozialwissenschaften, Sozialethik, Katholischer Soziallehre, in sozio-ökonomischen Fragen. Lediglich 28 % der befragten Diakone fühlen sich hier gut vorbereitet.

Tabelle 1: Meine Ausbildung hat ...

mir genug theologisches Fachwissen vermittelt	69 %
mich gut auf die Seelsorge vorbereitet	68 %
mich genügend auf liturgische Aufgaben vorbereitet	62 %
mich ausreichend auf die diakonische Praxis vorbereitet	60 %
mir geholfen, mein Berufsbild zu entwickeln	50 %
ausreichend politische/sozialethische Fragestellungen thematisiert	28 %
mir geholfen, die nötige Leitungskompetenz zu entwickeln	23 %
mich gut auf organisatorische Anforderungen vorbereitet	20 %

---

[18] Dazu R. Zerfaß: Wenn Gott aufscheint in unseren Taten, in: P. M. Zulehner: Das Gottesgerücht. Bausteine für eine Kirche der Zukunft, Düsseldorf 1987, 95–106.

Dem entsprechen auch die Fortbildungswünsche befragter Diakone, die sich aber einsichtiger Weise je nach Diakonentyp deutlich unterscheiden. Konsequenter Weise wünschen „Propheten" für sich eher soziale Bildung.

Tabelle 2: Ausbildungswünsche

	pastorale Bildung	beides	wenn, dann soziale Bildung
Prophet	19 %	40 %	41 %
Levit	16 %	57 %	27 %
Samariter	49 %	26 %	26 %

Die befragten Diakone haben – je nach Typ verschieden – ein gutes Gespür dafür, was sie für ihre alltägliche Arbeit brauchen. Die Kompetenzen gehen (gestützt auf die entsprechenden Einzelaussagen) in drei Richtungen: wahrnehmen (Kirchenauge sein), motivieren (Spiritual der Gemeinde), organisieren (Organisator sein):

„Kirchenauge sein"
– sich kritisch mit kirchlichen/gesellschaftlichen Entwicklungen auseinandersetzen
– Menschen motivieren können
– einschätzen können, wo am ehesten Hilfe gebraucht wird
– Menschen in schwierigen Lebenslagen begleiten können
– konfliktfähig sein und ein dickes Fell haben

„Spiritual für die Gemeinde"
– sehr spirituelle Menschen sein
– hohe Bibelkompetenz haben

„Organisator"
– organisatorisch ausgebildet sein
– gut eine Gemeinde/Gruppe leiten können
– gute Lehrer und Erzieher sein
– besonders administrative Tätigkeiten beherrschen
– vor allem den Pfarrer unterstützen
– auf Menschen aus anderen sozialen Milieus zugehen

Sollten die Diakone bei ihrem Bemühen, die Gemeinden diakonaler zu machen, erfolgreich sein, wird das nur über diakonale Projekte laufen. Also brauchen sie (mehr) organisatorische Kompetenz. In dieser Hinsicht wird von den befragten Diakonen die Ausbildung als mangelhaft eingeschätzt.

D. Orte

Wahrscheinlich sind auch die Orte des Einsatzes je nach Diakon-
styp verschieden. Leviten drängen mehr zum Altar und zu den
Vorgängen rund um die Sakramente. Sie sind am stärksten innerkirchlich gebunden. Samariter sind zumeist gemeindlich im Um-
kreis eines Ausschusses für pfarrliche Caritas angesiedelt. Propheten treibt es am ehesten aus dem Binnenraum der Kirche hinaus.
Sie sind dann in Einrichtungen und Verbänden tätig, leiten etwa
eine Behindertenwerkstatt[19]. Noch mehr: sie üben einen Beruf
mit diakonaler Dimension aus, wo sie sich sozial und politisch für
mehr Gerechtigkeit stark machen können.

Das heißt auch, dass Leviten eher die Kirche als Arbeitsgeberin
mit hauptamtlicher Anstellung haben wollen. Propheten hingegen
sind vorwiegend Diakone im Zivilberuf, Lehrer, Beamte. Wollten
Diakone nachhaltig Strukturen des Unrechts verändern, müssten
sie in die Politik gehen. Das ist aber wegen der Unvereinbarkeit
eines kirchlichen Amtes mit einem parteipolitischen Mandat (zumindest in Österreich) nicht möglich und anderswo auch gar nicht
wünschenswert. Hier stößt das Diakonat an empfindliche Grenzen. Laien sind diesbezüglich die einzigen handlungsfähigen Kirchenmitglieder.

Bleibt noch die Frage nach dem innerkirchlichen Gewinn der
Diakone. Indem ein Moment, das jedem gläubigen Leben eigen
ist, in einem Amt verdichtet wird, verweist die Kirche auf die
Wichtigkeit der Diakonie im Leben aller Christen. Zudem beauftragt sie die Diakone, eben dieses Moment im Leben der einzelnen Kirchenmitglieder und im Leben der Gemeinden zu stärken:
ein Dienst, der nach Selbstauskunft der befragten Diakone sehr
häufig scheitert. Diakone könnten sich sogar allein durch ihre
Existenz in dieser Hinsicht als kontraproduktiv erweisen. Indem
die Gemeinde sich einen Diakon hält, ist sie eher geneigt, an diesen ihre eigene diakonale Aufgabe zu delegieren. Ähnliches wird
ja auch in Blick auf die organisierte Caritas beklagt.

E. Grundfunktionen

Die Studie an den Diakonen hat ein bemerkenswertes Detail-
ergebnis erbracht. Es geht dabei um die (viel zu) gut voneinander
getrennten sogenannten „Grundfunktionen" der Kirche: Liturgie,

---

[19] Nur wenige finden wir in der schwierigen diakonalen Arbeit mit jungen Menschen,
im Religionsunterricht in Hauptschulen bei nicht pflegeleichten jungen Menschen.

Verkündigung, Diakonie, die wiederum gemeinsam in die Koinonia eingebunden sind. Kaum ein Ordinariat hat nicht für diese drei Dimensionen kirchengemeindlichen Lebens eine eigene Abteilung eingerichtet. Der unzulässigen Trennung der Dimensionen ist damit Tür und Tor geöffnet; die Gefahr, dann in einem der drei Bereiche (es trifft dann meist die Diakonie) zu sparen, liegt nahe. Nicht zufällig hat ja Benedikt XVI. bei seinem Besuch in Bayern darüber geklagt, dass die deutsche Kirche in den anderen Kontinenten gern in Entwicklungsprojekten hilft, nicht aber in Projekten der Evangelisierung: als ob diese beiden Bereich so leicht trennbar wären, wenn man Verkündigung und Diakonie nicht auch zugleich trennte.

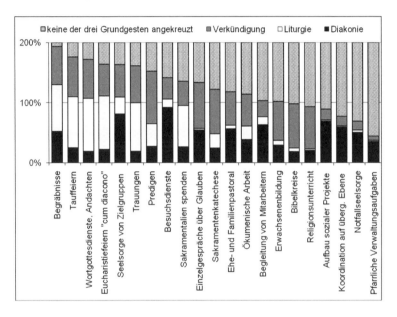

Abbildung 4: Alles, was Diakone tun, nimmt an allen drei
    Grunddimensionen teil

Die Diakone haben eine solche Trennung in der Studie nicht vorgenommen. Alle ihre Tätigkeiten berühren ihrer Auskunft nach alle drei Dimensionen, wenn auch mit jeweils unterschiedlichem Akzent. Damit halten sie für das kirchliche Leben deutlich in Erinnerung, dass Abendmahl und Fußwaschung, Eucharistie und Diakonie, „in Gott eintauchen, bei den Armen auftauchen" untrennbar zusammengehören, also das eine vom anderen lebt.

Selbst die Rituale der Kirche, dem liturgischen Bereich zugehörig, haben neben ihrem verkündigenden Moment eine starke diakonale Dimension an sich – von Ritendiakonie[20] lässt sich berechtigter Weise reden, wenn ein Kind getauft und wenn Tote beerdigt werden. Zudem: In einer Zeit, in der das Wort von bezahlten Propheten in der Verkündigung wenig zählt, wird die Tat der Nächstenliebe zum stärksten Zeugnis für die Gegenwart und das Erbarmen Gottes.

IV. Zukunftsentwicklungen

Die Diakone wurden zu einigen Aspekten der Zukunft ihres Amtes befragt. Sie wünschen als Amtsträger auch Zugang zu Leitungsaufgaben: im diakonalen Bereich selbst, für die Gesamtgemeinde. Als bischofsunmittelbar hätten viele gern einen Diakonenrat. Sie haben wenig gegen Diakoninnen, empfinden aber die altkirchlich-ostkirchliche Praxis als Last, beim Tod der Ehefrau nicht mehr heiraten zu können. Sie merken, dass der Priestermangel[21] sie von ihrer ureigenen diakonalen Aufgabe abdrängt und sie wie die PastoralreferentInnen „presbyterialisieren", also ohne entsprechende Ordination presbyterale Aufgaben übernehmen.

Tabelle 3: Zukunftsperspektiven von Diakonen

	fände ich gut	fände ich sehr gut
Diakone: sollten die Gesamtleitung einer Gemeinde …	28 %	31 %
In die Leitungsebene der Kirche mehr Diakone	37 %	36 %
viri probati geben, damit das Spezifische gewahrt	26 %	46 %
Diakonenrat (äquivalent zum Priesterrat)	25 %	42 %

---

[20] P. M. Zulehner: Ritendiakonie, in: B. Kranemann / Th. Sternberg / W. Zahner: Die diakonale Dimension der Liturgie, Freiburg 2006, 271–283.

[21] Zum Thema Priestermangel und seiner Lösung: F. Lobinger: Team of Elders. Moving beyond „viri probati", Quezon City 2007. P. M. Zulehner ./ F. Lobinger: Um der Menschen und der Gemeinden willen. Plädoyer für die Entlastung der Priester, Ostfildern 2002. P. M. Zulehner / F. Lobinger, / P. Neuner: Leutepriester in lebendigen Gemeinden. Ein Plädoyer für gemeindliche Presbyterien, Ostfildern 2003. Zu den Priestern allgemein: P. M. Zulehner: Priester im Modernisierungsstress. Forschungsbericht der Studie Priester 2000. Ostfildern 2001. P. M. Zulehner / A. Hennersperger: „Sie gehen und werden nicht matt" (Jes 40,31). Priester in heutiger Kultur, Ostfildern 2001. A. Hennersperger: Ein ein(z)iges Presbyterium. Zur Personalentwicklung von Priestern. Amtstheologische Reflexionen zu den Daten der Studie Priester 2000, Ostfildern 2002.

Frauen (ohne Bedingungen) zum Diakonat zulassen	16 %	47 %
verstärkt an struktureller Kirchenentwicklung beteiligen	33 %	29 %
Bei Tod der Ehefrau als Diakon wieder heiraten	21 %	54 %
Diakone sollten gut an ihrer Kleidung erkennbar sein	12 %	7 %
In jeder Gemeinde sollte es einen Diakon geben	26 %	55 %
Wenn genug Priester, dann Diakone frei für Spezifisches	32 %	37 %
Diakone: Leitung der Diakonie ihrer Gemeinde …	32 %	48 %
Frauen zum Diakonat, wenn Berufsbild geklärt	14 %	18 %
Das Weihealter auch für unverheiratete Diakone auf 35	20 %	21 %

Der Wunsch nach mehr gesellschaftlicher Präsenz ist allerdings nicht erkennbar geworden. Ist das ein Hinweis darauf, dass zumindest in unseren Breiten die Kirche die Welt, die Wirtschaft und Gesellschaft, die Armen aus den Augen verliert? Das Diakonat könnte, wenn es sich selbst nicht weltvergessen inszeniert, ein Stachel gegen eine spirituelle Verwellnessung[22] des Christentums sein. Wird es dazu aber die Kraft besitzen angesichts der stillen Verbürgerlichung der Gemeinden[23] und des Fehlens an Presbytern?

---

[22] Zu dieser Gefährdung christlicher Nächstenliebe im Zuge narzisstisch verformter Spiritualität: P. M. Zulehner: GottesSehnsucht. Spirituelle Suche in säkularer Kultur, Ostfildern 2008. Paul M. Zulehner (Hg.): Werden was ich bin. Ein spirituelles Lesebuch, zusammengestellt und herausgegeben von Paul M. Zulehner, Ostfildern 2008.
[23] Hier lohnt sich ein Blick auf die Sinus-Milieu-Studie, welche die Kirchengemeinden eher in einem saturierten traditionellen bürgerlichen Milieu beheimatet sieht. Medien-Dienstleistungsgesellschaft (MDG) (Hg.): Milieuhandbuch. Religiöse und kirchliche Orientierungen in den Sinus-Milieus 2005, München 2006. M. Ebertz: Wie ticken die Katholiken? Ergebnisse der Sinus-Studie, in: Herder Korrespondenz spezial vom Mai 2006 – Was die Kirche bewegt. Katholisches Deutschland heute, 2–6. Ders.: Anschlüsse gesucht. Ergebnisse einer neuen Milieu-Studie zu den Katholiken in Deutschland, in: Herder Korrespondenz 6 (2006), 173–177. Lebendige Seelsorge 57 (2006), Heft 4 mit dem Titel „Kirche in (aus) Milieus". R. Bucher: Die Provokation annehmen. Welche Konsequenzen sind aus der Sinusstudie zu ziehen? in: Herder Korrespondenz 60 (2006) 450–454. M. Hainz: Milieuüberschreitende Evangelisierung. Sinus-Studie 2005, in: Stimmen der Zeit 131 (2006) 562–566. P. M. Zulehner / M. Ebertz: Plädoyer für Kirchenwachstum. Pastoraltheologisches zu den Sinus-Milieus, in: Lebendige Seelsorge 58 (2007) 324–328.

Diakonia – realisierte Koinonia

Zur ekklesialen Verortung von Diakonia und Diakonat

von Klemens Armbruster

Einleitung

Parallel zur Wiederentdeckung und zur Wiedereinführung des Ständigen Diakonates in Deutschland – dieser Beitrag hat vor allem den deutschsprachigen Kontext vor Augen – verlief die Diskussion um die Gemeindegestalt der Kirche.[1] Diese Diskussion ist bis heute nicht an ein Ende gekommen. Denn angesichts der Einführung von größeren pastoralen Seelsorgeräumen muss sich auch die einzelne „Gemeinde neu verstehen"[2] lernen. Die Ergebnisse der Sinus-Studie haben den Fragekreis noch vergrößert, wie Ortskirche sich heute als „Sozialform gelebten Glaubens" in den unterschiedlichen Milieus bemerkbar machen kann.[3] Wo aber die Entwicklung der sozialen Erscheinungsform einer Ortskirche eine Frage ist und bleibt, ist es wenig verwunderlich, dass eine Profilierung der verschiedenen kirchlichen Berufe nicht einfach gelingen mag. Dies gilt auch für den Ständigen Diakonat.[4] Das Fehlen einer von allen, mindestens von den meisten akzeptierten allgemeinen Definition dessen, was der Diakonat ist bzw. sein soll, hat seinen Grund auch im Fehlen einer von vielen geteilten Identität, wie

---

[1] Einen grundlegenden Überblick findet sich in: P. Müller: Gemeinde: Ernstfall von Kirche. Annäherung an eine historisch und systematisch verkannte Wirklichkeit, (ITS 67), Innsbruck-Wien 2004, 632–836.

[2] „Gemeinde neu verstehen", so der Titel von LebSeel, H. 2 (2006).

[3] Vgl. etwa E. Bieger / W. Fischer / J. Mügge / E. Nass: Pastoral im Sinus-Land. Impulse aus der Praxis/für die Praxis (Kirchenzukunft konkret, hg. v. M.N. Ebertz, Bd. 4), Berlin 2008; LebSeel, H. 4 (2006) „Kirche in (aus) Milieus"; M.N. Ebertz / H. Hunstig (Hg.): Hinaus ins Weite. Gehversuche einer milieusensiblen Kirche, Würzburg 2008.

[4] Wir bleiben hier beim Terminus des „Ständigen" Diakonates, obwohl es vielfach sinnvoll ist, nur vom Diakon und dem Diakonat zu sprechen. Dass Priester zuvor auch zu Diakonen geweiht wurden, und deshalb ständig Diakone bleiben, ist vielen erst durch die Präsenz von Ständigen Diakonen wieder ins Bewusstsein zurückgekehrt. Das Wort vom „Ständigen Diakonat" verweist aus unserer Sicht stärker auf das Eigenständige und beständig Bleibende des Sakraments der Diakonenweihe.

Ortskirche heute realisiert werden kann. Die Frage „Wohin entwickelt sich der Diakonat?" ist eng verbunden mit der Frage: „Wohin geht die Kirche?"[5]

Diese innerkirchlichen Suchbewegungen sind, und das mag wenig überraschen, nicht weit entfernt von den Verunsicherungen, die in einer sich ständig verändernden Gesellschaft zu bemerken sind. Viele Institutionen und Organisationen, Parteien und traditionsreiche Vereine unterziehen sich mehr oder weniger freiwillig einem Leitbildprozess, beginnend mit der Fragestellung: „Wer wir sind und was wir wollen."

Die Suche nach der individuellen Identität ist eine Folge von sich auflösenden kollektiven Identitäten. Von Anthony Giddens[6] stammt der Begriff der „Entbettung" („Disembedding"). Darunter versteht er, dass bisherige soziale Beziehungen aus orts-, raum- und zeitgebunden Strukturzusammenhängen herausgehoben worden sind.[7] War man in den zurückliegenden „Epochen"[8] gewissermaßen in den je eigenen vertrauten und überschaubaren Orts- und Sozialbezügen („katholisches Milieu") relativ fest eingebettet, so findet sich das Individuum von heute vielfach nicht nur in „situativen Netzwerken"[9] wieder, sondern es muss „in gewisser Weise die Gabe der ‚Ubiquität'"[10] besitzen. Identität ist zu einem kritischen Begriff geworden.

Wie aber *verorten* sich Subjekte in ihrem Selbstverständnis in einer sich wandelnden sozialen Welt, wie gelingt eine eigene „Identi-

---

[5] M. Kehl: Wohin geht die Kirche? Eine Zeitdiagnose, Freiburg 1996.

[6] A. Giddens: Konsequenzen der Moderne. Frankfurt a. M. 1995.

[7] A. Giddens: Konsequenzen der Moderne, 33.

[8] H.-G. Gadamer, Wahrheit und Methode. Ergänzungen, Register, Gesammelte Werke Bd. II, Hermeneutik II, Tübingen ²1993, 31 und 136ff, definiert Epoche als „einen einheitlichen Bedeutungszusammenhang" innerhalb dessen die Ereignisse interpretierbar und deshalb verstehbar sind.
Das Zweite Vatikanische Konzil beschreibt die kulturellen und gesellschaftlichen Veränderungen als Epochenwechsel: „Die Lebensbedingungen des modernen Menschen sind in gesellschaftlicher und kultureller Hinsicht zutiefst verändert, so dass man von einer neuen Epoche der Menschheitsgeschichte sprechen darf." (GS 54) „Heute steht die Menschheit in einer neuen Epochen ihrer Geschichte." (GS 4) K. Kardinal Lehmann: Das II. Vatikanum – ein Wegweiser. Verständnis – Rezeption – Bedeutung, in: P. Hünermann (Hg.): Das Zweite Vatikanische Konzil und die Zeichen der Zeit heute, Freiburg 2006, 11–26, berichtet, dass Papst Johannes XXIII. in seiner Ansprache die Kirche „in eine geschichtliche Phase von außergewöhnlicher Tragweite einzutreten" sehe. Später sei dann von der „Grenzlinie zu einer neuen Epoche" die Rede gewesen. 11.

[9] G. Lipovetsky: Narziß oder Die Leere. Sechs Kapitel über die unaufhörliche Gegenwart, Hamburg 1995, 19.

[10] „Das postmoderne Individuum ist destabilisiert, besitzt in gewisser Weise die Gabe der Ubiquität'." G. Lipovetsky: Narziß oder Die Leere, 57.

tätsbildung", wenn die bisherigen kollektiven Identitäten als identitätsstiftende Größen ausfallen?[11] „Die grundlegende Erfahrung des ,Disembedding'", so Heiner Keupp, „kann nur durch einen gegenläufigen Prozess der Beheimatung aufgehoben werden, der eine aktive Leistung des Subjekts darstellt und die (Wieder-)Einbettung von persönlichen Projekten in soziale Kontexte sowie die Wiederherstellung von Verbindungen zu Orten, Personen und kulturellen Kontexten beinhaltet."[12] Auch wenn die traditionellen Sozialmilieus weggebrochen sind, so geht es bei der eigenen „Identitätskonstruktion" immer auch „um die Herstellung einer Passung zwischen dem subjektiven ,Innen' und dem gesellschaftlichen ,Außen'."[13] „Das Konzept der Identität ist untrennbar vom Konzept der Alterität."[14] Das Subjekt benötigt ein System zur eigenen Identitätskonstruktion.[15]

Im Blick auf die Frage nach dem „Wer wir sind und was wir wollen" des Diakonates besagt dies: Der Diakonat als Diakonat kann seine Identität nicht ohne seine Einbettung in die Ekklesia definieren. Papst Benedikt XVI. meint genau dies, wenn er von der Diakonia als einem „ekklesialen Grundprinzip"[16] spricht. Die Diakonia ist ein Prinzipium eines größeren Ganzen. Die Frage nach der Diakonia ist die Frage nach der Ekklesia.[17] Wenn die Dia-

---

[11] „Vor einem Vierteljahrhundert war die Vergangenheit bekannt, die Zukunft vorhersagbar und die Gegenwart veränderte sich in einem Schrittmaß, das verstanden werden konnte. [...] Heute ist die Vergangenheit nicht mehr das, was man von ihr angenommen hatte, die Zukunft ist nicht mehr vorhersehbar, und die Gegenwart ändert sich wie nie zuvor." (Der amerikanische Psychologe H. B. Gelatt, in: H. Keupp u. a.: Identitätskonstruktionen: das Patchwork der Identitäten in der Spätmoderne, Hamburg 1999, 280).

[12] H. Keupp u. a.: Identitätskonstruktionen, 181. Zur „Einbettung in neue Stil- und Ortsbezüge" vgl. F.-P. Tebartz-von Elst: Gemeinde in mobiler Gesellschaft. Kontexte – Kriterien – Konkretionen, (Studien zur Theologie und Praxis der Seelsorge 38) Würzburg ²2001, 342ff.

[13] H. Keupp u. a.: Identitätskonstruktionen, 28.

[14] H. Keupp u. a.: Identitätskonstruktionen, 95 zitiert hier Gosslaux.

[15] „In der ,Sozialwerdung' vollzieht sich zugleich die Subjektwerdung." (J. Werbick: Subjekt und System, in: CGG Tl.-Bd 24, 101–139, 131f.)

[16] Benedikt <Papa XVI.>: Enzyklika „Deus caritas est" von Papst Benedikt XVI. an die Bischöfe, an die Priester und Diakone, an die gottgeweihten Personen und an alle Christgläubigen über die christliche Liebe, Bonn 2006 (VApS 171 Nr. 21), (künftig abgekürzt: DCE).

[17] „Die Art, wie dieses Amt (erg. des Diakons) für die Kirche der Gegenwart zu profilieren ist, ist allerdings wesentlich durch die Situation der Kirche determiniert." (P. Hünermann: Diakonat – ein Beitrag zur Erneuerung des kirchlichen Amtes?, in: Diaconia Christi H. 3/4 (1994), 13–22, 13). „Im Kontext der Evangelisierung mit seinen vielfältigen, wachsenden pastoralen und sozialen Herausforderungen kommt dem Ständigen Diakonat künftig ein nicht unerheblicher Einfluss für die Sendung der Kirche im Dienst der Verkündigung, der Liturgie und der Caritas zu." (G. Risse:

konia ein Wesensmerkmal der Ekklesia ist, dann lässt sich die Identität der Diakonia nur näher bestimmen, wenn man gleichzeitig auch die Ekklesia zu verstehen sucht.[18] Die Suche nach der Identität des Subjektes „Diakon" wird zur Suche nach der Identität des sozial-koinonalen Systems „Ortkirche", dem er angehört.[19]

Das Anliegen dieses Beitrages ist es, sich mit der Frage nach der ekklesialen Verortung der Diakonia und des Diakons auseinanderzusetzen. Karl Rahners Überlegungen werden dabei behilflich sein, die gegenseitige Verwiesenheit zwischen Ekklesia und Diakonia aufzuzeigen. Es wird zu zeigen sein, dass die Ekklesia, um als Ereignis sichtbar und greifbar zu werden, konkrete koinonale Lebensformen braucht, deren Qualitätsmerkmal die Diakonia ist: *Diakonia ist realisierte Koinonia.* Weiter wird von Karl Rahner her zu zeigen sein, dass gerade der Diakonat in der heutigen Gesellschaft eine ganz eigene Rolle und damit seine ganz eigene Identität findet, wenn er gerade auch im gesellschaftlichen Kontext (neue) soziale Systeme zu entwickeln hilft und neue Formen koinonalen Miteinanders stiftet: *Diakonia, die sich als Koinonia realisiert.*

Diakonia als Realisierung einer gelingenden Koinonia ist ein entscheidender Fingerzeig nicht nur zum Verständnis, sondern weit mehr, zur Aktualisierung von Kirche vor Ort. Diakonia und Koinonia sind aufeinander verwiesen. Der Schlüssel zum Verständnis von Diakonia und damit der Schlüssel zum Verständnis des Diakonats liegt in der Koinonia. Die Koinonia ist der Ort, an

---

Der Ständige Diakonat – eine Bereicherung für die Sendung der Kirche, in: G. Augustin / Ders. (Hg.): Die eine Sendung – in vielen Diensten. Gelingende Seelsorge als gemeinsame Aufgabe in der Kirche, Paderborn 2003, 95–105, 96).

[18] Das Zweite Vatikanische Konzil stellt das Weihesakrament insgesamt in den Kontext des Verständnisses von Kirche. Der „Ordo ist vielmehr in seinen Texten und Riten sehr stark mitgeprägt von einer Neubesinnung auf das Amt und die Aufgaben des Diakons. [...] die hierdurch aufgeworfenen Fragen [sind] untrennbar mit zentralen Fragen der Ekklesiologie verkettet." (O. Nußbaum: Theologie und Ritus der Diakonenweihe, in: J.G. Plöger / H.J. Weber (Hg.): Der Diakon. Wiederentdeckung und Erneuerung seines Dienstes, Freiburg 1980, 122–146, 135). „Das Zweite Vatikanische Konzil stellt das Weihsakrament in den Gesamtrahmen einer Lehre vom Volk Gottes hinein." (S. Böntert: „Stelle dein Leben unter das Geheimnis des Kreuzes". Katholische Ordination zwischen Amtstheologie und Liturgiereform, in: I. Mildenberger (Hg.): Ordinationsverständnis und Ordinationsliturgien. Ökumenische Einblicke, Leipzig 2007, 151–178, 157).

[19] Das Konzil hat zwar den Ständigen Diakonat grundsätzlich in der Kirche wiedereingeführt, aber überraschenderweise die Entscheidung über die tatsächliche Umsetzung „den zuständigen verschiedenartigen territorialen Bischofskonferenzen" (LG 29) überlassen. Was das bedeutet, dass das die Existenz eines Amtes in der Kirche verknüpft wird mit den territorialen Situationen, ist in seiner ekklesiologischen und amtstheologischen und Konsequenzen noch wenig ausgeleuchtet.

dem die Diakonia praktiziert und erfahren wird und an dem die Ekklesia sichtbar und greifbar wird.

Dazu soll zuerst die Koinonia als ein Grundprinzip der Anthropologie, der Metanoia wie auch der Ekklesia aufgezeigt werden. Von diesem Grundprinzip darf aber nicht nur virtuell die Rede sein, sondern dies muss prinzipiell real greifbar und sichtbar werden in konkreten ortshaften Vergemeinschaftungen. Das Qualitätsmerkmal einer christlichen Koinonia, was weiter zu zeigen sein wird, ist die Diakonia. Aus diesem Ansatz heraus soll zum Schluss die gegenseitige Ergänzung des presbyteralen und diakonalen Amtes aufscheinen.

I. Grundprinzip Koinonia

Der griechische Begriff Koinonia[20] wird gern übersetzt mit „Gemeinschaft durch Teilhabe". Gemeinschaft entsteht, indem die einzelnen Mitglieder jeweils individuell *an etwas Gemeinsamem* Teil haben. Paulus spricht etwa 1 Kor 1,9 von der „Koinonia mit Jesu Christi" oder in Phil 2,1 von der „Koinonia des Geistes" und meint damit, dass alle Anteilhaben am Gleichen und deshalb eine Koinonia bilden. Aber Koinonia als „Gemeinschaft durch Teilhabe *an etwas Gemeinsamem*"[21] kann sich auch auf Koinonia als „Gemeinschaft durch Teilhabe *an den anderen*"[22] beziehen. In der

---

[20] Zum Begriff Koinonia vgl. J. Hainz: Koinonia. „Kirche" als Gemeinschaft bei Paulus, Regensburg 1982. U. Kuhnke: Koinonia – Option für Humanisierung, in: H.-G. Ziebertz (Hg.): Christliche Gemeinde vor einem neuen Jahrtausend. Strukturen-Subjekte-Kontexte, Weinheim 1997, 247–264; P. Müller: Gemeinde, 40–43.

[21] Beispielhaft bei Johannes Paul <Papa II.>: Enzyklika „Redemptor hominis" von Papst Johannes Paul II. an die Verehrten Mitbrüder im Bischofsamt die Priester und Ordensleute die Söhne und Töchter der Kirche und an alle Menschen Guten Willens zum Beginn Seines Päpstlichen Amtes Bonn 1979, (VApS 6): „Wenn wir also diese Gemeinschaft des Volkes Gottes, die so umfassend und äußerst differenziert ist, vor Augen haben wollen, müssen wir vor allem auf Christus blicken, der in gewisser Weise zu jedem Glied dieser Gemeinschaft sagt: ‚Folge mir'. Dies ist die Gemeinschaft der Jünger; jeder einzelne von ihnen folgt auf je eigene Weise Christus, mitunter sehr bewusst und kohärent, mitunter wenig aufmerksam und sehr inkonsequent. Darin zeigt sich auch das zutiefst ‚personale' Profil und die besondere Dimension dieser Gesellschaft, die – trotz aller Mängel des gemeinschaftlichen Lebens im menschlichen Sinn dieses Wortes – gerade dadurch Gemeinschaft ist, dass alle sie mit Christus selbst bilden, wenigstens dadurch, dass sie in ihrer Seele das unauslöschliche Merkmal eines Christen tragen. Dasselbe Konzil hat besondere Aufmerksamkeit darauf verwandt aufzuzeigen, wie diese ‚ontologische' Gemeinschaft der Jünger und Gläubigen auch ‚menschlich' eine Gemeinschaft werden muss, die sich ihres eigenen Lebens und Wirkens bewusst ist." Nr. 21.

[22] Beispielhaft bei Johannes Paul <Papa II.>: Apostolisches Schreiben „Novo millen-

Apostelgeschichte 2,44 heißt es: „Sie hatten alles gemeinsam (κοι-νοσ). Sie verkauften Hab und Gut und gaben davon allen." Es ist die κοινονία της πιστέως, die „Gemeinschaft des Glaubens" (Phlm 6), die wirksam wird durch „wechselseitiges Anteil-geben".[23]

Auf diese manchmal übersehene doppelte Bedeutung von Koinonia kommen auch die Texte des Zweiten Vatikanischen Konzils zu sprechen.[24] Dabei machen sie zwei Grundaussagen über den Menschen: Der Mensch ist nicht nur Individuum, sondern zugleich auch Sozialwesen. In seiner Einzigartigkeit ist der Mensch nicht nur auf sich verwiesen und angewiesen. Die Konzilstexte sprechen auch von der wesensmäßigen gegenseitigen Verwiesenheit der Menschen untereinander; sie sprechen vom *Grundprinzip der Koinonia.*[25]

nio ineunte" von Papst Johannes Paul II. zum Abschluss des Großen Jubiläums des Jahres 2000, Bonn 2000 (VApS 150): „Spiritualität der Gemeinschaft bedeutet zudem die Fähigkeit, den Bruder und die Schwester im Glauben in der tiefen Einheit des mystischen Leibes zu erkennen, d. h. es geht um „einen, der zu mir gehört", damit ich seine Freuden und seine Leiden teilen, seine Wünsche erahnen und mich seiner Bedürfnisse annehmen und ihm schließlich echte, tiefe Freundschaft anbieten kann. Spiritualität der Gemeinschaft ist auch die Fähigkeit, vor allem das Positive im anderen zu sehen, um es als Gottesgeschenk anzunehmen und zu schätzen: nicht nur ein Geschenk für den anderen, der es direkt empfangen hat, sondern auch ein ‚Geschenk für mich'. Spiritualität der Gemeinschaft heißt schließlich, dem Bruder ‚Platz machen' können, indem ‚einer des anderen Last trägt' (Gal 6,2) und den egoistischen Versuchungen widersteht, die uns dauernd bedrohen und Rivalität, Karrierismus, Misstrauen und Eifersüchteleien erzeugen." (Nr. 43).

[23] Vgl. P. Weß: Gemeindekirche. Ort des Glaubens. Die Praxis als Fundament und Konsequenz der Theologie, Graz 1989, 500.

[24] Die lateinischen Texte des Konzils verwenden natürlich den lateinischen Begriff für das griechische koinonia: „communio". Wir verwenden im Folgenden den griechischen Begriff der Koinonia, weil im Sprachgebrauch bei Communio mehr die Einheit, bei Koinonia auch das Zueinander betont wird. Zum Communiobegriff des II. Vatikanischen Konzil vgl. W. Kasper: Die Communio-Ekklesiologie als Grundlage für eine erneuerte Pastoral, Rottenburg a.N. 1990. Zur Kritik am Communiobegriff, siehe P. Hünermann: Theologischer Kommentar zur dogmatischen Konstitution über die Kirche Lumen gentium, in: HThK Vat.II, Bd.2 ²2006, 263–582, 555f.

[25] Die Diskussion, ob die drei Grundvollzüge Martyria – Leiturgia – Diakonia um den vierten, die Koinonia, *ergänzt* werden müsste oder ob die Koinonia einfach das verbindende Band dieser drei Grundvollzüge ist, verläuft unterschiedlich. Allerdings setzt er meinen Standpunkt voraus, die Koinonia als einen eigenständigen – vierten – *Grundvollzug* von Kirche anzusehen. Dass sich Gemeinschaft, Koinonia, konstituiert, ergibt sich nämlich nicht von selbst und ergibt sich auch nicht einfach aus dem Zusammenspiel von Diakonia, Martyria und Leiturgia, sondern ist ein eigener konstitutiver Prozess der Gestaltwerdung. Koinonia wird hier als eine je eigene und ganz konkrete Sozialform verstanden, die sich spontan, zeitlich oder dauerhaft zusammenfindet als Gruppe, als Verband, als Gemeinde, als Lebensgemeinschaft, als Chorgemeinschaft, als Ministrantenschar usw. Genauso wie es auch die Diakonia als sogenannten Grunddienst nicht einfach *an sich* gibt oder einfach „mitgedacht" werden kann, sondern Diakonia zeigt sich immer in ganz konkreten diakonischen Initia-

tiven und Projekten. Martyria gibt es nicht *an sich*, obwohl es sogar ein „Zeugnis ohne Worte" gibt. Aber auch das „Zeugnis ohne Worte" kann nur von ganz konkreten Personen, Gemeinschaften oder sogar Institutionen gegeben werden. Liturgie gibt es nicht *an sich*, sondern sie ereignet sich immer ortshaft und setzt ganz konkret feiernde Menschen voraus. So kann die Koinonia auch nicht einfach nur „mitgedacht" werden als die, die die anderen drei umfasst. Koinonia ereignet sich auch nicht quasi von selbst, wenn von den drei Grundvollzügen Martyria – Leiturgia – Diakonia die Rede ist: Martyria, etwa wenn Menschen Zeugnis ablegen im Religionsunterricht oder als Katecheten im Erwachsenenkatechumenat, konstituiert zwischen den Beteiligten von alleine noch keine Gemeinschaft. Dass Menschen zusammen Liturgie feiern, konstituiert zwischen ihnen von alleine noch keine Gemeinschaft. Jedes offene Gottesdienstangebot richtet sich an Einzelmenschen, die als solche teilnehmen und wieder gehen können. Dass Menschen einander dienen, konstituiert zwischen ihnen von alleine noch keine Gemeinschaft. Viele Wohlfahrtsverbände verstehen sich als Dienstleistungsunternehmen. Selbst in sogenannten Vespergottesdiensten, in denen Bedürftige im Gottesdienstraum zum Essen eingeladen sind und freiwillig an einer kleinen Liturgie teilnehmen können, in denen für sie das Wort Gottes ausgelegt wird, konstituiert sich von alleine noch keine Koinonia. Damit sich eine (christliche) Koinonia konstituiert, braucht es einen eigenen (spirituellen) Anstoß. Außerdem müssen eigene soziologische wie gruppendynamischem Gesetze beachtet werden. Im Schreiben der *Deutschen Bischöfe* zur Geistliche Verbandleitung in den katholischen Jugendverbänden wird einsichtig gemacht, dass die drei Grundvollzüge Martyria – Leiturgia – Diakonia alleine nicht ausreichen, um den Dienst der geistlichen Verbandsleitung zu beschreiben. Die geistliche Verbandsleitung hat wie selbstverständlich einen ganz konkreten Verband (Koinonia) vor sich, der geistlich geleitet werden soll. Schon allein der Begriff „Verband" macht deutlich, dass es sich hier nicht nur um eine „mitgemeinte" Form, sondern um eigenständige koinonale Sozialgestalten handelt. Deshalb gehört es zu der „hervorragende Aufgabe der geistlichen Verbandsleitung […], gemeinsam mit den leitenden Mitgliedern des Verbandes für die kirchliche Identität des Jugendverbandes zu sorgen und die Erfahrung christlicher Gemeinschaft zu ermöglichen". (*Die Deutschen Bischöfe*, Geistliche Verbandleitung in den katholischen Jugendverbänden, Nr. 87, hg. v. Sekretariat der Deutschen Bischofskonferenz, Bonn 2007, 13–14) Die Sorge um die *Identität* und die *Erfahrbarkeit* konkreter christlicher Gemeinschaft ist noch nicht beruhigt, wenn Liturgie gefeiert, gegenseitig gedient und verkündigt wird. Die christliche Gemeinschaft als reales und realisiertes Bündnis von Menschen setzt die jeweilige Entscheidung des einzelnen voraus, mit anderen zusammen eine Koinonia, einen Verband, einen Kirchenchor, eine Gemeinde oder welche Sozialform auch immer aufzubauen und zu leben. Koinonia ist mehr und etwas anderes als Liturgie, Verkündigung und Diakonie. Sie ergibt sich nicht von selbst. Gemeindeaufbau, das Entstehen und Bestehenbleiben neuer Gruppen oder geschwisterlicher Lebensformen ist immer die Folge eines bestimmten Prozesses. Die ganze Diskussion um die Gemeindebildungen vor Ort sind auch deshalb in Schwierigkeiten gekommen, weil man gedacht hat, das ganz normale geschwisterliche Miteinander, die Sorge um die Koinonia würde irgendwie von selbst zustande kommen. „Man kann eine Gemeinde ekklesiologisch nicht einfach mit einer Pfarrei gleichsetzen, in der eine bestimmte Anzahl Christen wohnt, für die zwar regelmäßig Gottesdienste angeboten werden, die aber sonst ihr Christsein individuell leben. Von communialen Vollzügen dieser (Einzel-)Christen wäre wenig spürbar. Genauso wenig ist die sich ad-hoc zur Eucharistie oder zur Sakramentenfeier zusammenfindende Gruppe als Gemeinde zu sehen. Hier könnte man höchstens von einer Altar- oder Feiergemeinschaft sprechen, die zwar Kirche im sakramentalen Tun repräsentiert, keineswegs aber die Vollform einer christlichen Gemeinde erreicht. Gemeinde muss

a) Wesenszug der Anthropologie

Der Mensch ist seiner Natur nach nicht nur als „Single" geschaffen, sondern auch als „Wesen der Gemeinschaft" (GS 21)[26]; ihm eigen ist demnach von Anfang an nicht nur seine individuelle Würde und Personalität, sondern auch seine Sozialität. So hat Gott den Menschen nach Gaudium et spes nicht nur als Einzelwesen geschaffen, sondern „von Anfang an hat er ihn ‚als Mann und Frau geschaffen' (Gen 1,27); ihre Verbindung schafft die erste Form personaler Gemeinschaft. Der Mensch ist nämlich aus seiner innersten Natur ein gesellschaftliches Wesen; ohne Beziehung zu den anderen kann er weder leben noch seine Anlagen zur Entfaltung bringen." (GS 12)[27]

---

mehr sein als ein kurzfristiges Zusammengehen von Christen. Auch Evangelisierung wäre falsch verstanden, wenn sie aus einer Impulsreihe von Vorträgen und Predigten bestünde (vgl. frühere Gemeindemissionen), die dann gar nicht als lebendiger Prozess zwischen Menschen im Praxisfeld des gelebten Glaubens entfaltet werden könnten. Zur vollen Entfaltung der gemeindlichen Vollzüge ist größere Verbindlichkeit, substantielle Entschiedenheit, aktive Teilnahme und eine entsprechende Dauerhaftigkeit notwendig." (P. Müller: Gemeinde: Ernstfall von Kirche, 988) Das Ansinnen von *Johannes Paul II.* in Novo millenio ineunte – auf das später in diesem Beitrag eingegangen werden wird –, die Kirche zum Haus und zur Schule von Gemeinschaft zu machen, zielt genau darauf, neben der Verkündigung, neben der Liturgie und neben der Diakonie die Koinonia als eigenständigen Grundvollzug hervorzuheben. Die Kirche erschöpft sich nach Johannes Paul II. nicht darin, zu verkündigen, Liturgie zu feiern und dem Nächsten zu dienen, sondern ist der Welt das eigenständige Zeugnis lebendiger Gemeinschaft schuldig.
Für die Vertreter von nur drei Grundvollzügen vgl. etwa *B. J. Hilberath*: Thesen zur Theologie des Diakonats, in: *K. Kießling* (Hg.): Ständige Diakone – Stellvertreter der Armen? Projekt Pro Diakonia: Prozess – Positionen – Perspektiven, Berlin 2006, 92–104: „Ich möchte lieber bei den drei Grundvollzügen bleiben, und zwar aus folgenden theologischen Gründen: Meines Erachtens wird die Koinonia der christlichen Gemeinde durch die drei Grundvollzüge jeweils konstituiert und vollzogen." 96.
[26] Falls nicht eigens angegeben werden die Texte des Konzils zitiert nach: K. Rahner / H. Vorgrimler: Kleines Konzilskompendium. Sämtliche Texte des Zweiten Vatikanischen Konzils, Freiburg [22]1990. Zugleich wird, wo es angezeigt erscheint, auf die Übersetzung hingewiesen in: Herders Theologischer Kommentar zum Zweiten Vatikanischen Konzil, hg. v. P. Hünermann / B.J. Hilberath, (HThK Vat.II.) Bd. 1, Die Dokumente des Zweiten Vatikanischen Konzils. Lateinisch-deutsch, Freiburg 2004. GS 21 wird ebd. mit „in die Gesellschaft gestellt" übersetzt, 619.
[27] H.-J. Sander weist darauf hin, dass der Text in GS 12 nicht eine „Selbstidentifikation des Menschen" vornehmen will, „sondern zur Konfrontation seiner selbst mit den Größen, denen er nicht ausweichen kann: Gott, so GS 12,3, und die Zweiheit des Menschen als Mann und Frau, so GS 12,4. Der jeweilige Mensch wird auf Größen im Außen seiner selbst hingewiesen, die für sein Inneres gleichwohl konstitutiv sind." (H.-J. Sander: Theologischer Kommentar zur Pastoralkonstitution über die Kirche in der Welt von heute *Gaudium et spes*, in: HThK Vat.II, Bd.4, (2005), 581–886, 730.) Vgl. auch GS 25: „*Aus der gesellschaftlichen Natur des Menschen geht hervor* […]. Da also das gesellschaftliche Leben für den Menschen *nicht etwas äußerlich Hinzukommendes ist*, wächst der Mensch nach allen seinen Anlagen und kann seiner Berufung entsprechen durch Begegnung mit anderen, durch gegenseitige Dienstbarkeit

Wenn Gott den Menschen „zur Teilhabe an seinem Leben" (AG 2) ruft, spricht er ihn zwar ganz persönlich an. Aber er ruft ihn nicht als Einzelnen, also nicht unabhängig von den anderen. Gottes Berufung am göttlichen Leben teilzuhaben, ist somit nie nur eine *individuelle*, sondern immer auch zugleich eine *koinonale* Berufung. Mehr noch: „Gott hat es [...] gefallen, die Menschen nicht einzeln, unabhängig von aller wechselseitigen Verbindung, zu heiligen und zu retten, sondern sie zu einem Volke zu machen [...]." (LG 9) Die Heiligung des Menschen, genauso wie seine Rettung sind keine individualistischen Veranstaltungen; zur Heilsgeschichte des einzelnen gehört eine koinonale Dimension.

Individualität und Relationalität, Person und Gemeinschaft sind von der Schöpfungsordnung Gottes her als unvermischt und ungetrennt zu denken.

b) Wesenszug der Metanoia

Was für die anthropologische Ebene gilt, dass Gott den einzelnen Menschen nicht unabhängig von den anderen in seine Gemeinschaft beruft, spiegelt sich in der individuellen Glaubenserfahrung Erwachsener wieder. Die Anfangsdynamik erwachsenen Glaubens als existentielle Glaubenserfahrung gehört nicht zu den großen theologischen Themen.[28] Dennoch deuten viele Hinweise darauf hin, dass in der Anfangserfahrung erwachsenen Glaubens die koinonale Dimension grundgelegt ist.[29] Wenn Gott den Menschen „gnadenweise" ruft, „Gemeinschaft mit ihm [zu haben]" (AG 2),

---

und durch den Dialog mit den Brüdern." (Hervorhebung K.A.) Sander bemerkt dazu: „Die Gesellschaft ist der Person nicht äußerlich, also nicht akzidentiell. Es gehört zur Person, anderen zu dienen und sich mit ihnen über Differenzen abzustimmen, also Dienst und Dialog." Ebd. 745. Siehe auch GS 32 „So wie Gott die Menschen nicht zu einem Leben in Vereinzelung, sondern zum Zusammenschluss in gesellschaftlicher Einheit erschuf, [...]"

[28] „Grundlegend für das religiöse Leben ist die Bekehrung. Sie ist ein Thema, das in der traditionellen Theologie wenig untersucht wurde." (B. Lonergan SJ zitiert in: St. Seckinger: Theologie als Bekehrung. Der konversatorische Charakter der Theologie nach B. Lonergan SJ und K. Rahner SJ, Regensburg 2004, 19f.) Vgl. D. Hervieu-Léger: Pilger und Konvertiten. Religion in Bewegung, Würzburg 2004, 81–107. U. Popp-Baier: Bekehrung als Gegenstand der Religionspsychologie, in: Ch. Hennig / S. Murken / E. Nestler (Hg.): Einführung in die Religionspsychologie, München 2003, 94–117. Ch. Heidrich: Die Konvertiten. Über religiöse und politische Bekehrung, München 2002. H. Knoblauch / V. Krech / M. Wohlrab-Sahr (Hg.): Religiöse Konversion. Systematische und fallorientierte Studien in soziologischer Perspektive, Konstanz 1998. M. Schibilský: Religiöse Erfahrung und Interaktion, Stuttgart 1977, 165–170.

[29] Vgl. K. Armbruster: Bekehrung bei Glaubenserneuerung, in: LebSeel, H. 4/5 (2000), 247–251.

führt ihn dieser Ruf auch in eine wechselseitige Beziehung mit anderen hinein.[30] Papst Benedikt XVI. spricht in diesem Zusammenhang vom Geist, der zu Christus und darin zugleich zu den Mitmenschen führt: „Der Geist ist nämlich die innere Kraft, die ihr [erg. der Gläubigen] Herz mit dem Herzen Christi in Einklang bringt und sie bewegt, die Mitmenschen so zu lieben, wie er sie geliebt hat, als er sich niederbeugte, um den Jüngern die Füße zu waschen." (DCE 19)[31] An früherer Stelle hatte Benedikt XVI. diesen inneren Zusammenhang, dass die gläubige Erkenntnis und Annahme der Gottesliebe gleichursprünglich auch in die Erkenntnis und in den Antrieb zur Nächstenliebe führt, beschrieben: „Gläubigwerden heißt aus der Isolation heraustreten in das Wir der Kinder Gottes; der Akt der Zuwendung zu dem in Christus offenbaren Gott ist auch Zuwendung zu den schon Gerufenen. Der theologische Akt ist als solcher immer schon ein ekklesialer Akt, dem auch eine soziale Struktur eigen ist. Die Initiation ins Christliche ist daher konkret immer auch die Sozialisation in die Gemeinde der Gläubigen hinein."[32] Es besteht also ein perichoretischer Zusammenhang zwischen der individuellen Dimension des Glaubens (Initiation) und der gemeinschaftlichen Dimension des Glaubens (Sozialisation). Dies bestätigt sich bei der Analyse von Bekehrungserfahrungen.[33]

---

[30] Vgl. F. Wulf: Theologische Phänomenologie des Ordenslebens, in: J. Feiner / M. Löhrer (Hg.): MySal Bd. IV/2, Einsiedeln 1973, 450–487. Wulf arbeitet vor allem Ordensleben von einem „Angerührt und Betroffensein vom Glauben her" auf, wobei er gerade in die christliche Gotteserfahrung nicht auf den Ordenschristen beschränkt sehen will, sondern „jeder Christ [kann] von der Unbedingtheit des göttlichen Rufes aus der Tiefe so betroffen sein". Anm. 28, 458. Aus der „Betroffenheit von Christus" (461) folgt „die Erkenntnis, dass ihre Berufung Gemeinschaft fordere" (463f) und dass diese Betroffenheit zur Solidarität mit den Menschen in Unheilssituationen führt (464ff). Vgl. C. Bamberg: Der betroffene Mensch, in: Ders.: Was Menschsein kostet, Würzburg 1971, 13–29.

[31] „Indem er nämlich seinen Geist mitteilte, hat er seine Brüder, die er aus allen Völkern zusammenrief, in geheimnisvoller Weise gleichsam zu seinem Leib gemacht. [...] Derselbe Geist eint durch sich und durch seine Kraft wie durch die innere Verbindung der Glieder den Leib; *er bringt die Liebe der Gläubigen untereinander hervor* und treibt sie an. [...] Von ihm (sc. Christus) her ‚entfaltet sich der ganze Leib, durch Gelenke und Bänder getragen und zusammengehalten, im Wachstum Gottes' (Kol 2,19). Er selbst verfügt in seinem Leib, der Kirche, die Dienstgaben immerfort, vermöge deren *wir durch seine Kraft uns gegenseitig Dienste leisten zum Heil*, so dass wir, die Wahrheit in Liebe vollbringend, in allem auf ihn hin wachsen, der unser Haupt ist (vgl. Eph 4,11–16)." (LG 7). (Hervorhebung K. A.)

[32] J. Kardinal Ratzinger: Der Stellvertreter Christi, Vortrag auf einem Symposion 1977 in Rom, erneut abgedruckt in: F.A.Z. v. 22. April 2005, 8.

[33] „Der Glaube an Christus zeichnet sich zunächst und zentral durch die *persönliche Beziehung*, die der Glaubende zu Jesus Christus als seinem Herrn und Erlöser hat. Daraus geht eine spezifische Weise der Lebensgestaltung in Gemeinschaft mit dem

Charles de Foucauld z. B. schreibt im Blick auf seine persönliche und umwerfende Gotteserfahrung: „Sobald ich glaubte, dass es einen Gott gibt, begriff ich, dass ich nichts anderes tun könne, als für ihn zu leben [...] Jeder weiß, dass die Liebe als erste Wirkung die Nachahmung hat. Es blieb also nichts anderes übrig, als in den Orden einzutreten, wo ich die genaueste Nachfolge Jesu finden würde."[34] Dieser Zug ins Kloster ist im Prozess der Neubekehrung nichts Ungewöhnliches. Auch Edith Stein[35] oder Madeleine Delbrêl[36] wollten sofort nach ihrer Bekehrung in den Karmel. Neubekehrte suchen Anschluss bei Glaubensgeschwistern und je nach Persönlichkeitsstruktur soll eine solche Gemeinschaft gleich diejenige sein, die sie schon bisher als die Herausforderndste kennengelernt haben. Wo eine ihnen entsprechende Gemeinschaft nicht vorhanden ist, wird oft eine neue gegründet. Man kann hier an die Bekehrungserfahrung des Ignatius von Loyola erinnern. Seine Ursprungserfahrung ist nicht nur seine persönliche Bekehrung, also das private Erlebnis eines einzelnen, sondern sie wird zur Ursprungserfahrung einer künftigen Gemeinschaft.[37] Edith Stein hat diesen inneren Zusammenhang, dass die Offenbarung der Gottesliebe gleichursprünglich mit dem Antrieb zur Nächstenliebe ist, wohl am prägnantesten auf den Punkt gebracht: „Gott ist die Liebe. Darum ist das Ergriffenwerden von Gott Entzündetwerden in Liebe."[38] Metanoia und Koinonia, Initiation und Sozialisation sind miteinander verschränkt. Im individuellen Glaubensakt, im Finden und Gefundenwerden Gottes liegt auch das Finden und das Gefundenwerden von Glaubensgeschwistern und die Sor-

---

Auferstandenen (‚Nachfolge') hervor, in der *Heil* erfahren wird. Sie ist wiederum wesentlich gekennzeichnet durch ihren *gemeinschaftlichen* (‚ekklesialen') Charakter." (W. Schäffer: Erneuerter Glaube – verwirklichtes Menschsein. Die Korrelation von Glauben und Erfahrung in der Lebenspraxis christlicher Erneuerung, St. Ottilien 1987, 113, Hervorhebung W. Sch.).

[34] Ch. de Foucauld zitiert in: P. Hünermann: Für eine diakonische Kirche, in: Deutscher Caritasverband, Caritas 2002. Jahrbuch des Deutschen Caritasverbandes, Freiburg 2001, 50–60, 56. Vgl. J.-F. Six: Ch. de Foucauld – der geistliche Werdegang, München 1978, 56, 63.

[35] Vgl. K. Armbruster: Erstverkündigung und Initiation in die christliche Grunderfahrung. Edith Stein als Beispiel für Anfangswege erwachsenen Glaubens, in: LebSeel, H. 2/3 (2002), 152–155.

[36] Vgl. K. Armbruster: Die Anfangsdynamik erwachsenen Glaubens verstehen. Der innere Prozess christlicher Konversion, in: LebZeug, H. 4 (2006), 262–273. Vgl. K. Böhme: Madeleine Delbrêl. Die andere Heilige, Freiburg 2004, 27.

[37] Näheres in: K. Armbruster: Die Grunderfahrung mit Christus, in: Ders.: Von der Krise zur Chance. Wege einer erfolgreichen Gemeindepastoral, Freiburg ²2001, 84–99.

[38] E. Stein: Kreuzeswissenschaft. Studie über Jannes a Cruce (Edith Steins Werke, Bd. 1), Louvian ²1954, 164.

ge um die Menschen. Gottesliebe und Nächstenliebe finden sich in einem und denselben Bekehrungsprozess.[39] Mit dem persönlichen Anruf Gottes beginnt die Sammlung der Gerufenen. Wer sich Christus glaubend und liebend hingibt, findet die Gemeinschaft von Glaubensgeschwistern. Der Metanoia in die Gotteskindschaft Jesu folgt die Koinonia in die Geschwisterschaft der Schwestern und Brüder Jesu in der Nähe und in der Ferne.[40]

c) Wesenszug der Ekklesia

In denen, die von Gott in eine bewusste persönliche Beziehung zu ihm gerufen werden, weckt er gleichzeitig die Sehnsucht nach Gemeinschaft. In der persönlichen Glaubenserfahrung steckt der Impuls zur Ekklesiogenesis. „Seit Beginn der Heilsgeschichte erwählte er (erg. Gott) Menschen nicht nur als Einzelwesen (*individuos*), sondern als Glieder einer bestimmten Gemeinschaft (*membra communitatis*). Denn jene Erwählten, denen Gott seinen Heilsratschluss offenbarte, nannte er ‚sein Volk‘ (Ex 3,7–12).“ (GS 32) Diese Kategorie des „Volkes Gottes“ ist entscheidend: Obwohl das *einzelne* Subjekt durch den persönlichen Anruf Gottes und dessen Annahme[41] gleichzeitig der Gotteskindschaft und der Geschwisterschaft der Gotteskinder teilhaftig wird, ist es das *kollektive* Subjekt des Volk Gottes, das sich Gott in dieser Zeit als Zeichen und Werkzeug erwählt hat. Der „eigentliche Partner Gottes in der Heilsgeschichte [ist] Gottes Volk und der Einzelne, insofern er zu diesem Volk gehört“.[42]

Dieses Volk Gottes „als Repräsentanz Gottes“[43] ist nun nicht einfach wie ein großes Heer mit zehntausend oder hunderttausend Mann anzusehen, nicht wie eine massenhafte Ansammlung, eine Parade gleichgeschalteter Marionetten, sondern ist von Gott

---

[39] „Wenn wir unser Herz zu Gott hinwenden, gibt er uns ‚dieses Herz aus Fleisch‘, das alles, was es anrührt, in Glut setzt. Gottesliebe und Nächstenliebe konnte sie [erg. Madeleine Delbrêl] nicht trennen. Denn die Liebe zum Nächsten ‚ist ein Zustand, in den wir durch die Liebe Gottes versetzt werden.‘“ (K. Böhme, Madeleine Delbrêl, 24).

[40] Die Feier (Erwachsenen-)Taufe ist zugleich „die Feier der Eingliederung in die Kirche“.

[41] Vgl. Maria's Ja: „Mir geschehe nach deinem Wort.“ (Lk 1,38).

[42] „Gott hat seit Beginn der Heilsgeschichte die Menschen als Glieder einer Heilsgemeinschaft erwählt. Dieses Bewusstsein, dass der eigentliche Partner Gottes in der Heilsgeschichte Gottes Volk ist und der Einzelne, insofern er zu diesem Volk gehört, […].“ (O. Semmelroth, Einleitung und Kommentar zum II. Kapitel von *Gardium et spes*, LThK. E 3 (1968), 354–377, 376).

[43] „Dieses Volk ist sowohl eine lebensgeschichtliche Realität, weil niemand zum vereinzelten Leben geschaffen ist, als auch eine Repräsentanz Gottes.“ (H.-J. Sander, Kommentar zu Gaudium et spes, in: HThK Vat.II, Bd. 4, 750).

als ein soziales Gebilde einander sich ergänzender und gegenseitig dienender Glieder gedacht: als Koinonia.[44] „Erstgeborener unter vielen Brüdern, stiftete [Christus] nach seinem Tode und seiner Auferstehung unter allen, die ihn im Glauben und in der Liebe annehmen, durch das Geschenk *seines* Geistes eine neue brüderliche Gemeinschaft in seinem Leib, der Kirche, in dem alle einander Glieder sind und sich entsprechend der Verschiedenheit der empfangenen Gaben gegenseitig dienen sollen." (GS 32)[45] Das Volk Gottes, die „neue brüderliche Gemeinschaft", ist Geschenk und Stiftung des Auferstandenen, eine Gabe *seines* Geistes. Das Volk Gottes hat eine sozial-koinonale Dimension. Diese „brüderlichen Gemeinschaft" zeichnet sich dadurch aus, dass die Glieder dieser geschwisterlichen Gemeinschaft durch seinen Geist begabt wurden, sich entsprechend ihrer je eigenen Gabe *gegenseitig* dienen zu können. „Die von Christus gestiftete Einheit wird von seinem Leib repräsentiert und von seinem Geist erhalten; dieser Leib realisiert sich mit Solidarität untereinander [...]."[46] Die koinonale Verfasstheit der Kirche entspringt einer göttlichen Stiftung.

Zusammengefasst gesagt: Der Mensch ist von Gott zwar als eine einmalige Person aber gerade nicht als völlig abgeschlossene Monade geschaffen worden, sondern von Anfang an hat Gott ihn auch als offenes soziales Wesen ins Leben gerufen. In Christus zur

---

[44] Das Bild der Parade eines Heeres von Soldaten kann helfen, den gemeinten Unterschied zu verdeutlichen: Der Aufmarsch eines Heeres bei einer Parade lebt vom Gleichmarsch aller Individuen. Die Masseninszenierungen bei Parteitagen gewisser Parteien und Machthaber zeugen von einer hohen Lebendigkeit und Beweglichkeit solcher Massen, die einer bestimmten Faszination und Anziehung nicht entbehrt. Gleichzeitig ist diese „Gleichheit" der Soldaten eine andere, wenn diese etwa bei einer Heeresübung im Feld bei einer Kampfpause sich gegenseitig stärken, indem sie ihre mitgebrachten Speisen miteinander teilen. Im ersten Fall wird der Soldat von *Disziplin,* im zweiten Fall von *Kameradschaft* sprechen. Viele Events funktionieren nach der Faszination der Gleichschaltung von Individuen, etwa die gemeinsamen Fangesänge bei Fußballspielen. Mit ihnen stellt sich eine (eigenartige) Wir-Erfahrung ein. Ähnlich wenn Gläubige berichten, wie sie beim „Großer Gott wir loben dich" am Ende eines großen Gottesdienstes von einem religiösen Schauder erfasst wurden. Davon zu unterscheiden ist, wenn Jugendliche etwa beim Weltjugendtag das unkomplizierte Miteinander und die selbstverständliche Solidarität unter den Teilnehmenden oder von Gastfamilien berichten.
[45] Da auf dieses Zitat nachfolgend verschieden eingegangen wird, sei hier auch der Text aus HThK Vat.II, Bd. 1 wiedergegeben: „Als Erstgeborener unter vielen Brüdern errichtete Er unter allen, die Ihn im Glauben und in der Liebe annehmen, nach seinem Tode und seiner Auferstehung durch das Geschenk seines Geistes eine neue brüderliche Gemeinschaft, nämlich in seinem Leib, der die Kirche ist, in dem alle, untereinander Glieder, sich gemäß den verschiedenen gewährten Gaben gegenseitige Dienste erweisen sollen." 638.
[46] H.-J. Sander: Kommentar zu *Gaudium et spes*, in: HThK Vat.II, Bd. 4, 750.

neuen Schöpfung befreit, wird er durch den Geist Christi in die Lage versetzt, mit anderen diese soziale Berufung als Volk Gottes und im Volk Gottes zu verwirklichen und so die Koinonia Christi zu leben. Diese Koinonia Christi zeichnet sich dadurch aus, dass ihre Mitglieder „alle einander Glieder sind und sich entsprechend der Verschiedenheit der empfangenen Gaben gegenseitig dienen" (GS 32). Die Koinonia Christi als Wesenszug der Ekklesia will aber keine nur theologische Kategorie oder eine nur virtuelle Realität bleiben, sondern drängt auf ihre Sichtbarkeit, Greifbarkeit und Ortshaftigkeit hin.

II. Koinonia – ortshaft gewordene Ekklesia

Zur Initiation gehört konkret immer auch die Sozialisation in die Gemeinde dazu. Diesem „ekklesialen Akt" ist immer auch eine „soziale Struktur" eigen (Ratzinger). Die Ekklesia wird sichtbar in der Koinonia; die Ekklesia aktualisiert sich in konkret erfahrbaren koinonalen Lebensformen. In der „sozialen Struktur" einer „Gemeinde der Gläubigen" (Ratzinger) wird die Ekklesia als „identifizierbare Sammlung von Christen" (Tebartz-van Elst)[47] sichtbar und erfahrbar. Das Konzil spricht deshalb davon, dass „das Volk Gottes in Gemeinschaften lebt, besonders in der Diözesan- und Pfarrgemeinschaft, und in ihnen gewissermaßen seine Sichtbarkeit erfährt" (AG 37). Die Ekklesia erlangt durch Gemeinschaften ihre Sichtbarkeit.

a) Die Anstöße Karl Rahners

Diesen Begriff der „Sichtbarkeit" hatte Karl Rahner einige Jahre zuvor in seinem Artikel „Zur Theologie der Pfarre"[48] als eine theologisch wie ekklesiologisch relevante Größe herausgearbeitet. Rahners Ausgangspunkt war die Frage, ob die Pfarrei als solche „zu den übernatürlichen Wirklichkeiten des Glaubens" gehört, die Gott selbst begründet und geoffenbart hat. Oder geht sie einfach in einer „allgemeinen Ekklesiologie" auf, oder ist nur eine durch menschliches Kirchenrecht gegründete Organisation, die die seelsorgerliche Betreuung von Menschen ermöglichen soll? Rahner findet die gesuchte theologische Beziehung darin, dass

---

[47] F.-P. Tebartz-van Elst: Gemeinde in mobiler Gesellschaft, 693.
[48] K. Rahner: Zur Theologie der Pfarre, in: Ders.: SW Bd.16, 108–116. Rahners Überlegungen zu einer Theologie der Pfarrei sind nicht nur in die Terminologie des Konzils eingegangen, sondern stellen bis heute die Grundthesen dogmatischen Überlegens. Vgl. P. Müller: Gemeinde, 989, Anm. 7.

„die Pfarrei in einem ganz bestimmten Sinn repräsentierende Aktualität der Kirche ist."[49]

Für Rahner ist der entscheidende theologische Begriff die „repräsentierende Aktualität der Kirche". Kirche, Ekklesia, ist nicht eine bloß virtuelle[50] oder nur institutionelle Wirklichkeit, sondern, um als Ortskirche sichtbar in Erscheinung zu treten und real zu werden, braucht sie die konkrete Aktualisierung und damit einen Ort. „Immerhin wird man nicht bestreiten können, dass dort, wo die Kirche handelt, d.h. lehrt, bekennt, betet, das Opfer Christi feiert usw., sie eine höhere Aktualitätsstufe erreicht, als sie diese durch ihr bloßes dauerndes Dasein hat. Sie ist eine sichtbare Gesellschaft; als wirklich sichtbare ist sie aber darauf angewiesen, immer wieder aufs Neue durch das leibhaftige Handeln von Menschen ihre geschichtliche, raumzeitliche Greifbarkeit zu verwirklichen. Sie muss immer wieder aufs neue ‚Ereignis‘ werden."[51]

Der Unterschied zwischen einer allgemeinen Lehre der Kirche und der konkreten Pfarrei vor Ort besteht für Karl Rahner darin, dass sich Kirche dort, wo sie in Erscheinung tritt, als Handelnde zeigt, ja zeigen muss. Erst durch leibhaftiges kirchliches Handeln, durch konkrete Menschen wird die Kirche geschichtlich und raumzeitlich greifbar. Dies gilt gerade auch, wo es sich um die „höchste geschichtliche Realisation seines übernatürlichen Heiles und Lebens" handelt, der „eucharistischen Aktualisierung". Die Eucharistie braucht ebenfalls einen konkreten Ort. Denn „der eucharistischen Feier [eignet] als einem sakramental-kultischen Akt – ähnlich wie auch den anderen Sakramenten, die alle wesentlich leibgebunden sind – als wesentliches Merkmal die Orsthaftigkeit."[52]

Man würde hier allerdings Rahner einseitig missverstehen, wollte man die sich ereignende und sichtbar werdende Kirche an einem konkreten Ort nur auf die Liturgie der Eucharistiefeier verengen.[53] Die Eucharistie *ist* für Rahner zwar das dichteste Iner-

[49] K. Rahner: Zur Theologie der Pfarre, 109.

[50] Ein Begriff, der Rahner noch nicht zur Verfügung stand, den er aber in diesem Artikel denkerisch schon durchdrungen hatte, wenn er vom „bloßen dauernden Dasein" spricht. K. Rahner: Zur Theologie der Pfarre, 110.

[51] K. Rahner: Zur Theologie der Pfarre, 110

[52] K. Rahner: Zur Theologie der Pfarre, 111.

[53] „Die Pfarrei [ist] die primäre Verwirklichung der Kirche als Ereignis, weil ihre Eucharistiefeier die ursprünglichste und natürlichste hinsichtlich deren Ortshaftigkeit ist." (K. Rahner: Zur Theologie der Pfarre, 113f). Jede ortshafte Realisierung von Kirche ist für Rahner deshalb nicht „nur eine – gewissermaßen nachträglich – gegründete Agentur der einen Weltkirche, [...] sondern das Ereignis dieser Weltkirche selbst." (K. Rahner: Zur Theologie der Pfarre, 112). Wo Kirche sich vor Ort ereignet, zeigt sie sich als Weltkirche; und zwar nicht nur als einen Teil der Weltkirche. Für Rahner geht es dabei auch nicht um eine „atomisierende Teilung des Weltraumes

scheinungtreten von Kirche, gewissermaßen die „Konzentration der Kirche in ihre eigene Ereignishaftigkeit hinein", aber eben nur insoweit, weil und wenn in dieser Eucharistiefeier das Ganze des Heiles sich ereignet: Glaube *und* praktizierte Liebe, die Einheit mit dem Auferstandenen *und* die Pluralität untereinander. Diese Ganzheit nennt Rahner „Gemeinde, eine Pluralität von Menschen [...], die in der Gnade Christi glaubend und liebend vereint ihre kirchliche Einheit mit dem gekreuzigten und auferstandenen Christus und in ihm untereinander durch diese kultische Feier am selben Ort in sakramental-geschichtlicher Greifbarkeit in Erscheinung treten lassen."[54]

Die Einheit von Menschen „mit Christus" in der „kultischen Feier" ist die eine Seite, von der Rahner spricht.[55] Im gleichen Atemzug nennt Rahner auch die zweite Seite: wenn die Gläubigen in ihrer Verschiedenheit „untereinander" „liebend vereint" sind.[56] Die Koinonia als Einheit mit Christus in der Eucharistie korrespondiert mit der Koinonia aus der Pluralität „von Menschen, die nachbarlich am selben Ort zusammenleben."[57]

Für Rahner ist diese Formulierung „nachbarlich am selben Ort zusammenleben" ein wichtiger Baustein seiner Ereignishaftigkeit von Kirche. Rahner kann nämlich zu diesem Zeitpunkt im Jahre 1956 noch davon ausgehen, dass die *natürlichen Vergesellschaftungen* – vorrangig die Wohnortgemeinde, aber auch „andere natürliche Prinzipien der Vergesellschaftung von Menschen" wie etwa größere Betriebsgemeinschaften – gewissermaßen die *natürliche* Basis für den Aufbau einer christlichen Gemeinde bilden. Hier leben Menschen miteinander und engagieren sich füreinander, ohne dass dies immer ausdrücklich „diakonisch" genannt würde. Von dieser natürlichen sozialen Gegebenheit her, also ausgehend von einem faktisch praktizierten, aber nicht ausdrücklich so genannten Dienst aneinander hatte Rahner einst sein „anonymes" Diakonat entwickelt.[58] Kurz vor Ende des Konzils stellte Rahner in seinem

---

der Gesamtkirche, sondern [...] Konzentration der Kirche in ihre eigene Ereignishaftigkeit hinein." (K. Rahner: Zur Theologie der Pfarre, 112) Sein Vergleich ist die Synagoge. Diese verstand sich nie als nur Glied, „als bloßes Teilstück des Bundesvolkes", sondern „als das „repräsentative Inerscheinungtreten des ganzen Bundesvolkes". (K. Rahner: Zur Theologie der Pfarre, 111).

[54] K. Rahner: Zur Theologie der Pfarre,113.

[55] Koinonia verstanden als „Teilhabe an etwas Gemeinsamem" s. o. Anm. 21.

[56] Koinonia verstanden als „Teilhabe an den Anderen", s. o. Anm. 22.

[57] K. Rahner: Zur Theologie der Pfarre, 114.

[58] „Der Ausgangspunkt unserer Überlegungen über die Opportunität der Erneuerung des Diakonats bildet also die These, dass das faktische Amt des Diakonats, der erneuert werden soll, in der Kirche schon besteht, wenn auch anonym und ohne ge-

Grundsatzvortrag auf der Internationalen Studienkonferenz „Der Diakon in Kirche und Welt von heute" vom 22.–24. Oktober 1965 in Rom einen Bezug her zwischen seinen Überlegungen zum „anonymen Diakonat" und zu den Formulierung im noch abschließend zu beschließend Konzilsdekret AG 16, dass nämlich diejenigen, die tatsächlich einen diakonalen Dienst ausüben durch Handauflegung gestärkt und dem Altare enger verbunden werden sollten.[59]

Drei Jahre später wird ihm dieser Ansatz nicht mehr genügen. Rahner muss inzwischen noch mehr wahrgenommen haben, dass die natürlichen Prinzipien der Vergesellschaftung[60] so *natürlich* gar nicht mehr gegeben sind und deshalb vielerorts erst neu aufgebaut werden müssten.

In seinem Vortrag anlässlich einer Diakonatstagung 1968 in Freiburg[61] spricht Rahner davon, dass er bis dahin die Begründung des Ständigen Diakonates darin sah, dass es Menschen gibt, die be-

---

naue kanonische Umgrenzung." (K. Rahner: Die Theologie der Erneuerung des Diakonates, in: Ders.: SW Bd.16, 369–408, 382; erstmals erschienen 1962). Dieser Gedanke, dass faktisch der Diakonat schon ausgeübt wird, spiegelt sich in der Konzilsaussage wieder, „dass Männer, die tatsächlich einen diakonalen Dienst ausüben, sei es als Katechisten in der Verkündigung des Gotteswortes, sei es in der Leitung abgelegener christlicher Gemeinden im Namen des Pfarrers und des Bischofs, sei es in der Ausübung sozialer oder caritativer Werke, durch die von den Aposteln her überlieferte Handauflegung gestärkt und dem Altare enger verbunden werden, damit sie ihren Dienst mit Hilfe der sakramentalen Diakonatsgnade wirksamer erfüllen können." (AG 16)

[59] K. Rahner: Die Lehre des II. Vatikanischen Konzils über den Diakonat, in: Diaconia Christi H. 1 (2005), 15–20, 20, zuerst abgedruckt in: Diaconia Christi H. 2 (1966), 15–23. M. Morche: Zur Erneuerung des Ständigen Diakonats. Ein Beitrag zur Geschichte unter besonderer Berücksichtigung der Arbeit des Internationalen Diakonatszentrums in seiner Verbindung zum Deutschen Caritasverband, hg. vom Deutschen Caritasverband, Freiburg 1996, 70, berichtet vom Resümee auf der Pressekonferenz zur Internationalen Studienkonferenz. „Bei der Wiederherstellung des Diakonats handelt es sich nicht einfach um eine Restauration des Diakonates einer vergangenen Zeit, sondern um eine Erneuerung, die den Gegebenheiten der modernen Gesellschaft und der neuen Situation der Kirche angepasst ist."

[60] Diese Vorstellung, dass die natürlichen gesellschaftlichen Vergemeinschaftungen Ausgangspunkt kirchlicher Gemeinschaftsbildung sein soll, dass also die Pfarrgemeinde in der Dorfgemeinschaft aufgeht, findet sich in vielen pastoralen Ansätzen. Wo dies (noch) geht, muss man sich darüber freuen. So im „Informations- und Arbeitsheft für Pfarrgemeinden, missio Aachen" ein Zitat der *ostafrikanischen Bischöfe*, die in der Schlusserklärung ihrer fünften Vollversammlung 1973 schrieben: „Das kirchliche Leben muss in jenen Gemeinschaften gegründet sein, in denen sich das tägliche Leben und Arbeiten abspielt."(Kleine Christliche Gemeinschaften in Afrika, 24). Ähnlich äußersten sich die *südamerikanischen Bischöfe*, die „die natürlichen Gemeinschaften innerhalb der Großpfarreien als Ausgangspunkt für neue Gemeindeerfahrungen" sahen. Das „Eigenleben einer natürlichen Gemeinschaft" sollte „die Grundlage für das Leben einer christlichen Gemeinde bilden". (F. Weber: Not-wendige Schritte auf halben Weg, in: ThPQ H. 2 (1995), 136–148, 145).

[61] K. Rahner: Über den Diakonat, in: Schriften zur Theologie 9 (1970), 395–414.

316

reits diakonisch tätig sind, ohne dass dies eigens so bezeichnet worden ist. Da es also ein anonymes Diakonat in der Kirche gibt, kann und sollte es auch eine sakramentale Beauftragung geben. Jetzt aber, so macht Rahner weiter deutlich[62], „genügt" diese Argumentation „nicht mehr", es seien für ihn andere, neue Gesichtspunkte ins Spiel gekommen, die ihn zu einer Ausweitung seines Ansatzes veranlasst hätten. Nicht nur weil jemand quasi anonym etwas tut, sollte er in der Folge auch eine amtlich-sakramentale Beauftragung bekommen. Sondern der amtliche Dienst des Diakons kann auch die Folge einer *vom Wesen des Amtes herkommende* „Teilausgliederung" sein, die – das ist hier neu und bedeutsam – für Rahner bedingt ist durch die „konkrete Situation der Kirche".[63]

Rahner schafft es damit – möglicherweise als Konzilstheologe die Entwicklungen von LG 29 und AG 16 bedenkend –, zwei unterschiedliche Typen von Diakonat zu denken.[64] Die einen, die bereits einen diakonalen Dienst[65] ausüben und deshalb dem Altare enger verbunden werden sollen (vgl. AG 16), und die anderen, die vom Bischof zu einem bestimmter „Dienstleistung" ordiniert werden (vgl. LG 29).

Für Rahner hat das „*Amt* in der Kirche [...] die Aufgabe, Kirche zu erbauen, Gemeinde zu bilden."[66] Diese Aufgabe, so Rahner, ist kein Gegensatz zur individuellen Heilsvermittlung, sondern „diese Gemeindebildung bedeutet vielmehr gerade auch, dass dem Einzelnen als solchem ein menschlicher und christlicher Ort in der Gemeinde vermittelt wird, an dem er so eine kirchlich-gesellschaftliche Position findet, dass er da sein individuelles menschliches und christliches Leben zu seinem Heil leben kann."[67]

---

[62] Vgl. K. Rahner: Über den Diakonat, 403.

[63] „Die konkrete Situation der Kirche ist somit wesentliches Moment an dieser Argumentation." (K. Rahner: Über den Diakonat, 404). Man darf hier z. B. an die Situation im Priesterblock im KZ Dachau denken. Siehe den Beitrag von K. Baumann in dieser Quaestio disputatae. Der neue Kontext ermöglichte es den Priestern und Bischöfen dort, über die Wiedereinführung des Ständigen Diakonates nachzudenken.

[64] „Eine theologische Begründung des künftigen Diakonats braucht also nicht dahin zu zielen, dass ein absolut einziger und einheitlicher Typ des Diakons herauskommt." (K. Rahner: Über den Diakonat, 404).

[65] Unter diakonalem Dienst versteht AG 16 eine ganze Bandbreite von Tätigkeiten, „sei es als Katechisten in der Verkündigung des Gotteswortes, sei es in der Leitung abgelegener christlicher Gemeinden im Namen des Pfarrers und des Bischofs, sei es in der Ausübung sozialer oder caritativer Werke".

[66] K. Rahner: Über den Diakonat, 407. Vgl. auch den Text zum Ordinationsgebet bei der Bischofsweihe, wo vom „Geist der Leitung" die Rede ist, der von Christus den Apostel verliehen wurde. Diese haben „die Kirche an den einzelnen Orten gegründet". Vgl. den Artikel von K. Armbruster / M. Mühl in dieser Quaestio disputatae.

[67] K. Rahner: Über den Diakonat, 407. Subjekt und System sind aufeinander verwiesen.

Solange die kirchliche Gemeinde noch eine profan genügend integrierte Gesellschaft als Lebensraum des Einzelnen voraussetzen konnte, brauchte sie sich um diese gesellschaftliche Integration des Einzelnen in die profane Gesellschaft nicht eigens zu bemühen.[68] Inzwischen aber, Rahner schreibt 1968, gibt es immer mehr gesellschaftlich desintegrierte Menschen, denen ein bergender Ort und eine sie bestätigende und entlastende Rolle in der Gesellschaft fehlen. Heimat und identitätsstiftende Ort wachsen allerdings nicht von selbst auf dem Acker der gesellschaftlichen Entwicklung. Immer braucht es Menschen, denen es ein Anliegen ist, anderen einen Ort der Integration und der Beheimatung zu ermöglichen.[69] „Diese Integrationsaufgabe", so Rahner weiter, *„ist zunächst einmal eine menschliche*, der sich die Kirche schon als solcher nicht versagen darf, wenn sie den Menschen als solchen dienen soll, *ist eine Aufgabe der Kirche*, auch wenn sie in dieser Hinsicht kein Monopol in der menschlichen Gesellschaft zu beanspruchen hat. Diese Aufgabe ist überdies insofern eine spezifisch kirchliche, als die menschliche Integration des Einzelnen in die menschliche Gemeinschaft und Gesellschaft die Voraussetzung für eine kirchliche Gemeindebildung ist und auch die kirchliche Gemeindebildung eine Beheimatung des Einzelnen in der kirchlichen Gemeinde immer wieder auch ein Rückwirkung auf die Bildung menschlicher Gemeinschaft und auf die Humanisierung der profanen Gesellschaft hat."[70]

Rahner sieht folglich in der Notwendigkeit der Integration von Einzelnen in humane wie in kirchliche Sozialformen eine „diakonale Aufgabe", ja eine Aufgabe des Amtes der Kirche.[71] Daraus schließt er, „dass die Kirche heute eine besondere Ausgliederung des einen Amtes vornehmen muss."[72]

---

[68] K. Rahner: Über den Diakonat, 408.

[69] „Humane Integration gelingt nur, wenn eine grundsätzlich neue Ebene ins Spiel kommt, die Ebene der Interaktionsgemeinschaft, die durch persönliche Anwesenheit konstituiert ist." (P. Hünermann: Diakonat – ein Beitrag, 18).

[70] P. Hünermann: Diakonat – ein Beitrag, 408f.

[71] W. Kasper, Der Diakon in ekklesiologischer Sicht angesichts der gegenwärtigen Herausforderungen in Kirche und Gesellschaft, in: Ders.: Theologie und Kirche, Bd. 2, Mainz 1999, 145–162, verortet den Diakon ähnlich und spricht von „Communio-Diakonie", 155ff.

[72] K. Rahner, Über den Diakonat, 409. „Da also einerseits der Aufbau der christlichen Gemeinde in einer menschlichen und christlichen Integrierung des religiös und sozial heute weithin desintegrierten Menschen in die bürgerliche und kirchliche Gemeinschaft zu den Aufgaben des Amtes gehört, diese Aufgabe aber andererseits nicht geleistet werden kann, ohne dass es auch Träger dieser Aufgabe mit einer Fachausbildung verschiedenster Art gibt, die bei Presbytern und Bischöfen nicht gegeben sein kann, bedarf es des speziellen Amtsdiakonats."

b) Johannes Paul II.: die Kirche – Haus und Schule der Gemeinschaft

Karl Rahner hat hier, wie an vielen anderen Stellen, vorausgesehen, dass der Aufbau von christlichen Sozialformen angesichts eines religiös und sozial vielerorts desintegrierten Menschen zu den vorrangigen Aufgaben der Kirche und damit des Amtes gehören wird. Wie sehr das Thema „reale Gemeinschaft" als Erkennungsmerkmal von Kirche vor Ort immer mehr an Gewicht bekommt, sieht man an den römischen Texten seit Novo millennio ineunte:[73] Dort schreibt Johannes Paul II.: „Die Kirche *zum Haus und zur Schule der Gemeinschaft* machen, darin liegt die große Herausforderung, die in dem beginnenden Jahrtausend vor uns steht, wenn wir dem Plan Gottes treu sein und auch den tiefgreifenden Erwartungen der Welt entsprechen wollen." Das Thema „Gemeinschaft" ist für Johannes Paul II. im Plan Gottes jetzt vorgesehen und entspricht den tiefgreifenden Erwartungen der Welt. Der Papst versteht die Kirche nicht nur als eine große Gemeinschaft, sondern er will, dass man in der Kirche konkret Gemeinschaftswerdung lernen kann.

Eine solche Gemeinschaftswerdung bzw. zu einem solchem Gemeinschaftsaufbau gehört eine entsprechende geistige Haltung: „Vor der Planung konkreter Initiativen gilt es, eine *Spiritualität der Gemeinschaft* zu fördern, indem man sie überall dort als Erziehungsprinzip herausstellt, wo man Menschen und Christen formt, wo man die geweihten Amtsträger und die Mitarbeiter in der Seelsorge ausbildet, wo man Familien und Gemeinden aufbaut."[74] Unter dieser „Spiritualität der Gemeinschaft" versteht Johannes Paul II. ein Zweifaches: Zum einen heißt dies, immer wieder den Blick des Herzens auf den zu lenken, der in uns wohnt, also die Freude über die Initiation und das Geschenk der Gottesliebe wachzuhalten. Zum zweiten heißt dies, das Licht Gottes auf dem Angesicht der Brüder und Schwestern, die zu uns gehören, wahrzunehmen, damit wir ihre Freuden und ihre Leiden teilen, ihre Wünsche erahnen und uns ihrer Bedürfnisse annehmen und ihnen schließlich echte, tiefe Freundschaft anbieten können. Spiritualität der Gemeinschaft schaut ins eigene Innere der Gottesliebe und zu den Schwestern und Brüdern in der Nächstenliebe. So sollte überall in der Ausbildung das Thema „Gemeinschaft" zum Formationsprinzip werden.

---

[73] Vgl. Johannes Paul <Papa II.>: Novo millennio ineunte, Bonn 2001 (VApS 150 Nr. 38–44).

[74] Johannes Paul <Papa II.>: Novo millennio ineunte, Bonn 2001 (VApS 150 Nr. 43).

Das soziale Erscheinungsbild der Kirche entspringt der Melodie ihrer Spiritualität; die spirituelle Dimension der Kirche macht sich an ihrem sozialen Erscheinungsbild fest.

Die Betonung der konkreten Gemeinschaft vor Ort bekommt damit seit Novo millennio ineunte in den römischen und weltkirchlichen Verlautbarungen eine ganz neue Aufmerksamkeit, so dass in nahezu allen nachfolgenden römischen Schreiben dieses Thema „Gemeinschaft (Koinonia)" als Lebensprinzip der Kirche und der Pfarrgemeinden genannt wird.

So heißt es im Apostolischen Schreiben von Papst Johannes Paul II. über den Bischof in „Pastores Gregis": „Im Apostolischen Schreiben *Novo millennio ineunte* habe ich die Notwendigkeit herausgestellt, ‚die Kirche zum Haus und zur Schule der Gemeinschaft zu machen'. Der Anstoß hat ein breites Echo gefunden und wurde in der Synodenversammlung wieder aufgegriffen. Selbstverständlich hat der Bischof auf seinem geistlichen Weg als erster die Aufgabe, sich zum Förderer und Animator einer Spiritualität der Gemeinschaft zu machen. Dies tut er, indem er sich unermüdlich darum bemüht, sie überall dort, wo menschliche und christliche Formung stattfindet, zu einem grundsätzlichen Erziehungsprinzip zu machen: in der Pfarrgemeinde, […]. Hier soll es genügen hinzuzufügen, dass ein Bischof besonders innerhalb seiner Priesterschaft sowie auch unter den Diakonen, den Ordensmännern und Ordensfrauen dazu ermutigen soll."[75]

Oder etwa im Schlussdokument der 5. Generalversammlung des Episkopates von Lateinamerika und der Karibik.[76] Bei deren

---

[75] Johannes Paul <Papa II.>: Nachsynodales Apostolisches Schreiben „Pastores Gregis" von Papst Johannes Paul II. zum Thema: „Der Bischof – Diener des Evangeliums Jesu Christi für die Hoffnung der Welt", Bonn 2003 (VApS 163 Nr. 22).

[76] Aparecida 2007. Schlussdokument der 5. Generalversammlung des Episkopates von Lateinamerika und der Karibik. 13.–31. Mai 2007, hg. v. Sekretariat der Deutschen Bischofskonferenz (SdW 41), Bonn 2007, Nr. 170. Vgl. P. Hünermann: Kirchliche Vermessung Lateinamerikas. Theologische Reflexionen auf das Dokument von Aparecida, in ThQ H1. (2008), 15–30, der dieses „Dokument als Zeichen einer erneuernden Kraft in der Kirche" sieht und wünscht, dass dieses Dokument „als Initialzündung rezipiert" wird. (30) P. Hünermann findet einen der interessantesten Abschnitte den, der die Frage behandelt, weshalb Kirchenmitglieder ihre Kirche verlassen und sich anderen religiösen Gruppen anschließen. „Der Grund für diesen Abschied von der Kirche sei bei den meisten nicht darin zu finden, was die anderen religiösen Gruppen und Religionsgemeinschaften glauben, sondern was sie leben." (25) Daraus wird gefolgert, die katholische Kirche müsse vier Achsen stark machen: 1. der Gläubigen müsse eine persönliche Begegnung mit Jesus Christus ermöglicht werden, die zu einer Bekehrung und zu einer Veränderung des Lebens führt; 2. geht es um lebendige Gemeinschaftserfahrung; 3. wird eine starke biblisch-lehrhafte Bildung verlangt; 4. wird auf das missionarische Engagement der gesamten Kommunität hingewiesen. (25) Wir entdecken hier wieder, dass die Initiation in die christliche

Vorbereitung waren auch Verantwortliche der Diakonenausbildung beteiligt.[77] So fasst José Espinós zusammen: „Darum sind wir dazu berufen, diese ekklesial-gemeinschaftliche Erfahrung in die Diakonenausbildung einzubeziehen: a) in dem wir Projekte und Programme vorbereiten, die im Geheimnis der Gemeinschaft und der Mission der Kirche verwurzelt sind; b) in dem wir Amtsträger befähigen, die Kirche als Haus und Schule der Gemeinschaft sehen, ausgehend von einem eigentlichen Zeugnis der geschwisterlichen Liebe; [...]." Und er schließt: „Zweifellos wird die Qualität der Mission der Kirche wesentlich von der ekklesial-gemeinschaftlichen Erfahrung seiner Amtsträger abhängen."[78]

c) Diakonat und Gemeindeaufbau

Diese neue Vision von Papst Johannes Paul II., die Kirche zum Haus und zur Schule der Gemeinschaft zu machen, weil dies dem Plan Gottes und den tiefgreifenden Erwartungen der Welt entspricht, zielt tatsächlich darauf, bisherige Gemeinschaftsformen neu zu bestärken und darüberhinaus auch ganz konkrete neue Sozialformen aufzubauen. Dieser Wunsch des Papstes korrespondiert mit dem Profil des Ständigen Diakons, wie es die Würzburger Synode in ihrem Beschluss „Dienste und Ämter" entwickelt hatte: „Der Diakon hat den Auftrag, lebendige Zellen brüderlicher Gemeinschaft zu formen, aus denen sich die Gemeinde aufbaut."[79]

Die Rahmenordnung für die Ständigen Diakone der Deutschen Bischofskonferenz hat diesen Passus der Würzburger Synode weitergeführt: Der Diakon „formt lebendige Zellen brüderlicher Gemeinschaft und hilft mit, dass sich aus ihnen Gemeinde aufbaut. Sein Dienst zielt darauf, in der ganzen Gemeinde den Sinn für die Diaconia Christi zu wecken und wach zu halten".[80]

Grunderfahrung und die Sozialisation in Gemeinschaften der Grundstein für das Engagement in der Gesellschaft sind.

[77] Vgl. J. Durán y Durán: Jüngerschaft und solidarische Pastoral. Lateinamerikanisches Arbeitstreffen der Verantwortlichen von Zentren für die Ausbildung von Ständigen Diakonen, Buenos Aires – Argentinien, 19.-25. Februar 2007, in: Diaconia Christi H. 1 (2007), 14–24.

[78] J. Espinós: Die ekklesial-gemeinschaftliche Erfahrung in der Ausbildung der Diakonatsbewerber und in der Ausbildung der Ständigen Diakone, in: Diaconia Christi H. 1 (2007), 6–13, 12f.

[79] Gemeinsame Synode der Bistümer in der Bundesrepublik Deutschland, Offizielle Gesamtausgabe I., Freiburg 1976 (künftig abgekürzt „Synode"), Beschluss Dienste und Ämter, 4. Der Dienst des Ständigen Diakons, Bd. I, 614–619, 615.

[80] Rahmenordnung für Ständige Diakone in den Bistümern der Bundesrepublik Deutschland (1994), in: Empfehlungen zur Umsetzung der „Grundnormen" und des „Direktoriums" für den Ständigen Diakonat vom 22.02.1998 in den deutschen Bis-

Im Unterschied zur Würzburger Synode betont die Rahmenordnung stärker noch die Mithilfe des Diakons beim Gemeindeaufbau. Während es im Synodentext heißt, dass der Diakon Zellen formt, „aus denen sich Gemeinde aufbaut", betont die Rahmenordnung, dass der Diakon „mit hilft" Gemeinde aufzubauen.

Zusammengefasst gesagt: Konkrete Koinonia zu ermöglichen, ist nicht nur ein wesentlicher Bestandteil der kirchlichen Identität[81], sondern der Mensch braucht als Mensch zu seiner Menschwerdung koinonale Begegnungsräume.[82] Sind diese innerkirchlich wie gesellschaftlich nicht selbstverständlich gegeben, hat nach Rahner die Kirche die Pflicht, solche unterschiedlichen Beheimatungsformen koinonalen Lebens aufzubauen.[83] Nach Johannes Paul II. gehört es seit der Jahrtausendwende sogar zur vorrangigen Aufgabe der Kirche, dass in ihr Gemeinschaftsbau realisiert ist und vorbildlich gelernt werden kann. Derjenige, der für Rahner im Dienst am Aufbau kirchlicher wie gesellschaftlicher koinonaler Lebensformen steht, ist der Diakon.[84] Die Würzburger Synode hatte dafür

---

tümern (1999) Rahmenordnung für Ständige Diakone in den Bistümern der Bundesrepublik Deutschland (1994) / Richtlinien über persönliche Anforderungen an Diakone und Laien im pastoralen Dienst im Hinblick auf Ehe und Familie (1995), hg. v. Sekretariat der Deutschen Bischofskonferenz, Bonn 2000 (Die deutschen Bischöfe 63), 1.2, S. 16.

[81] „Die Glaubwürdigkeit eines zukünftigen Christentums wird davon abhängen, ob es gelingt, neue Sozialformen explizit christlichen Lebens zu entwickeln." (F.-X. Kaufmann / J. B. Metz: Zukunftsfähigkeit. Suchbewegungen im Christentum, Freiburg 1987, 87).

[82] In eine ganz ähnliche Richtung tendiert Y. Congar, der wie K. Rahner auf der Internationalen Studienkonferenz 1965 in Rom ein Grundsatzreferat gehalten hatte. „Der Ursprung des Diakonates liegt ja in der Organisierung des gemeinschaftlichen und caritativen Lebens der Kirche in Jerusalem. Der Bericht der Apostelgeschichte ist Teil einer Geschichte, die vorbildliche Bedeutung hat und ekklesiologische Tragweite hat. Aus diesem Grund würde schon die bloße Erwähnung der caritativen Funktionen der Diakone Anlass geben für eine ganze Ekklesiologie des Gemeinschaftslebens und des Dienstes an den Armen, den Schwachen und all denen, die ohne Einkommen und unbeachtet sind. Es gibt keine christliche koinonia ohne diakonia." (Y. Congar: Der Diakonat innerhalb der „Ministerien" der Kirche, in: Diaconia Christi H. 1 (2005), 21–32, zuerst abgedruckt in: Diaconia Christi H. 2 (1966), 24–41).

[83] Dieses Anliege taucht später wieder auf, etwa in: K. Rahner: Strukturwandel der Kirche als Aufgabe und Chance. Neuausgabe mit einer Einführung von Johann Baptist Metz, Freiburg 1989, 111ff.

[84] Wenn man heute die vierzig Jahre, seit Rahner dies geschrieben hat, zurückblickt, kann man eine Vielzahl neu gegründeter Gruppierungen, Selbsthilfegruppen oder Vereine entdecken. Die „Entbettung" (A. Giddens), die Auflösung der großen gesellschaftsprägenden und monokonfessionellen Sozialmilieus hat zwar viele Menschen bis heute desintegriert und vereinsamen lassen; andererseits haben inzwischen Menschen eine bunte Vielfalt neuer kleinerer und größerer Vergemeinschaftungsformen

einen Startschuss gegeben. In der Freiburger Diözesanordnung wurde dieser Gedanke der Synode aufgenommen: Diakone „stiften Gemeinschaften, in denen einer des anderen Last trägt. Sie helfen mit, dass sich aus solchen Gemeinschaften Gemeinde aufbauen kann."[85]

III. Diakonia – Qualitätsmerkmal christlicher Koinonia

Das Qualitätsmerkmal der Gemeinschaften, die die Diakone stiften sollen, ist das: „Einer trage des anderen Last." (Gal 6,2) Der griechische Begriff für „einer des anderen" ist αλλήλων und meint einander. Die Gute Nachricht Übersetzung lautet deshalb: „Helft einander, eure Lasten zu tragen." Im Neuen Testament wird das Wort „αλλήλων" vielfach benützt. Es findet sich in Sätzen wie: „Seid *einander* in brüderlicher Liebe zugetan, übertrefft euch in gegenseitiger Achtung!" (Röm 12, 10) „Seid demütig, friedfertig und geduldig, ertragt *einander* in Liebe." (Eph 4, 2) „Seid gütig *zueinander*, seid barmherzig, vergebt *einander*, weil auch Gott euch durch Christus vergeben hat." (Eph 4, 32) „Seid eines Sinnes, *einander* in Liebe verbunden, einmütig und einträchtig." (Phil 2, 2) „Dient *einander* in Liebe." (Gal 5, 13) „Darum bekennt *einander* eure Sünden, und betet *füreinander*, damit ihr geheilt werdet." (Jak 5, 16) „Daran werden alle erkennen, dass ihr meine Jünger seid: wenn ihr *einander* liebt." (Joh 13, 35) Hier geht es bei diesem „Einander"[86] immer um eine Begegnung auf gleicher Augenhöhe, um eine diakonische Grundhaltung innerhalb der „neuen brüderlichen Gemeinschaft". Diese ist, so betont der Konzilstext, ein Geschenk des Auferstandenen, eine Gabe *seines* Geistes, die sich in seinem Leib, der Kirche, realisiert.

Die „neue brüderliche Gemeinschaft" wird aber nicht einfach nur als Summe von vielen Einzelnen gesehen, die ihre Gemeinschaft als Teilhabe an etwas Gemeinsamem definieren. Das Volk

---

gegründet. Es gibt eine Vielzahl von Gemeinschaftsangeboten, wo Menschen sich mit ihren Anliegen integrieren können. Erst in jüngerer Zeit wird wieder mehr entdeckt, dass die Sorge der Kirche und deshalb gerade auch des Diakons dem Aufbau auch solcher (rein) gesellschaftlicher Gruppen gelten muss. Damit könnte die Frage von P. Hünermann beantwortet werden: „Wie ist zu sagen und zu bezeugen, dass Kirche keine konfessionelle Sondergruppe ist, sondern mit der Menschheitsgeschichte und ihrem Sinn zusammengehört?" (Ders.: Kommentar zu Lumen gentium, in: HThK Vat.II, Bd. 2, 557).
[85] Ordnung für den Ständigen Diakonat in der Erzdiözese Freiburg, hg. v. Erzbischöflichen Ordinariat Freiburg, 5.
[86] vgl. K. Armbruster: Das „Einander-Prinzip", in: Konradsblatt 23 (2005), 19.

Gottes (und damit die Vision der erlösten Menschheit überhaupt, vgl. LG 1) stellt keine Ansammlung dar, sondern ist eine Sozialgestalt einander sich in ihren Charismen ergänzenden und gegenseitig dienenden Glieder.

a) Gabendiakonie

Für dieses Ineinander und Zueinander der Charismen benützt der Konzilstext in GS 32 das Bild des Leibes. Die Glieder des Leibes lassen sich auf zwei verschiedene Weisen miteinander in Beziehung bringen. Einmal geht es um die „Einheit der Charismen", ein anderes Mal um die „Vernetzung der Charismen".[87]

Die „Einheit der Charismen" entsteht, indem die einzelnen Charismen teilhaben am größeren Ganzen des Leibes. Dies ist die Koinonia durch Teilhabe an etwas Gemeinsamem, dem Leib. Die Einheit in der Vielheit entsteht, in dem die einzelnen Glieder sich der Teilhabe am gemeinsamen Leib bewusst sind. Paulus, der in seinen Briefen dieses Bild vom Leib mit seinen Gliedern geprägt hatte, drückt dies so aus: „Auch der Leib besteht nicht nur aus einem Glied, sondern aus vielen Gliedern. Wenn [...] das Ohr sagt: Ich bin kein Auge, ich gehöre nicht zum Leib!, so gehört es doch zum Leib. Wenn der ganze Leib nur Auge wäre, wo bliebe dann das Gehör? Wenn er nur Gehör wäre, wo bliebe dann der Geruchssinn? Nun aber hat Gott jedes einzelne Glied so in den Leib eingefügt, wie es seiner Absicht entsprach. Wären alle zusammen nur ein Glied, wo bliebe dann der Leib? So aber gibt es viele Glieder und doch nur einen Leib." (1 Kor 12, 14–20) Indem jedes Glied teilhat am Leib, werden die vielen Glieder in ihrer Einheit zum Leib. Aufgrund dieser Teilhabe am Leib empfängt jedes Glied seine Würde. Ohne diese gemeinsame Teilhabe am Leib, würde die Unterschiedlichkeit der Glieder zum Vergleich verkommen: besser – schlechter, höher – niedriger, nützlicher – weniger nützlich, mehr wert – weniger wert. Deshalb ist der Dienst an der Einheit als Teilhabe am Leib Christi ein ganz eigener Dienst.

---

[87] Diese Terminologie von der „Einheit der Charismen" und von „Vernetzung" haben wir einem Text von P. Hünermann entnommen: „Im Horizont dieser Feier der Einheit (erg. der Feier der Eucharistie), wie sie *von Gott her geschenkt* ist (indem alle Gläubigen, mit ihren unterschiedlichen Biografien und Meinungen eins sind, auch wenn sie im Widerstreit stehen), hat sich dann auch die Einheitstätigkeit des kirchlichen Amtes zu entfalten, nämlich im Dienst an dieser von Gott geschenkten Einheit der Charismen in der Kirche: in ihrer Entfaltung, ihrem Schutz, in ihrer Vernetzung und konstruktiven ‚correctio' – so dass das Charismatische in der institutionellen Ordnung zum Ausdruck kommt, als der stimmigen Gestalt vielstimmiger Gnade." (Ders.: Kommentar zu *Presbyterium ordinis*, in: HThK Vat II., Bd. 4, 337–580, Anm. 67, 563).

Davon zu unterscheiden ist, wenn sich die Glieder *einander* dienen, wenn es zur „Vernetzung der Charismen" kommt und die Verschiedenheit der empfangen Gaben dazu führt, dass sich die einzelnen Glieder gerade wegen ihrer Verschiedenheit gegenseitig ergänzen und einander dienlich sein können. Die je eigene Zuweisung einer Gabe des Geistes ist ein Hinweis auf die Individualität und die Personalität jedes einzelnen. Gleichzeitig weist diese je eigene Gabenzuteilung hin auf die eigene Ergänzungs*fähigkeit* für die Anderen, aber auch auf die Ergänzungs*bedürftigkeit* durch die Anderen. Jedes Glied hat ein Charisma bekommen, das – soll es aufblühen – in den Dienst der anderen gestellt werden will. Kein Glied im Leib Christi ist ohne die anderen lebensfähig, wie auch umgekehrt gilt, dass das einzelne Glied die anderen braucht um das eigene Charisma leben zu können. Es besteht also zwischen den Gliedern ein Verhältnis von „nützlich" und „bedürftig".[88] Dieses Zueinander, die Gliedschaft *im* Leibe, bedenkt Paulus, wenn er schreibt: „Das Auge kann nicht zur Hand sagen: Ich bin nicht auf dich angewiesen. Der Kopf kann nicht zu den Füßen sagen: Ich brauche euch nicht. Im Gegenteil, gerade die schwächer scheinenden Glieder des Leibes sind unentbehrlich." (1Kor 12, 21.22)

Paulus kann mit Hilfe des Bildes vom Leib (1 Kor 12, 14–22) die *Einheit* in der Verschiedenheit wie auch die *Dienlichkeit*[89] aufgrund der Verschiedenheit denken.[90] „So sind wir, die vielen, ein Leib in Christus, als einzelne aber sind wir Glieder, die zueinander gehören." (Röm 12, 5)[91]

Dieses Spiel der Glieder „zueinander" gelingt aber nur, wenn eines dem anderen nützt und gerade darin zu sich selbst kommt. „Je-

---

[88] vgl. K. Armbruster: Größere Räume – stärkere Gemeinden. Heute Gemeinde gestalten, in: Praxis in der Gemeinde H. 2 (2006), 33–37.

[89] Den Begriff der „Dienlichkeit" fanden wir erstmals bei P. Hünermann: Kommentar zu *Lumen gentium*, in: HThK Vat II., Bd. 2, 559.

[90] In seinem Kommentar zu *Gaudium et spes* 32 verdeutlicht O. Semmelroth: Einleitung und Kommentar zum II. Kapitel von *Gaudium et spes*, in: LThK. E 3 (1968), 354–377, das Verhältnis zwischen Einheit und Dienlichkeit: „Gott hat seit Beginn der Heilsgeschichte die Menschen als Glieder einer Heilsgemeinschaft erwählt. Dieses Bewusstsein, dass der eigentliche Partner Gottes in der Heilsgeschichte Gottes Volk ist und *der Einzelne, insofern er zu diesem Volk gehört*, […]." (376) „In der Stiftung der Kirche als eines geheimnisvollen Leibes, in dem alle als Glieder aufeinander bezogen sind und alle strukturelle und personelle Verschiedenheit die Einheit nicht antastet, ist *die soziale Verflochtenheit der Menschen in der Ordnung des Heils* beständig und sakramental dargestellt." (377), Hervorhebung K.A.

[91] „Die von Christus gestiftete Einheit wird von seinem Leib repräsentiert und von seinem Geist erhalten; dieser Leib realisiert sich mit Solidarität untereinander […]." (H.-J. Sander: Kommentar zu *Gaudium et spes*, in: HThK Vat.II, Bd. 4, 750.

dem wurde die Offenbarung des Geistes[92] geschenkt, damit sie anderen nützt." (1 Kor 12, 7) Dieses Wort vom „nützen" scheint wie eine Übersetzung des Wortes „diakonia" zu sein: Mit der eigenen Gnadengabe dem Anderen nützen. Der Dienst an der gegenseitigen Dienlichkeit ist deshalb vom Dienst an der Einheit zu unterscheiden.

b) Alltagsdiakonie

Die Diakonia – einander zu nützen, einander die Lasten tragen – ist das Lebensprinzip des Leibes Christi. Dieses gegenseitige Dienen der einzelnen Glieder, die Diakonia, beschreibt allerdings den Normalfall und nicht den Notfall. Wenn ein Glied im Leib ausfällt, wenn es seiner Diakonia für die anderen Glieder nicht nachkommt (nachkommen kann), leiden die anderen Glieder mit. Der Ausfall ist der Notfall; der Normalfall ist, dass die Glieder einander dienen.

Man verkürzt deshalb die Diakonia, wenn man immer nur dann von ihr spricht, wenn es Not zu lindern gilt. Diakonia ist zuwenig beschrieben, wenn man sie nur als „Notfalldiakonie" beschreiben würde. Dass die Witwen der Hellenisten bei der täglichen Versorgung übersehen wurden (vgl. Apg 6, 1), notiert bereits die „Krise der Diakonia" und nicht erst deren Anfang.

Wie es zu diesem Notfall kommen konnte, deuten Anfang und Schluss dieser für den Diakonat wichtigen Perikope an. Die biblische Anfangsurkunde für den Diakonat, die Erzählung der Wahl der Sieben in Apostelgeschichte 6, 1–7, beginnt mit der Feststellung, dass „die Zahl der Jünger zunahm"[93] und dass deshalb einige Jüngerinnen, die Witwen der Hellenisten, übersehen wurden. Nach der Wahl der Sieben, dem Gebet und der Handauflegung durch die Apostel, schließt die Perikope mit der Bemerkung: „Die Zahl der Jünger in Jerusalem wurde immer größer." (V 7) Der Rahmen dieser Perikope will sagen, dass mit und durch die

---

[92] „Der Geist wohnt in der Kirche und in den Herzen der Gläubigen wie in einem Tempel (vgl. 1 Kor 3,16; 6,19), in ihnen betet er und bezeugt ihre Annahme an Sohnes statt (vgl. Gal 4,6; Röm 8,15–16.26). Er führt die Kirche in alle Wahrheit ein (vgl. Joh 16,13), *eint sie in Gemeinschaft und Dienstleistung*, bereitet und lenkt sie durch die verschiedenen hierarchischen und charismatischen Gaben und schmückt sie mit seinen Früchten (vgl. Eph 4,11–12; 1 Kor 12,4; Gal 5,22)." (LG 4), Hervorhebung K. A. Deshalb kann man den Geist als *den* Gemeinschaftsstifter bezeichnen. Die Fähigkeit, einander entsprechend der empfangenen Gabe (Charisma) zu dienen und so eine „Gemeinschaft des Lebens, der Liebe und der Wahrheit" (LG 9) zu sein, diese Fähigkeit wird von Gottes Geist gestiftet und bewirkt. „Derselbe Geist eint durch sich und durch seine Kraft wie durch die innere Verbindung der Glieder den Leib; er bringt die Liebe der Gläubigen untereinander hervor und treibt sie an." (LG 7)
[93] Wo nicht eigens vermerkt, stammen die Zitate der Hl. Schrift aus der Einheitsübersetzung.

Bestellung der Sieben eine notwendige Veränderung der Soziostruktur dieser Jüngergemeinde möglich wurde.[94]

Auch wenn sich der genaue Hergang[95] historisch nicht vollständig rekonstruieren lässt, so weisen dennoch einige Anhaltspunkte daraufhin, dass das Problem, das mit der Bestellung der Sieben gelöst werden sollte, weniger eine Frage der materiellen Versorgung war, sondern auf das Problem verwies, dass eine wachsende Gemeinschaft der Gefahr wehren muss, nicht eine anonyme Masse zu werden. Mit der Bestellung der Sieben vollzog sich eine Veränderung der Gemeindestruktur, um einer Vermassung und damit Vereinsamung entgegen zu steuern.[96]

Folgt man der Zahlenangabe der Apostelgeschichte, dann ist in Apg 1,13–14 von den *Elf*, von Frauen, von Maria und den Brüdern Jesu die Rede. Aber schon der nächste Vers spricht von etwa *Hundertzwanzig*. Nach der Pfingstpredigt des Petrus kommen *Dreitausend* hinzu (2,41). Als die Zahl auf diese Dreitausend gestiegen war, bemerkt der Autor der Apostelgeschichte, dass sie zwar täglich einmütig im Heiligtum ausharrten, aber dass sie das Brot „nach Häusern" (2,46)[97] brachen. Zum ersten Mal ist hier von einer Unterteilung der Großgruppe die Rede. Bald danach sind sie auf *Fünftausend* angewachsen (4,4), was immer noch nicht das Ende ist. *„Immer mehr* wurden im Glauben zum Herrn geführt, *Scharen* von Männern und Frauen." (5,14)[98] Jetzt ist ein zweites Mal in der Apostel-

---

[94] A. Hentschel: Diakonia im Neuen Testament. Studien zur Semantik unter besonderer Berücksichtigung der Rolle der Frauen, (WUNT 226), Tübingen 2007, lässt anklingen, dass in der Bestellung der Sieben die Voraussetzung für den Leitungsdienst nicht mehr die „Nachfolge des irdischen Jesus" Bedingung ist, wie es noch bei der Wahl des Matthias (Apg 1,15–26) war, sondern ihr guter Ruf in der Gemeinde und ihr Geistbesitz (vgl. V 3), eben dass sie sich bereits als im Auftrag Jesu handelnde (διάκονοι Χριστου) erwiesen haben. 345.

[95] Vgl. A. Hentschel: Diakonia im Neuen Testament.; K. Berger: Theologiegeschichte des Urchristentums. Theologie des Neuen Testamentes, Tübingen [1]1994, 140–149; J. Roloff: Die Apostelgeschichte, (NTD 5), Göttingen [2]1988; R. Pesch: Die Apostelgeschichte, (EKK V1/2), Neukirchen 1986; G. Schneider: Die Apostelgeschichte, in: HThK V1/2, Freiburg 1980/1982.

[96] Vgl. J.-P. Audet: Priester und Laie in der christlichen Gemeinde. Der Weg in die gegenseitige Entfremdung, in: A. Deissler / H. Schlier / J.-P. Audet: Der priesterliche Dienst I. Ursprung und Frühgeschichte (QD 46), Freiburg 1970, 116–175. Audet zeigt in diesem Beitrag auf, wie das Wachstum der Kirche in den ersten Jahrhunderten aus den „brüderschaftlich" organisierten „Stammgemeinden" mit ihren „Diensten" eine große Organisation mit ihren „Ämtern" wurde. Die Art und Weise der Sozialgestalt der Kirche ist nicht indifferent gegenüber der Art und Weise des Amtsverständnisses.

[97] Das Münchener Neues Testament, Studienübersetzung erarb. v. Collegium Biblicum München e.V., hg. v. Vorsitzenden dieses Collegiums, J. Hainz, Düsseldorf 1988, übersetzt das griechische κατ οικον mit „nach" Häusern", während die Einheitsübersetzung und andere es mit „in" den Häusern wiedergibt.

[98] Übersetzung Münchener Neues Testament.

geschichte von einer Untergliederung die Rede, weil jetzt auch die Lehre „nach"[99] Häusern aufgeteilt wird: „Und Tag für Tag lehrten sie unermüdlich im Tempel und in den Häusern." (5,42)

Wenn mit dem Wachstum einer Gemeinschaft nicht auch eine entsprechende Untergliederung einhergeht, läuft sie Gefahr, dass die einzelnen Mitglieder sich gegenseitig entfremden. Das Gespür füreinander geht verloren, Bedürfnisse werden übersehen, Verwerfungen bleiben nicht aus. Diesen Vorgang deutet die Apostelgeschichte bereits an, wenn sie eingangs der Perikope in Apg 4,32–37 davon spricht, dass die „Menge der Glaubenden"[100] ein Herz und eine Seele war und dass es unter ihnen keinen Bedürftigen gab. Zugleich scheinen diese Verse wie eine letzte Beschwörung dieser Einmütigkeit zu sein. Denn anschließend folgen zwei Erzählungen, die erstmals in der Apostelgeschichte davon berichten, dass die Eintracht innerhalb des Jüngerkreises gestört ist. So als ob der Verfasser andeuten wollte, dass mit der wachsenden Zahl der Jüngerinnen und Jünger auch die Fehlerquote steigt.

Die erste Episode, die von einer Störung der trauten Eintracht erzählt, ist der Bericht vom Betrug des Hananias und der Saphira. Deren beider Ende versetzt die ganze Gemeinde in große Furcht. (Apg 5,11) Der zweite Bericht bezeugt ohne Umschweife, dass es doch mit der Zeit Gemeindemitglieder gab, die Not litten, weil sie übersehen wurden: Als die Zahl der Jünger zunahm „entstand ein Murren der Hellenisten"[101], weil ihre Witwen bei der „διακονία καθημερινά", der täglichen Diakonia, übersehen wurden. (Apg 6,1)

Was mit der „täglichen Diakonia" gemeint sein könnte, erschließt sich, wenn man zur letztgenannten Beschreibung des Innenlebens der Jüngergemeinde zurückgeht (Apg 4,32–37): „Sie hatten alles gemeinsam (κοινά)." „Es gab keinen unter ihnen der Not litt." „Jedem wurde so viel zugeteilt, wie er nötig hatte." Die διακονία καθημερινά, die tägliche Diakonia, war die gegenseitige Verantwortung, die das Leben der Gemeinschaft sicherte. Diakonia im Sinne der Apostelgeschichte war nicht einfach ein Almosen geben, sondern diese Diakonia bezeichnete die Qualität, die diese Gemeinschaft auszeichnete: Sie teilten und hatten so alles gemeinsam.

Mehr noch: Die Lebendigkeit und Stimmigkeit innerhalb der Gemeinschaft war letztlich nicht einfach nur ein soziales Problem,

---

[99] Zur Frage der Übersetzung mit „nach" oder „in" siehe Anm. 97.

[100] Übersetzung Münchener Neues Testament. Die Einheitsübersetzung deutet die „Menge" bereits und übersetzt dann mit „die Gemeinde der Gläubigen".

[101] Übersetzung Münchener Neues Testament.

sondern vor allem auch eine spirituelle wie theologische Herausforderung.[102] „Daran werden alle erkennen, dass ihr meine Jünger
seid: wenn ihr einander liebt." (Joh 13,35) Diese Gemeinschaft
praktizierter Liebe zu organisieren und sie zu garantieren war
und blieb ihre tägliche Aufgabe. Ihre κοινωνία realisierte sich in
der διακονία καθημερινά. Die διακονία καθημερινά garantierte
den Bestand ihrer κοινωνία.[103]

Die deutsche Übersetzung von διακονία καθημερινά mit „tägli-
cher Versorgung" in der Einheitsübersetzung lenkt deshalb den
Blick in eine falsche Richtung. Bei der täglichen „Versorgung"
übersehen zu werden, klingt als ob es sich um eine Art Armenspeisung handeln würde. Der griechische Text spricht dagegen von der
„täglichen Diakonia", der διακονία καθημερινά. Es handelt sich
also nicht um eine Tafel für Bedürftige, sondern um den Tisch der
„Familie Gottes". An diesem großen Tisch der Ekklesia Gottes
hatte man die Witwen der Hellenisten übersehen. Den Witwen
wurde der *Normalfall* vorenthalten, für den eigentlich galt: „Es
gab keinen unter ihnen, der Not litt." (Apg 4,43). Die Sieben werden demnach nicht eingesetzt, um sich um den „Sozialfall" der hellenistischen Witwen zu kümmern, sondern um zu verhindern, dass
es wieder zu einem Notfall kommt. Diakone sind keine „geweihten Sozialarbeiter"[104], sie sind nicht das Rote Kreuz für Sozialfälle.
Vielmehr werden Diakone eingesetzt als Wächter und Garanten
einer lebendigen Koinonia, in der man sich gegenseitig dient.
Und wenn es zu Sozialfällen kommt, dann sollen die Diakone dafür sorgen, dass aus diesen Sozialfällen wieder Normalfälle werden. „Die Kirche ist Gottes Familie in der Welt. In dieser Familie

---

[102] „Die Güterteilung war also zunächst eine theologische Frage und erst in zweiter
Linie ein soziales Problem." (G. Hammann: Die Geschichte der christlichen Diakonie. Praktizierte Nächstenliebe von der Antike bis zur Reformationszeit, Göttingen 2003, 61).
[103] „Lukas erzählt uns das im Zusammenhang einer Art Definition der Kirche, zu deren Wesenselementen er das Festhalten an der ‚Lehre der Apostel' und an der ‚Gemeinschaft' (koinonia), am ‚Brotbrechen' und an den ‚Gebeten' rechnet (vgl. Apg
2,42). Das hier zunächst nicht weiter beschriebene Element ‚Gemeinschaft' (koinonia) wird in den vorhin zitierten Versen konkretisiert: Ihre Gemeinschaft besteht
eben darin, dass die Gläubigen alles gemeinsam haben und dass es den Unterschied
zwischen arm und reich unter ihnen nicht mehr gibt (vgl. auch 4,32–37). Diese radikale Form der materiellen Gemeinschaft – dass die Gläubigen alles gemeinsam haben
und dass es den Unterschied zwischen arm und reich unter ihnen nicht mehr gibt –
ließ sich freilich beim Größerwerden der Kirche nicht aufrechterhalten. Der Kern,
um den es ging, blieb aber bestehen: Innerhalb der Gemeinschaft der Gläubigen
darf es keine Armut derart geben, dass jemandem die für ein menschenwürdiges Leben nötigen Güter versagt bleiben." (DCE 20)
[104] W. Kasper: Der Diakon in ekklesiologischer Sicht, 150.

darf es keine Notleidenden geben" (DCE 25), meint Papst Benedikt XVI. und spricht in diesem Zusammenhang vom „Dienst gemeinsamer, geordnet geübter Nächstenliebe", der hier „in der grundlegenden Struktur der Kirche selbst verankert" wurde.[105] Eine Engführung im Verständnis des Diakonates beginnt dort, wo die Diakonia nur auf die Not- und Sozialfälle reduziert wird. Denn von Diakonia ist gerade auch zu sprechen, wenn alle Glieder sich freuen, wenn ein Glied geehrt wird (vgl. 1 Kor 12, 26). Manchmal wird gerade ein Fest zur dichtesten Erfahrung der Diakonia. Konkret formuliert: Jede normal „funktionierende" Familie verwirklicht das, was mit Diakonia gemeint ist. Von realisierter Diakonia in einer Familie ist nicht erst dann zu sprechen, wenn die Mutter sich um das kranke Kind kümmert, sondern wenn der Alltag gelingt, weil „alle Glieder einträchtig füreinander sorgen" (1 Kor 12, 25). Auch deshalb kann die Modellansprache für den weihenden Bischof im Pontifikale davon sprechen, dass die erste Sorge des verheirateten Diakons seiner Familie gilt.[106] Auch bekommt der Kirchenchor nicht erst dann das Qualitätssiegel der Diakonia verliehen, wenn er sich um die kranken Mitglieder kümmert, sondern wenn in ihm ein gutes Klima herrscht und die gegenseitige Kameradschaft ganz normal zum Alltag gehört und deshalb auch die kranken und passiv gewordenen Mitglieder besucht werden. Diakonia meint ein Ganzes.

c) „Diakonie nach Innen" und „Diakonie nach Außen"

Bis hierher könnte leicht der Eindruck einstanden sein, die hier beschriebene Diakonia sei nur eine innerkirchliche oder gar innergemeindliche Dimension. Damit wäre allerdings die Diakonia auf eine andere Weise einseitig wiedergegeben, würde man beim Blick nach Innen, bei der „inneren Brüderlichkeit" stehen bleiben. Der Dienst der Diakonia greift über die christliche Koinonia hinaus und zielt auf eine „allumfassende Brüderlichkeit".[107]

---

[105] „Das bedeutet, dass der Sozialdienst, den sie (die Sieben) zu leisten hatten, ein ganz konkreter, aber zugleich durchaus geistlicher Dienst und ihr Amt daher ein wirklich geistliches Amt war, das einen der Kirche wesentlichen Auftrag – eben die geordnete Nächstenliebe – wahrnahm. Mit der Bildung dieses Siebener-Gremiums war nun die ‚diakonia‘ – der Dienst gemeinsam, geordnet geübter Nächstenliebe – in der grund-legenden Struktur der Kirche selbst verankert." (DCE 21)

[106] „Du bist verheiratet (und hast Kinder). Daher gilt deine erste Sorge der Familie." (Die Weihe des Bischofs, der Priester und der Diakone. Pontifikale I, hg. im Auftrag der Bischofskonferenzen Deutschlands, Österreichs und der Schweiz und der Bischöfe von Bozen-Brixen und Luxemburg, Trier ²1994, 155).

[107] „Denen also, die der göttlichen Liebe glauben, gibt er die Sicherheit, dass allen

Infolgedessen werden hier zwei Richtungen von Diakonia unterschieden: Die Diakonia, die sich die Glieder einer Koinonia *gegenseitig* zukommen lassen, wird als „Diakonie nach Innen" bezeichnet. Es ist das Lebensprinzip jeder „Gemeinschaft des Glaubens"[108]. Deshalb hat Papst Benedikt in seiner Enzyklika „Deus caritas est" zunächst auch die Diakonia als innerkirchliches Grundprinzip im Blick, wenn er schreibt: „Kirche als Familie Gottes muss heute wie gestern ein Ort der gegenseitigen Hilfe sein." (DCE 32) Christliche Koinonia lebt vom Grundprinzip der „Diakonie nach Innen". Eine solche Weise praktizierter Diakonia setzt allerdings die gegenseitige Absprache der Mitglieder, also eine gute Kommunikation innerhalb einer Koinonia voraus.

Die „Diakone nach Innen" stellt jedoch nur die eine Seite der Medaille dar. Die Kirche würde ihren Sendungsauftrag verfehlen, läge ihr nur am gelingenden Miteinander ihrer Mitglieder. Der Kirche ist der Dienst an der „Einheit der ganzen Menschheit" (vgl. LG 1) aufgegeben.

Zur „Diakonie nach Innen" muss also die „Diakonie nach Außen" kommen. Benedikt XVI. spricht in diesem Zusammenhang von „der Dienstbereitschaft für alle": „Kirche als Familie Gottes muss heute wie gestern ein Ort der gegenseitigen Hilfe sein und zugleich ein Ort der Dienstbereitschaft für alle der Hilfe Bedürftigen, auch wenn diese nicht zur Kirche gehören." (DCE 32) Anders gewendet: „Die Kirche ist Gottes Familie in der Welt. In dieser Familie darf es keine Notleidenden geben. Zugleich aber überschreitet *Caritas-Agape* die Grenzen der Kirche." (DCE 25)[109]

Im Missionsdekret des Konzils wird sogar die Verknüpfung hergestellt zwischen dem inneren Wachstum einer christlichen Gemeinschaft und der Sorge dieser Gemeinschaft über sie hinaus: „Die Gnade der Erneuerung kann in den Gemeinschaften (erg. Diözesan- und Pfarrgemeinschaften) nicht wachsen, wenn nicht eine jede den Raum ihrer Liebe bis zu den Grenzen der Erde hin ausweitet und

---

Menschen der Weg der Liebe offensteht und dass der Versuch, eine allumfassende Brüderlichkeit herzustellen, nicht vergeblich ist." (GS 38)

[108] Vgl. die Predigt von Erzbischof Dr. R. Zollitsch auf der Jahrestagung der Arbeitsgemeinschaft Ständiger Diakonat der Bistümer in der Bundesrepublik Deutschland im Karl Rahner Haus, Freiburg am 17. Januar 2007, veröffentlicht in der Dokumentation der Jahrestagung 2007, hg. von der Arbeitsgemeinschaft Ständiger Diakonat der Bistümer in der Bundesrepublik Deutschland, 24 (2007), 59–62.

[109] Es mag Zufall sein, es mag aber auch ganz bewusst gesetzt sein, dass Benedikt XVI. in dieser Enzyklika die Begriffe „Diakonia" und „Caritas" eigens zuordnet. Wenn der Papst von der Liebe *innerhalb* der Familie Gottes, der Kirche, spricht, benützt er den Begriff „Diakonia"; wo er von der Liebestätigkeit, *die über die Kirche hinausgehen muss*, spricht, verwendet er den Begriff „Caritas".

eine ähnliche Sorge für jene trägt, die in der Ferne leben, wie für jene, die ihre eigenen Mitglieder sind." (AG 37)[110] *Gaudium et spes* zieht seine Vision von der Familie Gottes soweit aus, dass die Familie Gottes alle Menschen umfasst. „Gott, der väterlich für alle sorgt, wollte, dass alle Menschen eine Familie bilden und einander in brüderlicher Gesinnung begegnen. Alle sind ja geschaffen nach dem Bild Gottes, der ,aus einem alle Völker hervorgehen ließ, die das Antlitz der Erde bewohnen' (Apg 17,26), und alle sind zu einem und demselben Ziel, d. h. zu Gott selbst, berufen." (GS 24) „Volk Gottes ist die ganze Menschheit." So fasste es einer der Vordenker des II. Vatikanischen Konzils, M.-Dominique Chenu, zusammen.[111]

d) Zellendiakonie

Bisher wurde hier von Diakonia dort gesprochen, wo einzelne Gemeindemitglieder „sich in der Liebe Jesu gegenseitig annehmen"[112] (Diakonie nach Innen) und wo sie sich an der und gesellschaftlichen Entwicklung beteiligen (Diakonie nach Außen). Der Blick ist auf den Einzelnen und sein Beziehungsgeflecht gerichtet. Darüberhinaus legen die Texte der Synode und der Rahmenordnung nahe, dass sich Gemeinde als Koinonia nicht nur aus einzelnen Individuen aufbaut, sondern dass sich Gemeinde auch als eine Koinonia „lebendiger Zellen" verstehen lässt. Wie aber lassen sich „lebendige Zellen brüderlicher Gemeinschaft" diakonisch miteinander verschränken? Wie soll man sich die „Kirche als soziales Netzwerk"[113] als Geflecht von Gruppen, Gemeinschaften oder Initiativen konkret vorstellen?[114] Gibt es eine Diakonia zwischen gemeindlichen Gruppen?

---

[110] P. Hünermann sagt über den Artikel 37, dieser „dürfte einer der wegweisensten Artikel in diesem Kontext sein. Abschnitt 1 spricht davon, dass das Volk Gottes in unterschiedlichen Gemeinschaften lebt, auf Diözesanebene, Pfarrebene etc." Die „Gnade der Erneuerung" kann „in den einzelnen Gemeinschaften nicht wachsen", „wenn die ,Räume der Liebe' sich nicht universal weiten und die Sorge für den Nächsten ebenso präsent sind, wie die Sorge für die Fernen". (Ders.: Kommentar zu *Ad gentes*, in: HThK Vat II., Bd. 4, 219–336, 314.)

[111] M.-D. Chenu: Le Saulchoir. Eine Schule der Theologie (Collection Chenu 2), Berlin 2003, 190. Chenu hielt 1936 als Regens des Priesterseminars in Le Saulchoir, die in diesem Band erstmals in Deutsch veröffentlichte Grundsatzrede.

[112] Synode: Beschluss Dienste und Ämter, 615.

[113] Von M. Hochschild stammt die grundlegende Theorie der Kirche als eines sozialen Netzwerkes, in: Ders.: Religion in Bewegung, Münster 2001; Ders.: Beobachtungen der Kirche, Bd. 1, Münster 2002.

[114] „Wenn wir […] auf der unteren pastoralen Ebene von einem sozialen Netzwerk sprechen, so meinen wir ein Geflecht von Gemeinden, Gruppen, Gemeinschaften oder Initiativen." Erzbischof Dr. R. Zollitsch in Anlehnung an einen Begriff von M. Hochschild, in: Ders.: Aufbruch im Umbruch. Optionen für eine pastorale Schwerpunktsetzung in der Erzdiözese Freiburg, (Freiburger Texte Nr. 51), o.J., 24.

Bei einem Treffen Ständiger Diakone erzählte einer aus seiner Trauergruppe, ein anderer von der Ministrantenpastoral. Alsbald kam die Rede darauf, dass Gemeinde als „Sozialform gelebten Glaubens" greifbarer würde, wenn gerade die unterschiedlichen Gruppen eine wechselseitige Diakonia pflegten und sich miteinander vernetzten. Dabei fragte man sich, was wohl die Trauergruppe und die Ministranten miteinander zu tun hätten. Wieso sollten sie sich vernetzen? Schnell machte der Diakon aus der Trauergruppe klar, wie wichtig eine stimmige Beerdigungsliturgie für die Trauerarbeit sei und wie die Ministranten durch ihr Verhalten bei der Beerdigung die Trauerarbeit der Trauernden unterstützten oder auch erschwerten. So wurde an diesem Tag die Idee einer Vernetzung zwischen der Trauergruppe und den Ministranten dieser Gemeinde geboren. Gemeinde wurde so verständlich als „soziales Netzwerk einander sich dienender Gruppen".

Die spirituellen Hintergründe einer Vernetzung liefert wieder das biblische Bild vom Leib mit seinen Zellen und Gliedern. Der Leib besteht von der Zelle über die Organe bis zu den Gliedmaßen aus vielen „Einzelteilen", aber diese verhalten sich nicht autark zueinander wie Einzeller. Ganz im Gegenteil! Jeder Zelle, jedem Organ und jedem Glied „fehlt" etwas, um ein eigenständiger und unabhängiger Einzeller zu sein. Das hat zur Konsequenz, dass jedes Glied die Charismen der anderen Glieder zu ihrer eigenen Lebendigkeit benötigt.[115] Alle sind um ihres eigenen Lebens willen voneinander abhängig. Jede Zelle, jedes Glied wäre alleine nicht lebensfähig, wenn es sich vom Leib trennte.

Andererseits bringt jede Zelle, jedes Organ und jedes Glied etwas mit, was den anderen nützt. Die einzelnen Zellen, Organe und Glieder sind also nicht nur voneinander abhängig, sondern jedes bringt auch seinen Nutzen für andere ein. Der Leib lebt, ja wird erst lebendig, wenn alle in einer wechselseitigen Gabendiakonie leben und jede Zelle sich der eigenen „Bedürftigkeit" (Kenosis), wie auch ihrer spezifischen „Nützlichkeit" (Charisma) für die anderen bewusst ist.[116]

---

[115] „Jedes Charisma in der Gemeinde hat diakonale Gestalt, weil es nicht für sich privat gegeben ist, sondern für das Wohl der Gemeinde (vgl. 1 Kor 12–12). Die Integration des Charismas in die Gemeinde wird als *Diakonia* verstanden, die zur tieferen *Koinonia* führt." (A. Jurevičius, Zur Theologie des Diakonats. Der Ständige Diakon auf der Suche nach eigenem Profil, Hamburg 2004, 148).

[116] „Diakonie ist das Prinzip der innergemeindlichen Relation, nach dem jede Stärke in der Gemeinde auf die ihr entsprechende Schwachheit, jeder Besitz auf den entsprechenden Mangel, jedes Oben auf seinen Gegenpol Unten bezogen ist." (A. Jurevičius, Zur Theologie des Diakonats, 147).

Die Trauergruppe macht durch ihren Kontakt mit den Ministranten deren Arbeit wertvoller und die Ministranten nützen der Trauergruppe. Gemeindeaufbau heißt, soziale Netzwerke einander dienender Gruppen aufzubauen, heißt den verschiedenen Gemeindegruppen ihre Würde und ihren Nutzen für die anderen zu zeigen und heißt, ihnen ihr Angewiesensein auf das Dienen anderer zu erschließen. Deshalb heißt es in den Freiburger Pastoralen Leitlinien: „Alle diese unterschiedlichen Formen der Gemeinschaft haben einen eigenen Wert. Sie sind jedoch aufeinander verwiesen und sind nur in Verbindung mit den anderen und in Abhängigkeit von diesen Kirche."[117]

Erst im und durch das dienende Miteinander der unterschiedlichen Gliederzellen ereignet sich das Ganze der Gemeinde, die dadurch ereignishaft, greifbar und ortshaft wird. Gemeinde ist hier nicht einfach zu verstehen als die Ansammlung aller am Ort registrierten Katholiken, auch nicht nur als Sozialform einander dienender Einzelchristen, sondern als ein Sozialverbund örtlicher einander dienender Gruppen, in denen sich wiederum einzelne Christen zum Leben und Dienen zusammengefunden haben: Gemeinde wird so ansichtig als realisierte Koinonia *lebendiger Zellen*. Wenn Gemeinde so konkreter fassbar wird, lässt sich auf der nächst höheren Ebene der Seelsorgeeinheiten auch ein diakonisches Miteinander verschiedener Gemeinden denken.[118] Ebenso kann man die Zusammenarbeit der Pfarreien in einem Dekanat unter diakonischen Gesichtspunkten betrachten. Schließlich unterhält die Erzdiözese Freiburg eine enge Partnerschaft mit den Bistümern Perus. Ähnliches könnten andere Bistümer berichten.

Diese Vernetzung innergemeindlicher und übergemeindlicher Gruppen miteinander darf allerdings nicht an der Grenze der Gemeinde oder des Dekanates stehen bleiben. Zur Diakonie der Zellen „nach Innen" muss auch die Vernetzung der Zellen „nach Außen" hinzukommen.[119] Wenn es dem Konzilsdekret von Anfang an um „die engste Verbundenheit der Kirche mit der ganzen Menschheitsfamilie" (GS 1, Überschrift[120]) geht, dann muss jede kirchliche

---

[117] Erzbischöfliches Ordinariat Freiburg (Hg.), Den Aufbruch gestalten. Pastorale Leitlinien der Erzdiözese Freiburg, Freiburg o.J., 44.

[118] K. Armbruster: Vom territorialen zum föderalen Prinzip. Ein Vorschlag zur Entwicklung von Gemeinden in größeren Seelsorgeräumen, in: LebSeel, H. 2 (2006), 101–104.

[119] Vgl. M.N. Ebertz: Lernen, wo die Menschen sind. Wege lebensraumorientierter Seelsorge, Mainz 2005.

[120] HThK Vat.II übersetzt „engste" mit „innigste": „Die innigste Verbindung der Kir-

Koinonia von ihrer Sendung her auch ihre Aufmerksamkeit der gesellschaftlichen und politischen Realität vor Ort zu kommen lassen. Denn „die Gemeinschaft [der Jünger Christi] [erfährt] sich mit der Menschheit und ihrer Geschichte wirklich engstens verbunden" (GS 1). Wenn dem so ist, dann gilt im Bezug auf eine „Diakonia nach Außen" das gleiche wie bei der „Diakonia nach Innen": Zum einen sind die alltäglichen und unspektakulären Formen gelingender Koinonia wahrzunehmen, zu benennen und zu würdigen als Normalfall (Alltagdiakonie). Zum anderen sind die sozialen Notfälle aufzudecken und an deren Heilung mitzutun (Notfalldiakonie). „Darum müssen wir mit vereinten Kräften und in Formen, die zur wirksamen Erreichung dieses großen Zieles immer besser geeignet sind, in immer größerer Übereinstimmung mit dem Evangelium brüderlich zusammenarbeiten, um der Menschheitsfamilie zu dienen, die in Christus Jesus zur Familie der Gotteskinder berufen ist." (GS 92)

IV. Zur amtlich-sakramentalen Sorge des Diakons um eine gelingende und realisierte Koinonia

Diakonia als Sorge um eine gelingende Koinonia ist allen Christen unabhängig ob Haupt- oder Ehrenamtlich, ob Laie oder Kleriker, ob Alt oder Jung anvertraut. Gelingende Koinonia, lebendige, erfahrbare und greifbare Ortskirche, hängt von jedem einzelnen Glied ab und ist nicht spezifisch dem Diakon zugeordnet. Karl Rahner spricht davon, dass die Kirche als Ganze und darum alle Glieder einen Dienstauftrag am Heil der Menschen haben, dass also die Pflicht zur allgemein christlichen Diakonia allen gilt. Diese Pflicht kann keiner auf den anderen abwälzen. Also auch nicht die Laien auf die Diakone.[121] Die Diakonia als realisierte Koinonia ist ein Grundprinzip, das jedem kirchlichen Leben und Handeln von Einzelnen wie von Gruppen und Gemeinden zugrundeliegt und nicht einfach nur spezifisch dem Dia-

---

che mit der ganzen Menschheitsfamilie", Bd. 1, 593. „Der Superlativ ‚innigste Verbindung' klingt bemüht, hat aber einen sehr konkreten Sinn. Mit ihm wird die Ausschließung überwunden, die bis dahin selbstverständlich war. Von einer ‚innigsten Verbindung' der Kirche mit allen Völkern konnte bis GS nicht die Rede sein. Es gab eine innere Verbindung, insofern die Kirche die Völker belehrte, leitete, missionierte, beurteilte. Aber diese Verbindung war nicht ‚innigst', sie reichte nicht ins Herzstück der Kirche heran." (H.-J. Sander: Kommentar zu *Gaudium et spes*, in: HThK Vat.II, Bd. 4, 710.

[121] Vgl. K. Rahner: Über den Diakonat, 406.

kon alleine zukommt. Wo aber ist dann der *amtliche* Dienst des Diakons zu verorten?

Zunächst ist grundsätzlich zu bedenken: Wenn die „neue brüderliche Gemeinschaft" das „Geschenk *seines* Geistes" und deshalb eine Stiftung Christi ist, dann ist auch der Ursprung einer solchen Koinonia sakramental zu nennen. Aber das Zitat aus GS 32 beschreibt noch eine zweite sakramentale Dimension: Die Stiftung Christi und das Geschenk seines Geistes, diese neue Koinonia, realisiert sich auf die Weise, dass „alle *einander* Glieder sind und sich entsprechend der Verschiedenheit der empfangenen Gaben *gegenseitig* dienen". Diese Sakramentalität der Koinonia, dass sie Stiftung Christi und Geschenk des Geistes ist, bezieht sich demnach interessanterweise nicht nur auf den Ursprung der Koinonia, sondern sie bezieht sich auch auf die „Verschiedenheit der empfangenen Gaben" und deren Dienlichkeit. Diese Verschiedenheit und das Wechselspiel der Charismen sind bleibend gottgestiftet, also sakramental, weil die Verschiedenheit und Vielfalt der Grund für die Möglichkeit einer gegenseitigen Dienstbarkeit sind, indem die Koinonia die den Individuen geschenkten Gaben annimmt und sie gegenseitig fruchtbar macht. Es gibt also nicht nur die sakramentale Stiftung der Einheit, sondern es gibt auch die bleibend gottesursächliche Stiftung der Verschiedenheit.[122] Diakone, die nicht nur allein und exklusiv Gemeinschaft stiften, müssten aber als Diakone von Amts wegen immer wieder auf Christus und den Heiligen Geist als die eigentlichen Stifter verweisen, die sich gerade sich im Lebensvollzug der Koinonia zeigen.

Papst Paul VI. hat in *Evangelii nuntiandi* auf die Gegenwart des Auferstandenen mitten im Lebensvollzug der Christen aufmerksam gemacht. Als er auf das „Zeugnis ohne Worte" zu sprechen kommt, nennt er einzelne Christen oder eine Gruppe von Christen, die inmitten der menschlichen Gemeinschaft, in der sie leben, ihre Solidarität ihre Lebens- und Schicksalsgemeinschaft mit den anderen Menschen um sie herum zum Ausdruck bringen. Sie bekunden Werte und eine Hoffnung in etwas, das man nicht sieht und von dem man nicht mal zu träumen wagt. „Durch dieses Zeugnis ohne Worte wecken diese Christen in den Herzen derer, die ihr Leben sehen, unwiderstehliche Fragen: Warum sind jene so? Warum leben sie auf diese Weise? Was – oder wer – ist es, das

---

[122] „In der Stiftung der Kirche als eines geheimnisvollen Leibes, in dem alle als Glieder aufeinander bezogen sind und alle strukturelle und personelle Verschiedenheit die Einheit nicht antastet, ist die soziale Verflochtenheit der Menschen in der Ordnung des Heils beständig und sakramental dargestellt." (O. Semmelroth, Einleitung und Kommentar zum II. Kapitel von *Gaudium et spes*, in: LThK. E 3 (1968), 354–377, 377).

sie beseelt? Warum sind jene mit uns?"[123] Paul VI. geht davon aus, dass mitten im Leben der Christen Christus als die Seele dieses Lebens anwesend und spürbar ist. Auf diese Seele der christlichen Koinonia müssten Diakone amtlich hinweisen und dadurch die Koinonia stärken und fördern.[124] An dieser Stelle sieht auch die Würzburger Synode den Diakon verortet.

a) Zum Dienst des Diakons an den Voraussetzungen und Konsequenzen der Eucharistie

„Um das Amt des Diakons zu verstehen, legt sich der Ansatz beim Bruderdienst Jesu besonders nahe."[125] Die Bemerkung der Würzburger Synode klingt zunächst klassisch. Ausschlaggebend ist allerdings, was die Synode unter „Bruderdienst" versteht. Dazu führt sie im Anschluss aus: „Denn nur wo Menschen sich in der Liebe Jesu gegenseitig annehmen und nur wo sie die Liebe Jesu dazu bewegt, sich gerade den Armen und Verlassenen zuzuwenden, kann brüderliche Gemeinde wachsen."[126] Mit „Bruderdienst Jesu" wird hier sowohl die gegenseitige Liebe, die „Alltagsdiakonie", wie auch die Liebe zu den Armen und Verlassen, die „Notfalldiakonie" beschrieben, wobei die Synode offen lässt, wo diese Armen und Verlassenen zu finden sind – in der Gemeinde oder in der Gesellschaft.

Der Text fährt fort: „Das Amt in der Gemeinde ist nicht nur verantwortlich für die Einheit der Gemeinde durch die Verkündigung des Wortes Gottes und durch die Feier der Eucharistie, sondern auch für die Voraussetzungen und Konsequenzen solcher Gemeinschaft: für den Bruderdienst christlicher Liebe."[127] Die

---

[123] Paul <Papa VI.>: Apostolisches Schreiben „Evangelii nuntiandi" Seiner Heiligkeit Papst Pauls VI. an den Episkopat, den Klerus und alle Gläubigen der Katholischen Kirche über die Evangelisierung in der Welt von heute, 1975, in: Texte zur Katechese und Religionsunterricht, hg. v. Sekretariat der Deutschen Bischofskonferenz, (Arbeitshilfen Nr. 66), Bonn 1998, Nr. 21. „Man darf daher überzeugt sein, dass die Kirche in dem Maß wieder an missionarischer Stoßkraft gewinnen wird, in dem sie ihre innere Brüderlichkeit wieder lebendiger zu vollziehen beginnt." (J. Kardinal Ratzinger, Benedikt XVI.: Die christliche Brüderlichkeit, München 1960, Neuausgabe 2006, 136).

[124] „Was ‚können' Diakone, was nicht auch Laien können? Dabei wird auf die sakramentalen Kompetenzen des Priesters zum Vergleich hingewiesen. Diese Argumentation verrät, dass man die Funktion des Ministeriums insgesamt, das Volk Gottes in seiner Sendung zu fördern und zu leiten, nicht gesehen hat. Erst von einer solchen Sicht her lässt sich vom Diakonat als einem sakramentalen Amt sprechen, das auf spezifische Weise durch die sacra postestas ermöglicht ist." (P. Hünermann: Kommentar zu *Lumen gentium*, in: HThK Vat II., Bd. 2, 458f).

[125] Synode: Beschluss Dienste und Ämter, 615.

[126] Ebd.

[127] Ebd.

Voraussetzungen für die Eucharistie als Feier der Einheit und die *Konsequenzen* dieser Feier der Einheit ist eine reale Koinonia, die sich durch den „Bruderdienst christlicher Liebe" auszeichnet. Deshalb hat der Diakon „den Auftrag, lebendige Zellen brüderlicher Gemeinschaft zu formen, aus denen sich die Gemeinde aufbaut." Dabei soll er vor allem die Menschen im Blick haben, „die am Rande von Kirche und Gesellschaft" leben. Sie soll er „aus ihrer Isolation heraus- und zur Gemeinde hinführen", weil diese „der Liebe Jesu am meisten bedürfen".[128]

Wenn der amtliche Dienst des Diakons sich nach dem Synodentext zum einen stärker auf die Voraussetzung für die Eucharistie bezieht, also darauf, dass zur Eucharistie eine „Gemeinschaft" *herzutritt*, die den „Bruderdienst christlicher Liebe" praktiziert,[129] und wenn sich zum anderen der amtliche Dienst des Diakons auf die Konsequenzen der Eucharistie bezieht, also darauf, dass eine „Gemeinschaft" aus der Eucharistie *heraustritt*, um frisch gestärkt den umfassenden „Bruderdienst christlicher Liebe" wieder aufzunehmen und weiterhin zu praktizieren, dann wird hier der amtliche Dienst des Diakons zwar mit der Einheit der Eucharistie verbunden, aber doch stärker bei den Voraussetzungen und Konsequenzen der Eucharistie, der realisierten Koinonia, verortet.

b) Zum Dienst des Diakons innerhalb der Eucharistie

Der Dienst des Diakons an den Voraussetzungen und Konsequenzen der Eucharistie spiegelt sich wieder bei der Verortung seines Dienstes innerhalb der Eucharistie. So schreibt das römische „Direktorium für den Dienst und das Leben der Ständigen Diakone", „dass der Diakon bei der Darbringung des eucharistischen Opfers nicht das Mysterium vollziehen kann, sondern einerseits wirksam das gläubige Volk verkörpert, ihm in besonderer Weise hilft, die Aufopferung seines Lebens mit der Opfergabe Christi zu verbinden; und andererseits im Namen Christi selbst dazu dient, die Kirche an den Früchten seines Opfers teilhaben zu lassen."[130] Der Diakon soll helfen, dass die gegenseitige Hingabe im Leben sich mit der Hingabe

---

[128] Ebd.

[129] „Der Diakon kommt nicht nur von der Liturgie her zu Diakonie, sondern primär vom diakonischen Dienst her in die liturgische Versammlung, in welcher je neu die Zusage des Heils und Aussendung zum Dienst geschehen." (B.J. Hilberath: Thesen zur Theologie des Diakonats, 103.)

[130] Kongregation für das katholische Bildungswesen. Kongregation für den Klerus: Grundnormen für die Ausbildung der Ständigen Diakone. Direktorium für den Dienst und das Leben der Ständigen Diakone, Bonn, 1998 (VApS 132, Nr. 28, S. 88).

Christi in der Eucharistie verbindet und dass die Früchte der Lebenshingabe Christi an die Seinen in deren Leben aufgehen.[131]

Darüberhinaus verweist dieser Text auf ein weiteres Detail zu Klärung des amtlichen Dienstes des Diakons. Der Diakon vollzieht nicht die Darbringung des Opfers, sondern „[verkörpert] wirksam das gläubige Volk". Nicht dass sich das Volk Gottes nicht selbst in der Liturgie verkörpern könnte und muss. Ja, die Diakone müssen sogar ganz bewusst aus ihrem amtlichen Dienst heraus alle Beteiligten der Eucharistie ermutigen, ihr Eigenes einzubringen.[132] „Daher sollen sie [erg. die Diakone] sich um die Feier von Gottesdiensten bemühen, die die ganze versammelte Gemeinschaft miteinbeziehen, indem sie sich um die innere Beteiligung aller und um die Wahrnehmung der verschiedenen Ämter kümmern."[133]

Dessen ungeachtet soll aber gerade durch die sichtbare Präsenz des Diakons in der Eucharistie offenkundig werden, dass zur versammelten Koinonia immer noch mehr gehören als wie anwesend sind. Wird doch beispielsweise im dritten Hochgebet für die Schwestern und Brüder der Gemeinde gebetet, die im Moment verhindert sind,[134] seien es die Alten und Kranken der Gemeinde[135] oder die momentan Berufstätigen.

---

[131] Einen ähnlichen Gedanken über die Voraussetzungen und Konsequenzen der Liturgie findet sich im selben Dokument etwas später: „Zum Dienst der Diakone gehört auch die Vorbereitung der Gläubigen auf die Sakramente und die seelsorgerische Betreuung nach dem Gottesdienst." S. Anm. 131, Nr. 30, S. 90.

[132] „[Ständige Diakone] brauchen für die Fruchtbarkeit ihres Dienstes den Austausch mit Christinnen und Christen, die um die Bedeutung der inneren Einheit von Diakonie und Liturgie wissen und sie mit ihren Fähigkeiten und Kompetenzen fördern." (E. Maier: Mit dem armen Christus in der Nähe der Armen. Diakonische Kirche und Ständiger Diakonat, in: K. Hillenbrand / B. Nichtweiß (Hg.): Aus der Hitze des Tages. Kirchliches Leben in Momentaufnahmen um Langzeitperspektiven, Würzburg 1996, 44–57, 55.)

[133] „Gemäß der Überlieferung der Kirche und nach Maßgabe der Rechtsvorschrift ist es Sache der Diakone, ‚dem Bischof und den Priestern bei der Feier der göttlichen Geheimnisse zu helfen'. Daher sollen sie sich um die Feier von Gottesdiensten bemühen, die die ganze versammelte Gemeinschaft miteinbeziehen, indem sie sich um die innere Beteiligung aller und um die Wahrnehmung der verschiedenen Ämter kümmern. Dabei sollen sie auch die wichtige ästhetische Dimension vor Augen haben, die dem ganzen Menschen die Schönheit der Feier bewusst macht. Musik und Gesang, wenn auch nur in bescheidener, schlichter Form, das gepredigte Wort, die Gemeinschaft der Gläubigen, die den Frieden und die Vergebung Christi erleben, sind ein kostbares Gut, um dessen Vermehrung sich der Diakon seinerseits bemühen muss." (Ebd., Nr. 30, S. 89.) Auf SC 26–30 wird eigens verwiesen.

[134] Der lateinische Text im römischen Messbuch spricht hier nicht von den Söhnen und Töchtern, „die noch fern von dir sind", sondern von den Mitgliedern der Gemeinde, die „verhindert" sind. Vgl. K. Armbruster: „… die noch fern sind von dir" Von Veränderungen durch Übersetzung, in: Gottesdienst H. 8 (2003), 60.

[135] Vgl. Beitrag von U. Hudelmaier in dieser Quaestio disputatae.

Während also der Diakon am Altar „das gläubige Volk verkörpert", „vollzieht" er selbst „das Mysterium" nicht. Der Diakon steht deshalb steht der Eucharistie nicht vor. Dadurch wird gerade deutlich, dass es ein anderer ist, Christus, der dieser konkreten Koinonia entgegengeht, ihr gewissermaßen gegenübersteht und sich ihr schenkt. Dieses Entgegengehen und Gegenüberstehen Christi wird am deutlichsten, wenn auch der, der Christus als Haupt vertritt,[136] der Bischof, von Außen der Koinonia entgegengeht und ihr gegenübertritt, während der Diakon zusammen mit dem Volk hinzutritt.[137] Dieses *von Außen entgegengehen und gegenübertreten* ist beim priesterlichen Dienst vielfach in Vergessenheit geraten, weil der Pfarrer nicht nur immer vor Ort ist, sondern auch vielfach in die Abläufe und Vollzüge der gemeindlichen Koinonia persönlich involviert ist. Sein amtlicher Dienst des „extra nos" läuft Gefahr, sich zu nivellieren oder sich gar ganz zu verlieren. Deshalb wäre es gut, den Presbyter nicht nur wieder stärker an den Bischof zurückzubinden[138], wie es das II. Vatikanum[139] ge-

---

[136] Die Einführung in die Grundnormen und ins Direktorium für die Ständigen Diakone zitiert den Katechismus für die Katholische Kirche (Nr. 1581), wonach dem Weihesakrament allgemein die Vertretung Christi, des Hauptes, zukommt, also auch den Diakonen. „Das Weihesakrament ,gleicht durch eine besondere Gnade des Heiligen Geistes den Empfänger Christus an, damit er als Werkzeug Christi seiner Kirche diene. Die Weihe ermächtigt ihn, als Vertreter Christi, des Hauptes, in dessen dreifacher Funktion als Priester, Prophet und König zu handeln'." 11, Anm. 83 (s. Anm. 130). Wenn aber dem Diakon der Vollzug des Mysteriums nicht zukommt, kann er in der Leitung der Eucharistiefeier nicht Christus, als Haupt, vertreten. Dies kommt dem Bischof zu.

[137] „Dass es Presbyter und Diakone gibt, ist die strukturelle Verwirklichung dessen, dass weder die Gottesliebe in der Nächstenliebe, noch die Nächstenliebe in der Gottesliebe aufgeht, sondern dass sich beide nicht nur im kirchlichen Selbstvollzug, sondern auch im kirchlichen Amt ,gegenüberstehen'." (O. Fuchs: Das diakonale Amt als Sakrament der Kirche für die Welt, in: K. Kießling (Hg.): Ständige Diakone, 67–91, 69). „Eigentlich bindet die Fußwaschung Presbyterat und Diakonat zusammen und kann für beide als Grundsakrament angenommen werden. Denn die Geschichte hat zwei Teile: einen Teil, in dem es um den Empfang der Gnade geht, nämlich sich von Jesus bedienen zu lassen (bezogen auf Petrus, der keinen Anteil an Jesus hat, wenn er sich nicht die Füße waschen lässt), zum andern bezogen auf die Konsequenz, dass, wenn der Meister so handelt, es auch dem Jüngern ermöglicht ist, einander und anderen die Füße zu waschen (vgl. Joh 13,3–11 bzw. 12–20). Der erste Teil der Geschichte kann auf den Zuspruch der Frohen Botschaft, auf die Gnade Gottes bezogen werden, der zweite auf den Anspruch, in entsprechender Weise mit den Menschen und mit sich selbst umzugehen." (Ebd., Anm. 31, 79).

[138] „Die theologischen Beiträge zum Dienst der Presbyter zeigen, dass man diesen Dienst eng zusammenrückt mit dem Dienst der Bischöfe. Zugleich werden diese Dienste unterschieden vom Diakonat, dessen Aufgabenstellung und Profil unter Rückgriff auf die patristische Tradition und unter Bezugnahme auf die heutige kirchliche Lage beschrieben wird." (P. Hünermann: Kommentar zu *Presbyterium ordinis,* in: HThK Vat II., Bd. 4, 337–580, 357).

[139] „Daher hat Christus die Apostel gesandt, wie er selbst vom Vater gesandt war und

tan hat, sondern im Presbyter auch den Vertreter des Bischofs vor Ort zu sehen: „In jedem Vollzug der Sakramente – so bezeugt es schon in der Urkirche der heilige Martyrer Ignatius – werden sie [erg. die Priester] auf verschiedene Weise mit dem Bischof hierarchisch verbunden und machen ihn so in den einzelnen Gemeinschaften der Gläubigen gewissermaßen gegenwärtig." (PO 5)[140] Schon in Lumen gentium 28 findet sich dieser Vertretungsdienst des Priesters: „In den einzelnen örtlichen Gemeinden der Gläubigen machen sie [erg. die Priester] den Bischof, mit dem sie in vertrauensvoller und großzügiger Gesinnung verbunden sind, gewissermaßen gegenwärtig; sie übernehmen zu ihrem Teil seine Amtsaufgaben und seine Sorge und stellen sich täglich in ihren Dienst. Unter der Autorität des Bischofs heiligen und leiten sie den ihnen zugewiesenen Anteil der Herde des Herrn, machen die Gesamtkirche an ihrem Orte sichtbar und leisten einen wirksamen Beitrag zur Erbauung des gesamten Leibes Christi (vgl. Eph 4,12)." Diese Vertretung des Bischofs vor Ort durch den Pfarrer ist kaum (mehr) im Blick. „Die Priester üben entsprechend ihrem Anteil an der Vollmacht das Amt Christi, des Hauptes und Hirten, aus. Sie versammeln im Namen des Bischofs die Familie Gottes, die als Gemeinschaft von Brüdern nach Einheit verlangt, und führen sie durch Christus im Geist zu Gott dem Vater." (PO 6)[141]

Die „Gemeinschaft von Brüdern", die örtliche Koinonia, verlangt nach Einheit, die sie nicht aus sich selbst hat, sondern „durch Christus im Geist" geschenkt bekommt. Diesen Dienst übernimmt der Priester immer im Auftrag des Bischofs und gera-

---

durch die Apostel den Bischöfen als deren Nachfolgern Anteil an seiner Weihe und Sendung gegeben. Ihr Dienstamt ist in untergeordnetem Rang den Priestern übertragen worden; als Glieder des Priesterstandes sollten sie, in der rechten Erfüllung der ihnen von Christus anvertrauten Sendung, Mitarbeiter des Bischofsstandes sein. Da das Amt der Priester dem Bischofsstand verbunden ist, nimmt es an der Vollmacht teil, mit der Christus selbst seinen Leib auferbaut, heiligt und leitet." (PO 2)

[140] Das heißt allerdings nicht, dass die Priester „auf den Namen des Bischofs geweiht werden, vielmehr auf Jesus Christus, und dass ihr Dienst zwar unter der Leitung des Bischofs steht, aber sein Maß von Jesus Christus und von seiner Sendung her empfängt". (P. Hünermann: Kommentar zu *Presbyterium ordinis,* 425). Hier entsteht eine Spannung zwischen „direkter Christusbezogenheit in der Sendung und dem Auftrag, Mitarbeiter des Bischofs zu sein". (P. Hünermann, Kommentar zu *Presbyterium ordinis,* 425). Vgl. S. Demel: Dienste und Ämter im Volk Gottes, in: P. Hünermann (Hg.), Konzil und die Zeichen der Zeit, 340–347, vor allem 344.

[141] „Indem sie das Amt Christi, des Hauptes und Hirten, für ihren Anteil an der Autorität ausüben, sammeln die Presbyter im Namen des Bischofs die Familie Gottes wie eine zu einer Einheit beseelte Bruderschaft und führen sie durch Christus im Geist zu Gott, dem Vater hin." (HThK Vat.II, Bd. 1, 546).

de nicht aus sich selbst. So kann bewusst und deutlich werden, dass es ein anderer ist: Christus. Er geht dieser realen Koinonia entgegen; er gibt sich in der Speise selbst als Stärkung und er gibt sich im Trank zur Vergebung der Sünden; er sagt jedem seinen Frieden und seine Versöhnung zu, auch wenn er innerhalb der Koinonia die Diakonia verletzt oder vernachlässigt hat. So von Christus neu angenommen und versöhnt mit ihm, findet der Einzelne wieder neu die Kraft, auch die Schwester und den Bruder aus seiner Koinonia annehmen zu können. Es ist der Priester, der diesen entgegengehenden Christus repräsentiert und es ist der Diakon, der das gewissermaßen „heimkehrende"[142] Volk repräsentiert.

Ganz deutlich wird dieses Zusammenspiel zwischen verkörperter Koinonia und hinzutretendem Christus, zwischen dem Leib, mit seinen einander sich ergänzenden und dienenden Gliedern, und dem Haupt, zwischen dem Priester (als örtlichem Vertreter des Bischofs) und dem Diakon beim Friedensgruß. Der Priester bittet: „Herr Jesus Christus … schenke deiner Kirche Einheit und Frieden". Dann sagt er jedem einzelnen und der gesamten Koinonia zu: „Der Friede des Herrn sei allezeit mit Euch." Wenn nun alle in der rechten Gesinnung anwesend sind, ist der Moment der Einheit und des Friedens spürbar, eine Einheit „extra nos", gerade weil der Priester etwas „verspricht, worüber er nicht verfügt" (Fulbert Steffensky). Danach fordert der Diakon die versammelte Koinonia auf, sich *einander* das Zeichen der Diakonia, das Zeichen des Friedens und der Versöhnung zu geben. Damit beginnt die eben noch erlebte Einheit sich in eine bunte Verschiedenheit aufzulösen, weil alle sich „untereinander" (LG 7) in je persönlicher

---

[142] N. Lash: Im Dienste der Heimkehr. Überlegungen zur Theologie des Diakonates, in: Diaconia Christi H. 3/4 (1998), 133–154, versucht den Gedanken der zwei Arme, Presbyter und Diakon, die den Bischof auf jeweils unterschiedliche Weise unterstützen von W. Kasper: Der Diakon in ekklesiologischer Sicht, 148, „theologisch weiter zu entwickeln" (149), indem er Presbyter und Diakon nicht nebeneinander agieren lässt, sondern zwei entgegengesetzte Richtungen einschlagen lässt. Ausgehend von K. Barths Gedanken „Gottes Weg will als den Ausgang von Gottes Sohn in die Fremde und als die ‚Heimkehr des Menschensohnes'" (152) zu beschreiben, entwickelt Lash den Gedanken, dass der prebyterale Dienst „Gottes Ausgang in die Fremde [...] im Sohn" (153) darstellt, während der diakonale Dienst sich stärker gegen die „Vereinsamung und Vereinzelung" und um „das Netz der zwischenmenschlichen Beziehung" (153) kümmert, in dem deutlich werden kann, dass der Mensch heimkommen kann. Lash zitiert Barth „Gott ging in die Fremde, der Mensch kehrte heim." (154) Wo Lash, Kasper aufnehmend, von Vereinsamung, Vereinzelung, kollektiver Beziehungs- und Lebensunfähigkeit und von Kontaktängsten spricht (153), vom Bild des verlorenen Sohnes(152), korrespondiert diese Analyse mit dem, wo auch Rahner und Hünermann (siehe oben Anm. 69) den Dienst des Diakons verorten.

Weise diesen Frieden Christi zusagen.[143] Aus dem „der Friede sei mit euch" wird ein „der Friede sei mit dir".[144]

Deutlich wird dieser „extra nos"-Dienst auch bei den übrigen sakramentalen Diensten, die dem Priester im Auftrag des Bischofs vorbehalten sind: Zerstreitet sich die Koinonia durch die Schuld einzelner Glieder und ist nicht mehr in der Lage, sich aus eigener Kraft zu versöhnen, braucht sie erneut die sakramentale Zusage, dass der Herr trotzdem zu ihr und den einzelnen Schuldigen in ihr steht, indem er „durch den Dienst der Kirche" „Verzeihung und Frieden" schenkt.[145] Ähnlich, wenn eine schwere Krankheit oder der baldige Tod die Hoffnung und Lebenskraft der Koinonia lähmt, soll der Priester gerufen werden, um in der Kranksalbung den Einzelnen zu stärken und mit ihm die Koinonia wieder aufzurichten.[146]

Wo die Einheit der Koinonia mit Christus und untereinander durch die Eucharistie erneuert, durch die Feier der Versöhnung wiederhergestellt und durch die Krankensalbung wieder aufgerichtet werden soll, ist das episkopal-priesterliche Amt gefordert. Das diakonische Amt, so wurde oben bereits ausgeführt, dient dem gegenüber gerade nicht der Einheit, sondern dem Spiel der Verschiedenheit.[147]

---

[143] „Die Pax weitergeben, das Lauffeuer des Friedens anzünden, das von einen zum anderen übergeht, das die Gemeinde insgesamt zum Netz der Gemeinschaft und des Friedens werden lässt – gerade hier wird sowohl das Besondere des Diakons wie sein Anteil am Dienst der Einheit offenbar, der Grundaufgabe des Ordo ist. Nicht Steinblock, nicht Sanddüne, sondern ein Netz soll die Gemeinde sein." (K. Hemmerle: Diakonat und Eucharistie. Eine Meditation, in: J. G. Plöger / H.J. Weber (Hg.): Der Diakon, 278f.

[144] Manche Priester spüren intuitiv, dass sich beim gegenseitigen Geben des Friedensgrußes tatsächlich die Einheit in der Eucharistie für den Moment auflöst, und lassen deshalb die Aufforderung weg. Die Einheit lässt sich aber leicht wieder herstellen. Man wartet, bis fast alle sich einander ein Zeichen des Friedens gegeben haben; dann lädt man zum Agnus Dei oder zu einem entsprechenden Lied ein. Und schon richtet sich alles wieder nach Einem aus.

[145] Vgl. bei den Ritualen zur „Feier der Buße" etwa die Form „Gemeinschaftliche Feier der Versöhnung mit Bekenntnis und Lossprechung der Einzelnen".

[146] Vgl. beim Rituale zur Krankensalbung die Begrüßung „Der Friede des Herrn sei mit diesem Haus und mit allen, die darin wohnen." und den Abschluss „Es segne dich und alle, die ihr hier anwesend seid, der Vater …"

[147] „Während das Presbyterat infolge der eucharistischen Feier mehr auf die Seite der kirchlichen Versammlung gehört, die im Prinzip schon verwirklicht ist, wäre der Diakon mehr auf der Seite der Versammlung, die im Begriff ist, sich zu bilden oder auch auf der Seite des Wirken der Gnade in der Zerstreuung." (Abbé Denis zitiert in: Y. Congar: Der Diakonat innerhalb der „Ministerien" der Kirche, in: Diaconia Christi H. 1 (2005), 31).

V. Zusammenfassung:

Die Ekklesia braucht zu ihrer „Sichtbarkeit" (AG 37) konkrete koinonale Lebensformen. Das Qualitätsmerkmal einer solchen christlichen Koinonia ist ihre Diakonia, die ihr Christus selbst schenkt: „Erstgeborener unter vielen Brüdern, *stiftete* er nach seinem Tode und seiner Auferstehung unter allen, die ihn im Glauben und in der Liebe annehmen, durch das Geschenk seines Geistes *eine neue brüderliche Gemeinschaft* in seinem Leib, der Kirche, in dem alle *einander Glieder* sind und sich entsprechend der Verschiedenheit der empfangenen Gaben *gegenseitig dienen* sollen." Der Text fährt fort: „Diese Solidarität muss stetig wachsen bis zu jenem Tag, an dem sie vollendet sein wird und die aus Gnade geretteten Menschen als eine von Gott und Christus, ihrem Bruder, geliebte Familie Gott vollkommen verherrlichen werden." (GS 32)[148]

Diakone sorgen sich deshalb zum einen *innerkirchlich* darum, dass in den verschiedenen koinonalen Lebensformen – seien es Familien oder Kirchenchöre, seien es Pflegeheime oder Hauskreise oder um welche „Sozialformen gelebten Glaubens" es sich auch immer handelt – das Miteinander gelingt, weil ihre Mitglieder „sich entsprechend der Verschiedenheit der empfangenen Gaben gegenseitig dienen" (GS 32). Das gleiche gilt auf der Ebene der Gruppen, wenn sie im sozialen Netzwerk einander sich dienender Gruppen Gemeinde bilden. Wo aber Beteiligte – Einzelne oder ganze Gruppen – aus einer solche Koinonia herauszufallen drohen oder bereits herausgefallen sind, werden sich Diakone um die Wiedereingliederung dieser Glieder sorgen. Wo Individuen oder individuelle Gruppen bisher keiner koinonalen Lebensform angehört haben, ermöglichen sie – wo gewünscht – die Eingliederung in eine bestehende Koinonia; wenn nötig, gründen sie eine neue. Das heißt, Diakone gibt es letztlich nie allein, weil sie ihren Dienst mit anderen zusammen tun.[149]

Im *gesellschaftlich-politischen* Bereich werden Diakone in ihrer „Diakonie nach Außen" zum einen auf die gelungenen Felder

---

[148] „Man sollte diese letzten Sätze nicht als fromme Endfloskeln betrachten, sondern als erneuten Hinweis darauf, dass Gott nicht verherrlicht wird, wo die Solidarität mit den anderen Menschen vernachlässigt wird. Der dienende Vollzug dieser Solidarität ist eine unabdingbare Gestalt der dienenden Verherrlichung Gottes." (O. Semmelroth: Einleitung und Kommentar zum II. Kapitel von *Gaudium et spes*, in: LThK. E 3 (1968), 354–377, 377).

[149] „Diesen Auftrag soll er nicht allein durch seinen persönlichen Einsatz leisten, er soll auch in der Gemeinde diakonische Dienste anregen und heranbilden." (Synode: Beschluss Dienste und Ämter, 615).

menschlichen Miteinanders aufmerksam machen und sich mit diesen Menschen über die für sie vielleicht noch „anonyme" Wirklichkeit des Reiches Gottes freuen. Zum anderen werden sie Vernetzungsarbeit zwischen kirchlichen und gesellschaftlichen Gruppen unterstützen oder diese gegebenenfalls selbst initiieren. In solcher Vernetzung beginnt die Vision der einen Menschheitsfamilie Realität zu werden. Nicht zuletzt werden Diakone das eine oder andere Mal nicht darum herum kommen, der christlichen Gemeinde den Spiegel der Gesellschaft vorhalten und sie hoffentlich eifersüchtig machen, weil es dort überzeugendere Projekte geschwisterlichen Miteinanders gibt.

Sakramental-amtlich sorgen sich Diakone darum, dass in den verschiedenen Konkretionen von Koinonia ihre „Seele" nicht vergessen wird und immer wieder neu in Erinnerung gerufen wird, dass der Vollzug ihrer Koinonia, der alltägliche gegenseitige Dienst eine Stiftung Christi und ein „Geschenk seines Geistes" ist und bleibt (vgl. GS 32). Dieses „Geschenk seines Geistes" wurde erstmals in der Anfangserfahrung des Christseins (Wesenszug der Metanoia) zuteil und wird in der Eucharistie je neu empfangen. Deshalb führen Diakone die Koinonia immer wieder zum Fest der Eucharistie, damit sie mit Christus dem Vater im Himmel Dank sagen können und damit sie dort die Lebenshingabe Christi neu erfahren können. „Die Diakonie [hat] als realisierte Brüderlichkeit ihren Ausgangspunkt und sakramentalen Höhepunkt im Sakrament der Einheit."[150]

Der amtliche Dienst der Diakone bezieht sich also mehr auf die Vorrausetzungen und Konsequenzen der Eucharistie, also auf die Aufgabe, so Rahner, Kirche zu erbauen und Gemeinden zu bilden. Deshalb plädierte Rahner für eine „Teilausgliederung" im Amt und weist den Diakonen sowohl die Sorge um eine Beheimatung des Einzelnen in kirchlichen und gesellschaftlichen Sozialformen zu. Denn Menschen, so Rahner, brauchen Orte der Gemeinschaft, um individuell ein menschliches und christliches Leben zu ihrem eigenen Heil leben zu können. Damit finden sich Diakone in einer entscheidenden Rolle kirchlicher wie gesellschaftlicher Entwicklung wieder.

Mit Heiner Keupp wurde zu Beginn gefragt: „Wie verorten sich Subjekte in ihrem Selbstverständnis in einer sich wandelnden sozialen Welt?"[151] Wie gelingt eine eigene „Identitätsbildung"[152],

---

[150] K. Rahner: Über den Diakonat, 410.
[151] H. Keupp u. a.: Identitätskonstruktionen, 9.
[152] H. Keupp u. a.: Identitätskonstruktionen, 7.

wenn die bisherigen kollektiven Identitäten als identitätsstiftende Größen ausfallen? Heiner Keupps Antwort war: „Die grundlegende Erfahrung des ‚Disembedding‘ kann nur durch einen gegenläufigen Prozess der Beheimatung aufgehoben werden, der eine aktive Leistung des Subjekts darstellt und die (Wieder-)Einbettung von persönlichen Projekten in soziale Kontexte sowie die Wiederherstellung von Verbindungen zu Orten, Personen und kulturellen Kontexten beinhaltet."[153] Dass Menschen nicht vereinsamen und bei der διακονία καθημερινά nicht übersehen werden, sondern in „soziale Kontexte" eingebettet werden, sind und bleiben, entspricht der Vision Gottes mit den Menschen. „Darum müssen wir mit vereinten Kräften und in Formen, die zur wirksamen Erreichung dieses großen Zieles immer besser geeignet sind, in immer größerer Übereinstimmung mit dem Evangelium brüderlich zusammenarbeiten, um der Menschheitsfamilie zu dienen, die in Christus Jesus zur Familie der Gotteskinder berufen ist." (GS 92)

Die Diakonia, die Sorge um eine gelingende Koinonia, bleibt eine ständige Aufgabe aller, die in der Familie Gottes leben. Diese Dimension wachzuhalten, vor allem aber immer wieder daran zu erinnern, dass dies Geschenk und Stiftung Gottes ist, macht den bleibenden Dienst von Diakonen aus.

---

[153] H. Keupp u. a.: Identitätskonstruktionen, 181.

Wie schlägt sich die diakonale Sendung der Kirche in den Ausbildungsordnungen nieder?

Ein Durchblick durch die Ausbildungsgänge der Diözesen

von Godehard König

Überblick

Die gegenwärtige Ausbildungssituation für den Ständigen Diakonat in der Bundesrepublik, aber auch im europäischen Ausland stellt eine große Bandbreite dar. Sie reicht von kaum zu erkennenden Konzeptionen bis zu sehr ausgeprägten Ausbildungsordnungen, sie geht von strukturell in der Diözese verankerten Ausbildungen bis hin zu Ausbildungen, denen die strukturelle Untermauerung weitestgehend fehlt.

Vor zehn Jahren erschienen die „Grundnormen für die Ausbildung der Ständigen Diakone" der Kongregation für das Katholische Bildungswesen, die sogenannte „Ratio fundamentalis"[1], und zwei Jahre später die revidierte bundesdeutsche Rahmenordnung für Ständige Diakone in den Bistümern der Bundesrepublik Deutschland[2], in die die wesentlichsten Elemente der römischen Grundnormen eingearbeitet sind.

---

[1] Kongregation für Katholisches Bildungswesen / Kongregation für den Klerus: Ratio fundamentalis diaconorum permanentium (dt: Grundnormen für die Ausbildung der Ständigen Diakone / Direktorium für den Dienst und das Leben der Ständigen Diakone), hg. v. Sekretariat der Deutschen Bischofskonferenz, Bonn 1998, (VApS 132), abgekürzt RF.

[2] Rahmenordnung für Ständige Diakone in den Bistümern der Bundesrepublik Deutschland (1994), in: Empfehlungen zur Umsetzung der „Grundnormen" und des „Direktoriums" für den Ständigen Diakonat vom 22.02.1998 in den deutschen Bistümern (1999), Rahmenordnung für Ständige Diakone in den Bistümern der Bundesrepublik Deutschland (1994) / Richtlinien über persönliche Anforderungen an Diakone und Laien im pastoralen Dienst im Hinblick auf Ehe und Familie (1995), hg. v. Sekretariat der Deutschen Bischofskonferenz, Bonn 2000 (Die deutschen Bischöfe 63), S. 7f und 20ff.

Auf der Grundlage der „Ratio fundamentalis" untersuche ich im weiteren Verlauf, wie die diakonische Dimension in den Ausbildungsgängen ausgewählter Diözesen aufleuchtet. Ich verstehe meinen Auftrag in der Mitarbeit an der Weiterentwicklung und der möglichen Konsensfindung einer dem Amt des Diakons angemessen Ausbildung.

Die römische Grundordnung mahnt deutlich diejenigen, bei denen die Ausbildung zum Diakon immer noch ein Stiefkind ist, neue Akzente zu setzen und dem Diakonat durch die Ausbildung seine eigene Prägung zu geben.[3]

I. Die Grundlagen der Ausbildung in den amtlichen Dokumenten

Die ersten und wesentlichsten Träger der Ausbildung sind die Kirche und die jeweiligen Bischöfe. So wird die Ausbildung der Ständigen Diakone eingebettet in die Struktur der ganzen Kirche (RF, Nr. 18).

In der Sorge um die Menschen, so heißt es in der „Ratio", vergegenwärtigt sich der Geist Christi, der Rufer, Former und Begleiter der Menschen ist (RF, Nr. 18). Eine Ausbildung, die nicht vom Geist Christi durchdrungen und getragen ist, die aber vielleicht wissenschaftlich und pädagogisch auf höchstem Niveau steht, geht in die Irre; sie erreicht nicht die Herzen der Bewerber und führt sie nicht auf den Weg der Nachfolge des dienenden Christus. Es muss eine Balance gefunden werden zwischen weltlicher Professionalität des Dienstes und der geistlichen Zurüstung. Keine Seite darf Überhand gewinnen.

a) Der Ausbildungsleiter

Der Ausbildungsleiter (RF, NR. 21) hat die Aufgabe der Koordination der Ausbildung. Er steht der Ausbildung vor. Ganz wesentlich ist sein direkter Kontakt zu den Kandidaten, deren Familien und Pfarrgemeinden. Nur auf diesem Weg lernt er den Bewerber auch in seinem persönlichen Umfeld kennen, denn im Unterschied zu den Priesteramtskandidaten, die im Seminar zusammenleben, absolvieren die Bewerber zum Ständigen Diakonat ihre Ausbildung in der Regel berufsbegleitend und kommen nur in gewissen Abständen zusammen. Bei einer großen Anzahl von Bewerbern ist es ratsam beispielsweise kleine Kurse von nicht mehr als zehn Personen zu bilden, denen wiederum ein erfahrener Stän-

---

[3] Vgl. RF Nr.16, S. 30.

diger Diakon zur Seite steht. Dieser leitet die regelmäßigen Zusammenkünfte und gibt erforderlichenfalls Hilfestellungen. Mit dem Ausbildungsleiter, sowie den Dozenten der Pastoraltheologie zusammen gestaltet er die längeren Ausbildungselemente: Kurse, Exkursionen u. a.

b) Der Tutor

Der Tutor ist der Ausbildungsleiter vor Ort (RF, Nr. 22). In Diözesen mit wenig auszubildenden Ständigen Diakonen erübrigt sich dieser Dienst. Wie die Grundnormen bemerken, arbeitet der Tutor eng mit dem diözesanen Ausbildungsleiter zusammen. Da in der Regel die auszubildenden Ständigen Diakone berufstätig sind und ihnen lange Fahrten in die Bischofsstadt zur Ausbildung kaum zuzumuten sind, bildet das Tutorenmodell eine sehr sinnvolle Alternative.

An diese Tutoren legen die Bewerber den Maßstab für ihren eigenen künftigen Ständigen Diakonat an.

c) Die Geistliche Begleitung

Die Tatsache, dass jeder Bewerber einen geistlichen Begleiter auszuwählen hat (RF, Nr. 23), kann nicht hoch genug bewertet werden. Er wird der engste Vertraute des Bewerbers sein und das „forum internum" bilden. Die Entfaltung einer authentischen diakonischen Spiritualität muss am Ende des Weges erfahrbar sein. Leider fehlt es oft an einer ausreichenden Zahl geeigneter geistlicher Begleiter.

d) Der Pfarrer

Dem Pfarrer als Mentor kommt vor Ort eine entscheidende Aufgabe zu (RF, Nr. 24). Er ist dem Bewerber sehr nahe. Er kennt seine Persönlichkeit und seine Fähigkeiten. So hat sein Urteil im Konzert der anderen Beurteilungen einen erheblichen Stellenwert. Von diesem Mentor hängt es entscheidend ab, wie der Bewerber die praktische Pastoral erfährt und kennen lernt.

e) Die Dozenten in der pastoralpraktischen Ausbildung

Die Dozenten sind sehr sorgfältig auszuwählen, prägen sie doch in den Bewerbern das Bild des Ständigen Diakons in der Pastoral. Eine enge Zusammenarbeit untereinander sowie mit der Ausbildungsleitung ist daher wesentlich. Viele dieser Lehrer, sogar die meisten, sind nicht Ständige Diakone. Es ist wichtig, ihnen zu vermitteln, welche Rolle das Amt des Ständigen Diakons in der Kirche generell und in der jeweiligen Ortskirche im besonderen spielt, vor allem auch, um die Einheitlichkeit der Ausbildung zu gewährleisten. Ohne diese Grundkenntnis kann eine diakonische Pastoral kaum gelingen und eine eigene Identität der Ständigen Diakone wird möglicherweise erschwert.

f) Die Ausbildungsgemeinschaft der Ständigen Diakone

Ein solcher Kreis bestehend aus Bewerbern und Kandidaten für den Ständigen Diakonat kann und soll die Dynamik der Ausbildung ganz entscheidend mit beeinflussen, d. h. es kann sehr hilfreich sein, zum Beispiel durch Selbst – und Fremdeinschätzung die Berufungsfrage zu klären (RF, Nr. 26). Es ist hilfreich, wenn Menschen, die auf dem gleichen Weg sind, diesen möglichst gemeinsam gehen, um sich gegenseitig zu stützen und zu beraten.

g) Die Herkunftsgemeinschaften

Eine herausgehobene Rolle spielt die Familie. Eine Berufungsentscheidung gegen die Familie nimmt das Sakrament der Ehe nicht ernst, welches vor dem Ständigen Diakonat stand (RF, Nr. 27). Erst wenn die Familie den Weg innerlich mitgehen kann, gelingt die Ausbildung.

Inwieweit die Familie den Ausbildungsweg auch praktisch mitgehen soll, muss sehr individuell entschieden werden (RF, Nr. 27). Hilfreich ist, wenn den Frauen und den Familien besondere Angebote gemacht werden, die den Dienst ihrer Männer als Ständige Diakone erschließen helfen und die Rolle der Frauen und Kinder zu klären versuchen.

Eine weitere wichtige Herkunftsgemeinschaft ist die Pfarrgemeinde des Bewerbers. Sie hat großen Einfluss auf die Ausbildung des Kandidaten. Sie ist gerufen, den Vorbereitungsdienst zum Ständigen Diakonat durch ihr Gebet zu begleiten und die Gläubigen für diesen Dienst zu sensibilisieren. Sie gibt dem Kandidaten Entscheidungshilfen für seine Berufung (RF, Nr. 27).

Auch kirchliche Verbände können in diesem Sinn den Weg eines Bewerbers erleichtern (RF, Nr. 27).

h) Der Bewerber

Es ist sinnvoll, dass auch der Bewerber selbst ins Blickfeld rückt. Die Ausbildung geschieht ja nicht über ihn, sondern mit ihm, der Hauptteil der Ausbildung vollzieht sich im Kandidaten selbst. Jede Ausbildung beinhaltet die Arbeit an der eigenen Geschichte. Dies heißt aber nicht, sich abzusondern, sondern bedeutet vielmehr, eine verantwortete Antwort auf den Anruf Gottes zu geben.

Wichtig, erscheint mir, ist der Hinweis auf die öffentliche Berufung (RF, Nr. 29) und der Hinweis, dass gerade im Hinblick auf die Diaconia besondere menschliche Eigenschaften verlangt werden: psychische Reife, Dialog- und Kommunikationsfähigkeit, Verantwortungsbewusstsein, Fleiß, Ausgeglichenheit, Klugheit, demütiger Sinn, Sinn für die Kirche und ihrer Sendung, eine Gesinnung der Armut u. a. mehr (RF, Nr. 32).

i) Der Weg der Ausbildung

Der Bewerber kann mit dem Entschluss, Diakon zu werden, selbst die Initiative zur Bewerbung übernehmen, auf jeden Fall muss aber seine Herkunftsgemeinschaft (Familie / Pfarrgemeinde) zustimmen (RF, Nr. 40). Der Pfarrer stellt im Namen der Gemeinschaft den Bewerber vor.

Die vorbereitende Phase ist wichtig (RF, Nr. 41), um die Berufung zu prüfen, damit spätere Fehlentscheidungen so früh wie möglich vermieden werden. Um den gesamten Weg zu stabilisieren ist eine geistliche Begleitung Pflicht (RF, Nr. 42). Am Ende der vorbereitenden Phase soll ein Bewerberprofil erstellt werden (RF, Nr. 44).

Das Ausbildungsprogramm muss für alle Bewerber drei Jahre plus vorbereitender Phase dauern. In angemessener Weise sollen Familien mit einbezogen werden (RF, Nr. 56). Für Ehefrauen wird ein speziell zugeschnittenes Bildungsprogramm gefordert, damit sie den Dienst des Mannes besser unterstützen und begleiten können.

j) Die Dimensionen der Ausbildung

Menschliche Qualitäten sind zu stärken, die den Diakon für andere auf ihrem Weg zu Christus hin zur Brücke und nicht zum Hindernis werden lassen (RF, Nr. 66 und 67). Dazu gehört auch ein konsequenter diakonischer Lebensstil (RF, Nr. 66). Besonderer Wert wird auf die Kommunikationsfähigkeit des künftigen Diakons gelegt (RF, Nr. 67).

Speziell ist eine Spiritualität des Dienens zu entwickeln: Einfachheit des Herzens, uneigennützige Hingabe, Demut, Dienstbereitschaft, Solidarität mit den Armen auch im Lebensstil (RF, Nr. 72).

Die pastoralpraktische Ausbildung hat ein besonderes Augenmerk auf die Diakonie zu legen (RF, Nr. 86). Das Praktikum soll möglichst parallel dazu verlaufen (RF, Nr. 87). Zu wecken und zu fördern ist in der Ausbildung eine missionarische Sensibilität(RF, Nr. 88).

Wichtig ist auch der regelmäßige Austausch mit im Dienst stehenden Diakonen (RF, Nr. 87).

II. Zusammenfassung der Grundlagendokumente zur Ausbildung

Es gibt kaum einen kirchlichen Beruf und schon gar nicht ein kirchliches Amt, welches Menschen aus unterschiedlichsten Bildungs- und Lebenssituationen heraus einen Zugang ermöglicht. Vom Handwerker bis zum Universitätsprofessor, vom zölibatär lebenden Mann bis zum Familienvater, vom jungen Menschen bis zum gereiften Mann, alle diese Lebenssituationen kommen in der Ausbildung vor und die Träger der Ausbildung haben dies zu beachten.

Die vorliegenden römischen Grundnormen greifen diese Fragestellungen zum größten Teil auf und liefern ein Fundament, auf dem weitergebaut werden kann und muss; denn Ausbildung ist niemals statisch. Es ist erfreulich, dass nach einer langen Experimentierphase, weltweit Rahmenbedingungen für die Ausbildung Ständiger Diakone gegeben werden, die vor allem auch die Träger der Ausbildung benennen. Dieser Rahmen wirkt nicht einengend, sondern lässt Raum für unterschiedliche Situationen.

III. Ein Durchblick durch die Ausbildungsgänge einiger deutscher Diözesen

Im Folgenden werden auf der Folie der Ausbildung in Rottenburg – Stuttgart die mir zugänglichen Ausbildungen (u. a. Aachen, Augsburg, Berlin, Essen, Freiburg, Fulda Hamburg, Hildesheim, Köln, Limburg, Mainz, München, Münster, Osnabrück, Paderborn, Regensburg, Speyer, Würzburg) im Hinblick auf die Fragestellung untersucht, wie sich die diakonale Sendung der Kirche in diesen diözesanen Ausbildungsordnungen niederschlägt.

Schon die Zugangsvoraussetzungen zeigen deutlich, dass Kompetenzen gefordert werden, die für Personen grundlegend sind, die in der dienenden Nachfolge Jesu amtlich tätig sein wollen. Neben der Kommunikations- und Konfliktfähigkeit gehören für den werdenden Diakon fundamental die geistliche Dimension des Dienens, eine entsprechende Glaubenshaltung, sowie die soziale Kompetenz ganz besonders dazu.

So heißt es in der *Hamburger* Ordnung für den Ständigen Diakonat: „Der Ständige Diakon ist *Zeichen des dienenden Christus und der dienenden Kirche.* Aus der sakramentalen Verbindung mit Christus soll er ‚dem Volk Gottes in der Diakonie der Liturgie, des Wortes und der christlichen Bruderliebe in Gemeinschaft mit dem Bischof und seinem Presbyterium dienen‘ (Lumen gentium 29)."[4]

Auch in *Rottenburg – Stuttgart* wird bei der Auswahl der Bewerber auf die diakonische Komponente geachtet. Ein wesentliches Instrument ist unter anderem die Selbst- und Fremdeinschätzung in der Gruppe und im Gespräch mit dem Mentor. Hierzu gibt es einen Leitfaden, der die ganze Ausbildung hindurch Begleiter ist und der u. a. diese Problembereiche enthält:

– Glaubwürdige Zustimmung zur Rolle als Diakon
– Bereitschaft, den eigenen Lebensstil diakonisch auszurichten
– Belastbarkeit
– Fähigkeit, Kritik anzunehmen und auch zu leisten
– Beziehungsfähigkeit
– Bereitschaft und Fähigkeit, diakonisches Handeln im Zivilberuf umzusetzen
– Fähigkeit, den liturgischen Dienst und den Verkündigungsdienst im Kontext mit diakonischem Handeln zu sehen
– Kenntnisse der sozialen Zusammenhänge sowie der strukturellen Ursache von Not und Leid
– Bereitschaft zu Kommunikation und Kooperation
– Fähigkeit, Menschen zu motivieren und zu begeistern
– Kreativität
– Fähigkeit, seinen Dienst diakonisch auszurichten.[5]
– Die diakonische Ausbildungspraxis

---

[4] Ordnung für den Ständigen Diakonat im Erzbistum Hamburg, hg. v. Erzbischöflichen Generalvikariat des Erzbistums Hamburg, veröffentlicht i. Kirchlichen Amtsblatt des Erzbistums Hamburg, 14. Jahrgang, Nr. 2, 15.2.2008, 13–26, 1.1.
[5] als Manuskript vorliegend.

Ein Diakon muss in der Lage sein, gesellschaftliche Situationen adäquat zu analysieren. Er muss eine besondere Befähigung im Umgang mit diversen Nöten erwerben oder mitbringen.

Diese Einsicht ist in zahlreichen Ordnungen umgesetzt worden. In *Würzburg* beschäftigen sich die Bewerber im 2. Jahr u. a mit der sozialen „Situation des Menschen und Diakonie der Gemeinde"; während des Praktikums ist dort eine „kleine" Gemeindeanalyse zu erstellen, die besonders die Stellung und die Situation von Randgruppen und sozialen Notständen im Blick hat.[6] In *Augsburg* wird für das erforderliche Caritaspraktikum, auf das ich später intensiv eingehen werde, eine „Situationsanalyse unter soziologischen und diakonischen Aspekten", gefordert.[7]

In *München* wird für das erforderliche Caritaspraktikum eine „Situationsanalyse unter soziologischen und diakonischen Aspekten" verlangt.[8] Die gleiche Formulierung wie im Text der Diözese Augsburg weist auch auf die Vernetzung der Ausbildungsinhalte zwischen den Diözesen hin.

Diese erforderliche Vernetzung und Einigung auf notwendige Standards betreibt seit über zehn Jahren die Konferenz der Ausbildungsleiter der Diözesen. Sie ist eine Arbeitsgruppe der Bundesarbeitsgemeinschaft Ständiger Diakonat.

In *Rottenburg – Stuttgart* gibt es eine ausführliche Vorlage für eine Gemeinde – Lebensraumanalyse, die in Zusammenarbeit mit dem Caritasverband der Diözese entstand und immer weiter entwickelt wird. (*siehe Anlage 1 und 2*)

Alle *Diözesanordnungen* sind geprägt von der diakonischen Dimension der Kirche. Hierzu stelle ich drei ausgewählte Beispiele vor, da diese Grundorientierung in allen Ausbildungsordnungen vorzufinden ist:

„Für den zukünftigen Diakon ist es von besonderer Bedeutung, zum Dienst am Nächsten befähigt zu werde."[9] heißt es in *Augsburg*. In *Speyer* spricht man von der „Diakonia als Grundoption der Kirche"[10]. In *Osnabrück* heißt u. a.: „Er nimmt die Armen in den Blick und öffnet die Augen der Christen für ihre Not." und „Mit seinem Amt steht er öffentlich, auf Dauer und unumkehrbar

---

[6] Aus – und Fortbildungsordnung für Ständige Diakone in der Diözese Würzburg, (Manuskript) 2008.

[7] Ausbildungsheft Ständiger Diakonat „Mein Weg zum Ständigen Diakon", Augsburg 2007, 48.

[8] Ausbildungsheft Ständiger Diakonat, München 2005.

[9] Ausbildungsheft Ständiger Diakonat, Augsburg 2007, 47.

[10] Ausbildung der Diakonatsbewerber in der Diözese Speyer, 2004.

dafür ein, dass die Kirche in der Nachfolge Jesu Christi ein Herz und eine Hand für die Menschen hat, die ‚arm' dran sind."[11]

Das *Eingangsjahr der Ausbildung* steht in allen Diözesen ganz unter dem Zeichen Diakonie und Caritas.

Beispiele:

In der *Rottenburger* Ausbildungsordnung wird als Ziel des ersten Jahres benannt:

„Ziel der Ausbildung im ersten Jahr ist die bewusste Auseinandersetzung mit der Situation leidender und suchender Menschen. Hier liegt der Schwerpunkt diakonischen Handelns. Sensibel zu werden für die Nöte der Menschen, Antworten zu suchen, die im Glauben verankert sind, nach Begründungen für diakonisches Handeln zu fragen, ist das Anliegen dieses Jahres. Dazu gehört wesentlich der Kurs ‚Seelsorgerliche Gesprächsführung'."[12]

Im Vertiefungskurs des ersten Jahres wird nach biblischen Befunden und Begründungen der Diakonie gesucht. Im ersten Jahr wird die Gemeindeanalyse erstellt und ein Projekt ausgesucht. (*siehe Anlage 3*)

Auch in *Würzburg* wird im Arbeitsfeld „Diakonie" Projektarbeit verlangt. „Unter Anleitung und Begleitung soll der Praktikant ein diakonisches Projekt vorbereiten und initiieren."[13] In *Osnabrück* wird ein Bewerber erst nach der Absolvierung eines halbjährigen Vorpraktikums zugelassen und im Zentrum der Ausbildung steht das diakonale Praktikum, das in der Regel ein Jahr lang in einer sozial – caritativen Einrichtung zu leisten ist.[14] Der rote Faden „Diakonie" zieht sich mehr oder weniger auch durch die Jahre der Ausbildung hindurch.

Ähnliches gilt für die Grundvollzüge „Martyria" und „Leiturgia". Nicht nur in *Rottenburg – Stuttgart* gehen die Verantwortlichen davon aus, dass gelingende Verkündigung die Kenntnis der soziologischen und psychologischen Rahmenbedingungen voraussetzt. Darum findet dort im zweiten Jahr, das als Schwerpunkt die homiletische Ausbildung beinhaltet u. a. der Kurs „Konflikttraining" statt. Ziel dieses Ausbildungsabschnittes ist neben der bewussten Selbst- und Fremdwahrnehmung die Erarbeitung von Ver-

---

[11] finde deine Berufung, Ausbildung zum Diakon im Bistum Osnabrück, 2006, 5ff.
[12] Die Ausbildung zum Ständigen Diakon in der Diözese Rottenburg-Stuttgart, 2003.
[13] Die Ausbildung zum Ständigen Diakon in der Diözese Würzburg, 9.
[14] Die Ausbildung zum Ständigen Diakon in der Diözese Osnabrück, 10f.

kündigungsmodellen, die den Menschen in ihrer jeweiligen Lebenssituation gerecht werden. In einem Predigtworkshop wird eine erste Predigt erarbeitet. Diese soll in der eigenen Gemeinde gehalten und besprochen werden.[15]

Die Jahrestagung der Bundesarbeitsgemeinschaft Diakonat des Jahres 2000 stand ganz unter dem Leitwort: „Die diakonische Homilie – den Armen die frohe Botschaft verkünden"[16]. Das Anliegen ist den Verantwortlichen in den Bistümern der Bundesrepublik Deutschland ist also durchaus im Bewusstsein.

Vor diesem Hintergrund ist aber wiederum auffallend, dass die diakonische Dimension einer vom Diakon gehalten Predigt in den meisten Diözesen dennoch nicht ausdrücklich benannt wird. Die diakonische Dimension wird eher aus der Spiritualität des Diakons abgeleitet und wird als wohl bekannt vorausgesetzt, wie die jeweiligen schon oben benannten allgemeinen Einführungen zu den Ausbildungswegen nahe legen. Dennoch wäre gerade an dieser Stelle ein ausdrücklicher Hinweis auf die diakonische Dimension der Predigt eines Diakons wichtig. Wohingegen die Vermittlung und das Erlernen des homiletischen Handwerks mir dagegen selbstverständlich zu sein scheint.

Auch in der „Liturgie" erscheint mir eine Verdeutlichung dessen notwendig, welche Rolle der Diakon in ihr spielt. Zu sehr stehen die liturgischen Aufgaben und Dienste eines Diakons in den verschiedenen liturgischen Feldern im Vordergrund. Auch hier wird wohl darauf verwiesen, dass ein Diakon, die Diakonie mit in die liturgischen Feiern einzubringen hat, aber zumindest in den jeweiligen Diözesanordnungen wird das „Wie" nicht genügend deutlich. Was ist das Besondere am Dienst in der Liturgie für einen Diakon? Dieser Spur wird in der Ausbildung aus meiner Sicht nur ungenügend nachgegangen. Die Diözese *Augsburg* soll für diesen Bereich beispielhaft für viele andere Diözesen stehen: „Erkennen, dass sich die Berufung des Diakons in allen drei Grunddiensten (Diakonie, Liturgie, Verkündigung) als Handeln in persona Christi entfaltet."[17]

In diesen beiden Bereichen „Leiturgia" und „Martyria" ist eine deutlichere Ausformulierung des spezifisch Diakonischen in den diözesanen Ordnungen wünschenswert. Immer aber, das zeigen alle untersuchten Ordnungen, soll deutlich werden, dass der Dia-

---

[15] Die Ausbildung zum Ständigen Diakon in der Diözese Rottenburg-Stuttgart.

[16] Arbeitsgemeinschaft Ständiger Diakonat der Bistümer in der Bundesrepublik Deutschland (Hg.): Die diakonische Homilie – den Armen die frohe Botschaft verkünden. Dokumentation der Jahrestagung 2000, 17 (2000).

[17] Die Ausbildung zum Ständigen Diakon in der Diözese Augsburg, 75.

kon amtlich für das „Nicht-für-sich-Selbst" der christlichen Gemeinde steht. So hat die gesamte Ausbildung aller Diözesen ein deutliches Profil in Blick auf die Diakonie.

Für alle Diözesen gemeinsame Ausbildungsziele sind daher (wenn auch nicht gemeinsam verabschiedet):
- Nach den Grundnormen (RF, Nr. 5) werden Diakone befähigt, Wege der Diakonisierung der Gemeinde und der Integration der Diakonie in die Gemeinde einzuüben.
- In regelmäßigen, die Ausbildung begleitenden Exerzitien, wird die Spiritualität des Dienens vertieft.
- Diakone nehmen die grundsätzlich diakonische Prägung der drei Grunddienste der Kirche wahr und lernen in dieser Perspektive seelsorglich zu handeln.

IV. Erfahrungen

Die bisherigen Erfahrungen zeigen, dass die Diakonie in allen Diözesen ein Schwerpunkt der Ausbildung ist, wenn auch einmal mehr und einmal weniger ausdrücklich. In einigen Diözesen ist die Ausbildung vergleichbar mit der Ausbildung von Pastoral-/Gemeindereferenten/-innen und auch mit der von Priestern, wie es im Übrigen die Rahmenordnung fordert.[18] Ich möchte hier nur Köln/ Essen, München, Rottenburg – Stuttgart erwähnen. Den Diakonen kann nicht mehr nachgesagt werden, sie seien nicht oder nur wenig ausgebildet. Sie haben deutlich ihren Schwerpunkt nicht in der Theologie sondern in der Diakonie.

Aufgrund dieser Ausbildung melden sich auch zunehmend Menschen, die diakonische Fähigkeiten schon von Haus aus mitbringen oder in diakonischen Arbeitsfeldern tätig sind.

Viele Gemeinden und auch Priester, die im Diakon einen noch nicht fertig ausgebildeten Geistlichen sehen, werden nur durch die Überzeugungsarbeit einer guten Ausbildung und durch die Personen, die das Amt ausüben, zu einer anderen Meinung kommen.

Die Erfahrung zeigt weiterhin, dass vor dem Hintergrund der Selbstbesinnung der Kirche zur diakonischen Grunddimension die wesentlichen Aufgaben des Diakons präzisiert werden und

---

[18] „Mit Rücksicht auf die praktische Zusammenarbeit sind, vornehmlich in der zweiten und dritten Bildungsphase, auch gemeinsame Bildungsveranstaltungen für Ständige Diakone mit anderen pastoralen Diensten vorzusehen, wenn sich dies von den Themen her nahelegt." (RO, 4.4, S. 25).

auch von daher eine fundierte Ausbildung immer mehr in den Vordergrund rückt. Es scheint aber auch so zu sein, dass es Diözesen gibt, in denen es kein ausgeprägtes Bewusstsein für den Diakonat gibt, weil man sich nicht sicher ist, wofür man dieses Amt braucht.

Wenn es aber stimmt, dass der ordinierte Priester in besonderer Weise der Martyria zugeordnet ist, wenn es weiter richtig ist, den Diakon in besonderer Weise dem diakonischen Grundvollzug zuzuordnen und beide ordinierte Dienste in der feierlichen Liturgie der Gemeinde zusammenkommen, dann muss auch in allen drei Grunddimensionen der Kirche das Diakonische dieses Amtes deutlich werden.

Der Diakon kommt vom diakonischen Dienst her in die liturgische Versammlung. In dieser geschieht sowohl eine neue Zusage wie auch eine neue Aussendung. „Das Diakonat ist also keine Durchgangsstadium zum Presbyterat, keine verdünnte Form der Martyria und keine Ersatzfunktion bei der Liturgie, sondern ein eigenständiger Dienst, näher beim sozialarbeiterisch-karitativen Aufgabenfeld als beim liturgisch – katechetischen. […] Auch wenn Diakonia grundsätzlich eine Form der Martyria wie der Leiturgia ist, […] so ist sie doch Diakonia. Gerade so aber handelt es sich um einen Dienst, der in besonderem Auftrag Sorge für das trägt, was allen aufgetragen ist. Weil es sich um die Repräsentation […] des Nicht-für-sich-selbst, im Blick auf die Gemeinde als Ganzes handelt, wird zu diesem Dienst wie zum Presbyterat ordiniert."[19]

Kardinal Walter Kasper hat das in seinem grundlegenden Aufsatz zum Diakonat wie folgt beschrieben: „In Vertretung des Bischofs vor Ort und in Zusammenarbeit mit den Priestern leitet, d. h. inspiriert und motiviert er die Diakonie der Gemeinde. So haben die Diakone aufgrund ihrer Teilhabe am Amt im Hinblick auf die Diakonie auch Anteil an der kirchlichen Leitungsvollmacht. Diakonat als ordiniertes Amt verdeutlicht, dass Diakonie eine wesentliche Dimension kirchlicher Leitungsverantwortung ist."[20]

---

[19] B.J. Hilberath: Zwischen Vision und Wirklichkeit. Fragen nach dem Weg der Kirche, Würzburg 1999, 126f.

[20] W. Kasper: Der Diakon in ekklesiologischer Sicht angesichts der gegenwärtigen Herausforderungen in Kirche und Gesellschaft, in: Diaconia Christi 32 (1997), 3/4, 13–33, 20.

V. Perspektiven für die zukünftige Ausbildung Ständiger Diakone

Fast vierzig Jahre nach dem II. Vatikanischen Konzil steht der Ständige Diakonat in seiner Entwicklung auch und besonders in der Ausbildung vor weiteren richtungsweisenden Entscheidungen im Blick auf folgende Fragestellungen:

Bestimmt der „Priestermangel" in großen Teilen der europäischen Kirchen die Entwicklung dieses Amtes? Wird der Diakon zum Lückenfüller?[21]
Bestimmt das zunehmende Bewusstsein vom Mangel der Diakonie in Teilen unserer Kirche den Diakonat? Wird der Diakon zum Diakon, zum sakramentalen Zeichen der Diakonie in der Gemeinde?
Bestimmt die Unsicherheit in den anderen Diensten und Ämtern, besonders in unseren westeuropäischen Kirchen, auch dieses Amt? Verschmelzen alle Dienste und Ämter zu ganz neuen, jetzt noch unbekannten Diensten und Ämtern?

Geht es um die Ausbildung von Diakonen, bilden diese Fragen, wie oben beschrieben, den Hintergrund. Die Verantwortlichen müssen sich mit den jeweiligen Problemen intensiv auseinandersetzen und zu einem Standpunkt gelangen. Denn nur von einem eigenen Standpunkt aus kann man Perspektiven entwickeln. Vom eigenen Standpunkt aus kann man verantwortlich Ausbildung entwickeln und den Bewerbern zum Ständigen Diakonat eine bessere Sicherheit geben. Erfahrungen bei der Ausbildung der Priester, der Pastoral- und Gemeindereferenten/-innen bestätigen dieses. Menschen benötigen klare Vorstellungen und Perspektiven, wenn sie einen Beruf ergreifen.
In seinem Vortrag „Eine diakonische Kirche braucht den Diakon" hat Bischof Dr. Franz Kamphaus[22] einen möglichen Standpunkt wie folgt beschrieben: „Den neuen römischen Dokumenten ist es ein Anliegen, die diakonische Dimension der Kirche mit Hilfe der Diakone neu in den Blick zu bekommen und zu definieren.

---

[21] Vgl. dazu das Tagungsthema der Jahrestagung der Arbeitsgemeinschaft Ständiger Diakonat der Bistümer in der Bundesrepublik Deutschland (Hg.): Der Diakon in größer werdenden pastoralen Räumen. Dokumentation der Jahrestagung 2008, 25 (2008).
[22] F. Kamphaus: Eine diakonische Kirche braucht den Diakon, Festvortrag von Bischof Franz Kamphaus anlässlich des Jubiläums 25 Jahre Ständiger Diakonat im Bistum Osnabrück am 19. Mai 2000, in: Kirche im Gespräch Nr. 31, hg. v. Bistum Osnabrück.

[...] Es ist deutlich geworden, dass bei der offiziellen Einführung des Ständigen Diakonates die Diakonie zu wenig im Blick gewesen ist. [...] Das Konzept, das die Würzburger Synode zum Dienst des Ständigen Diakons vorgelegt hat, enthält durchaus die Verbindung von Caritas und Pastoral. Aber dazu ist es in der Praxis leider bisher kaum gekommen, aus unterschiedlichen Gründen. Ein wesentlicher Grund ist in vielen Bistümern die prekäre Personalsituation. [...] Heute ist viel vom Priestermangel die Rede. Wenn man tatsächlich ernst nimmt, dass die Kirche im Diakonat ein Amt hat, mit dem sie sich ihrer diakonischen Grundaufgabe stellt, dann müsste genauso von einem Diakonenmangel gesprochen werden. Müsste nicht jede Gemeinde einen Diakon haben?"[23]

Der Diakon als sakramentales Zeichen für die Diakonie, der Diakon als derjenige, der in der Gemeinde amtlich dafür da steht, dass Gemeinde nie für sich selbst lebt; ein solches Diakonat ist der Standpunkt, von dem aus weitere Perspektiven für die Ausbildung entwickelt werden.

Perspektive 1

Die Diakonie spielt eine entscheidende Rolle in der Ausbildung, sie bildet den roten Faden. Ausgehend von den gründlichen Kenntnissen der Bewerber über die biblischen Grundlagen der Diakonie erfolgt von Anfang an die Ausbildung in enger Zusammenarbeit mit der diözesanen Caritas und den sozialen Einrichtungen vor Ort. So erhält der Bewerber einen umfassenden Überblick über die sozialen Gegebenheiten seines Wirkungsbereiches. Dabei müssen enge Grenzen überwunden werden, auch nicht-kirchliche Partner sind wichtig, wenn es um das Wohl des Menschen geht. Im Europa der Zukunft, welches versucht Grenzen zu überwinden, sind zudem Länder übergreifende Ausbildungen vonnöten. Die Menschen werden immer mobiler, suchen Arbeit auch im europäischen Ausland, die Vernetzung der Systeme vor allem im wirtschaftlichen Bereich nimmt zu. Die Kirche muss und hat darauf reagiert. Wo immer es möglich ist, sollten daher mit benachbarten ausländischen Diözesen Kontakte geknüpft werden. Die Ausbildung von Diakonen bietet grade wegen der Herkunft und des Alters der Bewerber ideale Chancen für solche grenzübergreifende Ausbildungserfahrungen. In einigen Diözesen bestehen solche Verbindungen. So hat beispielsweise unsere Diözese Rottenburg-Stuttgart gute Erfahrungen mit Kontakten zur Diözese Besançon gemacht.

---

[23] F. Kamphaus, Eine diakonische Kirche braucht den Diakon, 17f.

Sehr zu gute kommen den Auszubildenden ihre Erfahrungen in ihrem eigenen Beruf und der Umgang dort mit ihren Berufskollegen, ebenso der Umgang zwischen Arbeitgebern und Arbeitnehmern und nicht zuletzt ihre Erfahrungen über die Beziehungen oder Nichtbeziehungen zwischen Kirche und Arbeitswelt. Für die Nicht-hauptberuflichen Ständigen Diakone ist der Diakonat *im* Zivilberuf ein immer wichtiger werdender Wirkungsbereich.

Damit seine Arbeit aber nicht die eines Sozialarbeiters wird, erhält der Diakon – immer unter dem Blickwinkel der Diakonie – eine fundierte Ausbildung in der Martyria und in der Leiturgia. Martyria und Leiturgia sind für ihn von der Diakonie her zu bestimmen. Aus der Nachfolge des Christus Diaconos, entwickelt sich die Verkündigung des Diakons und sein liturgischer Dienst.

Es ist notwendig, die Perikopenordnung diakonisch lesen zu lernen und vor allem fähig zu werden, konkret zu predigen. Dazu muss der zukünftige Diakon in die Lage versetzt werden, einen anschaulichen Einblick in die Lebenssituationen von Notleidenden und Armen zu geben. Hier kommt ihm das Wissen und die Erfahrung aus dem Bereich der Diaconia zu gute. Er muss in die Lage versetzt werden, die Armen als Subjekte ernst zunehmen, sie müssen zu Wort kommen können. Und nicht zuletzt, er muss ermutigt werden, politisch zu predigen, Zusammenhänge bewusst zu machen, Stellung zu beziehen und dies vom Glauben her.

Die liturgische Ausbildung bestärkt den Diakon in der Haltung, dass er in seinem Amt die Armen und Notleidenden mit an den Altar bringt, dass sie in ihm ihren Platz am Altar haben.

Weiter muss die Ausbildung die Rolle des Diakons als Dienender und nicht als Vorsteher in der Liturgie begründen und bestärken. So gesehen kann der Diakon nie zu einer liturgischen Ersatzperson oder zu einem unverständlichen liturgischen Dienst verkommen.

Perspektive 2

Die Diakonie bestimmt die Auswahl der Bewerber. Nur derjenige Interessent kann zugelassen werden, der sich in seiner Gemeinde bereits im sozialen Bereich engagiert hat oder der zumindest bereit ist und die Fähigkeiten mit bringt, im sozialen Bereich arbeiten zu können.

Der Bewerber muss menschliche Kompetenz mitbringen, wozu unter anderem Kommunikations- und Konfliktfähigkeit gehören, er muss fähig sein, eine dienende – leitende Rolle zu übernehmen, das heißt er muss sich zurücknehmen und dennoch gegenüberstehen können. Er muss intellektuell in der Lage sein, gesellschaftliche Zusammenhänge zu analysieren, er muss in der Lage sein verantwortlich zu handeln. All diese Fähigkeiten sind während der Ausbildung zu stützen und zu vertiefen.

Spirituell muss der Bewerber ein Mann des Gebetes sein und werden, er muss sich auf das Stundengebet der Kirche einlassen können, er muss fähig sein und es immer mehr werden, sich selbst geistlich zu hinterfragen und zu wachsen. Seine Kraft erwächst aus Gebet und Gottesdienst, aus der innigen Verbundenheit mit dem Christus Diaconos.

Die Glaubenskompetenz erhält der Bewerber durch sein Theologiestudium oder adäquate Zugänge, welche der eigentlichen diözesanen Ausbildung vorgeschaltet sind. Theologie und Pastoral parallel zu lernen, überfordert oft die Bewerber und ihre Familien und nicht zuletzt auch die Berufsausübung. Deshalb empfiehlt sich die Ausbildung in sinnvolle Abschnitte zu untergliedern und stufenweise vorzugehen. Solide theologische Kenntnisse sind erforderlich damit der Diakon eigenverantwortlich Diakon sein kann. Sinnvoll wären eigene Studiengänge an den kirchlichen Hochschulen, eventuell auch an den staatlichen Universitäten, wie es sie zum Teil schon im Bereich der Caritaswissenschaften gibt. Fernstudiengänge sollten eigens auf den Diakon und seine Bedürfnisse zugeschnitten sein. Hier ist großer Bedarf und viel Kreativität vonnöten, andererseits liegen einige Ressourcen brach mangels Studenten für die Priesterausbildung.

Die soziale Kompetenz bringt der Bewerber entweder durch seinen Beruf mit oder erhält und vertieft sie durch die diözesane Ausbildung.

Perspektive 3

Damit Ausbildung gelingen kann braucht es die notwendigen Ressourcen, d.h. Menschen, die ausbilden und Einrichtungen, an denen ausgebildet wird. All das kostet natürlich auch Geld. Es ist nicht möglich, eine anspruchsvolle Ausbildung mit der linken Hand zu bewältigen. Die römischen Papiere sprechen hier eine klare Sprache. Es braucht den Ausbildungsleiter und ab einer bestimmten Anzahl von Bewerbern muss dieser eine ganze Stelle innehaben. Ich möchte den Vergleich mit den Priesterseminarien erst gar nicht vertiefen. Ist der Ausbildungsleiter noch mit allen möglichen anderen Aufgaben betraut, läuft Ausbildung Gefahr vernachlässigt zu werden. Beispiele dafür gibt es zuhauf. Wir können es uns in Zukunft nicht mehr leisten, die Ausbildung der Diakone zu vernachlässigen, sollen Diakone wirklich Katalysatoren für die Diakonie der Kirche werden.

Wesentlich für die spirituelle Ausbildung ist ein Spiritual, eine Spiritualin. Hier sind in der Vergangenheit Fehler begangen worden. Vielfach wurde der Ausbildungsbereich ohne Spiritual belassen. Erst in neuerer Zeit entdeckte man die Notwendigkeit neu. Es darf nicht sein, dass Ausbildung zum Amt in der Kirche ohne Spiritual geschieht.

Jeder Auszubildende benötigt einen Mentor, der ihn vor Ort begleitet. Ohne diesen Mentor kann eine Ausbildung nicht begonnen werden.

Um den Bewerbern auch eine äußerliche Heimat zu geben, ist ein diözesanes Ausbildungshaus notwendig. Dies kann auch von anderen Gruppen genutzt werden, es sollte im Bewusstsein der Diakone aber ihr Ausbildungshaus sein.

Dazu braucht es Dozenten und Büropersonal. Sparen Diözesen in diesem Bereich, sparen sie an der falschen Stelle. Natürlich soll auch mit diesen Ressourcen verantwortlich umgegangen werden, doch gibt es auch Grenzen der Sparsamkeit und es ist immer die Frage wo werden Schwerpunkte gesetzt. Will man ein gut ausgebildetes Diakonat, muss man auch investieren.

Perspektive 4

Damit ist die Diözesanleitung angesprochen. Sie ist in mehrerer Hinsicht gefordert. Sie sollte sich klar zum Diakonat bekennen und die notwendigen Mittel der Ausbildung zur Verfügung stellen. Es kann nicht sein, dass hier mit anderen Maßstäben als bei der Priesterausbildung gemessen wird, zumal immer deutlicher wird, dass jede Gemeinde einen Diakon haben sollte. Erinnern wir uns an Bischof Kamphaus „Wenn man tatsächlich ernst nimmt, dass die Kirche im Diakonat ein Amt hat, mit dem sie sich ihrer diakonischen Grundaufgabe stellt, dann müsste […] von einem Diakonenmangel gesprochen werden. Müsste nicht jede Gemeinde einen Diakon haben?"[24] Nimmt die Kirche das Amt des Diakons ernst? Nimmt die Kirche die Diakonie ernst?

---

[24] F. Kamphaus, Eine diakonische Kirche braucht den Diakon, 18.

Das zeigt sich nicht zuletzt in den Gemeinden. Für eine gelungene Ausbildung ist es notwendig, geeignete Ausbildungsgemeinden zu finden. Ohne diese kann Ausbildung nicht stattfinden. Es kann nicht sein, dass eine Ausbildung zum Diakon in einer Gemeinde erfolgt, der das Bewusstsein für diesen Dienst vollständig fehlt. Der Bewerber würde nur Frustrationen erleben. Es ist erfreulich, dass immer mehr Gemeinden sich bereit zeigen und auch geeignet sind, Ausbildungsgemeinde zu sein. Es ist zu wünschen, dass die Ausbildungsleitungen in Zukunft noch mehr auch auf diesen nicht ganz unwesentlichen Aspekt achten.

Anhang 1:
Hinweise zum Arbeitsblatt: Gemeinde –
Lebensraumanalyse in der Ausbildung zum Ständigen Diakon
in der Diözese Rottenburg-Stuttgart.

Hinweise zum Arbeitsblatt: Analyse Gemeinde- und Lebensraumanalyse – Schwerpunkt Diakonie

1. Grund der Analyse
Die Analyse soll Folgendem dienen:
– die Menschen im Lebensraum in den Blick zu nehmen
– die Menschen in der Kirchengemeinde in den Blick zu nehmen
– bestehende soziale Aktivitäten der Kirchengemeinden wahrzunehmen und gegebenenfalls zu überprüfen
– eine Grundlage für weitere Planungen zu schaffen

Es geht um eine Bestandsaufnahme und Übersicht zur derzeitigen Situation der Diakonie in der Seelsorgeeinheit/Kirchengemeinde und um die Auswahl eines für sie derzeitig möglichen Praxisfeldes.

2. Zum Vorgehen
a) Sie können die Analyse allein oder in bzw. mit einer Gruppe (bestehende oder auch neu gegründete) durchführen.
b) Verschiedene Formen der Analyse

1. Befragungen, Interviews
– schriftlich mittels Fragebogen
– mündlich: Gespräche mit Betroffenen, VertreterInnen von Einrichtungen, Vereinen, Gruppen, Gespräche mit Experten (Jugend-, Sozial-, Gesundheitsämter von Stadt und Landkreis; Wohlfahrtsverbände, etc …)

2. Analyse vorhandener Daten
Es gibt verschiedene Quellen, die bereits Daten liefern und die leicht zugänglich sind:
– Jahresberichte von Einrichtungen, Ämtern: Stadt, Landkreis, Wohlfahrtsverbänden, …
– Bericht über den letzten Pastoralbesuch in der Gemeinde
– Gemeindeanalyse anlässlich der Bildung von Seelsorgeeinheiten
– Gemeindeanalyse anlässlich der letzten Vakanz und Neubesetzung der Pfarrstelle
– Zeitungsberichte über soziale Dienste, Initiativen, Themen (meist im Pfarramt)

- soziologische Studien, die über gesellschaftliche Trends informieren.

c) Die Analyse mit Verantwortlichen in der Seelsorgeeinheit/Gemeinde absprechen:
- Pfarrer und Pastoralteam
- Pfrarr- bzw. Kirchengemeinderat
- Caritasausschuss
- ...

Anhang 2:
Arbeitsblatt: Gemeinde – Lebensraumanalyse in der Ausbildung
zum Ständigen Diakon in der Diözese Rottenburg-Stuttgart.

Arbeitsblatt: Gemeinde- und Lebensraumanalyse –
Schwerpunkt Diakonie

1. Seelsorgeeinheit / Kirchengemeinde
- Welche Kirchengemeinden gehören zur Seelsorgeeinheit
- Welche Strukturen, Gremien und Einrichtungen sind im Dekanat, in der Seelsorgeeinheit gegeben? Mit welchen sollten Sie im Rahmen ihres Praktikums Kontakt aufnehmen und in welchen könnten Sie gegebenenfalls mitarbeiten?
- Welche Räumlichkeiten (Kirchen, Gemeindehäuser, ...) sind in den Gemeinden vorhanden?

2. Lebensraum der Menschen
Soziale Infrastruktur: Wer lebt in bzw. auf dem Gebiet der Kirchengemeinde?

Demographische Merkmale
- Alters- und Geschlechtsstruktur

Soziale Merkmale
- Ausländeranteil gesamt und getrennt nach Nationalität
- Anteil von Sozialhilfeempfängern
- Arbeitslose
- Obdach-/Wohnungslose
- Alleinstehende
- Familien
- Alleinerziehende
- Behinderte

- Flüchtlinge/Migranten
- Wohnform
- Berufsstruktur
- Einnahmenstruktur
- Bildungsstand

Sozio-ökonomische Merkmale:
- Arbeitgeber
- ökonomische Struktur
- Wirtschaftsförderung
- Sponsoring (sozial/kulturell)
- Standortfaktoren

Dienstleistungsstrukturen: Welche sind vorhanden?
- Kindertageseinrichtungen, Schulen, Altenheime, Jugendeinrichtungen, Bürgerhäuser, Sporteinrichtungen, Theater, Gesundheitsdienste, etc …

Kulturelle Aktivitäten und Vorgegebenheiten:
Welche Zusammenarbeit oder Anknüpfungen sind möglich?
- Bildungswerke (Fort- und Weiterbildung, Vortragsreihen)
- polit.-soz. Veranstaltungen
- vorhandene Kultureinrichtungen

3. Diakonische Aktivitäten in der Gemeinde/Seelsorgeeinheit
Welche *sozialen Angebote* der Kirchengemeinde gibt es?
- Beispiele: Nachbarschaftshilfe, Besuchsdienste, Anlaufstelle für Kinder und Jugendliche (am Nachmittag), usw. …

Zur Organisation der sozialen Angebote:
- Welche Gruppen u. Arbeitskreise übernehmen Verantwortung? (Caritasausschuss, AKAsyl, …)
- Wie arbeiten die Gruppen zusammen, wie sind sie vernetzt?
- Wo und wie besteht ökumenische Zusammenarbeit?
- Wo und wie besteht Zusammenarbeit mit freien und kommunalen Initiativen, Stellen etc.?

4. Selbstverständnis von Gemeinde
Gemeindeverständnis: z. B. noch hierarchisch? pfarrerzentriert? Mitarbeit und -verantwortung von Laien? Transparenz von Entscheidungen und Entscheidungsprozessen? Vielfalt von Verantwortungen und Diensten? Offenheit für Innovationen?

Zugehörigkeit zur Gemeinde:
- Wer gehört zur Gemeinde?
- Haben die Menschen, die auf dem Gebiet der Kirchengemeinde leben, einen Platz in der Gemeinde?
- Wie sind sie vertreten?
- Wo und wie kommen sie vor (passiv/aktiv)?

Anhang 2:
Arbeitsblatt: Projektarbeit

Arbeitsblatt: Projektarbeit

Eigenwahrnehmung
- Welche Kompetenzen kann ich für meine zukünftige Arbeit als Diakon im Zivilberuf mit einbringen?
- In welchem Lebensraum arbeite ich und lebe ich, in dem mein diakonales Amt wirksam werden soll?

Problemerkennung
- Analyse des Gemeinwesens (Lebensraumanalyse)
- Wahrnehmung: Welche Problemstellung stellt sich dar?
- Welche Personen sollen durch das Projekt angesprochen werden?

Projektbeschreibung
- Welches Ziel bzw. Ziele verfolgen Sie mit Ihrem Projekt? (z. B.: Verbesserung der Lebenssituation, politische Wirkung, Gesprächsangebote ...)
- Wie soll das Angebot aussehen?

Kooperationspartner
- Welche Kooperationspartner sollen im Projekt mitarbeiten bzw. es begleiten?
- Aus welchen Gründen?

Projektgruppe bilden

Projektziele festlegen
- Ziele und Zielgruppe möglichst genau festlegen
- Projektinhalt: Angebote festlegen, Vorgehensweise etc.
- Raum- und Kooperationsfragen festlegen

Zeitraster
- Gesamtdauer des Projekts
- Unterziele → „Meilensteine"

Ressourcen
- Ehren- bzw. hauptamtliche Mitarbeiter
- Finanzen (Kalkulation)
- Räumliche und dingliche Ausstattung

Projektbeschluss

Durchführung
- Regelmäßiger Austausch der Projektgruppe
- Ziel-Zeit Überprüfung (Meilensteine)
- Korrekturen baldmöglichst vornehmen (Nachgenehmigungen)
- Controlling von außen (KGR-Beschlüsse) Berichterstattung/ Rückmeldung
- Arbeitsaufwand überprüfen (Kosten-Nutzen Rechnung)

Abschluss
- Übergabe
- Projektbericht erstellen
- Wie geht es weiter?

Ausblick

Der Diakonat – ein modernes Amt

von Erzbischof Robert Zollitsch

Prophetisch sah das Zweite Vatikanische Konzil vorher, dass die Menschheit in einer neuen Epoche ihrer Geschichte steht, in der tiefgreifende und rasche Veränderungen auf die ganze Welt übergreifen. Das Konzil spricht von einer sozialen und kulturellen Umgestaltung, die mit einem umfassenden Wandel der Wirklichkeit und der Lebensbedingungen der Menschen zusammenhängt. Der Gang der Geschichte selbst erfährt eine so rasche Beschleunigung, dass der Einzelne ihm kaum mehr zu folgen vermag (vgl. GS 4 und 5). An dieser Beurteilung hat sich bis heute nichts geändert – im Gegenteil. Die Möglichkeiten, die den Menschen in den westlichen Gesellschaften in nahezu allen Lebensbereichen zur Verfügung stehen, haben sich vervielfältigt, so dass man zurecht vom Zeitalter des Pluralismus und der Multioptionsgesellschaft[1] sprechen kann. Diese Entwicklung wurde nicht zuletzt durch verschiedene neuere soziologische Studien deutlich belegt.

Es wäre falsch, sich als Kirche von dieser Situation ängstigen zu lassen oder sich gar in den binnenkirchlichen Bereich zurückzuziehen. Vielmehr geht es darum, von der Botschaft Jesu Christi und seiner Zusage „Fürchtet euch nicht" ermutigt und gestärkt, angemessene Formen kirchlicher Präsenz in den unterschiedlichsten Bereichen der Gesellschaft auszuloten und in die Tat umzusetzen. Hierbei kommt das Amt des Diakons in besonderer Weise in den Blick, kennt es doch bereits von seiner Grundanlage her verschiedene Ausprägungen: Da ist der Diakon, der später zum Priester geweiht wird und doch gleichzeitig Diakon bleibt. Daran erinnerte Papst Benedikt XVI. eindrucksvoll bei seinem Empfang der Diakone der Diözese Rom am 7. Februar 2008: „Die Priester bleiben Diakone, und die Diakone machen in der Welt die diakonale Dimension unseres Dienstes deutlich."

Der Blick der vorliegenden Publikation richtet sich auf den Ständigen Diakonat, den das Zweite Vatikanische Konzil als festen und dauerhaften Lebensstand erneuert hat. Der Ständige Diakon – ob verheiratet oder zölibatär lebend – dient aus der sa-

---

[1] Vgl. Gross, Peter: Multioptionsgesellschaft, Frankfurt 1994.

kramentalen Verbindung mit Christus „dem Volk Gottes in der Diakonie der Liturgie, des Wortes und der Liebestätigkeit in Gemeinschaft mit dem Bischof und seinem Presbyterium" (LG 29). Die größere Zahl der Ständigen Diakone tut dies, indem sie ihr Amt insbesondere an ihrem jeweiligen zivilen Arbeitsplatz ausübt und von dort die Verbindung zur Gemeinde herstellt. Gleichzeitig gibt es Diakone, die ihr Amt hauptberuflich ausüben.

Es scheint Kennzeichen und Chance dieses Amtes der Kirche zu sein, dass das Profil des Diakons keine singuläre Grundform kennt, sondern in seinem Ursprung bereits pluriform angelegt ist. Pater Karl Rahner, einer der theologischen Vordenker des neuzeitlichen Diakonates, sah bereits 1968 – im Jahr der ersten Weihe von Ständigen Diakonen in Köln – anlässlich einer Diakonatstagung in Freiburg voraus: „Eine theologische Begründung des künftigen Diakonats braucht also nicht dahin zu zielen, dass ein absolut einziger und einheitlicher Typ des Diakons herauskommt."[2] Papst Benedikt XVI. hob fast 40 Jahre später beim besagten Empfang 2007 hervor: „Es gibt kein einheitliches Profil. Was zu tun ist, unterscheidet sich je nach Ausbildung der Personen und nach den Situationen, in denen sie sich befinden." Es ist besonders bemerkenswert, dass das Amt des Diakons in der zweiten Hälfte des ersten Jahrtausends verschwindet, weil es ihm nicht gelang, sich an die geänderten gesellschaftlichen wie innerkirchlichen Verhältnisse anzupassen. Deshalb verwundert es nicht, wenn der Blick auf die Geschichte der Wiedereinführung des Ständigen Diakonats davon zeugt, wie sehr die Vielfalt der Vorstellung dessen, was ein Diakon ist, und die Unmöglichkeit, eine klare, von allen akzeptierte Identität eines Ständigen Diakons zu entwickeln, gerade die Diskussion und den Fortgang der Dinge immer wieder belebte. Eine Diskussion, die auch heute neue und weiterführende Impulse geben kann.

Umso mehr deutet sich an, dass sich das Profil des Diakonates noch weiter ausdifferenzieren muss, wenn man auf die unterschiedlichsten Einsatzfelder und auf die aus den verschiedensten Milieus stammenden Menschen schaut, denen Diakone heute begegnen. „Ich denke", so sagte Papst Benedikt XVI. bei seiner Begegnung mit römischen Diakonen, „dass ein Merkmal des Dienstes der Diakone gerade die Vielfalt der Einsatzmöglichkeiten des Diakonates ist." Dieses „Merkmal" ist Chance und Herausforderung zugleich. Allerdings gilt zweifellos: Würde sich dieser Dienst in der Vielfalt verlieren, würden sich nicht nur Schwerpunkte he-

---

[2] Rahner, Karl: Über den Diakonat, in: Schriften zur Theologie 9 (1970), 404.

rausbilden, sondern gar Vereinseitigungen zeigen, dann stünde der Diakonat in Gefahr, sein prägendes Charakteristikum aufzugeben.

Was bedeutet es, dass der Diakonat ein pluriformes Profil ausgebildet hat und gerade in dieser Pluriformität seine Eigenart findet? Zum einen heißt dies, dass die Diakone in der Lage sein bzw. durch entsprechende Ausbildungselemente in die Lage versetzt werden müssen, auf den unterschiedlichsten Feldern kirchlichen wie auch gesellschaftlichen Lebens aktiv werden zu können. Die Multioptionalität der Gesellschaft setzt die Pluriformität ihrer Akteure voraus. Aufgrund der Vielgestaltigkeit und großen Spannbreite im Profil bringt der Diakonat alle Voraussetzungen mit, um gerade auch in einer Multioptionsgesellschaft Zeichen des dienenden Christus und der dienenden Kirche zu sein und damit fruchtbar agieren zu können. Das bedeutet nicht, dass jeder einzelne Diakon in allen Bereichen einsetzbar sein müsste. Das würde eine Überforderung des Einzelnen bedeuten und wäre dem Diakonat als solchem nicht dienlich. Aber die Flexibilität im Profil bringt es mit sich, dass ganz unterschiedliche Menschentypen entsprechend ihren Neigungen und Begabungen in den unterschiedlichsten Lebenswelten amtlich diakonal wirken können.

Zum anderen heißt dies auch: Weil jeder Diakon – geprägt von seiner eigenen Lebensgeschichte und getragen von seinen Gott geschenkten Fähigkeiten und Charismen – in einem anderen Aufgabenfeld verstärkt tätig ist und so auch um die spezifischen Umstände und Rahmenbedingungen dieser Lebenswelt weiß, weil sich das Profil des einzelnen Diakons sehr stark von seiner eigenen Lebensform und seinem jeweiligen Einsatzort her ausprägt, erwächst daraus erst die Frage nach dem dahinter liegenden gemeinsam Verbindenden. Es ist nicht sein individueller Einsatzort oder seine spezifische Lebensform, sondern die amtliche Sendung selbst, die der Pluriformität eine Einheit gibt.

Jeder Diakon ist im Auftrag des Bischofs und zur Unterstützung des Presbyteriums unterwegs: Diakone handeln im Auftrag und in der Sendung des Bischofs. Das Bewusstsein des Diakons, als Sendbote tätig zu sein, korrespondiert mit den wissenschaftlichen Untersuchungen von John N. Collins[3], die neuerdings durch Anni Hentschel[4] noch auf einen breiteren wissenschaftlichen Boden gestellt wurden. Dahinter liegt die Erkenntnis, dass der Be-

---

[3] Collins, John N.: Diakonia. Reinterpreting the Ancient Sources, New York/Oxford, 1990.
[4] Hentschel, Anni: Diakonia im Neuen Testament, (WUNT 2) Tübingen 2007.

griff „diakonia" in der hellenistischen Literatur immer dort auftaucht, wo es nicht einfach allein um das Dienen geht, sondern um das „Dienen im Auftrag von". Diakonia beschreibt damit vielmehr die Aufgabe eines Vermittlers, meint eine vermittelte und vermittelnde Verbindung eines Boten oder eines Agenten. „Sowohl Bote als auch Agent", so schreibt Collins, „handeln natürlich im Namen dessen, der sie entsendet oder bevollmächtigt. Hinter jedem *Diakonos* steckt so immer ein Entsender und eine Autorität. Jeder *Diakonos* steht zuallererst in einer Beziehung zu der Person, die ihn aussendet und autorisiert; und dieses Gesandtsein, diese Vollmacht bildet das Wesen der Diakonia." In diesem Sinne versteht sich ja auch der Bischof als „Gesandter Christi" (Josef Ratzinger), wie es das Zweite Vatikanische Konzil betont hat: „Christus, den der Vater geheiligt und in die Welt gesandt hat (*vgl. Joh 10,36*), machte durch seine Apostel deren Nachfolger, nämlich die Bischöfe, seiner Weihe und Sendung teilhaftig" (LG 28,1).

Ausgehend von dieser Sendung durch den Bischof und mit „sakramentaler Gnade gestärkt" (LG 29), wissen sich die Diakone in ihrem Auftrag in der Vielfalt und Buntheit heutiger Lebensbereiche in Kirche und Gesellschaft *zurück*gesandt. In der Regel sind Diakone vor ihrer Weihe bereits in diakonischen Feldern aktiv. Sie werden, wie es das Konzil sagt, in der Weihe „durch die von den Aposteln her überlieferte Handauflegung gestärkt und dem Altare enger verbunden" (AG 16). Das bedeutet, dass in der Regel der Bischof die Neugeweihten nicht zum ersten Mal in ein neues Einsatzgebiet schickt, sondern sie mit „sakramentaler Gnade gestärkt" dorthin *zurück* schickt, wo sie leben und wirken.

Dieses *Zurück*gesandtsein in das bisherige Wirkungsfeld korrespondiert mit dem ersten Satz des Eröffnungsdialoges in der Weiheliturgie, wo es heißt: „Hochwürdiger Vater, die heilige Kirche bittet dich, diesen unseren Bruder zum Diakon zu weihen." Es ist die Gemeinschaft der Glaubenden – das Volk und die Verantwortlichen –, die um die Diakonenweihe ihres Bruders bittet. Diese Verbindung zwischen Volk und Bischof kommt auch in der Einführung zur Feier der Weihe zum Ausdruck: „Am Weihegebet haben *alle* teil, indem sie es hörend *mitvollziehen* und durch die Akklamation *bestätigen* und *abschließen*." (Pontifikale I, Nr. 7) Damit wird die enge Verzahnung von Diakonat und konkreter Gemeinschaft der Glaubenden vor Ort sichtbar. Die Gemeinschaft der Glaubenden wirkt bei der Sendung des Diakons durch den Bischof mit. Dennoch übernehmen Diakone in der Regel nicht eine (vorgegebene) kirchliche Leitungsfunktion, wie dies beim Bischof und bei den Priestern der Fall ist, sondern Diakone wissen sich als

Amtsträger „wirklich engstens verbunden" mit der „Menschheit und ihrer Geschichte" (GS 1). Vor den Diakonen „steht also die Welt der Menschen" mit „ihren Unternehmungen, Niederlagen und Siegen" (GS 2).

Eben weil der Diakonat primär nicht an die Leitungsaufgabe und deshalb schon an bestehende kirchliche Sozialgestalten gebunden ist, bleibt und ist in der Regel sein Einsatzort in einem konkreten diakonischen Feld in der „Welt der Menschen", „die nach dem Glauben der Christen durch die Liebe des Schöpfers begründet ist und erhalten wird; die unter die Knechtschaft der Sünde geraten, von Christus aber, dem Gekreuzigten und Auferstandenen, durch Brechung der Herrschaft des Bösen befreit wurde; bestimmt, umgestaltet zu werden nach Gottes Heilsratschluss und zur Vollendung zu kommen" (GS 2). Diese Umgestaltung der Welt und der Gesellschaft in ihr findet überall dort statt, wo Menschen miteinander leben, arbeiten, wohnen, die Freizeit verbringen, sich in gemeinnützigen Vereinen betätigen, Kranke besuchen, Sterbende begleiten, Kinder ins Leben führen, für die Menschenrechte kämpfen, politisch werden, einander trösten, helfen und sich beistehen, sich engagieren, kurz: wo es „um den rechten Aufbau der menschlichen Gesellschaft geht" (GS 3). Diesem Aufbau einer rechten menschlichen Gesellschaft und die Umgestaltung der Welt sollen alle Menschen guten Willens dienen und ist allen „Jüngern Christi" (GS 1) anvertraut. Hierbei zeigt sich der spezifische Dienst des Diakons mitten im Aufbau einer menschlichen Gesellschaft im Zusammenspiel dreier diakonaler Funktionen: „in der Diakonie der Liturgie, des Wortes und der Liebestätigkeit" (LG 29).

Was mit dieser „diakonischen Funktion" gemeint ist, wird am Beispiel eines Münsteraner Diakons, der bei einem Entsorgungsbetrieb der Stadt arbeitet, deutlich. Als ein verstorbener Arbeitskollege dieser Müllwerke beerdigt wurde, hatten einige Kameraden Schichtdienst, unter anderem auch der Diakon. Dieser wurde von seinen Arbeitskollegen gebeten, zusammen mit ihnen nach Dienstschluss auf den Friedhof zu gehen, um am Grab des Verstorbenen mit ihnen zu beten. Hier wird die „Dienstleistung" (LG 29) der Liturgie zur „Liebestätigkeit".

Der langjährige Bischöfliche Beauftragte für den Ständigen Diakonat in unserer Erzdiözese, Domkapitular Dr. Eugen Maier, spricht im Blick auf den Diakon vom „Amt in der Nähe". Die Orte, wo sich Kirche in der Nähe, im konkreten Lebensumfeld der Menschen und nicht im Kirchengebäude ereignet, sind so vielfältig, wie wir Menschen es sind. Wichtig scheint zu sein, dass alle diese Orte, ob es innergemeindlich der Besuchsdienst, die Hospizgruppe, der „Eine-Welt-Kreis", der Kirchenchor oder welche Gruppe auch immer ist, ob es gesellschaftlich die Politik oder bürgerschaftlich der Nahraum mit seinen Bürgerinitiativen oder die Arbeitswelt mit ihren Betrieben ist, immer kommt es darauf an, dass Kirche und damit alle Christinnen und Christen wach bleiben für die „Freude und Hoffnung, Trauer und Angst der Menschen von heute, besonders der Armen und Bedrängten aller Art" (GS 1). Dieser Wachheit zu dienen, die Christinnen und Christen in diesem Räumen zu stärken, mit ihnen an diesem Ort entsprechende Liturgien zu feiern, ihnen genau hier das Wort Gottes zuzusprechen, sie vor Ort in ihrer Liebestätigkeit zu unterstützen, kurz: diese Menschen im Auftrag des Bischofs und deshalb im Auftrag Christi an ihrem Ort zu stärken, ist der Dienst des Diakonats. Der Diakon ist ermächtigt und gesandt, den Menschen vor Ort zuzusagen, dass ihr diakonisches Engagement unmittelbar Mensch gewordene Liebe Gottes ist: „Ihr seid in Ihm und Er ist in euch." Es geht immer um den konkreten Ort, an dem Gottes Reich aufscheint.

Jedes diakonische Feld, wo Menschen mit anderen zusammen ein lebendiges Miteinander pflegen, wo dafür gesorgt wird, dass keiner allein bleiben muss oder gar vergessen wird, wo im Sinne des Zweiten Vatikanischen Konzils eine „brüderliche Gemeinschaft" (GS 3) errichtet wird, dort ist ein lebendiges Zeichen für die Wirklichkeit des Reiches Gottes. Darum gilt es, ein Dreifaches zu sehen:

- *Erstens:* Der Diakon hat immer zuallererst seine Sendung und damit seinen Platz in ganz konkreten Lebenssituationen: in der Nachbarschaft, in der Schule, im Betrieb, im Krankenhaus, in der Arbeit mit Familien, in der Jugendarbeit, überall dort, wo Menschen ihr Leben miteinander teilen.
- *Zweitens:* Der Diakon agiert in diesen Feldern nicht allein. Er ist „Netzwerker", der alle Beteiligten zum Miteinander, zur konkreten Koinonia anstiftet. Menschliche Gemeinschaft wird sichtbar und greifbar an einem ganz konkreten Ort mit ganz konkreten Menschen. Dasselbe gilt für die Kirche. Sie braucht den konkreten Ort, wo die Botschaft Jesu Christ Hand und Fuß bekommt und damit sichtbar wird. Dem diakonalen Dienst ist ein koinonaler und ekklesiogener Charakter eigen.
- *Drittens:* Es wäre zu wenig, wenn der geweihte Diakon sich nur damit zufrieden gäbe, dass die Gemeinschaft am Ort lebendig ist. Der Diakon – und darin kommt sein amtlicher Auftrag, sein Gesandtsein, besonders zum Vorschein – muss sich gewiss sein, dass er gleichzeitig eine verkündigende und eine liturgische Aufgabe hat, indem er vor Ort konkrete Gemeinschaften durch die

Verkündigung des Wortes Gottes stärkt, mit ihnen in Feiern der Liturgie das Leben vor Gott trägt und Gottes Segen und damit Sein Bleiben „in euch" dieser Gemeinschaft zusagen darf.[5]

Mit diesen drei Grundfunktionen des Diakonats – *in diakonia liturgiae, verbi et caritatis* – ist die Sendung und der Ort der „Kirche in der Welt von heute" (GS 1–3) beschrieben. Damit soll die „engste Verbundenheit der Kirche mit der ganzen Menschheitsfamilie" zum Ausdruck kommen, der Kirche, die „in einen Dialog eintritt", indem sie „in diakonia *caritatis*" mit den Menschen „Freude und Hoffnung, Trauer und Angst" teilt und eine „brüderliche Gemeinschaft" aufbauen hilft, indem sie „in diakonia *verbi*" die selbst „empfangene Heilsbotschaft" den Menschen „ausrichtet" und indem sie „in diakonia *liturgiae*" jene „Heilskräfte bietet", die „die Kirche selbst, vom Heiligen Geist geleitet, von ihrem Gründer" empfangen hat. Der Diakon hat somit amtlich, also als öffentlicher und offizieller Gesandter, teil an der Umgestaltung der Welt, an dem, was ein Lied das neue Angesicht der Welt nennt: „Neu schafft des Geistes Wehen das Angesicht der Welt" (GL 640,3). Dieses Lied beginnt mit: „Gott ruft sein Volk zusammen." Zugleich mit der Sendung als Mitarbeiter des Geistes Gottes, das Angesicht der Welt neu zu schaffen, braucht es die Sammlung: „Wir sind des Herrn Gemeinde und feiern seinen Tod. In uns lebt, der uns einte; er bricht mit uns das Brot."

Damit zeigt sich ein weiterer zentraler Aspekt der diakonalen Identität: die Eucharistie. Sie sammelt unter dem Vorsitz des Priesters in Vertretung des Bischofs (vgl. LG 28; PO 5) all jene um den Tisch des Herrn, die als Glieder Christi den Leib Christi bilden. Hier findet der Dienst des Diakonates seine Mitte und seine Quelle: Vom Bischof in die Lebenssituationen der Menschen gesandt, kehrt der Diakon vom geteilten Leben vor Ort zurück in die gemeinsame Eucharistie aller derer, die sich von Christus gerufen wissen (ekklesia) und bewusst um den Aufbau des Reiches Gottes inmitten der menschlichen Gesellschaft mühen. Die Eucharistie ist so der Ort des Ausruhens und Aufatmens, der Ort der besonderen Gemeinschaft mit dem Herrn, weil Christus selbst sich hier mit Leib und Blut den Seinen schenkt. Eucharistie will zum einen das vielfältige Engagement der Gemeinde in der Welt widerspiegeln. Die Mitwirkung bei den Fürbitten und der Gaben-

---

[5] Vgl. Kasper, Walter: Der Diakon in ekklesiologischer Sicht angesichts der gegenwärtigen Herausforderungen in Kirche und Gesellschaft, in: Theologie und Kirche 2, Mainz, 1999, 153.

bereitung sollen davon Zeugnis ablegen. Zum anderen will die Eucharistie zur Stärkung allen Engagements aus dem Geist des Evangeliums dienen. Hier kommt dem Diakon eine entscheidende Zeichenfunktion in der Eucharistie zu, die leicht übersehen werden kann: Dem Diakon obliegt gerade nicht die Leitung und der Vorsitz der Eucharistie. Er ist nicht der Einladende und der Versammelnde. Ganz im Gegenteil: Alle Tätigkeiten des Diakons in der Liturgie wollen deutlich und offensichtlich machen, dass alles Dienen und jede Lebenshingabe sich aus der einen Lebenshingabe Christi speist: Wir sind zuerst Empfangende und deshalb Beschenkte.

Vielleicht wird dies an einem eher wenig ausgelegten Zeichen in der Liturgie deutlich: Bevor der Diakon das Evangelium verkündet, bittet er um den Segen. Wer meint, dass gerade darauf zu verzichten sei, verkennt, dass dem Diakon bei der Weihe das Evangelium eigens zur Verkündigung anvertraut worden ist. Diese liturgische Gebärde hebt genau dies deutlich hervor: Dass der Diakon vor allem und immer wieder neu ein Beschenkter und Gesegneter ist und sich erst aus dieser Gabe die Aufgabe des Sendboten und Mittelsmannes für Gottes Wort ergibt! „Empfange das Evangelium Christi: Zu seiner Verkündigung bist du bestellt", heißt es in der Weiheliturgie. Der Segen vor der Verkündigung erneuert dieses „empfange". Genauso verhält es sich auch mit den anderen Handlungen in der Eucharistie, wenn sie auch nicht so deutlich hervortreten: Der Diakon empfängt den Friedensgruß des Herrn und ermutigt, einander ein Zeichen des Friedens zu schenken. Der Diakon wird zuerst selbst gestärkt durch die Lebenshingabe Christi an die Seinen in der Kommunion und wird dann zum Ausspender des Leibes und Blutes Christi. Er empfängt zunächst selbst den Segen zur Sendung und sendet dann alle, wieder an die Orte ihres Engagements zurückzukehren: „Ite, missa est." „Kehrt zurück zu Euren guten Werken" (Paul Hakes). Auch er selbst wird nach dieser Sendung wieder in sein diakonisches Feld zurückkehren.

Der Diakonat – ein modernes Amt. Die Berufung und die Weihe des Diakons machen ihn zum wichtigen Sendboten in die heutige Gesellschaft. Dabei fordert eine multioptionale Gesellschaft vom Amt in der Kirche die Fähigkeit zum Aggiornamento. Im Diakonat hat sie sich selbst ein bewegliches und anpassungsfähiges Amt gegeben. Mit anderen Christen zusammen findet sich der Diakon an den Dreh- und Angelpunkten der Gesellschaft, der Wirtschaft und der Bürgerschaft, um dort die Welt, wie sie von Gott geschaffen ist, wahrzunehmen und im Geist Jesu Christi mitzugestalten. *Hier* ermutigt er die Menschen, sich „in diakonia caritatis" umeinander zu kümmern, und tut dies auch selbst; *hier* verkündigt er „in diakonia verbi" den mitten in ihrem Leben gegenwärtigen Gott und *hier* bringt er „in diakonia liturgiae" alle miteinander vor Gott. Mitten in der Welt kann so Kirche zum „Zeichen und Werkzeug für die innigste Vereinigung mit Gott wie für die Einheit der ganzen Menschheit" (LG 1) werden. Sie kann dies aber nur, wenn sich ihre Mitglieder immer wieder zusammen rufen lassen vom Geber aller Gaben, um sich als seine Gemeinde um ihn zu versammeln, neu seiner Lebenshingabe teilhaftig zu werden und so gestärkt sich von ihm wieder senden zu lassen. *In der Eucharistie* gestärkt, werden die Diakone so zum Zeichen für die Vielgestaltigkeit unserer Lebenswelten und wirken *im Alltag* als Werkzeug mit beim Aufbau einer gerechten Menschheitsfamilie.

Robert Zollitsch
Erzbischof von Freiburg
Vorsitzender der Deutschen Bischofskonferenz

Die Diskussion um den Ständigen Diakonat 40 Jahre nach seiner Wiedereinführung

Eine Auswahlbibliographie

von Ulrich Feger

Der Diakonat in kirchlichen Verlautbarungen

Aparecida 2007. Schlussdokument der 5. Generalversammlung des Episkopates von Lateinamerika und der Karibik. 13–31. Mai 2007, hg. v. Sekretariat der Deutschen Bischofskonferenz (SdW 41), Bonn 2007.

Benedictus <Papa XVI.>: Enzyklika „Deus caritas est" von Papst Bendikt XVI. An die Bischöfe, an die Priester und Diakone, an die gottgeweihten Personen und an alle Christgläubigen über die christliche Liebe, Bonn 2006 (VApS 171 Nr. 21).

Benedictus <PapaXVI>: Homilia in ordinatione presbyterali undetriginta diaconorum, in: AAS 100 (2008) 267–271.

Bischofskonferenzen von Deutschland, Österreich u. d. Schweiz u. d. Bischöfe von Bozen-Brixen u. Luxemburg: Die Beauftragung von Lektoren, Akolythen und Kommunionhelfern, die Aufnahme unter die Kandidaten für Diakonat und Presbyterat, das Zölibatsversprechen, Einsiedeln 1974.

Bischofskonferenzen von Deutschland, Österreich u. d. Schweiz u. d. Bischöfe von Bozen-Brixen u. Luxemburg: Die Weihe des Bischofs, der Priester und der Diakone. Pontifikale I, Trier [2]1994.

Conferenza Episcopale Italiana: I diaconi permanenti nella Chiesa in Italia: orientamenti e norme, Leumann (Torino): Ed. Elle Di Ci 1993

Das geistliche Amt in der Kirche. Bericht der Gemeinsamen Römisch-katholischen/Evangelisch-lutherischen Kommission, in: DwÜ, 1 (1981) 329–357.

Die deutschen Bischöfe: Die Leitung gottesdienstlicher Feiern – Rahmenordnung für die Zusammenarbeit von Priestern, Diakonen und Laien im Bereich der Liturgie, hg. v. Sekretariat der Deutschen Bischofskonferenz, 62, Bonn 1999.

Die deutschen Bischöfe: Eckdaten des kirchlichen Lebens in den Bistümern Deutschlands, online im Internet: http://www.dbk.de/imperia/md/content/kirchlichestatistik/eckdaten90–06.pdf [Zugriff: 4. Juli 2008].

Die deutschen Bischöfe: Handreichung der Liturgie-Kommission: Der liturgische Dienst des Diakons, hg. v. Sekretariat der deutschen Bischofskonferenz, 133, Bonn 1984.

Die deutschen Bischöfe: Institutio Generalis Missalis Romani, Editio typica tertia 2002: Grundordnung des Römischen Messbuchs. Vorabpublikation zum Deutschen Messbuch, Arbeitshilfen der Deutschen Bischofskonferenz, hg. v. Sekretariat der deutschen Bischofskonferenz, 125, Bonn [3]2007.

Die deutschen Bischöfe: Rahmenordnung für Ständige Diakone in den Bistümern der Bundesrepublik Deutschland / Richtlinien über persönliche Anforderungen an Diakone und Laien im pastoralen Dienst im Hinblick auf Ehe und Familie, hg. v. Sekretariat der Deutschen Bischofskonferenz, 63, Bonn 2000.

Die deutschen Bischöfe: Zum gemeinsamen Dienst berufen. Die Leitung gottesdienstlicher Feiern – Rahmenordnung für die Zusammenarbeit von Priestern, Diakonen und Laien im Bereich der Liturgie, hg. v. Sekretariat der Deutschen Bischofskonferenz, 62, Bonn 1999.

Gemeinsame Synode der Bistümer in der Bundesrepublik Deutschland: Offizielle Gesamtausgabe I, Beschluss: Dienste und Ämter, 4. Der Dienst des Ständigen Diakons, Freiburg 1976, 614–619.

Internationale Theologenkommission: Der Diakonat – Entwicklung und Perspektiven. Studien der Internationalen Theologischen Kommission zum sakramentalen Diakonat, hg. v. G.L. Müller, Würzburg 2004.

Kongregation für das Katholische Bildungswesen: Grundnormen für die Ausbildung der Ständigen Diakone, hg. v. Sekretariat der deutschen Bischofskonferenz, Bonn 1998 (VApS 132).

Kongregation für den Klerus: Direktorium für den Dienst und das Leben der Ständigen Diakone, hg. v. Sekretariat der deutschen Bischofskonferenz, Bonn 1998 (VApS 132).

Kongregation für Katholisches Bildungswesen / Kongregation für den Klerus: Ratio fundamentalis diaconorum permanentium, hg. v. Sekretariat der deutschen Bischofskonferenz, Bonn 1998 (VApS 132).

Paulus <PapaVI.>: Apostolisches Schreiben Motuproprio, „Sacrum diaconatus ordinem", Allgemeine Richtlinien für die Erneuerung des ständigen Diakonates in der Lateinischen Kirche von Papst Paul VI, 18. Juni 1967. Von den deutschen Bischöfen approbierte Übersetzung (revidierte Übersetzung), in: Nachkonziliare Dokumentation Bd. 9, Trier 1968, 26–45.

Paulus <PapaVI.>: Enzyklika „Sacerdotalis Caelibatus" Von Papst Paul VI. an die Bischöfe, an die Priester und Gläubigen der gesamten katholischen Welt über den priesterlichen Zölibat, in: Nachkonziliare Dokumentation 8, Trier 1968.

Pontificale Romanum. De Ordinatione Episcopi, Presbyterorum et Diaconorum. Editio typica altera 1990.

United States Conference of Catholic Bishops: National directory for the formation, ministry, and life of permanent deacons in the United States: including the secondary documents Basic standards for readiness and Visit of consultation teams to diocesan permanent diaconate formation programs, Washington D.C. 2005.

World Council of Churches / Commission on Faith and Order: Das Amt der Diakone, hg. v. Referat für Glauben und Kirchenverfassung, in: Studien des Ökumenischen Rates 2 (1965).

Benedict, H.-J.: Beruht der Anspruch der evangelischen Diakonie auf einer Missinterpretation der antiken Quellen?: John N. Collins Untersuchung „Diakonia", in: Pastoraltheologie, 89 (2000) 349–364.

Benedict, H.-J.: Die größere Diakonie: Versuch einer Neubestimmung im Anschluss an J. Collins, in: V. Hermann u. a. (Hg.): Diakonische Konturen. Theologie im Kontext sozialer Arbeit, VDWI 2, Heidelberg ³1998, 94–105.

Collins, J. N.: Deacons and the Church. Making Connections Between Old an New, Herforshire 2002.

Collins, J. N.: Diakonia. Re-interpreting the Ancient Sources, New York 1990.

Collins, J. N.: Die Bedeutung der Diakonia – eine persönlich Erfahrung, in: Diaconia Christi, 29 (1994), 51–71.

Collins, J. N.: The deacon reader, in: Bijdragen, 69 (2008) 214–219.

Domagalski, B.: Waren die „Sieben" (Apg 6,1–7) Diakone?, in: BZ, 26 (1982) 21–33.

Ebner, M.: Diakonie und Liturgie. Neutestamentliche Rückfragen, in: B. Kranemann / Th. Sternberg / W. Zahner (Hg.): Die diakonale Dimension der Liturgie (QD 218), Freiburg 2006, 31–40.

Hentschel, A.: Diakonia im Neuen Testament. Studien zur Semantik unter besonderer Berücksichtigung der Rolle der Frauen, WUNT 226, Tübingen 2007.

Niemand, Ch.: Was bedeutet die Fußwaschung: Sklavendienst oder Liebesdienst? Kulturkundliches als Auslegungshilfe für Joh 13,6–8, in: PrB, 3 (1994), 115–127.

Paice, R.J.: How might there be a biblical diaconate in the Church of England?, in: Churchman, 115 (2001) 239–249.

Roloff, J.: Zur diakonischen Dimension und Bedeutung von Gottesdienst und Herrenmahl, in: ders.: Exegetische Verantwortung in der Kirche, Göttingen 1990, 201–218.

Strauch, A.: Der neutestamentliche Diakon, Dillenburg 2001.

Weiser, A.: Art. διακονέω, in: EWNT², I (1992) 726–732.

Diakonat in kirchengeschichtlicher Perspektive

Arbeitsgemeinschaft Ständiger Diakonat der Bistümer in der Bundesrepublik Deutschland (Hg.): Dokumentationen der Jahrestagungen von Nr. 1 (1993) bis Nr. 25 (2008).

Bârlea, O.: Die Weihe der Bischöfe, Presbyter und Diakone in vornicänischer Zeit, in: APT, 3 (1969).

Dassmann, E.: Ämter und Dienste in den frühen christlichen Gemeinden, Bonn 1994.

Fischer, B.: Dienst und Spiritualität des Diakons. Das Zeugnis einer syrischen Kirchenordnung des 5. Jahrhunderts, in: J. Plöger / H. Weber (Hg.): Der Diakon. Wiederentdeckung und Erneuerung seines Dienstes, Freiburg i. Br. 1980, 263–273.

Gavrilyuk, P.: The participation of the deacons in the distribution of communion in the early church, in: SVThQ, 51 (2007) 253–275 .

Hammann, G.: Die Geschichte der christlichen Diakonie. Praktizierte Nächstenliebe von der Antike bis zur Reformationszeit, Göttingen 2003.

Holter, B.: „Zum besonderen Dienst bestellt": die Sicht des Priesteramtes bei Franz von Assisi und die Spuren seines Diakonats in den „Opuscula", in: FrFor, 36 (1992) 311–312.

Holze, H.: „Eine besonders wichtige Institution in der Alten Kirche", in: BThZ, 18 (2001) 189–206.

Hornef, J.: Vom Werden und Wachsen des Anliegens, in: K. Rahner / H. Vorgrimler (Hg.): Diaconia in Christo. Über die Erneuerung des Diakonates (QD 15/16), Freiburg 1962, 343–361.

Jensen, A.: Diakonat und Diakonie in frühchristlicher und ostkirchlicher Tradition, Graz 2008.

Kraus, Ch.: Das Verfahren zur Absetzung von Priestern und Diakonen in der spätbyzantinischen Epoche, in: ÖARR, 52 (2005) 263–277.

Maritano, M.: La formazione dei diaconi nelle lettere di Ignazio d'Antiochia, in: RivLi, 87 (2000) 271–290.

Morche, M.: Zur Erneuerung des Ständigen Diakonats. Ein Beitrag zur Geschichte unter besonderer Berücksichtigung der Arbeit des Internationalen Diakonatszentrums in seiner Verbindung zum Deutschen Caritasverband, hg. v. Deutschen Caritasverband, Freiburg 1996.

Osborne, K. B.: The permanent diaconate: Its history and place in the sacrament of orders, New York 2007.

Pies, O.: Block 26. Erfahrungen aus dem Priesterleben in Dachau, in: StdZ, 141 (1947–1948) 10–28.

Philippi, P.: Art. Diakonie I (Geschichte der Diakonie), in: TRE, 8 (1991) 621–644.

Predel, G.: Vom Presbyter zum Sacerdos. Historische und theologische Aspekte der Entwicklung der Leitungsverantwortung und Sacerdotalisierung des Presbyterats im spätantiken Gallien (Dogma und Geschichte 49), Münster 2005.

Riedinger, R.: Agapetos Diakonos: Der Fürstenspiegel für Kaiser Iustinianos, in: Hetaireia ton Philon tu Lau, Kentro Ereunes Byzantiu 4, Athen 1995.

Rotzetter, A.: Das diakonische Amt bei Franziskus von Assisi, in: WiWei, 43 (1980) 47–55.

Schröder, Bianca-Jeanette: Bildung und Briefe im 6. Jahrhundert: Studien zum Mailänder Diakon Magnus Felix Ennodius, Berlin 2007.

Vannier, Marie A.: Los diáconos según San Agustín
In: Augustinus, 53 (2008) 453–460.

Vorgrimler, H.: Der Diakonat, in: Deutscher Caritasverband (Hg.)
Menschlichkeit als Spiritualität. Georg Hüssler zum 85. Geburtstag,
Freiburg 2006, 17–24.

Ward, A.: The deacons of the „Martyrologium Romanum", in: EphLiturg,
116 (2002) 96–125.

Liturgiewissenschaftliche Beiträge zum Diakonat

Bachler, W.: „Ein Assistenzdienst", in: Gottesdienst, 42 (2008) 70.

Böntert, S.: „Stelle dein Leben unter das Geheimnis des Kreuzes". Katho-
lische Ordination zwischen Amtstheologie und Liturgiereform, in: I.
Mildenberger (Hg.): Ordinationsverständnis und Ordinationsliturgien.
Ökumenische Einblicke, Leipzig 2007, 151–178.

Strunk, R.: Diakonie im Abendmahl, in: M. Roth / K. Horstmann (Hg.):
Glauben – Lieben – Hoffen. Theologische Einsichten und Aufgaben,
Festgabe für Konrad Stock zum 60. Geburtstag (Arbeiten zur Histori-
schen und Systematischen Theologie; 6), Münster 2001, 257–264.

Wainwright, G.: Theologische Aspekte zur Ordination, in: LJ, 30 (1980)
90–113.

Botte, B.: Das Weihesakrament nach den Gebeten des Weiheritus, in: J.
Guyot (Hg.): Das apostolische Amt, Mainz 1961, 13–33.

Brakmann, H.: Zum Dienst des Diakons in der Liturgischen Versammlung,
in: J. Plöger / H. Weber (Hg.): Der Diakon. Wiederentdeckung und Erneuerung seines Dienstes, Freiburg i. Br. 1980, 147–163.

Cabié, R.: Quand les „Sept" deviennent des diacres, in: BLE, 97 (1996)
219–226.

Cunningham, W.P.: The deacon at mass, in: HPR, 108 (2008) 46–51.

Ditewig, W.T.: The deacon as a voice of lament and link to thanksgiving and
justice, in: Liturgical ministry, 13 (2004) 23–31.

Dunn, B. J.: When should the rite of admission to candidacy for ordination
to diaconate and priesthood be celebrated?, in: The Jurist, 65 (2005)
217–240.

Faure, P.: La signification du ministère diaconal à partir de ses actes liturgi-
ques, in: MD, 249 (2007) 23–52.

Fernández Rodríguez, P.: La ordenación del obispo, presbíteros y diáconos,
in: FS E. Aliaga Girbés / J. M. Díaz Rodelas (Hg.): Credere et celebrare,
Valencia 2004, 313–333.

Ferraro, G.: Le preghiere di ordinazione al diaconato, al presbiterato,
all'episcopato / Giuseppe Ferraro, Napoli 1977.

Goebel, B.: Auf sieben Stufen zum Altar. Besinnung auf die Weiheliturgie.
Regensburg 1962.

Holeton, D. R.: The liturgical role of the deacon in the past and today, in: IKZ, 95 (2005) 214–233.

Hoping, H.: Der dreifache Tischdienst des Diakons und die Einheit des Ordosakraments. Theologische Beobachtungen zur Liturgie der Diakonenweihe, in: W. Haunerland u. a. (Hg.): Manifestatio Ecclesiae. Studien zu Pontifikale und bischöflicher Liturgie, Regensburg 2004 (StPli 17), 189–204.

Hornef, J.: Kommt der Diakon der frühen Kirche wieder?, Wien 1959.

Hüssler, G.: „Wir mussten schließlich erst das Gesicht des Diakonates finden!" – im Gespräch mit Albert Biesinger und Klaus Kießling, in: Diaconia Christi, 40 (2005) 51–57.

Hüssler, G.: Schriftlich eingereichte Berichte über Möglichkeiten und Anregungen zur Verwirklichung des Diakonates: für die Internationale Studienkonferenz „Der Diakon in der Kirche und Welt von heute" vom 22. bis 24. Oktober 1965 in Rom veranstaltet vom Internationalen Diakonatskreis Freiburg i. Br., hg. v. Internationalen Informationszentrum für Fragen des Diakonates, in: Diaconia XP D.1, Freiburg i. Br. 1966.

Huels, J. M.: Special questions on the diaconate, in: Liturgical ministry, 13 (2004) 1–9.

Kleinheyer, B.: Ordinationen und Beauftragungen, in: GdK, 8 (1984) 7–65.

Kohlschein, F.: „Sende auf sie herab den Heiligen Geist ...". Zur Ordination der Diakone in der Kirche, in: LJ, 40 (1990) 80–89.

Kramer, H.: Der liturgische Dienst des Diakons, in: K. Rahner / H. Vorgrimler (Hg.): Diaconia in Christo (QD 15/16), Freiburg 1962.

Kranemann, B.: Feier des Glaubens und soziales Handeln. Überlegungen zu einer vernachlässigten Dimension christlicher Liturgie, in: LJ, 48 (1998) 203–221.

Kwatera, M.: The liturgical ministry of deacons / Michael Kwatera, Collegeville 1985.

Lehmann, K.: Das Theologische Verständnis der Ordination nach dem liturgischen Zeugnis der Priesterweihe, in: R. Mumm (Hg.), Ordination und kirchliches Amt, Paderborn 1976, 19–52.

Lengeling, E. J.: Der Diakon in den neuen liturgischen Büchern. Verwirklichtes und Versäumtes, in: J. Plöger / H. Weber (Hg.): Der Diakon. Wiederentdeckung und Erneuerung seines Dienstes. Freiburg i. Br. 1980, 164–193.

Lengeling, E. J.: Die Theologie des Weihesakramentes nach dem Zeugnis des neuen Ritus, in: LJ 19 (1969) 142–166.

Maas-Ewerd, Th.: „Das Begräbnis eines Priesters oder eines Diakons", in: Klerusblatt, 80 (2000) 135–137.

MacMillan, S.: Serving at table, in: Liturgical ministry, 13 (2004) 32–38.

Mann, G. v.: Das Caritasdiakonat und seine Erneuerung, in: CAR, 39 (1934) 236–240.

Molitor, R.: Subdiakonat, Diakonat, Presbyterat, in: ders.: Vom Sakrament der Weihe Bd. 2., Regensburg 1938.

Nussbaum, O.: Theologie und Ritus der Diakonenweihe, in J. Plöger / H. Weber (Hg.): Der Diakon. Wiederentdeckung und Erneuerung seines Dienstes. Freiburg i. Br. 1980, 122–146.

Stefanski, J.: Die römischen Ordinationsriten von 1968 und 1990. Eine geschichtlich-liturgische Studie, in: W. Haunerland u. a. (Hg.): Manifestatio Ecclesiae. Studien zu Pontifikale und bischöflicher Liturgie, Regensburg 2004, 129–159.

Steger, St.: Der Ständige Diakon und die Liturgie. Anspruch und Lebenswirklichkeit eines wiedererrichteten Dienstes, Regensburg 2006.

Stuflesser, M./ Winter, A.: Gefährten und Helfer. Liturgische Dienste zwischen Ordination und Beauftragung, (Grundkurs Liturgie Bd. 5) Regensburg 2005.

Walz, F.: Amt und Liturgie: der Diakon in der Liturgie, in: HID, 61 (2007) 227–237.

Windels, O.: Le ministère diaconal en liturgie, in: NRTh, 119 (1997) 397–404.

Systematische Ansätze zum Diakonat

Anderson, J.: Deacons: band-aid or bounty?, in: ACR, 82 (2005) 178–188.

Bash, A.: Deacons and diaconal ministry, in: Theology, 102 (1999) 36–41.

Breward, I.: Bishops and deacons, in: FS Jamieson, P. / Campbell, D. A. (Hg.): The call to serve, Sheffield 1996, 184–196.

Brodd, S. E.: A diaconate emerging from ecclesiology, in: IKZ, 95 (2005) 266–288.

Cabié, R.: Le diaconat: un renouveau?, in: BLE, 107 (2006) 101–116.

Caminada, J.: Der Diakon. Reflexionen über die Dogmatik des eigenständigen „Dienstamtes" in der Kirche, Diss. Münster 1970.

Clammer, T.: Am I still a deacon?, in: Theology, 111 (2008) 269–277.

Clammer, T.: Reflections on diaconal ministry and expectations of the priesthood, in: Theology, 110 (2007) 270–277.

Congar, Y.: Der Diakonat innerhalb der „Ministerien" der Kirche, wieder veröffentlich in: Diaconia Christi, 1 (2005) 21–32.

Cura Elena, S. del.: La realidad sacramental del diaconado en los desarrollos posconciliares, in: Sal, 49 (2002) 247–287.

DeClerck, P.: Note sur l'expression „non ad sacerdotium, sed ad ministerium (episcopi)", in: MD, 249 (2007) 53–70.

Dumons, B.: Le diaconat permanent: relectures et perspectives, Paris 2007.

Faber, E. M.: Zur Theologie des sakramentalen Diakonates, in: Pastoralblatt für die Diözesen Aachen, Berlin, Essen, Hildesheim, Köln, Osnabrück, 57 (2005) 35–39.

Fuchs, O.: Das diakonale Amt als Sakrament der Kirche für die Welt, in: K. Kießling (Hg.): Ständige Diakone – Stellvertreter der Armen? Projekt Pro Diakonia: Prozess – Positionen – Perspektiven, Berlin 2006, 67–91.

Gaillardetz, R. R.: Towards a contemporary theology of the diaconate, in: Worship, 79 (2005) 419–438.

Gonneaud, D.: La sacramentalité du ministère diaconal, in: RTL, 36 (2005) 3–20.

Gonneaud, D.: Pour le quarantième anniversaire du rétablissement de l'„ordo" diaconal, in: NRTh, 126 (2004) 555–566.

González Ayesta, J.: El diaconado: evolución y perspectivas, in: Ius canonicum, 46 (2006) 661–674.

Haquin, A.: Diaconat, XXIe siècle: actes du colloque de Louvain-la-Neuve, Ottawa 1997.

Hauke, M.: Das spezifische Profil des Diakonates, in: FoKTh, 17 (2001) 81–127.

Heinz, A.: Gemeinsam dem Volk dienen, in: BiLi, 73 (2000) 84–92.

Hemmerle, K.: Die geistliche Grundgestalt des Diakonates, Freiburg i. Br. 1980.

Hilberath, B. J.: Diakonia and Diaconate as an ecumenical challenge, Berlin 2006.

Hilberath, B. J.: Thesen zur Theologie des Diakonats, in: K. Kießling (Hg.): Ständige Diakone – Stellvertreter der Armen? Projekt Pro Diakonia: Prozess – Positionen – Perspektiven, Berlin 2006, 92–104.

Hoping, H.: Das Amt diakonaler Seelsorge – Zur Zukunft des Diakonats in der katholischen Kirche, in: H. Hoping / H.J. Münk (Hg.): Dienst im Namen Jesu Christi. Impulse für Pastoral, Katechese und Liturgie (Theologische Berichte, 24), Fribourg 2001.

Hünermann, P.: Diakonat – ein Beitrag zur Erneuerung des kirchlichen Amtes?, in: Diaconia Christi, 3/4 (1994) 13–22.

Hünermann, P.: Diakonie als Wesensdimension der Kirche und als Spezifikum des Diakonates. Systematisch-theologischer Beitrag zur gegenwärtigen Situation, in: Diaconia Christi, 13 (1978) 3–22.

Hünermann, P.: Kirchliche Vermessung Lateinamerikas. Theologische Reflexionen auf das Dokument von Aparecida, in: ThQ, H.1 (2008), 15–30.

Jäggi, M.: Das erneuerte Diakonat in der Kirche – Wozu solche ein Amt? Eine historische und theologisch-systematische Analyse seiner Erneuerung und seine mögliche Bedeutung für den kirchlichen Lebensvollzug heute. Mit einem Fokus auf Deutschland und die Schweiz, Diplomarbeit am Institut für Caritaswissenschaften und Christliche Sozialarbeit, Freiburg 2003.

Jurevičius, A.: Der Ständige Diakonat: ein Beitrag zur Erneuerung der Kirche Litauens, 2003.

Jurevičius, A.: Zur Theologie des Diakonats. Der Ständige Diakon auf der Suche nach eigenem Profil, Hamburg 2004.

Kasper, W.: Der Diakon in ekklesiologischer Sicht angesichts der gegenwärtigen Herausforderungen in Kirche und Gesellschaft, in: Ders.: Theologie und Kirche, Bd. 2, Mainz 1999, 145–162.

Kerkvoorde, A.: Die Theologie des Diakonates, in: K. Rahner / H. Vorgrimler (Hg.): Diaconia in Christo. Über die Erneuerung des Diakonats (QD 15/16), Freiburg 1962, 220–284.

Kießling, K. (Hg.): Ständige Diakone – Stellvertreter der Armen? Projekt Pro Diakonia: Prozess – Positionen – Perspektiven, Berlin 2006.

Koch, G. / Langgärtner, G. / Pompey, H.: Der Diakon in der Kirche heute: Versuch einer theologischen Beschreibung des Diakonates, Elektronischer Sonderdruck: Freiburg i. Br., Univ. 2008.

König, G.: Diakonat, ein ungeklärtes Amt?, in: Diaconia Christi, 30 (1995), 3/4, 47–54.

Kramer, H.: Diakonat – neues altes Amt, in: Diakonia, 30 (1999) 29–36.

Lash, N.: Im Dienste der Heimkehr. Überlegungen zur Theologie des Diakonates, in: Diaconia Christi, H. 3/4 (1998), 133–154.

Lehmann, K.: „In allem wie das Auge der Kirche". 25 Jahre Ständiger Diakonat in Deutschland – Versuch einer Zwischenbilanz, in: Arbeitsgemeinschaft Ständiger Diakonat der Bistümer in der Bundesrepublik Deutschland, Dokumentation 10, 1993, 9–27.

Lunglmayer, B.: Der Diakonat: kirchliches Amt zweiter Klasse?, Wien 2002.

Mayr, H.: Das Diakonenamt – Schlüssel zur Lösung der Amtsfrage?, in: Diakonie, (1985) 54–57.

Mödl, L.: Der Diakon – ein Dreiviertelpriester?, in: KlBl, 86 (2006) 108–109.

Monari, L.: Il diaconato secondo la Commissione Teologica Internazionale, in: FS Bergamini, A.: Pensare la fede per rinnovare la Chiesa, Balsamo 2005, 161–171.

Mühl, M.: „Mysterium fidei"?, in: IKZC, 33 (2004) 387–398.

Mühl, M.: Christsein und Lebensform. Vergewisserungen zu Ehe, Amt und Ordensleben, Paderborn 2007.

Müller, G. L.: Priestertum und Diakonat. Der Empfänger des Weihesakramentes in schöpfungstheologischer und christologischer Perspektive, Freiburg 2000.

Müller, G. L.: Der sakramentale Diakonat, in: AfKathKR, 166 (1997) 43–68.

Müller, G. L.: Die Einheit der drei Ordostufen im apostolischen Ursprung, in: LebZeug, 57 (2002), 14–21.

Müller, G. L.: Theologische Überlegungen zur Weiterentwicklung des Diakonats, in: MThZ, 40 (1989) 129–143.

Pies, O.: Diakonat – Stufe oder Amt, in: ThGl, 50 (1960) 170–193.

Pilger, R. H.: Making sense of the ministry of the deacon, in: HPR, 107 (2006) 23–27.

Plöger, J. G. (Hg.): Der Diakon: Wiederentdeckung u. Erneuerung seines Dienstes, Freiburg i. Br. 1981.

Pottier, B.: La sacramentalité du diaconat, in: NRTh, 119 (1997) 20–36.

Rahner, K. / Vorgrimler, H. / Kramer, J.: Zur Erneuerung des Diakonats in Deutschland, in: StZ, 180 (1967) 145–153.

Rahner, K.: Die Lehre des II. Vatikanischen Konzils über den Diakonat, in: ders.: Schriften zur Theologie 8, Einsiedeln 1967, 541–552.

Rahner, K.: Die Theologie der Erneuerung des Diakonates, in: K. Rahner / H. Vorgrimler (Hg.): Diaconia in Christo. Über die Erneuerung des Diakonats. Freiburg i. Br. 1962, (QD 15/16) 285–324.

Rahner, K.: Über den Diakonat, in: ders.: Schriften zur Theologie 9, Einsiedeln 1970, 395–414.

Rauch, A.: Das Priestertum in der Einen Kirche: Diakonat, Presbyterat u. Episkopat, Aschaffenburg 1987.

Rogerson, B.: The diaconate. Taking the ecumenical opportunity?, in: Community – unity – communion (1998) 204–215.

Rojas Picado, M.: Le diaconat du Concile Vatican II et celui de nos pratiques actuelles, in: MD, 249 (2007) 71–87.

Royón Lara, E.: El ministerio del diácono en una Iglesia ministerial, in: EE, 62 (1987) 3–25.

Saines, D.: Re-visioning the diaconate, in: UCSt, 9 (2003) 34–48.

Sanchez, G.: Nature et mission du diaconat permanent: positions conciliaires et déterminations canoniques, Rom 1994.

Sander, St.: Das Amt des Diakons. Eine Handreichung, Freiburg 2008.

Sander, St.: Gott begegnet im Anderen. Der Diakon und die Einheit des sakramentalen Amtes, Freiburg 2006.

Scheffczyk, L.: Die Verschiedenheit der Dienste, in: IKZC, 25 (1996) 499–513.

Schmidt, H.: Das Amt der Einheit und das Amt der Differenz. Reflexionen zum Priesteramt und zum Diakonat, in: K. Kießling (Hg.): Ständige Diakone – Stellvertreter der Armen? Projekt Pro Diakonia: Prozess – Positionen – Perspektiven, Berlin 2006, 175–189.

Sesboüé, B.: Quelle est l'identité ministérielle du diacre?, in: L'Église à venir, (1999) 223–257.

Ubach, B. M.: Des moines diacres, in: MD, (2007) 89–103.

Wessley, Ch.: Gekommen, um zu dienen: der Diakonat aus fundamental-theologisch-ekklesiologischer Sicht, Regensburg 2004.

Winninger, P.: Vers un renouveau du diaconat, Paris 1958.

Winter, A.: Das komplementäre Amt. Überlegungen zum Profil des eigenständigen Diakons, in: IKZC, 7 (1978) 269–281.

Armbruster, K.: Mittelsmänner, in: Konradsblatt, 47/2008, 8.

Armbruster, K.: Überlegungen zum amtlichen Dienst des Diakons, online im Internet: www.ipb-freiburg.de, Referat Ständiger Diakonat [2005].

Armbruster, K.: Zum Dienstauftrag für den Ständigen Diakonat innerhalb der Gemeindepastoral neuer Seelsorgeeinheiten", online im Internet: www.ipb-freiburg.de, Referat Ständiger Diakonat [2005].

Armbruster, K.: Diakonische Gemeinschaft, in: Konradsblatt, 4 (2002) 15.

Armbruster, K.: Zur Gemeinschaft anstiften. Zum Profil der Ständigen Diakonie in den Seelsorgeeinheiten, in: Konradsblatt, 47 (2001) 8–9.

Armbruster, K.: „Zur Verkündigung bestellt". Der Dienst des Diakons bei der Glaubensbildung Erwachsener. Festvortrag auf dem Diakonentag „Vierzig Jahre Ständiger Diakon in Köln", in: Diakonenbrief 2009. Ständiger Diakonat im Erzbistum Köln, 31–41.

Baumann, K.: „Anders und solidarisch" (Yves Congar). Zum Programm „missionarische" und „diakonische" Kirche, in: Freiburger Hefte, 57 (2007) 6–25.

Becker-Huberti, M.: Diakone, Diener der Kirche Gottes: (25 Jahre erneuerter Diakonat im Erzbistum Köln), Köln 1993.

Benedict, H. J.: Zwischen diakonischem Kongruieren und religiös-sozialer Sinnvermittlung, in: DWI-Info, 37 (2005) 249–265.

Bialecki, G.: Ma spiritualité d'épouse de diacre, in: LumVitae, 51 (1996) 211–213.

Blanquart, F.: Quel serviteur? Paris 2000.

Blüml, E.: Weder Hilfspriester noch Konkurrent für den Pfarrer, in: KlBl, 73 (1993) 79.

Bomhard, M.: „Auf dem Weg zum Diakonat. Der geistliche Charakter diakonischen Handelns", in: DWI-Info, 32 (1999) 80.

Borras, A.: Le diaconat au risque de sa nouveauté, Brüssel 2007.

Custodis, G.: Der Diakon, in: PB(A), 54 (2002) 246–250.

Durán y Durán, J.: Jüngerschaft und solidarische Pastoral. Lateinamerikanisches Arbeitstreffen der Verantwortlichen von Zentren für die Ausbildung von Ständigen Diakonen, Buenes Aires – Argentinien, 19.–25. Februar 2007, in: Diaconia Christi, 42 (2007) 14–24.

Espinós, J.: Die ekklesial-gemeinschaftliche Erfahrung in der Ausbildung der Diakonatsbewerber und in der Ausbildung der Ständigen Diakone, in: Diaconia Christi, 42 (2007) 6–13.

Fischer, A.: Der Diakon: ein Werkbuch für den deutschsprachigen Raum, Freiburg i. Br. 1970.

Frutz, A.: 25 Jahre Ständiger Diakonat: Festfeier im Kölner Erzbischöflichen Diakoneninstitut am 22. November 1989 aus Anlass der feierlichen Verabschiedung der dogmatischen Konstitution über die Kirche „Lumen gentium" vom 21. November 1964 mit besonderer Berücksichtigung des Artikels 29 über die Erneuerung des Diakonats, Neuss 1990.

Fuchs, O.: Martyria und Diakonia: Identität christlicher Praxis, in: H. Haslinger (hg.): Praktische Theologie. Grundlegungen, Mainz 1999, 178–198.

Fuchs, O.: Wer ist der Diakon? Seine Berufung, seine lokalen, überregionalen und globalen Aufgaben, in: Draußen vor der Tür? Diakone und Diakonie, hg. v. Bischöflichen Ordinariat Rottenburg-Stuttgart, Rottenburg-Stuttgart 2001, 8–22.

Galles, D. L.: The dress and address of deacons, in: Homiletic and pastoral review, 97 (1997) 60–66.

Geist, H.: Der Ständige Diakonat: ein alter kirchlicher Dienst wiederaufgelebt, in: Volk Gottes unterwegs, 59 (1994) 233–236.

Goedert, V. M.: A restauração do diaconato permanente: Doutrina do Concílio Vaticano II. Magistério do Papa Paulo VI. Orientaçcoes das principais conferências episcopais, 1982.

Gude, Juliane: Ehescheidungen 2006, online im Internet: http://www.destatis.de/jetspeed/portal/cms/Sites/destatis/Internet/DE/Content/Publikationen/Querschnittsveroeffentlichungen/WirtschaftStatistik/Bevoelkerung/Ehescheidungen06,property=file.pdf [Zugriff: 4. Juli 2008].

Heinemann, H.: Diakon als Leiter einer Gemeinde?, in: J. Plöger / H. Weber (hg.): Der Diakon. Wiederentdeckung und Erneuerung seines Dienstes, Freiburg i. Br. 1980, 231–240.

Hemmerle, K.: Diakonat und Eucharistie. Eine Meditation, in: J. G. Plöger / H.J. Weber (hg.): Der Diakon, Freiburg 1980, 278f.

Hoefnagels, P.: De diaken als „bewogen beweger", in: TvL, 86 (2002) 135–148.

Hudelmaier, U.: Zu verkünden und zu heilen (Lk 9,2). Entwurf eines humanwissenschaftlich und biblisch begründeten Handlungsmodells zur Stärkung der gemeindlichen Diakonie (Tübinger Perspektiven zur Pastoraltheologie und Religionspädagogik, Bd. 27), Berlin 2006, 250–260.

Hünermann, P.: Für eine diakonische Kirche, in: Deutscher Caritasverband, Caritas 2002. Jahrbuch des Deutschen Caritasverbandes, Freiburg 2001, 50–60.

Libreria Editrice Vaticana: Papst Benedikt XVI. steht Priestern Rede und Antwort, online im Internet: http://www.zenit.org/article-14677?l=german [Zugriff: 14.8.2008].

Kamphaus, F.: Eine diakonische Kirche braucht den Diakon, Festvortrag von Bischof Franz Kamphaus anlässlich des Jubiläums 25 Jahre Ständiger Diakonat im Bistum Osnabrück am 19. Mai 2000, in: Kirche im Gespräch Nr. 31, hg. v. Bistum Osnabrück.

Kloska, P.: Empirische Studie zum Ausbildungselement „Caritas der Gemeinde" in der Ausbildung zum nebenamtlichen Diakon, Freiburg 1998.

Knüfer, W.: Sozial-Diakon, in: Diakonia, 28 (1997) 129–132.

Koet, B. J. / Collins, J.: Deacons and the Church. Making Connections between Old and New, in: Diaconia Christi, 39 (2004) 185–189.

Koet, B. J.: Wo bleibt die „Diakonie des Wortes"? Randbemerkungen zu einer aktuellen Studie über den Diakon und die Einheit des sakramentalen Amtes, in: Diaconia Christi, 42 (2007) 182–192.

Kramer, H.: Ein Mann, mit einem Strick gegürtet, kam und holte mich ..., in: Diaconia Christi, 34/1–2 (1999) 15–25.

Langgärtner, G.: Il diacono oggi, Roma 1970.

Leenen, M. A.: "Der Stab des Hirten, nicht der Stock des Treibers ...": Menschen im Amt: Bischof, Priester, Diakon, Leutesdorf 2003.

Maier, E.: Mit dem armen Christus in der Nähe der Armen. Diakonische Kirche und Ständiger Diakonat, in: K. Hillenbrand / B. Nichtweiß (Hg.): Aus der Hitze des Tages. Kirchliches Leben in Momentaufnahmen um Langzeitperspektiven, Würzburg 1996, 44–57.

Manderscheid, M.: Sozialarbeit als Diakonie. Erinnerung an Hannes Kramer (1929–2001), in: Diaconia Christi, 42 (2007) 173–177.

Noordegraaf, H.: Kijken vanuit het diaconaat, in: PrakTh, 27 (2000) 187–191.

Ochs, H.- P.: Schauen, worauf es ankommt: Festschrift zum 25jährigen Bestehen des Ständigen Diakonats im Bistum Mainz, Mainz 1996.

Pompey, H.: Not-Wendigkeit der Gemeindeleitung durch Diakone, Freiburg i. Br. 1996.

Pompey, H.: Not der Menschen unserer Zeit – als Wegzeichen Gottes für den Ständigen Diakonat, Elektronischer Sonderdruck Freiburg 2008.

Ponson, Ch.: La situation du diaconat dans l'Église de France, in: MD (2007) 249, 7–22.

Risse, G.: Der Ständige Diakonat – eine Bereicherung für die Sendung der Kirche, in: G. Augustin – ders., (Hg.): Die eine Sendung – in vielen Diensten. Gelingende Seelsorge als gemeinsame Aufgabe in der Kirche, Paderborn 2003, 95–105.

Schamoni, W.: Familienväter als geweihte Diakone, Paderborn 1953.

Schneider, J. P.: Soziale Verantwortung im Diakonat verwirklichen, in: Caritas <Jahrbuch> 2001 (2000) 37–41.

Statistisches Bundesamt Deutschland: Statistik der Eheschließungen und Scheidungen, online im Internet: http://www.destatis.de/jetspeed/portal/cms/Sites/destatis/Internet/DE/Content/Statistiken/Bevoelkerung/EheschliessungenScheidungen/Tabellen/Content50/ErstEhenWiederverheiratung.psml [Zugriff: 4. Juli 2008].

Stockburger, W.: Der Diakon im Auftrag der Armen, München 1997.

Stone, G.: The Catholic married deacon in today's church, in: ACR, 78 (2001) 432–441.

Thönnes, D.: Zum gemeinsamen Dienst berufen – doch wie sieht der Dienst aus?, in: BiLi, 73 (2000) 122–129.

Totnan – Infobote für Ständige Diakone und Diakonatsbewerber der Diözese Würzburg, hg. v. Fachbereich Ständige Diakone, Würzburg 2008, 40–42.

393

Ullrich, L.: Das Amt des Diakons: zur Einführung des Diakonates, in: Pastoral-katechetische Hefte, 56 (1977) 21–46.

Wallace, Ch.: Deacons and their families, in: ACR, 75 (1998) 27–35.

Wallner, F.: „Diakon sein", in: Christlich-pädagogische Blätter, 114 (2001) 199–202.

Weber, F.: Not-wendige Schritte auf halben Weg, in: ThPQ, H. 2 (1995) 136–148.

Weimer, M.: Johannes XXIII. (Angelo Giuseppe Roncalli), online im Internet: http://glaube-und-kirche.de/roncalli.htm [Zugriff: 28. April 2008].

Winninger, P. / Lécuyer, J.: Le diacre dans l'église et le monde d'aujourd'hui, in: Unam Sanctam, 59 (1966) 314.

Wollmann, G.: Die ständigen Diakone in der katholischen Kirche der Bundesrepublik Deutschland: eine empirische Untersuchung zu Berufswirklichkeit und Selbstverständnis im kirchlichen Amt, Mainz 1981.

Ziegert, R.: Der neue Diakonat: das freie Amt für eine missionarische Kirche; Bilanz einer französischen Bewegung 1959–1977, Göttingen 1980.

Zippert, Th.: Das Diakonenamt in einer Kirche wachsender Ungleichheit, in: Pastoraltheologie, 96 (2007) 291–309.

Zollitsch, R.: In der Gemeinschaft des Glaubens. Predigt von Erzbischof Dr. R. Zollitsch auf der Jahrestagung der Arbeitsgemeinschaft Ständiger Diakonat der Bistümer in der Bundesrepublik Deutschland im Karl Rahner Haus, Freiburg am 17. Januar 2007, veröffentlicht in der Dokumentation der Jahrestagung 2007, hg. v. Arbeitsgemeinschaft Ständiger Diakonat der Bistümer in der Bundesrepublik Deutschland, 24 (2007) 59–62.

Zulehner, P. M.: Dienende Männer – Anstifter zu Solidarität. Diakone in Westeuropa, Ostfildern 2003.

Zulehner, P. M.: Ritendiakonie, in: B. Kranemann / Th. Sternberg / W. Zahner: Die diakonale Dimension der Liturgie, Freiburg 2006, 271–283.

Zulehner, P. M.: Samariter – Prophet – Levit. Diakone im deutschsprachigen Raum. Eine empirische Studie, Ostfildern 2003.

Kanonische Gesichtspunkte

Borras, A.: Les effets canoniques de l'ordination diaconale, in: Revue théologique de Louvain, 28 (1997) 453–483.

Capellini, E.: Episcopato, presbiterato, diaconato: teologia e diritto canonico, Torino 1988.

Haering, St.: Die Ausübung pfarrlicher Hirtensorge durch Diakone und Laien, in: AfKathKR, 165 (1996) 353–372.

Hornef, J.: Die römischen Ausführungsbestimmungen zu den Diakonatsbeschlüssen des Konzils. Eine kritische Betrachtung der jetzigen Rechtslage, in: HlD, 21 (1967) 109–114.

Lauenroth, H.-E.: Der Ständige Diakonat: seine ekklesiologische Idee und kanonistische Verwirklichung, Regensburg 1983.

Pagé, R.: Diaconat permanent et diversité des ministères: perspective du droit canonique, Montreal 1988.

Pokusa, W. J.: A canonical-historical study of the diaconate in the western church, in: Canon law Studies Bd. 495, Washington D.C. 1979.

Pulte, M.: Der Ständige Diakon als Militärgeistlicher: kirchenrechtliche und staatskirchenrechtliche Aspekte für ein neues Dienstamt in der katholischen Militärseelsorge Deutschlands, Essen 2001.

Sanchez, G.: Nature et mission du diaconat permanent: positions conciliaires et déterminations canoniques, Rom 1994.

Weier, J.: Der ständige Diakon im Recht der lateinischen Kirche: Unter besonderer Berücksichtigung der Rechtslage in der Bundesrepublik Deutschland, Essen 1989.

Weiß, A.: Der ständige Diakon. Theologisch-kanonistische und soziologische Reflexionen anhand einer Umfrage. Würzburg 1991 (Forschungen zur Kirchenrechtswissenschaft 10).

Der Diakonat innerhalb der Ökumene

Arx, U. v.: Stimmen aus der Ökumene zur Erneuerung des Diakonats, in: IKZ, 4 (2005) 209–288.

Brandt, W.: Für eine bekennende Diakonie: Beiträge zu einem evangelischen Verständnis des Diakonats, Neukirchen 2001.

Fehler, T. G.: Diakonenamt und Armenfürsorge bei a Lasco, in: Christoph Strohm (Hg.), Johannes a Lasco (1499–1560): Polnischer Baron, Humanist und europäischer Reformator, (SuRNR 14) Tübingen 2000, 173–185.

Friedli, M.: Im Zeichen des dienenden Christus: 25 Jahre erneuerter Diakonat, Bensberg 1990.

Plank, P.: Der Diakonat in den orthodoxen Kirchen, in: IKZ, 95 (2005) 234–247.

Winkler, U.: „Wo der Gehorsam fehlt, ist keine männliche Diakonie", in: MeKG, 57 (2008) 9–22.

Der Diakonat der Frau

Albrecht, B.: „Es waren da auch Frauen …" (Lk 8, 3), in: Katholische Bildung, 104 (2003) 49–70.

Anschütz, M.: Diakonissenausbildung – ein starkes Stück?, in: Diakonie<Jahrbuch>, (1996/1997) 325–327.

Atzlesberger, P.: Diakonat der Frau, in: ThQ, 144 (1996) 378–380.

Blasberg-Kuhnke, M.: Diakonat der Frau, in: Diakonia, 28 (1997) 420–422.

Blyskal, L.: The relevance of deaconesses to the values of communion and mission in the Church, in: The Jurist, 56 (1996) 241–266.

Böttigheimer, Ch.: Der Diakonat der Frau, in: MThZ, 47 (1996) 253–266.

Cullinan, E.: Forum: women and the diaconate, in: Worship, 70 (1996) 260–266.

Düren, S.: Diakonat der Frau?: Fragen zur Stellung der Frau in der Kirche, Buttenwiesen 2000.

Fritsch, R.: Frauenordination katholisch – ein Thema mit Variationen, in: MKIB, 48 (1997) 67–69.

Fromm, A.: Diakonat der Frau in der römisch-katholischen Kirche, in: MKIB, 54 (2003) 96–97.

Gerl, H. B.: Nachdenkliches zum Diakonat der Frau, in: IKZC, 25 (1996) 534–542.

Giesen, R.: Können Frauen zum Diakonat zugelassen werden?, Siegburg 2001.

Gruber-Aichberger, B.: Gedanken zum „Diakonat der Frauen", in: ThQ, 144 (1996) 374–378.

Hauke, M.: Diakonat der Frau?, in: FkTh, 12 (1996) 36–45.

Hofer, P.: Anmerkungen zu einem Berufsbild des weiblichen Diakonates, in: ThQ, 144 (1996) 386–389.

Hofrichter, P.: Diakonat und Frauen im kirchlichen Amt, in: Heiliger Dienst, 50 (1996) 140–158.

Hourcade, J.: Des diaconesses dans l'église d'hier … et de demain? Saint-Maurice 2001.

Hünermann, P. u. a. (Hg.): Diakonat: Ein Amt für Frauen in der Kirche – ein frauengerechtes Amt?, Ostfildern 1997.

Hünermann, P.: Theologische Argumente für die Diakonatsweihe von Frauen, in: ders. u. a. (Hg.): Diakonat: Ein Amt für Frauen in der Kirche – Ein frauengerechtes Amt?, 98–128.

Jüttner, Chr.: Das Diakonat der Frau: eine rechtsgeschichtliche Untersuchung über ihre Stellung und Aufgabe in den ersten Jahrhunderten des Christentums, Freiburg 1984.

Karras, V.: Female deacons in the Byzantine Church, in: Church history, 73 (2004) 272–316.

Lederhilger, S.: Diakonat der Frau – Kirchenrechtliche Konsequenzen, in: ThQ, 144 (1996) 362–373.

Lehner, M.: Frauendiakonat und Diakonie, in: ThQ, 144 (1996) 384–386.

Marucci, C.: Storia e valore del diaconato femminile nella Chiesa antica In: RdT, 38 (1997) 771–795.

Metzger, M.: Le diaconat féminin dans l'histoire, in: Kanon, 16 (2000) 144–166.

Miralles, A.: Le diaconesse, in: Ricth, 7 (1996) 161–176.

Niewiadomski, J.: Notwendige, weil Not-wendende Diakoninnenweihe, in: ThQ, 144 (1996) 339–348.

Nikolau, Th. S.: Die Frauenordination aus orthodoxer Sicht, in: OF, 16 (2002) 173–191.

Piola, A.: Il recente dibattito sul diaconato femminile, in: ATT, 9 (2003) 524–543.

Pompey, H.: Diakonat, ein eigenständiges Amt für Frauen in der Kirche, in: LS, 50 (1999) 189–193.

Radlbeck-Ossmann, R.: Überlegungen zum Diakonat der Frau, in: FS W. Beinert / B. Stubenrauch (Hg.): Dem Ursprung Zukunft geben, Freiburg 1998, 337–352.

Raming, I.: Diakonat – ein Amt für Frauen in der Kirche, in: Orientierung, 62 (1998) 8–11.

Ratzinger, Joseph: Notifikation der Kongregationen vom 17. September 2001 zum Diakonat der Frau, in: Archiv für katholisches Kirchenrecht, 170 (2001) 481–482.

Reininger, D.: Diakonat der Frau, in: Diakonia, 33 (2002) 277–286.

Reininger, D: Diakonat der Frau in der einen Kirche, Mit einem Geleitwort von Bischof Karl Lehmann, Stuttgart-Ostfildern 1999.

Scanlon, R.: Women deacons, in: Homiletic and pastoral review, 96 (1996) 6–14.

Spendel, A.: Braucht die Kirche Diakoninnen? Frauen in Diakonie und Caritas: Bestandsaufnahme und Perspektiven, in: P. Hünermann/A. Biesinger/M. Heimbach-Steins/A. Jensen (Hg.), Diakonat. Ein Amt für Frauen in der Kirche – Ein frauengerechtes Amt?, Stuttgart 1997, 78–85.

Synek, E. M.: Der Frauendiakonat der Alten Kirche und seine Rezeption durch die orthodoxen Kirchen, in: OstKst, 48 (1999) 3–21.

The canonical implications of ordaining women to the permanent diaconate: report of an ad hoc committee of the Canon Law Society of America Washington DC, Canon Law Soc. of America, 1995.

Vanzan, P.: Diaconato permanente femminile, in: CivCatt, 150 (1999) 439–452.

Verweijen, I.: Zur Ausbildung von möglichen Diakoninnen, in: ThQ, 144 (1996) 389–392.

Zagano, Ph.: Holy saturday: an argument for the restoration of the female diaconate in the Catholic Church, New York 2000.

Zagano, Ph.: Catholic women deacons, in: Worship, 77 (2003) 386–408.

Zagano, Ph.: Catholic women's ordination, in: Jes, 43 (2008) 124–137.

Zagano, Ph.: The question of governance and ministry for women, in: ThSt, 68 (2007) 348–367.

Die Herausgeber

Klemens Armbruster, Bischöflicher Beauftragter für den Ständigen Diakonat in der Erzdiözese Freiburg, Referent für Evangelisierende Gemeindepastoral – Wege erwachsenen Glaubens, Mitglied im Bundesvorstand der Arbeitsgemeinschaft Ständiger Diakonat der Bistümer in der Bundesrepublik Deutschland, Priester der Erzdiözese Freiburg.

Matthias Mühl, Dr. theol., Dozent für Dogmatik an der kath. Fachakademie für Gemeindereferentinnen und -referenten in Freiburg, Studienrat, Diakon der Erzdiözese Freiburg.

Die Autoren

Klaus Baumann, Dr. theol., Prof. für Caritaswissenschaften und Direktor des Arbeitsbereiches Caritaswissenschaft und Christliche Sozialarbeit an der Albert-Ludwigs-Universität Freiburg, Lic. psych. (BDP), Psychologischer Psychotherapeut (DFT/ GAPP), Priester der Erzdiözese Freiburg.

Ulrich Feger, Dipl. theol., Doktorand an der Theologischen Fakultät der Albert-Ludwigs-Universität Freiburg.

Ulrike Hudelmaier, Dr. theol., Soz.päd. (FH), Pastoralreferentin in der Seelsorgeeinheit Riedlingen.

Birgit Jeggle-Merz, Dr. theol., o. Professorin für Liturgiewissenschaft an der Theologischen Hochschule Chur und a.o. Professorin für Liturgiewissenschaft an der Theologischen Fakultät der Universität Luzern.

Godehard König, Bischöflicher Beauftragter für den Diakonat der Diözese Rottenburg – Stuttgart, Diakon im Zivilberuf in der Seelsorgeeinheit Eichenberg.

Johannes Kreidler, Dr. theol., Weihbischof im Bistum Rottenburg-Stuttgart, Mitglied der Kommissionen IV „Geistliche Berufe und Kirchliche Dienste" und „Ehe und Familie" bei der Deutschen Bischofskonferenz, Mitglied der Arbeitsgruppe „Hauptberufliche pastorale Dienste" und Mitglied der Bundesarbeitsgemeinschaft „Ständiger Diakonat".

Ralf Miggelbrink, Dr. theol., Professor für Systematische Theologie an der Universität Duisburg-Essen.

Gregor Predel, Dr. theol., PD an der Theologischen Fakultät der Albert-Ludwigs-Universität Freiburg, Lehrbeauftragter an der

Universität Koblenz-Landau, Campus Landau, Kooperator in der Seelsorgeeinheit Freiburg-Südwest.

Stefan Sander, Dr. theol., Ausbildungsreferent der Diakone im Bistum Osnabrück, Referent bei Weihbischof Theodor Kettmann.

Thomas Söding, Dr.theol., Professor für Neutestamentliche Exegese an der Ruhr-Universität Bochum, u. a. Mitglied der Internationalen Theologenkommission.

Robert Zollitsch, Dr. theol., Erzbischof von Freiburg, Vorsitzender der Deutschen Bischofskonferenz.

Paul Michael Zulehner, Dr. phil., Dr. theol., emer. O. Professor für Pastoraltheologie an der Katholischen Fakultät der Universität Wien.